U0635127

长城砖

Warriors at the Helm
Monarchs and Literati in the Five Dynasties and Ten Kingdoms Period

武夫当国

五代十国的君王与士人心态

杜文玉

———著

天津出版传媒集团

天津人民出版社

图书在版编目(CIP)数据

武夫当国：五代十国的君王与士人心态 / 杜文玉著.
天津：天津人民出版社，2025.7（2025.9重印）. --（长城砖）.
ISBN 978-7-201-21161-9

Ⅰ. K243.07

中国国家版本馆CIP数据核字第20252JW224号

武夫当国：五代十国的君王与士人心态
WUFU DANG GUO : WUDAI SHIGUO DE JUNWANG YU SHIREN XINTAI

出　　版	天津人民出版社	
出版人	刘锦泉	
地　　址	天津市和平区西康路35号康岳大厦	
邮政编码	300051	
邮购电话	（022）23332469	
电子信箱	reader@tjrmcbs.com	

总策划	沈海涛	
策　　划	金晓芸　　燕文青	
责任编辑	金晓芸	
特约编辑	郭金梦	
装帧设计	图文游击工作室	
	汤　磊	

印　　刷	河北鹏润印刷有限公司	
经　　销	新华书店	
开　　本	880毫米×1230毫米　1/32	
印　　张	14.5	
字　　数	310千字	
版次印次	2025年7月第1版　2025年9月第2次印刷	
定　　价	98.00元	

序 言

　　五代时期的名画流传至今的不少，大多为山水画、花鸟画，反映士大夫生活情境的只有不多的数幅，其中最著名的当数顾闳中的《韩熙载夜宴图》（以下或简称为《夜宴图》）。幸运的是，笔者亲眼看到过这幅图的真迹。大约在七八年前，笔者去北京讲学，正好遇到故宫博物院在天安门广场东面的中国历史博物馆举行画展，其中就有这幅《韩熙载夜宴图》，这使我非常激动，专门抽时间赶去参观。由于人多，遂在历史博物馆工作人员的带领下，从北面的侧门进入馆内，直奔画展的展厅。这幅图是长卷，放置于一长长的玻璃柜内，观众排队依次从长柜的一头走向另一头，这样就不能在柜前停留时间太长，以免影响他人参观。为了更仔细地观看，不得不数次往返排队，总算一饱眼福。

　　其实，对许多读者来说，《韩熙载夜宴图》并不陌生，但发生在《夜宴图》与韩熙载身上的故事，以及韩熙载与他周围的人所生活的那个历史时代，恐怕对当代相当一部分的读者来说都是陌生而遥远的，然而却为后世留下了无尽的话题。人们在看到《夜宴图》的时候不只会想到它的思想内涵、艺术特点、图中人物的命运，更会关心那个时代的风貌，关心韩熙载坎坷的人生，还有这一时期错综复杂的历史进程等。

韩熙载所处的时代历史上称之为"五代十国"，那是在繁荣昌盛的唐王朝之后出现的一段分裂割据的历史时期，也是一个金戈铁马、战火纷飞的动荡时代。

所谓"五代"，是指后梁、后唐、后晋、后汉、后周等五个王朝，都是建立在中原地区的政权，也是所谓的正朔之所在；所谓"十国"，是指建立在南方的九个政权，即吴、南唐、吴越、楚、闽、南汉、南平、前蜀、后蜀，再加上割据于今山西的北汉。此外，还有大理、定难、秦岐等没有算在五代十国内的一些割据政权。其历史从公元907年朱全忠篡唐建立后梁起，至公元960年赵匡胤陈桥兵变建立北宋王朝止，共计五十三年。这是旧史家的传统观点。其实在北宋建立时，十国中的大部分政权，如吴越、南汉、南平、南唐、后蜀、北汉等小国都还存在，如何能说这个时代就已经终结了呢？公元979年，北宋大军灭亡了北汉，中国才算基本统一，若以此来计算，则五代十国的历史实达七十二年，而十国中有些政权的建立还要更早一些，如前蜀、吴、吴越、楚、闽、南汉等，都建立在后梁之前，只是由于唐朝尚在，它们的实际统治者又大都没有称王称帝，所以不算一个时代的终结。

由于五代十国是一个社会动荡、战乱纷起的历史时期，这一段历史自宋代以来便被人们忽视。其实这是一个完全错误的做法。首先，就像有的现代学者所说的那样，这一时期"表面上乱，实质是变"。其最大的变化，便是从这一段历史开始，就始终存在着一个统一的发展趋势，而不是人们通常所说的五代十国是唐末军阀混战的继续。因为在唐朝末年，全国到处是藩镇割据，混战连年不息，而这一时期却在中原地区消灭了藩镇割据，实现了局部统一，南方各国也各自实现了区域性统一。这种区域性的统一，有利于当地社会经济与文化的恢复和发展，再经过数十年的努力，终于在这个基础上实现了全国的大一统。

其次，这一历史时期的社会结构发生了极大的变化。唐朝的统治阶层从皇室到官员，不是出身于士族就是科举出身的新贵，他们往往以门第自高，在婚姻观念上崇尚阀阅。这种以衣冠缙绅为主的社会结构，到了五代十国时期发生了彻底的改变，从皇帝、国王到朝廷权贵，大多来自社会下层，其思想观念更多地来自平民，婚姻不尚阀阅。至于广大农民，人身依附关系则更加松弛，租佃制的进一步发展，使其人身更加自由。

最后，便是这一时期的经济与文化得到了一定程度的发展，有的地区甚至可以说是突飞猛进。为了能够在强敌林立的社会环境中得以生存，各国无不重视发展经济，主要是在手工业、商业、农业商品化等方面，比之唐代有了较大的进步，原来一些经济落后的地区，如福建、两广、江西、湖南等，都得到了较大程度的开发。至于文化方面，如诗词、绘画、书法等都有较大的发展，南方各国无不重视对文人的吸纳，重视发展教育事业，培养本国人才。在这一时期全国出现了两个文化中心，即南唐与西蜀，在中国文学史上有所谓"唐宋八大家"之说，除了唐代的两人外，在宋代的六个人中，原南唐境内的江西与西蜀正好各占三位，这种现象绝非偶然的巧合。还可以再举一个例子，唐代时福建考中进士者凤毛麟角，可是到了宋代，福建人才辈出，在当时的政治舞台与学术园地中占有重要地位。所有这一切都与五代十国时期的开发与发展有着极为密切的关系。

这个时代导致了多少人间悲剧的发生，又上演了多少威武雄壮的历史活剧，涌现了多少才华横溢的奇才异士，又出现了多少嗜杀成性的赳赳武夫。这是一个扭曲的历史时代，又是一个发展变化的新时期，所有这些看似矛盾的事物共同构成了这个时代的鲜明特点。我不知道这样的描述是否无愧于这一段历史，也不知道能否经受得起读者的检验。

当我坐在书房中为此书在键盘上敲下最后一个句号时，我感到一丝轻松，因为我终于可以以我之所知讲述人们未必耳熟能详的故事了。同时，又有一些微微的不安，不知道这种新写法能否为广大读者所接受。

杜文玉

2024 年 10 月 16 日

目　录

引　子：《夜宴图》　001

第一章　动荡的时代　029

一、藩帅当皇帝　029

二、武夫任将相　083

三、诸国君主相　101

四、十国之外的诸国君主　133

五、结语　144

第二章　无为的君主　147

一、从先主李昪到中主李璟　147

二、只配当翰林学士的皇帝　182

三、李煜的可悲下场　205

四、结语　224

第三章　苦闷的心态　227

一、韩熙载心态剖析　227

二、北方士风　240

三、南方士风　264

四、结语　287

第四章　迷茫的士人　291

一、南唐党争　291

二、轻薄宰相冯延巳　309

三、徐铉、徐锴兄弟　325

四、潘佑、李平的悲惨命运　333

五、韩熙载的朋辈　342

六、结语　348

第五章　时代的尾声　353

一、几位末代君主　353

二、一个时代的终结　377

三、《夜宴图》的命运　387

四、结语　388

附　录　397

五代十国收养假子风气的社会环境与历史根源　399

社会变革与五代十国时期绘画的嬗变　416

五代十国简表　436

参考文献　439

后　记　449

引　子：《夜宴图》

南唐，五代十国时期"十国"之一，国都在金陵，也就是今天的江苏南京。五代十国前承鼎盛的唐朝，后启繁华的两宋，处在中国古代王朝的两座高峰之间，与前后整体呈"马鞍"形状。这的确是一个分崩离析，各主其政，强凌弱、众暴寡的动荡纷乱的时代。而南唐的名臣韩熙载却是夜夜笙歌、诗酒唱和，仿佛陶醉在太平盛世一般。

往事悠悠，不可追寻，而那幅《韩熙载夜宴图》却传真了他当年的狂放不羁。

一、夜夜笙歌

公元968年至970年的一个日暮时分，熙熙攘攘的金陵城结束了一天的喧嚣，逐渐趋于寂静。夜幕降临以后，除了巡城将士偶然穿过街巷外，几乎没有行人往来，但是在城南凤台里天禧寺东的一座豪宅却宾客盈门，十分热闹，这就是南唐中书侍郎韩熙载的府第，南唐有名的画师顾闳中也混在其中。

这不是顾闳中第一次来到韩熙载的家，但是那份豪华的气派，还是让他一再叹服。厅堂上的黑色几案坐榻沉厚古雅，宽大的屏风绘有山石树木，几案上摆满了精美的食器，食器中盛满菜肴、酒水。侍女环列，只待宾客到齐，夜宴便正式开始了。

在画家顾闳中的眼中，韩熙载家的夜宴是从听乐开始的。在觥筹交错、笑语喧哗之后，众宾或坐或立，男女相错，欣赏教坊副使李家明的妹妹演奏琵琶。李家明坐在其妹身旁，在场的宾客还有紫微郎朱铣、太常博士陈致雍、韩熙载的门生舒雅、家伎王屋山等人，坐在榻上身着红袍者为状元郎粲。在这一时刻，众人的目光大多集中在李家明之妹身上，认真聆听其精彩的演奏。此时的韩熙载高冠长髯坐于榻边，垂手注目，若有所思，表现出一副漫不经心的样子。

李家明的妹妹刚刚退下，王屋山便应节起舞了。王屋山身材小巧玲珑，能歌善舞，聪慧异常，深得韩熙载的怜爱，"每醉须乐聒之乃醒"[1]，可见宠爱到何种程度。王屋山表演的是唐代著名歌舞大曲"六幺"，本名"录要"，后讹为"六幺""绿腰"，属于软舞，多由女子独舞。关于此舞舞姿的描写，有唐代诗人李群玉的《长沙九日登东楼观舞》诗：

> 南国有佳人，轻盈绿腰舞。
>
> 华筵九秋暮，飞袂拂云雨。
>
> 翩如兰苕翠，婉如游龙举。
>
> 越艳罢前溪，吴姬停白纻。
>
> 慢态不能穷，繁姿曲向终。

---

[1]〔宋〕祖无择：《龙学文集》卷一六《跋韩熙载夜宴图》，文渊阁四库全书，台北：台湾商务印书馆，1983年，第1098册，第881页。

低回莲破浪，凌乱雪萦风。

坠珥时流眄，修裾欲溯空。

唯愁捉不住，飞去逐惊鸿。①

　　这首诗将"六幺"轻盈飘逸的优美舞姿描写得详尽具体、淋漓尽致，真让人恨不生当其时，一睹为快。在王屋山表演时，韩熙载亲击羯鼓，以鼓点表示节奏，此时他的兴致虽然渐渐高涨起来，但仍然不露笑容。其他人有的拍板，有的击掌，沉醉之态，乐不知归。韩熙载有一位好友德明和尚，这时不期而遇此景，尴尬地拱手而背立，不敢直视舞者。韩熙载是个崇信佛教之人，曾送二幼婢出家，一人名凝酥，另一人名素质，因此在其家中出现僧人并不足为奇。

　　乐舞结束后，韩熙载退入内室休息，宾客也分散休息。韩熙载坐在榻上，一名侍婢端水让他洗手、盥濯，另一名侍婢送来茶水，余婢坐在榻上围侍。仅韩熙载小憩时，其周围侍奉的婢妾就达七人之多。韩熙载家蓄养伎妾百余人，除了王屋山外，还有多人也精通音乐歌舞。

　　短暂的休憩之后，夜宴继续进行。韩熙载更换便装，敞露胸腔，盘坐椅上，一边执扇与侍婢说话，一边聆听音乐，在其身侧有一婢执扇，身后有一婢服侍。在韩熙载的面前有五位女伎在拍板的应和下箫笛齐吹，教坊副使李家明亲执拍板，配合箫笛演奏。李家明与韩熙载是亲密无间的朋友，他在韩熙载家无拘无束。

　　欣赏完音乐演奏后，已到夜阑时分，宾客们纷纷散去。韩熙

---

① 〔清〕彭定求:《全唐诗》卷五六八,北京:中华书局,1960 年,第 6579 页。

载一手执鼓槌，举另一手示意，送别宾客。有的宾客醉醺醺地搂抱着伎妾的腰部，有的宾客牵着伎妾的手，态度亲昵，还有一婢隔着屏风与一宾客私语，像是在挽留。在韩熙载家，伎妾众多，不加防闲，旦暮不禁出入，与宾客生徒杂处，甚至有"夜奔客寝者"①。

晚年的韩熙载纵情声色，金陵韩府的夜宴使人笑忘流年。但在宫廷画师顾闳中的笔下，这一切竟然成为历史瞬间的永恒定格，从而为我国绘画史增添了光彩夺目的一页，留下了一幅杰出的古代绘画佳作。顾闳中是南唐的画院待诏，他来到韩府应该没有得到主人的邀请。但是这位画师的眼光是独特的，他把韩熙载家中的宴乐场景分为五个部分，绘制在长335.5厘米、宽28.7厘米的绢面上，流传至今，这就是有名的《韩熙载夜宴图》。

这幅画作现藏于北京故宫博物院，钤有自南宋"绍兴"印到近代张大千的收藏印共计四十六方，著录于《宣和画谱》《御定佩文斋书画谱》《庚子销夏记》《石渠宝笈初编》等书。

《韩熙载夜宴图》以连环长卷的形式描摹了韩熙载家设宴行乐的场景，根据场景先后次序以韩熙载为中心，分为"听乐""观舞""歇息""清吹"与"宴散"等五段。从艺术构思的精密程度看，画家采取了传统的构图方式，却打破了时间概念，五个画面一气贯注，把不同时间中进行的活动组织在同一画面上。全画组织连贯流畅，画面情节复杂，人物众多，却安排得宾主有

---

① 〔宋〕胡存：《渔隐丛话》前集卷四〇，文渊阁四库全书，台北：台湾商务印书馆，1983年，第1480册，第266页。

序，繁简有度。在场景之间，画家非常巧妙地运用屏风、几案、管弦乐器、床榻等器物，完成了不同场景间的过渡，将时间和空间不露痕迹地糅为一体，使之既有相互连接性，又有彼此分离感，既可以独立成画，又是一幅完整的画卷。其中有些画面没有画出墙壁、门窗、屋顶，也没有画出光影及灯烛，但通过人物的活动，却能让观众感到宴乐是夜晚时分在室内进行的，体现了中国传统绘画的简练手法。犹如中国的传统戏剧，不用布景，只用手势、眼神等便让观众感到周围景物历历在目，构思巧妙，令人叫绝。

整幅画卷以韩熙载为表现中心，细致地描绘了他从夜宴开始以后几个不同阶段的神情与活动，精细地把握住了他情绪变化的脉络。韩熙载长髯、高冠的外形描绘，与文献记载完全吻合。一方面他在宴会上与宾客觥筹交错，不拘小节，亲自击鼓为王屋山伴奏，敞胸露怀听伎乐合奏，送别时听任客人与家伎厮混，这充分反映了他狂放不羁、纵情声色的处世态度和生活追求；另一方面他又心不在焉、满怀忧郁，擂鼓时双目凝视、面不露笑，听清吹时漫不经心地与对面侍女闲谈，在纵情声色的外表下面，难掩其对国事的忧心忡忡。

在全图四十多个人物的刻画上，作者力求以形传神，通过人物的动态表现反映其内心状况，同时营造了多种群像组合形态，透出生动和谐的形式美感。画家还善用细节传情达意，如以侍女探头听琵琶暗示演奏技艺之高超，以盘中水果点明节令，以案上烛火表示时间等，都值得细心去体会。画面中乐曲悠扬，舞姿曼妙，觥筹交错，笑语喧哗，更突出了韩熙载的忧郁无聊和心事重重。

这幅作品的艺术水平也相当高超，造型准确精微，线条工细流畅，色彩绚丽清雅。不同物象的笔墨运用又富有变化，尤其敷色更见丰富、和谐，仕女的素妆艳服与男宾的青黑色衣衫形成鲜明对照。几案、坐榻等深黑色家具沉厚古雅，仕女裙衫、帷幕、帐幔、枕席上的图案又绚烂多彩。不同色彩对比参差，交相辉映，使整体色调艳而不俗、绚中出素，呈现出高雅、素馨的格调。画中所绘的女性身形苗条、面貌清秀，一改唐代仕女身材肥腴、面容丰满的旧貌，反映了五代十国时期审美观念及绘画风格变化的时代风貌。

这幅长卷线条准确流畅，精细灵动，表现力极强。其设色明丽雅致，且富于层次感，神韵独出。与晋、唐的匀细线条不同，线多方折、顿挫，色彩丰富而又统一和谐，服饰花纹细入毫发，显示出画家杰出的写实能力和五代人物画的高超水平。顾闳中的这幅作品除了在绘画史上具有重要的价值外，也是研究我国古代音乐史、舞蹈史、服装史、工艺史、风俗史的重要图像资料。

关于《韩熙载夜宴图》的创作时间，由于画史上没有详细的记载，现在已经无法确知了。但是有一点是明确的，那就是顾闳中是奉后主李煜之命潜入韩熙载府中，观察韩熙载夜间与宾客诸伎混杂，放纵宴乐之事，目识心记，然后绘成图卷进献。

对于当时韩熙载所任的官职，后人有不同的说法，主要有两种：一说其为中书侍郎，另一说其为中书舍人。如果顾闳中绘《夜宴图》时韩熙载任中书舍人，据徐铉所撰的《韩熙载墓志铭》及陆游《南唐书·韩熙载传》等记载，韩熙载任此职时是在中主李璟统治的保大年间，而《夜宴图》的绘制却是在后主李煜统治时期，所以这一说法显然有误。那么比较可信的说法只能是韩熙载任中书侍郎期间被绘下了夜宴时的场景。

韩熙载任中书侍郎是在宋太祖开宝元年（968），因此《夜宴图》的绘制时间应该是在开宝前期，即公元968年至970年之间，因为公元970年韩熙载就去世了。

据记载，当时后主李煜曾命画院待诏顾闳中与另一待诏周文矩一同入韩熙载府探视情况，两人均绘有韩熙载夜宴作乐的场面，其中周文矩的作品直到元代还存留于世，时人还见到过这幅作品，并且把它与顾闳中的作品做过比较，认为"事迹稍异"[1]。后来周文矩的作品便不知所终，也不知于何时亡佚，只剩下顾闳中所绘的这幅《韩熙载夜宴图》。

关于这幅画是否为原本的问题，历来争议很大。大多数的专家认为应是顾闳中的原作，也有人认为是南宋人的摹本。这件作品上有南宋、元、明、清人的题跋，此外，还有"绍兴"一玺，故知是宋代内府的收藏物。加上此图所用的绢素加工精细平整，与文献记载五代"槌加银板"的绘画用绢特征相符，画法亦与五代作品基本相合，故应确定为顾闳中的真迹。

由于韩熙载是南唐的著名人物，社会影响极大，其晚年的这种行为自然也引起人们的广泛关注，于是南唐的另一画家顾大中也以此为题，画过一幅有关韩熙载夜宴场面的作品，取名为《韩熙载纵乐图》。顾大中是江南人，画史上说他善画人物、牛马、花鸟，宋人怀疑其与顾闳中为同族，而后人干脆说其是顾闳中之

---

① 〔元〕汤垕：《画鉴》，文渊阁四库全书，台北：台湾商务印书馆，1983年，第814册，第425页。

弟。其所绘《韩熙载纵乐图》曾被《宣和画谱》著录，收藏于北宋宫廷之中，后来亡佚了。至于顾大中的这幅作品是奉命而作，还是画家的个人行为，已无法考知了。

二、高步出群

唐昭宗天复二年（902），齐鲁大地战火连绵，民不聊生。在这动乱的岁月里，北海县（今山东潍坊）的一户小官吏家中一个小生命呱呱坠地了，他出生得那么平凡，除了给这个家庭带来些许欢乐外，竟然在所有的文献中都找不到其降生月日的记载。

这个平凡的小生命就是在五代十国时期名震南北的韩熙载，他是南唐的著名臣僚，才华横溢、风流倜傥，时人称之为神仙中人。每次外出，人们仰慕其大名，随观者前呼后拥，场面十分热烈。韩熙载语言诙谐、谈笑风生，听者忘倦；他多才多艺，通音律，能歌舞，善书画，尤精八分书，冠绝当时。韩熙载生性孤傲，不惧权贵，在朝中除皇帝外，平生不拜一人，这种高洁的品格也增加了其人格魅力。

由于这些原因，韩熙载声名远播，无论南北，皆知其名，旧史记载，韩熙载"为当时风流之冠，尤长于碑碣，他国人不远数千里，辇金币求之"①，可见其影响之大。连中原王朝的统治者对其也不敢忽视，据《图画见闻志》卷三记载，画家王霭，善画佛道人物，长于写貌，在五代时期颇有影响。入宋后，王霭在宫

① 〔宋〕陆游：《南唐书校注》卷一二《韩熙载传》，《陆游全集校注》，杭州：浙江古籍出版社，2015年，第333页。

廷画院任祗候，曾奉命出使南唐，暗中将南唐的三位著名人物的相貌画了下来。这三个人就是宋齐丘、韩熙载、林仁肇，前者号称江左之诸葛武侯，后者则是南唐的著名战将，都被中原王朝视为日后统一江淮的障碍，韩熙载能名列其中，可见宋朝皇帝对其之重视程度。王霭由于任务完成得好，归朝后升任翰林待诏。

王霭给韩熙载画的像流传广泛，以至于数十年后，人们把唐朝著名文学家韩愈都画成了韩熙载。宋人沈括的《梦溪笔谈》卷四就记载了这个趣事，书中说现在人们所画的韩愈，小面而美髯，戴着纱帽，其实是江南韩熙载，韩愈实则胖而少髯。当时王霭的这幅画还有流传，上面的题款可以看得很清楚，应该是韩熙载而不是韩愈。韩熙载谥号"文靖"，江南人称之为韩文公，而韩愈谥号"文"，世称韩文公，这也是韩熙载的画像被误传为韩愈一个重要原因。宋元丰年间，以韩愈从享文宣王庙，也就是孔庙，各郡县孔庙中所画的，其实大都是韩熙载。到了后世，更加辨识不清，韩愈遂变成了韩熙载。

（一）避乱到吴国

韩熙载，字叔言，其祖先在先秦时期居于南阳，即今河南济源市、淇县之间，春秋时期这里属于晋国。晋末为避战乱，又迁居于昌黎（治今辽宁义县），因此不少史籍在提到韩熙载时都称其为昌黎人。昌黎韩氏在唐代曾出了一个著名人物，即大诗人韩愈，遂使昌黎韩氏声名远播，也使许多韩姓之人都以出自昌黎为荣，加之韩熙载与韩愈很可能出自同一远祖，于是后世好事者便称其为昌黎人了。

至少在唐朝后期，韩熙载家已经迁到了北海。其曾祖父韩钧，担任过太常卿；祖父韩殷，任侍御史；父韩光嗣，任秘书少监、平卢观察支使。不过韩熙载的曾祖父、祖父似乎没有多大的作为，在历史上也没有留下什么记载。其父韩光嗣虽然也没有多少作为，却卷入了一场兵变，并且导致了韩熙载不得不南迁江南，以避祸乱。

事情的详细经过是这样的：后唐庄宗同光四年(926)，邺都(治今河北大名县东北)发生兵变，庄宗命宿将李嗣源率大军征讨。然而李嗣源军也发生兵变，并与邺都乱兵联合，拥立李嗣源为主。这年三月平卢节度使符习也奉命率本军前往邺都平叛，中途得知这一情况后，不敢继续前进，遂率军返回青州(治今山东青州)。当走到淄州(治今山东淄博淄川区)时，受到平卢监军使杨希望派来的军队阻击，不能前进。符习无奈，只好率军西返，进至滑州(治今河南滑县)时，李嗣源派人招降，符习遂与李嗣源合军，并进占了汴梁(治今河南开封)。杨希望得知符习归顺了李嗣源，便派兵包围了符习在青州的家，打算将其家属全部杀死。符习部将指挥使王公俨此时也留守在青州，此人素为杨希望所信任，便对杨希望说：内侍尽忠朝廷，诛杀反叛者，谁敢不从命！只是当务之急，应该先分兵守城，以防外变，符习的家属不足虑，随时可以动手处决。杨希望听信了王公俨的话，分兵把守城池，王公俨遂利用其兵力分散之机，擒获并杀死了杨希望，也使符习的家属幸免于难。其实王公俨也是一个野心家，他在诛杀杨希望后，便怂恿将士们上表，请求朝廷任命自己为节度使。这时庄宗已死，李嗣源即皇帝位，即后唐明宗。明宗遂任命王公俨为登州（治今山东蓬莱）刺史，另行任命天平节度使霍彦威为平卢节度使。王公俨借口将士挽留，拒不前往登州上任。霍彦威率大军进屯淄州，准备进攻青州，王公俨自知不敌，心中畏惧，才勉强前往登州。这年七月，霍彦威进驻青州，并派兵追赶王公俨，将其杀死，参与此事的其他将士也同时被斩，其中也包括韩熙载的父亲韩光嗣。

韩熙载自幼勤学苦读，后又隐居于中岳嵩山读书，大约二十岁时游学于洛阳，后参加了科举考试，一举考中进士，此时其年龄约在二十二岁至二十四岁之间。至于韩熙载在后唐同光年间考中进士后，是否担任过什么官职，史书没有记载，不得而知。不久就发生了其父被杀的事件，并且株连整个家族，这迫使韩熙载不得不逃离中原。

韩熙载伪装成商人，经正阳渡过淮河，逃入吴国境内。当时其友汝阴（今安徽阜阳）人李谷前来相送，送至正阳渡口而别。韩熙载之所以选择这条路线，是因为李谷乃汝阴人，颍州的治所就在汝阴，而淮水的重要渡口正阳镇就在颍州颍上县境内的颍水入淮处，其对岸便是吴国疆土，交通十分便捷。

韩熙载与李谷之间还有一段佳话广为流传，由于被反复传抄，遂产生了一些不同的版本。据《资治通鉴》记载：韩熙载与李谷在正阳分手时，两人痛饮而别，韩熙载对李谷说："吴若用吾为相，当长驱以定中原。"李谷笑着回答说："中原若用吾为相，取吴如囊中物耳。"①后来周世宗用李谷为相，采用其谋而夺

---

① 〔宋〕司马光：《资治通鉴》卷二七五，后唐明宗天成元年八月，北京：中华书局，1956年，第8992页。

取了南唐的淮南之地；而韩熙载在南唐却始终没有拜过相。

另据《玉壶清话》卷四载：李谷与韩熙载少年时为同学，韩熙载入仕江南后，两人还经常有书信往来，在书信中说到了上述那些话；后来李谷果然为相，亲征江南，而那时韩熙载已经死去数年了。李谷拜相是在周世宗统治时期，而韩熙载死于宋太祖开宝三年（970），因此这一记载所涉及的时间显然有误。他们两人所说的各自拜相后的想法，到底是分别时说的，还是在书信中所云，尚无法论定。

（二）坎坷宦途在南唐

吴睿帝顺义六年（926）七月，经过长途跋涉，韩熙载终于到达了吴国的都城广陵（今江苏扬州）。为了获得吴国的接纳，他首先向吴睿帝杨溥上了一篇《行止状》，类似于投名状，介绍自己的籍贯、出身、投吴原因及平生志愿等情况，使对方对自己有一个初步的了解。这篇《行止状》至今保存，被《江表志》一书全文收录，后清人又将其收入《全唐文》之中。这篇《行止状》写得文采斐然、气势恢宏，虽然是请求对方接纳自己的行状，但丝毫没有露出乞求之意，反而气势如虹，畅叙平生之志。

文章开头用简短的文字介绍自己的籍贯、出身后，笔锋一转，便说："某闻钓巨鳌者，不投取鱼之饵；断长鲸者，非用割鸡之刀。是故有经邦治乱之才，可以践股肱辅弼之位。得之则佐时成绩，救万姓之焦熬；失之则遁世藏名，卧一山之苍翠。"意在说明帝王选贤用能的重要性。然后便开始介绍自己的才学，"某爱思幼稚，便异凡童。竹马蓬弧，固罔亲于好弄；杏坛槐里，能不倦于修身。但励志以为文，每栖心而学武。得麟经于泗水，宁怯义图；受豹略于邳坯，方酣勇战"。说自己从幼年便不同于其他儿童，不贪玩耍，励志读书习武，胸藏文韬武略，"争雄笔阵，决胜词锋"。还说自己能"运陈平之六奇，飞鲁连之一箭。场中勍敌，不攻而自立降旗；天下鸿儒，遥望而尽摧坚垒。横行四海，高步出群"。①从这些文字可以看出韩熙载在青年时确有傲视天下之才，胸怀远大的抱负，然而却也极易招致非议，被视为狂妄不羁之徒。

当时在吴国掌握实际大权的是徐知诰，即后来的南唐烈祖李昇。韩熙载想要得到重用，必须首先得到他的赏识。据陆游《南唐书·韩熙载传》载："熙载来奔，时烈祖辅吴，方修明法令，熙载年少，放荡不守名检，补和、常、滁三州从事。""放荡不守名检"一句，将韩熙载当时的狂傲姿态尽展无遗。徐铉所撰的《韩熙载墓志铭》说得稍微婉转一些，他写道，烈祖高皇帝"得公甚喜，宾礼有加。于时有吴肇基，庶事草创，公以俊迈之气，高视名流。既绛、灌之徒弗容，亦季、孟之间不处。以校书郎释褐，出为滁、和、常三州从事"②。尽管徐铉用比较和缓的笔调来写韩熙载初入仕时的情况，但从"绛、灌之徒弗容""季、孟之间不处"等话来看，将韩熙载自视甚高、狂傲不羁的性格表露无遗。早在洛阳时，韩熙载就以才名而知名于世，当时中原人士南迁者，多得到擢用，唯独韩熙载没有被重用，反而被赶到外州

---

① 参见〔宋〕郑文宝：《江表志》卷中，郑州：大象出版社，2019年，第45页。
② 〔南唐〕徐铉撰，李振中校注：《徐铉集校注》卷一六《唐故中书侍郎光政殿学士承旨昌黎韩公墓志铭》，北京：中华书局，2016年，第485页。

任小官。但其怡然自得，并不以为意，正好游山玩水，吟风弄月。

时光荏苒，不觉十年已过，到了昇元元年（937），李昇完成了禅代，正式建国称帝，才把韩熙载从外州召回南唐的都城金陵，授其秘书郎之职，掌太子东宫文翰。秘书郎，从六品上，其本职工作是掌管国家图籍的课写之事，但韩熙载却被派到太子东宫，可见李昇对其仍然心怀疑虑。从李昇对韩熙载所说的一番话语中，也可以看出这个意思："以卿早奋名场，疏隽未更事，故使历州县之劳。今用卿矣，宜善自修饬，辅吾儿也。"①不过韩熙载却不这样认为，后来在李璟即位后，他曾对人说："先帝知我而不显用，是以我为慕容绍宗也。"②韩熙载的父亲是观察支使，属于幕职官。韩熙载的言下之意是说因为自己门第不高，所以才不能得到李昇的重用，可见他并没有认识到其不被重用的真正原因。李昇本人就出身于社会下层，如何会以门第高低取人？他重用的宋齐丘等许多人，均属于门第不高的庶族家庭，怎么会独独对韩熙载另持一套标准？李昇生活俭朴，处事谨慎，不喜张扬，而韩熙载却恰恰相反，性格孤傲，不拘小节，自然难以获得李昇的赏识。可见无论多聪明的人，认识别人容易，真正了解自己反倒更难。

正因为如此，对自己的此次升迁，韩熙载并没有对李昇心存感激，也未上表感谢。他每日在东宫与太子李璟谈天说地，论文

① 〔宋〕陆游：《南唐书校注》卷一二《韩熙载传》，第330页。
② 〔宋〕陆游：《南唐书校注》卷一二《韩熙载传》，第330页。

作诗，日子过得倒还安逸。韩熙载在东宫一待就是七年，与太子的长期相处，使李璟对韩熙载的才学有了进一步的了解，这对韩熙载来说，也算是不幸中的大幸。

保大元年（943），先主李昇驾崩，太子李璟即皇帝位。因为韩熙载是东宫旧僚，所以李璟即位之始，就任命他为虞部员外郎、史馆修撰，赐绯。员外郎虽然仍是从六品上的官职，但毕竟是尚书省郎官，在唐五代属于清选之官，升迁的前途较好。唐五代时规定，五品以上官员才能穿绯（红）袍，韩熙载是从六品的官员，按规定不能服绯，所以李璟特意赐绯，这样他就可以与五品官一样穿绯袍了。又因为先主新丧、新帝即位，礼仪繁多，所以李璟又给韩熙载加了太常博士之职。这个官职掌五礼，拟谥号，是国家在礼仪方面的学术权威，可见李璟对韩熙载之器重程度。在此之前，韩熙载除了谈论诗文外，从不过问政事，出于报答李璟的缘故，此时的韩熙载无所保留，尽展平生之学，凡应当施行的大事，他都以积极的姿态参与其中。

按照我国古代礼制，凡皇帝死后，都必须给其拟定一个庙号。南唐以唐朝皇室的后裔自居，于是有人认为李昇在唐昭宗之后，其庙号应称"宗"，韩熙载与司门郎中萧俨、给事中江文蔚等，均认为李昇乃是中兴之君，应当称"祖"，遂确定李昇庙号为"烈祖"。在这件事上韩熙载的所作所为甚得中主李璟的欢心，然韩熙载并不是善于逢迎的人，他的主张都是出于公心，所以并不能事事都使李璟满意。

李璟即位之初，便改昇元年号为保大。韩熙载认为按照礼制，新帝即位的次年才可以改元，还说什么"逾年改元，古之制也。事不师古，何以训人”①。李璟以改元诏书已颁，不便改动为由，拒绝了韩熙载的建议。虽然韩熙载此举没有得到李璟的赞同，但由于李璟是一个宽厚的人，此事并不影响其对韩熙载的信任。在此期间，韩熙载对吉凶仪礼不当者十数事，一一进行了纠正，尽到了太常博士的应尽职责。对于韩熙载的这些表现，李璟看在眼里，遂令韩熙载以本官权知制诰，对其委以更重的职责。

按照唐五代时期的制度，置中书舍人六员，以其中一员掌管起草诏敕的工作，称为知制诰；如果以其他官员掌管这项工作，则称兼知制诰，或权知制诰。韩熙载能任此职，除了表明中主李璟对他的信任外，也极大地加重了他的权力。韩熙载所起草的诏诰，文字典雅，有元和之风，甚得舆论的好评。韩熙载毕竟是书生，一旦得到重用，便唯知尽心为国，全然不知如何保护自己。他任知制诰以来，感中主知遇之恩，对于朝中大事，或驳正失礼之处，或指摘批评弊端，章疏连连不断，引起朝中权要的极大忌恨与不满，尤其是宋齐丘、冯延巳，从而使其日后的仕途充满了坎坷与艰辛。

保大四年(946)八月，枢密使陈觉擅自调发汀、建、抚、信等州军队进攻福州(治今福建福州)，中主李璟唯恐有失，命王崇文、魏岑、冯延鲁等率军共同攻取福州。次年三月，由于诸将争功，加上吴越军队的增援，南唐军队大败，损失惨重。四月，李

---

① 〔宋〕马令：《南唐书》卷二《嗣主书》，《五代史书汇编》，杭州：杭州出版社，2004年，第5136页。

璟下诏诛杀陈觉、冯延鲁等人，宋齐丘、冯延巳等从中斡旋，竟然免死，将陈觉流放蕲州(治今湖北蕲春西南蕲州镇)、冯延鲁流放舒州(治今安徽潜山)。御史中丞江文蔚上表弹劾冯延巳、魏岑怂恿进攻福州，应该治罪，结果反被贬为江州(治今江西九江西)司士参军。在这场战争中，南唐元老宋齐丘与冯延巳大肆鼓吹开疆拓土，对发动这场战争起到了推波助澜的作用。于是韩熙载又与徐铉上表纠弹宋、冯二人与陈觉、魏岑等结为朋党，祸乱国事，并请求诛杀陈觉、冯延鲁等人，以正国法。李璟不得已贬冯延巳为太子少傅、魏岑为太子洗马，然不久魏岑就官复原职，冯延巳却被任命为节度使。

宋齐丘与冯延巳等人本来就对韩熙载不满，韩熙载此举更加深了他们的忌恨。数日后，宋齐丘亲自出面诬告韩熙载嗜酒猖狂，其实韩熙载并不善饮酒，但此时宋齐丘党羽势力甚大，李璟不得已，只好将韩熙载贬为和州(治今安徽和县)司士参军，不久又调任宣州(治今安徽宣城)节度推官。

在外州数年后，韩熙载才得以调回金陵重任虞部员外郎，等于转了一个大大的圈，又回到了前面所任的官职。后来从员外郎逐渐升任虞部郎中、史馆修撰。因为韩熙载毕竟是中主李璟当太子时的旧僚，且颇有才华，于是李璟又给其赐紫，即可以穿三品以上官员才能穿的紫色袍服。按照唐制，六部侍郎、中书、门下侍郎等未达到三品的重要官员，如有必要，才可赐紫，而韩熙载仅仅是五品的郎中，便能得到赐紫，说明李璟对其仍然是信任的，同时也为其进一步提升做好了铺垫，果然，不久便又提升其为中书舍人、户部侍郎。

自保大十三年(955)以来，后周大军进攻淮南，连败南唐军队，中主李璟数次遣使求和，皆不得应。次年，李璟命其弟齐王李景达为诸道兵马元帅，以陈觉为监军使，率大军抵御周军。韩熙载素知陈觉志大才疏、嫉贤妒能，前番统兵攻取福州，损兵折将，致使南唐国力遭到很大的削弱，所以上疏坚决反对。由于先主李昇在世时，曾一度有意立李景达为太子，此事虽然未能实施，但毕竟在中主李璟心中已形成了阴影，把兵权交给李景达并不完全放心，所以才派陈觉进行牵制。在这种情况下，韩熙载的劝谏自然不会被采纳，然李璟的固执己见，却为南唐军事的惨败埋下了很大的隐患。

这一时期南唐军队虽然屡败，但由于后周军队军纪败坏，所到之处，烧杀抢掠，激起了淮南人民的反抗，他们自动拿起武器，四处袭击周军，加之周世宗一度返回汴梁，南唐失去的州县又有不少相继被收复。南唐的寿州(治今安徽寿县)守将刘仁赡出兵攻击围城的周军得手，杀伤数万，焚毁其器械无数。在形势有利的情况下，刘仁赡派人至李景达驻扎的濠州(治今安徽凤阳县东北)，请求派大将边镐来守寿州，自己乘胜率军出城与周军决战。由于陈觉的干扰，刘仁赡的请求没有被批准，刘仁赡愤郁得疾。这时各地周军纷纷撤退，准备集中兵力攻取寿州，南唐诸将请求乘机据险邀击周军，而朝中权要怕事态扩大，不许行动，致使周军安然退至正阳，使寿州之围更加难以解救。李景达虽为元帅，却处处受到陈觉的牵制，军政大权实际控制在陈觉手中；而陈觉拥兵五万，无意决战，将吏畏其权势，无人敢言。正在双方相持不下之时，却发生了南唐大将朱元临阵叛变降敌的事件，致使局面不可收拾。

　　事情的经过是这样的。朱元此次奉命担任淮南西北面应接都监，他连下舒、和二州，驻军紫金山。朱元善抚士卒，与之同甘苦，每战誓众，慷慨陈词，流涕被面，士卒皆有效死之意。陈觉与朱元不和，密奏朱元不可信，不可付以兵权，中主李璟于是命杨守忠前往代替朱元统军。杨守忠到前线后，陈觉以李景达的名义，召朱元至濠州议事，谋夺其兵权。朱元闻知，悲愤欲自杀，其门客劝他投降后周，朱元遂率本部万余人归降了后周。朱元的投降引起南唐诸军崩溃，纷纷沿淮河东逃，被事先埋伏的周军截击，死伤及投降者四万余众，抛弃的船舰器械不计其数。李景达、陈觉狼狈逃回金陵，大将边镐、许文稹、杨守忠被俘。寿州援兵断绝，守将刘仁赡忧愤而死，寿州失守，其余各州守将纷纷弃城而逃。后周战舰直入长江，布列江面。南唐彻底战败，只好割让淮南十四州给后周，并称臣纳贡。

　　中主李璟不听韩熙载的劝谏，终于酿成战败的大祸，从此南唐积贫积弱，处于被动挨打的局面。为了躲避中原王朝的威胁，李璟被迫迁都洪州(治今江西南昌)，郁郁寡欢，终于一病而亡。

　　后主李煜即位后，任命韩熙载为吏部侍郎，兼修国史。不久因为改铸钱币之事，韩熙载与宰相严续争论于御前，韩熙载辞色俱厉，声震殿廷，后主因其失礼，改授秘书监。不到一年，又再次任命其为吏部侍郎，并升任为兵部尚书、充勤政殿学士承旨。后又因其旷达不羁、放纵声色而被人弹劾，贬为太子右庶子、分司南都，于洪州安置。韩熙载上表乞哀，才又被留了下来，重任旧职。

这一时期韩熙载仍不改其狂傲的性格，由于后主李煜生性宽厚仁爱，皆能容忍，君臣之间尚能相安无事。比如后主纳小周后时，在宫中大宴群臣，韩熙载却赋诗讽刺，而李煜未加谴责。有一次，李煜狩猎于青龙山，返回金陵后，亲自到大理寺复核关押的囚犯，多有赦免者。韩熙载再次上书进谏，认为此事自有司法部门负责，监狱非君主所应入之地，要求后主自罚钱三百万以充军费。后主也没有怪罪于他。开宝元年（968）五月，韩熙载撰成《格言》五卷、《格言后述》三卷，进献给后主李煜，并上疏"论刑政之要，古今之势，灾异之变"[1]。李煜读后非常赏识，遂升任其为中书侍郎、充光政殿学士承旨。这是韩熙载生前所任的最高官职。

韩熙载平生不惧权贵、性格诙谐，宋齐丘势盛时，自以为文章华美、盖世无双，好给人撰写碑志，而韩熙载八分书尤佳，所以每逢此类事，都由宋齐丘起草文字，而由韩熙载进行抄写。韩熙载每次承担此事时，都用纸塞住自己的鼻孔，有人询问何故，答曰："其词秽且臭。"[2]韩熙载还有一个长处，就是喜好奖掖后进之士，因此时常有人投文求教。当遇到那些文字低劣的文章时，他遂令女伎点艾熏之。当见到求教者时，还会故意批评说：怎么您的大作这么多艾气啊！据载，其出使中原时，有人问道：

---

① 〔宋〕李焘：《续资治通鉴长编》卷九，宋太祖开宝元年五月，北京：中华书局，2004年，第202页。
② 〔明〕蒋一葵：《尧山堂外纪》卷四一《韩熙载》，北京：中华书局，2019年，第654页。

"江南何不食剥皮羊？"韩熙载回答说："江南地产罗纨故尔。"①
当时问者还没有弄懂其意，等到后来醒悟过来，韩熙载已经离去
多日了。

据《玉壶清话》卷四载：后周曾派遣陶谷出使江南，以观察
虚实。陶谷在南唐君臣面前容色凛然，宴席之间从未谈笑，显得
道貌岸然。韩熙载对其亲朋说："吾辈绵历久矣，岂烦至是，邪
观秀实，非端介正人，其守可隳，诸君请观。"于是命歌伎秦若
兰冒充驿卒之女，旧衣竹钗，每天早晚在馆驿中洒扫庭院。秦若
兰容貌秀美，即使在宫掖之中也很少有如此佳丽。陶谷见其美
丽，遂上前询问其家世，秦若兰说："妾不幸夫亡，无归托身，
父母即守驿公姬是也。"陶谷爱其美貌，遂成好事，并赠《春光
好》词一首。数日后，中主李璟设宴于澄心堂，命以玻璃巨钟满
酌酒，请陶谷饮之，陶谷不理不顾，于是便将秦若兰叫至席间，
令其演唱前日陶谷所作之词，全词如下：

> 好姻缘，恶姻缘，奈何天，只得邮亭一夜眠？　别
> 神仙，琵琶拨尽相思调，知音少，待得鸾胶续断弦，是
> 何年？②

陶谷听后只能愧笑，于是再也不敢推诿，连酌连饮，醉吐茵席，
南唐君臣仍不作罢。陶谷遂为中主李璟所轻视，还朝之日，只命

---

① 〔宋〕马令：《南唐书》卷一三《韩熙载传》，《五代史书汇编》，第5348页。
案：中原大寒，故多以羊皮为衣以御寒，江南天气温暖且多产罗纨，故不以动
物皮毛为衣。韩熙载此语既有夸耀江南富庶，又有讽刺北方风俗落后之意。
② 〔宋〕文莹：《玉壶清话》卷四，北京：中华书局，1984年，第42页。

几个小吏设薄宴于郊外相送。等到陶谷回到汴梁时，其在南唐的所作所为及其所撰之词，已经传遍了京师。也正是由于这个原因，陶谷后来始终不被重用。

关于此事，宋人所撰的《清波杂志》一书认为可能不实，尽管如此，由于这则故事颇能反映韩熙载为人处世的风格，故附述于此。

宋太祖建隆二年(961)十月，韩熙载奉命与太府卿田霖出使中原，参加宋朝皇太后的葬礼。因被宋朝久留而不得遣还，韩熙载遂题诗于馆驿的墙壁之上，诗曰：

> 我本江北人，去作江南客。
>
> 舟到江北来，举目无相识。
>
> 不如归去来，江南有人忆。①

还有一种不同的记载说，其所作诗共有两首，除了前面一首外，现将另一首录之如下：

> 未到故乡时，将谓故乡好。及至亲得归，争如身不到。目前相识无一人，出入空伤我怀抱。风雨萧萧旅馆秋，归来窗下和衣倒。梦中忽到江南路，寻得京中旧居处。桃脸蛾眉笑出门，争向门前拥将去。②

这两首诗是否为韩熙载所作，还不好论定，尤其是后一首，更可怀疑。不过这两首诗倒是客观地反映了韩熙载当时的心境。韩熙

---

① 〔宋〕郑文宝：《南唐近事》卷二，郑州：大象出版社，2019年，第23页。

② 〔清〕彭定求：《全唐诗》卷七三八，第8416页。

载青年时离乡，相识的故旧皆已故去，而妻子儿女又皆在江南，加之此时的韩熙载已届六旬，思念江南，盼望归去，自然是在情理之中。

三、难言苦闷

《夜宴图》的主题已经说了很多，但是对于韩熙载为何纵情声色，以及后主李煜为什么要派顾闳中等人夜探韩府的深层次原因，却有不同的说法，有必要分析清楚。

有一种说法认为韩熙载纵情声色是为了避祸，主要出自宋人龙衮所撰的《江南野史》一书，南宋人周密的《癸辛杂识》前集亦沿袭其说。大意是说韩熙载在先主李昪时尚能受到重用，至后主李煜即位以来，对于来自北方的士人颇有疑虑，往往赐死。韩熙载在来自北方的士人中名望甚高，树大招风，担心招来祸患，便纵情声色，做出胸无大志、无意于政治的姿态，表明自己对权力没有兴趣，以达到避免被皇帝怀疑和迫害的目的。后世一些学者采用此说，用来解释《夜宴图》的时代背景，说后主李煜为了核实韩熙载是否真的纵情声色，便派周文矩、顾闳中潜入韩府中，各自将其夜生活的真实情况画下来并献给李煜。后主李煜看后，对韩熙载的戒心减少了许多，后来韩熙载才能在南唐官至中书侍郎、光政殿学士承旨，得以善终。这种说法漏洞颇多。

首先，后主李煜怀疑北方士人的说法缺乏史实根据，遍查有关南唐历史的典籍，根本没有见到李煜滥杀北方士人的记载，又如何能够谈得上怀疑北方士人呢？其实李煜是一个心慈手软的人，不要说对朝中大臣进行诛杀，即使对普通罪犯也很少诛杀，能够赦免者尽量予以赦免。反倒是在中主李璟统治晚期，由于江南籍大臣跋扈乱政，曾经进行过较大规模的诛杀和贬黜，对北方来的侨寓之士反倒要重视得多。在后主李煜时期，并没有发生剧烈的政治变故，李煜没有理由对南下的侨寓人士产生怀疑。

其次，前面已经论到，《韩熙载夜宴图》创作之时，韩熙载已经官居中书侍郎、光政殿学士承旨，成为朝中重要的大臣，而不是李煜解除疑虑后，才升至中书侍郎、光政殿学士承旨。如果韩熙载当时只是一个中书舍人，作为一个普通官员，地位不高，手无重权，又如何能引起后主李煜的疑虑呢？可见这种说法本身就存在自相矛盾之处。

再次，《江南野史》一书还记载说：韩熙载后来官至中书侍郎，有一次奉命入宫赴宴，当时御园中果子成熟，红艳可爱。宴会期间，后主李煜下令将新熟的果子分赐诸臣，韩熙载因经常服食丹药，尤其忌食桃李，但由于是皇帝赏赐的果子，不便拒绝，勉强吃了数颗，当夜便死去了。既如此，又何来善终之说呢？其实《江南野史》对这个问题的记载是极不可靠的，韩熙载确是善终，大量的史料可以证实这一点。韩熙载死时年已六十九岁，在古代社会已经算是高龄了。其晚年纵情声色，心情又非常郁闷，这些都是促使其死亡的重要因素。

最后，根据可靠记载，韩熙载死后，后主李煜非常痛惜，欲赠其同平章事之官，问左右前代是否有此惯例，回答说："昔刘穆之赠开府仪同三司。"遂下诏赠韩熙载左仆射、同平章事，即宰相之职，谥曰"文靖"，这在古代已经是极好的谥号了。因为韩熙载生前不经营资产，棺椁衣衾，皆由后主赐给。又命人为其选择墓地，要求"惟须山峰秀绝，灵仙胜境，或与古贤丘表相近，使为泉台雅游"①。后来将他埋葬于风景秀美的梅颐岭东晋名臣谢安墓侧。后主还令南唐著名文士徐铉为其撰写墓志铭，徐锴负责收集其遗文，编成文集。这种待遇对于臣下来说，可谓荣耀之至了。

因此，避祸之说是不能成立的，韩熙载纵情声色应该另有原因。

韩熙载是一个具有远大政治抱负的人，见识学问都有许多独到之处，他入仕南唐以来多次进言，均能切中时弊。但是至后主李煜统治时期，南唐统治岌岌可危，而李煜却不想有所作为，韩熙载知大势已不可扭转，遂纵情于清歌艳舞之中。这种行为是朝野清议所不能容忍的，也与一个朝廷大员的身份极不相称。

韩熙载本来家财颇丰，除了丰厚的俸禄外，由于文章写得极好，文名远播，江南贵族、士人、僧道载金帛求其撰写碑碣者不绝于道，甚至有以千金求其一文者，再加上皇帝的赏赐，遂使韩熙载成为南唐朝臣中为数不多的富有之人。正因为韩熙载家富于财，所以他才有条件蓄养伎乐，广招宾客，宴饮歌舞。家财耗尽后，仍未有所改变，每得月俸，即散于诸伎，以至于搞得一无所有。于是便换上破衣烂衫，装扮成盲叟模样，手持独弦琴，令门生舒雅执板，敲敲打打，逐房向诸伎乞食，"率以为常"。有时碰

---

① 〔宋〕文莹：《玉壶清话》卷一〇，第104页。

到其伎妾与诸生私会，韩熙载便不入其门，还笑着说："不敢阻兴而已"，意思是说不敢打扰你们的好兴致，以至于有的伎妾夜奔宾客寝处，其客有诗云："最是五更留不住，向人枕畔着衣裳。"①

韩熙载的这种行为，有意造成了其放荡不羁、不堪重用的印象，但是他毕竟有一个人口众多的家庭，仅靠游戏般的乞讨是不能解决问题的。在不能度日、无可奈何的情况下，他只好向后主上表哭穷，后主李煜虽然对其行为不满，但还是以内库之钱赏赐。于是韩熙载索性不再上朝，因此被人弹劾，贬为右庶子，分司于南都，即于今江西南昌安置。韩熙载遂尽逐诸伎，一面单车上路，一面上表乞哀。当后主将他挽留下来后，以前所逐诸伎又纷纷返回，韩熙载也重新回到了以往那种纵情声色的日子，后主李煜叹息说："吾亦无如之何！"②

宋人编撰的《宣和画谱》说，后主李煜欲重用韩熙载，又"颇闻其荒纵，然欲见樽俎灯烛间觥筹交错之态度不可得。乃命阎中夜至其第，窃窥之，目识心记，图绘以上之"③。还有一种说法，见于《五代史补》一书，曰：韩熙载晚年生活荒纵，"每延请宾客，而先令女仆与之相见，或调戏，或殴击，或加以争夺靴笏，无不曲尽，然后熙载始缓步而出，习以为常。复有医人及

---

① 〔清〕彭定求：《全唐诗》卷七九五，第8962页。
② 〔元〕脱脱等：《宋史》卷四七八《南唐李氏世家》，北京：中华书局，1985年，第13867页。
③ 〔宋〕佚名：《宣和画谱》卷七《顾闳中》，杭州：浙江人民美术出版社，2019年，第72页。

烧炼僧数辈，每来无不升堂入室，与女仆等杂处。伪主知之，虽怒，以其大臣，不欲直指其过，因命待诏画为图，以赐之，使其自愧，而熙载视之安然"①。这两种记载虽略有不同，但有一点却是相同的，即后主李煜了解韩熙载的夜生活，是出于善意，或欲重用，或欲促其能有所改正。

关于后主欲拜韩熙载为相之事，见于《宋史》《新五代史》《续资治通鉴长编》《湘山野录》《玉壶清话》《南唐书》等典籍，当属确实无疑。关于韩熙载纵情声色的原因，他曾经对人说过："吾为此以自污，避入相尔。老矣，不能为千古笑端。"这段话见于陆游《南唐书·韩熙载传》。《齐乘》所记较此为详，说他曾对好友僧德明说："吾为此行，正欲避国家入相之命"，因为"中原常虎视于此，一旦真主出，弃甲不暇，吾不能为千古笑端"。②在这一时期，韩熙载的政治抱负和理想完全破灭，而且亡国当俘虏的命运迫在旦夕之间。个人内心和客观现实之间错综复杂的矛盾与痛苦折磨着他，使他除了以声色自娱来安慰和消磨自己外，已别无出路。这就是我们看到《夜宴图》中的韩熙载在欢宴时，非但不是心情欢畅，反而显露出悒悒不乐、心情沉重的表情，其根本原因就在于此。

韩熙载自污以避拜相，其死后，后主李煜叹曰："吾终不得熙载为相也！"③于是才有了赠其同平章事的举措。

---

① 〔宋〕陶岳：《五代史补·韩熙载帷箔不修》，郑州：大象出版社，2019年，第307页。
② 参见〔元〕于钦：《齐乘校释》卷六《南唐》，北京：中华书局，2012年，第616页。
③ 〔宋〕欧阳修：《新五代史》卷六二《南唐世家》，北京：中华书局，1974年，第778页。

第一章 动荡的时代

一、藩帅当皇帝

（一）唐帝国的末日

唐玄宗天宝十五载(756)六月十三日黎明，帝都长安，万籁俱寂，行人绝迹，一队人马保护着皇帝从禁苑延秋门而出，匆匆向西疾驰而去。

这支队伍走得如此匆忙，除了杨贵妃姐妹、宰相杨国忠及少数几个皇子和亲信宦官外，就连皇帝的其他嫔妃、公主、皇孙及百官均被抛弃不顾。究竟发生了什么大事，使唐玄宗出逃得如此仓皇？原来数天前，关中的屏障潼关已被安禄山叛军攻破，关中无险可守，唐玄宗只得匆匆逃往西蜀避难。

经过八年的战争，安史之乱终于平定，但大唐煌煌盛世已不复存在，在战争中各地藩镇势力坐大，形成了唐后期藩镇割据的局面。

欲说清唐代藩镇割据局面的形成，就必须从唐玄宗统治的开元、天宝时期的军事态势说起。唐朝前期的军事布局是重内轻外，实行府兵制，大量的军府设置在帝都所在的关中地区，用以拱卫京师安全。周边地区如有战争，则需调发内地军队长途跋涉，开赴边疆作战，路途遥远，军队与军需调发均非常不便。于是自唐高宗以来便设置了一些常置不废的军区，明确防御区域，驻有大量的军队。至唐玄宗时期，府兵制已经破坏，而玄宗又好大喜功，开边战争不断，这种军区的设置便越来越多，至天宝末年沿边已经设置了十个以节度使（其中岭南为经略使）为长官的军区，全国绝大部分军队分属于这些军区，而内地反倒兵力寡弱，形成了内轻外重的军事态势。在这十个节度使中，安禄山一人兼领范阳、平卢、河东三镇，兵力最为雄厚，而且多为久经沙场的精锐军队。而内地兵力虚弱，致使其势如破竹，最终酿成了大祸。

藩镇本来设在边地，唐朝在平定安史叛乱的过程中，为了争取战争的胜利，便把这种军事体制移至内地，在中原一带陆续设置了一批节镇。战争结束后，这种体制便保留下来了，后来越设越多，以至于全国各地无处不有节镇。一般来说，除河朔型割据藩镇外，大多数藩镇还是能够听从唐中央命令的。自黄巢起义爆发以来，在镇压农民起义的过程中，各地藩镇势力进一步壮大，而唐中央经过农民起义的打击，控制力被极大地削弱，于是跋扈藩镇层出不穷，唐廷无力制约。藩镇之间为了扩充地盘，也互相吞并，致使混战连年不息，社会经济遭到了极大的破坏，人民生活在水深火热之中。

唐朝末年，连中央政府都不断遭到周围藩镇的欺侮，迫使唐僖宗、唐昭宗数次逃离长安以避战乱。在这一时期，唐廷在经济上所依赖的两根"输血管"已经断绝，其中江淮财赋由于高骈在扬州的割据，致使转运路线中断；西蜀地区则由于陈敬瑄与王建之间的混战，遮断剑阁，巴蜀财赋又告断绝。唐廷在财政上失去了这两根"输血管"，灭亡之势已经形成。在政治上，关中的藩镇混战不休，一些强大的藩镇利用地理上的近便，不断地干预朝政，使朝廷受制于这些藩镇，失去对政事的自主处置权，尤其是凤翔节度使李茂贞、华州节度使韩建，跋扈最甚。李茂贞兵临长安，威逼昭宗处死宰相杜让能，昭宗不敢不从；韩建将昭宗劫持到华州，擅自处死了十一个亲王，并解散了侍卫皇帝的禁军二万余人，而昭宗却无可奈何。可见唐廷已经沦落到何种可悲的程度。

在长期的军阀混战之中，一些弱小的藩镇相继被吞并，在北方地区逐渐形成了数个强大的军事集团，其中最强大的为割据于河东的李克用集团与占据河南的朱全忠集团，这两大集团之间的长期攻战，构成了唐朝末年军阀混战的主线。

1.汴晋角力

河东节度使李克用是一个非常复杂的历史人物，他虽然是沙陀人，却在历代史家的笔下，被塑造成一个忠君爱国的良臣。

李克用的父亲朱邪赤心因为镇压庞勋起义有功，被唐廷任命为大同防御使，进而升任振武节度使，并赐以宗姓，改名李国昌。这就是这个家族得以姓李的原因。李克用在唐僖宗时曾因杀死云中防御使段文楚，被唐廷讨伐，李氏父子不敌，逃入鞑靼人聚居地区躲避。不久黄巢起义军攻入长安，为了利用李氏父子的力量镇压起义军，唐廷遂赦免其罪，命其率军入关中进攻义军。李克用率领的代北铁骑主要由沙陀、吐浑、突厥、回鹘等部族人组成，骁勇善战，剽悍异常，所向无敌，义军不敌，只好退出长安。李克用穷追猛打，尾随到河南，连战连胜，为唐王朝扑灭黄巢起义做出了决定性的贡献。因为这个功劳，李克用被唐廷任命为河东节度使，随后他又兼并了昭义镇，将河中镇置于自己的卵翼之下，势力覆盖了整个河东地区(今山西)，并于唐昭宗乾宁二年(895)被封为晋王，成为唐末北方最强大的军事集团之一。

北方地区另一强大的藩镇便是朱全忠军事集团。朱全忠原名朱温，宋州砀山(今安徽砀山)人。其父早死，他幼年随母在萧县地主刘崇家当牧猪佣工。黄巢起义时，他前往投军，转战南北，逐渐升任为大将。黄巢攻入长安后，他被任命为同州(治今陕西大荔)防御使，奉命进攻河中，却屡被击败。他多次请求黄巢派军增援，不被理睬，遂一怒之下投降了唐廷。唐廷对他非常重视，任命其为金吾大将军、河中行营招讨副使，并赐名全忠，以分化农民起义军。本为农民军将领的朱全忠，自此遂成为农民军的主要敌手之一。唐廷调集诸镇军队围攻长安时，朱全忠被任命为宣武(治今河南开封)节度使。宣武镇遂成为朱全忠起家的本钱，此后他以此为基本力量，逐渐扩张，陆续吞并了中原地区不少藩镇，发展为当时举足轻重的军事集团。

朱全忠与李克用关系交恶的导火索是所谓"上源驿事件"。

唐僖宗中和四年(884)，黄巢从长安撤出后来到河南，朱全忠自知不敌，遂卑辞厚礼，乞援于李克用。李克用亲率大军赴援，连败起义军，黄巢无力抵抗，退往山东。朱全忠对李克用的强盛十分忌惮，表面上甘言奉承，实则暗萌杀机。他在汴州设宴款待班师的李克用，李克用此时不满三十岁，年轻气盛，屡胜之后，骄矜异常，引起朱全忠的不满。朱全忠索性提前下手，于当晚派兵包围了李克用入住的上源驿，四面纵火，欲一举铲除李克用。当时李克用大醉，被左右唤醒，在卫士们的拼命保护下，杀出重围，所率亲兵三百余人全部被杀害。李克用回营后，本欲起兵讨伐朱全忠，但其妻认为擅自动武反而理亏，不如上奏朝廷，经朝廷同意后再出兵讨伐。朱全忠买通了朝廷大臣，不少人都替他说好话，请求缓颊，唐僖宗遂下诏劝谕双方和解。朱全忠自知不敌，也遣使向李克用谢罪，李克用见事已如此，只好暂时隐忍不发。

这一事件是朱李两个集团形同水火的导火线，从此双方结为宿仇。客观地说，在唐朝末年，中央政府控制力大大削弱，在军阀势力极为膨胀之时，它们之间是很难长期共存的，相互之间的火并是不可避免的，上源驿事件的发生只不过是使这种争斗提前爆发了而已。

朱全忠所在的宣武镇处于中原四战之地，为了能够站住脚，他利用黄巢起义军败亡之机，大力招降纳叛，扩充实力，使其兵力得到了很大程度的加强。当时河南一带最大的军阀是秦宗权，其兵多将广，但残暴异常，除了在豫南四处攻伐、屠戮人民、焚烧城邑外，他还派将向周围地区扩张。其派部将秦彦率兵祸乱江淮，秦贤乱江南，秦诰陷襄阳，孙儒陷洛、陕、孟、虢乃至关中，张晊陷汝、郑，使这一广大地区人烟断绝，荆榛蔽野。经过唐末长期战乱，生产遭到极大破坏，粮食非常紧缺，秦宗权缺乏军粮，遂四处抓人，以盐腌尸，充作军粮，车载行军。

朱全忠想要发展势力，必须首先对付秦宗权。他自知实力不足，遂拉拢占据陈州(治今河南淮阳)的赵犨兄弟，得其财赋军粮的支持。又卑辞厚礼，拉拢天平(治今山东东平西北)节度使朱瑄、泰宁(治今山东金乡西北)节度使朱瑾兄弟，与其联合。在这些势力的支持下，朱全忠大破秦宗权军，占据了河南地区大片的土地。然后招集流亡，恢复生产，为战守之备，为其称霸中原奠定了基础。在实力得到加强后，朱全忠便对原来的同盟者采取了行动，先击败了朱瑄、朱瑾兄弟，又攻破徐州(治今江苏徐州)，节度使时溥全家自焚而死。朱全忠将自己的势力扩大到山东地区。

但是朱全忠南下进攻江淮时却受到了挫折，当时唐廷命其兼领淮南节度使，但因当时无力南顾，朱全忠遂奏请割据江淮的杨行密为节度副使。唐昭宗乾宁四年(897)，朱全忠占据了河南、山东，有余力外顾后，遂命大将庞师古、葛从周统兵十余万，南下江淮。庞师古屯兵清口(今江苏淮阴西)，自恃兵多将广，骄傲轻敌，不加戒备。清口地势低下，杨行密军壅塞淮河上流，放水冲淹汴军，汴军大败，庞师古被斩；葛从周见状急忙撤退，却被淮军追及，大破之。汴军战死及冻饿而死者不计其数，逃归者不满千人。

杨行密击败汴军，保证了江淮地区不再遭受战火的破坏，对恢复这一地区的社会经济具有积极意义。

在朱全忠大力扩张势力的同时，李克用也全力发展自己的实力。他南巡泽潞，略地怀孟、河阳，北攻幽州，击破镇、冀等镇，还两次出兵关中，威逼长安。李克用的军队中虽然也有汉人，然其主力却是代北游牧民族，骁勇善战。他还选用了一批勇悍善战的将校作为自己的养子，并以这批人为骨干建立了效忠于自己的所谓义儿军。李克用凭借这一强大实力四处征讨，兵锋所向，无不望风而溃逃，就连朱全忠这样的强镇，也屡遭败衄。在唐昭宗统治的相当长的一段时期内，李克用集团势压群藩，威震中原，无人能与之争锋。

李克用虽然实力强大，但在战略上却存在致命的弱点。他自恃强盛，采取了四面出击的战略，到处树敌。其制服的许多藩镇，未能得到有效控制，时叛时附，所得地区也不能完全巩固。而且其内部也因争权夺利时而发生摩擦，加之李克用赏罚不公，全凭一己之喜怒，致使一些人离心离德。如李克用攻克昭义镇（治今山西长治）后，命其堂弟李克修为节度使，治理颇有成效。李克用在视察昭义时，不问其政绩如何，却因招待不周而对其打骂交加，李克修怨愤难平，被活活气死。李克用又任命弟弟李克恭为节度使，此人骄横不法，引起兵变，叛军杀死了李克恭，并向朱全忠投降。李克用派兵讨伐，击败了来援的汴军，重新夺取了昭义镇。此战其义子李存孝居首功，李克用却另任康君立为节度使，李存孝气愤难平，遂暗中勾结朱全忠与镇、冀节度使王镕，背叛了李克用。李克用遂率大军征讨李存孝所据的邢州（治今河北邢台），击败了王镕的援军，包围了邢州。李存孝无奈，只好泥首出降。李存孝本是晋军著名的勇将，战绩卓著，李克用惜其勇，本不想处死，但又不得不摆出姿态，于是下令车裂之。李克用原本以为诸将一定会出面劝解，好顺水推舟，赦免李存孝。岂知李存孝平日自恃其勇，傲视诸将，竟无人出面解救，遂使此事弄假成真。李存孝之死，使李克用十分气恼，郁闷难平，于是借题发挥，惩办了几员将领出气。李克用自翦羽翼，实力大损，双方角力的天平开始向朱全忠集团倾斜。

李克用短于识人，对依附自己的邻镇将帅不能识别，养痈遗患，造成很大的损失。以其扶持李罕之、刘仁恭为例，便可清楚地看出这一点。

李罕之，无赖出身，少年时当过和尚、讨过饭，后来投军并逐渐官至河南尹、东都留守。李克用在上源驿事件后，返回太原，途经洛阳时得到李罕之的热情款待，遂与其结盟，并支援其击败秦宗权军，表请唐廷任命李罕之为河阳节度使，使其有了安身立命之地。后来河阳发生兵变，李罕之只身逃到太原，李克用将他安置于泽州（治今山西晋城），仍领河阳节度使，但实际仅有一州之地。李罕之遂向周围诸州烧杀抢掠，致使一些地方荆棘蔽野、烟火断绝。尽管如此，李罕之仍不满足，多次请求李克用给他一个藩镇统领，李克用没有答应。李罕之因此怀恨在心，乘昭义节度使薛志勤死亡之机，起兵攻取了潞州，自称留后，并向朱全忠请降。朱全忠派汴将丁会援助他，当汴军赶到潞州时，李罕之病危，朱全忠遂命丁会为节度使，将李罕之迁往河阳，中途李罕之病死。李罕之的叛变，使朱全忠唾手而得泽、潞两州，直接威胁到太原的安全。

刘仁恭原为幽州（治今北京西南）节度使李匡威的部将，因为发动兵变失败，逃到太原，归降李克用。李克用待其甚厚，攻取幽州后即任命刘仁恭为节度使。刘仁恭逐渐扩充实力，自感羽翼丰满，便开始不受李克用的节制。李克用与朱全忠数次激战，刘仁恭不仅拒不发兵相助，还扣留了李克用派来的使者。李克用大怒，亲率军队征讨。双方交战之时，李克用骄傲轻敌，饮酒大醉并胡乱指挥，致使晋军大败。从此，刘仁恭与李克用交恶，威胁着太原的侧后方，致使李克用腹背受敌，局势对李克用集团越来越不利。

汴晋争衡，居中原要冲的魏博镇（治今河北大名东北），是双方必须争取的重镇。魏博号称强镇，百余年来居于河北诸镇之首。朱全忠进攻朱瑄、朱瑾兄弟时，二人曾向李克用求救，李克用于是派大将李存信借道魏博前往援救。晋军军纪败坏，所到之处烧杀抢掠，无恶不作，加之朱全忠施离间计，魏博节度使罗弘信遂发兵袭击晋军，晋军猝不及防，大败溃逃，兵械资粮损失殆尽。魏博既与河东决裂，自然与朱全忠结好，形势对李克用更加不利。

朱全忠在汴晋争衡中占据优势之后，遂于天复元年（901）大举进攻河中（治今山西永济西），另派军队将晋军拦阻于晋、绛地区。李克用的女婿河中节度使王珂屡次求救，李克用却无力救援，王珂只得乞降于朱全忠，其全家被迁往洛阳，河中地区遂落入汴军之手。

次年，朱全忠乘胜进攻太原，晋军连战连败，李克用一度打算弃城逃往云中，被诸将苦劝，才决定坚守太原。他一面整顿城防，一面派诸将骚扰汴军粮道，四处袭击汴军，才终于打退了汴军的这次进攻，将危局苦撑了下来。尽管如此，数年之内，晋军不敢与汴军交锋，处于极度不利的境地之中。

2.唐亡后梁立

在藩镇割据、军阀混战的情况下，唐廷内部钩心斗角、争权夺利的斗争仍然十分激烈，主要表现在宦官集团与朝官之间展开的你死我活的斗争。宰相崔胤外结朱全忠，利用其势力密谋诛杀宦官，另一位宰相王搏劝说其不要操之过急，崔胤不听，反而设计将王搏害死，又设法将任枢密使的宦官宋道弼、景务修处死。崔胤一时权倾朝野，宦官噤声。对此，宦官集团并不甘心，光化三年（900）十一月，宦官刘季述发动政变，率兵闯入宫中，囚禁了唐昭宗，扶持太子监国。不过宦官们对朱全忠的势力还是非常惧怕的，所以暂时还不敢把崔胤处死，而是先派人到汴梁，向朱全忠进献唐朝社稷。朱全忠虽做梦都想当皇帝，但他认为时机尚不成熟，于是便囚禁来使，以勤王之名，出兵讨伐刘季述。在朱全忠大军尚未入关之时，崔胤已经联合一些神策军将校，杀死了刘季述，扶持唐昭宗复位。

复位后的唐昭宗迫不及待要彻底铲除宦官集团，于是便任命宰相崔胤、陆扆分别掌领左右神策军，想要夺取宦官的兵权后再铲除他们。可是没有料到，这个诏令竟然遭到神策军将领的反对，无法实施，昭宗只好妥协，又任用宦官韩全诲为神策军中尉，将禁军兵权仍然交由宦官专掌。无法夺取兵权，铲除宦官集团便是一句空话。因为朱全忠远在汴梁，崔胤竟然幻想利用凤翔镇（治今陕西凤翔）靠近长安的便利，拉拢其节度使李茂贞钳制宦官。他请李茂贞派兵三千人进驻长安，作为对抗宦官的资本。然而李茂贞早就与韩全诲勾结，凤翔军队的入驻反倒助长了宦官的气势。韩全诲还收买了昭宗身边的宫人，昭宗与崔胤谋诛宦官的计策，尽为其所知。

为了夺取斗争的胜利，朝官与宦官集团都想挟天子以自重，以皇帝的名义来整治对方。为此，韩全诲与李茂贞勾结，由李茂贞出面请求昭宗移驾凤翔；而崔胤则暗中致书朱全忠，请其发兵迎圣驾入洛阳。天复元年(901)，朱全忠攻取河中，兵临华州(治今陕西华县)，华州节度使韩建投降。当朱全忠军队逼近长安的消息传来后，韩全诲急忙劫持唐昭宗，焚烧长安，逃往凤翔。以崔胤为首的不少朝官拒绝随同皇帝前往凤翔，留在长安迎接朱全忠的到来。朱全忠大军进入长安后，随即向凤翔进军。次年，由于李克用大举进攻河中，朱全忠只好返回河中，击败晋军的进攻后又返回三原(今陕西三原清水谷南)，与崔胤商量如何攻取凤翔。汴军势大，李茂贞军连战连败，坚守凤翔而不敢出战。天复三年，李茂贞久困孤城，孤立无援，十分惶恐，遂与昭宗密议杀死宦官韩全诲，并礼送昭宗返回长安。凤翔被包围了三个年头，甚至有一年多时间处于缺粮的状态，饿死人无数，就连皇帝也被迫以衣服换取食物，所以昭宗也急于结束战争，在与李茂贞达成协议后，便下诏处死了以韩全诲为首的宦官二十多人，并颁诏令朱全忠与李茂贞和解。朱全忠获得胜利后，挟昭宗返回长安，并与崔胤商议尽诛宦官，共杀死在朝宦官七百多人，又以昭宗的名义颁诏各道，要他们尽数杀死所在之地监军的宦官。除了河东、剑南等道节帅与监军宦官关系密切，没有奉诏外，其余各地的宦官基本被杀光了，唐朝中叶以来历时一百多年的宦官专权的局面至此结束。

在这场斗争中，最大的赢家不是朝官，而是朱全忠，至此他完全控制了朝政，唐昭宗成了孤家寡人。朱全忠掌握朝廷大权后，对不信任的朝官或诛或贬，剩下的均为其走狗和奴仆。即便如此朱全忠仍不放心，留其侄朱友伦掌典禁军，将汴军万余人留驻长安，归朱友伦统率。又安排心腹充任宫苑使、皇城使、左右街使等职，把皇帝、宗室、妃主及百官都严密地控制起来。朱全忠做了周密的安排后，才返回汴梁。

宰相崔胤虽然投靠了朱全忠，在反对宦官的斗争中获得了胜利，但从其内心来讲，并不甘心唐廷被朱全忠取代，所以他想方设法维持唐廷的统治。他上奏昭宗，请求募兵六千人以充宫室卫士，希望能够掌握一部分兵权，以免完全受制于朱全忠。朱全忠闻知后，暗中派遣部下士兵假冒平民，前往应募。崔胤不知，非但计划落空，还使朱全忠加强了在长安的兵力。不久朱友伦在打球时坠马而死，朱全忠怀疑为崔胤所害，遂上奏昭宗将崔胤罢相，随后崔胤为扈驾指挥使朱友谅所杀。翰林学士柳璨文才出众，昭宗颇为喜爱，遂任其为宰相。柳璨出身贫寒，资历甚浅，为同僚所轻视，致使其心怀怨恨，寻机报复，这就为后来的"白马驿之祸"埋下了祸根。

朱全忠急于篡唐，而长安距汴梁路途甚远，不便于直接控制，又担心其他强镇插手朝政，为了便于就近控制朝政，遂决定强迫昭宗迁都洛阳。昭宗无奈，只好顺从朱全忠之意。天复四年（904）初，朱全忠下令长安百姓按籍迁移，拆毁长安宫室、房屋，将木料顺渭水漂下，在洛阳营建宫室。长安百姓号哭连天，大骂说："国贼崔胤导全忠卖社稷，使我及此。"①

长安是当时世界上规模最大最为宏伟的大都市之一，虽然经过唐朝后期几次焚烧，但都影响不大，基本规模仍在。然而经过朱全忠此次破坏后，这座伟大的历史名城遂成为丘墟了。

唐昭宗到达华州时，百姓夹道呼"万岁"，他流着泪说："不要再呼万岁，朕不再是你们的皇帝了！"又回头对侍臣说："'纥干山头冻杀雀，何不飞去生处乐！'朕今漂泊，不知竟落何所！"②这年四月，行至陕州（治今河南三门峡西），昭宗派人对朱全忠说："皇后生产，身体不佳，待十月再行入洛。"朱全忠大怒，认为昭宗有意拖延不行，派部将寇彦卿前往催促，使其马上动身赴洛。到洛阳时，崔胤招募的六军侍卫之士散亡殆尽，昭宗身边卫士及宫中之人均为朱全忠所派。从长安至洛阳途中时，昭宗身边尚有小黄门及打球、内园小儿二百余人，朱全忠对这些人也不放心，命人灌醉后全部坑杀，然后换上年貌、身高相当的二百人顶替。昭宗初不能辨，后来才有所察觉。在这种情况下，昭宗已经成为真正意义上的孤家寡人，成为朱全忠的俎上之肉。

朱全忠强迫昭宗迁都洛阳后，河东李克用、凤翔李茂贞、西川王建、襄阳赵匡凝等地方实力派组成了联盟，以兴复唐室、讨伐朱全忠为名，倡议天下共伐之。朱全忠决定举兵西讨，又担心昭宗会有所举动，于是决定害死昭宗，另立新君。这年八月，他指示左龙武统军朱友恭、右龙武统军氏叔琮、枢密使蒋玄晖等

---

① 〔宋〕欧阳修：《新唐书》卷二二三下《崔胤传》，北京：中华书局，1975年，第6358页。
② 〔宋〕司马光：《资治通鉴》卷二六四，唐昭宗天祐元年正月，第8627页。

人，乘夜暗之际，以入宫奏事为名，率兵进入内宫，昭宗身穿单衣绕殿柱而逃，被追上杀死。朱全忠本来还要杀死何皇后，经其苦苦哀求，才免于一死。唐昭宗死时，年仅三十八岁。

昭宗死后，朱全忠另立时年十三岁的昭宗第九子李柷为帝，史称唐哀帝。次年，朱全忠又杀死了昭宗其余九个儿子。朱全忠认为唐朝的朝臣中还有不少人忠于李唐皇室，这些人是自己篡夺皇位的障碍，必须彻底铲除才能顺利达到目的。朱全忠先把出自名门宿望的宰相裴枢等人罢去相位，然后又酝酿屠杀一些人。柳璨虽然是唐昭宗一手提拔起来的宰相，然其不仅不知报恩，反而投靠朱全忠，为其出谋划策，他趁机把自己平素所忌恨朝臣开出名单，交给朱全忠，怂恿他把这批人全部杀掉。朱全忠的重要谋士李振，早年屡试进士不中，因而对这些所谓名门士族非常痛恨，同时也痛恨科举出身的朝士，也极力主张将这些人全部杀掉。于是朱全忠在滑州白马驿一举屠杀以裴枢为首的朝臣三十余人。李振意犹未尽，对朱全忠说："此辈常自谓清流，宜投之黄河，使为浊流！"[1]朱全忠大笑，立即命人把这些尸体投入滚滚黄河。史称这次事变为"白马驿之祸"。

朱全忠大杀唐朝臣僚固然是为了篡夺皇位，但手段如此残忍，在士人们的心目中形成了极为凶恶的形象，迫使他们投向别处，增添了敌对力量。这实际上不利于他创建新王朝，也造成了很不好的影响。李唐皇朝经此一变，已经完全失去了统治基础，唐哀帝虽仍在位，实际上已经等于亡国。

---

① 〔宋〕司马光：《资治通鉴》卷二六五，唐哀帝天祐二年六月，第8643页。

至此，朱全忠认为篡唐建国的条件已经成熟，遂急不可待地想要废唐称帝。柳璨为了讨好新主子，与枢密使蒋玄晖等商议，认为历来改朝换代，都要先加"九锡"、封国，后行"禅让"。朱全忠出身社会下层，根本不懂得这套东西，反而认为他们心怀异志，拖延时间，等待外援。有人告蒋玄晖因与昭宗的皇后何氏有染而不愿支持禅让，于是朱全忠便下令先处死蒋玄晖，随后又派人杀死了何氏。接着柳璨也被处死，他临刑时大声喊叫："负国贼柳璨，死其宜矣！"①

公元907年，朱全忠代唐建国，都于汴梁，改元开平，改国号梁，史称后梁。朱全忠将唐哀帝贬为济阴王，于次年杀害，其终年十七岁。

后梁建立时，仅有二十一镇，即宣武、宣义、天平、护国、天雄、武顺、佑国、河阳、义武、昭义、保义、戎昭、武定、泰宁、平卢、忠武、匡国、镇国、武宁、忠义、荆南等镇，共六十九州之地。其中武定是剑南西川的属镇，后梁仅占其一州之地；而荆南则保持着相对独立的地位，因此后梁在五代中版图最为狭小。

朱全忠创建后梁既是其事业的顶峰，也是其事业滑坡的开始。由于他急于篡夺皇位，手段残酷，毫无顾忌，引起了天下人的不满与反对，这就等于把自己置于火炉上烘烤，给自己的政治敌人提供了反对他的口实。当时处于独立状态的诸侯很多，如江淮的杨渥、两川的王建、吴越的钱镠、河东的李克用、湖南的马

---

① 〔后晋〕刘昫：《旧唐书》卷一七九《柳璨传》，北京：中华书局，1975年，第4671页。

殷、岭南的刘隐等，都有条件关起门来称王称帝；至于关中的李茂贞、幽州的刘仁恭、福建的王潮等，虽然实力较弱，也都处于相对独立的状态。这些人很多都是朱全忠的死敌，他们原本并未互相联系，朱全忠称帝反倒促使他们联合起来，共同声讨篡唐逆贼。如李茂贞在后梁建国马上宣言讨伐，联络李克用、王建、杨渥等，以兴复唐室为号召，并推李克用为盟主。就连朱全忠一向信任的昭义节度使丁会，在听到唐昭宗被杀的消息后，也立即宣称效忠唐室，讨伐篡逆，举全境归降了太原，使李克用唾手而得潞州战略要地。朱全忠的兄长朱全昱虽在后梁建立后封王，但他毫不领情，竟在宫廷宴会上借酒大骂，直斥朱全忠不该灭李唐三百年社稷，并断言朱氏家族不得善终，要覆宗灭祀。不过这些实力派虽然口头上喊叫得很凶，但各有其小算盘，并没有组成联军讨伐朱全忠，有的后来还向后梁称臣。尽管如此，从总的形势来看，朱全忠此举使自己在政治上陷于孤立，失去了很多同盟者，为其后来的灭亡埋下了隐患。

李克用当然不会放弃这样的好机会，他利用人们对朱全忠的不满，乘机扩张自己的地盘，壮大势力，待机反攻。他明知刘仁恭反复无常、凶险狡诈，却仍加以利用，与之联合，使其发挥了牵制梁军的作用。李克用对待唐廷的态度也比朱全忠高明，始终宣布效忠于李唐王朝，不论实力强大还是衰弱，都保持了一个忠臣的形象。他在朱全忠强迫唐室迁都，以及后来弑君篡位之时，始终冷眼旁观，等待时机，然后便联络诸镇，共申讨伐。李克用的这种策略，为其子后来灭亡后梁奠定了坚实的基础，同时也在历史上留下了一个良好的忠臣形象。

（二）十七年后梁

1.太祖暴戾淫乱

朱全忠称帝后，改元开平，改名朱晃，史称梁太祖。这一时期局势变化很快，朱全忠的头号敌人李克用在开平二年（908）因病而亡，其子李存勖继晋王位。

李存勖继位之时，潞州已经被梁军围攻了一年有余，形势非常危急。李存勖利用梁军以为他正忙于其父丧事、戒备松懈之机，亲率大军，直扑潞州，打破了梁军为围攻潞州而修筑的夹寨，斩梁军统帅符道昭。梁军大败，死亡万余人，委弃的资粮、军械堆积如山。此战对梁晋两方关系重大，如梁军胜，等于打开了河东的门户，可以直攻晋的首府太原；如晋军胜，不仅可以巩固河东的南境，而且向南可以威胁梁的统治中心——河南地区。朱全忠听到夹寨被攻破的消息后，大惊失色，感叹地说："生子当如李亚子，克用为不亡矣！至如吾儿，豚犬耳！"[1]李亚子是李存勖的小字。

此后李存勖着手整顿松弛的军纪，发展农业生产，减轻赋税，优抚孤寡，稳定内部秩序，选用人才，整军备战，使河东境内面貌焕然一新。

这一时期后梁内部却接连发生变乱，义武（治今河北定州）节度使王处直、成德（治今河北正定）节度使王镕，因朱全忠处心积虑地削除异己而举兵反梁，转而投靠李存勖，并推其为盟主，

---

① 〔宋〕司马光：《资治通鉴》卷二六六，后梁太祖开平二年五月，第8695页。

共同反梁。朱全忠听信谗言，杀死佑国(治今陕西西安)节度使王重师，并诛灭其全族。大将刘知俊疑惧，遂在同州举兵造反，与李茂贞联合，共同讨朱。朱全忠还嫉贤妒能，借口马瘦斩杀了屡立战功的骁将邓季筠；又以违抗军令之罪，处死了大将李重允、李谠；宿将氏叔琮、养子朱友恭曾参与杀害唐昭宗，朱全忠为推脱罪责，将他们处斩；朱珍是其著名的战将，朱全忠寻故杀之，诸将苦苦求饶，却被朱全忠赶出；李思安本为朱全忠爱将，因故被贬后，心怀不满，也被处死。后梁内部矛盾激化，极大地削弱了自身实力。

开平四年(910)十一月，朱全忠派大将王景仁率大军讨伐成德王镕、义武王处直，晋王李存勖亲率大军增援。次年，两军在柏乡(今河北高邑县境内)相遇，后梁军队铠甲鲜亮，缕金挂银，光彩耀日，晋军望见颇有惧意。晋大将周德威鼓励将士说："彼皆汴州天武军，屠酤佣贩之徒耳，衣铠虽鲜，十不能当汝一。擒获一夫，足以自富，此乃奇货，不可失也。"①晋军闻言斗志昂扬，士气大振。周德威先派小股部队袭扰梁军，待其疲惫困乏之时全力出击，大败梁军，死尸蔽野，抛弃的军资器械不计其数。柏乡之战是梁晋争衡的转折点，此战之后，战略主动权转移到晋军一方。

乾化二年(912)，幽州刘守光(刘仁恭之子)进攻成德、义武，李存勖再次率大军赴援。刘守光担心不是敌手，遂向朱全忠求

---

① 〔宋〕司马光：《资治通鉴》卷二六七，后梁太祖开平四年十二月，第8731—8732页。

援，朱全忠为报柏乡之仇，亲率大军攻晋。行至下博（治今河北深州东南）时，讹传晋大军涌至，梁军惊慌失措，急忙逃至枣强（今河北枣强前、后旧县村）。晋将李存审仅率少量军队，突袭后梁大军，朱全忠夜间不辨虚实，烧营而逃。情急之中，迷失方向，错走了一百五十余里。河北之民对梁军的残暴非常愤恨，纷纷拿起农具袭击梁军。朱全忠连吃败仗，羞愤交加，狼狈逃回汴梁后便患病卧床不起。

朱全忠流氓出身，性情暴躁残忍，晚年由于战事不利，猜忌之心日重，除了肆无忌惮地杀戮外，便是纵欲宣淫。除了在宫中宣淫外，他还对大臣的女眷肆行淫乱。河南尹、魏王张全义，是五代十国时期一个重要的历史人物，他在恢复中原地区的社会生产方面贡献颇大，朱全忠连年征伐，所需军需物资全赖张全义支持。即便这样一个人物，朱全忠对其家属女眷也不放过。他巡幸洛阳时，住在张全义家中，将其女儿、媳妇一一奸淫，张全义诸子气愤难忍，打算杀死朱全忠，被张全义苦苦劝阻。尤为荒淫的是，朱全忠对自己的儿媳也不放过，无论是养子还是亲子之媳，逐一召见侍寝，公然宣淫，行同禽兽。有意思的是，他的这些儿子为了争宠，甘愿献出自己妻子，毫无羞耻之心。他们利用自己妻子入宫侍寝的机会，打听消息，窃取机密，争夺储位。养子朱友文之妻，貌美灵巧，深得朱全忠宠爱，因此，朱全忠对朱友文也非常宠爱，竟然超过了自己的亲子。

乾化二年（912），朱全忠败回汴梁，又转至洛阳，由于病势垂危，遂打算将朱友文从汴梁召来，嘱咐后事。郢王朱友珪虽是朱全忠的亲子，但其母只是一个营妓（即军妓），故不为朱全忠所喜。然朱友珪却是一个野心很大的人，不甘于目前的地位，也参与到争夺储位的斗争中来。这时他的妻子张氏正在朱全忠身边陪侍，探知这个消息，并且得知朱全忠要将朱友珪贬为莱州（治今山东莱州）刺史，便马上密告给朱友珪。朱友珪惊恐不安，顿起杀意，于是勾结禁军将校，引兵入宫，将朱全忠杀死，称帝于洛阳。为了斩草除根，他派人赶到汴梁，杀死了朱友文。

2.庶子篡位不长久

朱友珪弑父篡位，引起了朱全忠诸子的气愤与不满，他们想方设法，欲取而代之。对于朱友珪的这种状况，明眼人都知其必败无疑。宰相敬翔称病不出，朱全忠的养子朱友谦传檄诸道，问罪朱友珪，并以河中镇归降了晋王李存勖。后梁宿将杨师厚，素为朱全忠所猜忌，这时也乘机占据魏博，朱友珪不敢得罪，只好承认既成事实，任命其为节度使。但他又不愿轻易接受其摆布，遂令杨师厚入朝商议军情，想借机铲除，以绝后患。杨师厚率精兵万人入洛，朱友珪见此状况，哪里还敢动手，只得厚赐遣送归镇。在这场斗争中，朱友珪非但没有得利，反倒示弱于人，杨师厚由此更加骄横，对于朱氏诸子视若草芥。

朱全忠的第四子朱友贞，也想夺取皇位，只是苦于没有实力。朱友珪命他杀害朱友文，他不敢违抗，只得奉命办事。因此，朱友珪即位后，任命他为东京留守，行开封府尹、检校司徒。这时后梁的另一大臣赵岩有事来到汴梁，朱友贞设宴款待，席间言及皇位之事，朱友贞遂乘机向他请教如何可以取而代之。赵岩说：此事易如反掌，成败全在杨令公（指杨师厚），只要得其一言，禁军立即奉命而行。杨师厚位高权重，禁军将士多为其部下，又占据魏博重镇，精兵猛将多在其掌握之中，所以赵岩才劝朱友贞结好于杨师厚。赵岩当时也在禁军中任职，返回洛阳后，便把与朱友贞商议的内容告诉了侍卫亲军都指挥使袁象先，得到了袁的支持。朱友贞又派心腹马慎交前往魏州见杨师厚，答应事成之后，赐给劳军钱五十万贯，并许诺杨师厚可以再兼领一个藩镇。杨师厚犹豫不决，对其部下说："今君臣之分已定，无故改图，可乎？"有人劝其曰："郢王（友珪）亲弑君父，贼也；均王（友贞）举兵复仇，义也。奉义讨贼，何君臣之有！彼若一朝破贼，公将何以自处乎？"①杨师厚醒悟，决意支持朱友贞。于是他派人入洛阳，密与赵岩、袁象先等商议举事计划。

得到杨师厚的支持后，朱友贞便放心大胆地行动起来。在此之前，龙骧军的一个军官在怀州（治今河南沁阳市）反叛，搜捕其同党的行动正四处进行。朱友文乘机派人潜入其军中，散布谣言说："天子以怀州屯兵叛，追汝辈欲尽坑之。"②当时左右龙骧军驻扎在汴梁，朱友贞伪造友珪诏书调其入洛阳，然后借机煽动龙骧军起事。龙骧将校闻知这个消息后，非常惊恐，他们纷纷到朱友贞处，向他请教逃生之道。朱友贞乘机煽动他们起兵诛杀友珪，诸将校也表示愿意拥戴朱友贞为主。朱友贞掌握了龙骧军的兵权后，马上派人密告赵岩、袁象先，于是赵、袁等人率禁军突入宫中，朱友珪自杀后，众人拥立朱友贞在汴梁即皇帝位。

---

① 〔宋〕司马光：《资治通鉴》卷二六八，后梁均王乾化三年二月，第8766页。
② 〔宋〕司马光：《资治通鉴》卷二六八，后梁均王乾化三年二月，第8767页。

3.末帝殉国无人陪

朱友贞即位后，史称梁末帝。由于他是依靠禁军将校的支持当上皇帝的，所以即位之后，大肆赏赐，花费了巨额钱财，加之连年征战，军费开支浩大，使后梁财政日趋紧张。为了满足需要，梁末帝任用贪吏，搜刮民财，致使社会矛盾骤然激化。

梁末帝即位后还面临一个问题，就是杨师厚倚仗其拥立之功，更加骄矜不法，目无君主，梁末帝惧其势大，朝中事务无论巨细，皆先咨询后再施行，杨师厚俨然成了后梁的太上皇。好在杨师厚毕竟年高，不久就病死了，梁末帝得知消息后，如释重负，在宫中设宴庆贺。但是杨师厚所在的魏博镇仍然是一个很大的威胁，魏博兵多将广且勇悍善战，地理位置又靠近汴梁，如果这一威胁不解除，梁末帝仍然难以安生。于是其亲信赵岩献计，不如趁其军中无主，将魏博一分为二，可以达到削弱其强势地位的目的。梁末帝听从其计，下诏将魏博分为天雄、昭德两镇，其府库将士对半而分。又恐魏博将士不服，遂派大将刘鄩率大军六万渡过黄河，逼近魏州，准备弹压。魏博将士不愿背井离乡，聚众哗变，他们纵火大掠，劫持了新任节度使贺德伦，请降于晋。李存勖喜出望外，亲率军队到魏州，接收了军政之权。这一变化对晋来说，无疑是天上掉馅饼的好事，不仅一举占据了魏博这一军事重镇，直接威胁到后梁的统治中心汴梁，而且获得了魏博久战之精兵，使其军事实力大大地增强了。尤其是魏博银枪效节军的获得，意义更大，这支军队战斗力勇悍异常，被李存勖收为亲军，后来在灭亡后梁的战争中出力甚大。

梁末帝当然不甘心魏博就此失去，催促刘鄩迅速进军，收复魏博。刘鄩是后梁诸将中非常杰出的将领，多谋善断，用兵诡诈。他自知晋军兵力强大，不能正面硬拼，于是派军队间道袭击太原，妄图调动晋军主力回救，然后再攻取魏博。李存勖洞察其谋，使其未能得逞，刘鄩只好退屯莘县（今山东莘县），闭营不出。梁末帝连诏催其出战，因军粮不足，刘鄩请求每人发给十斛粮，才可进行反攻。梁末帝大怒，下诏严责，又派人督战。刘鄩无奈，只好勉强进兵，结果大败而回。从此，刘鄩坚壁不战，以避晋军锋芒。贞明二年（916），李存勖为了引诱梁军出战，留大将李存进驻守原处，扬言自己返回太原。梁末帝闻言，又一次催促刘鄩进兵魏州，并且说：社稷存亡，全系此战，望将军勉之！刘鄩只好再次进兵，在故元城（今河北大名东）西与晋军遭遇，梁军大败，仅步兵被歼的人数就达七万之众。这时派去袭击太原的梁军在城内守军与城外援军的夹击下，也大败溃退。晋军乘胜进击，连下邢、洺（治今河北邯郸永年区东南）等州，从而使河北之地尽数归于晋，与后梁形成夹河（指黄河）对峙的局面。围绕着争夺魏博镇的这场战争以晋军全胜、后梁彻底失败而宣告结束，梁末帝得知战败的消息后，哀叹道：吾大势去矣！

这一时期后梁皇室内部的矛盾也趋激化，朱氏诸子互相猜忌，时刻想发动宫廷政变，以夺取皇位。贞明元年（915），梁末帝的张贤妃死，出葬前夜，末帝之弟康王朱友孜遣心腹之人潜入寝宫，谋刺末帝，事泄被杀。从此以后，末帝更加疏远宗室兄弟，宠信赵岩及德妃兄弟张汉鼎、张汉杰等人，使之均居近密之职，军国大事多与他们商议，每次出兵也一定派这些人前往监军。而赵岩等人也倚仗权势，卖官鬻爵，离间将相，搞得朝中乌烟瘴气，人心涣散。老臣敬翔、李振等虽居高位，所言多不见用。李振干脆称病不出，不问政事，以避赵、张等人祸害。自此，后梁政事更加混乱，直至灭亡，未有改观。

从后梁贞明三年(917)至龙德二年(922)，晋与后梁展开了夹河大战，双方多次大战，死伤惨重。总的来看，晋军胜多败少，消灭了梁军不少有生力量，但自身消耗亦很巨大。之所以出现这种状况，与契丹对晋军的牵制有极大的关系。好几次晋军都获得了很大的胜利，正要乘胜进兵之时，都因为契丹军队在北部边境的骚扰，而不得不分兵抵御，从而使后梁有了喘息之机。

晋王李存勖是一个颇具军事才能的历史人物，但也有明显的缺点，即恃勇好斗。他经常亲率轻骑逼敌营挑战，也数次遇险被包围，被诸将救出后，依然如故，没有丝毫改变。正因为如此，往往也导致一些不应有的损失，其中最大的损失便是宿将周德威的战死。李存勖侦知梁军内部发生矛盾，勇将谢彦章被杀，认为有机可乘，决定攻取洛阳。周德威认为时机还不成熟，不宜过早地进行决战，李存勖不听。当晋军进抵胡柳陂(今河南范县西南)时，梁军大批涌至，周德威主张先以小股骑兵袭扰敌军，待其疲惫之时，再大举进攻，李存勖仍不听。他一意孤行，亲率军队应战，混战中周德威父子战死，幸得老将李嗣昭整军反击，才使晋军反败为胜，歼灭梁军数万人。但晋军也损失惨重，得不偿失。正因为李存勖存在这样的缺点，所以后梁大将王彦章称他是"斗鸡小儿"①，不足为虑。

贞明五年(919)，晋将李存审在德胜夹黄河修筑了南北两城(北城故址在今河南濮阳，南城在今濮阳南)，中有浮桥相连，以加强守御。为了对付晋军，梁军也在德胜上游十八里的杨刘(今山东东阿县北杨柳村)夹河筑垒，造浮桥相连。从此双方在杨刘与德胜之间展开大战，互有胜负。龙德元年(921)，成德节度使王镕为部将所杀，李存勖闻讯急率大军讨伐，梁军也乘机反攻，经过激战，晋军虽然平定了成德兵变，并且击败了梁军的进攻，但兵员、物资却损失惨重，老将李嗣昭、李存进等也都在此战中战死。与此同时，后梁内部也发生了内乱，陈州刺史惠王朱友能乘梁军屡败，重兵皆在前线，后方空虚之机，举兵向汴梁进攻，虽然很快便以失败而告终，但仍在一定程度上削弱了后梁的实力。

龙德三年(923)，李存勖在魏州称帝，改元同光。因其家得到过唐朝的赐姓，故国号仍为唐，史称后唐，李存勖也以唐朝的合法继承人而自居，史称其为唐庄宗。

李存勖即位后，决定大举攻梁，打算一鼓而灭之。梁末帝急命老将王彦章与段凝为大将，统兵前去抵御。王彦章勇猛善战，人称王铁枪，而段凝却无勇无谋，只是因为善于讨好权贵，才得重用。宰相敬翔深知这两人同时为将，段凝肯定会嫉贤害能，阻挠和牵制王彦章，必然导致战争的失败。于是他面见末帝，要求

①〔宋〕薛居正等：《旧五代史》卷二一《王彦章传》，北京：中华书局，1976年，第292页。

撤去段凝，专用王彦章。末帝不听。

王彦章率军至前线后，奇袭德胜，连下德胜北城和潘张、麻家口等寨，并进逼杨刘。双方在杨刘周围展开激战，均损失惨重。不久，梁将康延孝降后唐，王彦章又为赵岩、段凝等人所诬陷，被罢去了兵权，改由段凝任主帅。段凝怯懦无谋，人心不附，他不敢主动进攻，竟在滑州决开黄河，东注于曹、濮、郓等州，企图阻止后唐进军。正在这时，后唐大将李继韬举潞州投降后梁，梁末帝急派军协助李继韬攻下了泽州，切断了后唐军队的退路，并进攻太原，直捣后唐老巢。后梁还调汝、洛之兵进攻成德，使后唐军队腹背受敌，处在非常紧张的生死关头。

就在这时，李存勖听取了谋臣郭崇韬、大将李嗣源的建议，自杨刘渡过黄河，绕开梁军主力，然后向西直捣汴梁。这一路后梁没有驻扎重兵，只有王彦章率少数军队进行过阻截，结果战败被擒。后唐兵轻骑兼程袭击汴梁，很快便攻到汴梁城下，守将惊恐失措，只好开城投降。梁末帝走投无路，命侍卫杀死自己。后梁百官见状，皆无效死之意，纷纷出城投降。段凝所率的梁军主力，在前线得知其都城失守后，人心涣散，在主帅率领下全军解甲投降。后梁至此灭亡，前后历时仅十七年。

（三）十三年后唐

1.伶人贪吏害庄宗

后唐庄宗，沙陀人。沙陀族源是一个比较复杂的问题，史籍中对此有许多不同的记载。据当代学者的研究，其族源应该是西突厥别部处月部中的朱邪部落，居于金娑山之南、蒲类之东，当地有大戈壁，名叫沙陀，故以此称其部落。沙陀部族在形成的过程中，还将一些其他民族部落吸收进来，如粟特、回鹘、同罗、仆骨、鞑靼等，相互融合，共同组成了沙陀民族共同体。

在五代十国时期中原地区的五个王朝中，后唐、后晋、后汉三个王朝都是沙陀人建立的政权，其重要大臣多为沙陀人，所以历史上将这三个王朝称为"沙陀三王朝"。

建都洛阳的后唐，是五代中疆土最大的一个王朝，不仅占据有原后梁的全部疆土，而且占据了关中、汉中、两川等地区。由于后唐实力强盛，当其灭亡前蜀时，南方诸国无不震恐，担心会蹈前蜀之覆辙。然而，事实却是后唐非但没有能够并吞诸国，完成统一大业，唐庄宗本人反而很快就身败族灭了。

唐庄宗李存勖本是出身于沙陀贵族家庭的纨绔子弟，虽然在军事上颇有才能，但在政治上却是一个目光短浅的人。他在继晋王位初期，因面临着生死存亡的大问题，尚能克制自己，采取一些改革措施，虽然只是头痛医头、脚痛医脚的应急之策，但毕竟还是有所作为的。当渡过危机后，他性格中的劣根性便显现出来了。

李存勖喜欢赌钱，也爱好歌舞戏曲，经常需要大量的钱财用于支付赌账和赏赐伶人。在建国称帝之前，他把主要精力用于军事作战，河东军府政事则委于宦官张承业掌管。张承业是一个廉洁奉公、恪尽职守的人，在他的惨淡经营下，河东治内百业复兴，社会稳定，蓄积了大量的金谷，供应战争的需用。李存勖在支付赌账和赏赐伶人方面的开支也需要通过张承业才能获得，而张承业却认为财赋应用于政事和军事，不应花在这些方面，所以常常拒绝支付。李存勖总觉不便，于是便想了一个办法，另行设立了个"酒钱库"给自己私用，并命自己的儿子李继岌为张承业跳舞，赚取钱帛。不料张承业仍然分文不给，只用他个人的财物，如宝带、良马、钱币相赠，公家的钱物却丝毫不予。李存勖指着钱库说：和哥（指继岌）乏钱，七哥（指承业）应以公钱与之，宝带、良马的价值也太小了。张承业说：所给郎君之物，皆出自承业的俸禄，公家之钱是大王用于养战士的，承业不敢以公物作为私礼相送！李存勖借酒撒疯，口出恶言，逼迫张承业出钱。张承业说：老仆这么做，非为子孙计，只是想以此库钱为大王成就霸业之用，不然大王自取之，何必问老仆。不过财尽民散，一无所成而已！李存勖恼羞成怒，拔剑行凶，张承业上前抓住他的衣襟，哭泣着说：老仆受先王顾托之命，誓为国家铲除汴贼，若因爱惜公家钱物而死于大王之手，老仆在地下见到先王也无愧了！今日就请大王杀了老仆吧！就在前庭闹成一团之时，李存勖之母曹氏被惊动，遂将他唤入内室责备，李存勖大孝，于是慌忙向张承业叩头谢罪。次日，曹氏又带李存勖专门向张承业赔礼谢罪，才将一场风波平息了下去。可见李存勖虽为恶少，但尚能顾及大局，不敢一味地胡闹下去。但一旦天下平定，他便开始放纵自己、为所欲为了。

灭亡后梁后，李存勖便不再有所克制，开始骄傲自满起来。灭梁之初，割据荆南的高季兴闻讯后，非常惶恐，急赴洛阳朝见庄宗。返回后对他部属说：主上百战而得中原，对勋臣夸手抄《春秋》，又竖手指说"我于指头上得天下"，如此则功在一人，臣下又有什么功劳呢？且其经常游猎，经旬不回，不理政事，我可以高枕无忧了！当时吴国得知后梁灭亡的消息后，上下震惊，而谋士严可求全不在意，从容地说：我闻唐主始得中原，志气骄满，御下无法，不出数年，必有内变。建议卑辞厚礼，保境息民，等待其变。时人对庄宗的这些看法，无疑是准确的。

庄宗灭梁以来，猜忌功臣宿将，却信任宦官、伶人。从李克用时代起，这个家族就与宦官集团建立了比较密切的关系，李克用被重新起用，就是出于大宦官杨复光的举荐。杨复光死后，李克用又与其兄弟杨复恭勾结。杨复恭在朝中专权跋扈，称唐昭宗为"负心门生天子"，两人闹翻以后，杨复恭在逃往河东的途中被杀。李克用上表为其鸣不平，并迫使唐廷为其平反。所以，在朱全忠诛杀宦官时，河东成了宦官最大的避难之处。后唐建立后，庄宗颁敕要求各地将前朝宦官不论贵贱统统遣送到洛阳，致使朝中宦官人数达上千人。这些人在后唐又重新专断权柄，干预政事，并在各道再次设置监军使，军府之政皆由监军决之，他们欺凌主帅，怙势争权，唐朝宦官专权之局再次死灰复燃，引起了朝野上下的不满。就此点而言，后唐与后梁相比，应该说是一个倒退。

宠信并重用伶人是庄宗在政治上的又一特征。庄宗喜音律，好俳优，爱与伶人交往，早在其为晋王时就是如此，只是那时他忙于灭梁大事，在这方面还不突出。即皇帝位以后，他自以为天下太平，便无所顾忌起来。比如他所宠爱的伶人周匝被梁军俘去后，得到教坊使陈俊、内园使储德源的保护，庄宗进入汴梁后，周匝前来谒见，庄宗大喜。周匝诉说自己在后梁多亏陈俊与储德

源保护，才得以与陛下重新相见，请求授给两人刺史之职，以为
报答。庄宗遂授陈俊为景州（治今河北东光县）刺史、储德源为宪
州（治今山西娄烦县）刺史。庄宗有时也粉墨登场，亲自表演，自
取艺名"李天下"。有一次表演到兴头上时，四顾而呼曰："李天
下，李天下何在？"伶人敬新磨上前打了庄宗几记耳光，庄宗一
时不知所措，左右伶人皆大惊失色，抓住敬新磨责问，回答说：
"理天下者只有一人，尚谁呼邪！"①李，取"理"字的谐音，理
天下者即指皇帝。听到此话，左右皆大笑，庄宗也非常高兴，赏
赐敬新磨甚厚。

庄宗宠信伶人，于是伶人出入宫掖，侮辱公卿，专权用事，
收受货赂，引起了朝臣的愤恨。其中伶人景进最得庄宗信任，经
常命其出访民间，事无大小，皆秉皇帝。每次景进进宫秉事，都
要屏退左右，军机国事也经常参与决策，三司使孔谦称其为兄，
呼为"八哥"。庄宗入洛之初，居于唐朝原宫殿内，由于宫室广
大，显得宫人稀疏，比较冷清。于是宦官、伶人多说宫中夜见鬼
怪，是后宫人数稀少之故。庄宗遂命景进等人负责选民间美女千
人，以充实后宫。景进仗势弄权，无论官民军士，凡有女者皆在
采选之列，致使军士妻女因此而逃亡者达数千人。枢密使郭崇韬
对伶人素来厌恶，常常加以抑制，因此伶人对他也非常痛恨。后
来在他与魏王李继岌率军伐蜀时，刘皇后听信宦官、伶人的谗
言，指使李继岌杀死了郭崇韬。庄宗之弟李存乂是郭崇韬的女
婿，郭崇韬被诛后，伶人景进进谗言于庄宗说：存乂将要谋反，

---

① 〔宋〕司马光：《资治通鉴》卷二七二，后唐庄宗同光元年十一月，第8904页。

为其岳丈报仇也。于是李存乂也被杀害。梁将朱友谦以河中降于后唐，庄宗攻入洛阳后，伶人们向其索赂，朱友谦无法应付，遂予以拒绝。于是景进对庄宗说：崇韬既诛，友谦不自安，必将谋反，应该早诛，以绝后患。结果导致了朱友谦全族被杀。

伶人史彦琼任武德使，镇守邺都，魏博等六州之政皆由其掌管，自魏州留守王正言而下，全都俯首听其指使。后来在邺都兵变时，史彦琼不知设法化解，反而率先逃走，致使邺都群龙无首，酿成大祸。另一伶人郭从谦，艺名门高，被庄宗任命为从马直指挥使，掌管亲军兵权。郭从谦因为姓郭，遂拜郭崇韬为叔父，又被李存乂收为养子。两人被害后，郭从谦置酒军中，愤然流涕，称二人之冤。这时从马直军士王温利用宿卫宫中的时机，阴谋作乱，事泄被诛。庄宗对郭从谦说："汝党存乂、崇韬负我，又教王温反。复欲何为乎？"①庄宗此语本是戏言，但已使郭从谦惊恐不安，于是煽动亲军反叛，攻入宫中，庄宗因此而亡。

正因为庄宗宠任伶人且最后死于伶人之手，所以宋代大文豪欧阳修撰《新五代史》时，专门创立了《伶官传》一门，并在序言中以此为鉴，希望能引起统治者的警诫。他总结这一历史经验说："《书》曰：'满招损，谦得益。'忧劳可以兴国，逸豫可以亡身，自然之理也。故方其盛也，举天下之豪杰莫能与之争；及其衰也，数十伶人困之，而身死国灭，为天下笑。夫祸患常积于忽微，而智勇多困于所溺，岂独伶人也哉！"②欧阳修的这一番

---

① 〔宋〕欧阳修：《新五代史》卷三七《伶官传》，第 401 页。
② 〔宋〕欧阳修：《新五代史》卷三七《伶官传》，第 397 页。

话，可谓至理名言，应该引人深思。

庄宗皇后刘氏出身寒微，其父刘叟以卖药算卦为生，人称刘山人。庄宗在魏州时，刘山人前来认亲，内臣刘建丰认出这位老人正是刘氏之父。刘氏却不愿认亲生父亲，对庄宗说："妾离乡之日，妾父死于乱兵，当时妾环尸而哭。这位是何田舍翁？竟敢前来冒充妾父！"命人将其打出宫门去。庄宗明知此人是皇后的亲生父亲，但是也不便说破。刘氏生性凶悍，常与宫中诸嫔妃争宠，由于其出身低贱，所以特别忌讳提起自己的家世。庄宗既好俳优，遂穿上与刘叟一样的衣服，背上药囊卦筹，命其子李继岌头戴破帽相随，直入刘氏寝宫，说："刘山人来省女。"[1]刘氏大怒，又不好对庄宗如何，只好把气撒在继岌身上，将其痛笞一顿而赶出宫去。此事一时成为宫中笑乐的话题。

刘皇后不愿认亲生父亲，却自愿认张全义为养父。张全义久居洛阳，在后梁时已经封王，家富于财，庄宗入洛之后，张全义便投靠了新朝。有一次庄宗夫妇造访其家，刘皇后贪图钱财，竟对庄宗说：妾幼年遭遇战乱，失去父爱，愿认全义为父。张全义自然不敢拒绝，诚惶诚恐，认了这位义女，献出大批财宝作为见面礼，并且此后每年都进献大批财物，总算保住了富贵荣华。

刘皇后贪婪已极，拥有大量的财富仍不满足，又以皇后的名义经营商业，甚至樵果菜蔬也不放过，往来兴贩，乐此不疲。每年各地的贡献，先入后宫，其除了写佛经、施僧尼外，靳惜不舍纤毫。同光三年(925)，发生大水灾，河南、河北百姓流离失所，

---

① 〔宋〕欧阳修：《新五代史》卷三七《伶官传》，第398页。

无以为生。由于漕运路绝，京师供给不足，六军兵士往往有饿死者。可是庄宗与刘皇后却游猎宴乐不绝，所至之处，都要当地百姓供给，甚至售卖家具什器、拆毁房屋以供之，县吏畏惧，逃窜于山谷。次年春天，新粮未收，百姓军士仍然非常困苦，国库无钱，宰相请求打开内库以供应军队之需，庄宗已经同意，而刘皇后却不肯。宰相在殿上再三论请，刘皇后在屏风后窃听，遂闯至廷前，拿出了自己的妆奁首饰，并推出了皇幼子满喜，对庄宗说：诸侯所贡，给赐已尽，宫中所剩就这些东西了，请把它们卖了以供军，如果不够就把满喜也卖了吧！宰相见此状况，哪里还敢多言，惶恐而退。后来魏州兵变，刘皇后才拿出了内库之物以赏军，军士一面背负着赏赐之物，一面大骂说：我们的妻子儿女已经饿死了，要这些财物又有何用处！所以说庄宗身败国亡，其妻刘氏也有不可推卸的责任。

此外，唐庄宗还重用贪浊之吏以敛财，早在其建国称帝之前，就已重用孔谦筹措军费。建国后任命孔谦为租庸使，掌管全国财赋的征收。孔谦为了讨好皇帝与皇后，不断地加重赋税，即使皇帝有时发布赦文蠲免一些地区的赋税，孔谦却仍然照征不误，自此每有诏令颁布，人皆不信。按照当时的制度，地方赋税收入分为三份，一份留州，一份送度，一份上贡。可是孔谦却以租庸使的公文直下州县催征赋税，而不经过藩镇。这本是加强中央集权，抑制地方财权的一种措施，却被孔谦当成一种横征暴敛的手段。实施的结果，一是加重了百姓的负担，破坏了社会生产；二是引起了广大藩镇的不满，使庄宗处于孤家寡人的境地。孔谦还通过地方政府强制放高利贷来敛财，致使不少百姓破产，有人因此而弹劾孔谦，庄宗却置之不理。庄宗倒行逆施，终于激起了事变，最终落了个身败名裂的下场。

同光四年（926），魏博镇驻守瓦桥关（今河北省雄县西南）的军队期满返乡，到达贝州（治今河北清河县旧城）时却突然接到敕令，不许他们返乡。于是流言四起，兵士皇甫晖趁机发动兵变，推赵在礼为首，攻入邺都。庄宗闻讯，急命元行钦率兵讨伐，结果战败而退。这一时期后唐的宿将或被庄宗杀害，或老病而死，庄宗不得已只好命自己并不信任的李嗣源率侍卫亲军前往讨伐。李嗣源本无异志，但是此时军心已乱，难以驾驭，其行至邺都城下当晚就发生了兵变，乱兵劫持李嗣源入城，与邺都的魏博军联合，共同拥李嗣源为主。李嗣源设法逃出，向庄宗上表，表明心迹，然其表章却被元行钦扣下，不能上达天子。李嗣源的女婿石敬瑭劝其趁机起兵，先入汴梁，再下洛阳，利用庄宗人心失尽之机，夺取帝位。当李嗣源决计南下之际，河北藩镇纷纷拥戴，因此得以顺利渡过黄河，并且迅速进入汴梁。庄宗闻变，急率军向汴梁进军，途中得知李嗣源已入汴梁，便仓皇退回洛阳，行至半途，兵士已逃亡过半。他再三好言抚慰士卒，并许愿给予厚赏，兵士们回答说："陛下赐与太晚，人亦不感圣恩。"[1]回到洛阳后，伶人郭从谦率亲军从马直叛乱，庄宗与其激战，中流矢而死，左右逃散，只有五坊伶人善友聚乐器于其尸之上，焚而烧之。李嗣源入洛阳后，得其骨灰，葬于新安，名曰雍陵。随后李嗣源即皇帝位，史称唐明宗。

---

① 〔宋〕薛居正等：《旧五代史》卷三四《唐庄宗纪八》，第476页。

2.明宗新局太短暂

李嗣源也是沙陀人,本无姓氏,小名邈佶烈。其父曾任雁门都将,因此他年轻时从军,在李克用帐下当兵。因厚重寡言、办事谨慎,被李克用收为养子,取名嗣源。李嗣源跟随李克用东征西讨,建立了许多功劳,逐渐升任天平军节度使、蕃汉马步军副都总管。庄宗攻汴梁时,李嗣源率军队率先进入汴梁,庄宗后至,见到李嗣源后,大喜过望,抓住其衣襟,以头撞之,并表示所得天下与其共同分享。因此李嗣源功拜中书令,受赐铁券,后又兼任蕃汉内外马步军总管,移镇成德。由于李嗣源功高望重,宦官伶人经常中伤他,引起了庄宗的猜忌,庄宗巡幸邺都时,他请求朝见皇帝,不许;太后患病,请求入洛探问,又不许。当魏博军叛乱时,群臣皆请求派李嗣源平叛,庄宗不许,后来元行钦兵败,群臣再三恳请,这才允许李嗣源统军前往。可见李嗣源在庄宗时期的日子也不好过。

明宗即位时,已经年近六旬,虽然不识文字,但饱经风霜,深知民间疾苦,因此在位期间采取了一些有益措施,其统治时期一度出现了小康局面。

明宗革除了同光时期的弊政,斩杀民愤极大的孔谦,废除苛敛之法;对于盗掘唐朝诸帝陵墓的温韬,庄宗在世时,本应严惩,因其贿赂皇后及内官,得以逃脱惩罚,明宗即位后遂将其诛杀;罢去诸道监军使,驱逐宦官、伶人;下诏禁止各地进献鹰犬珍玩;大量遣散宫女,撤销诸司有名无实者;分遣诸军就食于近畿州县,以减少军需运送之劳;惩治贪官污吏,或贬或杀,使贪官有所惧，对改变吏风起到了一定的积极作用。

明宗的这些措施在一定程度上起到了减轻农民负担、稳定社会秩序的积极作用，加上其统治期间基本没有大的战争爆发，使得同光时期残破的社会经济有了一定程度的恢复，百姓流离失所的状况得到较大改善。

明宗直到晚年仍不立太子，大臣们请求立太子，他就以为是在逼迫自己让位下台，因而声泪俱下，使得大家再也不敢提起此事。他的嫡子秦王李从荣轻狂昏庸，信任谄佞之人，排挤老臣旧将，还收揽一些无耻的文人，经常附庸风雅、吟诗弄文。明宗病重，他也不入宫探望。当明宗病危，数日不见臣下时，他误以为其父已经病死，自感素无人望，担心难以继位，便主动引兵入宫。枢密使朱弘昭、冯赟闻变，以讨逆为名，派兵攻杀了李从荣。此时明宗正在弥留之际，得知这一消息，悲痛过度，很快死去。

3. 闵帝在位仅数月

明宗死后，众臣立其第五子李从厚为帝，史称唐闵帝。闵帝身形肥大，做事优柔寡断，宠信朱弘昭、冯赟二人，由其专断朝政，排斥异己。明宗养子潞王李从珂，勇猛善战，时任凤翔节度使，朱、冯二人将其视为眼中钉，必欲除之而后快。李从珂之子李重吉掌典禁军，任控鹤指挥使，闵帝即位后，便罢去其禁军军职，令其外任亳州（治今安徽亳州）团练使。又调李从珂任北京（治今山西太原西南）留守，以洋王李从璋代其任凤翔节度使。当年枢密使安重诲被贬为河中帅，就是以李从璋代其为帅的，随后安重海就被诛杀了。因此李从珂非常疑虑，不愿受代，聚将商议，决定举兵反抗。得知李从珂起兵的消息，闵帝遂以王思同为帅，率禁军及六镇大军讨伐凤翔，并包围了凤翔城。李从珂登城哭诉，言其无罪，被奸人所害。禁军将领杨思权为了升官发财，煽动禁军兵变，率诸军投降了李从珂。李从珂尽出凤翔所有用来赏军，并许诺攻下洛阳后，再给予重赏。潞王大军很快攻下长安、华州、陕州，侍卫亲军纷纷归顺潞王。闵帝无奈，只好仓皇向魏州逃去，途经卫州(治今河南卫辉)，遇姐丈石敬瑭，石敬瑭尽杀闵帝亲随，置闵帝于不顾，使其被潞王追获而缢杀之，一说遇鸩而崩。闵帝即位不过数月，便被推翻，随后潞王即皇帝位，史称唐末帝。

4.末帝失位石敬瑭

李从珂，本姓王，镇州平山(今河北平山)人，家世微贱。其母魏氏，年轻守寡，李嗣源为骑将时，途经平山，将魏氏掳掠而去。魏氏有子名阿三，年已十余岁，被李嗣源收为养子，取名李从珂。后唐皇室从李存勖始，至李嗣源，再到李从珂，国号未变，却已经换了三姓。李从珂长大以后，形貌雄伟、谨信寡言，并且骁勇善战、屡立战功，深为明宗所爱。明宗即位后，李从珂历任河中、凤翔节度使，封潞王。

末帝是依靠兵变而获得帝位的，因此在其统治期间，兵骄将悍，百姓罹祸。这种节帅通过兵变夺取帝位的先例，对一些野心家来说是一种鼓励，使得后唐的统治更加不稳。这一时期最大的野心家就是明宗的女婿、河东节度使石敬瑭，对此末帝也有所觉察，于是下诏调石敬瑭为成德节度使。石敬瑭不从，并勾结契丹举兵反叛。清泰三年(936)五月，末帝任命建雄军节度使张敬达为太原四面都招讨使，杨光远为副使，率大军讨伐石敬瑭。后唐大军包围了太原，筑长围以困城中。但是后唐君臣对契丹的来援却毫无戒备，没有及时截断雁门诸通道，致使契丹主耶律德光所率军队顺利度过险要，进抵太原，大败后唐军队，将后唐五万大军包围于晋安寨(今山西太原晋祠镇南)。末帝派大将范延光、赵德钧分道进援，赵德钧心怀异志，向后唐朝廷讨价还价，要求任命其子赵延寿为镇定节度使，并要求将范延光部划归他统属。他还派人厚贿契丹主，要求立自己为帝。面对这样的将帅，末帝无奈，在群臣的劝说下，决定率军亲征，但又畏敌如虎，精神颓废，形神惨沮，不敢前进。在这一时期内，不少后唐将领纷纷归降石敬瑭，如先锋指挥使安审信、振武守将安重荣、彰圣指挥使张万迪等。后唐统治岌岌可危，处于即将全面崩溃的前夕。被围于晋安寨的后唐军队内无粮草，外无救兵，军心已乱，副使杨光远、大将安审琦劝主帅张敬达投降，遭到拒绝，索性将他杀害，举全军投降了石敬瑭。末帝闻讯，急忙逃回洛阳，在石敬瑭军逼近洛阳时，自焚而死。至此后唐彻底灭亡，历时十三年，共四帝三姓。

（四）十一年后晋

1.儿皇帝难服众

石敬瑭即皇帝位，国号晋，史称后晋，石敬瑭被称为晋高祖。石敬瑭也是沙陀人，家世贫寒，连姓氏也没有，至于石姓，不知其来源。石敬瑭的父亲早年跟从李克用征伐，以功授洺州刺史。石敬瑭为人沉默寡言、稳重沉厚，李嗣源爱之，遂将女儿嫁给了他，并命他在帐下为将。李嗣源称帝后，石敬瑭历任保义、宣武节度使，侍卫亲军马步军都指挥使，于明宗晚年转任河东节度使。为了能够得到契丹的支持，他不惜答应割让燕云十六州给契丹，又与耶律德光约为父子，甘当"儿皇帝"，简直无耻之尤，尤其是割让燕云地区的行为，对以后的中国历史造成了极严重的影响，使中原地区长期处于异族的威胁之下。

石敬瑭是依靠契丹自藩帅而夺得帝位的，所以每年除了向契丹贡奉大量的财物外，吉凶庆吊，从未遗忘，使者相望于道，奉表称臣，称契丹主为"父皇帝"，但其实他比耶律德光还要大九岁。契丹太后、太子、诸王、元帅及重要大臣韩延徽等，他也都有贿赂相送。每有契丹使者至，必于别殿拜受诏敕，契丹使者小不如意，便出不逊之语。这一切石敬瑭都忍受下来了，但朝野上下咸以为耻，有的大臣也因此而拒绝出使契丹。兵部尚书王权就是如此，石敬瑭派他出使契丹，向其主献徽号，王权耻于跪拜契丹主，宁愿丢官，也不愿充使。

后晋的将帅们多有不服石敬瑭者，他们也想凭借自己的实力，夺取天子之位。成德节度使安重荣就是这样一个跋扈的武夫，他常对人说："天子，兵强马壮者当为之，宁有种耶！"①此话虽出自安重荣之口，却反映了当时在藩帅中普遍存在的思想。

---

① 〔宋〕薛居正等：《旧五代史》卷九八《安重荣传》，第1302页。

安重荣不服石敬瑭，遂收聚亡命，收市战马，囤积粮草，准备将来起事。此人虽是野心勃勃的赳赳武夫，然比起石敬瑭来，多少还有些民族气节，史书记载，他每见契丹使者，必指着鼻子大声谩骂。又联合契丹境内的吐浑等族以为援，招纳吐浑首领白承福等率本族三万余帐内迁，在一定程度削弱了契丹的实力。他还公然上表，指斥石敬瑭向契丹奉表称臣，贡献中原珍异财宝，并将此书散发给朝中大臣及诸镇藩帅，使得石敬瑭十分恼火。契丹对大批吐浑人的内迁也十分不满，接连遣使责备石敬瑭。石敬瑭内外交困，焦虑万分，亲自跑到邺都，连下诏书劝谕安重荣，却毫无效果。天福六年(941)冬，安重荣大集境内军民，众至数万，向后晋都城汴梁进军，但由于其部将被石敬瑭收买而战败。安重荣兵败被杀后，石敬瑭为讨好契丹，竟将安重荣的头颅送给了契丹，以表示自己的一片顺服之心。

其实早在安重荣起兵之前，天福二年(937)，后晋的天雄(即魏博的改名)节度使范延光就已经举兵反叛过了。当时义成(治今河南滑县东南城关)节度使符彦饶、东都(即洛阳)巡检使张从宾等，皆举兵响应。只是由于他们各自为战，相互协调不够，才被石敬瑭各个击破。在安重荣举兵的同时，山南东道节度使安从进利用后晋石敬瑭全力对付安重荣之机，举兵于襄州(治今湖北襄阳襄州区)，并进攻邓州(治今河南邓州)，久攻不克，后兵败身亡。

后晋诸镇藩帅的这种不稳定状态，使得石敬瑭十分不安，若采用武力镇压，显然实力不足，于是只好采取姑息政策，以保住石氏家族的统治地位。因此在后晋统治时期，各地藩帅中骄恣残暴者有之、残酷克剥者有之、专横跋扈者有之，致使当时百姓生活在水深火热之中。如晋昌(治今陕西西安)节度使赵在礼，靠兵变起家，在聚敛财富方面不遗余力。他先后历任十余镇，所到之处，开设邸店，经营商业，积财巨万。他在任宋州(治今河南商丘市南)任上时，所为不法，百姓苦之，不久有诏移镇永兴(治今陕西西安)，百姓听到后，欢欣鼓舞，互相庆贺说："眼中拔钉，岂不乐哉!"赵在礼听到后，恼怒异常，特意上表请求再留任一年，昏庸的后晋朝廷竟然同意了他的请求。于是他下令境内按户每年增收一千文钱，谓之"拔钉钱"①，并且严令各地官吏催督，如不按数缴纳，便严刑拷打。泾州(治今甘肃泾川北)节度使张彦泽骄横不法，憎恨幕僚张式的直言相劝，欲加杀害，张式逃走，朝廷为安其心，竟将张式判处流刑。然张彦泽还不满足，公然威胁说："若不得张式，患在不测。"言下之意，如不按其意办，将会举兵造反。后晋朝廷姑息藩镇，全然不顾朝廷颜面，竟将张式押回送给张彦泽，结果张式被以决口、割心、断手足等非常残酷的手段杀害了。

外有契丹的不断索取和指责，内有不法藩镇的压力，石敬瑭终日处于紧张惶恐的气氛之中，郁郁寡欢，最终忧病而亡。

2. 出帝不敌契丹

石敬瑭死后，其侄石重贵继位。石重贵的亲生父亲石敬儒，是石敬瑭的兄长，早年在后唐庄宗部下为将，早死，所以石重贵

---

① 〔宋〕欧阳修:《新五代史》卷四六《赵在礼传》，第504页。

被石敬瑭收为养子。由于石敬瑭的五个儿子早死，在世的儿子石重睿年纪尚幼，所以只好立石重贵为帝，史称晋出帝。

石重贵虽为皇帝，但朝中大权却由侍卫亲军都指挥使景延广掌控。而景延广既无勇又无谋，且狂妄自大，不可一世。他自掌权以来，改变了石敬瑭对契丹的一贯政策，拘禁其使者，杀害辽国商人，抢夺其货物。石重贵继位时，对契丹称孙不称臣，引起契丹不满，战争一触即发。景延广不仅不做好战争的准备，还口出狂言，声称"晋朝有十万口横磨剑，翁若要战则早来，他日不禁孙子，则取笑天下，当成后悔矣！"①这种空口说大话的行径，只会给中原地区带来无穷的祸患。果然契丹主大怒，连年进兵侵扰中原。而后晋王朝内部却有不少野心家也想乘乱夺取皇位，唯恐天下不乱，如石敬瑭的儿女亲家杨光远、原后晋大将赵延寿、北面都招讨使杜重威、兖州节度使李守贞等，无一不是此类人物。在契丹与后晋的战争中，幸赖广大军民的拼死奋战，才使契丹军屡次受挫而退，有时还败得很惨。但是由于后晋内部有这些只图个人权位，而不惜出卖民族利益的人存在，最后的失败便是不可避免的了。

开运三年(946)，契丹主耶律德光再次发动对后晋的战争，他指示降将赵延寿与瀛州(治今河北河间)刺史诈降于晋，送假情报给后晋，出帝不辨真假，急于成功，遂匆忙命杜重威为统帅，统领大军北上抗击契丹军。杜重威此次出征是有个人打算的，也想仿效石敬瑭，卖国求荣，当儿皇帝。他借口此次出战深入敌

---

① 〔宋〕薛居正等:《旧五代史》卷八八《景延广传》，第1144页。

境，必然要有强大的兵力才能保证成功，石重贵只好给他增兵，致使禁军皆归其麾下，京师空虚。杜重威到前线后，每日置酒作乐，不议军事，只知一味地向晋廷要求增兵运粮。晋军本是兵多将广，实力强于契丹军，但由于主帅没有任何作为，反被契丹军截断粮道，形势极为不利。杜重威正是要使晋军处于危险境地，以便受其裹挟投降契丹。他与副帅李守贞商议，派人与契丹联系请降。耶律德光虽然包围了晋军，但毕竟晋军人多势众且战斗力较强，没有必胜的把握。当他得知杜重威率军投降的消息后，大喜过望，马上许愿事成后立他为皇帝。于是杜重威召集诸将，伏甲于营中，宣布投降契丹，诸将中虽有不愿者，但在刀剑的威胁下，也只好连署降表。当杜重威向全军宣布投降的消息后，全军恸哭，震天动地，这表明广大士兵是不愿意做卖国贼的。

杜重威投降后，耶律德光让他穿上赭黄袍，不过他早已许立赵延寿为皇帝，于是也让赵延寿穿上赭黄袍，将两个卖国贼玩弄于股掌之间，而实际上根本无意让他们中的任何人当皇帝。这一回他本人要过当中原皇帝的瘾了。

由于晋军主力已经投降契丹，耶律德光很快便进入汴梁，俘获了石重贵及其全家，将其迁往契丹境内的建州（今辽宁朝阳境内）居住。耶律德光于次年，即公元947年，在汴梁后晋宫中即皇帝位。由于契丹军队在中原到处烧杀抢掠，还美其名曰"打草谷"，激起了中原人民的反抗，多者数万人，少者不减千百，他们到处打击契丹军队，杀戮契丹派来的官吏。在这种情况下，耶律德光无力维持其在中原的统治，只好仓皇退出中原，临走时匆匆立后唐明宗之子、许王李从益为帝，然后率军北撤，行至途中一病而亡。

后晋共历二帝，统治了十一年时间。

（五）三年后汉

后汉政权为后晋河东节度使刘知远所建。刘知远也是沙陀人，家世贫寒，冒姓刘氏。其早年与石敬瑭均在后唐明宗部下为偏将，因为在战争中救过石敬瑭的命，遂被引为亲信。石敬瑭任河东节度使时，任刘知远为节度押衙。石敬瑭勾结契丹密谋造反时，刘知远也参与了密谋。刘知远被石敬瑭视为亲信，所以后晋建立后，其任侍卫亲军都虞候，领保义军（治今陕西凤翔）节度使，后来又很快升任为侍卫亲军马步军都指挥使，成为禁军的最高统帅。天福六年（941），任河东节度使、北京留守。

石敬瑭死后，刘知远预感天下将要大乱，所以着意经营太原。为了加强自己的实力，他处死了吐浑首领白承福，夺取了大量的财富及良马数千匹。契丹军进犯汴梁时，刘知远既不出兵救援，也不抗击契丹，而是采取了冷眼旁观、等待其变的态度。契丹攻占汴梁、灭亡后晋后，他也曾派人奉表于契丹主，耶律德光呼其为儿，并赐予木拐，相当于中原王朝赐给重要大臣的几杖。当中原人民纷纷起来打击契丹时，诸将劝其发兵攻取汴梁，他却不愿与契丹硬碰，以免削弱自己的实力。待契丹军队无法在中原立足而北撤时，刘知远看准时机，于公元947年在太原称帝。为了掩人耳目，他仍用天福年号而不改元，称这一年为天福十二年。当晋帝石重贵一行被押北上时，他假装悲愤，率亲兵以迎晋帝，实际上走到寿阳（今山西晋中东）便又转回太原。然后他便亲率大军乘中原空虚之际，渡过黄河，进入洛阳之初便迫不及待地杀死了李从益母子，以绝人望。

刘知远因冒姓刘氏，故以汉为国号，史称后汉，旧史称其为后汉高祖。后汉的都城仍在汴梁，刘知远的旧日僚佐均成为朝廷重臣，占据了各种要害部门：杨邠、郭威任正副枢密使，苏逢吉、苏禹珪任宰相，王章任三司使，史弘肇任侍卫亲军马步军都指挥使兼平章事。这些人除郭威外，其均为蛮横无知、贪暴残酷之徒。宰相苏逢吉，早在河东为幕僚时，刘知远命其静狱以祈福，实际上是要他释放囚犯，而他却把全部囚徒统统处死，号称"狱静矣"。当了宰相以后，他仍不改旧习，曾欲将为盗者本家及其四邻、保人全族处斩，有人驳斥说："为盗者族诛，犹非王法，邻保同罪，不亦甚乎？"①苏逢吉不得已，才勉强删去"全族"二字。

至于史弘肇，更是残暴绝伦，他掌握禁军兵权，警卫都邑，只要有人稍有违犯法纪，他不问罪之轻重，便处以极刑。甚至有人因仰观白昼出现的太白星，而被处以腰斩之刑。另有一百姓因酒醉与一军士发生冲突，也被诬以妖言惑众之罪而斩首。至于断舌、决口、抽筋、折足等酷刑，几乎每日不断。

王章任三司使负责理财，唯知暴敛，致使百姓因此而破产者处处可见。旧制，两税征粮时，每一斛加收二升，称之为"鼠雀耗"，而王章命令加收二斗，相当于以往的十倍；旧制，官库出

---

① 〔宋〕王钦若等编：《册府元龟》卷九四一《总录部·残虐》，南京：凤凰出版社，2006年，第10902页。

纳钱物，每贯只给八百文，百姓交税也是如此，每百文只交八十文，称之为"短陌钱"，而王章规定官库给钱每百文只给七十七文，但百姓交税每百文仍交八十文。后汉还规定私贩盐、矾、酒曲者，不论数量多少，统统处以死罪。

中央大员如此，上行下效，地方官员更加残暴。青州节度使刘铢执法残酷，行刑时，双杖齐下，谓之"合欢杖"；他还根据犯人年龄的大小决定杖数，而不问罪之轻重，谓之"随年杖"。卫州刺史叶仁鲁捕盗时，往往将普通平民当成盗贼杀戮，或挑断脚筋，抛弃山谷，致使这些人"宛转号呼，累日而死"①。西京（即洛阳）留守王守恩为了聚敛钱财，胡乱收税，税目之多，包括上厕所、上街行乞，都要交税，如不交钱，甚至连死人的灵柩也不准出城埋葬；有时还放纵部下，强抢或偷盗人家钱财。因此，在五代各朝中，以后汉的统治最为残暴，百姓困苦，卖儿贴妇，仍不能度日。

后汉高祖刘知远虽然狡诈，然却寿短，称帝仅仅一年便患病死去了。死后，其子刘承祐继位，史称后汉隐帝。隐帝年幼无知，在朝中这些所谓重臣眼中更是无足轻重。这些武夫悍将个个专横跋扈，议论朝政时，吵吵嚷嚷、大呼小叫，根本不把皇帝放在眼里，使隐帝难以忍受。这些人只知舞枪弄刀，根本不懂安邦定国的道理，有时争吵起来，甚至动刀拔剑，几欲杀人。这些跋扈行为使隐帝实在忍无可忍，于是与亲信商议，伏兵殿门，趁杨邠、史弘肇、王章三人上朝之时，一举将他们杀死，尽灭其族。

---

① 〔宋〕欧阳修：《新五代史》卷三○《苏逢吉传》，第328页。

又密谋杀死镇守邺都的郭威，郭威闻讯，遂举兵反抗，率领大军杀奔汴梁，击败了后汉禁军。隐帝落荒而逃，途中被杀。

郭威进入汴梁后，请太后临朝称制，并决定迎立刘知远之侄武宁(治今江苏徐州)节度使刘赟为帝。在刘赟尚未到达时，郭威指使人假报契丹入寇，自己率大军出京迎敌，行至中途，兵士哗变，将黄袍加于郭威之身，拥立其为皇帝，然后转回汴梁。刘赟行至宋州时，被人杀害。公元951年，郭威正式登上皇帝宝座，改元广顺，国号为周，史称后周，郭威即后周太祖皇帝。

后汉仅历二帝，前后三年多时间，为五代诸朝中最为短暂的一个。

（六）十年后周

1.躬俭的太祖

后周太祖郭威，邢州尧山(今河北隆尧县西尧城)人。也有记载说，其本姓常，幼随其母改嫁到郭氏，遂冒其姓。郭威年轻时不愿从事生产，只好舞枪弄棒，十八岁时应募从军，曾因负气杀人被关入监狱，潞州留后李继韬因其有勇力，遂秘密纵其逃走，待事情平息后又召置麾下。郭威少年时，曾在其颈上黥一飞雀，故人称郭雀儿。李继韬被后唐庄宗杀死后，其军队被编入从马直，郭威因能书会算而被任为军吏。刘知远任侍卫亲军都虞候时，特别器重郭威，其调任河东节度使时，也将郭威带到了任上。刘知远当了皇帝后，任命其为枢密副使，隐帝时升任正使。郭威多次统兵征伐，皆有功勋，在军中穿幅巾短衣，与军士无异，皇帝所赐钱财，也多分予诸将与军士，故在军中威信很高，士卒乐为其用。正因为郭威具有这样优越的条件，才使其一举成功，夺取了帝位。

周太祖即位之后，躬行节俭，下诏禁止各地进贡珍奇纤巧、山珍海味，又将宫中原有的金银玉器、缕宝床几、饮食之具，砸碎于殿庭，表示自己厉行节俭的决心。面对晋汉以来残破的社会经济，他又下诏奖励耕植，招抚流亡，平均赋役，恢复农业生产，发展经济，使得北方的社会经济在其统治的数年中有了一定程度的恢复和发展。此外，他还针对当时轻视发展文化和轻视文士的现象，采取了一些较积极的措施，力图改变当时的不良风气。比如周太祖曾亲至曲阜拜祭孔子，以表示对儒学的重视；他还重用文士，重视科举选士。尽管周太祖在这方面所做的还非常有限，但已经表现出了与五代诸帝不同的风范。

面对当时的骄兵悍将和败坏的吏风，周太祖首先从中央做起。枢密使王峻专横跋扈、居功骄矜、排斥异己，就连周太祖的养子柴荣请求入觐，都因担心其会留在朝中而予以拒绝。王峻要求兼任青州节度使，得逞后又要求罢免宰相李谷、范质，另行起用自己推荐的人选，周太祖婉言推却，王峻马上出言不逊。周太祖忍无可忍，遂下令拘押王峻，将其贬死。而对敢于反叛的藩镇，周太祖则采取坚决镇压的措施，限制藩镇对州县的权力，实行民政、军事分工管理。为了改变吏风，周太祖对贪浊的官吏实行严厉惩治的政策，处死了一批贪赃枉法、残酷暴虐的地方官员，在一定程度上扭转了当时的吏风。

周太祖郭威死于显德元年(954)正月，在位四年，死后由其养子柴荣即皇帝位。郭威诸子早在其起兵邺都时，被后汉杀害于汴梁，所以只能由养子柴荣继位。柴荣是其妻柴氏之兄柴守礼的儿子，幼年即随其姑母长于郭威家，遂被收为养子。

关于郭威与柴氏的结合也是一段佳话，据宋人所撰的《东都事略》一书记载：柴氏本为后唐庄宗的嫔御，庄宗死后，明宗遂将大批宫人遣散归家，柴氏也在其内。行至黄河岸边，其父母来迎，恰遇大风雨，只好暂住于旅舍。有一天，见一身躯伟岸的男子从其门前经过，衣服破旧，不能蔽体。柴氏问道："此何人耶？"旅舍主人回答说："此马铺卒吏郭雀儿者也。"柴氏见其形貌不凡，产生了爱怜之心，想要嫁给此人。其父母坚决反对，说："汝帝左右人，归当嫁节度使，奈何嫁此乞人？"柴氏说："此人贵不可言，不可失也。"[1]遂将所带行李财物分一半给其父母，另一半作为嫁资。柴氏父母见其意志坚定，知道不可改变，也就只好同意了。于是柴氏在旅舍之中与郭威成亲，并且以金帛资助，使郭威的生活状况得到了很大的改变。由于夫妇二人结合于患难之中，所以感情一直很好，郭威即皇帝位时，柴氏已经故去，遂追册为皇后，谥号"圣穆"。此后郭威虽有嫔妃，却再没有册立过皇后，并且立柴氏之侄为嗣君，可见他与柴氏感情之深厚。

2.乱世辉煌在世宗

柴荣也是邢州尧山人，庙号世宗。柴荣在郭威诸子中年龄最

---

[1] 〔宋〕苏辙：《龙川别志》卷上，北京：中华书局，1982年，第69页。又据〔宋〕王称：《东都事略》卷二一《张永德传》载："此马步军史郭雀儿者也。"与《龙川别志》异。

长，郭威在后汉任枢密使时，他任左监门卫大将军，后历任贵州刺史、天雄军牙内都指挥使等，由于跟在郭威身边才免于被害。郭威即皇帝位后，柴荣任澶州刺史、镇宁节度使，由于王峻作梗，他一直在外任职而不能留在京师。王峻死后，柴荣才得以回京任开封尹，受封晋王。

周世宗柴荣即位后，遇到的头等大事便是抵御北汉的进攻。北汉主刘旻利用周太祖新丧，世宗刚刚即位，人心不稳之际，联合契丹发动对后周的进攻，妄图一举灭亡后周。当时朝中许多人反对用兵，只有宰相王溥一人支持，世宗力排各种干扰，决定亲率禁军出征。双方在高平（今山西高平）相遇，刘旻见周军兵少，遂不等契丹军到便发动了进攻。两军交锋，禁军大将樊爱能、何徽竟率右军溃退，一路杀掠百姓，并造谣言说：官军大败，余众已降。这一情况的突然出现，使得周军的形势变得非常严峻，周世宗屹然不动，率领亲兵，临阵督战。禁军主将张永德等率偏将赵匡胤冲锋陷阵，拼死奋战，双方血战至傍晚，北汉军队支持不住，开始后退，万余人被赶至山涧边，死伤惨重，死尸弃甲填满山涧。刘旻仅率亲骑百余狼狈逃走，夜间迷路，寻得一村民引路，但由于北汉统治残暴，百姓恨之入骨，以致走了百余里路，刘旻等才发现走向了晋州（治今山西临汾），遂将引路人杀死，另外找路逃回太原。到达沁州（治今山西沁源）时，当地官吏前来献食，尚未举筷，听说周军追到，又仓皇逃窜。此战之后，北汉再也不敢轻言伐周了。

高平之战周世宗虽然取得了胜利，但也暴露出骄兵悍将难以驾驭的问题。为了解决这一问题，周世宗决意改变五代诸朝对兵将纵容姑息的政策，他召集诸将，当众宣布樊爱能等七十多人的罪状，并立即斩首。此举使骄兵悍将有所畏惧，初步整顿了败坏的军纪。周世宗深知仅靠杀若干个人是不能从根本上解决问题的，要想改变五代军队长期遗留下来的积习，提高战斗力，必须从整顿禁军入手。返回汴梁后，周世宗任用年轻将领，裁汰禁军中的老弱病残，招募天下豪杰，精选骁勇，并将藩镇军队中的善战之士选入禁军。周世宗甚至亲自试阅武艺，选拔人才。经过此次整顿后，旧史记载说："诸军士伍，无不精当，由是兵甲之盛，近代无比，且减冗食之费焉。"①有了一支精锐的军队，只能说为日后的统一战争奠定了一定的基础，并不等于完全具备了统一的条件。于是周世宗又从平均赋税、发展生产、整顿吏风等方面入手，进行了比较彻底的改革。

五代时期，社会生产发展迟缓，除了战争的破坏，赋税沉重、负担不均也是导致农民贫困的一个重要原因。周世宗在周太祖改革的基础上，进一步减免各种赋税，尤其是各种杂税，能免则免，能减则减。他还颁下了《均田图》，要求各地均定田赋，虽显贵之家也不能免。例如，对待曲阜孔氏，历代王朝因其是圣人之后，从来都不令其承担赋税，但是周世宗却不允许其成为特殊阶层，须与普通编户齐民一样承担赋税。对于朝中的权贵之家也是如此，如在后汉时任宰相、后周时为司徒的窦贞固，致仕居于洛阳，当地官府将其家与普通百姓同样看待，赋税徭役皆未免除。周世宗的这种气概在历代帝王中是不多见的。

---

① 〔宋〕薛居正等：《旧五代史》卷一一四《周世宗纪一》，第 1522 页。

五代乱世，但佛教的发展却没有受到大的影响，至后周时，全国各地寺院林立，僧尼众多，广占良田，不交赋税，使得政府的财政收入受到了极大的影响。早在后汉乾祐二年（949），有一个小官李钦明曾上疏指出：佛寺精舍，"每县不下二十余处。求化斋粮，不胜饱饫，寺家耕种，又免征税"，认为"聚僧不如聚兵，僧富不如民富"，要求朝廷裁汰僧尼，抑制佛教的发展。①后汉朝政混乱，这个建议自然无人理睬。周世宗为了发展生产，增加财政收入，就不能不解决这个问题。于是在显德二年（955）颁诏裁减僧尼，拆毁佛寺，严禁私度僧尼，规定除了政府审核确定可以保留的寺院外，其余一律拆毁。根据文献记载，共计废除寺院三万零三百三十六所，保留的寺院计有二千六百九十四所、僧尼六万一千三百人。文献未载勒令还俗的僧尼人数，估计不下保留僧尼人数的十倍。周世宗把收来的铜佛像及各种铜法器用来铸造钱币，发展商品经济，俗传此钱可以保佑家人平安、治病助产，人们得到后珍惜而不舍得用于流通，所以后世很少有"周元通宝"钱存世，如今已经非常珍贵了。

周世宗在抑制佛教方面雷厉风行，措施得力，对佛教打击很大。佛教史上将此次行动与历史上的魏太武帝、北周武帝、唐武宗等三次打击佛教的行动并列，称之为"三武一宗之祸"。

在整顿吏风方面，周世宗也表现出雷厉风行的作风，他采用严厉的手段打击不法官吏，有时犯轻罪也要处以重刑。如重修永福殿时，主持工程的内供奉官孙延希克扣工食，虐待役夫，周世

① 参见〔宋〕王钦若等编：《册府元龟》卷五四七《谏诤部·直谏》，第6267页。

宗视察时发现役夫在瓦中吃饭，大怒，立斩孙延希；楚州防御使张顺贪污官钱五十万、丝绵二千两，也被赐死；右拾遗赵守微品行不端、不学无术，为其岳父所讼，被处杖刑一百，流放沙门岛。因此，宋人认为周世宗轻率杀人，用刑严苛。其实周世宗本意是想以严刑峻法纠正败坏的吏风，当吏风有所改变时，他用刑也减轻了不少。

在发展经济方面，周世宗采取了奖励农桑、兴修水利、疏通漕运、发展商业与手工业的政策，使得后周的社会经济得到了较快的发展。社会平稳，政治清明，百姓安居乐业，经济实力有了很大的提高。在取得了这些成就后，周世宗遂开始了统一全国的行动。

周世宗曾经命近臣各撰一篇《平边策》，实际上就是征询大家有关统一全国的方略，其中王朴所献"先易后难"之策，也就是先平定南方诸国，积蓄人力、财力，然后再北伐契丹，收复燕云失地，从而完成统一全国的大业。这一方略在北宋影响很大，北宋后来统一全国时，就是按照这个方略进行的。但是周世宗并没有采纳这个方略，而是选择先碰契丹这个硬钉子，收复燕云失地，再席卷南方诸国，可以称为"先难后易"之策。

为此，周世宗首先对后蜀用兵。显德二年（955），世宗遣凤翔节度使王景、宣徽南院使向训为将，率军伐蜀。仅动用偏师小试锋芒，便收复了秦、凤、阶、成四州之地，然后答应后蜀的求和请求，罢兵归朝。此战并不在于灭亡后蜀，而是夺取战略要地，将后蜀封锁于两川的范围内，使其不敢轻动兵端，骚扰后周的西部边境。接着周世宗又策划了征伐南唐的战争，目的在于夺取淮南富庶之地，从显德二年冬开始，至显德五年（958），世宗前后三次亲征，终于击败南唐，完全占据了淮南十四州，饮马长江。此战巩固了后周的南部边境，扩大了疆土，达到了削弱南唐，使其俯首称臣、不敢轻易向北用兵的目的。经过这一系列战争，后周面临的形势更加稳固，可以无后顾之忧地北伐了。

显德六年（959），周世宗正式对契丹用兵，他亲率大军自汴梁出发，直抵沧州（治今河北沧州东南），然后统步骑数万直入契丹境内，契丹军非逃即降，大军一路势如破竹、兵不血刃，连下其莫（治今河北任丘北鄚州镇）、瀛（治今河北河间）、易（治今河北易县）三州及益津（今河北霸州）、瓦桥（今河北雄县西南）、淤口（今河北霸州东信安镇）三关之地。正当周世宗准备向幽州进军之时，由于身染重病，只得班师回朝。这年夏天，周世宗病逝于汴梁，终年三十九岁。

"出师未捷身先死，长使英雄泪满襟。"[1]周世宗虽然最后没有完成统一大业，但其所表现出来的英雄气概和制定的正确策略，却是后人尤其是宋太祖赵匡胤所难以企及的。宋太祖不敢对契丹用兵，采取了"先易后难"的策略，对于燕云失地，他积蓄巨额钱财，只想通过赎买的办法来解决，结果终其一世一无所成，致使其后世子孙两度亡国：北宋亡于金，南宋亡于元。而亡国的重要原因之一就是燕云这一战略要地的丧失，致使中原以北无险可守，反而有利于长于骑射的游牧民族铁骑的驰突，在国防

---

① 〔清〕彭定求：《全唐诗》卷二二六杜甫《蜀相》，北京：中华书局，1960年，第2431页。

上始终处于被动挨打的地位。反观周世宗把注意力集中在北方，暂不贪图富庶的南方地区，利用这一时期契丹君主昏庸、政治混乱之机，毅然北伐，其决策之英明令后世史家赞叹不已。同时他所开创的这种强盛的局面，为日后北宋统一全国奠定了坚实的政治、经济与军事基础。

周世宗死后，其子柴宗训即位，史称周恭帝。由于其年仅七岁，不能理政，显德七年(960)，大将赵匡胤利用手中掌握的兵权，演了一出陈桥兵变、黄袍加身的闹剧，取代了后周的统治，建立了北宋王朝。五代至此结束。后周共历三帝，前后不过十年时间。

二、武夫任将相

（一）士族的衰亡

中国自古以来就是一个重视等级的国度，所谓门阀士族就是这种社会现象在一定历史时期内的集中体现。要想成为门阀士族，除了家族的祖先地位显赫、世代高官外，还有一个重要的条件，即在家学与礼法方面亦有不同于其他家族的特异之处，所以书礼传家往往是这类家族的一个非常明显的特征。门阀士族制度形成于魏晋时期，鼎盛于南北朝时期，至隋唐时期已经衰落不堪，旧士族已经丧失了制度所保证的政治、经济特权，然而其崇高的社会地位仍程度不同地保持着，社会影响依然存在。一些旧士族赖其家学渊源和文化修养，或与皇室联姻，继续保持着较高的政治地位，得以依附并挤入关中勋贵集团之中，或利用科举制度作为进身之阶。这些情况的存在，正好说明门阀制度的崩溃，因为在门阀制度下，高门大族获得政治地位的决定因素主要是门阀世资，这一条的丧失，就标志着门阀制度的没落。

隋唐两朝的皇室都出身于关陇士族，他们通常也都以门第而自高，而对山东旧士族采取了有意压抑的政策，唐太宗修《氏族志》就是这个政策的具体体现，但这也正说明山东旧士族的社会影响仍然存在。在隋唐时期，高门大族凭其门阀世资获取高位的制度虽然不存在了，但人们的门第观念仍然非常强烈，这就是那些旧士族得以继续维持很高社会地位的根本原因。由于门第观念作祟，社会上婚姻尚阀阅的现象仍然非常严重，尽管有唐太宗禁令的存在，但一些朝廷大员，如房玄龄、魏徵等，仍然乐于与山东士族联姻。直到唐朝后期，这种风气仍然不衰，唐文宗曾经针对这种现象说过一句非常经典的话，他说："民间修婚姻，不计官品而上阀阅。我家二百年天子，顾不及崔、卢耶？"[1]可见这些旧士族的社会影响是多么根深蒂固。

正因为在唐代仍然存在着浓烈的门第观念，所以先有唐太宗修《氏族志》，后有武则天修《姓氏录》，规定："不须论数世以前，止取今日官爵高下作等级。"[2]凡收入其中的家族则算是士族，否则就不再是士族。想通过官修谱牒的办法，以新士族代替旧士族，从而达到甄别士庶、压抑旧士族的目的。唐朝统治者的这种努力并没有达到预期的效果，士大夫们对此并不承认，甚至

---

① 〔宋〕欧阳修：《新唐书》卷一七二《杜兼传附中立传》，第5206页。
② 〔后晋〕刘昫：《旧唐书》卷六五《高士廉传》，第2444页。

讯讽为"勋格"。但是从唐朝统治者的这些行为看,他们的思想中仍然存在浓厚的门第观念,并没有放下想成为高门大族的情结,尤其是出身于庶族的武氏家族,在这一点上表现得最为强烈。正因为如此,有的学者将唐代的统治阶层称为士族与庶族合流的势官地主阶层。

到了五代十国时期,情况发生了很大的变化。经过了唐末农民战争的打击,所谓衣冠缙绅受到了沉重的打击,韦庄诗所说的"天街踏尽公卿骨"①,就是这一情况的真实写照。残余的势官地主,在朱全忠篡夺唐朝政权的过程中,也被扫荡殆尽。自天祐二年(905)以来,对所谓门胄高华、以名检自处者,皆指为浮薄,"贬逐无虚日,缙绅为之一空"②。剩下的为数不多的所谓"衣冠宿望",在白马驿事件中,也被屠戮一空。因此,五代十国时期的统治阶层,主要是舞枪弄棒的武夫集团,以及听其支配的以幕僚为主的文士们,他们是新的一代势官地主,完全不同于唐代的情况,最突出的标志便是这个阶层多出身于社会下层,受传统的儒家思想观念影响较浅,门第观念淡薄。

这一时期的帝王与藩镇完全是一体之人,并无根本的差别,全都出身于社会下层。除了后唐庄宗李存勖出身于沙陀贵族外,后梁太祖朱全忠,农家出身,早年为流氓;后唐明宗李嗣源、后晋高祖石敬瑭、后汉高祖刘知远,全都是地位卑下的沙陀军人,甚至连姓氏都没有;后周太祖郭威,早年穷得衣衫不周,作为黥

---

① 〔五代〕孙光宪:《北梦琐言》卷六《以歌词自娱》,北京:中华书局,2002年,第134页。

② 〔宋〕司马光:《资治通鉴》卷二六五,唐哀帝天祐二年五月,第8643页。

面皇帝为历史所仅见。十国的统治者情况更是五花八门：吴国杨行密是走卒出身；吴越钱镠农家出身，本人为无赖；南唐李昪为流浪孤儿；前蜀王建流氓出身，人称"贼王八"；荆南高季昌家奴出身；闽国王潮兄弟世为农家；南汉刘氏可能是岭南蛮族，也有学者说是波斯商人后裔；楚国的马殷则是木工出身。

至于将相大臣的出身，则与这些帝王大致相同，虽然有少数进士出身的人物，但他们并非凭门第或科举而位居卿相，而是通过投靠藩镇，充当幕僚，随着藩帅升为天子，他们也就攀龙而跻身为卿相。无论是中央还是地方，掌握权力的基本上都是这些出身于社会下层的赳赳武夫，而士大夫饱受骄兵悍将的凌辱，动辄罹祸。罗隐的《孟浩然墓》诗云：

> 数步荒榛接旧蹊，寒江漠漠草萋萋。
>
> 鹿门黄土无多少，恰到书生冢便低。①

深刻地描绘了当时文人士大夫社会地位低下、命运悲惨的真实状况。有人根据新、旧《五代史》列传统计，有传的士人有 191 人，其中幕僚出身的或有过任幕职经历的 137 人，占总人数的 71.7%，可见说其为藩镇的附庸并非虚言。这些文人或科举出身，或通过入幕而入仕，以门荫入仕者仅有 6 人，占总人数的 3%。即使门荫入仕者，也并非全是衣冠缙绅，不少人是以其父祖的战功而得以恩荫入仕的。如果说在唐代士族还多多少少有一些社会影响的话，至五代十国时期则荡然无存了。

---

① 〔唐〕罗隐：《罗隐集·甲乙集》，北京：中华书局，1983 年，第 61 页。

学界通常认为至宋代婚姻不再尚阀阅，其实早在五代十国时期就已经如此了。试举数例，即可见其一斑。

后唐庄宗为皇子李继岌娶定州节度使王都之女为妻。王都本姓刘，不知其父母为何人，幼年时被巫医李应之结识于村落，收养为子。定州节度使王处直患病，被李应之治愈，遂署其为幕职。当时王处直尚未有子，李应之便把其养子送给王处直为养子，并改名王都。就是这样一个不知来历且出身下层的人物，庄宗非但没有嫌弃，反而主动提出与其结亲。

后晋出帝给皇子石延煦娶晋昌军节度使赵在礼之女为妻，关于后晋石氏的家庭出身前面已经论到了，这里只对赵在礼略述几句。赵在礼，涿州(今河北涿州)人，其曾祖、祖父皆为农户，其父早年在幽州节度使刘仁恭部下为军士，逐渐升至军使。赵在礼因其父的缘故，先从士卒干起，升至指挥使，通过发动兵变才至节度使高位。据载后晋出帝之所以愿与赵在礼联姻，是因为赵在礼聚敛无度、家财巨万，出帝贪其财，才主动与其联姻。后来赵在礼对人说：我为了此婚，花费已达十万缗。

即使皇帝本人娶妻也不论阀阅，仅据《旧五代史·后妃传》《新五代史·诸家人传》《文献通考·帝系考·后妃》等统计，中原五朝共有后妃三十余人(包括追册者)，除了因史料散佚而"不知家世"者外，发现竟无一人出身士族勋贵之家，其中不少甚至出身农家或其他下层社会之家。如后梁太祖朱全忠的皇后张氏，为砀山县(今河南永城城关镇东毛李庄)渠亭里的乡间地主之女，算不上高门大族。关于后唐庄宗的皇后刘氏的出身，前面已经论及，她早年被李克用部将袁建丰掠得，献到宫中，为李克用之妻曹氏所爱，教以歌舞技艺。成年后，因为色艺俱佳，为李存勖所喜爱，曹氏遂赐其为妻，庄宗称帝后立其为后。

后唐明宗之妻魏氏，是明宗早年抢掠得来的，魏氏当时已嫁给平山平民王氏为妻，并生有一子，年已十余岁。后来魏氏之子当了皇帝，即后唐末帝，这时魏氏早已死亡，遂被追尊为皇太后。后唐明宗的淑妃王氏，陪伴明宗时间最久，其为邠州（治今陕西彬州）饼家女也，也就是说其出身于卖饼小贩之家。王氏幼年时被卖给梁将刘鄩为奴婢，刘鄩死后，因其貌美，经枢密使安重诲的建议，明宗遂纳其为妃。王氏贤惠，本可立为皇后，因其谦让，遂封为淑妃。

至于后晋高祖石敬瑭的皇后李氏，为后唐明宗之女，也不是什么高门大族，只不过是沙陀军人之女罢了。晋出帝石重贵的皇后冯氏，其父为定州小吏，因为贿赂枢密使安重诲，得以充任邺都副留守，石敬瑭任邺都留守时，两人关系密切，遂为其弟石重胤娶其女为妻，石重胤早亡，冯氏守寡，因为貌美，被晋出帝纳为皇后。实际上晋出帝所娶的乃是其叔母，后来契丹进攻后晋时，揭露晋出帝的罪恶时说："纳叔母于中宫，乱人伦之大典。"①

后汉高祖刘知远的皇后李氏，世代为农。刘知远在军中为士卒时，在太原牧马，夜入其家强抢为妻。刘知远即皇帝位，遂立李氏为皇后，生汉隐帝。

后周太祖郭威的皇后柴氏，其出身前已论及，不再重复。郭

---

① 〔宋〕欧阳修：《新五代史》卷一七《出帝皇后冯氏传》，第181页。

威共一后三妃，全是再嫁的寡妇。其淑妃杨氏，年轻时以貌美而入选赵王王镕府中，王镕死后，杨氏流落民间，可见其并非出身于高门大族。后来又嫁给了真定（今河北正定）平民石光辅，数年后，石光辅又死去了。这时郭威的妻子柴氏新丧，闻听杨氏美而贤，遂娶为继室。杨氏死后葬于太原，后周建国后，追封其为淑妃。

郭威的贵妃张氏，镇州真定人，其父为王镕手下小吏。王镕死后，镇州大乱，晋王李存勖的部将武从谏获得张氏，遂带回太原，作为其儿媳妇。郭威镇守太原时，张氏之夫已亡，而郭威又因杨氏已亡，遂娶张氏为继室。后来郭威起兵邺都，张氏与诸子皆居于汴梁，为后汉所杀，郭威即位后，追封其为贵妃。

郭威的德妃董氏，其祖父在唐末当过州录事参军，其父当过县尉，均为小官。其七岁时，因为镇州兵乱走失，为潞州牙将所获，收为养女。后来嫁给了小吏刘进超，刘进超死于契丹灭亡后晋的战乱，董氏寡居于洛阳。郭威率兵路经洛阳时，娶为妾室，即皇帝位后，封为德妃。

后周世宗柴荣的贞惠皇后刘氏，史载"不知其世家，盖微时所娶也"[1]。柴荣早年在民间贩茶为生，可以推知刘氏出身不高，应为普通民家女。柴荣的另外两位皇后符氏是亲姐妹，其祖父符存审封秦王，其父符彦卿封魏王，政治地位均很高。其中宣懿皇后符氏先嫁给后汉河中节度使刘守贞之子刘崇训为妻，刘守贞谋反失败，全家自杀，郭威遂将符氏嫁与柴荣为继室。符存审为李

---

[1]〔宋〕欧阳修：《新五代史》卷二〇《周家人传·皇后刘氏传》，第202页。

克用养子，行伍出身，从小校干起，逐渐升至大将。符存审也说："予本寒家，少小携一剑而违乡里，四十年间，位极将相。"①说明其家亦是寒门小族。

十国统治者的婚姻状况大体上与中原皇室相同，根据《南唐书》《九国志》《南汉书》《十国春秋》等书统计，其后妃共计四十余人，极少有人符合门阀大族的标准，绝大部分人均出身于社会下层。唯有南汉皇帝刘隐之母韦氏，乃唐左仆射韦宙侄女，出身于京兆韦氏，确为高门大族。韦宙于唐末任岭南东道节度使时，天下大乱，刘隐父刘谦为其部下小校，刘谦状貌非常，韦宙为子孙安全计，遂排除异议，自愿将侄女嫁与刘谦，这说明此时的韦宙已经改变了婚姻崇尚阀阅的固有观念。至于出身为婢女、宫人、宦官养女、陪嫁侍女、僧人私生女的后妃，为数也不少。

由此可见，五代诸朝无论是皇帝还是皇室中的其他人，在婚娶时皆不计门第高低，至于其卿相将帅在这方面更是无所要求。他们在考虑婚配时，或出于政治需求，或出于财钱之需，而根本不考虑门第之高下。

如后晋邓州节度使皇甫遇与镇州节度使安重荣为儿女姻亲。皇甫遇出身低贱，其父早年流落太原，无法生活，遂投军当兵，后来升至军使。皇甫遇也是行伍出身，以功渐至节度使。其亲家安重荣，也是世代军官出身。

武夫嫁娶时如此，文臣又是如何呢？

冯道是五代时著名的人物，历仕诸朝，数次拜相。他与另一

---

① 〔宋〕薛居正等：《旧五代史》卷五六《符存审传》，第759页。

宰相刘昫结为亲家,旧史说其祖先"为农为儒,不恒其业"①。也就是说,其家族社会不高,充其量也就是所谓耕读之家而已,因此有的史籍干脆记载为"世本田家"。冯道早年生活困苦,"负米奉亲之外,唯以披诵吟讽为事,虽大雪拥户,凝尘满席,湛如也"②,可见也是一个穷书生。冯道当了宰相以后,朝臣中看不起他的人仍然不少。有一次退朝,兵部侍郎任赞与吏部侍郎刘岳走在其后,看见冯道数次回顾,任赞问:"新相回顾何也?"刘岳回答说:"定是忘持《兔园册》来。"③《兔园册》即《兔园策》,乃是乡间校塾用来教农村小孩子读的书,故刘岳有意以此讥讽冯道,从而也证明冯道确是来自农村的穷书生,说不定他还真的在乡间教过书。冯道是幕僚出身,后来才官至高位的。至于其亲家刘昫,也是幕僚出身,并非衣冠缙绅,可见即使文臣在婚娶中也没有崇尚阀阅的旧习。④

诸如此类的事例还有很多,就不一一列举了。上文所提到的这个刘岳,《旧五代史》记其为名家之子,为唐初民部尚书刘政会之八代孙。刘政会此人,在隋末只是一个鹰扬府司马,是一种很小的官职,后来投靠李渊,参与了太原起兵,因此也算是唐朝的开国功臣之一。刘政会是河南滑州人,其祖父倒是在北齐当过中书侍郎,但是滑州刘氏无论是在北齐还是唐代,均属于庶族,

---

① 〔宋〕薛居正等:《旧五代史》卷一二六《冯道传》,第1655页。
② 〔宋〕薛居正等:《旧五代史》卷一二六《冯道传》,第1655页。
③ 〔五代〕孙光宪:《北梦琐言》卷一九《诙谐所累》,第350页。
④ 参见杜文玉:《"婚姻不问阀阅"应始自五代十国时期——对学术界"宋代说"的纠正》,《南国学术》2015年第4期。

与门阀士族无缘。这样的家族到了五代竟然成了"名门"，可见这一时期人们对于高门大族的观念已经与唐代有了很大的差别。

再如杨涉，后梁时任宰相，号称名家。杨涉的祖父是唐懿宗时的宰相杨收，而杨氏家族自杨收的高祖、曾祖、祖父至父亲，也只担任过丞尉、参军之类的小官，从未做过高官，杨收之父以教书为业。只是到了杨收时，依靠大宦官神策中尉杨玄价之力，才得以升任宰相，后来又因为得罪了杨玄价被罢相，并被赐死。因为这个家族在唐代曾有人当过宰相，于是便在五代时期被视为高门大族。

类似的例子，还有不少。从这些事例可以看出，历史发展到了五代时期，由于门阀士族已经彻底灭亡，加之这一时期活跃于政坛上的人物多出身于社会下层，重门第、尚阀阅的思想非常淡薄，遂使得这一时期的社会风气发生了很大的变化。不仅婚姻不尚阀阅，而且崇尚暴力，重武轻文，造成了很不好的历史影响，直到北宋以后才有所改观。

（二）武夫的天堂

中国历史上有一个规律，即每逢乱世，必是武夫当道，文人受压。五代十国时期也不例外，只是各国的情况略有不同罢了，其中以中原王朝这种风气最盛。在这一历史时期，南方诸国的统治相对比较稳定，各个政权延续的时间也相对要长一些，而地处北方的中原王朝，统治时间都非常短暂，所谓"置君犹易吏，变国若传舍"[1]。每一次改朝换代，都要经过一场腥风血雨式的杀

---

[1]〔宋〕欧阳修：《新五代史·序》，第2页。

戮，加之这一时期军阀混战，契丹内侵，致使武夫势力坐大。

由于五代各王朝的皇帝均起自藩帅，他们当了皇帝以后，无一例外地均重用在藩时的部将、幕僚，而这些人或世代行伍，或杀牛屠狗出身，或投靠藩镇起家，靠卖命而获取功名利禄，崇尚武功，大都缺乏治国理政的能力。在这些政权中，上自朝廷权臣，下至节镇、州县的官员，几乎都是武夫，他们掌握着行政、军事、财政、人事等诸权，为政残暴不法，擅杀妄为，比唐末强藩武夫骄横跋扈之势有过之而无不及，学术界把五代的这种状况，称之为"武人政治"。

在武夫控制政权的情况下，他们大都迷信武力、崇尚暴力，认为"安朝廷，定祸乱，直须长枪大剑，至如毛锥子（指毛笔——引者），焉足用哉"[1]。出于这种思想，这一时期在朝廷任将相者多为武人，他们根本不懂经邦治国的道理，只知一味地实行残酷的剥削和杀戮政策。

如杨师厚，早年投靠朱全忠，屡立战功，历任诸镇节度使、同平章事，即所谓使相。此人虽然战功卓著，但残暴好杀，行军时所过之处，焚荡闾舍，卷地而空。他奉命攻打枣强时，遇到了坚决的抵抗，所以克城后，将全城人屠杀殆尽。梁末帝时，杨师厚官至魏博节度使、检校太傅、中书令，封邺王，骄横跋扈，干预朝政，萌生不轨之意。他为了巩固权势，选拔骁勇之士，组成了银枪效节军，作为自己的亲军。杨师厚自以为功勋卓著，遂于黎阳采巨石，作为制造德政碑的材料，用铁车装载，以数百头牛

---

[1]〔宋〕薛居正等：《旧五代史》卷一〇七《史弘肇传》，第1406页。

牵引，所过之处，丘墓庐舍皆被摧毁；为了粉饰太平，他还命令在元宵节时，每户皆要张灯结彩，彩画舟舫，布于御河，歌舞欢饮，通宵达旦，给当地百姓造成了极大的负担。

安重海，在后唐明宗时任枢密使，独揽朝政，凡朝中宰相、贵戚、诸将等，无敢于过问朝政者。他督诸军讨伐东川节度使董璋时，日驰数百里，西方诸镇，闻风惶恐，押送本处粮草，星夜搬运，人马牲畜毙踣于山路者不计其数，给百姓造成了很沉重的负担。安重海出身于代北豪酋之家，世代为将，不知礼仪，不识文字，也不懂韬晦之计，锋芒毕露，刚愎自用，在朝中不仅宰相对其退避三舍，不敢相争，即使面对皇帝，其态度也非常生硬。如明宗对安重海说："温琪旧人，宜选一重镇处之。"安重海以没有空缺而予以拒绝。他日明宗又说起此事，安重海遂不耐烦地说："臣累奏未有阙处，可替者，唯枢密院使而已。"①华温琪知道此事后，担心得罪权臣，竟然忧惧成疾，数月称病不出。安重海还频频干预司法工作，安重荣早年在振武节度使高行周部下任偏将，因为犯罪而下狱，高行周因其罪重，欲将其诛杀，其母赴京求于安重海，遂被无罪释放。史圭因得到安重海的赏识，竟然自尚书郎连升为枢密直学士、左谏议大夫、尚书右丞，并且有拜相的希望。安重海一意孤行，置皇权于不顾，明宗实在忍无可忍，后来遂设法将其处死。

后汉枢密使杨邠，不喜文士，与宰相苏逢吉互相倾轧，矛盾非常激烈。苏逢吉欲罢杨邠的官，遂指使另一宰相李涛出面奏

---

① 〔宋〕薛居正等：《旧五代史》卷九〇《华温琪传》，第1185页。

请，结果非但没有得逞，反而导致李涛被罢相，而杨邠又被加上了兼吏部尚书、同平章事的官衔，既是枢密使，又是宰相，权势更加炽热。自从杨邠拜相以来，朝中事无大小，必先请示，杨邠认为可行，才能上奏汉帝。杨邠不学无术，不识大体，认为国家最重要的事情，就是府库充实、甲兵强盛，"礼乐文物皆虚器也"[①]，因此对文化教育不闻不问，只知聚敛财货。杨邠专权跋扈，就连皇帝也不放在眼里。有一次他与三司使王章在隐帝面前论事，隐帝说："事行之后，勿使有言也！"杨邠没等隐帝说完便打断说："陛下但禁声，有臣在。"[②]在场的官员闻听此言，个个战栗不安，而杨邠却神态自然，若无其事。李太后的弟弟李业要求担任宣徽使，隐帝与太后私下征求杨邠的意见，杨邠认为不可。隐帝打算立所宠爱的耿夫人为皇后，也因杨邠认为不可而作罢。耿夫人死后，隐帝想以皇后之礼安葬，杨邠又一次进行了阻止。后汉皇权与相权的矛盾如此激化，所以血腥屠杀便成了解决这一问题的必要手段，不过杨邠等人的肉体虽然被消灭了，但后汉政权也在这场斗争中覆亡了。

在中原王朝的将相中，有许多人不识文字。如安叔千，沙陀人，后唐时任振武节度使，后晋建立后，加同平章事，历任四镇节度使，也是所谓使相。安叔千相貌堂堂，却不通文字，时人称其为"安没字"。后来契丹攻入中原，安叔千也随同其他臣僚迎接契丹主，契丹主见到安叔千，说："尔是安没字否？卿比在邢

①〔宋〕欧阳修：《新五代史》卷三〇《杨邠传》，第333页。
②〔宋〕欧阳修：《新五代史》卷三〇《杨邠传》，第333—334页。

州日，远输诚款，我至此，汝管取一吃饭处。"①后来任命他为镇国节度使，可见其声名远扬，连契丹人都知晓。

后唐的太常卿崔协也是这样一个人物。明宗时，韦说、豆卢革罢相，枢密使安重海推荐崔协为宰相，另一宰相任圜不同意，对明宗说："重海被人欺卖，如崔协者，少识文字，时人谓之'没字碑'。臣比不知书，无才而进，已为天下笑，何容中书之内，更有笑端！"②"没字碑"是说他好比高大的碑石，然上面却没有任何文字，虚有其表。然而安重海毕竟位高权重，最终崔协还是被任命为宰相，其在相位数年，无所作为，遭到人们的耻笑。

如果说安叔千不识汉字，因为其毕竟是少数民族人物，尚不足为奇，然而崔协据载是清河崔氏后裔，而清河崔氏是北朝以来的著名士族，家学深厚，其竟然如此浅薄，实在令人难解。据载，崔协还是进士出身，早年任御史中丞时，因为章奏中文字错讹颇多，屡次受到责罚，后来竟然升任太常卿。太常卿是主管国家礼乐、祭祀的大臣，通常均由饱学之士充任，崔协不通文理，竟能充任此职，可见五代时期用人混乱到何种程度。

在这一历史时期，即使文士中也有不少人沾染了武夫行事的风格，变得暴虐残酷。如李振为朱全忠谋主，建国后曾任崇政院使，崇政院乃枢密院的改名，掌握朝中大权。此人虽为文士，可是也沾染了嗜杀的恶习，一手导演了"白马驿之祸"，被当时的

① 〔宋〕薛居正等：《旧五代史》卷一二三《安叔千传》，第1622页。
② 〔宋〕薛居正等：《旧五代史》卷五八《崔协传》，第780页。

士人们视为"鸱鸮"。

后汉宰相苏逢吉也是这样一个人物。后汉高祖刘知远即位后，曾将后晋宰相李崧的宅第赐给了苏逢吉，宅中所有财物也皆归其所有。李崧不敢违抗，主动把房契献给了苏逢吉，苏逢吉认为轻己，反而不悦。李崧的两个弟弟对此愤愤不平，有一次与苏逢吉、杨邠的子弟一同饮酒，席间言及苏氏夺占其家宅第。苏逢吉知道此事后，更加不悦，遂借故陷害李崧，将其全家老小全部处死，并且暴尸于街市。苏逢吉还利用掌握的权力，违反制度，胡乱用人，甚至有自白身而任以官职、从小吏而辄升令录者，如此之类，不可胜数，舆论纷然，而他全不在意。苏逢吉还非常贪财，凡求官之士，只要家中稍有积蓄的，苏逢吉都会派人暗示其送钱，并许以美官。直到杨邠拜相后，这种行径才暂时告一段落。苏逢吉虽是文人，但生性残暴。由于统治残暴，后汉盗贼横行，社会秩序混乱，朝廷不知安抚百姓，反而派军四处镇压。苏逢吉草诏规定，凡有贼盗，其亲属、四邻皆受连坐，后来郓州捕贼使臣张令柔杀死了平阴县十七个村子的全部村民，就是按照他所草拟并颁布的这道诏书干的。

在这一历史时期，地方藩帅与刺史同样残酷贪浊，使百姓遭受了极大的苦难。如后唐宁江军（治今重庆奉节）节度使西方邺，出身行伍，在任期间不遵守法度，胡作非为，判官谭善达屡次劝谏，西方邺非但不听，反而心生怨恨，派人诬告谭善达收受贿赂，然后将他逮捕下狱，竟使其冤死于狱中。

后晋末年，白再荣任恒州（治今河北正定）节度留后，白贪财枉法，曾派兵逼迫宰相李崧、和凝出钱赏军，两人无奈，各出家财以给。恒州曾被契丹大将满达勒占据过，白再荣遂将汉人中曾被契丹驱使者尽数拘禁，强行夺取了他们的家财。后汉建立后，白再荣任镇州节度留后，为政贪暴，当地人称其为"白满达勒"。不久，又调任滑州节度使，仍旧贪浊不法，大肆盘剥百姓，导致民不聊生。后汉末年，白再荣被调回京师任职，郭威率军攻入汴梁时，乱兵知其家财产丰厚，遂攻入其家，强夺其财，并将白再荣杀死，携其首级而去。人们不但不同情，反而拍手称快。

像这样贪图钱财、草菅人命的事例还很多。如襄州节度使刘训与副使胡装不和，为了泄私愤，竟然杀死了胡装；相州（治今河南安阳）节度使王继弘所为不法，判官张易屡次劝谏，王继弘恼怒，遂将其杀死；安远（治今湖北安陆）节度使高行珪因节度副使范延策对其不法行为多有劝谏，遂诬告范延策谋反，连同其子一同杀害。

最为荒唐残暴是刘仁恭父子，他们先后在唐末五代任幽州节度使，残酷贪浊，令人发指。刘仁恭为了对付朱全忠的进攻，将境内十五岁以上、七十岁以下的男子强行征入军中，而且要求自备兵器粮饷，致使乡里为之一空。为了防止士卒逃亡，他还下令，军中将士，不分高低贵贱，一律在脸上刺"定霸都"的字样，又在文士的臂上刺"一心事主"的字样，搞得境内怨声载道。刘仁恭好色无度，在山中大兴土木，修筑了豪华的楼台亭阁，广聚美女于其中。他还招聘僧道，炼制长生丹药。他将境内铜钱尽数聚敛，凿窟于山中埋藏，为了防止泄密，又把施工的石匠全部杀死，另以瑾泥制钱，行使于境内。他见江淮茶商获利颇厚，遂下令禁止南方茶商入境，但由于当地不产茶叶，他便下令采山中草叶晒干为茶，强令售卖，以聚钱财。刘守光比其父更是有过之而无不及，他与其父之妾通奸，被发现后遭贬谪，其后他竟乘其父不备，率兵将之囚禁。其兄刘守文闻讯来救，击败了刘守光的军队，但刘守文不忍对弟弟痛下杀手，反被刘守光所乘。刘守光乘胜进军，将刘守文之子刘延祚包围在沧州城中，城中缺食，一斗米卖三万钱，人头一级售价一万钱，军士公然杀人而食。刘守光攻下沧州后，为了杜绝后患，遂将其兄及侄子全部杀死。这时的刘守光得意忘形，自以为强大，遂自称大燕皇帝。刘守光愚蠢无知，自我孤立，后梁乾化四年(914)被晋王李存勖攻破，连同刘仁恭一块被俘获。在被押回太原向李克用庙告捷献俘后，父子双双被斩于街市，留下了千古骂名。

由于武夫控制了朝廷与地方的大权，文士受到排挤和压制，许多皇帝和大臣、藩帅公开表示不喜文人。如后汉高祖刘知远就说："朝廷大事不可谋及书生，懦怯误人。"[1]凤翔节度使、岐王李茂贞不喜文士，其境内武夫充斥，以狗马驰射博弈为乐。燕帅刘守光也是一个不喜儒生的人，其境内习武之气甚盛，文人动辄被杀。后汉三司使王章更是歧视文臣，他说："此等若与一把算子，未知颠倒，何益于事？"[2]他主管财政，好钱好物用来供军，对文臣的月俸则百般克扣，甚至以不堪供军的朽烂之物充其俸

① 〔宋〕薛居正等：《旧五代史》卷一〇四《汉书·高祖皇后李氏传》，第1381页。
② 〔宋〕薛居正等：《旧五代史》卷一〇七《王章传》，第1410页。

料。后唐明宗之子秦王李从荣喜爱结交文士，引起了武夫们的极大不满，史载："时干戈之后，武夫用事，睹从荣所为，皆不悦。"大将康知训等人私下议论说："秦王好文，交游者多词客。此子若一旦南面，则我等转死沟壑，不如早图之。"①后来秦王果然被害。

至于藩帅们随意屠杀文士的事，更是举不胜举，朱全忠任宣武节度使时，随口戏称柳木可以制作车毂，随从的几个文人宾客急忙随口逢迎。朱全忠大骂道："书生辈好顺口玩人，皆此类也。车须用夹毂，柳木岂可为之！"②遂下令将左右数十宾客全部杀死。他当了皇帝后，更是任情乱杀，散骑常侍张允、谏议大夫张衍、兵部侍郎张俦因为迟到，竟被当场扑杀。后晋平卢节度使房知温，性格粗犷，行止无礼，经常纵容左右排斥羞辱宾僚。有的节度使还随意虐待甚至处死幕僚，亲身经历过五代暴政的宋太祖赵匡胤对此深有体会，他说："五代诸侯跋扈，多枉法杀人，朝廷置而不问。"③

总之，在这一历史时期，中原王朝的统治区域基本上是武夫的天堂、文士的地狱，文士们饱受骄兵悍将的凌辱，命运十分悲惨。为了躲避灾祸，包括韩熙载在内的大批士人，只好背井离乡，南下另谋生路。

① 〔宋〕薛居正等：《旧五代史》卷五一《秦王从荣传》，第695页。
② 〔宋〕薛居正等：《旧五代史》卷二《梁太祖纪二》，第38页。
③ 〔宋〕李焘：《续资治通鉴长编》卷三，宋太祖建隆三年三月丁卯，第63页。

三、诸国君主相

(一) 闭门称帝的吴越钱氏

吴越是钱镠创建的割据于今浙江地区的一个小国。关于钱镠其人，颇有些传奇色彩，他是杭州临安县(今浙江临安北高虹镇)人，世代以种田打鱼为生。他从小就不是一个安分守己的孩子，与邻居的孩子们一同砍柴时，凭借自己身强力大，强迫别的孩子为自己砍柴，多交者赏，少交者罚。长到十几岁时，为人无赖，不愿从事生产，遂走上了贩盐谋生的道路。

唐朝后期实行严厉的食盐专卖政策，对走私食盐打击颇严，但是由于有厚利可图，私盐贩卖活动非常猖獗。为了对付官军的打击与查禁，私盐贩子往往组成武装团伙，进行武装对抗，钱镠常常被推举为首领。据说钱镠贩盐时，每担盐重二百余斤，他却可以行走如飞，可见其气力确实不小。旧史又说他"少拳勇，喜任侠，以解仇报怨为事"[1]。说明其有一身好武艺，喜爱打抱不平，故颇具号召力。钱镠早年的这种生活经历，对其增长见识、结识各方人士有很大的益处。由于唐末社会大乱，百姓流离失所，二十余岁的钱镠便散尽贩盐所得的财产，拉起了一支队伍。后来他投奔石镜镇将董昌，由于有战功，逐渐升为都知兵马使、刺史。之后他翦除了刘汉宏、薛朗、董昌，占据了两浙十三州地区，成为江浙一带颇有实力的割据者。

---

[1] 〔宋〕薛居正等：《旧五代史》卷一三三《世袭列传·钱镠》，第 1766 页。

钱镠据有两浙后，身兼镇海、镇东节度使，并把镇海军的治所从润州（治今江苏镇江）移到杭州（治今浙江杭州），从此杭州便成为其统治中心。唐天复二年（902），唐廷封他为越王，天祐元年（904）改封吴王，后梁开平元年（907）封吴越王。

钱镠在创建吴越前后，与吴国的杨行密争夺江南诸州，双方斗争十分激烈，互有胜负。南唐建立以后，双方虽然在政治上仍然对峙，但在军事上却比较缓和，除了援闽一役规模较大外，大规模的军事冲突基本不存在了。钱镠因为国小力弱，自知实力不足，为了能在群雄割据中生存下去，遂采用了向中原王朝称臣的策略，以牵制周围的邻国，尤其是吴和南唐，从唐末历五代直到北宋，这种政策始终没有改变过。中原王朝为了拉拢钱镠，也前后授予其很高的官衔，如后梁授他尚父、吴越国王、诸道兵马都元帅等，后唐除了授他天下兵马都元帅、尚父、尚书令，封吴越国王外，还赐给玉册金印，以示宠渥。

但是钱镠并不是一个安分守己的人，他也想和其他割据小国一样称帝，只是自知自己的实力还不够强大，所在的两浙地区周围潜伏着强大的军事威胁，所以只好关起门来过皇帝的瘾了。他将自己所住之处称为宫殿，将办公的府署称为朝廷，令其部下称臣。从公元908年起，钱镠三次改元，其中"天宝"年号用了十六年（908—923），"宝大"年号用了两年（924—925），"宝正"年号用了六年（926—931）。直到其子钱元瓘继位时，方改用中原王朝年号。钱镠虽未公然称帝，但以上这些行为却与称帝无异。

因为钱镠的这种作为是严重的"非臣"行为，是不"恪守臣节"的表现，所以其子孙都对此极力否认。无论是文献记载，还是考古发现，都证明钱镠的确改过元。不仅如此，他还利用吴越濒海的便利，与新罗、渤海及居于海岛的部落建立了臣属关系，派遣使者对其"行制册""加封爵"。这些都是钱镠僭越不臣的表现。在唐末、后梁时期，中原王朝无力制约，只好隐忍不发。后唐统一中国北方后，实力逐渐强大，遂对吴越采取了制约措施。后唐明宗时，在枢密使安重诲的坚决主张下，下诏削去了钱镠的尚父、元帅、国王之号，勒令他以太师致仕，也就是退休。后来由于其子钱元瓘上表请罪，言辞恳切，明宗遂又恢复了他的官爵。

钱镠富贵以后，将其故乡改为衣锦里，并兴造第舍，穷极壮丽。他还经常回归故里，车马雄壮，万夫罗列，场面十分宏大。钱镠大会故老宾客，山林树木，全都以锦幄覆盖，以表示衣锦归乡之荣。他受封吴越国王后，"悉起台榭"，扩建杭州城，周长达三十余里。其晚年更加奢侈，《五代史补》说他："大兴府署，版筑斤斧之声，昼夜不绝，士卒怨嗟。"但是也有不同的记载，说钱镠生活节俭，衣服被褥皆用细布，未尝用锦缎；非公宴，所用器皿唯瓷樽漆器而已。他所用旧寝帐已经破旧不堪，其子媳要用青绢帐换下，他执意不肯，说自己虽然提倡节俭，仍担心后世子孙生活奢侈，此帐虽旧，还可以挡风，为什么要换下呢。他还以小圆木为枕，上面缀有小铃，熟睡后枕动则铃响，由是而醒，取名曰"警枕"。他还担心夜晚守卫者睡着，常用弹弓射弹丸于城外，使守卫者不能入睡，时人称他为"南方不睡龙"。这种记载也不能不说不真实，多是其早年所为，至于其自制"警枕"，夜晚不敢深睡，则是其总结多年内部争权夺利斗争经验的结果，深恐有人暗算于他。

钱镠统治两浙期间，赋税徭役非常繁重，其税额比唐朝统治时期增加了数倍。南唐曾派遣汤悦、徐铉出使吴越，目睹了其盘剥百姓的情况，说：两浙之民，只要欠斗升之税，便要受到严刑拷打，乃至于处以徒刑；曾在夜晚闻听有人号叫，惨痛之声若獐麂悲鸣，等天明询问，才知是官吏吊打欠税之民。由于负担过重，下民贫困，这里的百姓多穿不起衣服而裸行，或者以篾竹系于腰间以遮羞。

自从唐朝于公元780年实行两税法以来，五代十国多沿袭此制。两税法规定将一切杂税包括身丁钱并入其中，不再另行征收，而吴越却规定每丁交三百六十文钱，这种现象就是一税两征，而且在当时诸国中税额最重。由于负担过重，所以有些人便通过隐瞒年龄的办法来逃税，以致"民有至老死而不冠者"[1]。通常男子满二十岁为成丁，便要负担赋税，这个年龄也是举行冠礼的年龄，所谓"不冠者"就是不举行冠礼，以免承担赋税。

吴越的杂税也很繁重，所谓"凡薪粒、蔬果、箕帚之属悉收算"[2]。收算，就是收税。甚至连在西湖捕鱼也要收税，规定必须每日交纳数斤，称之为"使宅鱼"。有些渔民终日劳作，也打不够应交之数，只好花钱到市场买鱼交纳。五代时期，中原王朝只对酒曲实行专卖，而吴越则对酒也实行专卖，与民争利。此外，吴越百姓的徭役也很沉重。有人曾利用夜暗之机，在钱镠府门上大书曰："没了期，侵早起，抵暮归。"[3]意思是说吴越的徭

---

① 〔宋〕陈师道：《后山谈丛》卷四，北京：中华书局，2007年，第54页。
② 〔元〕脱脱等：《宋史》卷二四九《范质传附旻传》，第8797页。
③ 〔宋〕薛居正等：《旧五代史》卷一三三《世袭列传·钱俶》，第1775页。

役没完没了，每天清晨出去服役，直到夜幕降临才能回家，以表示对繁重徭役的不满和怨愤情绪。

在这些重负之下，百姓纷纷破产，贫乏之家，生子不能赡养，或弃于襁褓之时，或卖为奴婢，也有寄养于佛寺道观的。著名史学家马端临的《文献通考》记载：吴越统治期间，米粟谷帛之价比旧日上涨了三倍，鸡豚菜茹薪炭之价上涨了五倍，田宅价格上涨了十倍，肥沃良田及其他珍稀之物的价格上涨了不止数十倍。在这种重负的压榨下，百姓中最贫困的人家负债累计千金。

令人感到奇怪的是，千百年来，古今不少学者却对吴越钱氏的统治多有溢美之词，说钱镠"自奉节俭"，钱氏子孙能"轻徭薄赋，奖励垦殖"云云。造成这种情况的原因是，钱氏归宋后，世代高官，声誉颇佳，因此宋人自然不便揭其祖上之短。另外，有些钱姓之人写书撰文竭力美化钱氏在吴越的统治，也掩盖了不少事实。当然也有正直学者敢于站出来说真话，可是却引来了一些诽谤之词。

首先敢于站出来批评钱氏重敛的是宋代大文豪欧阳修，他在《新五代史·吴越世家》中谴责了钱氏在吴越的严刑酷法、重税盘剥的政策。于是有一个名叫钱世昭的人在其所撰《钱氏私志》一书中毁谤说：在钱镠的子孙钱惟演任洛阳留守时，欧阳修在其手下任推官，曾经对一妓女非常亲昵，然此女却被其上司钱惟演占有，欧阳修因为不能染指，心怀怨恨，后来撰《新五代史》时，便对其祖上进行诽谤，诬其重税盘剥。后来清人吴任臣撰《十国春秋》一书时便采录了钱世昭的这种说法，遂使这一问题更加复杂了。

其实这个问题并不难搞清，只要查一下宋人的相关记载，就会发现欧阳修在洛阳任推官时与钱惟演相处甚欢，两人关系亲密，时常聚会，赋诗游乐，并无交恶之事。欧阳修后来写了一部名曰《归田录》的书，其中涉及钱惟演的共有三件事，均为宣扬其美德之事，反倒对他书批评钱惟演之事只字未提。同是宋人所撰的《东坡志林》《清波杂志》等书，记有钱惟演依附丁谓，毁谤寇准，进贡洛阳之花以求宠等事，《归田录》虽然多记当年洛阳之事，但对这些事却只字未提，还对钱氏归宋之举多有褒奖。可见挟私毁谤的是钱氏子孙，而非欧阳修。

其实记载钱氏重税的典籍还有很多，只是撰者没有欧阳修声誉高、名气大，加之《新五代史》又是所谓正史，此说一提出来影响很大，所以钱氏子孙自然将攻击的目标对准了欧阳修。

需要说明的是，钱氏统治两浙期间，在修筑捍海石塘、兴修水利、发展商业等方面，还是做出了很大贡献的，这些方面是应该肯定的。

钱镠死于后唐明宗长兴三年(932)三月，其子钱元瓘继位。数年后，钱氏家族内部发生了兄弟阋墙之事，钱元瓘杀死了其兄弟钱元球、钱元珣。

之所以会发生钱氏骨肉相残的悲剧，还得从吴越国的政治格局说起。钱镠生前鉴于国内曾发生过部下将领主导的军事政变，因而对这些人很不放心，所以命其诸子分任各地军政长官，其中元球、元珣二人数次立有军功，所以钱镠遂授予其兵权，让其掌握一定数量的军队。钱镠死后，元球任土客马步军都指挥使、静江节度使、兼中书令，恃恩骄横，私增兵仗数千。面对这种情况，钱元瓘当然不能听之任之，派人劝其上交兵仗，并出任温州（治今浙江温州）地方长官。元球不从。这时有人告元球派亲信向神祷告，求为吴越国王，又派人携带蜡丸与元珦谋议。天福二年(937)三月，钱元瓘命使者召二人宴于宫中，其左右称元球有利刃藏在袖内，将元球、元珦同时杀死。这次事变未酿成大的动乱，也未造成重大损失。

此后吴越政局再未发生大的变故。钱元瓘死后，其子钱弘佐继立；弘佐死后，其弟弘倧继任王位。钱弘倧后来被统军使胡进思所废，改立钱弘佐的另一个弟弟钱弘俶即位。北宋先后灭亡南方诸割据之国后，吴越迫于形势，自请归顺。在北宋统一全国的进程中，吴越是唯一的没有经过干戈而归于一统的政权，从而使两浙地区避免了战火的破坏，有利于这一地区社会经济、文化的发展。

学术界通常将钱镠担任镇海军节度使的这一年，即公元893年，视为吴越国建立之年，至北宋太平兴国三年(978)，其孙钱弘俶归顺宋朝，国亡，共历王主、历时八十五年。

（二）兄弟阋墙的福建王氏

闽国割据今福建地区，为光州固始（今河南固始）人王潮所建。王潮出身农家，唐朝末年时，在本县当了一个小吏。固始地处豫南，这一地区在唐末为军阀秦宗权所据。秦宗权部将王绪占据固始时，署王潮为军正，主管军需供给。黄巢起义军将入河南之际，秦宗权召王绪击之，因王绪畏惧不行，秦宗权大怒，发兵攻讨，王绪不敌，只好率众南渡长江，企图在南方寻找安身之地。唐光启元年（885），王绪之军经江、洪、虔诸州，又折入福建，攻陷汀、漳二州，所到之处，并不久留，往往将当地洗劫一空而去。到达漳州（治今福建漳州）后，王绪因为路险粮少，令军中不得携带家属，违者斩。王潮兄弟三人共奉一母，不肯抛弃，苦求王绪，王绪大怒，欲立斩其母，赖将士苦求方免。王绪此举使军中人人自危，激起了军中怨愤，将士们密谋，擒杀了王绪，拥立王潮为其首领。

王潮与王绪不同，军纪严明，秋毫无犯，得到了漳州百姓的拥戴，遂留而不返。后王潮攻下泉州（治今福建泉州）、福州，汀（治今福建长汀县）、建（治今福建建瓯）等州闻风而降，遂占据全闽五州之地。福建位置偏远，唐廷鞭长莫及，只好任命王潮为福建观察使。唐乾宁三年（896），唐廷升福建为威武军（治今福建福州），任命王潮为节度使。次年，王潮病死，其弟王审知继任节度使，后加同平章事，封琅琊郡王。学术界遂将这一年视为闽国建立之始。后梁开平三年（909），授王审知为中书令，晋封闽王。

王氏兄弟生活节俭，重视农业生产的恢复和发展，赋税均平，福建之人得以安居乐业。当时北方衣冠之士南下避居于福建者甚多，王审知礼贤下士，多方延纳，又兴建学校，教授当地子弟。此后，福建人才辈出，文化发展较快，至宋代成为全国藏书丰富之地，其基础便是在这一时期奠定的。

福建滨海，水上交通方便，王审知开辟商港，招徕商贾，宋元时期著名的外贸商港——泉州港便是这一时期开辟的。这一政策不仅使闽国坐收商利，而且促进了中外经济文化的交流。王潮、王审知兄弟统治福建三十余年，能够做到省刑惜费，轻徭薄赋，与民休息，故当地社会稳定，经济发展，百姓乐业。有人劝王审知称帝，他回答说：我宁可开门做节度使，不做闭门天子。从而避免落下被人攻击的口实，保证了福建社会的稳定。

王审知死于后唐同光三年（925）十二月，其长子王延翰继位。从此以后，王氏家族内讧迭起，争权夺利，互相攻伐，全境大乱，以致灭亡。

王延翰继位后，不甘心向中原王朝称臣，自称大闽国王，建宫殿，置百官，礼仪制度皆仿天子之制。王延翰在生活上也一改其父旧习，骄淫奢侈，兴修宫室，游宴无度。又对兄弟采取了猜忌排斥的态度，即位仅月余，王延翰就将其弟王延钧排斥到泉州任刺史。他还广纳民间女子入后宫，其弟建州刺史王延禀屡次上书劝告，他非但不听，反而大怒。于是王延禀与王延钧商议，合兵袭击福州。王延禀率军先到福州，破城而入，捕获王延翰，斩之。

王延翰死后，王延禀认为自己是王审知的养子，担心继位后诸将不服，于是便推举王延钧为王。王延钧继续向中原王朝称臣，于是后唐明宗任其为威武军节度使、中书令，封琅琊王。天成三年（928），后唐又进封其为闽王。王延钧也是一个昏庸之人，他继位之后，加重了赋税徭役，又度僧二万余人，将大量的肥沃土地划拨给寺院，引起了社会的不稳。长兴二年（931）四月，王延禀得知王延钧患病，率军袭击福州，战败被擒杀，王延钧遂令其弟王延政为建州刺史。王延钧自认为实力强大，向后唐请求授以尚书令之职，遭到拒绝，于是便断绝了与中原王朝的朝贡关系，并改长兴四年为龙启元年（933），即皇帝位，改名王鏻，国号大闽。

永和元年(935)，王鏻患风疾，皇后陈氏与其臣归守明、李可殷私通。李可殷恃宠，欺压王鏻之子福王王继鹏，王继鹏遂乘其父病重之机，指使人打死了李可殷。皇后陈氏告于王鏻，王鏻扶病视事，追查李可殷死因。王继鹏见事情败露，索性率卫士攻入宫中，将王鏻杀死，皇后及归守明等皆被处死。

王继鹏继位后，改名王昶。为了稳定局势，又向后唐称臣。王昶生活奢侈，建紫微宫，用水晶装饰，穷极豪奢。他弑父自立，担心别人议论，派人秘密监视臣下及民众，搞得国内人心惶惶。他还崇信道教，建三清殿于宫中，铸宝皇大帝、元始天尊、太上老君像，用去黄金数千斤。王昶喜做长夜之饮，强令群臣陪侍，酒醉者则派人察其过失，其堂弟王继隆酒醉失礼，被斩首。其叔父王延羲为了避祸，佯作癫狂，被安置于武夷山，后又被召回幽禁于家中。通文四年(939)，福州发生大火，王昶命控鹤军使连重遇率军灭火，追捕纵火之贼。由于一时无法捕获，王昶遂怀疑连重遇参与了纵火阴谋，打算将其诛杀。有人将这个消息告知了连重遇，连重遇遂利用率军当值的机会，乘夜纵火焚烧了长春宫，并进攻宫中。王昶无法抵御，只好仓皇逃出福州，被追兵捕获后缢杀。

王昶死后，诸将拥立王延羲为主。王延羲自称威武军节度使、闽国王，改名王曦。王曦是王审知的第二十八子，为人骄淫暴虐，猜忌宗室，其弟建州刺史王延政屡次上书劝谏，不听，反而复信谩骂，由此兄弟之间忌恨益深。王曦为了控制其弟，派亲信邺翘任王延政的监军。王延政不堪忍受，欲斩邺翘，邺翘逃回福州。王曦派大军进攻建州，四面攻打，王延政只好向吴越求救。在吴越军队到达前，王延政已经击败了王曦的军队。吴越军队到达后，却不愿退去，于是王延政又结好于南唐，击败了吴越之军。此后，王曦与王延政各自为政，王延政改建州为镇安军，自为节度使，封富沙王。两人互相攻杀，福、建二州之间，白骨累累，当地社会经济遭到了极大的破坏。

王曦自称大闽皇帝，王延政不甘落后，也自称皇帝，国号殷。闽永隆六年（944），弑杀王昶的连重遇与朱文进二人，担心被追究以往之事，终日惶惶不安，遂密谋杀死了王曦，并杀王氏宗族五十余人。朱文进弑君后，自立为闽王。王延政当然不能甘心，遂发兵讨伐朱文进，朱文进势寡，求救于吴越。就在闽国内部互相残杀之际，南唐大军已经出动，并很快就兵临城下。不久后，朱文进的部下将其杀害，欲迎接王延政入福州。王延政则因南唐军已经逼近，遂以福州为南都，而暂不迁入。南唐军进攻建州，大败王延政军。其部将李仁达见王延政势穷，潜入福州，说服守将杀死了王延政的侄子王继昌，立僧卓岩明为天子，随后李仁达又刺杀了卓岩明，自立为主。天德三年（945），南唐军攻下建州，活捉了王延政，并围攻福州。李仁达与吴越援军配合，击败南唐军，福州遂入吴越之手。

从公元897年算起，至945年止，闽国前后传七主，共四十八年时间。

（三）残暴的南汉诸帝

南汉割据于今两广及湖南南部一带，为刘隐所创建。关于刘氏家族的族属问题，学术界颇有争议，一说其为大食（阿拉伯）商人后裔，也有说其本为岭南蛮族，当然也有说其祖籍在豫州上蔡（今河南上蔡），后来移居福建泉州之马铺。唐末刘谦为广州牙校，遂居于岭南。唐懿宗咸通年间，宰相韦宙出任岭南节度使，因为赏识刘谦，遂将侄女嫁与刘谦为妻，其妻坚决反对，所谓"其内以非我族类，虑招物议，讽诸幕寮，请谏止之"。但是韦宙却说："此人非常流也，他日吾子孙或可依之。"①从这些话来看，刘谦肯定不会是上蔡的汉人，至于是岭南蛮族还是大食人的后裔，现在还不好论定。

唐末黄巢起义军曾经南下攻陷过广州（治今广东广州），因为不服水土，又弃之北上。当时岭南一带小股起义军仍然很多，刘谦因镇压起义军有功，被唐廷授予封州（治今广东封川）刺史。在此期间刘谦有兵万人、战舰百余艘，在岭南诸将中实力最为强大，而这股力量正成为其子以后创建政权的基础力量。刘谦死后，其子刘隐继任封州刺史。这时唐廷任命李知柔为岭南节度使，行至途中，得知发生兵变，不敢前进。刘隐率封州兵平定了叛乱，迎接李知柔入广州，以功被提升为行军司马，掌握岭南兵马财赋事务。此后换了数任节度使，无一不对刘隐颇为倚重。后来宰相崔远任岭南节度使时，因路途遥远而不愿赴任，唐廷遂任命刘隐为岭南节度留后。为了能够被正式任命为节度使，他以厚礼重金收买朱全忠，在朱全忠的支持下，刘隐终于获得了节度使的任命。后梁建立后，刘隐继续称臣纳贡，后梁授其中书令、检

---

① 〔五代〕孙光宪：《北梦琐言》卷六《韦氏女配刘谦事》，第123页。

校太尉、侍中，封大彭郡王，后又改封南海王，从此刘氏便割据于岭南地区。

学术界将刘隐获得岭南节度使的这一年，即公元905年，视为南汉政权建立的时间。刘隐死后，其弟刘岩继位。刘岩对南海王这个封号非常不满，遂于后梁贞明三年(917)在广州称帝，因其姓刘，故以汉为国号，史称南汉。刘岩改名为刘䶮，取《易·乾》的"飞龙在天"之意。后唐庄宗灭梁之后，刘䶮大为震恐，急忙派使者前往洛阳探听虚实，声言将贡献大批财宝。后唐庄宗见南汉远道来贺，又可得到许多珍宝，非常高兴，遂不以南汉为意。南汉使者返回广州后，详述了庄宗荒淫昏庸之状，刘䶮知其无所作为，认为后唐自身尚难以保全，如何能远涉岭南吞并南汉，不觉胆气更壮，从此断绝与中原王朝的往来。

刘䶮死后，其第三子刘弘度继位，改名刘玢。刘玢在位仅一年时间，便遭人暗杀而死，究其原因却与他本人有关。刘玢继位以来，生活奢侈，荒淫无度，其父在殡期间，便召伶人饮酒作乐，喜在宫中裸男女以观；有时也与妓女夜行，甚至出入民家。由于刘玢不理政务，国事日乱，盗贼蜂起，左右稍有触犯，便招来杀身之祸，所以无人敢谏。其弟刘弘昌与内常侍吴怀恩屡次进谏，刘玢不听，反而怀疑诸弟谋害自己，于是命宦官把守宫门，凡入宫者皆露身而搜。由于刘玢动辄杀人，搞得左右人人自危。他又酷好手博，其弟刘弘熙选拔了一批壮士，练习角抵(即相扑)之术，然后献给了刘玢。光天二年三月丙戌，即公历943年4月15日夜，刘玢在长春宫与诸王宴饮，观看角抵表演，后刘玢大醉，刘弘熙指使人乘机害死了他，并且将其左右之人全部杀死以灭口。

刘玢死后，刘弘熙继位，改名刘晟。由于是弑兄而篡位，刘晟担心众人不服，所以采取了严刑峻法的政策，以树立自己的威势。他先后杀死了其弟循王刘弘杲、越王刘弘昌、镇王刘弘泽、韶王刘弘雅、齐王刘弘弼、贵王刘弘道、定王刘弘益、辨王刘弘济、同王刘弘简、益王刘弘建、恩王刘弘晦、宜王刘弘照等。为了斩草除根，又尽杀诸王之子。旧史上说："帝恐诸弟与其子争国，故同日见杀。"①刘晟宠信宦官与宫人，以宫人卢琼仙、黄琼芝为女侍中，朝服冠带，参决政事，而宗室勋旧，几乎被诛杀殆尽。他还大力兴建宫室，数量之多，不可胜数。又经常通宵酣饮，曾大醉，将瓜置于伶人尚玉楼的脖子上，拔剑砍之以试剑是否锋利；第二天酒醒，召尚玉楼陪饮，左右告诉他此人已经被杀了。后周攻取南唐的淮南诸州后，刘晟担心周兵会继续南下，忧形于色，欲遣使入贡中原，又被湖南的割据势力所阻隔，无法抵达。刘晟既忧心江山不保，又为酒色所误，身体状况每况愈下，于乾和十六年(958)八月病死，终年三十九岁。

南汉后主刘𬬮，为刘晟长子。其继位时年仅十六岁，不知理政，唯知游乐，国政则由宦官与宫中女官掌管。刘𬬮的奢侈程度超过了其父、祖，新建的万政殿仅装饰一根柱子就花费了白金②三千铤，又用白银及云母作为地面，奢华程度令人咋舌。刘𬬮还随意屠杀大臣及宗室，搞得国内人心惶恐，政事混乱。北宋建立

①〔清〕吴任臣：《十国春秋》卷五九《南汉中宗本纪》，北京：中华书局，1983年，第855页。
② 白银的别称。

后开始了统一全国的军事行动，有人劝其加强兵备，也不被理睬。由于开支浩繁，国库空虚，遂发行乾亨铅钱，百官俸钱非特恩不给铜钱，致使国内币制紊乱，物价飞涨。为了维持奢靡的生活，加重对百姓的剥削，凡百姓入城者交税一文，琼州（治今海南海口琼山区南新民乡白石村）每斗米征税五文。刘鋹还强迫临海百姓入海采珍珠，其所居宫殿多以珍珠、玳瑁装饰。这一时期南汉的刑罚也非常残酷，制定了烧煮剥剔、刀山剑树等刑，用来对付百姓及政敌。他还令罪犯与虎、象等猛兽相斗，自己从旁观看，场面血腥，他却谈笑自若。

就在刘鋹胡作非为之际，北宋大军开始向南汉发起进攻。宋太祖开宝三年（970），北宋以潘美为统帅率大军南下，连续攻克了郴、贺、昭、桂、连、韶等州，于次年进抵广州城下。刘鋹见状，不敢抵抗，以大船十数艘装载金宝，打算入海逃亡，却被宦官悉数盗走。刘鋹无奈，烧毁府库宫殿后，开城投降，被押往汴梁。南汉自公元905年刘隐取得岭南节度使位算起，至公元971年灭亡，历时六十六年。

有趣的是，刘鋹作为皇帝，竟不知自己的国土有多大。他被解送汴梁的途中，越过骑田岭（五岭之一，在今广东连山通往湖南郴州的骑田岭上），进入郴州（治今湖南郴州）境内，原南汉旧吏前来迎接，他竟惊讶地说：你怎么在这么近的地方呢？回答说：陛下之国，边境至此已极，并非万里之遥。原来刘鋹还以为郴州距离广州遥远得很呢，可见其昏庸到何种程度！

（四）老骥伏枥与群驹争槽

楚国割据于今湖南及广西北部一带，创建者为马殷。马殷，许州鄢陵（今河南鄢陵）人，少年时当过木工。他自认为是东汉伏波将军马援之后裔，实际上是胡乱攀附，并没有什么依据。唐末黄巢起义时，马殷在龙骧指挥使刘建锋部下当兵，戍守在蔡州（治今河南汝南县），由于作战勇敢，逐渐升为军官。刘建锋随孙儒南下江淮与杨行密争衡失败，率残部七千余人逃向今江西，沿途招收逃散的士卒，竟达十万之众。在江西又被当地割据者钟传挫败，无法存身，只好折向湖南。攻下潭州（治今湖南长沙）后，刘建锋得意忘形，酗酒作乐，不理政事，后因奸污亲兵陈瞻之妻，被陈瞻打死。诸将遂推举行军司马张佶为帅，张佶坚拒不受，于是便推举马殷为这支军队的首领。

马殷率领诸将逐渐攻下了岭北诸州，接着又陆续攻下桂、宜、严、柳、象等州，基本奠定了楚国的规模。唐天复三年（903），吴军进攻鄂州（治今湖北武汉武昌区），他乘奉朝命出兵援救之机，袭击江陵，将全城财宝掠夺一空而去。接着又乘机攻下了岳州（治今湖南岳阳），使得其北方有了屏障。然后再攻取澧（治今湖南澧县）、朗（治今湖南常德）等州，遂占据了整个湖南地区。

马殷占据湖南后，唐廷便任其为武安军（治今湖南长沙）节度使。后梁开平元年（907）受封为楚王。马殷还不满意，请求以唐太宗为秦王时授天策上将之例，加授自己天策上将名号，后梁这时正与晋激战，不便开罪马殷，遂同意了他的要求。于是马殷开府署，置官吏，总辖二十余州，虽然向中原王朝称臣，但不输赋税。后唐明宗天成二年(927)，封马殷为楚国王，他又建宫殿，置百官，制度仪仗皆如天子。

马殷创建楚国后，与邻国和睦相处，采取了保境息兵的政策。比如楚虽与吴发生过数次战争，但规模都不大，后来吴国主动表示和好，马殷也就顺水推舟，与对方互通商旅，发展经济交流。楚与南平、南汉虽都发生过战争，然不久皆讲和罢兵，甚至还结成姻亲，保持了相安无事的局面。楚国在马殷统治时期，注重发展生产，奖励农桑，发展茶业和纺织业，与中原长期通商。他还听从谋士高郁的建议，利用境内多铅锡的特点，铸造铅锡之钱，当时各国禁止铅锡钱等劣质货币的进入，故入楚经商的商人不能将所获钱带出境外，只能再采购楚国货物运出，这使得楚国物流畅通，国家富庶。

马殷晚年多内宠，生活开始奢侈起来。其诸子骄奢无度，他本人也猜忌诸将，搞得人心不稳。马殷活到七十九岁时死去，遗命其子马希声继位。马希声是其次子，长子马希振为人散淡，不愿参与政治；马希声与马希范本同日而生，因其母袁德妃有宠，故得以立为嗣。

马希声为人骄横而愚蠢，马殷尚在世之时，他就假传马殷的命令，将楚国的功臣高郁处死，这使马殷伤感不已，但又无可奈何。此事的起因颇有戏剧性。早在后唐庄宗灭梁之初，马殷遣马希范入洛阳朝贡，庄宗为了离间马氏君臣的关系，故意说：我早就听说高郁将来要篡夺马氏之位，马殷有子如此，看来高郁是不可能得逞了。南平王高季昌也屡次编造谣言进行离间，他见马殷年老，认为马希声将来一定会继位，于是便写信给马希声，称高郁功高多谋，表示愿意与其结为兄弟；又派人散布流言，说高季昌听到楚国重用高郁，非常高兴，认为将来亡马氏者非高郁不可。马希声愚蠢，竟信以为真。加之马希范又将后唐庄宗的话告诉了他，马希声遂多次在马殷面前说高郁谋图不轨，不如早除之。马殷虽然拒绝了他的要求，但经不住再三请求，只好罢去了高郁的兵权，然后马希声诬称高郁谋叛，将其处死，并诛灭其宗族。马氏自翦羽翼，国亡无日了。

马希声曾经听说后梁太祖喜食鸡肉羹，心中十分羡慕，即位之后，命每日烹五十只鸡以供膳。他还非常喜欢宝货，一商人有犀带售卖，价值数百万钱，马希声遂派人杀死商人，强夺了犀带。这位"吃鸡专家"虽然生活奢侈，寿命却不长，在位不到一年，便一命呜呼了。

马希声死后，其弟马希范继位。马希范是马殷的第四子，其兄死后，诸将遂拥立其为主。他即位之后，怨恨马希声在位时不让位于自己，便将马希声的同母弟马希旺幽禁起来，并且排除在兄弟之数外。其弟马希杲镇守桂州（治今广西桂林），颇得军民拥戴，引起马希范的怀疑，先被调到朗州镇守，后又被处死。马希范即位之初，因其妻彭氏治家颇严，马希范畏惧，尚不敢过分奢靡；待其妻死后，便开始肆无忌惮起来，纵情于声色，为长夜之饮。他还建造了九龙殿，用沉香木雕刻了八条龙，以金宝装饰，各长百余尺，绕柱而上，自己居其中，自称也是一龙。他又兴建了会春园、嘉宴堂、金华殿，花费了巨额费用，每日引子弟于诸园游乐。国用不足，便增加赋税，从而加重了百姓的负担，逃亡者相继。面对这种状况，马希范不但不担忧，反而说只要田地仍在，何必担忧无谷！为了更多地敛财，以满足其奢侈生活的需要，他还下令卖官鬻爵，以交钱多少确定所授官职的高低，致使国中富商大贾布列其位。百姓犯罪，有钱者交钱，身体强壮者当兵，而实际受刑者只剩下贫穷老弱之人。地方官员的迁转，以贡献多少为标准，多者升，少者黜。

对于马希范这些倒行逆施的行为，也有人曾经进行过劝谏，天策学士拓跋恒就是其中之一，结果反倒惹怒了马希范，终身不再被召见。天策副都军使丁思进谏，被罢了官；湘阴人戴偃作诗讽刺过他的这些行为，被抓了起来。马希范非常好色，对其父媵妾，多有非礼，又令僧尼潜入民家，搜索士庶家有姿色的女子，前后强令数百女子入宫，仍不满足。见一商人之妻美貌，遂杀其夫而夺之，导致该女子自杀身亡。马希范还好大喜功，向中原王朝请求加封自己为天下都元帅，为达此目的，前后多次向后晋进贡大批财宝，最后才换来了这个空名号。楚国在马殷时期取得的经济发展成就，至马希范时已经破坏殆尽，府库空虚，社会混乱，极大地动摇了马氏家族的统治基础。

马希范死后，其同母弟马希广继位。马希广之兄马希萼也是一位野心勃勃的人物，当时镇守朗州，不久就起兵进攻潭州，谋图夺取王位。马希萼为达目的，遂向南唐称臣，求得其出兵支援，又联系境内蛮族之人，向马希广进攻。经过数年激烈的战斗，马希萼终于攻入长沙，处死了马希广，取得了王位。但长沙经此战火，宫室府库被烧毁，已经残破不堪了。马希萼自知实力不济，遂采取了向中原王朝与南唐同时称臣的策略，以图苟安。

当时马希萼派掌书记刘光辅为使向南唐进贡，刘光辅却密劝南唐中主李璟出兵灭楚。早在马殷统治时期，楚国老将许德勋在送别吴国被俘将领时，曾对其说过这么一段话：楚国虽小，但旧臣宿将尚在，希望吴国不要打什么主意；待到他日群驹争槽之时，再图之也不晚。许德勋正是看到了马殷诸子骄奢不法，预见到将来必然会发生内争。而刘光辅提议南唐出兵灭楚，正是因为出现了许德勋所说的群驹争槽的大好时机。

南唐听取了刘光辅的建议，出兵后顺利地灭亡了楚国。南唐的胜利不是其军事力量强大的结果，在很大程度上是沾了楚国内乱的光。楚国从马殷公元896年任武安军节度使算起，至公元951年，马氏兄弟争位，为南唐所灭，前后延续了五十五年时间。

（五）人称无赖的南平高氏

南平是十国中最小的政权，为高季昌所创。高季昌，陕州硖石（今河南三门峡东南）人，避后唐庄宗祖父李国昌之讳，改名高季兴。他幼年在汴州商人李七郎家为奴，朱温收李七郎为养子，改名朱友让，又因喜爱高季兴，命朱友让收其为养子，也改姓朱。高季兴最初在军中为亲兵，逐渐升为牙将，因为立有军功，后来当上了颍州（治今安徽阜阳）防御使。

高季兴割据的荆南地区，原辖有七个州，唐朝末年为成汭所据，经过多年的战乱，非常残破。成汭任荆南节度使后，大力恢复社会经济，招纳流亡，通商劝农，使这一带成为较为富庶之地。但成汭急于扩张地盘，先后与朗州雷氏、长沙马殷、江淮杨行密交战，在君山一战中兵败而死。朱温不愿荆南为他人所有，派军攻伐。公元906年，汴军攻取了荆南，遂任命高季兴为荆南节度留后，公元907年正式任命其为节度使。这时的荆南仅有一州，后来辖有荆（治今湖北江陵）、归（治今湖北秭归）、峡（治今湖北宜昌）三州之地，治所在荆州。高季兴在朱温在世时，还不敢跋扈，后梁末帝在位期间，国势日衰，高季兴便不那么驯服了。末帝封他为渤海郡王，他仍不满足，袭取襄州不成，索性断绝了对后梁的贡赋。后唐建立后，畏其强大，他亲至洛阳朝见庄宗，险遭囚禁，返回时行至许州（治今河南许昌），他对左右说："吾行有二失：来朝一失，放还一失。"①于是倍道兼行，甚至连行李都丢弃不顾了，等他过了襄州之境，庄宗果然后悔纵其归去，命襄州节度使刘训拦阻，但已经来不及了。

不久，后唐封其为南平王，这便是人称其国为南平的原因。荆南地处四战之地，国小力弱，所以他曾一面向中原王朝、吴、蜀称臣，一面又伺机而动，抢夺地盘和财物。比如后唐灭前蜀，获得珍宝金帛四十万，顺长江而下，行至峡口，被高季兴派军截杀，尽夺其珍宝。后唐明宗派使责问，高季昌回答说：船行三峡，水道险阻，长途运送，也许是船覆人亡，欲得知详情，只好去问水神了。再比如楚国派使向中原王朝进贡归来，后唐明宗回赐骏马十匹、美女两名，路过江陵时又被高季兴抢夺。因担心中原王朝或楚国讨伐，于是他便向吴国称臣，希望能得到援救。高季兴纵横捭阖，谁给他好处，便向谁称臣，至其子孙时甚至向南汉、闽、后蜀、南唐等皆称过臣，其目的就在于获得赏赐。

---

① 〔宋〕欧阳修：《新五代史》卷六九《南平世家》，第857页。

在五代十国前期，除了吴、前蜀称帝外，其余诸国皆奉中原
王朝为正朔，岁时贡奉。由于吴国与中原为敌，诸国北上，走陆
路只能经过荆南地界，无论是高季兴还是其子高从海，都干过阻
拦使者、抢夺贡物的勾当。如果诸国以书信责问，或者发兵讨
伐，荆南便发还其人与财物，从无愧色；如果由于种种原因，而
一时不能顾及此事，高氏便坦然自若，受之无愧了。"故诸国贱
之，皆目为'高赖子'，又曰'高无赖'。俚语谓夺攘苟得无愧耻
者，为赖子也。"①

南平虽然国小力弱，仍能割据一方，传之四世，主要是因为
荆南地区狭小，且为四战之地，处在南北陆路交通的中枢位置，
得之则不足扩充财赋，反而招致诸方攻夺，保留下来可以作为各
国之间的缓冲之地。比如楚国在马殷统治时，曾大败荆南军，并
进逼江陵，高季兴急忙派人求和，楚军答应了其请求，罢兵退
去。马殷谴责统兵主将为何不夺取荆南，回答说："江陵在中朝
及吴、蜀之间，四战之地也，宜存以为吾扞蔽，安可徒快一时心
而自失唇齿之形乎？"②马殷点头称是。这就是中原王朝、吴、南
唐、楚与两蜀等国，皆有吞并南平的实力，而不愿吞并的根本原
因。后来北宋统一全国时，对南平兵不血刃，很顺利地攻占了这
一地区，表明一旦形势发生了变化，它便无法生存下去了。当然
南平能够生存数十年之久，也与其注重发展生产、推行保境息兵
的政策密切相关。

---

① 〔清〕吴任臣：《十国春秋》卷一〇一《荆南文献王世家》，第1445页。
② 〔清〕吴任臣：《十国春秋》卷七二《楚·王环传》，第998页。

南平高氏的世系情况如下：高季兴死后，其长子高从海继位；高从海死后，其第三子高保融继位；高保融死后，其弟高保勗继立；高保勗死后，命高保融之子高继冲继位。北宋太祖乾德元年(963)，北宋借道荆南进攻湖南张文表，高继冲见北宋大军毕集，惶恐出迎，宋军乘机入城，灭了南平。南平高氏自公元907年高季兴任荆南节度使始，至此而亡，历时五十六年。

（六）其余诸国君主

1. 前蜀兴亡

前蜀为舞阳(今河南舞阳)人王建所建。此人出身于世代卖饼的饼师家庭，少年时无赖，屠牛盗驴，贩卖私盐，因为排行第八，人称"贼王八"。唐末，他投身军中，隶忠武军，忠武监军使杨复光组建忠武八都时，他与鹿晏宏、韩建等八人皆为都将，每都有兵千人。黄巢攻克长安时，唐僖宗逃奔西川，王建率兵三千人随入成都，报效唐廷。当时大宦官田令孜专权，为了扩充自己的实力，遂收王建为义子，并将其部并入神策禁军，号"扈驾五都"，王建仍为都将。田令孜失势后，王建被排挤出朝，任利州(治今四川广元)刺史。后来西川大乱，东、西川相互之间攻伐不已，王建遂乘乱攻取了成都，被唐廷任命为西川节度使。此后，他又攻了东川、汉中，以及秦、凤、阶、成等州，形成了前蜀全盛的基本格局。

王建于唐天复三年(903)受封为蜀王，天祐三年(906)，在成都建立行台，次年唐朝灭亡，遂自立为帝，国号蜀，史称前蜀。

王建在称帝前后，能够采取收揽蜀中人心、保境息民的政策，得到了蜀中土豪的支持，势力发展很快。他还能留心政事，任用贤能，重视发展文化事业，在唐末动乱中流落蜀地的士大夫甚多，王建都能妥善地安置，故蜀中文物制度颇具中原风貌。蜀中古称天府之国，经过唐末战乱，社会经济受到一定程度的破坏，但在前蜀建立后的三十余年间保持了和平稳定的局面，使得两川的农业、手工业、商业等都得到了较大程度的恢复和发展。在文化方面，文学、史学、绘画、书法、音乐、教育等，都有相当程度的发展，拥有一大批人才，从而使蜀中成为五代十国时期的文化中心之一。

王建一生征战，六十岁时才称皇帝，已经进入人生的暮年，选立何人为太子便成为一件极重要的大事。王建的长子王宗仁，幼年患病成为废人，自然不可能成为太子的人选。次子王宗懿被立为太子，却在宫廷斗争中被杀。王建本来打算立雅王王宗辂或信王王宗杰，但由于二人各有长处，一时难以确定，这就为第十一子郑王王宗衍争当太子留下了活动的空间。

王宗衍之母徐妃是蜀中美女，在王建进入成都后，与其姐均被纳为妃。徐妃由于貌美，得到王建的专宠，于是她便结交宦官，干预朝政。徐妃除了勾结宦官外，还拉拢宰相及诸将，众人联合上表，称王宗衍才器英武，实堪社稷之托。在宫内外的合力煽惑下，王建遂正式册立王宗衍为太子。王建虽然立了太子，但总是不放心，有一次他见王宗衍与诸王斗鸡、击球，遂自叹说：我百战而立此基业，此辈难道能守之乎！他见信王王宗杰颇有才干，又有改立太子的意向，然而信王却突然死了，他颇疑是徐妃下毒所致，但不愿深究。王建临终时，在遗诏中说：如果太子确实不堪当皇帝，应置于别宫，另行选立贤者，而不要害其性命。这样就把问题留给了大臣们，而自己不负责任，不能不说是一个糊涂的决断。

王宗衍即位后，去掉了名字中的"宗"字，单名衍。他即位时年仅十七岁，浑然不知治国为何事，军国大事交给宦官办理，自己每日寻欢作乐。不仅宦官弄权，两位徐妃（此时分别为太后、太妃）也不甘寂寞，公开卖官鬻爵，按官职高低估价出售。太后、太妃如此，权臣也不甘落后，礼部尚书韩昭主持考试，选拔人才，也公然收贿舞弊。他还向后主王衍要求把蓬、渠、巴、集数州刺史交给他，由他售卖，所得钱用以营建自己的宅第，竟然得到了王衍的批准。王衍本人也卖官。阆中（今四川阆中）人何奎，通数术，能预言未来，与许多公卿贵族都有密切往来，其暮年时忽然想当官，便通过行贿的手段获得了兴元府（治今陕西汉中东）少尹的高官之位。王衍还以个人好恶随意授官，宦官严凝月善于唱歌，颇得王衍的宠信，他深知其主好色，便多方为其搜求美女，博得王衍的欢心，得到了蓬州刺史的官职。至于营私卖狱，贪赃枉法，更是常见之事。

王衍母子生活十分奢侈，经常游宴于贵臣之家，成都近郡的名山无不遍游，所费不知其极。他还兴建了一座皇家御苑——宣华苑，其中有湖曰龙跃池、宣华池，周围楼台亭阁无数，奇树异花遍植苑中，怪石修竹随处可见。王衍与徐氏姐妹及宫嫔，时常游乐于苑中，歌舞宴饮，长年不断。即使如此，王衍还不满足，曾以缯采数万段结为采楼山，上建宫殿亭阁，宴乐于其中，逾旬不下。又在采楼山下掘一水渠，通到宫中，王衍乘醉夜下采楼山，泛小舟于渠中，命宫女乘画船执蜡烛千余条照映水面，以迎其舟，喧闹至晓。王衍还在宫内兴造村坊，立市肆，令宫女们穿青衣衫裙，扮成普通百姓，售卖一些日常生活用品，王衍与后妃游于其中，男女相杂，叫噪相打，以为笑乐。

在成都游乐王衍还不满足，又外出游乐，谓之巡狩。乾德二年（920）七月，下诏北巡。次月，从成都出发，经汉、利、阆数州，历时五个月，沿途旌旗招展，百里不绝，王衍披金甲，珠帽锦袖，执弓挟矢，百姓望之，谓之"灌口二郎神"。所到之处，官员盛宴款待，所费财物不计其数，百姓不胜其扰。后来王衍还游过青城山、秦州等处，其中秦州之游是其最后一次远游。咸康元年（925）十月，王衍下诏以巡边的名义出游，其实全是假话，真实原因是听了镇守秦州的王承休的谎话，王承休曾报告说秦州美女甚多，使王衍垂涎不已，加之王承休之妻严氏貌美，所有这些因素促成了秦州之行。当王衍率数万军队从成都北上之时，后唐大军已经开始进攻前蜀了。王衍听到这个消息后，并不以为意，认为只不过是臣下伪造军情，阻止自己前往秦州而已。一路上前蜀君臣吟诗唱和，兴致勃勃，自以为蜀道险阻，万无一失。当王衍一行走到利州时，听到后唐大军已经逼近、前蜀军队纷纷败退的消息，吓得掩面哭泣，仓皇逃回成都。后唐军队逼近成都，王衍遂开城投降。王建历尽千辛万苦创建的基业，仅仅传了两世，便很快覆亡了。

前蜀自公元891年王建任剑南西川节度使算起，至公元925年为后唐所灭，共历时三十四年。

2.宋亡后蜀

后蜀为邢州龙冈（今河北邢台）人孟知祥所建。孟知祥的祖父、父亲都是军校出身，地位不高，其伯父孟方立曾任过节度使，算是孟氏家族中的翘楚。唐朝末年，孟知祥在晋王李克用手下做事，颇得赏识，李克用还将其弟李克让之女嫁给孟知祥为妻。李存勖继晋王位后，任其为掌管机要的中门使，因此前任此职者多遭杀身之祸，孟知祥畏惧，请求另任他职。李存勖让他推荐人代替，他便推荐了郭崇韬。此职在藩府中权任甚重，故郭崇韬非常感激。后唐灭前蜀后，时任枢密使的郭崇韬推荐孟知祥为西川节度使，以报答旧恩，后唐庄宗遂命其充任此职，并加同平章事衔。此次攻灭前蜀，庄宗之子魏王李继岌为名义上的统帅，但实际兵权却掌握在枢密使郭崇韬手中。灭蜀之后，郭崇韬功大，受到庄宗的怀疑，皇后刘氏担心其子李继岌的安全，遂遣使命李继岌杀死了郭崇韬。郭崇韬死后，灭蜀军队群龙无首，魏王李继岌无力控御局面，蜀中大乱。孟知祥见此，急驰入蜀，承制宣抚，稳定人心。

魏王引军北归途中，适逢洛阳发生兵变，庄宗被杀，魏王随即自杀身亡，后唐明宗李嗣源即皇帝位。孟知祥见中原混乱，便产生了割据蜀中之意，遂加紧整顿军备，并增置义胜、定远、骁锐、义宁、飞棹等军七万余人。明宗派人催促其将蜀中所余钱物上缴朝廷，孟知祥拒不输送。不久，他处死了明宗派来的监军使李严，又拒绝了后唐朝廷要其输送助礼钱一百万贯的要求，并与东川节度使董璋联合，公然对抗朝廷。孟知祥派人迎其家眷，行至凤翔，被节度使李从曧扣留，明宗为了稳住孟知祥，派客省使李仁矩慰谕知祥，并送其妻琼华公主及其子昶等入川，使孟知祥无后顾之忧。枢密使安重诲力主讨伐孟知祥，明宗遂下诏削夺其官爵，命石敬瑭为帅，夏鲁奇为副，率大军讨伐。由于道路险阻，后唐军战而无功，只好退还。在中原王朝的威胁消除后，孟知祥又与原来的同盟者董璋发生冲突，经过激烈的战斗，孟知祥消灭了董璋的军队，占据了东川。后唐长兴四年(933)，后唐明宗授孟知祥为剑南东西川节度使、成都尹，封蜀王。公元934年，明宗病死，孟知祥遂在成都称帝，国号仍为蜀，史称后蜀。半年后，孟知祥病死，其子孟昶继位。

孟昶与前蜀王衍不同，并不是宋人所说的昏庸之主。其即位之初，由于孟知祥留下的旧臣骄横不法，轻视新君，故未能亲政。经过激烈的斗争，孟昶铲除了这些旧臣，终于如愿以偿，开始了亲政。

孟昶亲政后，留心政事，放归了宫中大批宫女，让其自由归家。孟昶即位之初，生活也比较节俭，寝殿卧具，不用锦绣；在刑法方面，推行轻刑，尤其在死刑上更加谨慎；为了节约开支，三十年不举行南郊大典，也不放灯火。这一切都对减轻百姓负担，恢复和发展生产起到了一定的积极作用，与前蜀王衍形成了鲜明的对照。

但是孟昶的作为是有限的，尤其是其统治后期，生活逐渐奢侈。由于身体逐渐发胖，他外出时不能骑马，而是乘坐步辇，垂以重帘，环结香囊，香闻数里，人不能识其面。由于蜀中久安，宗室贵戚、达官子弟宴乐成风。官员徇私枉法，贪赃受贿之事层出不穷，甚至在科举考试之中也不能免除贿赂，贿重者登高第，主考官以贿赂多少确定是否中选而面无愧色。对于这种种现象，孟昶皆不能纠正，故宋人批评说：节俭仅限于自己一人，仁厚却容忍了奸恶，这些只不过是匹夫小节而已。

孟昶不能力纠弊端，整顿官场歪风，致使后蜀政治逐渐腐败，这种情况与同时期的南唐颇有相似之处。

后蜀广政十七年（954）十月，原后晋晋昌节度使赵匡赞向后蜀请降，并请求出兵终南山以接应。后蜀根本没有进图关中的思想准备，所以没有及时反应。两个月后，形势已经发生了变化，后蜀才有所行动，派兵接应赵匡赞。这时刘知远已经称帝，建立了后汉王朝，岂能允许关中落入他人之手。在后汉军队的打击下，后蜀军队败退大散关，损兵折将。此后，后汉镇守关中的大将李守贞、赵思绾相继叛乱，并请求归降后蜀，但由于蜀将畏缩不前，丧失了战机，这些叛乱相继被平定，后蜀一事无成，仍旧龟缩于两川之地。待到北宋建立之后，全国统一的形势更加成熟，后蜀的灭亡遂不可避免了。

后蜀广政二十八年（965），北宋大将王全斌率大军攻入蜀中，孟昶率众投降。后蜀从公元925年孟知祥任西川节度使算起，至此灭亡，共历二主，四十年时间；如从其称帝算起，则有三十年时间。

3. 贫弱的北汉

北汉为刘旻所建。刘旻本为后汉高祖刘知远之弟，一说是堂弟，最初叫刘崇，称帝后改为刘旻。此人少年时为人无赖，喜饮酒、好赌博，曾经当过黥面军卒。刘知远在后晋任河东节度使时，提拔他为马步军都指挥使。刘知远创建后汉政权后，任命其为太原尹、北京留守、同中书门下平章事。后汉隐帝时，又任河东节度使、兼中书令。

枢密使郭威攻下汴梁后，隐帝死，由于群臣并没有立即推其为帝，于是郭威禀告后汉太后，请立徐州节度使刘赟为帝，并派人赴徐州迎请。刘赟是刘旻之子，本来刘旻已经决定兴兵讨伐郭威，得知这个消息后，遂取消了这一动议，派人入汴梁探问消息。郭威对河东使者说："自古岂有雕青天子？幸公无以我为疑。"①郭威颈上刺有飞雀，故以此迷惑使者。刘旻得此消息，更加深信不疑。太原少尹李骧劝其派军下太行，控孟津，以观变化，如果情况属实，再撤兵也来得及。刘旻大怒，认为这是离间其父子，将李骧连同其妻一并斩首。但郭威果然没有兑现诺言，而是将刘赟降为湘阴公，自立为帝。刘旻又派人请求放刘赟归太原，郭威自然不会同意，派人在宋州截杀了刘赟。②刘旻遂在太原称帝，国号仍为汉，史称北汉，时在乾祐四年(951)。

北汉在诸国中疆土较小，仅辖有并、忻、代、岚、宪、隆、沁、辽、麟、石等十州之地，即今山西省北部及中部地区。北汉土地贫瘠、物产不丰，由于朝廷机构官员的众多，财赋不足以供给，宰相月俸仅仅百缗、节度使不过三十缗，其余官员的俸禄就更少了，故北汉国内很少有廉洁官吏。由于北汉与后周是世仇，

---

① 〔宋〕欧阳修：《新五代史》卷七〇《东汉世家》，第864页。
② 《新五代史》卷七〇《东汉世家》记刘赟被幽禁而死，然《资治通鉴》《契丹国志》等，皆记其死于宋州，故不取《新五代史》的说法。

双方时有冲突发生，北汉国小力弱，只好投靠契丹，依赖契丹的支持勉强与后周对峙。北汉军费开支本就浩大，加上每年向契丹贡奉不断，更进一步加重了北汉的财政负担。为了维持统治，除了加重赋税外，甚至向僧侣地主伸手，以求得资助。如五台山僧继颙，多智数，善经商，被北汉任命为鸿胪卿。他利用五台山靠近契丹的便利，通过贸易获得马匹，献给北汉小朝廷，每年可达数百匹；又于柏谷置银冶，募民开矿，冶银以输，北汉国用仰以为足。

刘旻为了取得契丹的支持，除了每年贡奉外，还向契丹主称侄，与其呼应，骚扰后周边境，焚杀劫掠，严重影响了边地社会生产的正常进行。与南方诸国不同，北汉赋税自始至终都很沉重，影响了本国经济的恢复与发展。从整个五代十国的发展趋势看，各国均结束了唐末以来大小军阀混战的局面，实现了局部的统一；而北汉则是从中原王朝中分裂出去的一个地方性政权，从而破坏了中原地区的完整性，这是对五代后期统一趋势的一种反动。

刘旻虽然勾结契丹，多次谋图颠覆中原王朝，但都没有得逞。后周显德元年(954)，周太祖死，其养子柴荣即位。刘旻认为推翻后周的时机终于到了，于是勾结契丹率大军南下。周世宗柴荣亲率大军抵御，北汉军大败，刘旻狼狈逃窜，乘舆、服御皆为周军所获，仅率百余骑昼夜不息逃回了太原。周军大至，四面围攻，由于太原城坚，一时无法攻克，加上天降大雨，士卒患病者众，只好退军而去。此战败后，刘旻忧愤成疾，不久便一命呜呼了。

刘旻死后，其次子刘承钧继位，改名刘钧。刘钧在位期间，继续奉行依附契丹的政策，与后周为敌。北宋取代后周以后，北汉多次与宋朝叛将勾结，均被北宋挫败。宋太祖赵匡胤本来打算先灭北汉，再取南方诸国，但宰相赵普认为北汉与契丹相接，不如留之以为屏障，待统一南方后，再进攻北汉不迟，遂使北汉得以苟延残喘。

刘钧死后，其养子刘继恩继位。此人本姓薛，其父薛钊为刘旻女婿，薛钊早死，刘钧无子，遂将刘继恩收为养子。刘继恩在位仅六十余日，就被其供奉官侯霸刺杀。群臣立其弟刘继元为皇帝。

刘继元也不是刘氏亲子。刘继恩父死后，其母再嫁何氏，生刘继元，故其与刘继恩为同母异父兄弟，一姓薛，一姓何。刘继元出生不久，其亲生父死，不久其母亦亡，刘钧怜其孤，遂亦收为养子，冒姓刘氏。

刘继元生性残忍，因为自己非刘氏嫡亲，故对刘氏宗室多有猜疑，即位之后，先后将刘旻的十个儿子全部幽禁至死，至于遭到逼辱的宫中的先朝妃嫔更是不计其数。宋太宗即位后，南方诸国先后统一，十国中只有北汉尚存，于是在公元979年，宋廷决定扫平这最后一个割据者。为了一战成功，宋太宗亲率大军，击败了契丹援军，连破北汉州县，并围攻太原。太原外无援兵，内无粮谷，无奈之下，只好投降。至此，除了燕云十六州仍为契丹所占据，以及今云南地区尚有大理国外，北宋基本完成了统一大业。

北汉自公元951年刘旻称帝始，至979年刘继元亡于宋，传三世四帝，历时二十八年。

四、十国之外的诸国君主

(一) 李茂贞政权

李茂贞，深州博野(今河北蠡县蠡吾镇)人。本名宋文通，唐僖宗赐姓李，改名茂贞。早年在本州为军卒，逐渐升为队长。唐僖宗时调其军入京师宿卫，黄巢占据长安时，他参与了围攻起义军的战斗，以功升为神策军指挥使。唐僖宗避难兴元时，李茂贞护驾有功，升任洋、蓬、壁等州节度使，同平章事。光启三年(887)，唐僖宗任其为凤翔节度使，封陇西郡王，从此李茂贞便以凤翔为基地向四周扩展势力范围。

唐昭宗大顺二年(891)，大宦官杨复恭与山南西道节度使杨守亮叛乱，李茂贞乘机请求率军讨伐，取胜后遂将山南西道诸州据为己有。之后又陆续攻占泾原(治今甘肃泾川北)、洋州(治今陕西洋县)等镇，以及凤州(治今陕西凤县凤州镇)等州，接着兼任东川(治今四川三台)节度使。李茂贞势力最大时，共占据了天雄、彰义、感义、武定、兴元、静难、保大、保塞、义胜、匡国、龙剑等十四个方镇，共计四十余州，涉及今陕西大部、宁夏南部、甘肃西部、四川北部等广大地区，在北方地区一度成为与朱全忠、李克用三足鼎立的强大军事集团。

由于李茂贞的凤翔镇靠近长安，在地理上有着较大的优势，所以其频频干预朝政，挟天子以令诸侯，甚至进攻长安，逼杀宰相，逼走唐昭宗。李茂贞的这些行径与朱全忠的政治利益产生了矛盾，于是朱全忠率大军攻入关中，李茂贞索性勾结宦官将唐昭宗劫往凤翔。由于其军事实力不敌朱全忠，凤翔城被包围了一年多，在外无援军、内无粮草的情况下，李茂贞只好与朱全忠讲和，并送出了昭宗皇帝。

在此期间，李茂贞控制的地盘遭到极大的侵削。今陕西南部、四川北部及甘肃东部的州郡相继被前蜀攻占，其在关中诸州或陆续被朱全忠攻取，或主动投降朱全忠，李茂贞仅据有凤翔一座孤城，其势力遭到极大的打击。朱全忠撤出关中后，因忙于篡唐称帝，加之又与河东的晋王李克用争战不休，一时无法顾及关中，因此李茂贞又陆续恢复了一些州郡，大约有七州之地，但其实力已经不可与往昔同日而语，只相当于普通藩镇了。

李茂贞早在唐昭宗天复元年(901)时就被封为岐王，后唐庄宗同光二年(924)又被加封为秦王，故有学者将其政权称为秦岐政权。李茂贞势力膨胀时，曾大量收养节度使、刺史为假子，并统统改姓李，其名以"继"字相连，以拉拢人心、巩固内部关系。当受到朱全忠的军事打击时，这些养子大都背叛了李茂贞，投靠了新主子。对于朱全忠篡唐建梁，李茂贞虽然也联合了一些藩镇，以复兴唐朝为号，实际只是虚张声势。由于唐朝已灭亡，与其相邻的王建谋划称帝，李茂贞则因地盘狭小，实力不足，不敢称帝，只是开了王府，仍称岐王，却称其妻为皇后，将吏上书称笺表，同时设置了一些皇帝的仪物，搞得不伦不类。

后唐庄宗灭亡后梁时，李茂贞自以为曾与李克用同为藩镇，又都接受了唐朝的赐姓，应是同宗，故以季父自居，上书时"辞礼甚倨"。当庄宗进入洛阳，并在此建都后，李茂贞恐惧，遂上表称臣，但仍保持着事实上的自立状态。同光二年(924)四月，李茂贞死，终年六十九岁。其子李从曮继任凤翔节度使，此后虽多次朝贡，但仍保持着自治状态。后唐明宗长兴元年(930)二月，调李从曮任宣武节度使，这标志着李茂贞父子割据政权的终结。

从光启三年(887)李茂贞任凤翔节度使始，至长兴元年(930)终，其割据时间长达四十三年。此后，李从曮曾于后唐末帝清泰元年(934)重任凤翔节度使，至后晋开运三年(946)其身死，共计十二年时间，但是性质发生了改变，凤翔已经完全成为普通的地方藩镇了。

(二) 党项定难军

拓跋思恭，党项平夏部人。唐末为宥州(治今内蒙古鄂托克前旗东南城川古城)刺史，黄巢攻入长安，唐廷号召诸道进兵围剿，拓跋思恭亦奉命进军关中。唐僖宗中和元年(881)升任其为夏州(治今陕西靖边北白城子)节度使，同年赐予定难军的军号。

定难军最初辖夏、银(治今陕西榆林横山区东)、绥(治今陕西绥德)、宥四州之地，后一度扩展到鄜(治今陕西富县)、坊(治今陕西黄陵)、丹(治今陕西宜川)、延(治今陕西延安城东延河东岸)、翟(治今陕西洛川东南鄜城)等州，共九州之地，分属于三个方镇，即定难军(治夏州)、保大军(治鄜州)、宁塞军(治延州)。唐末关中地区藩镇之间时有战争，拓跋家族占据如此之大的地盘，必然引起他人的争夺，其主要对手是凤翔节度使李茂贞。仅仅十余年时间，鄜、坊、丹、延、翟等五州就陆续落入李茂贞之手，直到唐朝灭亡为止，定难军只领有夏、银、绥、宥四州之地。乾祐二年(949)正月，后汉朝廷下令将静州(治今宁夏永宁东北)归定难军，故至北宋初年，定难军一直领有这五州之地。

早在唐太宗时期，其祖拓跋赤辞就受赐李姓。唐僖宗时，因拓跋思恭参与围剿黄巢起义军有功，又一次赐姓李，并被封为夏国公，这就是这一家族改姓李的缘由。

关于其世系及替代情况：李思恭卒于乾宁二年(895)，其弟李思谏继任节度使，这是其李氏政权世袭的开始。后梁开平二年(908)，李思谏卒，其子李彝昌继立。次年，夏州将高宗益作乱杀李彝昌，诸将又杀高宗益，拥立李仁福为节度使。李仁福为李思恭的子侄辈，是李彝昌之族父。后唐长兴四年(933)，李仁福卒，其子李彝超被诸将拥立为节度使。清泰二年(935)，李彝超卒，其兄李彝殷继立，后改名彝兴，避宋太祖父赵弘殷讳。宋乾德五年(967)，李彝兴卒，其子李光叡继立，后改名克叡，避宋太宗赵光义讳。太平兴国三年(978)，李克叡卒，其子李继筠继立。两年后李继筠卒，其弟李继捧继位。据此可知定难军节度使传位八人，共五代。

太平兴国七年(982)，李继捧以五州之地归于北宋，后受赐赵姓，改名保忠。其弟李继迁叛宋而去；继迁死后，其子德明继立；德明死后，子元昊继位并建立了西夏王朝。这些都是后话，就不多说了。

定难军自建立以来，对唐廷忠心耿耿，先后参与过围攻黄巢、讨伐河中王重荣、邠宁朱玫、河东李克用、邠州王行瑜等战争，虽未取得大的战绩，但其对唐廷的恭顺态度却受到了史家的褒扬。天祐三年(906)，李茂贞遣养子杨崇本率大军进攻夏州，李思谏求救于朱全忠，后梁军连败杨崇本军，并攻下鄜、延等五州，解了夏州之危。自此定难军向后梁称臣。开平四年（910），李茂贞联合李克用，大举进攻夏州，李仁福再次向后梁求救，又一次解除了夏州的危局。梁晋夹河大战时，李仁福贡马五百匹以助战，后梁遂封其为陇西郡王，这是李氏封王之始。后梁灭亡后，李仁福大惧，急遣宥州刺史李仁裕奉表入贺，后唐封其为朔方王。

后唐明宗即位后，连续数年风调雨顺，有余力外顾，遂于长兴四年（933）初，利用李仁福病故之机，强令继位的李彝超移镇延州，又命延州的安从进转任定难节度使。为了孤立夏州，诏令赦免夏、银、绥、宥等州罪犯，放免公私债务及欠税，刺史以下官员犯罪一切不问，并出动五万大军护送安从进赴任。李彝超不愿移镇，后唐大军遂围攻夏州。夏州城为十六国时赫连勃勃所筑，十分坚固，一时攻打不下。李彝超出动骑兵万余，动员境内诸胡，四处游击，抄掠官军粮道，给供给前线的关中人民造成了极大的困扰。李彝超又表示愿意自新，如果国家有征伐之事，"愿为众先"。在这种情况下，明宗只好召回军队，并正式任命李彝超为定难节度使，等于承认了李氏在夏州的世袭特权。这是定难军与中央关系的一个转折点，此前是一种比较紧密的臣属关系，李氏不敢有丝毫跋扈之态；此后虽然保持着名义上的臣属关系，但实际上已处于半独立状态，所谓"自是夏州轻朝廷，每有叛臣，必阴与之连以邀赂遗"①。如后汉乾祐元年（948），河中李

---

① 〔清〕周春：《西夏书校补·附录一：西夏书世纪》，北京：中华书局，2014年，第1637页。

守贞叛，派人向夏州求救，李彝殷发兵屯延、丹境上，得知官军已包围河中，乃退。后汉朝廷知此事，也没有深加追究。后周太祖广顺元年(951)五月，李彝殷遣使奉表于北汉，公然与后周脱离了关系；次年，见后周政权巩固，又重新归顺了后周。显德二年(955)，因朝廷任命折德扆为府州(治今陕西府谷县)节度使，李彝殷耻与同列，故又一次断绝了与后周的关系，企图胁迫朝廷免去折氏之职。面对这种局面，朝中宰相认为朝廷对定难军借重之处甚多，而府州小镇可以舍去，然周世宗却认为府州折氏对朝廷忠心耿耿，而夏州唯产羊马，其余百货皆依赖与中原贸易，若断绝，其还有何能为。于是世宗派使者携带诏书严厉地斥责了李彝殷，彝殷惶恐，急忙遣使谢罪。

总的来看，自唐末五代以来，夏州李氏与朝廷除了长兴四年这一次兵戎之争外，基本上保持了互有往来的和平关系，其间李氏虽有跋扈行为，但与其他藩镇相比，则温和得多，也没有对朝廷造成严重的政治和军事威胁。在防御边疆、抵御外来侵扰方面，夏州反倒发挥了比较重要的作用。如后晋开运元年(944)，契丹大举进攻中原，李彝殷率蕃汉兵四万，从麟州(治今陕西神木北)渡河攻击契丹西境，以牵制契丹主力，挫败了契丹的这次进攻。北宋初年，李彝殷出兵援救麟州，与诸镇兵一起击败了进攻的北汉军队。但定难军最大的历史贡献并不在此，而是在于保障了西北这一地区的和平安宁。在唐末五代时期，大半个中国都陷于战乱之中，生产荒废，民不聊生，"独银、夏、绥、宥、静五州，兵不事战征，民不睹金革，休养生息，几及百年"①。应该说《西夏书事》的评论是客观的、真实的。

（三）大理国始末

大理国为段思平所建，其为云南土著人，一说其祖先是武威姑臧（今甘肃武威）人，自汉代以来子孙散处四方，其中一支流落到云南，而段思平就是武威段氏的后裔。通常认为大理国是白蛮（即今白族）建立的政权，是继南诏之后在云南建立的又一个少数民族政权。后晋天福二年（937），南诏通海节度使段思平兴兵灭亡了义宁国，建立了大理国，都城仍在羊苴咩城（今云南大理北大理镇），并改元文德。

大理国前期在境内设首府、二都督、六节度，后期设八府、四郡、四镇，此外还有三十七部统领着今云南东部的三十七个部落。疆域范围大体相当于今中国云南、贵州西南部、四川西南部，以及今缅甸、老挝、越南北部的一些地区。

在南诏之后，云南还先后出现过长和、天兴、义宁三个政权，其间政治动荡、生产衰退，所以段思平建立大理国后，吸取了前面的教训，联合了各方实力派，封官裂土，充分地照顾其利益，从而稳定了国内的局势。他还大力发展生产、减轻赋税，废除严刑峻法，从而缓和了社会矛盾，巩固了统治地位。

段思平死后，其子段思英继位。段氏家族共出现了二十二个皇帝，最后一位是段兴智，其在位仅仅一年，大理国就于公元

---

① 〔清〕吴广成撰，龚世俊等校证：《西夏书事校证》卷二，兰州：甘肃文化出版社，1995年，第28页。

1253 年被元世祖忽必烈灭亡。

大理国的政治与军事制度基本沿袭南诏，受汉文化影响很深，兴办学校，学习儒家经典，并举行科举考试，在宗教方面主要信仰佛教。在此期间，其农业经济已经有了较大的发展，部分地区与同时期的四川东部地区相差无几。畜牧业尤为发达，每年都有几千匹马用来贸易。手工业与商业也比较发达，与周边各国都有贸易往来。

大理国与五代时的中原王朝及南方诸国均无外交往来。据《五代会要》记载，南诏在统治后期曾与后唐有使者往来，长和国时期也与中原王朝有零星的往来。大理国与中原王朝往来较多是在两宋时期，双方除了有商旅往来外，边境贸易也比较繁荣。其中宋朝向大理输出的主要有丝织品、瓷器、书籍等，大理国用来贸易主要有药材、冶金制品、毛织品、铠甲等，最大宗的还是马匹贸易，仅黎州（治今四川汉源县北清溪镇）一地，每年马的贸易即达五千匹之多。不过，大理国所产马匹不如西北地区的体格高大，不能用于战场冲锋驰骋，主要用于运送军事辎重。大理国的使者也频频出使宋朝，几乎每年都派使向宋朝进贡珍贵药材和其他物品。

尽管双方经济贸易往来频繁，但政治关系却较为平淡，宋廷甚至一度拒绝了大理国请求臣属及册封的请求，直到宋徽宗政和七年（1117），才授其皇帝段正严为金紫光禄大夫、检校司空、云南节度使、上柱国、大理国王，确立了彼此之间的宗主与藩属关系。

总之，在长达三百多年的时间内，大理国与中原王朝始终保持着和平的关系，没有发生过大的军事冲突。双方经济、文化关系比较密切，而政治关系始终是若即若离，究其原因，主要出在中原王朝一边，其错误地汲取了南诏与唐朝之间的历史教训，始终对大理国保持着高度的戒备心理。

（四）归义军的统治

安史之乱爆发后，唐朝从西北地区大量抽调兵力赴内地平叛，导致这一地区兵力空虚，吐蕃乘机进攻，致使唐朝的西北边境内缩。唐德宗建中二年(781)，吐蕃夺占沙州(今甘肃敦煌西南)及周围州县，开始了吐蕃统治敦煌的时期。唐宣宗大中二年(848)，沙州人张议潮率众起义，驱逐了吐蕃人，占据了这一地区。此后，张议潮不断地攻夺周边州县，相继占据了瓜、伊、西、肃、甘、兰、鄯、河、岷、廓等州，加上沙州，共计十一州之地。大中五年(851)，张议潮遣使将这十一州版籍入献唐朝，唐朝遂在沙州设置了归义军，以张议潮为节度使。咸通二年(861)，张议潮又攻下吐蕃占据的凉州，归义军的辖区及势力达到了鼎盛。由于周围回鹘、吐蕃、吐浑等强敌环伺，再加上政区区划的变化，归义军实际上长期占据的只有瓜、沙二州，其中沙州为其治所之所在。

归义军长期在张氏家族统领之下，先后有四个张家人任节度使，首任节度使张议潮于咸通八年(867)二月被召入长安，任右神武统军，归义军政务由其侄张淮深掌管，却没有明令免去其归义军节度使的职务。咸通十三年(872)八月，张议潮卒于长安，此后张淮深多次遣使赴长安求取旌节，都没有成功。直到唐昭宗文德元年(888)，才正式获授归义军节度使。大顺元年(890)，张淮深及其夫人被其弟张淮鼎所杀，张淮鼎取得了归义军的统治权。但时间不长，景福元年(892)，张淮鼎即卒，将其子托孤于张议潮的女婿索勋，索勋乘机夺取了节度使之位，并且获得了唐廷的承认。张氏家族不甘心失去权力，两年后张议潮第十四女、李明振妻张氏率李氏诸子合力除掉了索勋。其后，众人共推张议潮之孙张承奉为节度使，掌控了实权。

归义军的此次内乱，为周边少数民族的扩张提供了机会。甘州被回鹘攻占；肃州的龙家乘机自立，不再听从归义军的号令；凉州因为甘、肃二州相隔，实际上亦脱离了归义军的控制。唐朝灭亡后，张承奉于后梁开平四年(910)建立西汉金山国，自称白衣天子。张承奉不甘心势力的削弱，想用武力恢复鼎盛时的旧疆。他派军队向西扩张失败，向东又遇到强盛的甘州回鹘，经过数次激战，最终失败，被迫称甘州回鹘可汗为父。张承奉还一度自称西汉敦煌国圣文神武王，不久，其政权被曹氏家族夺去，敦煌国号亦随之废去。

曹氏家族是统治敦煌归义军的第二个家族，首任节度使是曹仁贵，字议金，常以字行。他乘归义军与回鹘连年战争，百姓困苦，对张氏统治不满之机夺得了统治权，从后梁乾化四年(914)起，归义军便由曹氏家族统治。其对内称大王，这反映了曹氏归义军独立的一面，另一面却仍然与中原王朝保持联系。[1]曹仁贵之后，这个家族中先后有曹元德、曹元深、曹元忠、曹延恭、曹

---

[1] 参见荣新江：《归义军史研究》，上海：上海古籍出版社，1996年，第96页。

延禄等人担任节度使。公元1002年，归义军内部发生兵变，曹延禄被迫自杀，曹宗寿代替其位。曹宗寿一面与宋朝建立联系，一面又与辽国通使，地位稳固。曹宗寿死后，其子曹贤顺代立。其继续向宋、辽进贡，辽封其为敦煌王。天圣八年（1030），沙州回鹘发动兵变，杀节度使曹贤顺。曹贤顺之弟瓜州王曹贤惠率千骑投降西夏，曹氏归义军亡，取而代之的是沙州回鹘政权。

这一时期党项西夏政权崛起，向东受到北宋的阻截，向北有强大的辽朝，只好向河西发展。景祐三年（1036），西夏进攻河西，先后攻下瓜、沙、肃等州。但是这一带的回鹘人并没有屈服，其向宋朝进贡的记载仍见于史籍。由于史料的缺乏，目前尚弄不清沙州回鹘到底哪一年彻底被西夏征服，只知道从公元1071年起，莫高窟开始有了西夏人活动的记录。

归义军政权与西面的于阗国建立了亲密的姻亲关系，但是与东面的甘州回鹘政权却关系紧张，时有战争爆发，因此局势动荡，社会不稳。曹氏政权建立后，吸取了以往的经验教训，努力改善与周边少数民族政权的关系，通过联姻等与甘州回鹘、西州回鹘、于阗等少数民族政权建立了友好往来的新关系，同时积极恢复与中原王朝的关系，使得归义军逐渐稳固，经济繁荣。归义军与西域各绿洲少数民族政权的友好往来，以及相对安定的政治环境，为中原王朝与西域的联系及中西交流提供了良好的条件。

归义军虽向中原王朝称臣，然由于相隔甚远，中原王朝并不能对其实施有效的统治，长期以来实际上处于羁縻状态。有时甚至长时间不通音讯，致使中原王朝已经改朝换代而归义军却不知悉，其所使用的中原王朝年号往往滞后，这在敦煌文书中有许多反映。金山国时期甚至走上了独立的道路，尽管时间不长，但也说明其与中原王朝的关系一度是比较疏远的。

著名的敦煌莫高窟就在沙州境内，尽管其兴建远远早于归义军时期，但该时期却是莫高窟发展的重要时期，开凿了不少石窟，创作了许多精美的壁画、雕塑，尤其是建造了藏经洞，为后世留下了十分珍贵的历史文化研究资料。公元993年至1009年之间，信奉佛教的于阗国为信奉伊斯兰教的喀喇汗国所灭。其后，喀喇汗国在于阗焚毁寺院、毁坏佛经，并且打算向东进攻敦煌。消息传来后，敦煌人十分惊慌，于是把佛教经书、画卷等挖洞密藏起来。关于藏经洞形成的原因，学术界有多种观点，以上只是其中之一。清光绪二十六年（1900），藏经洞被道士王圆箓发现，并大肆向外售卖，洞中所藏经卷文书的重要价值始为学界所认知，可惜的是，其中大多数被外国人掠去，使中国文化遗产遭受了一次巨大的浩劫。

五、结语

五代十国这一提法，始于宋人欧阳修，他在《新五代史·十国世家年谱》中率先提出，并沿用至今。其实这一提法并不能概括这一历史时期的全部情况，仍有一些政权没有被包括进去，如前述李茂贞的秦岐政权、李氏的定难军、段氏的大理国，以及敦煌的归义军等，这些都是完全独立或相对独立的政权，而且无一不比高氏的南平政权强大。只是这一提法已经沿用了九百多年，故直至今日仍然沿袭不变，但这并不表示现代学术界对此没有看法。

五代十国虽然是一个分裂割据的历史时期，但是其与中国历史上另一个分裂时期，即东晋十六国南北朝时期相比，存在着明显不同的特点：

其一，分裂割据延续的时间不同，五代十国时期分裂时间短暂，而南北朝时期则长达数百年，直到隋代才重新统一全国；

其二，民族成分不同，五代十国时期北方的少数民族主要是沙陀，契丹也是北方少数民族，但是其单独建立了政权，且处在中原地区之外，因此民族矛盾不是这一时期的主要矛盾，这一点与南北朝时期形成了鲜明对照。需要说明的是，此时的沙陀人已经基本汉化了，已与中原人民融为一体；

其三，在经济上，这一历史时期的国内大市场正在形成，南北方及各国之间贸易频繁，从未中断，这一点与南北朝时期完全不同；

其四，在文化上，五代十国时期南北方交流频繁，士人迁徙往来甚多，所以这一时期南北方及各国之间的文化并不存在差异性。这一点与南北朝时期亦有很大的不同，彼时的南北文化有着明显不同的特点，差异性较大。

由于以上原因，五代十国时期虽然是分裂时期，但仅仅持续了短短数十年，就很快地归于统一了。

五代十国时期正处于唐宋变革之际，社会阶层的升迁变化十分剧烈，文化、经济方面亦有明显变化，反映在政治上，就是人们都希望结束分裂，建立统一的国家。商业经济的发展亦要求尽快建立国内统一的市场。因此，有统一意图的不仅是中原王朝，南唐亦有此意图。南唐在烈祖李昪统治时期，积极发展生产，积蓄钱财，推行政治改革，实行睦邻政策，不轻启兵端，一旦中原有变，则全力北伐，统一全国。但是元宗李璟执政后，放弃了烈祖制定的统一方略，轻易地发动了灭楚、伐闽的战争，极大地消耗了其国力，致使"府库中耗，民不堪命"①。契丹灭亡后晋时，中原无主，本来是北伐的最佳时机，但南唐由于实力不足，不得不放弃了这次机会。南北方皆有统一全国的愿望，统一已是人心所向，只是由于种种原因，这个任务最终落在了北宋身上。

① 〔宋〕马令：《南唐书》卷二《嗣主书》，《五代史书汇编》，第5271页。

第二章　无为的君主

一、从先主李昪到中主李璟

（一）吴国杨氏失权

韩熙载避祸南下之时，正值吴国统治末期，大权尽归南唐先主李昪掌控。这位南唐的开国之君，确是一位值得称道的历史人物。

李昪未即位前，名徐知诰，是吴国权臣徐温的养子。

吴国是杨行密创建的割据于今江苏、安徽、江西一带的政权。吴国创建于公元892年，这时唐朝还没有灭亡，因此杨行密并没有称帝建国号，当时他只是唐朝的淮南节度使。由于这时的唐王朝已经无力控制江淮地区，这一地区实际上已经走上了独立发展的道路，所以学术界将这一年视为吴国的创建之年。

杨行密死后，其子杨渥接替了他的位置。杨渥性格残暴，昏庸好杀，在其父丧期内，掘地为室，奏乐欢宴。他还夜燃巨烛击球，一支烛就花费数万钱。有时他甚至单骑出游，左右不知其所往，四处奔走找寻。这一时期与杨行密一同创业的老将旧臣多已亡故，只有张璟与徐温分任左右牙指挥使，居中用权。他们多次进谏，杨渥非但不听，反而口出恶言，并有诛杀两人之意。于是两人合谋杀死杨渥，对外声言暴卒。杨渥死后，张璟欲自立为王，由于众人反对，只好改立杨行密次子杨渭为主。张璟想独揽大权，将徐温排挤到外州任职，反被徐温设计杀死，从此吴国大权尽归徐温掌控。

徐温，海州朐山（今江苏连云港西南）人，少时以贩盐为业，后跟随杨行密创业，是包括杨行密在内的所谓"三十六英雄"之一。此人见识与众不同，杨行密攻取宣州时，诸将争取金帛，唯有徐温开仓放粮、救济饥民。他虽然没有建立过赫赫战功，但由于足智多谋而深受杨行密的重用。徐温执掌吴国时，由于吴国尚未正式建国，吴王与诸将均为节度使，只是以都统的名义节制诸将，诸将分据州郡，虽尊奉吴王为盟主，但政令征伐，多各行其是，吴国实际上只是一个松散的军事、行政联合体。为了改变这种状况，只有加强中央集权，实际上是徐温想加强自己的权势。于是他在公元918年与诸将联合，拥立杨渭为大吴国王，建元武义，建宗庙、社稷，置百官。徐温自称大丞相、都督中外诸军事、诸道都统。这样徐温便可以名正言顺地向诸将发号施令了，遂逐渐将吴国大权牢牢地控制在自己手中。

徐温控制吴国大权时，并没有重用徐知诰，而是着意培养自己的亲子。他令徐知训居广陵辅政，自己则统军居外，欲将吴国的军政大权控制在徐氏家族手中。徐知训骄横贪暴，愚蠢无知，为所欲为，不仅凌辱诸将，对吴王杨渭尤为无礼，经常加以侮弄。有一次徐知训与吴王反串戏中角色，自扮参军，让吴王扮演奴仆，身着破衣，执帽相随；吴国君臣泛舟于河上，吴王先起，徐知训以为欺己，大怒，以弹弓射之；还有一次，君臣赏花于禅智寺，徐知训借酒侮辱吴王，四座股栗，吴王又惊又怕，哭泣着登舟离去，徐知训追之不及，一怒之下，用铁挝击杀了吴王随行的亲吏，以发泄心头的闷气。徐知训的这些行为，激起了一些将领的不满，终于酿成了大祸。

吴将李球、马谦挟持吴王杨渭登楼，然后以吴王的名义调发军队诛杀徐知训，经过一场激战，李、马二人战败被杀，事件总算平息下去。然徐知训不以此事为鉴戒，反而更加横暴。

吴国有一重臣朱瑾，他本是唐朝的兖州节度使，与后梁太祖朱全忠争斗失败后不得已投奔了杨行密，成为其手下著名的大将，屡立奇功，备受礼遇，威望甚高。即使在徐温当政时，对朱瑾也是非常敬重的。然徐知训畏忌朱瑾功高望重，曾夜遣壮士刺杀朱瑾，刺客反被朱瑾杀死。朱瑾自知徐氏势大，不愿张扬，遂悄悄将刺客埋于府第之后。徐知训见此计不行，又任命朱瑾为静淮军节度使，欲将其赶出朝中。此事引起了朱瑾愤恨，于是他设宴款待徐知训，并事先埋伏勇士于庭内，又在廊下系良马两匹。席间，朱瑾令宠妓献歌敬酒，又献所爱良马。徐知训大喜，放松了警惕。朱瑾命其妻子向徐知训敬酒，乘其回礼答拜之机，从背后猛击，将徐知训击倒，后命壮士拖出斩首。朱瑾杀死徐知训后，提头入宫，请杨渭趁机亲政，吴王懦弱怕事，不敢有所作为。朱瑾见其无用，愤然出宫，后被徐知训亲军包围，向外冲杀不出，遂自刎而死。

这时徐知诰在润州任刺史，闻知朝中生变，急忙率军从蒜山渡江赶到广陵，安定秩序，稳定朝政，并代替徐知训在朝中辅政。这一地位的取得，对徐知诰后来取代吴国建立南唐具有决定性的意义。

我国古代伟大的哲学家老子有言："祸兮福所倚，福兮祸所伏。"这句话对此时的徐知诰来说，真是太恰当不过了。

徐温在朝辅政时，因徐知诰非自己亲子，对他并不十分看重。起初，徐知诰被任命为升州（治今江苏南京）刺史，他勤于政事，治绩斐然，把升州治理得井井有条。徐温得知后遂到升州视察，看到城池坚固，秩序井然，于是便把徐知诰调往润州，自己移居于升州。徐知诰不愿前往润州，请求改赴相对富庶的宣州，徐温不允。徐知诰的幕僚宋齐丘密劝他说：知训昏庸暴虐，老臣宿将，不甘其辱，早晚会发生变故。润州与广陵隔江相望，一旦有变，一夜之间就可赶回广陵，为何舍此利而赴宣州呢？徐知诰顿悟，立刻奔赴润州。事情果然如宋齐丘所料，徐知诰得以抢先进入广陵。

徐知诰尽管以平定内乱之功而得以辅政，然毕竟不是徐温的亲生子，很难得其信任。徐温的部下如严可求、徐玠等屡次劝其以次子徐知询取代徐知诰的辅政地位，徐温因徐知诰自幼由自己抚养长大，一时难以下定决心，不忍动手。吴乾贞二年（928）十月，徐温终于下定决心换掉徐知诰。他打算率诸藩镇入朝，以劝吴王称帝为名，乘机换去徐知诰。临行前，徐温突然患病，只好派徐知询奉表劝进，并令其留在朝中取代徐知诰的地位。徐知诰得知这个消息后，心中不安，打算请求外任洪州节度使。就在这时，幸运之神又一次降临了。徐知诰已经写好了请求外任的表章，徐温却突然病死了。徐知询得知其父暴卒的消息后，匆忙返回升州，被任命为副都统，接替了徐温的位置，但徐知诰也保住了辅政的地位。

虽然徐知询控制了兵权，但徐知诰却控制了中枢决策之权，处于比较有利的地位。不过当时徐知询却不这样认为，他自以为手握强兵，占据金陵形胜之地，徐知诰虽管大政，却无兵权，制之甚易。徐知询过高地估计了自己的实力，益加骄横，肆无忌惮地与徐知诰争权夺利，对几位弟弟也非常刻薄，引起了他们的极大不满。其弟徐知谏、徐知诲转而支持徐知诰，共同对付徐知询。徐温的谋士徐玠曾多次劝告其以徐知询代替徐知诰辅政，这时见徐知询不可辅，也反过来支持徐知诰。就连徐知询的谋士周廷望也是表面上为其出谋划策，暗中却勾结徐知诰，将其密谋一一告知。徐知询实际上已处于众叛亲离的境地，但他却毫无觉察，生活穷极豪奢，所用的鞍勒、器皿皆饰以龙凤图案，将攻击的把柄授于政敌。

徐知诰在做好了一切准备后，于吴大和元年(929)，派人以吴主的名义召徐知询入朝辅政，以取代徐知诰。权力欲极强的徐知询竟信以为真，自投罗网，不但来到广陵，还住在徐知诰家中，结果遭到软禁。徐知诰又派亲信将领赴升州接掌徐知询的兵权，这样吴国的军政大权就完全落到了徐知诰的手中。

顺便交代一下，吴王杨渭病死后，由杨行密四子杨溥继位，并且在徐氏家族的操纵下，登上了皇帝的宝座，史称吴睿帝。

徐知诰扫清了篡吴的全部障碍后，剩下的只是时间问题了。吴主勤勉谨慎，并无大过，骤然禅代，必然人心不服，所以徐知诰只好耐住性子，逐步创造条件，等待时机。这就是徐知诰掌握大权后，吴国仍然能够名存实亡地延续六年之久的原因。

徐知诰起初也学徐温的样子，以长子李璟为司徒、同平章事、知中外左右诸军事，留广陵辅政，自己则出镇金陵，总揽全部军国重务。接着，他又学三国曹操的样子，派人指使吴王加其为尚父、太师、大丞相、大元帅、齐王，赐九锡，备殊礼。然后他又假意不愿接受，再三推辞后，除尚父、太师、殊礼外，其余照单全收。不久，他又建天子旗号，并于吴天祚元年(935)建立了齐国，将吴国境内的升、润、宣、池、歙、常、江、饶、信、海等十州作为齐国辖地，由他直接统治。此举将吴国分割得支离破碎，无论将来国内发生什么情况，徐知诰都可立于不败之地。为了防止吴国宗室的反抗，他又设计铲除了素有才能的临江王杨蒙。为了安抚人心，他对吴国老臣旧将关怀备至，谦恭有加，礼贤下士，抚慰百姓，获得了许多人的好感，人们无不称颂其德。

经过了长期的经营，徐知诰认为时机成熟了，于是指使吴国德高望重的老臣、镇南节度使、太尉兼中书令李德诚，德胜节度使兼中书令周本出面劝进；此外，南方的一些小国如南平、闽国等，也遣使劝进。于是在吴天祚三年(937)十月，徐知诰接受吴禅，登上了皇帝宝座。他自称是唐朝后裔，所以国号仍称唐，史称南唐，建元昇元，都城改在金陵(即升州)。将吴睿帝迁于润州丹阳宫软禁起来，后来又派人将其杀死。至于杨氏家族的其他人，则被迁到泰州(治今江苏泰州)，囚禁于永宁宫，严加看管，也不许与外人通婚，以致时间久了，同族男女自为匹偶，"吴人多哀怜之"①。

（二）先主李昪身世之谜

南唐建立后的第三年，即公元929年，徐知诰正式更名为李昪。

关于这件事的发生，也很有戏剧性。这年正月，徐知证、徐知谔兄弟上表请求他恢复李姓，李昪没有同意。不久，宰相宋齐丘、张居咏、李建勋与枢密使周宗等人，纷纷上表请复李姓，李昪表示不敢忘徐氏养育之恩，也没有马上答应。这一时期据说江南一带流传童谣说："东海鲤鱼飞上天。"②东海，指徐氏家族的郡望——海州（治今江苏连云港海州区）；鲤，指李氏，意思是说李氏出自徐氏而成为皇帝。这件事也成为李昪应该恢复姓氏的征兆，于是李昪命百官讨论复姓之事，朝臣自然深知皇帝的心思，于是纷纷表示应当顺应民心，马上恢复李姓。在朝野上下一致的呼吁下，李昪只好顺应民意，同意恢复李姓。在这个问题上，集中地体现了李昪行事谨慎的一贯作风。其实利用民间谶纬做自己想做的事，在我国历史上可以说比比皆是，李昪只不过是沿用成规而已。当年他取代杨氏统治，建立南唐政权时，就已经这样做了。

在其取代吴国杨氏统治前夕，就有一首民谣在乡野水泽、城市街坊四处流传：

---

① 〔宋〕欧阳修：《新五代史》卷六一《吴世家》，第759页。
② 〔清〕吴任臣：《十国春秋》卷二《吴高祖世家》，第53页。

> 江北杨花作雪飞，江南李树玉团枝。
>
> 李花结子可怜在，不似杨花无了期。①

所谓"杨花""李花"，自然是指杨氏家族与李氏家族，所谓"江北""江南"，当时吴国都城在广陵，地处长江以北，李昪居住在金陵，位于长江南岸。李花盛开，可以结子坐果，不似杨花纷纷扬扬，四处飘散，没有结果。这种意在说明李氏兴、杨氏衰的民谣，到底是怎么产生的？谁也说不清楚，也难保有人故意散播，为政治服务。

李昪处心积虑地恢复其唐朝宗室后裔的身份，到底有何依据呢？其实这也是一个历史之谜，连李昪本人也说不清楚。据载，李昪小名叫彭奴，家住彭城（今江苏徐州）。他六岁时就已失去了父亲，与母亲随其伯父流落到濠州。不久，其母也死去了，李昪遂成为流浪孤儿，被寄养在濠州开元寺。杨行密攻下濠州，遇见了李昪，见其生得伶俐可爱，便收其为养子。但是杨行密的儿子们却看不起这个来历不明的流浪儿，欺侮自然是难以避免的了。在这种情况下，杨行密只好找来徐温，说：此儿相貌非凡，我看杨渥兄弟终不能容他，只好请求你收养他了。于是李昪遂成为徐氏之子，改名徐知诰。

关于其生父是谁，也是一个很难搞清楚的问题。文献记载五花八门，有的记其父为李荣，而这一时期有两个李荣：一个无所事事，不知所终；另一个则英雄任侠，被杨行密攻杀。这两人都自称是唐朝后裔，到底哪一个为李昪生父，就搞不清楚了。关于

①〔清〕吴任臣：《十国春秋》卷二《吴高祖世家》，第53页。

李昇生父，还有三种说法：其一，说李昇的生父是徐州判官李志，此人为唐朝宗室远支；其二，说其父为唐朝嗣薛王李知柔之子，换句话说，李昇为李知柔的孙子；其三，说李昇本姓潘，湖州安吉县(今浙江湖州安吉县)人，其父为安吉砦将。现在看来，这些记载皆不可靠，倒是正史对此比较谨慎，如《旧五代史》说："李昇，本海州人，伪吴大丞相徐温之养子也。"①而不提其生父到底是谁，因为以上说法皆缺乏可靠的根据，不如不用。宋代大文豪欧阳修所撰的《新五代史》则说李昇"世本微贱"②，也不采用他出自唐朝宗室苗裔的说法。北宋时还流行一部现已亡佚的史书，即《十国纪年》，司马光修撰《资治通鉴》时曾采用过其资料，因此还有一些片段保留至今。该书在记载李昇家世时说：其少孤而遭遇世乱，"莫知其祖系"③。应该说这种记载是一种值得肯定的做法，毕竟连李昇本人及其养父徐温皆搞不清其家世情况，后人又如何得知呢？

在李昇世系问题上出现的这些现象，在五代十国时期的统治者身上或多或少地都存在过，有的是家世低微，发迹以后遂胡乱冒充前代名族之后裔；有的则是因为家世微贱，史失记载。如南汉皇帝刘氏，有说其为波斯商人的后裔，有说其出自岭南少数民族，有说其为汉高祖刘邦的后世子孙。再如吴越钱氏，本来出身于农家，钱镠本人为无赖，封王后需要找一个阔祖先，可惜历史

---

① 〔宋〕薛居正等：《旧五代史》卷一三四《僭伪·李昇传》，第1784页。
② 〔宋〕欧阳修：《新五代史》卷六二《南唐世家》，第765页。
③ 〔宋〕司马光：《资治通鉴》卷二八二，后晋高祖天福四年二月考异，第9199页。

上姓钱的名族甚少，找来找去，找到了唐初功臣钱九陇，殊不知钱九陇乃是家奴出身。因此，当钱镠的儿子文穆王钱元瓘听到李昪以唐为国号后，吃惊地说："金陵冒氏族于巨唐，不亦骇人乎！"他的谋士沈韬文回答说："此可取譬也，且如乡校间有姓孔者，人则谓之孔夫子，复何足怪哉！"①钱元瓘大笑，赏以酒。

李昪既然自认是唐朝宗室苗裔，当然需要排定世系，关于这个问题，《资治通鉴》有一段记载，颇能发人深思，其大意是：李昪打算认吴王李恪为祖先，有人说李恪被诛而死，不如以郑王李元懿为祖，于是李昪命令有关部门考证二王苗裔，后认为吴王的孙子李祎有功，李祎之子李岘在唐朝当过宰相，于是便确定吴王为其祖先。其世系从李岘开始算起五世至李荣，"其名率皆有司所撰"②。李岘在唐肃宗时为宰相，其子李孝孙以下之人史失其载。故这里所谓"其名率皆有司所撰"，当是指李孝孙与李荣之间的数代人名。

关于吴王李恪之死，这里需要稍作介绍。李恪为唐太宗第三子，其长兄李承乾被废去太子位后，晋王李治被立为太子，但其性格懦弱，深为太宗所不满。由于李恪的二兄楚王李宽早已被过继给别人，李恪在兄弟中排行最前，其母杨妃为隋炀帝之女，出身帝室，血统高贵，加之李恪英武，有文武才，唐太宗认为他很像自己，所以曾打算立为太子。宰相长孙无忌为了能使自己的亲外甥李治保住太子之位，坚决反对改立太子，遂使此事作罢。李

---

① 〔明〕陈耀文：《天中记》卷一七《宗族》，文渊阁四库全书，台北：台湾商务印书馆，1983年，第965册，第742—743页。
② 〔宋〕司马光：《资治通鉴》卷二八二，后晋高祖天福四年二月，第9199页。

治即皇帝位后，史称唐高宗，长孙无忌为了根除后患，便利用驸马房遗爱谋反之案，诬陷吴王李恪也参与了其事，致使李恪含冤而死。

被认为有功的李恪之孙李祎，确是一位战功卓著的人物。在唐中宗、睿宗时期，历任诸州刺史，政令严明，人甚敬畏。唐玄宗开元时，历任左金吾大将军、礼部尚书、朔方节度使。曾率军攻取了吐蕃设防严密的军事要地石堡城（今青海湟源西南哈城东石城山大方台），迫使吐蕃收缩防线，在河、陇一带拓地千余里。又曾率大军大破契丹、奚两族，俘获甚众，以功迁兵部尚书。李祎的爵位是信安郡王，天宝时病死于长安家中，终年八十余岁。

除了这些原因外，吴王李恪身具隋唐两朝皇室的血统，大概也是李昪最终确定其为祖先的一个重要原因。

（三）雄心勃勃的统一之梦

李昪虽然当了南唐的皇帝，但是他并不满足仅仅割据于江淮地区，而是胸怀大志，希望能够重新统一全国，重振大唐威势。为此，李昪做出了很大的努力，他深知欲成大事，首先在于得人，因此把招纳人才作为首要大事来抓。

早在李昪任职于升州时，就非常注重收揽人才，不论出身门第如何，他都能以礼相待。南唐著名大臣宋齐丘就是此时慕名投奔而来的。此人少习儒学，又学纵横之术，善机变、多谋略，但家境贫寒。李昪与其交谈后，一见如故，非常欣赏其才干。他们经常交谈到夜晚，有时在亭间无人处，有时在高堂之内，撤去屏障，中间置一大炉，相对而坐，不言，而是用铁筷子画灰为字，随后抹去。因此其所谋之事，众人莫得而知。可见李昪对宋齐丘的倚重程度。但是宋齐丘其人，性格狂狷不羁，往往一言不合便提上衣箱拂袖出秦淮门而去，每到这时李昪都礼让谢罪，才能使其留下来。故南唐人将他们的关系比之为刘穆之佐宋高祖刘裕。宋齐丘在辅佐李昪取代吴国、建立南唐方面，做出了很大的贡献。

李昪在广陵辅政期间，曾在府内置延宾亭，以招纳四方之士。他还在吴国的边境地区设司守使者，当时中原大乱，士人们南下避乱的很多，凡见到形状奇伟者，便引见给李昪。不论是慕名而自来者还是被物色来者，李昪都亲自接见。"语有可采，随即升用"[1]，授之以官；不太中意者，也能以礼相待，赠物遣送。李昪的这套招贤方针获得了很大的成功，旧史记载说："是时中原多故，名贤耆旧皆拔身南来。……既至，縻之爵禄，故北土士人闻风至者无虚日。"[2]不少北方有学问、有才干的人士都是这一时期来到江淮的，除了韩熙载外，还有史虚白、孙晟、常梦锡等一批人。这批人中有不少人在后来篡吴建唐中发挥了极大的作用，建国后又成为李昪及其子孙的重要僚佐。

徐温死后，李昪出镇金陵，又将招贤机构迁到这里，并扩大为招贤院，在其中备置了各种琴棋游弈之具和大量的典籍文物，以便使这些贤士能够讲古论今，评议时事，研究学问。这一时期陆续投奔的人有江文蔚、卢文进、李金全等文武干才，今福建境

① 〔宋〕史温：《钓矶立谈》，郑州：大象出版社，2019年，第143页。
② 〔清〕吴任臣：《十国春秋》卷一五《南唐烈祖本纪》，第186页。

内的闽国人士吴光也率部众万人来投。吴国境内的所谓隐逸之士，也坐不住了，纷纷出山应召，进呈治国治民之策。南唐建立以后，继续执行了这一政策，终其世而不衰。当然这一政策也存在一些不足，就是所选用的多为经义法律方面的人才，对文学辞章之士则关注不够，后来南唐开科举取士，才弥补了这方面的不足。

其次，节俭惜用，发展生产。先主李昪来自民间，深知百姓困苦，故其当政以后，颇能念惜物力之艰辛，不轻易动用一金一木。他建都金陵之后，并未大兴土木，营建宫室，只是在原府第的基础上稍加修缮，至于女伎、音乐、园苑、器玩之类，一无所增。不仅住处如此，就是平时穿用也非常俭朴，常穿草鞋布衣，盥洗之具，皆为铁制，就寝之处，挂青葛帷帐，所用宫女皆是老丑妇人。不仅自己如此，对子女也要求颇严，力戒生活奢侈。有一次，其长子李璟欲用杉木做板障，有关部门上奏先主，李昪在奏章上批道："杉木不乏，但欲作战舰，以竹代可也。"[1]这种节俭的作风直到其晚年仍坚持不变，尽管财物山积，也不许滥用。

在发展生产方面，李昪采取了轻徭薄赋的政策，希望通过减轻农民负担，来促进农业生产的发展。早在吴国辅政之时，李昪就已经开始推行这种政策。以当时最主要的税种两税法为例，唐朝自实行两税法以来，地税交实物，户税收钱帛，而吴国则统统征收现钱。这样就迫使农民必须把收获物拿到市场上去交易，从而换得现钱完税。而物价是在变化的，容易造成农民负担的加

---

[1]〔清〕吴任臣：《十国春秋》卷三〇《刘承勋传》，第443页。

重。吴顺义二年(922)，宋齐丘建议准许农民户税以谷帛折现钱，并且还要虚抬物价，比如当时每匹绢市价五百文，抬为一千七百文，每两绵市价十五文，抬为四十文。这样既方便了农民交税，又减轻了农民的负担。此议一经提出，朝议哗然，认为将亏损税收亿万钱。但李昪却认定这是"劝农上策"，力排众议，立即施行了。与此同时，他还免除了农民的丁口之税。这种政策实行的结果是，不到十年，江淮地区便出现了"野无闲田，桑无隙地"①的大好局面。

南唐建国后，于昇元五年(941)实行丈量土地面积，以耕地的肥沃程度确定税额的办法，以解决赋税负担不均的问题。其结果是"民间称为平允"②，可见也获得了农民的拥护。他还改革盐法，解决百姓吃盐困难的问题。对于商税也进行了改革，主要是免去过往商贾的关口之税，未交易者不交税，从而减轻了商税，促进了江淮地区商业的繁荣发展。徭役问题历来都是百姓的一项沉重负担，尤其是农忙时节让农民承担力役，极不利于农业生产的正常进行。李昪采取了尽量不征或少征力役的政策，尤其是在农忙时节禁止征发力役，对保证农时起到了有效的作用。至于灾年赈济百姓，更是其经常性的政策，甚至对邻国百姓因灾荒逃亡到南唐境内的，也进行赈济安置。

再次，整肃吏治，严明法律。自唐末以来，由于战乱频频，故武人跋扈，把持政权，欺侮文人。在这一历史时期，无论是中

---

① 〔宋〕洪迈：《容斋随笔》卷一六《宋齐丘》，北京：中华书局，2005年，第418页。
② 〔清〕吴任臣：《十国春秋》卷一五《南唐烈祖本纪》，第198页。

原王朝还是南方各国多实行重武轻文的政策，而李昇却反其道而行之，重用文士，开始逐渐扭转这种风气。

李昇首先从打击武人的跋扈气焰入手。吴国元老柴再用，功勋卓著，资历很老，甚至超过了徐温。李昇辅吴期间，发生了两件事，一件是柴再用戎服入见吴主；另一件则是其养父徐温以兵仗相随，入朝觐见。这些都是武人跋扈的表现，也是国家制度所不允许的。柴再用曾是李昇的上司，徐温则是其养父，因此这是两件非常棘手的事情。尤其是柴再用，在御史弹劾的情况下，不仅不服，还大吵大闹。李昇决定采用自劾的办法来警诫柴再用，他故意违犯朝仪，然后上表自劾，罚俸一月。使柴氏及朝野上下大受震动，从而打击了武人的傲气。对徐温之事，他上奏吴主说：徐温虽然是臣的父亲，且素怀忠义，但帅师入朝，无有以兵仗自随之例，整顿此风，请从臣父开始。于是吴主下令徐温入朝不得再自带兵仗。由于这两件事处理得体，在一定程度上打击了吴国其他将领的专横气焰。

此后李昇逐步起用文人担任从中央到地方的各级官吏，对武人的权力进行诸多的限制，使得江淮地区逐渐形成了重文轻武的新风尚。李昇的这种做法后来在子孙手中仍然得到沿袭。据载，宋太祖灭亡后蜀，其主孟昶入见，太祖问曰：卿在蜀有人跋扈吗？答曰：虽有不忠之人，只是无因可动。宋太祖又问：这是为何？回答说：武臣统兵在外，不能过问地方政务，藩镇节帅，全用儒士充任，武臣不能掌管钱谷。后主李煜降宋后，宋太祖又问道：卿在故国，采用何种办法管理钱谷？李煜回答说：州郡政务由地方官专掌，武臣不能过问，并不能亲理钱谷。可见直到后主末期，仍坚持此法。北宋实行重文轻武政策，所采取的一些措施，不同程度地借鉴了后蜀、南唐的经验。正因为如此，终南唐之世，未再发生过武人跋扈之事。宋军包围金陵之时，洪州节度使朱令赟统领十五万大军据长江上流，就是在此种危急的情况下，后主一纸诏令颁下，朱令赟不敢违背，明知危险重重，也不得不率军东下救援金陵。可见南唐控御武人的方针是非常成功的。

整肃吏治的另一个方面，就是吸取历史教训，防止宦官与外戚专权。李昇规定不用外戚辅政，不许宦官参与政事，也不准后宫预政。他对这些规定执行得颇严，由其妃种氏之事可知。据载，种氏深得先主恩宠，服饰乘御仅亚于皇后，专宠于后宫，其他妃嫔很少能接近皇帝。自从种氏生了江王李景遏以后，先主更加宠爱。有一天，先主偶去长子李璟宫中，见他正在调理乐器，李昇大怒，一连数日斥责不休。种氏见有机可乘，遂向李昇进言说李景遏的才干超过李璟，欲使自己的儿子取代李璟元子的地位。李璟听后严厉地说：子有过，父诫之，这是常理，国家大事，女子如何可以参与！当时就令内臣将种氏拉至廷下，脱去簪珥，囚禁于别宫。数月后，令其削发为尼。李昇不以私爱而废法，确属难能可贵。李昇皇后宋氏之侄宋谔，官不过参军而已，这在历代外戚中是极为罕见的事情。

李昇的这些行为得到了历代史家的赞赏，司马光曾称赞说："不以外戚辅政，宦者不得预事，皆他国所不及也。"[1]

---

[1]〔宋〕司马光:《资治通鉴》卷二八二，后晋高祖天福四年正月，第9197—9198页。

此外，李昪还十分重视完善法律，曾颁布《昇元格》三十卷。对于官吏则要求严格执法，废除酷刑暴政。鄂州节度使张萱，因一卖炭者所卖炭不够斤数，竟然将卖炭者处死。李昪闻知后，认为这是轻罪重判，遂将张萱贬官调任，并规定凡决死刑，用三覆奏之法。不仅如此，他还在金陵设置了清讼院这一机构，专门负责复核已审理过的案件，尽量减少冤案。有一豪民丢失了值数十贯钱的衣物，诬陷邻居盗去，当地县令严刑拷掠，屈打成招，将处以死刑。李昪得知后，急命萧俨复审，终于辩冤昭雪。有时他还亲自参与审案。他在巡幸广陵时，曾亲自复核狱囚，逾月而归。这种做法直到南唐中主、后主时，仍然继续执行。历史上将皇帝亲自审案，称之为亲录制度。这一制度虽非南唐独有，但像南唐这样长期执行的却比较少见。

李昪推行这些政策的目的，就是要使南唐迅速富强，为将来的统一大业奠定坚实的基础。为了达到这一目的，李昪制定了一个详细的战略计划，概括地说就是：先北后南，将战略重点放在北方，一旦中原有变，则不失时机地出兵北上，夺取中原后再回头平定南方诸国，进而完成统一大业。他的战略部署是建立在这样的分析基础之上的：当中原有变，南唐大军北伐时，南方诸国必不敢轻举妄动，最起码闽、楚、南汉、南平等国不敢也无力妄动，至于吴越，虽投靠中原王朝，但在中原大乱、靠山动摇的情况下，继续与南唐为敌的可能性不大，即使其出兵袭击南唐，也比较容易对付。从后来后周南征江淮，南唐在北线连吃败仗，尚能击败吴越来犯之军的情况看，足以证明李昪的这种分析是可靠的。反过来，如果南唐先吞并南方诸国，则中原王朝必然发兵进攻，抑南唐之背脊，将会形成两面夹击的态势。在整个五代十国时期，除了周世宗外，极难见到如此高明的战略家，即使后来的宋太祖也未必能超过李昪。

为了执行这个战略计划，李昪制定了息兵安境的睦邻方针。即与南方邻国保持良好的关系，不轻动兵端，以免消耗自己的实力，影响统一大局；把注意力放在发展经济、增强国力上，俟时而动。

经过多年的发展，南唐的经济实力有所增强，兵食有余。于是有许多大臣争先恐后进言，主张出兵北上，恢复旧疆。李昪认为时机还不成熟，轻动兵端，害民误国。南汉国曾经遣使南唐，商议两国共同出兵攻楚，事成后平分其地，李昪予以拒绝。昪元六年(942)，杭州大火，吴越的宫室器械焚烧殆尽，吴越国王钱元瓘受惊吓而死，国力大受削弱。在这种情况下，就连老谋深算的宋齐丘也沉不住气了，力请出兵吴越，诸将摩拳擦掌，奋勇争先。李昪不但不乘机出兵进攻，反而派遣使者吊问，并厚赠金帛钱物。对此很多人都表示不能理解，李昪解释说：钱氏父子长期以来尊奉中原王朝为正朔，如果轻易出兵攻伐，定会引起中原的反对，必然使战争连年不断，百姓受害，国力受损，得不偿失；不如与吴越、闽、楚三国和睦相处，将其作为屏障。

经过李昪精心治理，南唐在经济、政治、文化、教育等方面，都取得很大的发展，成为南方诸国中最为强盛的国家。南唐进可以攻，退可以守，财力丰厚，仅德昌宫就贮藏了金帛器械七百余万。如果李昪之子李璟能够严格执行既定方针，那么日后统一中国的就不一定是中原王朝了。可惜的是，李昪也迷信长生之术，服食丹药，终致毒发身亡。继位的中主李璟改变了他的施政及战略方针，进攻邻国，穷兵黩武，不但失去了北伐中原、统一中国的最好时机，还导致了南唐国力的衰落。这些都是后话了。

（四）复杂的宫廷斗争

李昪死于昇元七年（943）二月二十二日，临死前他对其子李璟再三叮咛说：千万不可自恃富强，穷兵黩武，自取覆亡，你能按我说的话办，就是孝子，百姓也会认为你是贤君！当时他咬住了李璟的手指，以至于出了血，再三强调说："他日北方当有事，勿忘吾言！"就是要李璟一定执行自己制定的战略方针，完成统一大业。当然李昪也没有忘记告诫儿子，汲取自己的教训，说道："吾服金石，欲求延年，反以速死，汝宜视以为戒。"①

李昪终年五十六岁，谥号光文肃武孝高皇帝，庙号烈祖，葬于永陵。

李璟是李昪的长子，字伯玉，最初名景通，后改为瑶，又改为璟。其生母宋氏，即元敬皇后。即位的当年三月，改元保大。李璟与他父亲不同，自幼生活优裕，受到良好的教育，加上其天资聪慧，风度优雅，颇具文学之才。从文献记载看，李璟应该是一个美男子，性格温和，待人宽厚。由于其父的原因，李璟十岁时就被授予驾部郎中的官职，以后又升为诸卫大将军。不过，这些都是虚衔，并不理事，在更多时间里他只是和一些文人墨客谈

---

① 〔清〕吴任臣：《十国春秋》卷一五《南唐烈祖本纪》，第201页。

文游乐而已，还没有在政治舞台露面。

这种优裕的日子一直过了六年，在李璟十六岁时，他终于在政治舞台亮相了。吴大和三年(931)，其父李昪出镇升州，任命李璟为司徒、同平章事、知中外左右诸军事，留在广陵辅政。这副担子对于一个十六岁少年来说，似乎有些太重了，不过不用担心，老谋深算的李昪并不想给自己年少的儿子太多的负担，决策大权仍然操在自己手中，具体政务的处理则留下宋齐丘来负责。因此，在这一时期李璟在政治上并无什么建树，但也不是一个可有可无的角色。李璟性情恭顺、温和，易于相处，所以上对吴睿帝，下对群臣，他都是一个大家乐意接近的人物。这种状况有利于政治局面的稳定，从这个意义上看，李璟倒还是一个辅政的最合适人选。

李璟的妻子钟氏，后来被立为皇后，即光穆皇后。李璟八岁时成婚，之所以如此之早地结婚，完全是出于政治交易的需要。其岳父是徐温部将钟太章，当年徐温与张颢发生冲突时，曾指示钟太章刺杀了张颢。但事后徐温对待钟太章极为刻薄，引起其极大不满，经常借酒发疯，大发牢骚。徐温自知有负于钟太章，遂命李昪为李璟娶钟太章女为妻。这桩婚姻虽有浓厚的政治性，然钟氏性情贤淑，与李璟倒也情投意合、相得益彰。

南唐建国以后，李璟被任命为诸道副元帅、判六军诸卫事，封吴王，后又改封齐王。尽管李璟贵为皇长子，却一直没有被立为太子。李昪曾数次要其为太子，然李璟却执意推辞，不愿接受。李璟的这种态度一方面是因其性情谦和，与世无争，不愿与诸弟因此事而发生矛盾；更深层次的原因，则是与宫廷内部的斗争有关。

李昪一共五个儿子，除长子李璟外，还有次子景迁、三子景遂、四子景达、五子景遏。前四子均为皇后宋氏所生，只有第五子为前面已经提到的种氏所生。在这些儿子中，李昪最宠爱的是第四子李景达。

李景达的得宠颇有点戏剧性。他出生于吴顺义四年(924)，这年吴国境内大旱，辅政的李昪心中十分焦急。直到七月，仍不见降雨。这月中旬，李昪祷神祈雨，居然成功了，下雨的这一天，李景达正好降生。李昪非常高兴，遂给他取了个小名"雨师"，也就是雨神的意思。说来也巧，李景达成人之后，果然与其喜爱文学的兄弟们颇不相同，气宇轩昂，办事果断，颇有魄力。这种才干与性格也深获李昪的赏识，因为在五代十国时期，干戈攘扰，治国之君也多以武略见长。李昪虽然推行招揽文士、发展文化的政策，但只不过是稳定政局的需要，他心里十分清楚，当前还不是偃武修文的时候。他之所以不喜欢李璟，就是因为他生性懦弱，书生气太足，且易受人鼓惑。太平时期需要仁爱宽厚之君，乱世则需要英武果敢之主。担心自己毕生经营的事业毁于一旦，是李昪最不放心李璟之处，从其临终前再三强调的那些话，也可以看出他的这种担心。

李昪虽然希望有一个铁腕式的人物来继承自己的事业，但是"立嫡以长"的传统又使他难下决断，万一立李景达为嗣君而引起诸子争位，致使国内从此不宁，这种局面也是他所不愿看到的。这种国无储君状况的长期延续，使得局面越来越复杂，并且使一些大臣也卷入到这场矛盾中来了。

卷入此事的主要是南唐的元老重臣宋齐丘。此人虽与李昪关系亲密，却是一个事事为自己打算的人，因此两人之间很难建立真正的友谊，不过是互相利用而已。

宋齐丘看出李昪绝非任人摆布的人，为了自己的长远利益，他早在李昪谋图篡吴之时就已开始物色其接班人了，因为李昪年近五旬，不能持久。李景达为人刚直，看不惯宋齐丘及其党羽的作为，宋齐丘自然不会支持他为嗣君，加之晚年的李昪也改变了主意，册立李景达为太子的事遂无疾而终了。

宋齐丘看好的人选是李昪的次子李景迁。此人美姿仪，风度潇洒，甚得李昪的钟爱。宋齐丘指使其同党陈觉为景迁教授，到处为景迁美言。李璟在广陵辅政期间，宋齐丘为其副手，有功则归于自己，有过则归于李璟，并且盛称景迁美德。他甚至反对李昪急于篡吴，因为吴睿帝年轻而李昪年老，若推迟禅代，至李景迁时再代吴，他就是国之元老，可以获得无上的权威。此事引起了李昪对他的极大不满，同时也对李璟失去了好感，于是便把李景迁派往广陵辅政，代替了李璟。同时宋齐丘也被召至金陵，作为李昪的副手，实际上是闲置起来。李昪重用李景迁，正中宋齐丘的下怀，说明李昪并未完全看透宋齐丘的用心。但是好景不长，李景迁十九岁时因病亡故，使宋齐丘的努力付诸东流，于是他只好另外物色人选了。

宋齐丘这次物色的人选便是李景遂，此人轻财好客，敬贤礼士，交往很广，宴集无虚日，因此很得人心。此外，李昪也对李景遂产生了浓厚的兴趣，在这一点上他与宋齐丘倒是完全一致，只是两人的目的不同罢了。

为了使事情能够成功，宋齐丘格外小心，尽量不露声色，往往指使同党在暗中活动，自己并不出面。但是由于李昪在立嗣问题上还未下最后的决心，加之他一心求长生之术，自以为还有时间解决这个问题，所以直到病危也没采取行动。宋齐丘之辈也只好耐住性子，等待事情的变化。

天有不测风云，人有旦夕祸福，李昪的突然病危，将他本人及宋齐丘辈都搞了个措手不及。李昪知道自己病危后，秘而不宣，急忙派人前往扬州召回镇守在那里的李景遂。当时宫中的医官吴廷绍为李昪诊病，知其将不久于人世，又见其命人去召李景遂，于是密告李璟，李璟派人一直追到金陵城的秦淮门外，才将诏书追回。然后又抢先入宫探视父亲，李昪见来人不是李景遂，知道事情有变，但也无可奈何，只好将后事托付给李璟。这位通风报信的医官，后来突然升任内职，便是李璟对他的回报。

有些记载说李昪临终希望召见的人不是李景遂，而是李景达，这种说法是不可靠的。因为其诸子中只有李景遂在扬州镇守，李景达当时就在金陵，根本用不着出秦淮门到扬州送信。

李璟虽然先赢了一着，但是宋齐丘及其同党支持的李景遂势力颇强，不容他轻视。因此遗诏迟迟不能宣布，一直拖到二月二十八日，即李昪死后第七日才宣布。直到三月一日，李璟还没有即皇帝位，而是哭泣着要让给诸弟。这就说明当时斗争非常激烈，有人坚决反对，有人支持，双方相持不下，以至于老皇帝死了将近一旬，新皇帝还迟迟不能即位。这种情况与古人所说的"国不可一日无君"大相径庭。支持李璟的大臣见情况紧急，只好采取了坚决的措施，徐玠与周宗二人来到李昪柩前，取来衮冕，不由分说为李璟穿戴完毕，然后当廷大声说：大行皇帝把江山托付给殿下，而殿下固守小节，这不是遵守遗旨、力尽孝道的行为！李景遂与宋齐丘等见事已至此，大势已去，只好暂时作罢。

不过李璟一方为了使事情顺利进行，还是做了一些让步，答应立李景遂为皇太弟，也就是说将来他可以在李璟死后再即帝位。为了使对方放心，李璟与兄弟们在其父灵前盟誓，约定兄弟世世继立。

围绕着皇位的争夺战终于告一段落。为了掩盖兄弟争位的真相，当时并没有立即册立李景遂为皇太弟，而是在保大元年（943）七月，先封李景遂为齐王，拜诸道兵马元帅、太尉、中书令，居住在东宫。这实际上就等于向全国公开了兄终弟继的决定，以稳定李景遂之心。到了保大五年（947），才正式册立李景遂为皇太弟。

李景遂与宋齐丘的这些作为，为以后死于非命埋下了隐患。李璟即位以后，便找借口罢去了宋齐丘的相位，并将其赶出了朝廷，以发泄胸中的怨气。但是宋齐丘在朝中经营多年，党羽甚多，势力很大。后来其党陈觉与李景遂合谋，要求召回宋齐丘。李景遂甚至亲自出面说项，李璟无奈，遂命李景遂前往青阳（今安徽池州蓉城镇）召回宋齐丘，拜为太傅，但不给他实权。保大末年，后周进攻淮南地区，南唐朝野上下人心惶恐。陈觉等人认为机会来临，乘机发难，要求李璟让位给李景遂，并把国政交由宋齐丘掌管。当然这种企图没能实现，却使李璟更加痛恨李景遂与宋齐丘。宋齐丘后来被囚禁，并且饿死于家中，陈觉等人也遭到了清算，其实矛盾的形成由来已久。

宋齐丘党失势后，李景遂失去依靠，无奈之下，只好主动请求归藩，也就是让出皇太弟之位。李景遂在这个位子上前后十二年时间，放弃也是不得已的选择。此时李璟的地位已经巩固，用不着再故作姿态，于是便坦然地立自己的儿子李弘冀为皇太子，原来发过的兄弟世世相继的誓言不作数了。

但李景遂在此时归藩已经太迟了。不久，李弘冀便设法毒死了他，而李璟根本不予追究，反而相信李弘冀指使人散布的其升仙而去的鬼话，不过是顺水推舟而已，对于真实情况却是心知肚明的。

（五）混乱的南唐政局

在先主李昪统治时期围绕着皇位继承而展开的这场争斗中，韩熙载的态度如何？史籍中未见记载。不过在南唐建立之初，先主授其秘书郎之职，他长期在李璟手下供职，应该算是李璟藩邸旧僚，两人关系应不同寻常。陆游的《南唐书·韩熙载传》说，他"在东宫谈燕而已，不婴世务"，可见这一时期他基本上是不问政事的。韩熙载不问政事，是由于这一时期他官职低微，无法参与政事，并非不关心朝政。在这场争位的斗争中，他基本上发挥不了什么大的作用，但是这并不等于他没有倾向性，从李璟刚即皇帝位就授他为虞部员外郎、史馆修撰、兼太常博士等职看，对他还是非常器重的，如果韩熙载完全超然事外，丝毫没有倾向性，李璟也不会如此善待他。因此，韩熙载知恩图报，积极地参与朝政，"所当施行者，展尽无所回隐"①。但是这样一来，便使自己卷入政治斗争的旋涡中去了。

在叙述韩熙载是如何陷入政治斗争的旋涡之前，有必要将保大初期南唐的军事、外交大势稍加回顾。

李璟即位初期，南唐的周边局势比较稳定。当时割据于今福建的闽国，由于与中原王朝、南汉、吴越等邻国关系交恶，国内政治斗争不息，一片混乱，所以对南唐这个邻国有意结好。当年李昪代吴建唐时，闽国也曾遣使劝进，此时其国内乱成一团，自然对南唐构不成什么威胁。至于割据于今两广的南汉，长期以来对割据今湖南的楚国虎视眈眈，总想夺取其疆土。在这种情况下，其当然也不愿与南唐交恶。至于南唐的另一个邻国吴越，曾经是吴国的宿敌，双方之间一度战争频频。李昪辅吴期间，多次对吴越示好，并且归还了在历次战争俘获的吴越将士，吴越投桃报李，也送回了擒获的吴军将士。李璟即位之时，双方的关系虽不十分亲密，但仍维持着原来的局面。楚国自其创建者马殷死后，诸子争位，内乱不息，也对南唐构不成任何威胁。至于后蜀、南平等国，皆与南唐长期以来相安无事，且后蜀与南唐并不接壤，不存在任何利益冲突。如果李璟能始终遵守其父制定的政策方针，练兵聚粮，等待时机，南唐的国势也不至于迅速衰落。

在南唐国内的政坛上，这一时期基本是宋齐丘一党独大，气焰十分嚣张。韩熙载为了报答中主李璟的知遇之恩，评议朝政，无所隐讳，这样就得罪了执政的宋齐丘及其党羽，除了宋齐丘

①〔宋〕陆游：《南唐书》卷一二《韩熙载传》，《五代史书汇编》，第5559页。

外，冯延巳、陈觉等人对其尤为痛恨。不过李璟却对韩熙载的行为非常赏识，命其为权知制诰，就是负责诏书的起草工作。旧史记载说：韩熙载所撰诏令，文字典雅，"有元和之风"①。元和是唐宪宗的年号，是唐朝中后期文学比较繁荣的一个时期。韩熙载的才华得以展露，应该说是从这个时期开始的，从此其文名大振，在江南一带颇具影响。

南唐国力的衰落，应该是从伐闽战争开始的。对于这场战争的发动，韩熙载持什么态度？史无明载。不过从南唐战败后，他上表要求追究战争的发动者陈觉、冯延鲁的责任并严惩不贷的态度来看，韩熙载是反对发动这场战争的。对于这场得不偿失的战争，其责任并不完全在宋党，中主李璟应负主要责任。

李璟即位之初，尚能留心政事，文献记载说："元宗(李璟的庙号——引者)少跻大位，天性谦谨，每接臣下，恭慎威仪，动循礼法，虽布素僚友无以加也。夏日御小殿，欲道服见诸学士，必先遣中使数四宣谕，或诉以小苦，巾裹不及冠褐可乎?"②对宋齐丘、李建勋等老臣，李璟从不直呼其名。还有记载说：中主虽然洞晓音律，但是却不沉迷其中；生活奢俭适中，搜访贤良，训练士卒；政无大小，咸必亲躬；在听政之闲暇，经常召见公卿，议论或咨询政事。时人皆欢欣鼓舞，以为国家将会得到更好的治理。但是李璟性情懦弱，向无主见，缺乏驾驭全局的能力。用南唐重臣李建勋的话来说："主上宽仁大度，优于先帝；但性习未

① 〔宋〕文莹：《湘山野录》卷下，北京：中华书局，1984年，第55页。
② 〔宋〕郑文宝：《南唐近事》卷一，郑州：大象出版社，2019年，第10页。

定，苟旁无正人，但恐不能守先帝之业耳。"①可惜的是，李璟恰恰缺少这样的股肱之臣辅佐。他虽有韩熙载这样的人在身边，但其地位尚低，发挥的作用自然有限，而宋党势力又很大，且多处于中枢决策之位，因此南唐政局的混乱就不可避免了。

伐闽战争实际上是宋党之人倡议发动的。这时闽国富沙王王延政拥兵占据建州，称帝，国号殷，并派兵进攻闽的国都福州。不久，朱文进与连重遇合谋杀死其主王曦，朱文进占据福州，自立为闽王（后被李仁达取代），与王延政的军队互相攻击。在这种情况下，宋党认为建功立业的时机到了，枢密使查文徽首倡出兵，李璟遂任他为江西安抚使，于保大二年（944）十二月，率诸将出兵攻闽。南唐军队先败后胜，俘获了占据建州的王延政，汀、泉、漳等州相继归降，福州的李仁达也送款来附，这样就基本灭亡了闽国。但是李璟性格懦弱，不能严格地控御将士，最终导致了惨败。

南唐进兵之初，闽人苦于战乱，伐木开道，争相欢迎唐军。查文徽不知安抚百姓，反而纵兵大掠，焚烧宫室，闽人大失所望。保大四年（946），李璟打算就此罢兵，而查文徽、陈觉等却主张乘胜进击福州，尤其是陈觉自告奋勇，表示不用一兵一卒，就可劝说李仁达至金陵。可是李仁达并不听命，陈觉感到有失颜面，遂擅自调发周围数州军队进攻福州。李璟见事已至此，也增调军队，以王崇文为统帅，冯延鲁等为监军，包围了福州。李仁达无力抵御，遂向吴越求救。两面夹击，南唐军大败，死伤数

---

① 〔宋〕司马光：《资治通鉴》卷二八三，后晋齐王天福八年三月，第9248页。

万，丧失军资器械数十万。泉州降将留从效见南唐兵败，知其无力再战，遂占据了泉州，其兄又杀死漳州守将并据有此州。李璟无奈，只好在这两州置清源军(治所泉州)，任命留从效为节度使。留从效名义上仍归属南唐，实际上却处于独立状态，并不听南唐的调遣。保大八年(950)，镇守建州的查文徽又擅自发兵进攻福州，中埋伏，本人被俘，南唐军又一次大败。

此战南唐仅得建、汀二州，却将先主李昇积蓄的巨额财富消耗殆尽，得不偿失，国力受到很大的削弱。陈觉擅自调发军队，冯延鲁轻敌浪战，本应严惩，宋齐丘等出面解救，仅贬官迁居外州而已。韩熙载上奏，主张严惩不赦，反被宋齐丘等人诬陷，李璟没有主见，竟将韩熙载贬为和州司士参军，又调任宣州节度推官。是非如此颠倒，李璟作为皇帝难道不应负主要责任吗？

由于李璟的懦弱，虽然贵为皇帝，不少人却对他不甚礼遇，尤其以宋党中人为甚，毫无君臣之礼。其即位之初，冯延巳公然在李璟面前谩骂先主李昇，将其战略方针贬得一文不值。他说："先帝龊龊无大略，每曰戢兵自喜。边垒偶杀一二百人，则必赏咨动色，竟日不怡。此殆田舍翁所为，不足以集大事也！"[1]有一次，李璟在宫中举行宴会，命宫伎以歌舞助兴，宋齐丘当着李璟的面，竟对宫伎动手动脚，视这位皇帝如无物。王建封居然公开向李璟提出要当宰相，弄得李璟无可奈何，对他说：你不要再惹闹了。事情传开后，从此王建封便得了一个"王惹闹"的绰号。保大末年，南唐国势愈加衰弱，李璟常常叹息，甚至落泪。李徵

---

① 〔宋〕史温：《钓矶立谈》，第150页。

古见状，大加嘲讽，说：陛下应当训练军队，打击敌人，为何只知哭泣！难道是饮酒过量了？还是想吃奶而乳母不至？李璟闻言，气得面色惨白，而李徵古却神色自若，全然不当一回事。

正因为李璟软弱，不能控御臣下，所以陈觉、查文徽等才敢擅自调发军队，穷兵黩武，从而导致南唐兵败国弱。从这个角度看，南唐国势的每况愈下，完全是李璟治国无能的缘故。

如果事情至此而止，南唐的颓势还可以挽救，然而后来局势的发展却更加糟糕。

保大九年（951）二月，楚国派掌书记刘光辅至金陵进贡，李璟待其甚厚，刘光辅密告曰：湖南百姓困于盘剥，将骄主昏，可以夺而取之。三月，李璟派大将边镐屯兵袁州（治今江西宜春），准备进取楚国。十月，南唐正式进兵。楚王马希崇本来打算抵抗，当时有一首童谣曰："鞭打马，马急走。"[1]有人便以此劝告他不要拒敌，昏庸的马希崇遂放弃了原来的打算，派人迎接唐军进入长沙。占据衡山的马希萼也投降了南唐。南唐虽然灭亡了楚国，但并没有占据全境，楚国的岭南诸州为南汉所攻占，朗州（治今湖南常德）为刘言、周行逢等部所据。于是南唐又陷入与南汉争夺原楚国岭南诸州，以及对付刘言等势力的战争之中。在与南汉的战争中，南唐军连战连败，损兵折将，伤亡惨重。而南唐在楚地的最高统帅武安节度使边镐，也是一个优柔寡断的人，由于他崇信佛教，人称"边和尚"。保大十年（952）十月，刘言派十将分路进攻长沙，边镐没有防备，仓促应战，连吃败仗，只好放

---

① 〔清〕吴任臣：《十国春秋》卷六九《楚孝恭王世家》，第971页。

弃长沙而逃。其他诸州的唐将见长沙失守，也纷纷弃城逃走。此次战争的结果是：楚国岭南诸州及郴、连二州尽为南汉所取，其余岭北诸州全为刘言所获。

南唐此次攻楚的结果比灭闽更糟糕，灭闽尽管得不偿失，至少还得了两州之地，而攻楚的结果，非但未获尺寸土地，反而损兵折将，劳民伤财，使国势更加衰弱。

伐楚战争的失败，与李璟的治国无能有着直接的关系。当初边镐攻入长沙之时，李璟曾打算与南汉罢兵言和，授刘言为节度使，从而结束这场战争。宰相孙晟也支持这一决策，可是另一位宰相冯延巳却坚决主张继续用兵，李璟耳朵软，遂又改变了主意，任用边镐为帅。对此国内是有不同声音的，起居郎高远就认为："我乘楚乱，取之甚易。观诸将之才，但恐守之难耳！"老臣李建勋也认为："祸其始于此乎。"①值得注意的是，当时有一布衣欧阳广也上书李璟，指出：节度使边镐并非将才，御下无方，政出多门，又与监军使昌延恭关系不睦，互相掣肘，号令朝出夕改，民心丧尽，如不及时采取措施，失败将不可避免。然而，此时的李璟正陶醉在胜利的喜悦之中，对一切意见均充耳不闻，不予理睬。

国无明君，是南唐最大的不幸，对于如此不肖之子，不知李昇在九泉之下作何感想！

在军事、外交上如此，在国内政事方面，李璟同样搞得混乱不堪。两次战争搞得南唐国库空虚，为了支付战争费用，只好加重赋税征收，几乎到了无物不税的程度。除了两税之外，什么曲

---

① 〔宋〕司马光：《资治通鉴》卷二九○，后周太祖广顺元年十月，第9466页。

引钱、盐米钱、鞋钱、勾栏地钱、水场钱、供军税茶，至于橘园、水磨、莲藕、鹅鸭、螺蚌、薪柴、水利、地铺等，无不征钱。南唐税重，李璟也是非常清楚的。有一次，弄臣李家明跟随李璟游后苑，李璟登高，遥望钟山，说：大雨将要来了。李家明说："雨虽来，必不敢入城。"李璟怪而问之，回答说："惧陛下重税。"①

这一时期的徭役也很繁重。伐楚时以洪、饶(治今江西鄱阳)、抚(治今江西抚州临川区)、信(治今江西上饶西北)等州民力役最重，攻闽时以虔(治今江西赣州)、吉(治今江西吉安)、汀等州百姓负担最重。以上只是力役最重的州郡，其他诸州的力役也都比过去增加很多。保大十一年(953)，诏各州县修葺湮废的陂塘，楚(治今江苏淮安楚州区)、常(治今江苏常州)、洪、饶、吉、筠(治今江西高安)诸州之民又一次大受骚扰，致使整个江淮地区动荡不安。总而言之，南唐赋税徭役的不断加重，莫不与统治者穷兵黩武、盲目开拓疆土有关，从而导致了社会矛盾的激化，先主昇元时期百姓安居乐业的美好时光一去不复返了。

与此同时，南唐社会经济的发展也出现许多问题。由于战争的消耗，兵食缺乏，为了解决这个问题，在保大十一年，李璟决定在淮南一带开辟屯田。我国历代均有屯田的设置，通常是设在人烟稀少、荒地较多的地区，而淮南一带人口密度高，荒地极少，并不适合兴置屯田。李璟派近臣车延规主持此事，此人把许

---

① 〔宋〕黄朝英：《靖康缃素杂记》卷七《惧税》，北京：中华书局，2014年，第60页。

多民田强夺为屯田，又征发楚、常二州百姓兴修白水塘，以供屯田的灌溉，同时还调发洪、饶、吉、筠等州百姓之牛助役。结果搞得江淮百姓怨声载道，社会动荡，盗贼蜂起。徐铉上奏李璟，陈述利害，李璟遂命其前往巡视处理。徐铉到楚州后，重责车延规，把所夺百姓之田悉数退还。此举又引起了朝中宋党之人的不满，他们攻击徐铉擅作威福。结果徐铉被召回朝，还差一点被扔到长江活活淹死。为了缓和社会矛盾，李璟不得不罢去了白水塘之役，但屯田还是硬性推行下去了。直到保大十四年(956)，后周大军进攻淮南，为了缓和百姓的怨恨情绪，才罢去了争田矛盾最激化之处的屯田，未罢者尚处处有之。

南唐除了土地兼并问题严重外，其货币经济这时也出现了问题。在先主李昇统治时期，币值稳定，所铸大齐国宝及中主所铸的保大元宝、开元通宝等钱，轻重适宜，钱法甚好，因此货币流通正常，国用充足。由于李璟大兴兵端，国用困竭，于是改铸唐国通宝、大唐通宝等钱。数年后，流弊频生，百姓盗铸，每贯仅重一斤，将这种钱放在水面上竟然不沉，虽然屡次查禁，但无法禁绝。于是钟谟建议改铸大钱，以一当十，称为永通泉货，每枚重十八铢。这种钱的行用并没有达到改善币制紊乱的效果，行用仅数月，只好又废去。由于劣钱流行，致使物价上升，民不聊生。在李璟统治时期，南唐货币紊乱的问题始终没有得到妥善的解决。

币制紊乱对整个南唐的社会经济影响极大。首先，导致了商业、手工业的衰退。由于物价上涨，必然使社会购买力下降，商品滞销，从而引起商业衰退；而商业衰退又使一些手工业行业直接受到冲击，致使生产萎缩。其次，影响了南唐境外贸易的发展。中原王朝及一些小国采取了禁止南唐劣质钱入境的政策，实际上等于限制了南唐的境外贸易，从而影响了各地间的经济交流。最后，严重影响了农民的生产与生活。物价上涨，使农民生产成本倍增，从而导致农业生产的萎缩，致使大批农民破产，进一步激化了社会矛盾。

在李璟统治时期，南唐内部的矛盾并不仅限于以上所述，实际上其朝廷内部的矛盾斗争还要激烈得多。南唐对外发动的所有战争基本上都是由宋齐丘及其同党主导的，从倡议出兵到具体主持军事，无一不是宋党中人。宋齐丘既然树党，就不免会激起一些正直之士的反对，于是双方围绕着立嫡、拓疆、争权等许多问题展开了激烈的斗争。宋党要实行自己的主张，就要对政敌进行打击，南唐军队的屡战屡败又给了其政敌反击的口实，双方你来我往，斗得你死我活，不可开交。李璟作为皇帝无法控御局面，致使朝政更加混乱。

就在南唐社会陷入一片混乱之时，中原地区的政局也发生了许多变化，对于南唐来说，这些变化既是机遇，也是灾难。

先说机遇，公元946年，契丹大军攻破汴梁，灭亡了后晋。契丹在中原地区烧杀抢掠，激起了中原人民的反抗，他们四处打击敌人，捣毁官府，契丹人无力控制局面，遂退出了中原，北撤而去。在这之前，一些原后晋的将士不甘心受制于契丹，相继率军南下归顺了南唐。淮北抵抗契丹诸部纷纷来降，要求南唐出兵北上，驱逐契丹。这种局面正是先主李昇苦苦等待的举兵北伐的时机。但是这时南唐正陷入伐闽战争的泥潭之中，无力北顾，从而坐失了千载难逢的时机。李璟自己也叹息地说：伐闽之役使军力疲惫，财用全无，安能抗衡中原乎！在这一点上李璟还算明智，知道南唐无力与契丹对抗。

次年五月，当李璟得知契丹已经弃中原而去，遂下诏命忠武节度使李金全为北面行营招讨使，准备进军中原。次月，听到后晋的原太原节度使刘知远已经率军进入汴梁，建立后汉王朝，便又放弃了北上的计划。可见南唐在这时只想乘虚而入，一旦中原有主，便不敢与其争锋。这种选择其实是正确的，说明此时的李璟头脑还是清醒的。

随着周世宗登上历史舞台，南唐的灾难便降临了。周世宗柴荣是一位雄才大略的人物，他于显德元年(954)即皇帝位，随即进行了大规模的改革，发展生产，整顿军事，使中原国力迅速增强。他打算做三十年皇帝，用十年开拓天下，十年休养民力，十年致太平。他的统一方略也是先北后南，即先收复被契丹占据的燕云十六州，巩固北部边防，再南下进攻诸国，进而统一全国。为了达到这个战略目的，他必然要先巩固后周的南部防线，然后才能无后顾之忧地北伐契丹。打击南唐，攻取淮南十四州，便是其首先要完成一个战略任务。

保大十三年(955)底，周世宗发动了进攻南唐的战争，至交泰元年(958)，前后三年时间，周军三次发动大规模的攻势，大小数十战，终于彻底击败了南唐军队，饮马长江，完全占据了南唐的淮南十四州之地，达到了预期的战略目的。南唐被迫放弃皇帝称号，降为国主，向后周称臣纳贡，采用中原年号。

淮南地区是江南的屏障，其失去使南唐失去了战略纵深，同时使金陵完全暴露在中原王朝的军事威胁面前。同时淮南又是一块经济比较发达的地区，是南唐的主要财赋来源地之一，它的丧失使南唐的经济实力大受削弱，甚至连食盐问题都无法解决，因为其产盐区在淮南，于是只好乞求于后周，世宗答应每年支拨盐三十万斛以供其用。后周之所以没有马上渡过长江，灭亡南唐，是因为其战略重心在于对付契丹这个强大的敌人，不愿意再在攻取江南的战争中消耗力量，所以周世宗才同意南唐的求和，撤兵北返。周世宗的决策，受到了历代学者的赞扬。这也给了南唐喘息的机会，得以继续维持统治。

淮南失去后，金陵与周境仅一水之隔，又处在长江下游，所面临的军事态势极为不利。为了摆脱来自北方的威胁，李璟于后周显德六年(959)下诏升洪州为南昌府，建立南都。宋太祖建隆二年(961)二月，李璟正式迁都南昌。但是南昌城池狭小，宫室府署不能容纳庞大的中央机构及人员，朝臣们日夜思归。李璟本人也颇为后悔，北望金陵，郁郁不乐，于同年六月病死于南昌，结束了他坎坷的一生，终年四十六岁。

二、只配当翰林学士的皇帝

(一) 储位之争与家庭生活

李煜出生于南唐昇元元年(937)，据说其出生时正值七夕，佳节生佳儿，为刚刚建国成为皇室的李氏家族增添了喜庆的气氛。他是李璟第五子，初名从嘉，即皇帝位后，改名煜。

皇室内部的关系总是复杂的，古今中外，莫不如此。李璟共有十个儿子，其中长子李弘冀、五子李煜、七子李从善、九子李从谦，皆为皇后钟氏所生，是所谓嫡子，最有可能成为嗣君。

李璟在其弟李景遂让出太弟之位后，按照立嫡以长的古礼，立长子李弘冀为太子，时在交泰元年（958）三月。李弘冀为人猜忌严苛，他刚入主东宫时，李景遂的左右尚未来得及出宫，他立刻命人将之赶出了东宫。虽然如意当上了太子，但李弘冀并不放心，对其诸弟十分戒备，尤其是对李煜猜忌更甚。李弘冀猜忌李煜主要出于两个方面的原因：其一，李煜也是嫡子，在嫡子中排行仅次于李弘冀，故对其地位构成一定的威胁；其二，李煜的相貌非同一般，据史书记载，李煜广额丰颊、骈齿、一目重瞳子，颇类似于传说中上古时期圣君舜的相貌，时人都称其为"奇表"。这一点使李弘冀对李煜十分讨厌，百般防范，唯恐他会取代自己的地位，当上太子。

李煜对这位兄长十分畏惧，同时对皇室内部的争权夺利也产生了厌恶心理，尤其是当其年纪较大以后，面对南唐屡开兵衅，国事日非，百姓涂炭，更是对政治心灰意冷，从不过问朝政，除了读书作诗之外，还对佛教产生了浓厚的兴趣。为了明确表示自己无意于帝位，以躲避其兄可能的迫害，他采取了韬晦之策，自号钟隐，又别称钟山隐士、钟峰隐士、莲峰居士，以凸显自己超脱尘世、与世无争的态度。

李弘冀虽然为保太子之位而费尽心机，甚至毫不顾惜兄弟和睦友爱之情，但天不佑其，不久便暴病身亡了。于是围绕着太子之位又展开了一场争斗。按照李煜在嫡子中的排行，应该立其为太子，却不料发生了一些变故——重臣钟谟突然提出应立李璟第七子李从善为太子，从而掀起了一场风波。

关于钟谟其人，有必要稍做介绍。此人祖籍会稽（今浙江绍兴），唐末先后迁徙到崇安、金陵等地，于李璟统治时期担任过翰林学士、户部侍郎等职。周世宗进攻淮南时，李璟派其出使后周，曾被周世宗扣留。南唐战败，割让淮南十四州，他曾经数次往返于两国之间，传送相关消息。事后钟谟自以为有功，又认为颇得周世宗的信任，遂有恃无恐，言行很是骄矜，李璟因为还用得着他，所以也就隐忍不发。保大后期，钟谟任知尚书省事，除了尚书省外，对其他两省之事也莫不过问，权势赫然，气焰嚣张。周世宗死后，钟谟失去了靠山，加上李璟待其逐渐疏远，钟谟自感失落，便想设法改变这种状况。

太子李弘冀死后，钟谟因曾与李从善一同出使过后周，关系甚为亲密，于是上言李煜志向不定，酷信佛教，缺乏当天子的气度，又盛赞李从善有才，可立为太子。钟谟希望通过拥立李从善为太子，为将来的飞黄腾达作铺垫。李璟在自己身上已经看到了兄弟相争的恶果，岂能允许自己的儿子重蹈覆辙，加上钟谟以前的所作所为，更加坚定了除掉钟谟的想法。于是李璟下令贬钟谟为国子司业、著作佐郎，安置于饶州。建隆元年（960），李璟又派人将其赐死。

李璟除掉钟谟后，在迁都南昌之时，正式册立李煜为太子，留其在金陵监国。李璟病死后，又发生了一件不大不小的事。李从善因扈从其父至南昌，得以主持丧礼，他仍不甘心失去最后的机会，遂向清辉殿学士徐游索要其父遗诏，遭到徐游的拒绝。徐游回到金陵后，因为此事甚大，不敢隐瞒，遂向李煜奏报了此事。李煜心地慈善，且此事并未造成什么后果，就没有再行追究。

建隆二年（961）七月，李煜在金陵即位，时年二十五岁。

李煜是一个性格柔顺、多情善感的人，无论对父母、兄弟，还是子女、妻子，都充满了关爱之情。其兄李弘冀对他屡加猜忌，但他却每每加以谦让；其弟李从善与之争位，他也不加深究。后来李从善出使宋朝被扣留，李煜多次奉表请求放归。不能如愿后，李煜十分伤感，每每登高北望，泪下沾襟，并且撰文表达思念之情。其《却登高文》中说："原有鸰兮相从飞。嗟予季兮不来归。空苍苍兮风凄凄。心踯躅兮泪涟洏。"①其中"原有鸰"一句，典出《诗经·小雅·常棣》，原文是"脊令在原，兄弟急难"。脊令，即鹡鸰，一种水鸟名。鹡鸰本应在水边生活，却处在高原，失其常处，比喻人逢急难。整句诗的意思是兄弟有急难，须互相援助，不能相舍。后世遂以"鸰原"作为兄弟的代称。李煜此处借用这个典故，来表达自己痛惜兄弟不能相聚的悲伤心情，情真意切，令人伤怀。

对于其庶出兄弟，李煜同样充满关爱之情，其八弟李从镒出镇宣州时，他亲率朝臣送行，并赋诗惜别。

李煜有二子，长曰李仲寓，次曰李仲宣。其中次子早夭，令李煜伤感心碎。据载，李仲宣聪明伶俐，三岁时即可诵读《孝经》及杂文，且一字不差；听到音乐之声，还可分辨出音律节

---

① 〔清〕董诰：《全唐文》卷一二八《却登高文》，北京：中华书局，1983年，第1285页。

拍。李仲宣还颇懂礼仪，接待朝臣，揖让进退，犹如成人。因此，李煜与其后周氏对其爱之如掌上明珠。不幸的是，李仲宣长到四岁时（一说五岁），有一次在佛像前玩耍，一盏琉璃灯被猫碰落坠地，李仲宣受惊患病，竟然不治而亡。关于此事，《江南野史》记载说：有一僧名栖霞，李煜将其迎入宫中，令宫嫔抱仲宣出，与栖霞相见。栖霞仔细察看后说：此儿与陛下和皇后有夙冤，特降生以讨孽债，割父母之肝肠，应该好好抚养，但不要过分溺爱。等到仲宣五岁时，有一日忽然说：儿不能久居人间，今天将要离去。遂闭目而死。周后本来就身体不好，闻此噩耗，不久亦逝去。李煜悲伤欲绝，数次昏厥，甚至投井赴死，为左右所救。这种记载当然是不可信的，不过李煜因此事而悲痛不已，却是不争的事实。

李煜对待妻子的感情亦很真切，他的妻子周氏是司徒周宗的长女，小名娥皇，比李煜年长一岁，国色天香，性情温顺。周氏还精通音律，能歌善舞。唐代著名的大曲《霓裳羽衣曲》自动乱以来，早已不复流传。周氏偶得残谱，遂变易讹谬，按律寻音，精心整理，恢复了这首名曲，从而使"开元、天宝之遗音复传于世"[1]。李煜《玉楼春》一词中有"重按霓裳歌遍彻"之句，描写的就是恢复后的《霓裳羽衣曲》演奏时的情景。除此之外，周氏还谱写了《邀醉舞破》《恨来迟破》等乐曲，流行于当时。她还著有《系蒙小叶格子》一卷，流传于世。对于这样才貌双全的妻子，李煜爱惜有加，即位之后，遂册立其为后。

----

① 〔清〕凌延堪：《燕乐考原》卷一，合肥：黄山书社，2009年，第5页。

不过周后体质较差，弱而多病，在李仲宣死后，悲伤过度，病势加重。李煜虽贵为一国之主，却衣不解带，日夜侍候于病榻旁，并为其亲尝汤药，关怀备至。对于李煜的这些行为，周后十分感激，临死前还将自己佩戴的玉环和李璟所赐的琵琶留给李煜，以为纪念。周后死于乾德二年（964）十一月，终年二十九岁。周后死后，李煜十分悲痛，亲撰诔文和悼诗以表达内心的悲伤。

有一种说法流传颇广，即李煜与周后之妹小周后的关系颇为暧昧。因为是国戚的关系，小周后经常出入宫中，深得太后钟氏的喜爱，当然李煜对其也有好感。据陆游《南唐书》记载：周后患病之时，小周后又入宫中。有一次周后偶然看到了她，惊问道：你何日来？小周后年幼，不知嫌疑，遂回答说：我已入宫数日了。周后十分生气，转身面壁，直到死也不肯转过身来。因此李煜在其死后有意做出悲伤的样子，以掩盖其做的丑事。

其实这种记载并不可靠，因为小周后在其姐去世之时，年纪不足十三四岁，尚待字闺中。按照我国古代礼法，女子十五岁才举行笄礼，小小年纪如何懂得儿女私情呢？更何况还是其姐夫！在这一段时期内，李煜刚刚死了爱子，爱妻又身患重病，他每日在床前侍候，触目伤情，泪常沾襟。说他在此时与小周后幽会往来，不大合乎情理。宋人马令说"后主乐府词有'衩袜步香阶，手提金缕鞋'之类，多传于外"[1]，视为李煜与小周后偷情的证据。后人在此基础上进一步附会，说李煜的《菩萨蛮》词中有

---

[1] 〔宋〕马令：《南唐书》卷六《周后传》，《五代史书汇编》，第5305页。

"花明月暗笼轻雾""蓬莱院闭天台女"①等句，都是他与小周后偷情的摹写。我国古典诗词叙情记事本来就具有朦胧隐约的特点，极少直叙其情，这样就为后人穿凿附会留下了空间，其实深究起来又有几许真凭实据呢？李煜本为风流才子，且又是亡国之君，早在宋代人们就认为其生活充满神秘之感，揣猜附会实难避免，加之后人的夸大渲染，遂使这个问题更加扑朔迷离。

不过在大周后死后，小周后时常往来于宫中，李煜与她逐渐产生感情，也是完全可能的。但是由于太后钟氏在大周后死后的次年逝世，李煜须服孝三年，丧期内虽然小周后已成年，却不能继立为后。直到北宋开宝元年（968），李煜才正式册其为国后。为了便于与周后相区别，史称其为小周后。

小周后小名女英，天生丽质，又颇具文才，与李煜倒是郎才女貌，堪为佳偶。大婚之后，李煜与小周后过着幸福的生活，几乎忘记了国势日衰、危机四伏的政治形势。李煜非常宠爱小周后，甚至超过了其姐。每逢春日，李煜都要下令将所居宫殿四处插满鲜花，号为"锦洞天"。他还在花草丛中建有小亭，仅容二人，画梁雕栋，与小周后在其中饮酒赋诗。这种醉生梦死的生活一直延续到南唐灭亡为止。

李煜毕竟是帝王，爱情不可能做到专一，虽然他宠爱周氏姐妹，然而古代的宫廷制度却为其多内宠创造了条件，在为数众多的后宫女子中，也不乏得其宠幸者。

---

① 〔南唐〕李璟、李煜撰，陈书良等笺注：《南唐二主词笺注》，北京：中华书局，2013年，第85、97页。

据载，宫人窅娘身材窈窕、纤丽善舞，李煜为她"作金莲，高六尺，饰以宝物，细带缨络"①。她用细绢缠足，纤小屈上，宛如新月，舞于莲花之中，回旋有凌波之态。唐镐诗赞曰："莲中花更好，云里月长新。"②由于其足纤小可人，宫中仿效，后又流传于宫廷之外，人皆仿效，成为一时之风气。有人据此认为中国妇女的缠足之风，源起于此时。李煜除了宠爱窅娘外，还对宫人秋水颇为喜欢，此人喜戴鲜花，芳香袭人，招惹得蝴蝶常常环绕其头上。宫嫔流珠精通音律，善弹琵琶，大周后死后，其所撰之曲多被遗忘，只有流珠能熟记于心，时常为李煜弹奏，因此也深得宠爱。此外，金陵作为六朝繁华之乡，粉黛如云，名妓辈出，根据记载，李煜也曾光顾过烟花之馆，但未见其拥妓寻欢的相关记载。

总之，李煜作为帝王，对家族及亲人能做到这种程度，已属难能可贵，我们不能过分地苛求古人，更不能对一个古代帝王提出一些不切实际的要求。

（二）政治庸人与文学奇才

平心而论，李煜是一个集政治庸人与文学奇才于一身的历史人物，本质上更像是一位多才的文学之士，而不是政治家，只是由于其出身于帝王之家，才被错误地推上了皇帝宝座，导致其人生不可避免地只能是一场悲剧。

---

① 〔元〕陶宗仪：《南村辍耕录》卷一〇《缠足》，北京：中华书局，1959 年，第127 页。

② 〔元〕陶宗仪：《南村辍耕录》卷一〇《缠足》，第 127 页。

　　李煜即位时的南唐国势已与其祖父时期大不相同，淮南十四州的失去，不仅使南唐国土大为缩小，沦为二等小国，且失去了战略回旋之地，使其国都金陵直接暴露在中原王朝的威胁之下。此外，富庶的淮南地区的失去，使南唐的赋税收入大大减少，而财政开支却没有减少多少，反而要每年承担纳与中原王朝的繁重贡赋，加之李煜佞佛，大量地兴修佛寺，度人为僧，又耗费了不少财力。所有这些因素的存在，使得李煜统治时期的南唐财政更加困难。面对这种艰难的局面，不要说李煜这种并不具备政治家素质的君主，即使英明的皇帝来统治，恐怕也难以改变南唐被动的战略态势。

　　为了改变财政紧张的状况，南唐君臣又开始在货币政策上打主意。早在李璟统治时期，因为连年征战，国库空虚，就曾铸造过大钱，但尚未铸铁钱。当时韩熙载就极力主张改铸铁钱，由于李璟反对，只好作罢。乾德二年(964)，由于南唐财政开支更加紧张，韩熙载再次提出铸造铁钱，宰相严续则认为铁钱不便，坚决反对此议，韩熙载在朝堂争论不休，声色俱厉。李煜急于解决经济困难的问题，便支持了韩熙载的意见，遂罢去严续相位，贬为秘书监。李煜的这种态度使得其他朝臣再也不敢提出异议，于是提韩熙载为户部侍郎、勤政殿学士，充铸钱使，专门负责铸造铁钱事务。

　　韩熙载所铸铁钱为当二钱，即一枚铁钱可当两文钱使用，他想通过政府的力量强制发行这种货币，以解决钱币紧缺的问题。但是古代的金属币与后世的纸币不同，货币面额往往要与货币自身的价值相当，并不像纸币那样仅仅是一种符号，否则就会造成货币贬值。韩熙载只是一位文人，并不懂经济，本意想解决南唐的财政困难，结果反倒造成了更大的混乱。这种铁钱发行之初，规定按铁钱六、铜钱四的比例在社会上流通，也就是说，交易时所使用的每十文钱中必须有六文是铁钱，给官员发放俸禄也按这个比例施行。这一政策行之不久，民间便纷纷贮藏铜钱，使得市场上流通的铜钱数量大大下降，同时还引起了物价飞涨。外地商人在南唐交易，返回时以十枚铁钱兑换一枚铜钱，然后再带出境外，使得南唐的铜币进一步减少，加剧了币制的混乱程度。于是李煜只好又下令，规定铁钱与铜钱的兑换就按十比一进行。这一政策的出台，标志着南唐此次货币改革的彻底失败，面对这种现状，韩熙载也后悔不已。

关于南唐铸造的这种铁钱，北宋曾在其灭亡后宣布作废，停止了使用。然而这种办法并不能彻底解决民间仍有大量铁钱存在的问题，于是又在宋太宗太平兴国二年(977)，下令由官府出资收回民间铁钱，用来铸造农器，发给江北流民使用，这才彻底解决了这一问题。这些都是后话，就不多说了。

南唐发行铁钱还给农民造成了沉重的负担。南唐实行两税法，其中夏税是要征收现钱的，农民出售产品换来的多是铁钱，而官府收税是按铜四铁六的比例征收现钱，为了完税，农民还得按照市价以铁钱十文换取铜钱一文。这样即使税额不增加，农民的负担也已经大大地加重了，更何况此时的税额还在不断地增加。币值不稳也使大批富裕人家深受其害，礼部侍郎汤悦指出："泉布屡变，乱之招也。且豪民富商，不保其赀，则日益思乱。"[1]

---

[1] 〔清〕吴任臣：《十国春秋》卷二八《殷崇义传》，第407页。

说明南唐的货币政策已经影响到政治的稳定，所以这一问题不仅仅是一个经济问题，它从一个侧面反映了当时整个社会经济乃至政治衰败的现实。大概是出于稳定社会的需要，李煜后来才不得不下令铁钱与铜钱也按十比一进行兑换，从而在一定程度上缓和了社会矛盾，南唐得以继续苟延残喘。

南唐统治在李煜时期之所以能够继续维持，也与他采取的一些积极措施有关。针对其父李璟实行屯田制产生的弊端，李煜在即位之初，就下诏罢废各地的屯田使，将屯田发还农民，由官府按正常赋税统一征收租税，以其中的十分之一作为地方官的俸禄。由于南唐屯田数量颇大，李璟统治末期曾罢去了矛盾最为激化的淮南屯田，而江南一带的数量仍然不少，至此全部罢废，从而使大批农民从重负下解脱出来，得以休养生息。

李煜还实行了一项善政，就是在征收夏税时允许农民交纳实物。前面已经说过，南唐的夏税征收现钱，使农民不仅遭受官吏盘剥之苦，还要遭到商贾的剥削，他们往往采取压低物价的办法获取暴利。当时有一位名叫李元清的官员向李煜建议，纳帛一匹，可以折钱一贯，这样农民只需交纳实物，不再需要交纳现钱即可完税。李煜采纳了他的建议。此法的实施，不仅可以减轻农民负担，而且也可以简化税收手续，公私两便。

在刑法方面，李煜实行了省刑慎罚的政策。李煜是一个心慈善良之人，据说他有一次外出狩猎，有一牝狙触网被抓获，牝狙两眼落泪，十分可怜，李煜见其腹大，遂动了恻隐之心，令人小心看护，当晚牝狙便产下了两只幼狙。李煜对动物尚且如此对待，在对待人命方面就更加小心了，从不酷刑滥杀。当执宪部门上奏纠劾时，如果有过分严苛之处，李煜往往留中不发。李煜讨论判决死刑时，能减刑者则尽量减刑，有时在司法部门的再三抗奏下，万不得已，才垂泪勉强同意其奏请。有时他还到大理寺亲自审理案件，往往多有减缓刑罚乃至于释放罪囚之事发生。正因为如此，旧史说他"性宽恕，威令不素著"①。

对李煜的这种行为，韩熙载倒是颇不以为然，他认为司法之事自有主管部门去管，作为一国之君不应亲自过问，监狱更不是国君所应常去的地方。出于这种认识，他上表要求李煜承认错误，并自罚由内库出钱三百万，以资国用。李煜虽然没有采纳韩熙载的意见，但也不怪罪于他。在司法方面采取谨慎的态度，本来没有什么不妥，但是如果做过了头就是弊端了。按照当时的制度，凡判死刑，临处决前还要报皇帝审批，由于李煜佞佛，每到此时他都要在佛像前燃一盏灯，如果到天明灯仍不灭，往往予以赦免；如果未至次日而油尽灯灭，则依法处置。于是一些富人出钱贿赂宦官，请其暗中续油，使灯至旦而不灭，以求获得赦免。李煜的这种愚蠢做法，把国家法律视为儿戏，极大地破坏了法律的严肃性。

李煜统治后期更加佞佛，已经达到了非常荒唐的程度。其实南唐皇室佞佛并非自李煜始，其祖父李昪受吴禅建成金陵宫室后，曾举行过"无遮大斋七会"，并书写《华严经》四十部颁行境内。不过他毕竟是一位英明的君主，信佛而不佞。李煜之父李璟是一位佞佛的皇帝，只是当时内忧外患严重，尚无条件把大量

---

① 〔宋〕文莹：《湘山野录》卷中，第37页。

193

的精力和财力用于这方面。至李煜时，虽然外患严重，但统治集团内部的矛盾已经非常缓和了，使其得以苟安一时，于是便不顾国家财力紧张，花费大量金钱用于兴修佛寺及佛事。宋人王栐说："江南李主佞佛，度人为僧，不可数计。太祖既下江南，重行沙汰，其数尚多。太宗乃为之禁。"①可见僧人数量之多。李煜经常在退朝之后，与其皇后戴僧伽帽、披袈裟、诵佛经。由于他宠信僧徒，法禁宽弛，故僧尼破坏戒律者甚众，每当有僧尼犯奸，有关部门勒令其还俗时，李煜只令其礼佛三百，拜罢免罪。由于皇帝带头佞佛，上行下效，不少贵族官僚也卷入其中，在其统治末年，金陵城中仅宫人及诸王公卿子女出家修行的净德尼院，就达八十余所，其他僧寺尼院更是比比皆是。

佛寺越多，其占有的土地便越多，加之僧尼不承担赋税，因此佛教越兴盛，对国家财政收入的影响就越大，这也是我国历代不断出现打击佛教事件的一个重要原因。有僧徒劝李煜要做好三件事，即广施财、造塔像、身披红罗销金。李煜认为太奢侈了，对方回答说："陛下不读《华严经》，岂知佛富贵乎？"②于是李煜便不惜财力，广兴佛事。他在牛头山大力兴建兰若，聚僧数千，每日设斋，均为珍馔，食之不尽，只好倒掉，明日再设新斋，当时称之为"折倒"。对于李煜的这些荒唐行为，除了一些大臣推波助澜外，也有人进谏过，如歙州人汪焕曾进谏说："昔梁武事佛，刺血写佛书，舍身为佛奴，屈膝为僧礼，散发俾僧践。及其

---

① 〔宋〕王栐：《燕翼诒谋录》卷三，北京：中华书局，1981年，第23—24页。
② 〔宋〕李焘：《续资治通鉴长编》卷八，宋太祖乾德五年三月，第193页。

终也，饿死于台城。今陛下事佛，未见刺血践发，舍身屈膝，臣恐他日犹不得如梁武也。"①李煜虽然没有处罚汪焕，但也不接受其进谏，依然我行我素。

除了做这些事外，李煜把更多的精力花在了诗词创作、绘画和书法等方面。

李煜是我国古代十分杰出的文学家，在文学史上占有比较重要的地位。李煜在文学方面的贡献主要表现在词的创作上。词这种文学体裁在唐代被视为小令，是为入乐而配的歌词，故对于大多数文人而言，只是把词的创作视为一种消遣性的行为。这种创作虽然相对于民间歌词而言更加典雅化了，却不能改变词在文坛上的尴尬地位。至五代十国时期，诗歌创作衰微，而词却方兴未艾，成为独树一帜的新体文学。具体而言，在这一历史时期，词的创作最繁荣的地区乃是南唐与西蜀，其中西蜀为"花间派"，风格"香而软"，内容浮靡，形式艳丽，思想颓唐，境界极为狭窄。南唐词的发展才真正达到了一个新的水平，无论形式、内容、艺术技巧均有新的突破。南唐拥有以中主李璟、后主李煜为首的，以冯延巳、高越、江文蔚为主体的一批词人，他们的词构成了一个不小的作品群，是南唐文学乃至于这一时期中国文学的精华所在，其中最有成就且对后世影响最大的则非李煜莫属。

李煜前期的词，主要是宫廷生活的反映，代表作品如《玉楼春》：

晚妆初了明肌雪，春殿嫔娥鱼贯列。笙箫吹断水云间，

---

① 〔清〕吴任臣：《十国春秋》卷二五《汪焕传》，第357页。

重按霓裳歌遍彻。　　临春谁更飘香屑，醉拍阑干情味切。归时休放烛花红，待踏马蹄清夜月。[1]

这首词反映了李煜与后妃宫女们歌舞宴饮、狂欢作乐的场面，是一首纪实之作。全词笔法自然奔放，语言明丽直快，情境描绘动人，尤其是最后两句，写得清俊潇洒，是风流词人的情致之所在，也能令人产生无限的想象。后人对"踏马蹄"三字最为推崇，认为可以给人以双重之感受，不仅是用马蹄去踏，而且踏在马蹄之下的乃是如此清夜的一片月色，这种纯真任纵的抒写，带给了读者极其真切的感受。再如《浣溪沙》："红日已高三丈透，金炉次第添香兽。红锦地衣随步皱。"[2]这些词笔调欣然，描绘宫廷中欢宴通宵、纵情逸乐的豪奢生活场面。从思想内容方面看，这类词空洞没落，无甚可取之处，然从艺术鉴赏的角度看，却有不少可取之处，手法精妙绝伦，语言艳丽明快，应是李煜作品中的佳作。

李煜前期也有一些抒写悲愁哀怨情绪的作品，这类词的格调比那些专门描写宫廷声色的作品要高一些，在艺术表现与意境的创造方面，也有较大的成就。李煜在位期间，南唐国势每况愈下，处于风雨飘摇之中，作为一国之主惶恐忧郁，欲求苟安而不可得，这种情绪不可避免地影响到其作品的格调。如《清平乐·别来春半》《乌夜啼·昨夜风兼》《捣练子·深院静》《望红梅·闲梦远》等作品，都属于此类风格。他的这部分作品并非无病呻

---

① 曾昭岷等编撰：《全唐五代词》卷三，北京：中华书局，1999年，第759—760页。
② 曾昭岷等编撰：《全唐五代词》卷三，第753页。

吟，而是当时心情的真实写照。感慨悲愤、愁绪万千，是这些作品的基本格调。如《清平乐》：

> 别来春半，触目愁肠断。砌下落梅如雪乱，拂了一身还满。　　雁来音信无凭，路遥归梦难成。离恨恰如春草，更行更远还生。[①]

全词语言明净自然，意境悲婉，以离愁别恨为主调，感情的抒发和情绪的渲染都恰到好处，尤其在喻象上独特别致，具有非常感人的艺术力量。后人评论说：后主以孟郊、贾岛诗入词，使词之境界，至此又发生一变。入宋以后，文人之词，皆后主词之衍流。词之逐渐离去贵族性、宫闱体，就是从这时开始的。

　　李煜词的最佳作品，出现在其由皇帝变为囚徒之后。人生的剧变，使他经历了一般帝王所不能体验到的生活感受，屈辱生活的巨大痛苦，使他这一时期的作品彻底脱去了宫廷气息，充满了一个不幸者深沉的悲伤，同时又蕴藏着对不合理生活的抗愤情绪，以及对美好生活的殷切眷恋。著名学者王国维先生说："后主之词，真所谓以血书者也。"[②]指的就是这一时期的作品。如他为人所熟知的作品《虞美人》：

> 春花秋月何时了？往事知多少！小楼昨夜又东风，故国不堪回首月明中。　　雕栏玉砌应犹在，只是朱颜改。问君能有几多愁？恰似一江春水向东流。

---

① 曾昭岷等编撰：《全唐五代词》卷三，第747页。
② 彭玉平：《人间词话疏证》，北京：中华书局，2011年，第412页。

其名作《浪淘沙》：

> 帘外雨潺潺，春意阑珊，罗衾不耐五更寒。梦里不知身是客，一晌贪欢。 独自莫凭栏，无限江山，别时容易见时难。流水落花春去也，天上人间。

这些词作都是前无古人、后无来者的佳作。其文辞淳朴自然，其感情回肠九转。他的《乌夜啼》一词，亦是如此，其中后半阕云："剪不断，理还乱，是离愁，别是一番滋味在心头。"仅十八个字，将词人纷繁之愁绪表现得淋漓尽致。尤其是最后一句，究竟滋味如何，词人亦不自知，真是欲说又无从说起，此种无言之哀，凄婉已极，更胜于痛哭流涕。李煜《破阵子》之"四十年来家国，三千里地山河"，论者认为气魄沉雄，实开宋人豪放一派之先河。最后几句"最是仓皇辞庙日，教坊犹奏别离歌，挥泪对宫娥"，论者又认为此处之悲怆，"与项羽拔山之歌，同出一揆"①。这样看来，李煜之词对宋人的影响是多方面的，说他开宋人风气之先，确是当之无愧。

王国维先生云："温飞卿之词，句秀也；韦端己之词，骨秀也；李重光之词，神秀也。"②是说李煜的词作有思想内容而不露圭角，故其秀丽在神。所谓神者，精神也，风格也。可见李煜词的艺术水平远在花间派之上。李煜词的最大贡献在于其开创了词的艺术表现力，使词这种文学体裁从狭窄的、浮华的花间派的影响中解脱出来，扩大和提高了词表现生活和抒发感情的能力，开

---

① 唐圭璋选释：《唐宋词简释》，上海：上海古籍出版社，1981年，第37页。
② 彭玉平：《人间词话疏证》，第356页。

辟了新的艺术境界，显示了词的发展潜力。总之，词作为一种文学体裁，至南唐李煜时，在中国文学史上开始争得与诗歌同等重要的地位，受到了文学界的高度重视。在这之后，至宋代时词的创作达到了繁荣阶段，成为标志一个时代特色的文学体裁。

除此之外，李煜还在书法、绘画领域取得了较大的成就。南唐擅长书法者有一大批人，上至中主李璟、后主李煜，下至徐铉、韩熙载、徐锴、潘佑、冯延巳等，莫不精于此道。李煜对书法的贡献主要表现在三个方面：

其一，全面地总结了书写方法。他在《书述》一文中对唐代楷书的书写方法进行了全面系统的总结，提出了书写八法，并对每种书写方法都做了详尽的解说，这对后世了解唐代楷法具有十分重要的意义。

其二，摹印了《昇元帖》，并行之于世。通常认为北宋的《淳化阁帖》是我国所谓帖学之始祖，这是不对的。早在此之前，李煜已拿出秘府之珍藏，令徐铉负责印帖四卷，名为《昇元帖》，并发行于世，从而打破了以往学书必求真迹的旧习，对发展和普及书法起到了积极作用。由于《昇元帖》后来亡佚，加之南唐国祚短暂，《昇元帖》影响不及《淳化阁帖》大，遂使人们误以为后者为法帖之祖。

其三，李煜本人在书法方面亦取得了可观的成就，仅北宋御府就珍藏其书法作品数十件，《宣和书谱》给予他很高的评价。李煜的楷书主要学习柳公权，又有所创新，他的字骨力遒劲，结构紧凑，"复喜作颤掣势，人又目其状为'金错刀'"。他的行书写得也很好，落笔瘦硬，而风神溢出。据说李煜写大字时不用笔，"卷帛而书之，皆能如意，世谓'撮襟书'"①，已经达到了出神入化的程度。

在绘画方面，南唐拥有一批杰出的画家，如董源、巨然、徐熙、周文矩、顾闳中等。李煜也雅擅绘事，亦颇有成就，据北宋的《宣和画谱》记载，宋代御府就收藏了李煜的多幅绘画作品。他创造了用笔新法，将其"金错刀"的书笔用到了绘画上，使其画风清爽不凡，具有"爽而神"的风韵。以书法入画，自成一格，李煜在这方面可以说是开风气之先者。他画的墨竹从根到梢，一一勾勒，叫作"铁钩锁"；他画的林木飞鸟，远胜于常流；所画风虎云龙，颇有"霸者之略"②。他的金错刀画法，还对同时期的画家产生了较大的影响，如南唐画家唐希雅、周文矩。其中唐希雅在花卉方面非常有名，后人将他与著名画家徐熙并称为"江南绝笔"③。

南唐还创办有画院，招收学生。李煜虽非画院的始创者，但他在南唐画院的发展方面做出了很大的努力，培养了不少绘画人才。南唐画院制度还对北宋画院制度的创设产生了较大的影响。

总之，李煜在诗词、书法和绘画方面虽然成就斐然，并对后世产生了较大的影响，但他毕竟是一国之君，没有保住江山社稷，便成为他一生最大的污点。加之他在治国方面确实无能，而

---

① 〔宋〕佚名：《宣和书谱》卷一二《李煜》，杭州：浙江人民美术出版社，2019年，第108页。
② 〔宋〕佚名：《宣和画谱》卷一七《李煜》，第187页。
③ 〔宋〕郭若虚撰，吴企明校注：《图画见闻志校注》卷四，上海：上海书画出版社，2020年，第449页。

又在文学与艺术方面成就突出，两者对照，遂使人们更加坚信其沉迷于文学艺术而贻误政事，从而导致亡国。比如宋太祖就认为他只配当翰林学士，而不配为一国之君。这一看法流传颇广、影响颇大，客观地看，应该还是比较公允的。

（三）软弱无为与苟安偷生

李煜懦弱的性格体现在对外方面，便形成了南唐苟安偷生、无所作为的消极防御政策。面对北宋王朝咄咄逼人之势，李煜不敢稍有作为，更谈不上实施积极的防御方针，只知一味地讨好对方，以图换取继续维持苟安局面的时间。

北宋建立之初，由于忙于平定内部叛乱，稳定统治秩序，一时尚无暇南顾，所以双方暂时相安无事。但是北宋不急于进攻南唐，并不等于没有灭亡南唐的打算，李煜对此也是十分清楚的，对双方实力状况也是了解的，至于未来的胜负之局亦在预料之中。既然如此，南唐就应有积极的应对，即使不敢贸然攻击北宋，也应利用一切机会削弱或迟滞北宋的进取之势。可是李煜却不是这样，而是采取消极悲观的政策，极力讨好北宋，希望对方能动恻隐之心，使南唐得以继续苟延残喘。

在南唐的臣民中，亦不缺乏勇敢智谋之士，如林仁肇就是这样的人。林仁肇本为闽国将领，闽国灭亡后，久不见用。后周进攻淮南时，中主李璟派人到福建招募骁勇之士，林仁肇应募入军，参加了南唐与后周的淮南战争，屡立战功，至李煜统治时期官至南都留守，镇守今江西南昌。他见北宋连年用兵，先后平定了后蜀、南汉、南平，以及今湖南地区，对南唐形成了迂回包抄之势，便向李煜上奏说：今宋军连年用兵，长途进军，往返数千里，军力疲惫，从军事的角度看，有可乘之机；臣请率数万之兵，出寿春，渡淮河，据正阳，利用淮南之民思念故国之情，恢复淮南旧有国土，然后练兵设防，待其军来援，我国形势已固，其未必能有所作为；起兵之日，陛下可声言臣为叛将，事成则对国家有利，如果不成，陛下诛杀臣全家，以表明陛下并不知情。可是李煜没有这样的胆量，拒绝了林仁肇的建议。更为糟糕的是，李煜不但没有采纳林仁肇的建议，反而听信谗言，杀害了林仁肇。

事情的经过是这样的：皇甫继勋、朱全赟掌握兵权，对林仁肇的雄才大略非常忌惮，谋图中伤。正在此时，南唐派往北宋的使者返回，他们便说使者见到林仁肇的画像在北宋的宫中张挂，并在汴梁为其修建了府第，只等林仁肇来降。李煜此时正宠信皇甫继勋等人，不能分辨是非，遂派人持毒药前往南都，将林仁肇毒死。林仁肇，人称林虎子，多谋善战，是南唐少有的良将，曾屡任鄂州、洪州等处节度使，控御长江上游，被时人视为国之长城。林仁肇素为南唐大臣陈乔所知，当他听到林仁肇死亡的消息后，叹息道：国势如此，而杀忠臣，我不知此身将归于何处了！

就在北宋大军云集淮南，对南唐发动进攻前夕，有商人自淮南来，秘密晋见李煜，报告说：北宋在长江上流的江陵造战舰数千艘，臣请潜往焚烧。李煜担心事情不成，反招其祸，又一次拒绝了这种建议。

其实南唐如果想迟滞北宋进攻还是有不少机会的，可惜的是李煜懦弱无能，不善于利用。如乘北宋进攻南汉之机，出兵截击宋军，则宋军很难应付。南汉的灭亡对南唐影响最大，不仅是唇亡齿寒的问题，还将使其处于腹背受敌的不利态势。另外，宋军远征南汉，必然从湖南进兵，涉过五岭，才能兵临南汉边境。如果南唐乘宋军与南汉军激战之机，自南昌、虔州等处出兵湖南，截断宋军粮道，与南汉军前后夹击，宋军前有五岭之险阻，后有南唐军的截击，腹背受敌，将处于十分危险的境地。正因为如此，宋太祖赵匡胤先派人命李煜劝说南汉主刘鋹向北宋称臣，借机试探李煜对北宋用兵南汉的态度。对于当时的形势，李煜并非一无所知，这一时期南方诸国仅剩下南唐、南汉、吴越三国，吴越一贯依附中原王朝，自然不必忧虑其有什么作为，唯一可与南唐联合抗宋的只有南汉一国，所以赵匡胤才担心李煜会不顾一切地出兵援救南汉。

可惜的是，李煜不是雄才大略之主，就连困兽犹斗的勇气都没有。他接到宋廷的命令后，非常顺从地写了一封信，命人送给南汉主刘鋹，劝其审时度势，向宋称臣。刘鋹拒绝了李煜的劝降，并扣留了南唐使者，与南唐断绝了关系。在这件事情上，宋太祖成了最大的赢家，不仅离间了南唐与南汉的关系，而且摸清了李煜的态度，于是便放心大胆地出兵灭亡了南汉，使南唐处于孤立无援的境地。

李煜不敢采取主动防御的策略，也不懂得选用人才。由于他自己喜好文学，所以在用人时注重文学之才，如汤悦，就是因其为文学旧臣，"特加奖用"。文学之臣不是不可用，问题在于其是否具有政治才干，如果缺乏政治才干，文章诗词再好，也于政事毫无益处。李煜专以文学取士，轻率地委以重任，是不足取的。

他将宫中的澄心堂作为机要之司，引能文之士徐元机、徐元榆、徐元枢兄弟居其间，中旨密令多由此出，而"中书、密院皆同散地"。与北宋的战争爆发之后，降御札，移将帅，大臣竟无人知晓；有时派遣军队出击，统兵大将只是署牒发兵，至于军队前往何处，竟毫不知情，皆秉承澄心堂宣达的命令。政令、军令如此混乱，南唐不败，天理不容。

李煜对北宋只知唯唯诺诺，不敢有丝毫的怠慢，除了每年贡献大量的珍宝钱物外，遇有节庆、丧葬、祭祀等，必派使者前往庆贺或吊祭。

开宝五年（972）二月，为了表示对北宋的顺从，李煜下令降低本国的仪制，改诏为教（唐宋时期称亲王、公主的命令为教）；改中书省、门下省为左、右内史府，尚书省为司会府，御史台为司宪府，翰林院为修文馆，枢密院为光政院，大理寺为详刑院、客省为延宾院；官员的官名也随之改易，以便与中原王朝有所区别。南唐自从向中原王朝称臣后，每有中原王朝使者至，则将宫殿内的鸱吻撤去，使者离去后，又予以恢复。按照我国古代仪制，只有皇帝的宫殿才可以有鸱吻，臣子的府第是不可以有此类装饰之物的，否则就有僭越之嫌。自此之后，李煜下令撤去鸱吻，永不再设。与此同时，李煜还将其子弟封王者，皆降为公，以李从善为楚国公、李从镒为江国公、李从谦为鄂国公。李煜为了讨好北宋，把与皇帝有关的一切制度都降了一格，不给北宋发兵讨伐以任何借口。

最愚蠢的是，开宝六年（973）四月，北宋派学士卢多逊出使南唐，要求南唐献出江南各州图经。李煜明知这是北宋在为进攻南唐做准备，仍不敢违抗，竟也答应其要求，从而使北宋完全掌握了南唐的地理形势。

正因为李煜对宋朝百依百顺，所以当宋太祖决定出兵灭亡南唐时，确实也找不出任何名正言顺的借口，他对率军将要出发的主帅曹彬、潘美说："江南本无罪，但以朕欲大一统，容他不得，卿等至彼，慎勿杀人。"①可惜的是，这样的道理，李煜至死也没有想明白。

三、李煜的可悲下场

（一）城破为臣虏

在韩熙载死后仅仅四年，即宋太祖开宝七年（974）冬，他生前所不愿看到却早有预料的事终于发生了。宋朝大军兵临金陵城下，"黑云压城城欲摧"，南唐小朝廷即将土崩瓦解。

金陵的冬日，依旧萧瑟、落寞。作为六朝古都的金陵人，已经失去了往日从容、洒脱的气度，心情焦躁、惶恐，不安的情绪在全城蔓延。其实金陵人的这种心情并非自此时而起，早在这年秋季就已经开始了。

这一年深秋之时，李煜不知宋朝已经决定进攻江南，竟派遣使者入汴梁，请求放回被扣为人质的弟弟李从善，遭到了宋廷的拒绝。接着宋廷派遣阁门使梁迥至金陵，告知将在这年冬天举行重要的祭祀之礼，希望李煜入宋助祭。李煜自知此去凶多吉少，但又不敢公然拒绝，遂采取了不予答复的消极办法。自从南唐承

① 〔宋〕司马光：《涑水记闻》，北京：中华书局，1989年，第346页。

认中原王朝的正朔地位，放弃皇帝称号，自称国主，采用中原年号以来，无论是中主李璟还是后主李煜，对中原王朝的态度都十分恭顺，除了每年贡献大量的钱财外，每逢重要节日，甚至皇帝生日、重要丧事，都要派使参加，并贡献财宝，希望能够换取其欢心，以苟延残喘。尤其是李煜统治时期，态度更加恭顺，每有中原使者出使，往返之时甚至亲自迎送。此次梁迥出使南唐期间，金陵一带流言四起，说宋使将在李煜送行时，待其登船以后，立即载之北返。李煜得知后，非常恐惧，竟不敢登宋使之船。这件事记载的真伪如何，现在已不可考。从常理推断，宋朝如果真有这种决定，肯定是作为机密，控制在一个极小的范围内，如何能搞得流言四起？所以这种传言很可能出自南唐臣民的臆测，这也正好反映出金陵人当时焦躁、惶恐的情绪。

在此之前，宋朝凭借其继承后周的强大经济和军事实力，开始了统一全国的军事行动。首先乘割据湖南的周保权与张文表内讧之机，攻占了湖南地区；公元963年，又消灭了南平政权；公元965年，出兵灭亡了后蜀，占据川蜀之地；公元971年，又派大军攻占了今两广地区，灭亡了南汉。至于地处南唐东面的吴越国早就依附了中原王朝，唯北宋之命是从。这样北宋就完成了对南唐的全面包围，统一江南地区便成为宋廷下一步必须进行的大事。不过宋廷并非从一开始就决定采用军事手段解决问题，而是做了两手准备，先采用政治手段，如果不行，再采取军事行动。于是在梁迥出使失败后，宋廷又派知制诰李穆为国信使，带着宋太祖的诏书来到了金陵，再次召李煜入汴梁，参加在仲冬(即夏历十一月)举行的祭祀大典，并且明确告诉李煜，如果敢抗拒诏命，将派遣大军征讨。如果说梁迥出使时，宋廷还未明确其意图，此次则公然表明态度，就是希望李煜能认清形势，自动纳地归降。

对于宋朝这种强硬的态度，李煜只能采取接受或不接受，再也无法采用模棱两可的态度应付了。加之朝中大臣陈乔、张洎等人竭力劝阻李煜不要对宋朝妥协，于是李煜便称病拒绝入宋，并明确对宋使李穆说："臣事大朝，冀全宗祀，不意如是，今有死而已。"①在战争不可避免的情况下，李煜为了表示自己坚决抵抗的决心，还对臣下说："他日王师见讨，孤当躬擐戎服，亲督士卒，背城一战，以存社稷。如其不获，乃聚室自焚，终不作他国之鬼。"对于李煜的这种大话，宋太祖听到后，嘲弄地说："此措大儿语耳，徒有其口，必无其志。"②

李煜此次之所以一反常态，一是因为战争已经强加到南唐头上，无法回避；二是他还有一些幻想，就是希望能够凭借长江天险，阻挡宋军，使其知难而退。其实李煜的这种想法只能是一厢情愿。早在其父李璟统治时期，周世宗南伐淮南之际，因为江淮水乡，非水军不可，于是后周大造舰船，训练水军。经过数年淮南战争的实战锻炼，中原王朝水军的战斗力已非往昔可比。北宋继承了后周的这份遗产，在水战方面中原军队并不逊色于南方军队。

宋朝在发动对南唐的战争之前，还针对李煜佞佛的弱点，派

---

① 〔清〕吴任臣：《十国春秋》卷一七《南唐后主本纪》，第248页。
② 〔宋〕龙衮：《江南野史》卷三，郑州：大象出版社，2019年，第110页。

人潜入南唐，伪为僧侣，煽惑后主大造寺院佛像，以消耗南唐国力。据记载这个人姓江，号曰小长老。宋军打到长江岸边，建在采石矶上的石塔就被用来固定渡江的浮桥，而这些新建的寺院正好被宋军用来作为驻兵的营寨。这位小长老因为在灭南唐中的这些功劳，后来在北宋相继担任过比部郎中、越州刺史等职。

南唐人樊若水，也在这次战争中对宋军帮助很大。他是池州（今安徽池州贵池区东北）人，因为屡考进士不中，产生了怨恨情绪，决心投靠北宋。作为一介平民，欲获得宋廷的重用，须得有一个进身之礼。这位熟知天下形势及地理的书生，便想到了在宋军进攻南唐时，助其一臂之力，而不惜出卖自己的父母之邦。采石矶是长江岸边的一个战略要地，历史上曾在这里发生过多次战争。于是樊若水经常在这附近以垂钓为名，测量这段长江的水文情况，计算出了此处长江的深度和宽度等数据。随后他逃到了宋朝并进献了平南之策，建议在采石矶架设浮桥。后来宋军兵临长江北岸时，采用了这项建议，用巨舰互相排列，在长江上建成了有史以来的第一座浮桥。就在此时，张洎还对李后主说：自从有历史记载以来，长江上还未见有浮桥建成过。李煜也说：我也认为这不过是儿戏而已。就在南唐君臣自以为是之际，宋军仅仅花费了三日便造好了浮桥，并顺利地渡过了长江。之所以如此顺利，是因为时值初冬，江水枯涸，自然条件对宋军有利。

面对宋朝的咄咄紧逼之势，李煜虽然也说了一些激愤的话，但内心并未彻底放弃对宋朝的妥协，幻想能委曲求全，使宋军退兵，以继续苟延残喘。当樊若水北逃后，江南之人都知道他向宋廷献了平南之策，于是有人请求诛杀其母亲妻子，李煜不敢动手，只是将樊若水的家人暂时羁留在池州而已。后来宋朝要求南唐护送樊若水的家人北上，李煜虽然十分气愤，却不敢有丝毫违抗，厚赠财物并遣送出境。

这里有一个小插曲，很能说明宋太祖作为政治家的本色。早在建隆元年(960)，这时北宋王朝刚刚建立不久，两个南唐小官吏杜著、薛良因犯罪而逃亡到中原，向宋廷献上了平南策。宋太祖因其不忠于父母之邦，下令处死了杜著，发配薛良为牙卒。此次樊若水同样背叛了故国，而且行为更加恶劣，宋太祖非但不加谴责，反而授予官爵，并出面将其家属接到汴梁。原因就在于这时灭亡南唐的时机已经成熟，不需要再加以掩饰了。

其实宋朝在派遣李穆前往南唐的同时，就已经任命大将曹彬为统帅，曹翰、李汉琼、田钦祚、潘美、刘遇、梁迥等将分率水陆大军进发，希望形成大军压境之势，威逼李煜不战而降。出师前，宋太祖还对曹彬说：务必广树恩惠，不须急击，使其归顺。当李穆出使无功，政治解决失败之时，宋朝大军随即向南唐发动了进攻。

这年十月，就在宋军大举向南唐进攻之时，李煜仍派其弟李从镒向宋朝贡献帛二十万匹、白金二十万斤。即使如此，李煜还认为不足以表示自己对宋朝的恭顺之意，又派起居舍人潘慎修进贡买宴帛一万匹、钱五百万。与此同时，他又下令整顿军备，修城聚粮，进行一些必要的战备工作，然为时已晚。李煜虽贵为一国之君，但并非政治家，书生的天真在这件事上表现得更为充分。

时局如决堤洪流，一泻千里，宋军迅速兵临金陵城下，不但李煜始料不及，金陵城中那些过惯了歌舞升平日子的达官贵族也感到不知所措，人人无效死之意，却各怀鬼胎，自思保全身家之策。

在这一时期，韩熙载生前的政敌非贬即死，大都不在南唐政坛上了。而他生前的故交好友，虽然有不少人仍然活着，大都远离政治中枢，在朝中执政的完全是一批新进的权贵。

面对宋朝大军严重威胁，李煜将军事指挥权委托给皇甫继勋，国家机要委托给他所信任的陈乔、张洎两人，这些均为新进的权贵，没有多少军事和政治才干。各地的军情奏报日夜飞至，均被这些人扣押下来，隐瞒不报。当宋军已经进军至金陵城南安营扎寨，而李煜仍不知情。尤其是皇甫继勋，他是南唐老将皇甫晖之子，无尺寸战功，全凭家世，得为大将。其在金陵资产丰厚，名园甲第，冠于全城，家中歌伎侍妾成群。掌握军权之后，他不思保国，只希望后主早日投降，以便保全家产性命，所以每当听到诸军战败的消息，便喜形于色。部下将领建议招募敢死之士，乘夜出城击敌，却被其囚禁，甚至严刑鞭打。每当后主召其入宫商议军情，他便以军务繁忙为借口，拒绝进宫。

还有一个人值得一提，这就是后主的藩邸旧臣刘澄，他是南唐的润州守将。战争刚刚爆发之时，议者以为润州是防御吴越的军事重镇，须得一良将镇守，后主遂任命其一贯宠信的刘澄为润州节度留后，全权负责润州的军事。其实刘澄早就做好了投降的准备，临离开金陵赴任时，将家中金宝悉数运走，为了掩人耳目，扬言说：此乃国家前后所赐，今国家有难，当散尽此财以图报效。李煜听到这些话后非常高兴。刘澄到润州后，设计将前来救援的昭武军留后卢绛打发去增援金陵，然后开城投降了宋军。

后主李煜所信任和依赖的就是这样一批小人。宋人马令的《南唐书·后主纪》说这些人"闻兵兴，踊跃言利害者，日有十数。及遇等败北，中外夺气，戒严城守"。如此君臣，南唐不亡，天理不容。

尽管如此，然从宋军逼近金陵之时算起，直到开宝八年（975）十一月，整整一年多时间，金陵才被攻破，其原因何在呢？

宋军虽然兵临金陵城，但并没有全力攻城，而是采取了长期围困，首先攻取其所属州县，消灭其有生力量，然后再夺取金陵的战法。如果宋军集中兵力猛攻金陵，金陵城墙坚固，城中兵力尚强，必然一时难以攻克，兵力也将会消耗过大。另一个原因是，其他诸路宋军正在各地与南唐军作战，参加此次作战的吴越军队也被阻于常州，金陵与外界的联系并未完全阻断，宋军还没有对金陵形成四面合围之势，外地的南唐军队仍可以增援金陵。

宋军此次进攻南唐，与当年后周军队攻取淮南截然不同，基本上没有打过恶仗。由于南唐沿江疏于防守，宋军一路顺利，很快夺取了池州，守将戈彦弃城逃走。宋军进兵当涂（今安徽当涂），连败南唐张温、郑彦华、杜真等军，其实都是一些小的接触，南唐军队基本是望风奔逃。吴越军五万人从东面夹攻南唐，进逼常州。开宝八年三月，常州守将禹万诚开城投降。吴越军会合宋军后，转攻润州。六月，刘澄开城投降，润州失守。于是宋军与吴越军合围金陵，这时南唐唯一的外援便是远在今江西的镇南节度使朱令赟之军。

这年秋天，朱令赟率大军十五万，乘巨舰，沿长江顺流而下，大举入援金陵。这支南唐军队来势甚猛，打算阻断采石浮桥，将长江两岸的宋军分割开来。进至皖口（在今安徽安庆西，为皖河入长江之口）时，与宋军相遇。南唐军率先用火油焚烧宋军战船，突然遇到北风，大火反而烧向南唐战船，大军溃散，主将朱令赟被俘，南唐的这支援军全军覆没。至此，金陵外援彻底断绝，形势更加危急。

宋军彻底击败各地的南唐军队后，解除了后顾之忧，遂昼夜不息，全力攻打金陵。城中缺粮，斗米万钱，百姓饥病交加，死者无数。为了挽救危局，后主李煜两次派遣其臣徐铉携带大批财宝出使北宋，请求退兵。南唐灭亡在即，宋太祖当然不会答应退兵。关于徐铉出使的经过却有三种不同记载，而且均有很强的故事性。

第一种记载见于欧阳修所撰的《新五代史·南唐世家》，大意是有人得知徐铉将要到来，遂向宋太祖进言：徐铉乃江南名臣，博学多才，肯定想逞口舌之辩，说服陛下保存其国，希望陛下想好应对之策。宋太祖胸有成竹地说：卿且去，朕自有办法对付。徐铉面见宋太祖时，极力称李煜无罪，陛下师出无名。又说李煜以小事大，如同儿子对待父亲一样，从未有过失，为什么还要出兵征讨呢？前后有数百言。宋太祖耐心听其讲完，然后徐徐地说：你称我们为父子关系，既然如此，父子能分为两家吗？徐铉无言以对，只好默默退去。

第二种记载见于《续资治通鉴长编》，说徐铉见到宋太祖时，反复论辩不休，坚决要求退兵，宋太祖怒斥道："不许多言，江南亦有何罪，但天下一家，卧榻之侧，岂容他人鼾睡乎！"

第三种记载见于《后山诗话》，大意说徐铉入宋，希望说服太祖解围退兵而去，并且称其主李煜博学多才，其所作的"秋月"之篇，天下人无不传诵。太祖遂命其诵读一遍，听后大笑说："寒士语尔，吾不道也！"然后对徐铉说自己早年从关中返回家乡，途经华山，醉卧石上，一觉醒来，已经是明月当空了，遂诵诗曰："未离海底千山黑，才到天中万国明。"徐铉听后大惊，黯然退出。

平心而论，宋太祖赵匡胤不是什么诗人，就诗词成就而言，他与李煜自然是不可同日而语的。但就这两句诗而言，气概非凡，透出一种雄视天下的帝王气度，却是李煜诗所不具备的，这种气度与汉高祖刘邦所作的《大风歌》颇为相似。

是年十一月二十七日，金陵城终于被攻破了，南唐将士力战而死者数百人。性格软弱的李煜并没有如他先前所说的那样，背城一战，聚族自焚，而是率臣僚数十人袒露着上半身至宋军营寨投降了。宋军主帅曹彬接受了他的投降，并且慰谕说：归朝以后俸禄有限，而花费却颇大，你应当回宫收拾财宝行装，以备他日之用，一旦经有关部门查点接收，再想拿就办不到了。其左右告诫说：允许李煜返回，如有不测，谁来负这个责任！即担心李煜自杀身亡。曹彬回答说：他能出降，如何肯死呢？还有一种记载说：曹彬与大将潘美接受了李煜的投降后，先登上一舟，然后召李煜登舟饮茶。船与岸之间搭有一块独木板，李煜前后徘徊，不敢登船。曹彬只好命左右将其扶持上船。饮茶之间，曹彬告诉李煜可以回宫收拾行装，明日在此会合，一同返回京师。潘美对此举有些担心，曹彬告诉他说：李煜连独木板都不敢登，如此畏死，又如何会自杀呢？大家都很佩服曹彬的见识和雅量。

（二）往事已成空

据记载李煜离开金陵之日，天气阴暗，细雨绵绵，李氏全族冒雨登舟，告别了故国。李煜在船行至长江中流之时，回顾烟雨中的石头城，不觉潸然泪下，遂赋诗一首，以抒发自己悲痛的心情，全诗如下：

> 江南江北旧家乡，三十年来梦一场。
>
> 吴苑宫闱今冷落，广陵台殿已荒凉。
>
> 云笼远岫愁千片，雨打归舟泪万行。
>
> 兄弟四人三百口，不堪闲坐细思量。[1]

李煜佞佛，虽然已经当了俘虏仍念念不忘礼佛。他的船队到达汴口之时，欲登岸赴普光寺拜佛，旧臣极力劝阻。李煜大怒道：我自青年时就被你们这些人限制，不得自由，今日家国俱亡，难道还要如此！左右无奈，于是上岸礼拜，久久叹息不止，并且又施舍了许多衣物钱帛。

李煜的叹息也许是因为自己虔诚礼佛，竟然没有得到佛的保佑，仍然不免成为亡国之君。可见此人至死不悟。当初宋军攻城正急时，李煜曾召小长老商议退敌之策，小长老满口应允，当施法力退敌。于是登城大呼，围城宋军稍稍退却，李煜大喜，命城中无论僧俗，一齐念诵"救苦观世音菩萨"，全城喧沸。不久宋军攻城更加猛烈，城中军民死伤无数，李煜这才对小长老起了疑

---

① 〔清〕厉鹗：《宋诗纪事》卷八六，杭州：浙江古籍出版社，2019年，第3057页。

心。当时城中尚有僧众数千人，要求发给兵器出城迎战，李煜担心有所伤亡，于教法有损，没有同意。如此执迷不悟，确属愚蠢至极。

开宝九年(976)正月，李煜君臣一行终于到达了北宋首都汴梁，从此开始了他愁苦悲怆的降臣生活。不过细究起来，李煜此行虽然心情怆然，但身体并没有受到多少苦楚，反而受到宋廷的优待。他一路均乘船而行，并未走陆路，一般来说，水路总比陆路平稳而少颠簸。当时汴梁水路四通八达，十分方便，从金陵北来，须从汴水北上，而时值严冬，河流浅涸，船行不便。为了保证其一行顺利到达，宋太祖诏命沿河各地官府下闸蓄水，以提高水位，使船队得以通行。临近汴梁一段水路，由于北方天寒，河面封冻，又令官吏督率民夫砸冰清理，稍有迟缓，官受劾而民受罚。据统计，因此事而遭到贬黜的州县官员竟达十余人。

作为胜利者对待亡国之君，按照自古以来的惯例，都要举行献俘之礼，不过宋太祖还是照顾了李煜的面子，并未举行此类典礼。当时有人主张如南汉皇帝刘鋹例，举行献俘之礼，被宋太祖拒绝。只是驾御明德楼，令李煜白衣纱帽至楼下待罪，然后颁诏赦免其罪，授予光禄大夫、检校太傅、右千牛卫上将军，封违命侯，并赏赐金帛之物。宋军统帅曹彬奏上平江南露布。所谓露布，是唐宋时期皇帝诏令的一种，用于公布军队获得胜利的消息，太祖因李煜久奉中原正朔，令勿宣露布。

在中国历代开国皇帝中，宋太祖是一个比较宽容的人，从不杀害亡国之君和降臣。就是这样一个人，却授予李煜违命侯这样一个带有侮辱性的爵号，主要是恼其当初倔强不降，这对李煜来说仍是极大的侮辱，其内心之痛苦自是不言而喻的。

宋太祖曾经对李煜治国做过评论，认为"李煜若以作诗功夫治国事，岂为吾虏也"。平心而论，这种看法是比较公允的。有一次宋太祖与李煜闲聊，遂问道：闻卿在国中好作诗，可否举得意之作吟之？李煜沉吟良久，诵其《咏扇》诗一联："揖让月在手，动摇风满怀。"太祖马上不屑地说："满怀之风，却有多少？"①太祖乃马上皇帝，对诗文不甚了然，他对李煜诗的这种评价并不足取，因为李煜诗句意在咏扇，自然应是满怀之风，难道区区一扇能扇动满天狂风不成？宋太祖意在贬斥李煜，故有吹毛求疵之嫌。

李煜有一目重瞳，且本人丰姿秀美，仪态风雅，于是宋太祖便对他说："公非贵貌也，乃一翰林学士耳。"②这种话宋太祖以后还多次当着群臣的面说起过，对李煜进行心身摧残。

宋太祖死后，其弟赵光义即皇帝位，是为宋太宗。他表面上对李煜恩礼有加，但实际的摧残更甚于其兄。

宋太宗去其违命侯的爵号，改封为陇西郡公。李煜又向太宗诉说其家贫穷，于是又在月俸之外，另赐钱三百万。李煜当初离开金陵时，曹彬曾令其回宫收拾财物，为什么不久就叫喊起贫穷来了呢？原来当初李煜回宫后，将宫中积聚的财物大都分赐近臣，自己并没有带走多少。南唐内史学士张泌分得黄金二百两，为了获得新主子的欢心，献与曹彬，请求通报朝廷。曹彬恶其为

---

① 〔宋〕叶梦得：《石林燕语》卷四，北京：中华书局，1984年，第60页。
② 〔南唐〕李璟、李煜撰，陈书良等笺注：《南唐二主词笺注》附录二"南唐二主生平资料"，第211页。

人，遂将黄金收入官库，没有理睬其请求。途中李煜又给普光寺施舍了不少财物，加上宋臣中有不少人向他索贿，致使李煜入不敷出。

李煜有一青石砚，墨池中有一弹丸大小的黄石，不用加水，终日用之不竭，李煜非常喜爱，常自随身边。入宋后，户部尚书陶谷见到此砚，十分惊异，因砚大不便携带，遂取黄石而去。李煜不舍，请求以宝玩交换，陶谷不理，上马欲去。李煜告诉他，唯有此砚其方可生水，他砚皆不可用。陶谷不信，回去后试了数十方砚，皆不灵验。李煜多次苦苦索取，陶谷说如果再讨要，当将其摔碎，后来竟然真的将此石摔碎，从此李煜的这方宝砚就再也不能润泽生水了。

其实此事并不真实可靠。陶谷死于开宝三年（970），李煜于开宝八年（975）亡国，次年才至汴梁，故此事绝不是陶谷所为。尽管此事的具体当事人不实，但记载绝非空穴来风，而是李煜在宋朝备受欺辱的尴尬处境的真实写照。

不仅宋臣如此对待他，就是原南唐旧臣中也有人不礼于李煜，张洎就是如此。他在南唐时得到过李煜的恩宠，入宋以后受到重用。他以为李煜曾为一国之主，离开金陵时又曾入宫收拾过财宝，自然富贵满盈，所以经常向李煜索取钱财。李煜无力应付，遂将其所用的白金面盆送给了张洎，张洎以为李煜装穷，非常不满。当时潘慎修任李煜记室，张洎怀疑此举乃是潘慎修所教，他们两人平素关系密切，从此以后便开始疏远。

世事变化，人心不古，这一切在张洎身上体现得非常充分。而张洎却是韩熙载门下的学生，如果韩熙载泉下有知，不知当作何感想？那么张洎到底是怎样一个人呢？

张洎，字师黯，又字偕仁，滁州全椒（今安徽全椒）人。其祖父和父亲在吴、南唐任过小官，张洎是通过举进士而走上仕途的。他少年苦学，博通儒、佛、道诸家经典，文采清丽，风仪洒落，故深得李煜的赏识。早年任李煜的记室，李煜即位后，他很快就被提拔为中书舍人、清辉殿学士，参与机密，执掌中枢决策大权。李煜兄弟聚宴，只有张洎能够参加，他人皆不得预。李煜还为他在宫城之旁修建了宏大的府第，赐书万余卷。李煜还曾亲自到其家，召见其妻子，赏赐甚厚。宋军围城时，张洎竭力劝阻后主李煜不要投降，并表示一旦宋军入城，自己当首先赴死。当宋军攻入金陵时，张洎与光政使陈乔约定同死，陈乔自缢死后，张洎却解开绳索，面见李煜说：臣与陈乔同掌枢务，国亡当死，只是念国主尚在，放心不下，故留下来以报主恩。入宋后，宋太祖当面谴责张洎说：汝教李煜不降，致有今日。张洎并不畏惧，顿首请罪说：这一切确是臣所为，只是各为其主而已，今日得死，是做臣子的本分。宋太祖认为张洎忠心可嘉，遂免其罪，官拜太子中允。宋太宗即位后，以张洎文雅，曾命其主持进士考试，迁礼部、户部郎中。寇准入仕较张洎晚，却受到皇帝的重用，遇事时张洎多为其规划，寇准感恩，极力推荐，张洎遂得以任参知政事，即副宰相。后来见皇帝厌恶寇准专权，张洎担心自己会与寇准一同被罢相，便当着寇准的面，上奏称寇准背后诽谤皇帝。后来寇准被罢相，张洎从中起到了不少坏作用。

张洎与韩熙载的另一学生徐铉关系密切，两人一同入宋，均受到重用。后来因议事意见不合，张洎便与其绝交。徐铉是当时的著名的书法家和文章高手，张洎虽与其绝交，却仍然手抄徐铉之文，搜求徐氏墨宝笔迹，珍藏在家，甚至超过了对古玩珠玉的珍惜程度。

可见张洎为人确有其独特之处，不仅李煜没有识破其真面目，宋太祖、太宗兄弟同样被其迷惑，就连寇准这样的贤人事先不也没有洞察其心吗？

使李煜感到更为耻辱的事是，国亡之时，宫中嫔妃或被宋军将士掳掠而去，或被宋朝皇帝纳入宫中，尽为他人妻妾或宫嫔。

关于这个问题，宋人曾多有记载。《西清诗话》载："南唐李后主归朝后，每怀江国，且念嫔妾散落，郁郁不自聊。"另据《默记》卷中载：李煜曾手写金字《心经》一卷，赐其宫人乔氏。乔氏入宋后进入太宗宫中，当她听到李煜亡故的消息后，遂将此经舍给汴梁大相国寺西塔院，并且亲在卷后书写了这么一段话："故李氏国主宫人乔氏，伏遇国主百日，谨舍昔日赐妾所书《般若心经》一卷，在相国寺西塔院，伏愿弥勒尊前，持一花而见佛"云云。后来此经流落在外，有人曾经见过，并说乔氏所书，"字极整洁，而词甚凄惋"。这个乔氏当不是普通宫人，而应是李煜的嫔妃之一。

《十国春秋·南唐后主纪》还说：李煜自从入宋以来，闷闷不乐，经常给流落各处的旧宫人书写诗词，设法寄送，以表关切之情，辞甚悲婉，不忍卒读。

李煜本是多情种子，无论是对待妻妾，还是子女兄弟，都关爱有加。其妻昭惠周后亡故后，李煜痛心疾首，创作了不少怀念的诗句。其《书灵筵手巾》诗云："汗手遗香渍，痕眉染黛烟。"①周后留在汗巾上的香渍犹存，印上眉痕还染着青黛，遗物尚在，人已西去，如何不教人倍增撕心裂肺之痛。《宣城公挽辞》诗又云："秾丽今何在，飘零事已空。沉沉无问处，千载谢东风。"②前两句写丧妻之痛，后两句述亡子之恨。李煜次子仲宣，小字瑞保，数岁病故，昭惠周后因此而病情加剧，终致驾鹤归去。其《悼周后》诗曰："又见桐花发旧枝，一楼烟雨暮凄凄。凭栏惆怅人谁会，不觉潸然泪眼低。"③后人评论认为，李后主的这首诗情景交融，意象宏远，通过风物依旧、人已不存的描写，表现其悼念亡妻的悲伤之情，尤其是"一楼烟雨暮凄凄"一句，更是写愁的名句。李煜怀念故妻的诗作并不仅限于此，聊举几例，以见其心性。

正因为李煜能够以真爱对待家人与嫔妃，而不是像历史上有些帝王视嫔妃为性工具，所以其虽然沦为降臣，乃至亡故，却仍能得到旧宫嫔的怀念。

其实令李煜感到极为耻辱的事并不仅限于此，就连自己的妻子也不能保证其不受辱。据宋人记载：小周后随李煜归宋后，被封为郑国夫人，每逢节令，随例与诸命妇入宫向皇后朝贺。每次入宫辄数日而出，回家后必大骂李煜，声闻于外。李煜无言以对，只好躲闪回避。那么，在小周后身上到底发生了什么事，而令其如此悲愤？宋人虽然不便明言，却不是没有一点暗示。据载，有一幅宋人所绘的《熙陵幸小周后图》，画面是宋太宗戴幞

---

① 〔清〕厉鹗：《宋诗纪事》卷八六，第3055页。
② 〔清〕厉鹗：《宋诗纪事》卷八六，第3057页。
③ 〔清〕厉鹗：《宋诗纪事》卷八六，第3055页。

头，面黑而体肥，小周后半裸，肢体纤弱，由数名宫女抱持，"周后作蹙额不胜之状"。说明小周后是被强迫做了其不愿做之事。这幅画上面还有元人冯海粟学士的题诗云："江南剩有李花开，也被君王强折来。"①这幅画直到明代尚存于世。这些记载也未必是空穴来风。

李煜入宋后的苦难并未到此而止，宋太宗还不断地在精神上对他加以折磨。据载，太宗幸崇文院观书，召李煜与南汉降主刘铱同观。太宗问李煜道：听说卿在江南好读书，这里的图书多是卿之旧物，归朝以来还读书吗？抢夺了人家的书，还询问是否读书，太宗意在侮辱李煜的人格。

如果说上面的侮辱尚比较隐晦的话，那么下面的事例则属于赤裸裸的羞辱了。南唐灭亡后，其文学之臣多被宋廷授予近密之职，颇受重用。有一次，宋太宗驾幸翰苑阅群书，李煜时任右千牛卫上将军，身处环卫之列，而徐铉、汤悦之辈却伴驾侍坐。这种状况本来就已经使李煜极为尴尬，太宗还要雪上加霜。他指着高高在上的南唐旧臣和身在下位的李煜说：不能治国政，修霸业，只知嘲风咏月，以致出现今日这种状况，乃是必然的。

李煜入宋后的这种生活处境，使其身心受到了极大的摧残，加之文人的多愁善感、懦弱的性格、敢怒而不敢言的郁闷，使尚处于壮年的李煜身体状况急剧恶化。

关于其身体状况，在其作品中有明确的反映，如"鬓从今日添新白，菊是去年依旧黄"②。这两句诗立意精美，构思新巧，

---

① 丁传靖辑：《宋人轶事汇编》卷一，北京：中华书局，2003年，第16页。
② 〔清〕彭定求：《全唐诗》卷八，第75页。

是千百年来脍炙人口的佳句，唯其如此，更显见其凄凉的心境，倍增人们对其处境的同情。"病态如衰弱，厌厌向五年"[1]，是李煜描写自己归宋后身体状况的又一诗作，说明入宋以后所受的身心摧残，使李煜的身体更加衰弱了。这里所说的"五年"，从开宝八年(975)算起，至其死的太平兴国三年(978)，粗算也不过四年时间，为什么李煜却要说自己已经患病五年了呢？说明早在宋军开始进攻南唐的开宝七年(974)，李煜因内外交困，就已经患病，入宋以后病情加剧，身体更加衰弱。同时也说明李煜的这首诗写于其死亡前夕，即太平兴国三年七月之前。

身心极度衰弱的李煜终于死了，时间在太平兴国三年七月八日，终年四十二岁。李煜死后，小周后悲伤过度，也于同年死去。关于李煜死亡的原因，官修史书多含糊其词，其死亡的时间也只说某年某日，但是不少宋人私撰的书籍却记其死于中毒，其中以《默记》一书的记载最为详尽，大致情况如下：

一日，宋太宗问徐铉：最近曾见过李煜否？徐铉回答说：臣如何敢私自见面！于是太宗命他去见李煜，就说奉圣命前来看望。两人相见后，相持大哭，李煜默坐不言，忽然长叹道："当时悔杀了潘佑、李平。"关于此事，后文还要详述。宋太祖下诏讨伐南唐时，曾历数李煜之罪，其中也有杀忠臣一事，即指此事。李煜此时提起此事，明显是怀念故国，并对目前处境表示不满的一种宣泄，只是怕引起宋廷的警觉，不敢直说，才这样曲折地进行表达。徐铉回去后，太宗询问李煜所言，徐铉不敢隐瞒，

---

[1] 〔清〕彭定求：《全唐诗》卷八，第75页。

只好以实相告，这引起了太宗对李煜的警惕。加之七夕之时，李煜在家中命旧伎奏乐，演唱他所作的新词《虞美人》，声闻于外。其中的"小楼昨夜又东风，故国不堪回首月明中"与"一江春水向东流"等句，都在很大程度上激怒了宋太宗，促使其下决心除掉李煜，最终导致了他中毒身亡的悲剧。

李煜死后，太宗追封其为吴王，赠太师，辍朝三日，以示哀悼，并将其葬于洛阳北邙山。太宗还命徐铉为李煜撰写墓志铭，徐铉为了避祸，遂违心地写其因病而亡。

李煜宅心仁厚，好生戒杀，治国以富民为事，江南百姓，世受李氏之恩。其亡故的消息传到江南时，百姓巷哭，设斋祭之。与此同时，又掘了那位向宋军献策架浮桥的樊若水的祖坟，将其祖先尸骨抛入长江，可见江南百姓对其行为的憎恨程度之深。

李煜悲惨的命运广泛地博得了人们的同情，为了表达对宋朝统治者惨杀李煜的不满，民间传说宋徽宗就是李煜的投胎再生。宋人所撰《贵耳集》《养疴漫笔》等书均载：宋徽宗降生之时，宋神宗曾梦见李煜来谒。宋徽宗长成后，文采风流，颇似李后主。金军攻破汴梁城，掳徽宗、钦宗及皇子、宗室北还，"女真用江南李主见艺祖故事"①。艺祖，即指宋太祖。也就是说金国皇帝召见徽宗等人时，采用了与当年宋太祖召见李煜时相同的仪式。这种记载固然不可相信，却反映了人们的一种倾向，寄托了对李煜不幸遭遇的深深同情。

---

① 〔宋〕赵潜：《养疴漫笔》，郑州：大象出版社，2019年，第89页。

四、结语

南唐后主无疑是一位悲剧人物，其人生轨迹大起大落，从高高在上的帝王，沦落到阶下囚。本来无意于称王称帝，却阴错阳差地成为一国之主，又恰逢南唐国势衰弱、中原王朝虎视眈眈之际，以李煜之政治才干完全无法应付这一局面。从中国历史发展的趋势看，李煜是无法阻挡统一大潮的，南唐的灭亡不可避免；但是从历史人物的个人命运看，又引起人们的深深同情。对李煜的同情是广泛的；无论是时人抑或今人，均表现出对这个人物的喜爱与同情，这一现象在我国历史上还是不多见的。以至于王国维先生在其著《人间词话》一书中，对李煜只有赞美，而无批评，称"词至李后主而眼界始大，感慨遂深，遂变伶工之词而为士大夫之词"①。甚至他人对李煜的评价有些许不同，都会引起他的强烈反对。如清代词学家周济在《介存斋论词杂著》中说："毛嫱、西施，天下美妇人也。严妆佳，淡妆亦佳，粗服乱头，不掩国色。飞卿，严妆也；端己，淡妆也；后主则粗服乱头矣。"②王国维误解了周济之意，认为其将李煜词置于温庭筠、韦庄之下，"可谓颠倒黑白矣"，实际上周济是给了李煜至高的评价，认为其词是素朴、自然、纯真，不假修饰的自然之美。

李煜有着深深的避世思想，在其即位前，也许就有躲避政治斗争与迫害的意图，但即皇帝位后仍然如此，就很值得深究了。

---

① 彭玉平：《人间词话疏证》，第 357 页。
② 〔清〕周济：《介存斋论词杂著》，《周济词集辑校》，上海：华东师范大学出版社，2016 年，第 145—146 页。

这主要是，一方面伤于妻（大周后）亡子（仲宣）夭之痛，另一方面因为兄弟皆丧，母亲钟氏亦亡，再加上强敌环伺、连战连败。对于这些烦扰，李煜一方面通过纸醉金迷的艳俗生活麻痹自我，另一方面又产生了避世抽离之意，正如他在《九月十日偶书》诗中所称："背世返能厌俗态，偶缘犹未忘多情。"①想要离开现在的境地，却又无法摆脱，他的这种内心矛盾，使得他追求隐逸的目的转为"求静""抑躁"。其在《病起题山舍壁》诗中写道："山舍初成病乍轻，杖藜巾褐称闲情。炉开小火深回暖，沟引新流几曲声。暂约彭涓安朽质，终期宗远问无生。谁能役役尘中累，贪合鱼龙构强名。"②把养病之处修建于山中，是其离世思想的真实体现；养病期间的装束是"杖藜""褐巾"，这是隐者常有的形象。"彭涓"指的是彭祖与涓子，避世求仙终得长寿的传说之人；"宗远"指高僧宗炳和慧远，两位皆是世外高僧。李煜把这四位古代的隐者作为自己心中的理想对象。末句直抒胸臆，谁愿意在这尘世中白白劳累、汲汲于功名呢？这无疑是在表露他希望借隐逸生活以使内心安定，暂时排解烦愁的愿望。李煜写的《即位上宋太祖表》中，亦表达过这样的意愿："思追巢许之余尘，远慕夷齐之高义。"③文中所提到的巢父、许由、伯夷、叔齐四人，都是历史上著名的隐者。

李煜在已经即位的情况下，想的却是逃离繁杂尘世，可见其避世思想是多么迫切。李煜的这种思想一方面与当时政治局势有

①〔清〕彭定求：《全唐诗》卷八，第71页。
②〔清〕彭定求：《全唐诗》卷八，第72页。
③〔清〕董诰：《全唐文》卷一二八，第1284页。

关；另一方面与其深受佛教思想的影响密不可分，所谓"本以恻隐之性，仍好竺干之教，草木不杀，禽鱼咸遂"①。作为一位帝王却常怀这样的思想，欲振兴国家，无疑是缘木求鱼了。

此外，李煜也缺乏抵御宋军的信心，他曾说："自割江以来，亡形已见，屈身以奉中朝，唯恐获罪。尝思脱屣，顾无计耳。"②也就是说，李煜早就想归顺宋朝，只是因为担心"获罪"，而不得不采取防御之策，而且是消极防御，所以战败被俘是必然的结果。总之，作为帝王而言，李煜实在不是一位合适的人选，而是平庸无能的典型代表，这一点应是毋庸置疑的；但作为词人、画家、书法家，他又是我国历史上的杰出代表之一。

---

① 〔南唐〕徐铉撰，李振中校注：《徐铉集校注》卷二九《大宋左千牛卫上将军追封吴王陇西公墓志铭并序》，第794页。
② 〔宋〕史温：《钓矶立谈》，第160页。

第三章 苦闷的心态

一、韩熙载心态剖析

（一）空怀抱负

韩熙载南渡之初，正值年轻气盛之时，自恃满腹经纶，又恰逢乱世，正好建功立业，所以他与好友李谷分别时才敢夸下海口，如果江南拜自己为相，当长驱以定中原。中国古代的士人大都具有"达则兼济天下，穷则独善其身"的思想，韩熙载也不例外，他把登堂拜相作为人生理想。使他没有料到的是，到了晚年终于有了拜相的希望，自己却宁愿背上纵情声色的名声，也不愿登上向往已久的相位，其中的苦涩，恐怕是他人所难以体会的。

韩熙载一生命运多舛，初入吴时由于狂傲不羁一直未受到重用。在先主李昪统治期间，他任职于太子东宫，也未能有展示才华的机会。直到中主李璟即位后，出于对东宫旧僚的眷顾，韩熙载才先后充任过虞部员外郎、史馆修撰、太常博士、权知制诰等职。尽管这些官职都不高，但已使韩熙载心存感激，决心大展宏图，报效国家。

　　韩熙载认为对于国家来说，最重要莫过于人才的发现与培养，"于是大开门馆，延纳隽彦，凡占一技一能之士，无不加意收采，惟恐不及"①。据《钓矶立谈》一书记载，当时聚集于韩熙载门下的士人有：萧俨、江文蔚、常梦锡、冯延巳、冯延鲁、徐铉、徐锴、潘佑、舒雅、张泊等人。在这些人中有的确属韩熙载的门徒，有的则属于以文相聚的友人，他们大都在名望、年齿等方面较韩熙载为浅，所以一时齐聚其旗下。据相关史料记载，韩熙载对这些后进之士的培养非常尽心，殷勤接待，甚至扶病相见，而不愿使他们受到丝毫的冷落。凡是送来求教的文章，韩熙载一定精心修改，如果是好文章，则反复诵读，爱不释手，并加以鼓励推奖。对此旧史赞扬他说："至诚奖进后辈，乃其天性。"②韩熙载不仅关注文章的优劣，对政治也同样十分关心，经常与这些人议论国事，反复论难，尤其对当世急切之务，则更加关注，从而为南唐收纳和培养了一批急需的人才。

　　世态复杂，人生多变，聚集于韩熙载旗下的这批人后来又有所分化。有的人因为贪图权位、误国害民而受到韩熙载的鞭挞，有的则因为行为不端而遭其冷遇，前者如冯延巳、冯延鲁兄弟，后者如张泊之辈。当然更多的人则与韩熙载一样能够坚持高洁的操守。

　　如萧俨，庐陵人，大约是在吴国统治期间，考中了童子科，年纪稍长一些，遂被任命为秘书省正字。韩熙载此时任秘书郎，

---

① 〔宋〕史温：《钓矶立谈》，第168页。
② 〔宋〕史温：《钓矶立谈》，第168页。

与萧俨相识，见其年虽少却端直刚正，心甚喜之，遂收入门下。先主李昪晚年为求长生，服食金石之药，导致性格暴躁，近臣经常无故被谴罚，搞得人心惶恐。当时陈觉任宣徽副使，掌管宫廷事务，由于担心受到责罚，称疾数月，直到李昪死去，见到遗诏发布后，这才上朝。当时萧俨任刑部郎中，遂上表弹劾陈觉，并请求给以严罚。中主置之不理。

中主李璟统治初期，冯延巳、冯延鲁、陈觉等人得宠，专断朝政，他们为了一己之私，往往随意改变旧制。如早在李昪于吴国辅政时，就曾立法严禁贩卖良人为奴，可是冯延巳、冯延鲁兄弟仅仅出于想要广置伎妾，便篡改遗诏，称凡是百姓因家贫卖子女为奴者，可以听其自愿。萧俨上表驳斥说：当初冯延鲁任东都判官时，就已经有过这种请求，当时先帝问他，他回答说，陛下辅吴之时，出库金赎民为奴者，大得人心拥戴。今国运中兴，陛下应当顺应民心，奈何出此下策，使贫民卖子女于豪族之家。当时先帝欲加罪于延鲁，臣劝解说，延鲁只是见识低下，并非有其他用心，何必惩罚。允许臣僚言事，可以大开言路，有利于国事。先帝遂在延鲁的奏章上斜抹三笔，留中，请陛下在宫中详查，一定还可以找到这件奏章。李璟命人去查，果然找到了当初冯延鲁的这件奏章，然而朝中的其他大臣也正欲借此机会广纳伎妾，以声色自娱，遂以遗诏已宣行，不便追改为借口，拒绝了萧俨的奏请。

类似的事情还有很多，比如中主李璟在宫中大造楼台亭阁，完工后召近臣入宫观看，众人均赞叹其壮丽宏伟，唯独萧俨说：

"恨楼下无井。"中主问其故，答曰："以此不及景阳楼耳！"①景阳楼为南朝陈后主所建，隋朝大军攻入金陵时，陈后主躲入楼下井中，被发觉俘获。萧俨认为李璟耗费大量钱财建造楼阁，劳民伤财，故以陈后主的故事予以警示。李璟闻言大怒，将其贬为舒州观察副使，后又召还入朝。后主李煜即位之初，不理朝政，却经常与几个宠臣弈棋消遣。有一次，萧俨入宫，见到他们正在弈棋，大怒，上前将棋盘掀翻在地。李煜非常生气，质问说：你难道想学魏徵吗？萧俨不慌不忙地说：臣非魏徵，陛下也非唐太宗！李煜自知理亏，不便治萧俨之罪，从此也不再与外臣弈棋。

江文蔚，建安（今福建建瓯）人。此人在后唐明宗时科举中第，比韩熙载晚数年，又由于朝中政治倾轧，被罢去官职，遂南渡投吴，被任命为宣州观察巡官，历任比部员外郎、主客郎中、太常卿、御史中丞、翰林学士等职。江文蔚的官职虽然一度比韩熙载高，但由于其资历较浅，且都是从中原南渡而来的，所以对韩熙载非常尊重。先主李昪死后，江文蔚任太常卿，而韩熙载兼任太常博士，但是两人与萧俨等配合默契，将当时的礼仪活动搞得井井有条，受到了时人的赞扬。

江文蔚也是一个疾恶如仇的人，他任御史中丞时，宰相冯延巳与其弟冯延鲁、魏岑、陈觉等勾结，专断朝政，发动了伐闽战争，导致兵败国弱的严重后果。中主李璟下诏斩陈觉与冯延鲁，以谢国人，而对冯延巳与魏岑却置之不理。江文蔚上表弹劾并在朝堂上当众宣读，这篇弹文言辞犀利、锋芒毕露，既指斥了冯延

---

① 〔清〕吴任臣：《十国春秋》卷二五《萧俨传》，第348页。

巳等人专权误国的种种劣迹，又批评了李璟不辨贤愚，任用群小，致使国力遭到极大削弱，要求将他们处以重刑，以严明国法。江文蔚自知此举将会触怒李璟及冯延巳等人，所以事先已将其老母及家小安置在小船之上，只等贬官的诏书一下，便可直接离去。果然此举触怒了李璟，下令将江文蔚贬为江州司士参军。而冯延鲁、陈觉等人却由于宋齐丘的营救，免于一死。冯延巳虽然暂时被罢去相位，但时隔不久，又重新掌握了大权。江文蔚的这篇弹文震动朝野，韩熙载的另一门生常梦锡公开扬言："白麻虽佳，要不如江中丞疏耳！"[1]白麻指皇帝发布重要命令的诏敕。

在李璟统治的整个时期，朝臣中的这种斗争非常激烈。江文蔚后来被召回京，任翰林学士。保大十年（952），南唐初创科举制度，李璟知江文蔚正直无私，遂命其主持科举考试，共录取了三名进士。事后，李璟问江文蔚：卿主持科举考试，取士与中原相比，有何不同？江文蔚回答说：中原科举，公荐私谒相半，而臣完全出于公心，以才取士。江文蔚的这句话又戳到了一些人的痛处，冯延巳等一批人都不是科举出身，而中书舍人张纬虽是科举出身，却是在中原王朝及第的，于是这两批人联合起来，极力攻击，致使南唐的科举制度一度停止。

实际上江文蔚本人也是在中原科举及第的，他说这种话并没有刻意贬低某些人的用意，只是客观说明情况而已。而冯延巳、张纬等人小肚鸡肠，完全不顾国家选用人才之需，从个人意气出发，致使国家一项重要的制度废于一旦。其实，韩熙载也是在中

---

[1]〔清〕吴任臣：《十国春秋》卷二五《江文蔚传》，第353页。

原王朝考中进士的，可是也未见他对此有何不满，坦然自若，可见古人所说的"君子坦荡荡，小人长戚戚"，确是至理名言。

常梦锡，扶风（今陕西扶风）人，一说京兆万年（今陕西西安）人。后唐明宗时南渡，被李昇任命为大理司直。南唐建立后，历任殿中侍御史、给事中、翰林学士、宣政院学士、户部尚书等职。常梦锡的文章典雅、诗歌清丽，颇受时人重视。但是他生性耿直，在朝中以敢于直言而著称，因此又颇为冯延巳、陈觉等人所忌恨。李璟为太子时，多有过失，唯有常梦锡敢于直言规正，李璟当时虽然不悦，但知其耿直，因此事后也都能够予以谅解。正因为如此，所以李璟在即皇帝位后，打算用其为翰林学士，此举引起了宋齐丘之党的极大不满，设法将其贬为池州判官，直到宋齐丘出朝外任节度使后，他才又重新被召回朝廷，任翰林学士。这一时期魏岑任枢密副使，冯延巳任宰相，相互勾结，专权用事，常梦锡经常与其争论，因为李璟支持魏、冯，常梦锡的主张无法实施。于是常梦锡只好称病不朝，终日饮酒解愁。魏、冯二人，以及李德明、钟谟等人为了将其从内廷排挤出去，遂推荐他为户部尚书，常梦锡耻于为小人所荐，坚决推辞不干，李璟不许，没奈何只好就任，但对政事不置可否，只是每日签署公文而已。此后，常梦锡虽然数次被贬，却至死不改其秉性。

常梦锡为人忠直，却口齿笨拙，不善言辞。他多次与中主李璟辩论宋齐丘朋党的危害，反被李璟驳得哑口无言，急得他伏地顿首说：大奸似忠，陛下若不觉悟，江山将不保矣！淮南战争后，南唐向后周割地称臣，朝中公卿在一起议事时，常称中原王朝为大朝。常梦锡大笑说：你们不是常说要辅佐君主，统一中原，何故今日反倒成为小朝廷了！弄得众人不欢而散。常梦锡的所作所为虽然不为朝中小人所喜，但由于他本人操守高洁、清正廉明，往往使其政敌找不到攻击的口实，这一点确是难能可贵的。

其实《钓矶立谈》的记载还有遗漏，受过韩熙载栽培的人物还有不少，比如吴淑就是其中的一位，他是润州丹阳（今江苏丹阳）人，自幼好学，聪慧异常，文思敏捷，其父在吴国曾任太子中允。韩熙载见到吴淑后，十分器重，着意培养，每有重要文赋都委托吴淑撰写，使其很快扬名于江淮，后来吴淑在南唐官至校书郎、直内史。入宋以后，他参与编修过《太平御览》《太平广记》《文苑英华》等重要典籍，并参与修撰了《太宗实录》，为发展我国古代文化做出了重要贡献。吴淑在北宋历任大理评事、太府寺丞、著作佐郎、起居舍人、职方员外郎等官，著有文集十卷、《说文五义》三卷、《江淮异人录》三卷、《秘阁闲谈》五卷等。

韩熙载除了着意为国收纳和培养人才外，时刻也没有忘记平定天下，完成统一大业。后世有些人针对韩熙载与李谷分别所说的长驱以定中原的话，大加嘲讽，认为韩熙载只会说大话，徒有辞令，而无实才。其实这种批评并不准确，在这一点上，宋代学者吕祖谦的观点要更客观一些。他在《左氏传说》一书中，认为李谷之所以能够展尽才华，原因就在于其遇到了周世宗这样的明主；而韩熙载却没有这样的好运气，他所遇到的君主是南唐中主李璟，庸懦无能，不能重用贤才，致使韩熙载终其一生而一事无成。吕祖谦进而提出，以成败论人，是研究历史的大忌。

吕祖谦还认为韩熙载的见识超乎常人，他举例说韩熙载奉命出使后周，已识时任殿前都点检的赵匡胤非同常人，证明其具有非凡的洞察能力。关于此事详见《玉壶清话》一书，记韩熙载奉命出使后周，归来后李璟询问新帝及朝中将相情况，韩熙载回答说：新帝虽然英气逼人，但厚重不足，恐怕不能负山河之固；唯有殿前典亲兵赵点检，龙角虎威，凛然有异，举目顾视，电日随转，公卿满廷，为气焰所射，尽夺其色。当时李璟并没有在意，后来赵匡胤取代后周，登上皇帝宝座，李璟这才为韩熙载的见识所折服。其实韩熙载出使后周是在南唐保大十二年(954)，赵匡胤任殿前都点检之职是在显德六年(959)六月，此前任此职者为张永德，《玉壶清话》的记载微有瑕疵。

这种知人识人的能力固然值得称道，但并不证明凡具有这种能力的人政治才干就一定突出，那么韩熙载的政治能力如何呢？由于其一生没有执掌过具体政务，不好论定；但就其分析和把握全局性政治与军事形势来说，却是具有非凡的远见卓识。前面已经论到韩熙载早在南渡之初，就已具有统一天下的雄心壮志，只是由于不被重用而未能尽施平生抱负。中主保大四年(946)，即后晋开运三年，契丹大军进攻中原，后晋军战败，在统帅杜重威的率领下全军投降。次年，契丹军顺利攻入汴梁，灭亡了后晋。由于契丹四处烧杀抢掠，激起了中原军民的反抗，他们到处打击契丹军队，杀死契丹官员。一些后晋将领相继率部归降了南唐，如密州(治今山东诸城)刺史皇甫晖、棣州(治今山东惠民县东)刺史王建封等，淮北的抗辽民众武装也纷纷请求南唐出兵中原。面对这种局面，韩熙载不失时机地上书李璟说：陛下有经营天下之志，今日正好是千载难逢的好时机，如果契丹人完全北撤，中原另立新主，安抚百姓，稳定局面，则以后便不会再有这样的机会了。可是这时南唐正陷入宋齐丘、陈觉、冯延鲁等所主导的伐闽战争之中，根本无力北顾，坐失了一次统一中原的良机。韩熙载一贯反对宋齐丘之党所主导的战争，为此还受到了残酷打压。从他此次力主出兵北伐的态度来看，其确有不凡的政治眼光和分析问题的能力。

保大六年（948），后汉河中节度使李守贞联合关中两镇叛乱，希望南唐能派军队进行援救。中主派宿将李金全出师北上，李金全认为河中遥远，救之无益，率全军而退。次年，反抗后汉残暴统治的淮北起义农民，大都表示愿意归顺南唐。于是，中主命大将皇甫晖率兵万人，出海州、泗州招纳，蒙城（今安徽蒙城）镇将咸师朗等率部下归降了南唐。

保大九年（951），后周建立。这时又有人主张北伐，韩熙载坚决反对，他上疏说：北伐本是我的一贯主张，但今日已不可能了，周太祖郭威奸雄，虽然建国不久，但对淮北防守甚严，我军轻率出动，恐怕不仅仅是无功而返的问题了。韩熙载的意见是建立在正确分析双方实力的基础上的，他知道北伐中原的时机已经丧失，南唐国力衰弱，根本无力承担大规模战争的巨大消耗。但是，他的意见根本无人能听进去，南唐经营中原的梦想仍然很强烈，并且数次出兵策应中原地区的叛乱藩镇，结果不是无功而返，就是惨败而归。

韩熙载从积极主张北伐中原，到坚决反对向中原用兵，并非意志消退，而是审时度势，仔细研究了当时的政治局势，分析了南唐与中原王朝的实力对比后而得出的结论。这一切均充分地证明了韩熙载所具有的远见卓识，与南唐朝中一帮目光短浅的碌碌小人形成了鲜明的对照，从而也证明了韩熙载确有宰相之才，可惜的是生不逢时，致使其空怀抱负，壮志难酬。

（二）心灰意冷

晚年的韩熙载心态发生了巨大的变化，导致这种变化的原因比较复杂。朝中党争愈演愈烈，南唐疆土日削，国力衰弱，不仅统一天下的愿望无法实现，而且面临着生死存亡的威胁，这一切都使韩熙载感到心灰意冷。当然韩熙载这种心态的变化，也有一个渐进的过程，他与宋齐丘一党的关系也不是一开始就处于对立的状态。

据《钓矶立谈》载："宋子嵩初佐烈祖，招徕俊杰，布在班行，如孙晟、韩熙载等，皆有特操，议论可听。及晚年惑于陈觉、冯延巳等，更疏薄平时素所知奖者。"①子嵩，是宋齐丘的字，他早年辅佐李昪时，建议招徕人才，韩熙载也是在这个时期南下的，故将其的任用算在了宋齐丘的名下。关于这一点，《江南野史》也说宋齐丘"乃使人于淮上延接北土归义士大夫，孙忌、韩熙载等数十人皆以仁爱惠义致诸腹中，故得人莫不乐为之用"②。引文中所说的孙忌，就是指后来当过宰相的孙晟。可见在李昪辅吴时期，无论是北方人士还是江淮土著人士，均能和睦相处，上下齐心，终成创建南唐的大业。

---

① 〔宋〕史温：《钓矶立谈》，第 165 页。
② 〔宋〕龙衮：《江南野史》卷四《宋齐丘》，第 116 页。

正因为韩熙载与宋齐丘有过这么一段因缘，后来即使在宋齐丘多次打击排挤的情况下，韩熙载也能不计前嫌，坦然相待，甚至主动拜会宋齐丘，希望能劝其疏远"二冯"、陈觉等人，以国事为重。他以儿童放风筝为例，说风筝在放飞阶段比较好控制，但是到了回收阶段如果操作不当，则往往容易导致线断遗失。然后进一步指出："世事大有似此者，愿相君以为念。"又说"天下之势，盖又有甚于此者"①，则更要谨慎对待。其实在此之前，孙晟也找过宋齐丘，善言相劝，要他珍惜自己的声誉，凡事以国事为重。可惜的是，宋齐丘由于权力欲过强，不能醒悟，当其晚年失宠时，才想起了孙、韩二人当年的劝告。据载，宋齐丘被幽禁于九华山时，有一天晨起照镜时说："吾貌有惭色，应愧孙无忌、韩叔言。"

南唐朝廷内部的这种朋党斗争，导致了政治的腐败与混乱，使其国势遭到了极大的削弱，同时也使一大批文臣武将成了党争的牺牲品。到中主李璟统治末年，宋齐丘一派的主要人物，或被诛杀，或被贬黜，朝中几乎为之一空，包括宋齐丘本人在内，"二冯"、陈觉、魏岑、查文徽、李徵古等，均已先后死去。其反对派中除了韩熙载、严续、徐铉等少数人外，也基本死亡殆尽。所以到了后主李煜统治时期，虽然不再有朋党斗争的存在，然人才凋零，国势日衰，只能偏安于江南一隅，苟延残喘，在政治上已没有什么作为了。正因为如此，后人评论说："南唐之亡，非人亡之，亦自亡也。"②

---

① 〔宋〕史温：《钓矶立谈》，第167页。
② 〔宋〕马令：《南唐书》卷一九《诛死传序》，《五代史书汇编》，第5381页。

　　韩熙载深感南唐国势之颓已不可挽救，加之后主李煜不知奋发图强、懦弱无为，而中原王朝虎视眈眈，南唐政权的灭亡只在早晚之间。面对这种状况，韩熙载虽不甘心，但无可奈何。其晚年纵情于声色之中，只不过是一种麻醉自己、消磨余生的无奈之举，虽有避免拜相的意图，更多还是出于爱惜自己的羽毛，以免贻千古之笑。

　　我国古代士大夫中凡具有雄才大略者，在处于逆境时有两种不同的表现：一种是抱着鞠躬尽瘁、死而后已、明知不可为而为之的态度，如蜀汉的诸葛亮；另一种则如韩熙载这样，抱着独善其身、苟延余生的态度。两种态度，对照鲜明，孰优孰劣，自不待言。

　　仔细分析韩熙载晚年的心态，发现其是处在一种矛盾的状态之中。韩熙载是一个具有济世救民宏大抱负的人，因此其反对分裂，主张统一，欲借助吴唐强大的经济实力和众多的人力资源，实现其统一全国的理想，这是他在中原无法立足时，不投靠南方其他政权而直奔江淮的根本原因。当实现统一的有利时机到来时，他便上书主张出兵北伐；当统一的重任已经转迁到中原王朝，南唐失去了这种实力后，他并不因为自己是南唐大臣而坚持割据。据《玉壶清话》载：韩熙载在出使宋朝归来后，曾对其主说过一句话："五星连珠于奎，奎主文章，仍在鲁分。今晋王镇兖、海，料非久必为太平中国之主。愿记臣语。"[1]这里所说的晋王，就是指后来的宋太宗赵光义；所谓"太平中国之主"，就是

———————————

① 〔宋〕文莹：《玉壶清话》卷九，第93—94页。

指能够完成统一大业的君主。然而韩熙载毕竟是古代有气节的士大夫，食君之禄、忠君之事的观念，影响至深，使他不可能另投他主，谋取个人的好处。在明知南唐国事不可为的情况下，出于这种矛盾的心理，他只有选择纵情声色，一则可以暂时麻醉自己，二则可以逃避亡国之责。

韩熙载晚年虽然纵情声色，但其孤傲的性格和高洁的品格却丝毫没有改变。韩熙载一生多次被宋齐丘压制和排挤，他也屡次批评宋党所主导的国策，却从未因为政见不同而对宋齐丘个人进行攻击，原因就在于其还顾及早年与宋齐丘之间那种因缘关系。前面已经说过，韩熙载晚年由于奢侈生活的需求，导致其一度陷入财力困乏、生活困窘的境地，即使在这种情况下，他也不愿因为钱财而丧失品格。试举一例，即可见其一斑。

宰相严续位高而寡学，为人所轻视。江文蔚曾撰《螃蟹赋》进行讽刺，其中有这样的句子，"外视多足，中无寸肠""口里雌黄，每失途于相沫；胸中戈甲，尝聚众以横行"①。因为韩熙载才名远播，严续遂请其为父亲严可求撰写神道碑，希望能为自己也写几句称誉的话。为了达到目的，他赠给韩熙载价值万缗的珍货及年轻貌美的歌伎一名，作为润笔之费。韩熙载接受了他的馈赠，碑文撰成后，只叙其家世、品秩、薨葬、褒赠等方面的内容，没有一字言及严续本人的业绩。这样的碑文当然不能使严续满意，他退还碑文，希望韩熙载能够予以修改。于是韩熙载便退还其全部所赠，不愿改动一字。

---

① 〔宋〕文莹:《湘山野录》卷下，第55页。

严续生性恭谨，为官刚直，宋齐丘势盛时，朝中公卿多依附之，唯独严续持正不屈。翰林学士常梦锡曾在中主李璟面前指斥宋齐丘的过失，李璟对他说：大臣中只有严续能够自立，然才短学浅，恐不能胜其党，你们应该互相帮助。因此严续也被视为与韩熙载同党之人。即使如此，韩熙载也不愿违心地对其虚美赞誉，这种品格确属难能可贵。

关于严续的家世，这里需要简略介绍：他是冯翊（今陕西大荔）人，其祖父严实在唐朝曾任江淮水陆转运判官，因此其家便迁到了扬州。其父严可求，在吴国是杨行密的主要谋士，屡建大功，声望甚高，也曾担任过宰相。严续是通过门荫入仕的，娶先主李昇女为妻，应该是李璟的妹夫。严续因为自己学识短浅，为同僚所轻，遂要求子孙用功苦读，后来其家中进士者达十余人之多。

顺便说一下，韩熙载其实无党，他只是因为反对宋齐丘朋党祸国殃民、专权乱政，与一些政见相同的人走得近一些，并未将他们视为同党。他们中的其他人也大都如此，既未互相援引，也未勾结谋利，甚至连松散的政治盟友都算不上。只是因为他们与宋党进行过斗争，并均遭受过宋党的打击，后人遂将其视为与宋党对立的另一朋党而已。

二、北方士风

（一）从《长乐老自叙》说起

《长乐老自叙》是五代大臣冯道撰写的一篇文章，叙述其在历朝所获得的各种官职、爵禄、封赏情况，自谓在家为孝，在国为忠，既是人子、人弟、人臣、丈夫、父亲，又有儿子、孙子，食有味，饮有酒，读有书，目睹美色，耳听乐声，安于当代，老而自乐，人世间还有什么能比这些更快乐的呢！这篇文章撰于后汉隐帝乾祐三年(950)，流传颇广，被收入《旧五代史·冯道传》。

冯道其人，是五代时期最有影响的人物之一，其一生历事四朝十君，三次拜相，在相位前后二十余年，以持重而著称，平生廉明节俭，声望甚高，被时人视为当世之孔夫子，只是在晚年稍稍有所奢侈。关于此人，历来争议甚大，赞誉者有之，指斥者亦有之，因此有必要对其生平做一简介。

冯道，瀛州景城(今河北沧州西)人，其先世以农为业，没有做过官。冯道年轻时生活艰苦，但能立志苦学，虽大雪拥门，灰尘满席，仍然诵读不辍。唐朝末年，刘守光任幽州节度使时，任其为幽州参军。刘守光败亡后，他流亡到太原，河东监军张承业任其为巡官。河东记室参军卢质对张承业说：我曾经看到过司空杜黄裳的画像，冯道的相貌与其颇像，将来前途无量，希望予以重用。于是张承业遂推荐他任使府掌书记。后唐庄宗李存勖与后梁大战期间，冯道也在军中，居一茅庵，卧于草上，与仆人吃同样的饭食。军中将校掠得美女，曾赠给冯道一人，冯道无法拒绝，遂安置于别室，访其家而送还之。后唐建立后，冯道历任翰林学士、中书舍人、户部侍郎等职。他曾因父亡而回乡守丧，正好遇到灾年，冯道拿出全部积蓄救济乡邻，自己却下田耕作，砍柴负薪。凡遇有荒芜的田地，而田主无力耕作时，冯道往往乘夜暗暗帮助耕种，并拒绝原主的酬谢。当地官员赠送的粟米绢帛，他一无所受。契丹人闻听冯道的大名，打算派兵入境将其掳走，幸亏后唐边军有所防备而未能得逞。

守丧期满后，冯道回朝仍任翰林学士。后唐明宗即位后，素闻冯道大名，遂升其为端明殿学士，不久又升任中书侍郎，并拜为宰相。明宗天成、长兴中，天下无事，连年丰收，百姓安居乐业。冯道劝明宗居安思危，关心百姓疾苦，并诵唐代诗人聂夷中的《伤田家》诗云：

> 二月卖新丝，五月粜新谷。
>
> 医得眼前疮，剜却心头肉。
>
> 我愿君王心，化作光明烛。
>
> 不照绮罗筵，只照逃亡屋。[1]

得到了明宗的赞赏。冯道还主持了《九经》的刊印之事，这是我国古代雕版印刷术自发明以来，首次大规模地运用于印刷儒家典籍，对发展文化事业意义重大。

冯道心胸开阔，能容天下难容之事。有一小吏名叫胡饶，生性粗犷，因一事不满，在冯道府门大骂。冯道说：此人一定是醉了。召入府中，设席款待，尽欢而散，无一丝恼怒之色。他任同州节度使时，有一酒务吏上书请求以家财修缮孔子庙，冯道批付判官处理此事。这位判官在状后批道："荆棘森森绕杏坛，儒官高贵尽偷安。若教酒务修夫子，觉我惭惶也大难。"[2]批评文士儒

---

① 〔清〕彭定求：《全唐诗》卷六三六，第7296页。
② 〔宋〕薛居正等：《旧五代史》卷一二六《冯道传》，第1665页。

臣不重视儒学，反倒不如一个管酒的小史。冯道看到后，非但没有生气，反而感到非常惭愧，于是拿出自己的俸禄重修了当地孔庙。对待部属如此，对朝中大臣不管与自己政见是否相同，冯道也都能平和相处，绝不因私愤而责难他人，更谈不上陷害同僚了。

正因为冯道名望甚高，不少皇帝都对他十分尊重，称其官而不称其名。跋扈专横的节度使们，见了冯道皆行大礼，不敢有丝毫怠慢。冯道出使契丹时，契丹主敬重冯道，打算亲自到郊外迎接，经人劝解才作罢。他还曾随契丹主至常山，见到被掳去的中原士女甚多，遂拿出钱财赎回，暂寄于佛寺尼庵，然后寻访其家，一一送还。士无贤愚，皆视冯道为国之元老，倍加称誉。

但是冯道却很少对皇帝的无道行为进行谏诤，只知一味地顺从，只有后周世宗初即位时，北汉军进攻，世宗打算亲征，冯道极力出面劝谏。当时世宗新立，正在为太祖郭威举办丧礼，北汉以为后周必不能出兵抵御，欲利用人心不稳之机，一举攻灭之。世宗说："我见唐太宗平定天下，敌无大小皆亲征。"冯道说："陛下未可比唐太宗。"世宗又说："刘旻乌合之众，若遇我师，如山压卵。"冯道说："陛下作得山定否？"[1]世宗大怒，离位而去。冯道此次之所以一反常态，是因为他认为周世宗年轻不经事，出兵必败，所以才敢出面顶撞。冯道一生经历了四次改朝换代，至于更换皇帝就更多了。每有新帝即位，他都率领百官迎接新帝，而毫无亡国之痛。每一次改朝换代，他都能升官晋爵，获

---

[1]〔宋〕欧阳修：《新五代史》卷五四《冯道传》，第615页。

得封赏。此次冯道判断世宗必败，这样他就可以再次迎立新君了，因此不愿随君从征。岂知判断失误，世宗一举击败北汉，巩固了统治。世宗看不起冯道的这种投机行径，令其充任太祖山陵使，负责丧葬礼仪。丧事毕，冯道也随之死去，终年七十三岁，时在显德元年(954)四月十七。

冯道一生官运亨通，除了三次拜相外，还多次任太师、太尉、太傅、司徒、司空等官，封开国男至开国公、鲁国公、秦国公、梁国公、齐国公，食邑自三百户至一万一千户，食实封自一百户至一千八百户，勋官至上柱国。其曾祖母、祖母、母亲均追封为国太夫人，曾祖父、祖父、父亲分别赠太傅、太师、尚书令，其夫人封蜀国夫人，诸子皆得任各种官职，诸女均嫁与高官。这一切都在其撰写的《长乐老自叙》中一一开列清楚，连其乡里因冯道故而数次改名的事，也不厌其烦地娓娓道来。甚至连契丹侵入中原后，他所获得的封赏官爵，也没有遗漏。

对于冯道所撰的《长乐老自叙》，宋代大文豪欧阳修批评说："当是时，天下大乱，戎夷交侵，生民之命，急于倒悬，道方自号'长乐老'，著书数百言，陈己更事四姓及契丹所得阶勋官爵以为荣。""其可谓无廉耻者矣，则天下国家可从而知也。"[1]我国古代士大夫历来讲求忠臣不事二姓，并将这一点作为立身之大节，冯道自称忠于国，却历事四朝十君，因此受到后人的指责是不难理解的。

欧阳修甚至认为以冯道为首的五代士大夫的这种行径连一个

---

① 〔宋〕欧阳修：《新五代史》卷五四《冯道传》，第614、611页。

妇人都不如。他记载说：五代时有一人叫王凝，任虢州(治今河南灵宝)司户参军，因病死在任所。其家贫，有一子尚幼，其妻李氏携其子，背负遗骨，返回青州故乡。途经开封时，欲住旅舍，旅舍主人见一个妇女独携一子，心生怀疑，不允许李氏住宿。李氏见天色已晚，不肯离去，被旅舍主人牵其臂强行拉出。李氏仰天痛哭说："我为妇人，不能守节，而此手为人执邪？不可以一手并污吾身！"①于是便用斧自断其臂。路人见者为之泣下。开封府尹得知此事后，报告朝廷，厚恤李氏，并为其治伤，且对旅舍主人进行了严厉地惩罚。欧阳修最后说：士大夫自爱其身，而忍辱偷生者，听到李氏的这种事迹，难道不感到羞愧吗？

欧阳修在其所撰的《新五代史》一书中，进一步发挥说："礼义，治人之大法；廉耻，立人之大节。盖不廉，则无所不取；不耻则无所不为。人而如此，则祸乱败亡，亦无所不至，况为大臣，而无所不取不为，则天下其有不乱，国家其有不亡者乎！"②欧阳修所讲的这些道理，固然是从传统伦理观念出发的，撇开其"忠君"的思想内核，单从修身立命的角度看，直到今天仍然具有较强的现实意义。

《旧五代史》一书，思想没有欧阳修之书那样尖锐激烈，在肯定冯道一些作为的同时，也指出："然而事四朝，相六帝，可得为忠乎！夫一女二夫，人之不幸，况于再三者哉！"③对冯道的这种行径进行了批评，并指出冯道之所以只能获得一个"文懿"

---

① 〔宋〕欧阳修：《新五代史》卷五四《杂传序》，第612页。
② 〔宋〕欧阳修：《新五代史》卷五四《杂传序》，第611页。
③ 〔宋〕薛居正等：《旧五代史》卷一二六《冯道传》，第1666页。

的谥号，而不是"文贞""文忠"，原因也在于此。

此外，欧阳修之所以对冯道的行径进行严厉批评，是因为冯道的这种行径在五代十国时期具有代表性和典型性，实际上是通过对冯道的批评，来指斥这一历史时期整个士大夫阶层存在的不良风气，以维护传统的伦理纲常。

将冯道的行径与韩熙载做一比较，可以看出韩熙载的行为要比冯道高洁得多。韩熙载明知南唐国势已不可挽救，也没有另谋其他出路，宁愿背上纵情声色的名声，也不愿自污其名节。尽管其晚年行为消极、心态消沉，也比冯道投机取巧，甚至丧失民族气节的行为好得多。不过，对冯道其人也不能全盘否定，其关心民间疾苦，赎买中原士女，处事沉稳，廉洁自律，这些还是值得肯定的。

（二）北方士风

所谓士风，就是指一个时代士人群体的精神面貌、价值取向和行为方式所具有的共同风习、共同心理。士风主导着社会文化的发展趋向和风习的主要特征。我国中古时期的士风以唐代中晚期为界，分为前后两个截然不同的时期。在此之前，仍能保持古风，士人具有蓬勃向上的精神风貌，常思兼济天下，颇具理想主义色彩；在此之后，则发生了很大的变化，士风不古，士人们锐意于仕途功名，更具现实主义色彩。尤其在五代十国时期，由于社会动荡，武人跋扈，士人报国无门，屡遭欺凌，致使离世与消沉之风日渐浓厚；或者趋炎附势、混事于世，而不知廉耻为何物。关于这种变化，时人亦有所觉察，后唐明宗的大理少卿康澄在奏疏中提出了"六可畏"之说，认为"贤人藏匿深可畏，四民迁业深可畏，上下相徇深可畏，廉耻道消深可畏，毁誉乱真深可畏，直言蔑闻深可畏，此深可畏者六也"①。这里所说的"六可畏"，正是五代时期士风不古的具体表现。下面分别对五代时期北方士风的具体表现，介绍如下：

1.隐逸之风

隐逸行为在我国古代历史上并不鲜见，历代正史多有所谓《逸民传》《逸士传》《隐逸传》之类的篇章。为什么在历史上会出现这种风气呢？孔夫子对这个问题早有论述，《论语》云："天下有道则见，无道则隐。"②可见社会黑暗、政治腐败是导致士人选择隐逸的最主要原因。在这种社会状况下，士人们苟活于世尚难，又谈何济世匡民呢？在无可奈何的情况下，隐逸山林便成为士人们的最佳选择。当然，选择隐逸还有一层含义，这是士人们保持独立人格、与黑暗的社会现实划清界限的一种方式，也可以说是士人们与当局采取不合作态度的一种表示，或者说是对不合理的社会现实的温和反抗。

在五代时期采取隐逸遁世的士人大体上可以分为两类：一类是完全隐居不仕，避于山林，采取不问世事的态度；另一类则是有隐逸行为，后来因种种原因又重新入仕，或者本来任职于朝廷，为躲避祸乱而隐于山林。前一类人即使在盛世也时有存在，他们大都恪守着心灵的一片净土，具有自觉避世的坚决态度，虽

---

① 〔宋〕薛居正等：《旧五代史》卷四三《唐明宗纪九》，第595页。
② 〔清〕刘宝楠：《论语正义》卷八《述而》，北京：中华书局，1990年，第261页。

屡有征召，也决意不起。在乱世时，这一类人的数量要大大多于盛世。至于后一类人，从本质上说，他们本来就不是隐逸之士，只是为了避祸保身而暂时采取隐居的方式，一旦社会状况发生变化，或者朝廷有意重用，便会重新入仕，登上政治舞台。这类人一般不会出现在盛世，乱世时则大量涌现。

五代时期比较典型的隐逸之士主要有陈抟、荆浩、郑遨、张荐明、石昂、尹玉羽、史圭等人，现将其情况简介如下：

陈抟，字图南，亳州真源（今河南鹿邑）人。幼读诗书，具有过目不忘的能力，后唐明宗时，参加进士科考试不中，于是便打消仕进的念头，以山水为乐，出家当了道士。早年隐居于武当山九室岩，炼气辟谷二十余年，每日只饮酒数杯。后来移居于华山云台观、少华山石室，据说其每睡一觉可以百余日不起。

后周世宗喜好炼金之术，有人向他推荐了陈抟。显德三年（956），世宗命华州送陈抟至汴梁，留其在宫中月余，向其请教烧炼之术，陈抟说：陛下为天下之主，当精心治理国家，为什么要留意此类事情呢？世宗也不责怪他，并任以谏议大夫之职，陈抟坚辞不受。后来世宗放其归山，下诏令本州长官每年定期慰问。显德五年（958），世宗还命人赐给陈抟帛五十匹、茶三十斤。

北宋太宗太平兴国（976—984）中，陈抟来到汴梁，受到宋太宗的热情款待，并赐号曰希夷先生，并赐以紫衣一件，命令当地官员增修其所居的云台观，数月后放还。陈抟精心研读《易经》，著有《指玄篇》八十一章，主要论述导引及炼丹之事。他还撰有《高阳集》《钓潭集》，诗六百余首，流传于世。陈抟死于北宋端拱二年（989）七月，据说活了百余岁。

荆浩，沁水（今河南济源）人。他是五代著名的画家，唐末天下大乱，遂隐居于太行山洪谷，自号洪谷子，自耕而食。他无意于仕途，除了耕种田地外，还醉心于绘画。他前后画松数万张，观察感受了崇山峻岭的自然景色，总结了唐人的用笔经验，开创了以描写大山大水为主的北方山水画派，对宋人具有很大的影响。其作品传世的有《匡庐图》，现藏于台北故宫博物院。

郑遨，字云叟，滑州白马（今河南滑县）人。避后唐明宗祖先之讳，故以字相称。郑遨幼年力学，善于文辞。唐末应进士举不第，见天下已乱，遂产生了避世之心。他打算携妻、子一同隐居，其妻不从，于是他一人入少室山当了道士。后来他的妻子多次写信请其还家，皆不予理睬。郑遨早年与李振关系密切，后来李振在后梁地位显赫，请其入朝为官，郑遨予以拒绝。后来他听说华山有一种五粒松，其树脂入土，千年转化为灵药，服后可脱胎换骨，成仙得道，遂移居华阴，欲寻找此药。在这里，他结交了道士李道殷、罗隐之，时人称之为"三高士"。郑遨种田，李道殷卖药，罗隐之钓鱼，三人逍遥自在，过着闲云野鹤般的日子。当地节度使刘遂凝多次派人赠送钱财，郑遨自甘贫穷，拒而不受。郑遨喜好饮酒弈棋，善作诗，其作品多在民间流传，人们将之写在绢帛之上，相互赠送，十分珍惜。也有人将其形貌画成图像，张挂于室内，非常敬仰。其名声在中原一带广泛传播，影响较大。后唐明宗闻其名，任命其为左拾遗，后晋高祖任命其为谏议大夫，皆拒不应诏，高祖遂赐号曰逍遥先生。后晋天福四年（939）辞世，终年七十四岁。

张荐明，燕（今河北）人，与郑遨为同一时代的人。他早年苦读诗书，尤精老子、庄周学说，后来见天下大乱，无意入仕，遂出家当了道士。后晋高祖石敬瑭闻其大名，召入京师，询问道家学说能否用于治国，并拜其为师，听其讲《道德经》，赐号通玄先生。张荐明利用这个机会，向高祖灌输道家"清静无为"的治国思想，希望能使北方百姓有一个休养生息的机会。由于文献散佚，张荐明后来的情况，便不得而知了。

石昂，青州临淄（今山东临淄城南墙外）人。博学多才，家中藏书多达数千卷，又喜欢延纳四方之士，故各地学子不分远近，多跟从石昂学习，并在其家食宿，有人甚至数年不去，石昂也毫不厌倦。石昂不求仕进，以读书授徒为乐。后唐青州节度使符习非常敬仰石昂，再三请求其出山，任命其为临淄县令，石昂出于造福家乡百姓的想法，接受了这个官职。符习入京述职时，由监军杨彦朗代掌军政，石昂因公事于使府谒见，通报的小吏因杨彦朗讳"石"，遂报其姓为"右"。石昂不悦，步入庭中，当面责备杨彦朗不该因私废公，擅改自己的姓氏。杨彦朗大怒，拂衣离去，石昂也不多说，返身回衙，收拾行囊，辞官而去。石昂回家后，对其子说：我本来不愿入仕于乱世，勉强至此，果然为阉人所辱，子孙应该以我为戒！

石昂是一个具有济世思想的人，并非真正的隐者。后晋高祖时，下诏征召天下孝悌之士，户部尚书王权、宗正卿石光赞、国子祭酒田敏等许多大臣上书高祖，称石昂完全可以达到诏书的要求，希望召其入京。石昂入京后，高祖在便殿召见了他，并任命其为宗正丞，不久升为宗正少卿。出帝即位后，政事混乱，石昂数次上疏劝谏，不听，于是便称病归家。石昂离京不久，晋室大乱，后来石昂再也没有出仕，终老于家。

尹玉羽，京兆长安（今陕西西安）人。唐朝末年，杜门隐居，无意于仕宦。后唐清泰（934—936）中，应召入朝任光禄少卿，见朝廷内部矛盾重重，不愿卷入其中，遂退归关中家乡，以林泉诗酒自乐，自称"自然先生"。宰相张延朗以书信召其入朝，高卧不从。后晋高祖时，再次被召入京，以其所著《自然经》五卷进献，并且请求告老还乡。高祖颁诏褒奖，赐赠器物，命其以少府监致仕，每月仍给俸钱及冬春二季服，天福五年（940）去世。

尹玉羽对保护我国文化遗产做出过贡献。早在后梁时，刘鄩镇守长安，尹玉羽在其府为幕僚。唐朝的《开成石经》本来保存在务本坊，昭宗东迁洛阳后，朱全忠拆毁长安城，韩建奉命重筑新城时，武夫悍将不知石经之珍贵，遂将其抛弃于野外。尹玉羽非常痛惜，遂力请刘鄩善加保护，将其全部移入城内，安放在原唐朝尚书省旧址西隅。《开成石经》是我国古代规模最大的石刻典籍之一，后来冯道主持雕印九经时便是依据《开成石经》的文字，现收藏于西安碑林博物馆。

史圭，原籍常山（今浙江常山东），后移居石邑（今河北石家庄西南）。史圭好学能诗，在唐朝末年，历任房子、宁晋、元氏等县县令。他勤政爱民，有一年发生大饥荒，为了救民，史圭不待诏命便开仓赈济，活民无数，百姓感谢，立碑颂扬。后唐明宗时，为枢密使安重诲所赏识，历任河南少尹、枢密直学士、尚书右丞等职，并有拜相之望。安重诲被杀后，史圭被贬为贝州刺史，随后又被罢免。于是他退归原籍常山，闭门不出，谢绝宾客，甚至连亲戚故旧也不见其面。为了避祸，他在出游时，坐在毡车之内，人不能识其面。直到后晋高祖时，才在宰相冯道的推荐下，再次出山，任刑部侍郎。史圭任河南少尹时，结识了嵩山道士，开始服食丹药，后竟因此而亡。

在这一历史时期，有过隐居经历的士人还很多，比如王易简，先后两次隐居，曾写诗一首："汨没朝班愧不才，谁能低折向尘埃。青山得去且归去，官职有来还自来。"[1]流露出能仕则仕，不能仕则隐的思想。崔棁，在唐末梁初，隐居于滑台，杜门不出，人们很难见到其面。后梁末帝时虽举进士入仕，但不思进取，唯求保身隐退而已。有类似经历的士子，在北方地区甚多，他们大都经历了唐末战乱的煎熬，备受流离颠沛之苦，为了自保，多采取隐居山林的方式以避祸乱。虽然有的人后来入仕，但也如惊弓之鸟，通常不与人交往，一遇动乱，即急流勇退，回归山林。

2.浮薄之风

唐末五代时期社会动荡，伦理道德淡漠，用欧阳修的话来说，就是"君不君，臣不臣，父不父，子不子，至于兄弟、夫妇人伦之际，无不大坏，而天理几乎其灭矣"[2]。士人本来是礼法的倡导和维护者，士人若不守礼，则被视为轻薄无行；若品行不端，也被视为浮薄放纵。可是在五代时期，由于武人跋扈，专权弄事，轻视文教，导致世风沦丧，从而加速了士人与传统道德规范的背离，寡廉鲜耻者层出不穷。《旧五代史》也说："近年浮薄

---

① 〔清〕彭定求：《全唐诗》卷七三四王易简《辞官归隐》，第8388页。
② 〔宋〕欧阳修：《新五代史》卷三四《一行传序》，第370页。

相扇，趋竟成风。"①现举数例，以见一斑：

李知损，字化机，大梁（今河南开封）人。年轻时轻薄无行、信口开河，后梁统治时期，他不甘于寂寞，经常将自己所写的诗词文章送给皇帝身边的近臣，由此也获得了此类人的赞誉。其实李知损并没有出众的才华，只是浪得虚名而已，人称其为"李罗隐"。罗隐是唐末五代著名诗人，为人狂傲轻薄。李知损在后晋任右司郎中时，曾接受过榷盐使王景遇的贿赂，事发后被贬到均州（治今湖北丹江口西北）任职，直到后汉初才得以归朝。

李知损在后汉任谏议大夫时，曾经奉命出使郑州。当时在这里任节度使的是宋彦筠，小名叫忙儿。宋彦筠设宴款待李知损，宴会高潮时，宋彦筠乘酒劲问李知损道："众人何为号足下为罗隐？"回答说："下官平素好为诗，其格致大抵如罗隐，故人为号。"宋彦筠说："不然，盖为足下轻薄如罗隐耳。"李知损大怒，厉声说："只如令公，人皆谓之宋忙儿，未必便能放牛！"②满座大笑。

后周太祖时，枢密使王峻专权，李知损与其为旧交，遂请求王峻帮忙，让他出使江浙。太祖郭威早就闻听李知损无行，但架不住王峻再三请求，只好勉强同意。李知损受命之后，四处向人借钱，广备行李，沿途所经之处，无不强行索取钱货。即使如此，仍不满足，又写信给青州节度使符彦卿，向其借钱百万。事发后，被贬为棣州司马。世宗即位后，听说李知损狂狷，好上章

---

① 〔宋〕薛居正等：《旧五代史》卷六〇《李敬义传》，第 807 页。
② 〔宋〕薛居正等：《旧五代史》卷一三一《李知损传》，第 1732 页。

奏，心想也许有些可以采纳之处，遂下令将其召还。李知损回朝后，数月之间，几乎每日都有章奏，所言之事多为贬斥别人，抬高自己，甚至公然要求委以重任，任命自己为过海使，出使国外。世宗大怒，将其除名，流放到沙门岛（今山东长岛县西北大黑山岛）。李知损临行时，对亲属说：我曾经遇到一个善相面的人，他说我三次贬逐之后，即可拜相，现在已经三次了，请你们耐心等待。结果一年后，李知损死于流放之所。

萧愿，后梁宰相萧顷之子。萧愿进士及第，历任校书郎、史馆修撰、殿中侍御史等职。萧愿为人狂狷放纵，不拘礼法。任太常少卿时，适逢后唐明宗举行大祭祀，萧愿饮酒大醉，站错班位，竟然跑到公卿行列去了，被御史弹劾，降为右赞善大夫。他尤喜饮酒，饮必大醉，以至于经常不能恪尽职守。他任兵部郎中时，掌管告身印，即用于武官任官状的印鉴，由于他经常旷到，其父时任吏部尚书，担心他会因此受到责罚，于是经常代替萧愿掌管兵部的告身印。

卢损，祖籍范阳（今北京西南），后迁居岭南。卢损在后梁时进士及第，性情刚介，自视甚高，与任赞、刘昌素、薛钧、高总等人同年及第，时常在一起互相对骂，时人称之为"相骂榜"。尚书左丞李琪的妹妹眼盲，因此年长而未嫁，欲嫁给卢损。卢损久慕李琪声名，遂同意娶其妹为妻。李琪拜相后，卢损得其关照，历任右司员外郎、兵部郎中、谏议大夫等官。卢损虽然是进士出身，然文辞浅陋，才华平平。后唐末帝时，他升任御史中丞，掌管监察大权，却连赦书也看不懂，误将不该赦免的罪犯放免，因此受到了停官的处分。后晋时，复其官职，任右散骑常侍，转秘书监，卢损嫌职事清闲，大为不满，遂上表请求致仕归家。后周广顺三年(953)死，终年八十余岁。

在这一历史时期，类似于李知损、卢损的人还有很多。如后唐尚书员外郎胡装，喜好书法，然字却写得极差；喜欢作诗，作品却全无诗味。但其本人却不以为然，所至宫廷、寺观，必在其墙壁题写诗句，有人讥讽，他却从来不知惭愧。

兵部尚书王仁裕，后汉乾祐(948—950)中，主持科举考试，各科及第者共二百一十四人。王仁裕十分得意，作诗曰："二百一十四门生，春风初动羽毛轻。掷金换却天边桂，凿壁偷将榜上名。"尚书陶谷，性格诙谐，调侃地说："大奇，大奇，不意王仁裕今日做贼头也。"[1]闻者皆大笑。

冯玉在后晋任枢密使，朝集使马承翰有事前来谒见。冯玉一边持刺(即名片)详看，一边说："马既有汗，宜卸下鞍。"马承翰应声对答说："明公姓冯，可为死囚逢狱。"[2]

裴长官在后汉时任新郑(今河南新郑)县令，当时发生了蝗灾，尤以新郑灾情最重。本州有令，命其亲自督促百姓掩扑，不得使其散入邻近地区。不久，蝗虫四处飞散，周围数县皆有。本州刺史大怒，发下公文严厉斥责。裴长官素来滑稽，在回复的公文中写道："伏以前件蝗虫，背上有翅，肚底无粮，来时而不自招呼，去日而固难留止。"[3]闻知此事者，皆大笑不止。

---

① 〔宋〕薛居正等：《旧五代史》卷一二八《王仁裕传》，第1690页。
② 〔宋〕陶岳：《五代史补》卷四《冯玉为马承翰所议》，郑州：大象出版社，2019年，第296页。
③ 〔宋〕陶岳：《五代史补》卷四《裴长官捕蝗对》，第296页。

仓部员外郎陈保极，无德无才，却为人狂傲，任秦王府从事时，曾戏称身材短小的后晋宰相桑维翰为"半人"。其生性吝啬，每月俸禄，不舍得使用，每餐蔬食。他喜爱与人弈棋，败则以手搅乱棋局，以免支付所赌的钱财。其死时，家无妻儿，所余白金十铤，也为他人所有。陈保极的这些行为遭到了时人的嗤笑。

类似例子还可以再举数个，如唐宗室李涛戏称年纪稍大的弟媳为"亲家母"，秦凤使者戏称容貌姣美的魏博使者为"水草大王夫人"等。除了朝廷官员外，即使在读书士人中，也存在这种放纵浮薄的风气。据《新五代史·和凝传》载："是时，进士多浮薄，喜为喧哗，以动主司。"主管贡举的部门每年发榜时，都要在榜文张贴处围上荆棘，并将尚书省大门紧闭，断绝出入，以防意外。原因就在于发榜后，凡未考中的举子，不知反省，往往聚集起来，互相煽动，声言考试不公，或说主考官员受贿，或冲击有关部门廨署，甚至拦截宰相，喧闹不息，多有不逊之言。

五代时期存在的这种风气，对所谓礼法形成了极大的冲击，士人们轻薄浮躁，有的举止轻佻，有的喜怒无常，有的自我标榜，有的贪浊不法，极大地败坏了整个社会风气。致使唐末以来经学衰落、古道渐丧的情况，至五代时期达到了极限。直到宋代以后，浮薄的风气才逐渐有所好转。

3. 混世之风

我国古代有"小隐隐于林泉，大隐隐于朝市"的说法，在朝任官，却不能尽职，实际上就是一种混世的行为，而不应是隐逸行为。只不过在五代时期情况稍微有异，一种是可以有所作为而明哲保身，不愿做事，处事圆滑，混世度日；另一种则是身处险境，不得已而采取的避祸行为。具有前一种行为的人，大多是所谓"做官有术，处世有道"之辈，他们每遇大事，必然依违两可，不表明态度；后一种人则是抱着"做一天和尚撞一天钟"的态度，在无奈之中，仰人鼻息，混世度日。

比如冯道曾经谈起过做官的心得，称其临难不赴，遇事依违两可，于百变之中，皆能泰然处之。后晋高祖石敬瑭曾经向他请教兵事，他回答说：陛下能够坚守历代成规，创成大业，神武睿智，为天下所知，讨伐叛乱，须从独断；臣本书生，为陛下在中书，守历代成规，不敢有一毫之失，臣在后唐明宗朝，明宗曾以兵事问臣，臣也是此以言答之。其实像冯道这样的人为数亦不少，当年石敬瑭在太原起兵时，也曾询问其幕僚薛融，薛融回答说：臣本儒生，军旅之事，未曾学过，进退存亡之理，岂是随便能议论的！这两人都是久处官场之辈，深谙个中玄机，加之文人书生的地位不容他们过问与自己无关的军机要务，尤其是在事关成败的紧要时刻，更是不便插手，只能采取含糊其词、蒙混过关的态度。

后唐宰相李愚饱食终日，无所事事，被人视为"粥饭僧"。后唐另一宰相马胤孙，被人称为"三不开"宰相，即从不开口讨论政事，不开印以发号施令，不开门以延聘士大夫。薛贻矩任宰相五年，无丝毫建树可谈，终日混迹于中书，只等回家团聚，旧史称其"无显赫事迹可纪"①。房暠在后唐任枢密使时，朝廷每

---

① 〔宋〕薛居正等：《旧五代史》卷一八《薛贻矩传》，第243页。

有大事商议，他与端明殿学士等环坐会议之处，常常俯首而睡，"其避事也如此"①。

五代时期武人专权，士人介入政治只不过起到一点花絮或花瓶作用，说入仕士人为朝廷装点门面也不为过。在武力淫威的长期笼罩下，士人们朝不保夕，随时有大祸临头的危险，只能人云亦云，见风使舵。比如唐朝宰相杨涉入后梁之后，深知自己只不过是作为点缀而得以继续在新朝任职，为相三年，"俯首无所施为"②。赵光逢在后梁被罢相后，朝不保夕，杜门不交宾客，并在其门上大书曰："请不言中书事。"③后唐明宗的宰相郑珏，明宗欲出巡，他点头称是，后来巡幸取消，他仍点头称好。这种随事可否、模棱两可的态度，在当时的官场中并不鲜见。

对于五代时期广泛存在的混世之风，欧阳修给予了严厉的批评，他在《新五代史》中指出："至于儒者，以仁义忠信为学，享人之禄，任人之国者，不顾其存亡，皆恬然以苟生为得，非徒不知愧，而反以其得为荣者，可胜数哉！"④痛斥了五代士人这种无所作为、安然混事的消沉风气。

4.急功近利之风

具有传统儒学思想的我国古代士人，讲求"士求道不求利"，

---

① 〔宋〕王钦若等编：《册府元龟》卷三三五《宰辅部·自全》，第3773页。
② 〔宋〕欧阳修：《新五代史》卷三五《杨涉传》，第377页。
③ 〔宋〕钱易：《南部新书·癸》，北京：中华书局，2002年，第174页。
④ 〔宋〕欧阳修：《新五代史》卷三三《死事传序》，第355页。

孔夫子就说过"朝闻道，夕死可也"①。可是在五代时期，具有理想主义思想的士人愈来愈少，而追求功名利禄者却不乏其人，有时其热衷利禄、追名逐利的劲头甚至近乎疯狂。这表明盛唐以来建功立业的功名追求，已逐渐为追名逐利的利禄意识所取代，士人们入仕的目的更趋向实用主义，趋向于对个人利益的追求，而理想主义的色彩则大大淡薄了。

比如何泽，广州人。进士出身，后唐庄宗时任洛阳县令。庄宗好畋猎，经常践踏民田，何泽潜身伏于草丛之中，在庄宗出行时拦住马头进谏：今庄稼将熟，陛下为什么要恣意田猎，祸害民田？如果这样下去，百姓如何负担赋税？使官吏们又如何督民耕种？陛下不听臣言，希望赐臣死于马前，以便使后世都知道陛下的过失。庄宗大笑，为之罢猎，并升任其为仓部郎中。何泽表面上正直敢谏，实际上则藏有个人野心。他在内殿问皇帝起居时，群臣皆退，唯独他留了下来，以笏叩额，向北连呼："明主、明主！"闻者皆哂笑之。何泽与宰相赵凤是旧交，曾数次私下谒见赵凤，求其推荐自己任给事中或谏议大夫，赵凤看不起他的为人，遂授其为太常少卿。任命的敕书还未颁下，但何泽事先已知道，便迫不及待地以新任官的身份上章自诉。其奏章送达政事堂后，赵凤说："泽未拜命而称新官，轻侮朝廷，请坐以法。"②于是被勒令以太仆少卿致仕。何泽归家之时年已七十，仍然期望再次出仕。为了捞取政治资本，他见后唐明宗子秦王李从荣势

———————

① 〔清〕康有为：《论语注》卷四《里仁》，北京：中华书局，1984年，第49页。
② 〔宋〕欧阳修：《新五代史》卷五六《何泽传》，第648页。

大，而明宗久病，遂派家中婢女送上表章，请求立李从荣为皇太子，反倒引起了明宗的极大不满。所以此次何泽弄巧成拙，并未如预计的那样获得一官半职，直到后晋建立后，才得以再次入朝任官。但毕竟年事已高，不久便一病不起了。

豆卢革，后唐庄宗因其为名家之子，遂任命其为宰相。但其并无宰相之才，任相以来，诸事错乱，官阶拟议，前后倒置，屡次被人驳正。他还引荐韦说为宰相，韦说就任以来，举止轻薄，处事不当，为人所嘲笑。豆、韦二人，互相勾结，豆卢革授韦说之子为弘文馆学士，韦说遂将豆卢革之子升任为集贤殿学士，交易市恩，如同市井，为社会舆论所指责。庄宗兵败被杀后，明宗即位，任豆卢革为山陵使，负责庄宗丧事。丧事处理完毕后，豆卢革在家等任命新职，等了数日不见动静，竟自行入朝。枢密使安重诲当众指责他说："山陵使名尚在，不俟改命，遽履新朝，以我武人可欺邪！"[1]豆卢革任相期间，还利用手中的权力谋取私利。后唐庄宗末年，由于社会动荡，朝廷财力匮乏，朝臣数月不得俸禄。明宗即位后，规定从当年五月起补给，而豆卢革父子却从正月补起；百官俸钱皆实行折估之制，即不给现钱，而是折成实物发给，而豆卢革父子的俸钱却是实钱，即没有折估。豆卢革与韦说还纵容自家田客杀人，卖官鬻爵，后来被流放到边远州郡，随即又被下令处死。

李鏻，唐朝宗室之子。此人官瘾极大，不学无术，却整日幻想升官拜相。后唐明宗即位后，他自以为早年与明宗有旧交，四

---

[1] 〔宋〕欧阳修：《新五代史》卷二八《豆卢革传》，第302—303页。

处大言自己当为宰相，结果却落了空。后李鏻官至兵部尚书，奉命出使湖南，途中听说末帝即位，而李鏻与末帝乃是故人，自以为这次肯定能够拜相。途经荆南时，李鏻对节度使高从诲说："士固有否泰，吾不为时用久矣。今新天子即位，我将用矣！"要求高从诲赠给自己珍宝作为贺礼，并且为自己设宴庆贺。在宴席上，高从诲问与李鏻同行的副使马承翰道："今朝廷之臣，孰有公辅之望？"回答说："尚书崔居俭、左丞姚顗，其次太常卢文纪也。"其实高从诲早就知道新拜的宰相是何人了，于是他命左右取来进奏官的报状，拿给李鏻看，上面写着姚顗与卢文纪均已拜为宰相。李鏻大惊失色，只好将高从诲所赠的财物又原数奉还。当初，李愚从太常卿的官职上拜相，然后以卢文纪代替其旧职，等到卢文纪拜相了，李鏻遂上表请求任命自己为太常卿。正式任命后，李鏻入宫面谢，对皇帝说："臣叨入相之资。"[1]这件事在朝臣中一时成为笑谈。

《北梦琐言》记载了一事，很有典型意义。后唐进士宇文翃，虽是名门大族之后，却不学无术，但热心于进士一科。他有一个女儿，国色天香，朝廷中贵族子弟登门求娶者甚多，但都没有轻易许配于人。窦璠年已七旬，其妻已死，正打算娶一继室。其兄权势甚大，能使人科举登第。于是宇文翃便将女儿嫁给了窦璠，经窦璠活动后，宇文翃果然如愿了。宰相韦说是宇文翃的表兄，对他所做之事甚为鄙视。与此同时，朝中有一官员家中失火，其家人说是老鼠尾拽火入库，导致大火延烧。京兆尹遂对宇文翃

---

① 〔宋〕欧阳修：《新五代史》卷五七《李鏻传》，第656—657页。

说："鱼将化龙，雷为烧尾。近日老鼠亦有烧尾之事。"①用以讽刺宇文翃，说他进士及第就好比老鼠烧尾。

五代时期虽是乱世，但科举考试仍在正常进行，除了个别年份外，几乎每年不误，然而急功近利之风在科举考试中亦有所体现。在后梁、后唐时期，进士科每年的录取人数尚多于其他诸科；后晋以来，情况发生了较大的变化，进士科录取人数渐少，而比较容易考取的其他诸科录取人数急剧上升。如开运二年（945），进士及第者为十五人，诸科及第者竟多达八十八人；次年，进士科及第二十人，诸科九十二人；后汉天福十二年（947），进士及第二十五人，诸科一百五十五人；次年，进士及第二十三人，诸科一百七十九人。后周时情况依然如故，如广顺三年（953），进士录取了八人，诸科达八十三人；显德二年（955），进士四人，诸科一百一十六人；次年，进士六人，诸科二十九人。这一切与五代前期相比，发生了很大的变化，如在后梁开平二年（908），进士录取了十八人，诸科仅五人；乾化三年（913），进士十五人，而诸科竟未录一人；后唐同光二年（924），进士十四人，诸科二人；长兴四年（933），进士二十四人，诸科仅一人。尽管五代时期每年进士科与其他诸科录取人数的比例颇不相同，但有一点可以肯定，即后梁、后唐时期进士及第的人数为诸科的数倍，至后晋、后汉、后周三朝，情况则倒了过来，诸科每年的录取人数是进士科的数倍乃至于十余倍。后周统治时期对科场作弊的现象进行了整顿，通过加强复试的办法来杜绝请托

---

① 〔五代〕孙光宪：《北梦琐言》卷四《祖系图进士榜》，第88页。

伪滥，如显德二年(955)进士原定及第者为十六人，经复试黜落了十二人；显德五年(958)进士原定及第十五人，复试后黜落了七人。

在科举中出现的这些现象，除了反映出一些士人急于追逐名利外，同时也说明这一时期士人的文化素质急剧下降了。参加进士科考试者在诗赋考试中的错韵、失韵现象比比皆是，甚至连错别字也不能避免。五代时科举及第后，还举行名曰"关试"的考试，主要考核及第者的理事能力。在后唐明宗时的一次关试中，发现了及第者刘莹等五人，"所试判语皆同"，经认定是互传草稿所致。说明这时的士人不仅文化素质下降，而且实际理事能力也大大下降了。举子的文化素质如此，考官的文化素质也不高。如后梁封舜卿知贡举时，"才思拙涩"，仅命题五道，便觉得"不胜困弊"①，不得已只好托其门生翰林学士郑致雍代为秉笔。再如后唐庄宗时复试进士，令翰林学士承旨卢质命题，卢质以"后从谏则圣"为赋题，以"尧、舜、禹、汤倾心求过"为韵②，旧例赋韵四平四仄，卢质所出韵乃五平三仄，遭到了人们的嘲笑。士人文化素质下降，致使考试中弊端层出不穷，宋人所撰的《侯鲭录》一书中记载当时流行的一句谚语："及第不必读书，作官何须事业。"③便是当时真实情况的写照。

---

① 〔宋〕薛居正等：《旧五代史》卷六八《封舜卿传》，第903页。
② 参见〔宋〕薛居正等：《旧五代史》卷九三《卢质传》，第1228页。
③ 〔宋〕赵令畤：《侯鲭录》卷四《唐末五代政弊》，北京：中华书局，2002年，第103页。

三、南方士风

（一）吴唐：狂躁重教

　　吴、南唐割据的江淮地区自唐末动荡以来，便是北方士大夫避难的理想之地。这一地区经济繁荣，社会稳定，确是士人们安身立命的最佳选择，于是一大批北方士人南下江淮，进一步促进了江淮地区文化的发展。当然这一地区文化的繁荣也与吴唐统治者所实行的政策有着密切的关系，尤其是南唐统治时期，兴办学校，发展教育，弘扬儒风，遂使江淮地区成为五代十国时期文化最为繁荣的地区，不仅改变了中国古代文化分布的传统格局，而且使此后的各种文化因素无不受南人的熏染而带有鲜明的南国情调。

　　江淮地区还是当时经济最发达的一个区域，在全国占有举足轻重的地位，早在唐朝后期中央政府的财赋收入便主要依靠江淮八道的供给，经过吴、南唐统治时期的大力开发，这里的社会经济有了更进一步的发展，政府财力充足，百姓生活稳定。宋人陆游在其所著《南唐书》中也说："唐有江淮，比同时割据诸国，地大力强，人材众多，且据长江之险，隐然大邦也。"①正因为南唐具有这样强大的实力，所以导致其士风与中原地区迥然不同，在一部分士人中，建功立业、积极进取的思想非常迫切。

　　这种思想不仅在南唐的土著人士中存在，如宋齐丘、冯延

---

① 〔宋〕陆游：《南唐书》卷二《元宗本纪》，《五代史书汇编》，第5484页。

巳、冯延鲁、陈觉、魏岑、查文徽等，无不如此；在南迁的侨寓人士中也不乏其人，除了韩熙载外，史虚白、朱元等人，概莫如是。其他诸人前面已经作过介绍，下面将史、朱二人简介如下：

史虚白，字畏名，北海人。他是与韩熙载差不多同一时期渡江南迁的，当时李昪在吴国辅政，重用宋齐丘，史虚白自负才高，遂对人大言曰：我可以代替宋齐丘的地位。宋齐丘听到后，极不高兴。为了使史虚白出丑，他大宴宾客，广设伎乐、弈棋、博戏，请史虚白赴会。酒过数巡后，他请史虚白当场撰写诗词、书檄、碑颂，此时史虚白已半醉，宋齐丘以为他必不能动笔，这样就可以使史虚白当场出乖露丑了。不料史虚白非常坦然地命人铺纸取笔，手不停顿，一会儿工夫，便撰写了数篇诗文，文采灿然，满座惊服。宋齐丘也不得不佩服地说：公高才，我不如也。于是将其引见给李昪，李昪向其请教治国方略，史虚白说：中原动荡，战乱不息，只有江淮富庶，兵食俱足，当长驱以定大业，不可失去时机，他日后悔也来不及了。李昪赞成他的说法，却不主张马上用兵，加之宋齐丘并未真心推荐于他，仅任命他为校书郎、州从事。史虚白自知当初失言，必不被重用，遂称病弃官而去，南游九江，乘牛车，挂酒壶，往来于庐山之间，不再过问世事。

中主李璟即位后不久，经韩熙载推荐，召见史虚白并问以国事。此时史虚白已无意于仕途，遂以草野之人不知国家大计为由，拒绝了中主。李璟只好放其归山，并赐以田宅。南唐淮南战败后，中主迁都南昌，史虚白谒见于途中，厚赐粟帛而归。卒年六十八岁。

朱元，原名舒元，颍川沈丘（今河南项城）人，少年时好学不倦，尤精《春秋左氏传》。后在后汉河中节度使李守贞麾下为幕僚，李守贞起兵反叛时，命其与李平一同南下，向南唐乞求出兵救援。李守贞失败后，两人无法复命，只好留在南唐任职。舒元改名朱元，历任驾部员外郎、待诏文理院。朱元胸怀大志，多次上书中主，力主乘中原动荡、无力南下之机，先出兵夺取湖湘、闽越、两浙，以固根本，并请求让自己带兵，一一讨平。当时宋党在朝中掌权，诬陷朱元谋图执掌兵权，包藏祸心，遂罢去了其文理院待诏之职。朱元心中不平，每日纵酒，无所事事。后周进攻淮南时，朱元再次请求领兵出战，遂命其随齐王李景达率大军救援寿州。朱元能与士卒同甘共苦，"每临战誓众，词指慷慨，流涕被面"，将士们感动不已，皆有效死之意。其先后从周军手中夺得舒、和二州，并进军至紫金山，立栅屯兵，逼近寿州。就在这时突然发生变故，监军使陈觉素与朱元不和，且嫉其功，屡次上表说朱元不可相信，不可付以兵权。于是中主命杨守忠代领其军，召朱元回朝。朱元愤恨难忍，本欲自杀，在其幕僚的劝告下，遂率部下万余人投降了后周，导致了南唐诸军的崩溃。后来他在后周、北宋历任要职，宋太宗太平兴国二年（977）死，终年五十五岁。

南唐这些士人虽然有积极进取之心，但除了韩熙载、史虚白等少数人，其他诸人大都轻狂躁进，缺乏雄才大略。加之不懂军事，所以在他们的主导下，南唐不但没有达到扩展疆土、统一中原的目的，反而损兵折将，搞得国困民贫，极大地削弱了南唐的国力。

　　江淮地区的士人与中原地区不同，他们非但没有受到武人的压制，反而得到了重用，其地位远在武人之上。南唐早在先主李昪统治时期，就采取了重文轻武的政策，掌握兵权的枢密使均由文人充任，节度使不辖支郡，就其所管地盘而言，与州刺史并无什么不同，而且多以文人为节度使。大将统兵在外，其家属必须留在京师为人质。同时不许武人干政，大将王建封之所以被杀，其中一个重要的原因就是其触犯了武人过问政治的禁忌。

　　南唐的这些政策与中原王朝的情况形成了鲜明的对照，促进了江淮地区文化的迅速发展，即使一些比较偏远落后的地区，文化事业也得到了较大的发展。《江南别录》说："江左三十年文物，有贞元、元和之风。"①司马光也说："当时唐(指南唐——引者)之文雅于诸国为盛。"②经过南唐数十年的大力发展，至北宋时江南的文化发展水平远远超过了北方。宋人洪迈在《容斋四笔》中说："古者江南不能与中土等。宋受天命，然后七闽二浙与江之西东，冠带《诗》《书》，翕然大肆，人才之盛，遂甲于天下。"其实，宋代南方在文化上取得的这些成就，正是包括南唐在内的五代十国时期南方诸国共同努力的结果。洪迈接着又说："江南既为天下甲，而饶人喜事，又甲于江南。……为父兄者，以其子与弟不文为咎；为母妻者，以其子与夫不学为辱。其美如此。"③文中所提到的"饶人"，即指江西的饶州人，而这里正处在南唐的辖区之内，洪迈所说的宋代江西的这种社会风气，正是

---

①〔宋〕陈彭年：《江南别录》，郑州：大象出版社，2019年，第149页。
②〔宋〕司马光：《资治通鉴》卷二九〇，后周太祖广顺二年二月，第9475页。
③〔宋〕洪迈：《容斋四笔》卷五《饶州风俗》，第682—683页。

南唐社会风气的延续。

南唐重视发展教育，提倡复兴儒学，在士人中已经蔚然成风。江州陈氏在距其家二十里处，选择了一处风光优美的地方，修筑书楼堂庑数十间，聚书数千卷，招纳四方游学之士学习，为了保证办学经费，还专门置办学田二十顷，以为游学之资。根据记载，江南许多名士，都是从这里毕业出去的。洪州胡氏，将自家的华林山别墅扩建为学校，聚书万卷，"大设厨廪，以延四方游学之士"①。南康洪氏，在其家所在的雷湖以北兴建学校，以"招来学者"②。奉新罗氏兄弟，创办了梧桐书院，修建精舍，教授乡里，"学者益众"③。像这样由士人出资兴办的学校、书院还有很多，如泰和人罗韬创办的匡山书院④，庐陵人刘玉所建的光禄书院⑤等，皆闻名于时。

南唐政府对于私人办学采取了鼓励政策，或予以表彰，或减免赋税，遂使其境内私学更加兴盛。宰相李建勋罢相后，任洪州节度使，有一天，与幕僚游东山，身着宽衫轻履，携带酒肴，信步于渔溪樵坞之间，遇到风光佳处，便停下来欢饮。忽然见到一处田间茅舍，从里面传出儿童读书之声，李建勋遂与众人前往探视，见一老叟正在教数童读书。与老叟交谈后，发现其学识渊博，谈吐不凡，令李建勋赞叹不已。这种平和、恬静的田园场

---

① 〔元〕脱脱等：《宋史》卷四五六《胡仲尧传》，第13390页。
② 〔宋〕脱脱等：《宋史》卷四五六《洪文抚传》，第13392页。
③ 〔清〕谢旻：《江西通志》卷二一《书院》，文渊阁四库全书，台北：台湾商务印书馆，1983年，第513册，第694—695页。
④ 参见〔清〕谢旻：《江西通志》卷二一《书院》，第513册，第702—703页。
⑤ 参见〔清〕谢旻：《江西通志》卷二一《书院》，第513册，第701页。

面，与中原地区战乱不息、百姓流离失所的局面，形成了鲜明的对照。

九江(今江西九江)人江梦孙，出身世代书香之家，年轻时好学不倦，诗词歌赋、琴棋书画，无不精通，旁贯儒家经典，声誉鹊起，远近崇仰。诸生弟子，不远数百里，纷纷前来投师学习。所谓"春诵夏弦，以时讲闻，鼓箧函丈，庠序常盈"①。他的学生人数经常保持百余人之多，可谓兴盛之至。后来他被任命为秘书郎，这对别人来说，已是求之不得的好官，他却向先主李昪请求外任县令，一开始李昪并不同意，经不住其多次请求，只好任其为天长(今安徽天长)县令。在任期间，为政宽简，百姓安居乐业。后来弃官归乡，奉养其母之余，仍旧招收诸生讲学，直到八十五岁时去世为止。

南唐除了私办学校兴盛外，官府也创办了不少学校，其中最著名的当数庐山白鹿洞书院，又称庐山国学。据载唐德宗贞元年间(785—805)，李渤与其兄李涉隐居于庐山，李渤养一白鹿甚驯，常以自随，人称白鹿先生，称其居处为白鹿洞。白鹿洞的称呼即来源于此。唐敬宗宝历年间(825—827)，李渤任江州刺史，在其隐居之处创建台榭，而白鹿洞遂闻名于世。唐末兵乱，州郡学校废坏，高雅之士往往读书讲学于其中，南唐白鹿洞书院就是在这样的基础上建立起来的。

据载，先主昇元四年(940)十二月，南唐政府正式建学馆于白鹿洞，置学田以其租税收入供给诸生，以饱学之士李善道为洞

---

① 〔宋〕龙衮:《江南野史》卷八《江梦孙传》，第141页。

主，掌管书院之事。后主李煜时，以国子助教朱弼为洞主，他在任期间，整饬学风，严肃纪律，"每升堂讲释，生徒环立，各执疑难，问辩锋起，弼应声解说，莫不造理。虽题非己出，而事实联缀，宛若宿构"①。可见白鹿洞书院的学风是轻松活泼的，允许师生之间互相问难。由于教学方法灵活，老师学识渊博，诸生诚服，皆循规范。生徒来自四方，数倍于往时，达数百人之多，为南唐培养了大批各类人才，著名之士如卢绛、蒯鳌、孟贯、伍乔、江为、杨徽之等，皆出于庐山国学。

自南唐完善了书院之制后，至宋初天下遂有"四大书院"之称，后逐渐推广到南宋，历元、明、清数朝，差不多有一千年的历史，成为中国教育史上极为灿烂的一页。

此外，南唐在中央置有国子监，拥有学生数百人，地方则置有州县学，置有学官，从而使其教育事业达到了一个非常繁盛的阶段。

南唐士人崇儒好学，著书立说，形成良好的社会风气。早在南唐建立不久，先主李昇便采取了重金收购或置书吏借来书籍抄写的办法，丰富官藏典籍。《金华子杂编》说：

> 及高皇（指李昇——引者）初收金陵，首兴遗教，悬金为购坟典，职吏而写史籍。闻有藏书者，虽寒贱必优词以假之；或有赍献者，虽浅近必丰厚以答之。时有以学王右军书一轴来献，因偿十余万，缯帛副焉。由是六经臻备，诸史条集，古书名画，辐凑绛帷。俊杰通儒，不远千里而

---

① 〔宋〕马令：《南唐书》卷二三《朱弼传》，《五代史书汇编》，第5406页。

家至户到，咸慕置书，经籍道开，文武并驾。①

此举不仅收集了大量图籍，而且还感召到不少所谓俊杰通儒投奔而来，可谓一举两得。一些家富藏书的士人，感于先主发展文化的政策，主动无偿捐献了不少图书。庐陵人鲁崇范家中富有藏书，而且多为本人校定的善本。先主李昪初建学校时，缺少典籍，下诏州县征集图籍，吉州刺史贾皓动员鲁崇范进献，并以自己私款偿还其价。鲁崇范说："坟典，天下公器，世乱藏于家，世治藏于国，其实一也。吾非书肆，何酬价为？"②正是由于南唐士人具有这样的境界，遂使南唐所藏典籍居诸国之冠，不仅南方诸国无法相比，就是中原王朝也难望其项背。此后，经过中主、后主的征集，至南唐后期，仅金陵官藏典籍即达十余万卷，且多是经过精心校雠，"编秩完具，与诸国本不类"③的善本书。北宋建国之初，三馆所藏图书不过一万二千余卷，比之南唐，差之甚远。

南唐朝内学富识广之臣甚多，如韩熙载、江文蔚、徐铉、徐锴、高越、潘佑、汤悦、张洎之辈，莫不如此。他们均精于小学，校雠图书，用力甚多，其中尤以徐锴贡献最大。北宋初年，命令学官校定"九经"，主持此事的孔维、杜镐等人"苦于讹舛"，工作难以进行，后来得到南唐的大量藏书，由于多校雠精审，才使这项工作得以顺利完成。对于这一点，宋人马令在其撰

① 〔南唐〕刘崇远：《金华子杂编》卷上，北京：中华书局，2014年，第257页。
② 〔清〕吴任臣：《十国春秋》卷二九《鲁崇范传》，第413页。
③ 〔宋〕马令：《南唐书》卷二三《朱弼传》，《五代史书汇编》，第5407页。

的《南唐书》中说："昔韩宣子适鲁，而知《周礼》之所在。且周之典礼，固非鲁可存，而鲁果能存其礼，亦为近于道矣。南唐之藏书，何以异此？"①给予了很高的评价。

南唐不仅图籍搜集丰富，其士人也勤于著述，无论是经学、史学、音乐、美术、小学、文学、地理、医学、目录等各方面，都有较丰富的著作问世，对后世文化发展之影响尤为深远。现能考知的南唐人的著作就达二百种之多，无法考知的尚不知有多少。南唐人自己也自豪地认为本国"百代文章罔不备举"②。所有这些文化成就的取得，都是与南唐士人的不懈努力分不开的，也是南唐士风积极进取的表现。

（二）西蜀：浮靡重金

西蜀之地由于其特殊的地理环境，自唐代以来凡北方发生动乱，关中无法容身，皇帝便率领百官公卿避往成都。唐末以来，尤其是黄巢起义军攻入长安之后，西蜀遂成为北方士人最佳的避难地之一，他们纷纷举家迁到成都等处。也正是由于这个原因，为先后在这一地区建国的前蜀王氏政权与后蜀孟氏政权，提供了大量各类人才，使其典章制度比较健全，文化事业比较发达，成为五代十国时期南唐之外的又一文化中心。

相对来说，西蜀之地战乱极少，社会比较稳定，加之气候湿润、物产丰富，从而使这些入蜀的士人得以继续过上醉生梦死的生活，所以西蜀的文风浮靡，思想颓唐，内容空虚。以著名的

---

① 〔宋〕马令：《南唐书》卷二三《朱弼传》，《五代史书汇编》，第5407页。
② 〔宋〕陆游：《入蜀记》卷四，郑州：大象出版社，2019年，第44页。

"花间派"词为例，西蜀是其发源地，其创作的目的只是"绮筵公子，绣幌佳人"作"清绝之词，用助娇娆之态"①，专以妇女为描述对象，似乎不言闺情就不成其为词，故内容空虚，风格艳丽，境界极为狭窄。西蜀地区的这种文风与士人们的精神状况密切相关，实际上也是士风不振的一种表现。

以"花间派"的代表韦庄为例，他自唐朝进士及第以来，屡遭离乱之苦，入蜀之后任王建的掌书记，王建称帝之后，历任门下侍郎、吏部尚书、同平章事。当初，朱全忠弑唐昭宗后，王建虽为武夫，尚怀忠义之心，打算出兵讨伐，而韦庄饱读诗书，却力阻王建起兵，全然不顾君臣大义。后梁取代唐朝之后，韦庄又力劝王建称帝，甚至率吏民大哭三日，为了自己的富贵荣华，竭力拥戴王建称帝。据载，韦庄有一美伎，善撰文翰，王建以教习宫人为名，将其纳入宫中后而不遣还。韦庄思念不已，于是作《谒金门》一词表示怀念之情，此女闻知此事不食而死。韦庄后来也因此事气愤而死。韦庄出身名门士族，其祖先世受唐恩，代有公卿，面对唐朝灭亡不置一词，却对一伎如此上心，如此作为还谈何风范名节！

再如张格，也是唐朝公卿之后，避乱入蜀，被王建任为翰林学士。前蜀建国之后，升任为中书侍郎、同平章事，当上了宰相。当时王衍为郑王，其母徐贤妃为了能使他当上太子，派人送给张格一批黄金，请其上表请求立王衍为太子。张格连夜起草表

---

① 参见〔后蜀〕赵崇祚编，杨景龙校注：《花间集校注·欧阳炯序》，北京：中华书局，2014年，第1页。

章，写好以后又拿给功臣王宗侃，诈言受密旨拥戴郑王为太子，于是众人纷纷在表章上署名，从而使王衍顺利地登上了太子宝座。张格还因为私人之怨，杖杀中书吏王鲁柔，引起人们的非议。其品格之低劣、心胸之狭窄，于此可见一斑。

王锴，也是唐末入蜀的北方人士，历任翰林学士、御史中丞、中书侍郎、同平章事。王锴对发展西蜀文化、整理图籍做出了一定的贡献，但其身为宰相却只顾保全自家富贵，全然不管国家兴衰。前蜀后主王衍统治时期，王锴与庾传素同为宰相，后主在宠臣韩昭、潘在迎等人的引诱下，宴游无度，浪费了大量的资财，王锴从未劝谏过，对王衍提出的要求也不加反对，一律照办。后主王衍东巡期间，浮江而下，"糜费不赀"，群臣多有直谏者，当时王锴任判六军诸卫事，跟随后主出巡，既不能进行劝谏，又不愿引咎辞官。后唐大军攻入成都灭亡前蜀时，降表由李昊起草，而降书则由王锴起草。他的这些所作所为，受到人们的讥刺和嘲笑。

赵雄武，为当地土著士人，在前蜀屡任州刺史，"豪侈为一时之冠"，其家主掌庖厨的均为妇女，而不愿用男厨子，分为六厨，每厨各有两名婢女主掌，皆穿锦衣窄袖。大宴宾客，山珍海味必备，"率以为常"。又善做大饼，往往用三斗面做一饼，有的如数间屋大。宫中每举办宴会，或贵戚豪家设宴，便进献一饼，竟食之不尽，时人遂称赵雄武为赵大饼。

在前蜀统治时期，不少入蜀的原唐朝公卿之后裔，不学无术，却欲以门第求取高官。如杜何，唐朝关中士族宰相杜悰之子，无德无才，王建因其贵胄而授予博士之职。杜何因官卑而常感耻辱，遂向宰相陈述其家门阀之高贵，宰相安抚再三，却终不愿升其职。

再如韦巽，唐朝宰相韦昭度之子，因其父之故，多次被王建提拔，官至卿监。其同僚不服，讥刺说："三公门前出死狗。"韦巽回答说："死狗门前出三公。"①则连其祖先都骂遍了。如此愚钝，却能身居高位，为时人所嘲。

房谔，是唐初名相房玄龄的九世孙。其父房重，在唐末任新都(今四川成都新都区新都街道)县令，所以举家迁蜀。房谔在王建父子统治时期并无大的作为，却凭着其祖先的名望，官至太常少卿。

驸马都尉周仁矩，是王建开国功臣宰相周庠之子，粗有才藻，而性格顽劣。在任期间无所作为，前蜀亡后，与乞丐为伍，每次乞讨时，向人诉说其官爵门第，以获得人们的同情，每日可以获钱数百文，然后与众丐饮酒吃肉，以为乐趣，成都人见之，皆嗟叹不已。

前蜀后主王衍生活荒淫，游宴无度，其所撰《醉妆词》说："这边走，那边走，只是寻花柳。 那边走，这边走，莫厌金樽酒。"②在王衍看来，人生的目的就是享乐，这首词就是其人生观的真实写照。他自以为西蜀之地道路险阻，周围地形险恶，可保江山无虞，于是纵情行乐，不知国亡在即。其父王建有两个姓徐的宠妃，王衍为小徐妃所生，当太子时，就"好酒色，乐游戏"。

---

① 〔五代〕孙光宪:《北梦琐言》卷二〇《韦周庸劣》，第360页。
② 〔五代〕孙光宪:《北梦琐言·逸文补遗》，第457页。

二徐妃不加教诲，反而百般溺爱、纵容。即位以后，在二徐妃的诱导、众狎客的追捧下，宴游无虚日，尤其好为长夜之饮。酒宴至高涨时，男女无别，脱冠露髻，杂坐喧呼，上下尊卑之礼荡然无存。前蜀小朝廷的大员也莫不如此，如王宗裕在成都郊外兴建花园，经常携妓纵酒为乐；王宗翰好蓄养妓妾，后房珠翠美姬达百余人之多；王宗瑶修建高台，每有闲暇，则酣酒高歌于其上。这些人均为前蜀开国皇帝王建的养子，也都是其开国功臣。

最荒唐的是，在王衍统治时期，公然卖官鬻爵蔚然成风，带头的便是二徐妃。她们公开发出教令卖官，刺史、县令、录事参军，皆可公开拍卖，每有一官位出缺，数人相争，出钱多者则售给。宫中卖官如此猖獗，上行下效，前蜀的公卿中也不乏此类人。如礼部侍郎韩昭，在主持铨选考试时，公然受贿徇私，引起了选人的公愤，大家群起而申诉于鼓院，还编了一首歌谣进行讽刺。其歌曰：

> 嘉眉邛蜀，侍郎骨肉。
>
> 导江青城，侍郎亲情。
>
> 果阆二州，侍郎自留。
>
> 巴蓬集壁，侍郎不惜。①

王衍召问韩昭，韩昭回答说：这些都是太后、太妃、国舅的亲戚。王衍遂哑口无言。后来韩昭升任文思殿大学士，位在翰林承旨学士之上。韩昭自认为官高位崇，而其家宅第不广，于是向王衍请求卖通、渠、巴、集数州刺史之位，以所获钱财兴建新宅，

---

① 〔宋〕张唐英：《蜀梼杌》卷上，郑州：大象出版社，2019年，第111页。

王衍竟然也同意了这种荒唐的要求。

　　正因为前蜀上下因循，政事不理，百姓困苦，受到了一些正直之士的批评。乾德四年(922)，开制科选士，成都人蒲禹卿在对策中批评说："今朝廷所行者，多一朝一夕之事；公卿所陈者，非乃子乃孙之谋。暂偷目前之安，不为身后之虑。衣朱紫者咸盗跖之辈，在郡县者悉狼虎之人。奸佞满朝，贪淫如市。以是求治，是谓倒行。"①前蜀政治如此黑暗，所以当后唐大军兵临其境时，公卿无救国之策，将士无效死之意，统治很快就土崩瓦解了。

　　在后蜀统治时期，情况并无大的变化。但在发展文化方面，后蜀的士人做出了很大的贡献。如毋昭裔，贵为宰相却性嗜藏书，命人以长安旧本"九经"为底本，刻石立于成都学馆。后来又奏请后主孟昶出资刻印"九经"，作为学校的教材。毋昭裔见蜀中自唐末以来，学校废坏，遂出私财兴建学舍，发展教育。又令门人句中正、孙逢吉书写《文选》《初学记》《白氏六帖》等，出资刻印出版，对发展蜀中文化乃至我国古代文化做出了很大贡献。又如李昊，自言是唐朝宰相李绅之后人，在前蜀时官至中书舍人、翰林学士，后蜀孟昶时拜相。前蜀统治时期未置史馆，至此经李昊奏请，设置了史馆与史官，修成了《经纬略》《前蜀书》《后主实录》等一批史书。此外，欧阳炯、顾琼、欧阳彬、令狐峤、向瓒、句中正、毛文锡、阎选等一批人，也都在文学方面颇有贡献。

---

① 〔清〕吴任臣：《十国春秋》卷四三《蒲禹卿传》，第632页。

然而后蜀统治时期的士风却并无大的改观，士人或有才无德，或贪贿好色，全无气节操守。如王处回，在后主孟昶时，官拜武信军节度使、同平章事，位至使相，却专权贪暴，卖官鬻爵，四方有求官者先纳贿于王处回。其子王德筠也倚势骄横，所为多不法。据说王处回家所积财宝相当于国库的三分之二。

李昊虽对发展蜀地文化多有贡献，但在聚敛财富方面也毫不逊色，旧史记载说："昊前后仕蜀五十年，后主之世，位兼将相，秉利权，资货岁入无算，奢侈尤甚，后堂伎妾曳罗绮数百人。"①孟昶曾与南唐通使交好，其使者赵季札在南唐购得唐武宗时李绅拜相制书，回到成都后，遂将此物献给了李昊。李昊自称是李绅后人，自然对此物非常珍惜，遂搭建采楼置于其中，并尽召成都城中歌舞之伎，本人身着朝服，吹吹打打，迎入府中。他为此还大宴宾客，又以帛二千匹回赠赵季札，前后花费巨额资财。李昊家中资产巨万，奢侈逾度，他读《晋书·石崇传》，见石崇生活奢侈，与人斗富，遂笑着说："穷俭乞儿，以此为富，可笑，可笑。"②当初，后唐灭前蜀，李昊负责起草了降表，后来宋军灭亡后蜀，降表也是李昊起草的。于是，有人在其家大门上写了"世修降表李家"③的字样，见者无不哂笑。

再如徐光溥，在后蜀后主孟昶时，官拜中书侍郎、同平章事。当时李昊与其同为宰相而有宠，徐光溥惧祸，每次议事，从不参与，只知熟睡，人号为睡相。他早年任翰林学士时，与中书

① 〔清〕吴任臣：《十国春秋》卷五二《李昊传》，第774页。
② 〔宋〕张唐英：《蜀梼杌》卷下，第127页。
③ 〔宋〕欧阳修：《新五代史》卷六四《后蜀世家》，第807页。

侍郎刘羲叟分别值宿于宫中，因为刘羲叟赋诗时讥讽过他，引起其切齿之恨，终其一生不与刘羲叟交往，时人均认为徐光溥心胸过于狭窄。徐光溥虽位居宰相，然为人轻佻，曾撰艳词挑逗前蜀的安康长公主，被人劾奏，由此被罢去了相位。

另如幸寅逊，在后主孟昶时历任司门郎中、中书舍人、给事中、翰林学士等职。虽然曾对后主提出过一些有益的谏言，但是此人功利之心甚重，其所进谏多为邀取声名，并不是全为国事。入宋以后，任镇国军行军司马，任满罢职后已经年过九十，而仕进之心仍然非常强烈，竟准备行装，打算入京再谋官职，尚未来得及登程，便一命呜呼了。

后蜀士人中贪财者亦不少见，如翰林学士范禹偁好聚敛钱财，要求到外州任官，孟昶不愿他离开成都，遂命其兼任简州（治今四川简阳西北）刺史，每年让简州送钱数千贯给他。范禹偁曾三次主持科举考试，公然收受贿赂，送钱多者中高第，甚至"面评其直，无有愧色"①。当时有一举子冯赞尧，与范禹偁乃是布衣之交，由于家贫，无钱可送，竟始终不能登第。范禹偁不仅贪财，而且极其吝啬。后蜀灭亡后，他在宋朝任鸿胪卿。当时其有一门客从阳城来看望他，两人相见，交谈甚欢，却终日不管一饭，久之，命人取来清水各一杯，说：我近来凿了一口井，水甚甘甜，请君品尝。然后便将客人送走了事。

其实后蜀士人中的这种奢靡风气，与后主孟昶不无关系。孟昶即位初期，尚能厉行节俭，后期便发生了很大的变化。他爱好

---

① 〔宋〕张唐英：《蜀梼杌》卷下，第126页。

游乐，喜赏名花，下令在成都城上遍植芙蓉，平时以幄幕遮护，至秋季盛开，"望之皆如锦绣"①。他还喜好击球，虽盛暑而不已。又以芙蓉花遍染缯帛制成帷帐，名曰芙蓉帐。又以七宝装饰溺器，据说宋军缴获此物后，献给宋太祖，宋太祖指责说："汝以七宝饰此，当以何器贮食？所为如此，不亡何待！"②遂命人将溺器砸碎。上行下效，遂使蜀中社会风气更加奢靡，士人习气更加败坏。加之孟昶既不善识人，又不能用人，以至于在宋军进攻时，一败涂地，国亡被俘。

据载，孟昶之母李太后乃后唐庄宗宫嫔，庄宗将之赐给孟知祥，而生孟昶。孟昶晚年宠信小人，掌管兵权者多为新进膏粱子弟。李太后劝孟昶说：我见庄宗当年与梁激战，先帝在太原抵御契丹及平定两川时，诸将非有大功不得掌兵，故士卒畏服；今王昭远、韩保贞等辈，皆膏粱乳臭子，素不习兵，如何能抵御大敌？孟昶不听。入宋后，宋太祖对李太后非常优待，赏赐了大量财物，并尊称为国母。孟昶死后，李太后不哭，说：你不能死于社稷，苟活于世以取羞。我之所以不死而活到此时，全是因为你在。今你已死去，我也不用再活下去了！自此拒绝进食，从容死去。

（三）他国：委身武夫

五代十国时期其他诸国的士风虽然略有差异，但总的来说还是有一些共同特点，即均委身于武夫幕府之中，随着主子称王称

---

① 〔宋〕张唐英：《蜀梼杌》卷下，第125页。
② 〔清〕吴任臣：《十国春秋》卷四九《后蜀后主本纪》，第742页。

帝而跻身卿相之列。因此，看武夫的脸色行事，苟活于世，是诸国士人所面临的共同境遇。在这种情况下，他们不可能再作为独立社会阶层而存在。士人们的这种强烈依附性，决定了他们的价值观只能向现实性和功利性倾斜，朝秦暮楚的行为也不再被视为异端，忠节观念极为淡薄。如果士人不愿屈身于武夫之下，便无法在政坛立足，只能归隐于山林了。

此外，还有一个共同特点，即各国士人在其建国初期政治地位大都不高，处在武夫的附庸地位，后期情况虽有所改变，但各国具体情况又各不相同。吴越在钱镠及其儿子统治时期，虽然收揽了不少文人，但多处于掌管文翰、参谋咨议的地位，并不能参与中枢决策，更不用说染指兵权了。直到吴越后期，即钱俶统治时期，随着内牙军问题的基本解决，文人才进入了中枢决策机构，形成了所谓文人政府。马楚的情况与吴越不同，在马殷统治时期尽管任用了一批文士，甚至出现了高郁这样身居要职、可以参决楚国重要方针大计的人物，但是从总体地位看，文人仍处于武夫的压制之下，高郁也不免落得身首异处的下场。马殷死后，群驹争槽，战乱频起，文人的处境就更加艰难了。南汉在刘隐、刘岩统治时期，尚能收揽一批文士为其服务，建立典章制度，发展文化教育。其后诸帝大都昏庸残暴，致使宦官专权，内乱频生，文人的地位便每况愈下了。割据福建的闽国，在王潮、王审知时期，大力招揽人才，兴办学校，发展教育，使福建的文化事业得到了很大的发展。此后诸王争权夺利，战乱频频，不仅百姓遭难，文人的地位也不能有所保障。南平国小财乏，自高季兴以来，招致四方之士，罗致了一批文士于幕府之中，为其出谋划策，虽然难有大的作为，却能保一方平安，亦属难能可贵。至于北汉，土瘠民贫，文化落后，人才贫乏，其士人中极少有杰出的人才涌现，士人为了获取一官半职，为刘氏卖命奔走，其士风与中原王朝并无根本的不同。

对南方诸国的士人而言，从地域上划分，大体上可分为北方避乱而南迁的人士与当地土著人士，在前者中又可分为原唐朝衣冠名族与普通士人两类，由于出身的不同，他们在诸国的地位也颇有差异。土著人士占有地理之利，他们乘唐末动乱，四方割据势力蜂起之机，奔走于各地，谋取进身的机会，是一股比较活跃的新生力量。他们与南迁的北方人士共同为南方的文化发展贡献了很大的力量，对改变中国此后文化地理格局发挥了重要的作用。也有一种士人，见天下大乱，洁身自好，归隐不仕，以山水自娱，寄托自己复杂的感情。

关于前一类人对南方文化发展的贡献，最典型的例子莫过于南汉与闽国。这片区域在唐朝时文化还非常落后，是所谓蛮荒之地，也是当时流放罪人的地方。刘隐占据岭南后，采取了礼贤下士的政策，大力招揽四方之士。自唐末以来，由于中原动荡，中原人士认为岭南最远，是最佳的避难之地，于是纷纷南下；还有一种情况，即唐代许多名臣谪死于岭南，其子孙往往流落在这一带；此外，在岭南地区任职的唐朝官员，因为遭乱而无法北返，只好客居于当地。他们都在刘氏这种政策的感召下，纷纷投入到南汉政权中来，当然还有一些人士感于刘氏的诚意而主动投奔而来。如赵光裔，其父赵隐为唐朝的左仆射，他与其兄赵光逢、其弟赵光胤，皆进士及第，在唐朝担任显职。后梁时朱全忠命赵光裔充使授刘隐为节度使，刘隐遂将其强留在幕府。后来刘氏称帝，他也升任门下侍郎、同平章事，为南汉典章制度的建立、社会经济的发展，都做出了较大的贡献。其余如容管巡官王定保、唐朝名臣刘崇望之子刘浚、太学博士倪曙、唐朝名相李德裕的孙子李衡、唐朝司农少卿周杰，以及谙熟礼仪的杨洞潜等，刘隐均以师友之礼相待，经常向他们咨询治国之道及典章制度。刘隐死后，刘岩延续了其兄政策，礼遇士人，注重发挥他们的作用。在这些人的主导下，南汉注重发展商业，招徕海外和各地商贾，聚积了大量的财富。

唐朝末年，北方衣冠避居福建者也甚多。王审知占据这里后，采取多方延揽、礼贤下士的政策，如唐朝宰相王搏之子王淡、唐末著名诗人、翰林学士韩偓，唐朝宰相杨涉的堂弟杨沂丰等，土著人士中著名的有诗人黄滔、徐寅、翁承赞等，都是这一时期入仕于闽国的。他们劝王审知发展文化教育事业，建四门学，"以教闽士之秀者"。他们还积极从事文学创作，鼓励当地人学文，对促进当地文化的发展也发挥了一定的积极作用。自此以后，福建地区人才辈出，至宋代遂成为文化发达及全国藏书丰富之地。福建滨南海，闽国建立后，开辟商港，招徕海外商贾，不但坐收商利，而且还促进了中外经济文化的交流。

至于吴越、楚国的文化，在这一历史时期也都有较大的发展。吴越本为文化发达之地，钱氏统治期间，重视发展文化与经济，对道教与佛教的发展也都起到了较大的促进作用，使其境内一时人才济济。楚国马殷开天策上将府，仿唐太宗为秦王时旧例，置十八学士，网罗了一批优秀人才，促进了楚地的文化发展。《十国春秋》记载："楚地多诗人，最著者有沈彬、廖凝、刘昭禹、尚颜、齐己、虚中之徒，而仲举实伯仲诸子间。"①文中所说的仲举，即何仲举，是所谓天策府十八学士之一。

就诸国士风来看，大致上可分为热衷于功名与归隐不仕两类。前一类的代表有著名诗人罗隐，他的祖父、父亲在唐朝做过小官，罗隐本名罗横，据说他十次参加科举考试，全都落第，心灰意冷，遂改名罗隐。其实罗隐一天也没有放弃过做官的打算，他先在长安投奔宰相郑畋、李蔚，想谋取一官半职，没有成功。其后，罗隐在长安遇到了一位相面术士，告诉他说：君志在中第，即使考中，官不过主簿、县尉，若能放弃科考，南下投奔诸镇，从幕府官做起，将来必能大贵。于是罗隐先后到过湖南、淮南、润州等镇，皆没有得到赏识。随后他又投靠正在讨伐王仙芝的唐朝招讨使宋威，也没有得到重用，只好转而漂泊到杭州，希望能得到钱镠的重用。为了此次能得到赏识，他向钱镠进献了自己的诗作，诉说自己怀才不遇，希望钱镠英雄识才，能够收留自己。钱镠久闻罗隐大名，遂将其收在幕府之内。罗隐历任钱塘县令、镇海军掌书记、节度判官、司勋郎中、谏议大夫、给事中等职，至七十七岁时死去。罗隐年轻时不拘礼法，有轻薄之名。有一钟陵妓，名叫云英，与他有旧情，他落第之后赠诗云英曰："钟陵醉别十余春，重见云英掌上身。我未成名英未嫁，可能俱是不如人。"②

---

① 〔清〕吴任臣：《十国春秋》卷七三《何仲举传》，第 1014 页。
② 〔元〕辛文房撰，傅璇琮主编：《唐才子传校笺》卷九《罗隐》，北京：中华书局，1987 年，第 125 页。

《北梦琐言》的作者孙光宪，唐朝末年曾当过陵州（治今四川仁寿县东）判官，前蜀灭亡后，避入江陵，被高季兴纳入幕府，任掌书记。孙光宪一身事南平三主，历任荆南节度副使、检校秘书少监、试御史中丞等官。北宋建立后，他劝高继冲归顺宋朝，得到了宋太祖的赏识，被任命为黄州（治今湖北黄冈）刺史。旧史记载说，孙光宪自负才名，而只能在藩镇幕府任职不足以施展才力，因而怏怏不得志。可见孙光宪追求功名的愿望是多么迫切，直到晚年仍对此耿耿于怀。

高郁是楚国的第一谋士，为楚王马殷所器重，马殷得以建立霸业，楚国经济得以发展，高郁之功实不可没。可就是这样一位具有才华的士人，却贪图富贵，不知死期将至。旧史记载，高郁才高而性贪，生活非常奢侈，他常以所饮之井水不洁，于是命人用白银打成叶片护在井的周围，称之为"拓里"。听说辰州（治今湖南沅陵县）民向氏有一龙角，莹白如玉，高郁凭借权势，强行购回，于是便给人留下了中伤的口实，诬告他奢僭不法。马殷之子马希声多次进言，坚决要求罢去高郁所掌兵权，马殷虽然对其不疑，但经不住数次苦劝，便将其降为行军司马。直到此时高郁仍不知急流勇退，反而对此耿耿于怀，怒曰："吾事君王久矣，亟营西山，将老焉。猘子渐大，行能咋人！"①猘子即猛犬。马希声闻听此言，更加恼怒，遂假借其父的命令，将高郁处死。

像罗隐、孙光宪、高郁这样热衷于功名利禄的士人还有很多，他们或得主宠信，或受武夫压制，不管境况如何，皆在追求

---

① 〔清〕吴任臣：《十国春秋》卷七二《高郁传》，第999—1000页。

仕途显达的道路上孜孜不倦，锲而不舍，不知老之将至。不少人在国亡后，再到他国谋求发展，始终不愿放弃自己的追求，什么名节礼教，全都不顾了。如孟宾于，后晋时及进士第，因晋末动乱而归乡，被楚王马希范用为零陵从事。南唐灭楚后，又被授予丰城县主簿一职，升为涂阳县令。后因为贪污将被处以死刑，孟宾于遂向后主李煜献诗，李煜见诗写得还不错，其方才得以侥幸逃脱一死。孟宾于致仕后，隐居于玉笥山，自号群玉峰叟。过了一年，又被任命为水部员外郎，直到南唐灭亡后，才回到了湖南故乡。孟宾于是五代十国时期比较有名的诗人，且喜欢提携后进之士，然其操行不洁，为人所讥讽。

这一时期那些不愿与黑暗政治同流合污的士人，则选择了归隐山林，躬耕自给。如滕昌佑，本是苏州人，后来游历两川，遂成为蜀人。他志趣高洁，不结婚，不当官，选择幽静偏僻之地居住，栽种花草竹木，观赏植物枯荣，成为著名的花鸟画家。再如郑元素，年轻时攻读《诗经》《礼记》等儒家经典，为了躲避战乱，隐居于庐山青牛谷四十余年，寄情于山水之间，作诗弹琴，弦歌自若，绝不预闻人世间一切事务。还有一人，名叫褚雅，归隐于茅山，自耕自收，除了满足自身需要外，还救济周围贫苦农民。他勤于耕作，早晨起来很早，烧水以供山中砍柴的樵夫。天气炎热时，他还不时送瓜果给行路之人解渴。实际上褚雅已经从一位士人变成了自力更生的村民，从寄情山水转而同情人民，十分难能可贵。

还有一类士人，他们虽然隐居山林，却不忘忠君爱国，只是不满于现状才无奈归隐。如朱葆光，本是京兆（今陕西西安）人，后来迁到了南阳。朱温取代唐朝统治后，他不愿生活在后梁的统治区，遂举家迁至湖南，居住在潭州。每至节庆之日，他都要整理衣冠，立在南岳庙前，望北号泣，数十年如一日，始终不弃。后来他又迁到衡山，自耕自足，而不愿出山入仕。

陶英，在唐朝末年官至太尉，曾因上书言事，得罪了朱全忠，被授以征南将军之职，率军镇守昭州（治今广西平乐县平乐溪北岸）。唐朝灭亡，后梁建立，他惧怕招来杀身之祸，遂弃官携家隐居于昭州诞山。马殷建立楚国后，他也不与马氏往来，成了一个真正的隐者。

朱遵度，青州人。其家多藏书，朱遵度苦读力学，全部周览一遍，当时推为博学，人称"朱万卷"。后晋末年，契丹军入寇中原，朱遵度为避乱举家携书逃到湖南，由于不被赏识，遂杜门不出。楚国学士们撰写文章，多向他请教典故辞章，人称其为"幕府书厨"。楚国灭亡后，他又举家迁往金陵，仍然不愿入仕，著书立说，笔耕不辍，撰有《鸿渐学记》一千卷、《群书丽藻》一千卷、《漆经》若干卷。

由于南方诸国毕竟战乱较少，且经济发达、国家富庶，在这种稳定的社会环境下，无论是入仕还是隐居的士人，都为当地的文化发展做出了贡献，这一点恰恰是北方所不具备的社会条件。

四、结语

五代十国时期的士风南北不同，这是由于南北方社会环境不同所致，因为社会环境对士气的形成具有极大的影响。士人为了适应宽松或严酷的社会环境，不得不改变各自的处世方式和精神追求，从而形成了不同地域的不同士风。

需要强调的是，这一历史时期大量北方士人的南下，不仅改变了南方的文化格局，促进了南方文化、教育事业的发展，而且也对南方士风的形成具有一定的影响。大体表现在以下几个方面：

首先，北方士人在仕途上积极进取的精神极大地影响了南方士人。在唐末五代北方南迁士人的构成中，主要就是那些中原衣冠旧族和已取得功名的士人，他们是南方各政权急需的人才和延揽对象。在他们的影响下，南方各国纷纷开科取士，如南唐、后蜀、南汉、清源军等。其中以南唐贡举次数最多，前后共放十七榜。南汉自乾亨四年（920）以来，贡举"如唐故事，岁以为常"①。这种情况的出现，致使南方士人纷纷投身于科考事业中，从而极大地促进了其在政治上的积极进取之心。

其次，增强了南方士人的政治参与感。汉唐以来南方士人由于地理条件的限制、经济发展的滞后，风气相对比较保守，所谓"有山泉禽鱼之乐；虽有长材秀民通文书吏事与上国齿者，未尝肯出仕"②。而传统儒家思想要求士人积极入世，因此在北方士人的感召下，这种情况发生较大的变化。

最后，促成了南方士人生活的新风尚。唐宋以前，我国的经济文化重心在中原，中原灿烂的文化和物质文明造就了一大批才

---

① 〔清〕吴任臣：《十国春秋》卷五八《南汉高祖本纪》，第842页。
② 〔唐〕韩愈著，阎琦校注：《韩昌黎文集注释》卷五《欧阳生哀辞》，西安：三秦出版社，2004年，第452—453页。

华横溢、风流倜傥的名士，如韩熙载、孙晟、李昊、赵光裔等。北方士人的生活方式引起了不少南方士人的企慕，再加上南方物产丰富、经济发展、社会稳定，为士人优越奢侈的生活提供物质基础的同时，也深刻地影响和改变了相当一部分士人的文化价值取向和精神生活追求。随后，出现了一批讲究物质享受，精通琴棋书画、诗词音律的文士，他们在行事上与皓首穷经的士子不同，喜交游，风雅不羁，才华出众，形成了一种前所未有的新风尚。

但是南方士风也不是一成不变的，以韩熙载为例，前期积极进取，后期消极颓废。在其他各国中亦有一些此类人物，如韦庄，在前蜀拜相，"建（即王建——引者）之开国制度、号令、刑政、礼乐皆庄所定"①。然后期生活奢侈，养美姬，追求享乐。再如李昊，在蜀地前后五十年，"后主之世，位兼将相，秉利权，资货岁入无算，奢侈尤甚，后堂伎姜曳罗绮数百人"②。全然没有初期那种进取的精神。当然此类状况仅限于部分人士，并非整体士风如此。需要强调之处有二：一是五代士风对宋代士风有一定的影响，至少对北宋前期的士风影响不小；二是五代士人对我国南方经济文化的发展做出了极大的贡献，并且改变了此后中国经济地理与文化地理的格局。

---

① 〔宋〕张唐英：《蜀梼杌》卷上，第106页。
② 〔清〕吴任臣：《十国春秋》卷五二《李昊传》，第774页。

第四章　迷茫的士人

一、南唐党争

（一）朋党的形成

所谓朋党就是指士大夫阶层中的不同政治派别或政治集团，他们为了维护各自团体的利益而互相斗争。这种朋党之间的斗争在我国历代王朝或多或少都有存在，只是斗争的规模、激烈程度、持续时间各有不同罢了。

南唐虽然只是一个割据政权，但也存在比较严重的朋党斗争，这就是以宋齐丘为首的宋党和以孙晟（忌）为首的孙党之间的斗争。宋人马令所撰的《南唐书·党与传》说："南唐之士亦各有党，智者观之，君子、小人见矣。或曰：宋齐丘、陈觉、李徵古、冯延巳、延鲁、魏岑、查文徽为一党；孙晟、常梦锡、萧俨、韩熙载、江文蔚、钟谟、李德明为一党。"①其实马令所列的这个名单并不完全，孙党中的人物还有周宗、李建勋、徐玠、徐

_____

① 〔宋〕马令：《南唐书》卷二〇《党与传上·宋齐丘传》，《五代史书汇编》，第5387页。

铉、朱元、严续、徐锴等人。另外，钟谟、李德明两人，因为与宋党作对，所以被旧史家视为孙党人物，其实孙党中人多不与其往来，并将其视为小人。至于韩熙载，前面已说过其本无朋党，只是在政治立场上与宋党对立，故后人将其列入孙党。

两党的形成时间不同，其中宋党形成得较早一些。南唐先主李昪的养父徐温在世时，李昪数次提出重用宋齐丘，但由于徐温憎恶其为人，始终不得重用，直到徐温死后，李昪专断吴国大政，宋齐丘始得重用。吴太和三年（931），李昪出镇金陵，留其子李璟在广陵辅政，由于李璟年纪尚轻，没有多少政治经验，于是命宋齐丘辅佐李璟，并任其为宰相兼枢密使。当时李璟名为辅政，实际大权皆掌握在宋齐丘手中，李璟只是挂名而已。宋齐丘就是利用这个机会，拉帮结派，大肆扩充自己的势力，因此可以将宋党初步形成的时间确定在太和三年。宋党的完全形成时期却是在南唐先主李昪昪元末年至中主李璟保大初年，即公元942年至943年。之所以有这样的结论，是因为宋党中的一些骨干分子大都是在此期间投靠宋齐丘的，比如李徵古昪元末入仕南唐，当时宋齐丘正大力扩充自己的势力，李徵古经常出入其门下，李璟即帝位后，李徵古在宋齐丘的推荐下遂得重用。宋党重要骨干魏岑也是在这个时期投入宋齐丘门下的，魏自南渡以来，久不得志，经宋齐丘的推荐才得以充任校书郎，从而为以后的飞黄腾达奠定了基础。宋党的另一骨干查文徽也是在宋齐丘的推荐下，才得到了元帅府掌书记的官职，当时李璟为元帅。李璟即位后，遂升任查文徽为中书舍人。至于冯延巳，本不与宋齐丘有瓜葛，他与宋齐丘的门人陈觉关系密切，通过陈觉的引荐，得以结识宋齐丘，从而成为宋党中最重要的人物。

孙党形成比宋党晚一些。吴太和六年（934），李昪见取代吴国统治的时机越来越成熟，但不便硬性抢夺，必须使吴主自己提出让位，如此才可以堵塞天下人之口。如此就必须有大臣出面劝吴主禅让，可是这种话又不能由李昪自己提出，最好有人主动出面承担。周宗看出了李昪的心思，于是便出面劝吴主禅位于李昪，当时徐玠、李建勋、贾潭、王令谋、孙晟等人，都极力促成此事，所谓"相为推挽，决行大事"①。为了一个相同的政治目的，这一批人走到了一起，通常便将这一年视为孙党初步形成的时间。

宋孙两党刚一形成，就展开了一场激烈的斗争。事情的起因是这样的：宋齐丘作为李昪早年的主要谋士，两人相交已久，李昪本人也将宋齐丘视为自己的心腹骨干，并委以重任。因此，宋齐丘自然也是赞成禅代的，但由于周宗等人抢先一步提出了这个问题，宋齐丘不愿眼看着功劳被别人抢走，于是便极力反对禅代，并且请求斩周宗以谢吴主。本来周宗这一批人并未有意识地组成朋党，可宋齐丘出面作梗，不但会使他们的计划不能实现，而且连周宗的性命都不保，而周宗一旦被斩首，那么就意味着赞成其主张的这一批人都有了罪责，也就无法再在朝中立足。出于维护共同的政治利益，他们走到了一起。李建勋、徐玠等人极力反对宋齐丘的主张，当然李昪也不愿意处死周宗，只是他必须找

①〔宋〕马令：《南唐书》卷二〇《党与传上·宋齐丘传》，《五代史书汇编》，第5389页。

一个台阶下，否则就会给人留下一个他急于谋权篡位并指使周宗出面的印象。在李、徐等人的劝谏下，李昇做出不得已而顺从众议的样子，赦免了周宗的过失。

围绕着是否禅代的这场斗争，表面上看似乎宋齐丘一党获得了胜利，实际上却为宋党的最后失败埋下隐患。李昇被迫将禅代之事延后了数年，心中对宋齐丘的不满从此也就种下了根苗，后来宋齐丘被罢相就与此事有着直接的关系。

需要说明的是，孙党与宋党不同，他们并非一个结合紧密的政治集团，充其量只是一个松散的政治团体。而且孙晟一开始也不是这个集团的首要人物，只是由于徐玠过早的死亡，周宗、李建勋等过早的隐退，在朝中与宋党相对立的一派人中，他是宰相，地位和威望最高，所以被视为其党之首。其实这一派人并没有把孙晟视为当然的领袖，不像宋党那样唯宋齐丘马首是瞻。孙党与宋党之间的分歧，主要是政治主张的对立，孙晟等人并未有意识地联合成一个团体，后人之所以把他们看成同党，完全是因为他们的政治主张相近或是对宋党斗争的一致性，其内部成员之间的关系也不像宋党那样密切。

学术界有一种观点，认为南唐两党的划分是以地域为标准的，即宋党人物均为江淮土著人士，而孙党则以南迁的侨寓人士为主。[①]其实这种划分是没有多少依据的，两党中均有土著与侨寓之人，他们之间的分歧主要还是政治见解的不同。比如周宗为土著人，可是宋齐丘仍然千方百计要置其于死地。萧俨与宋齐丘

---

① 参见任爽：《南唐党争试探》，《求是学刊》1985 年第 5 期。

本是同乡，由于政治上的分歧，也被其视为异己，必欲置之死地而后快。再比如乔匡舜，高邮（今江苏高邮）人，属于江淮土著人士，他在宋齐丘幕府中十数年，可谓亲信故吏了，宋齐丘喜欢让人吹捧，而乔匡舜为人率真，尽管宋非常欣赏乔匡舜的才艺，也从未推荐提拔过他。李昪也非常欣赏乔匡舜的才干，命公卿推荐人才，以为宋齐丘肯定会推荐乔匡舜，结果事情完全出乎李昪的意料，宋齐丘根本就没有推荐乔匡舜。事后李昪叹息地说：我没有想到他竟然会舍弃乔匡舜。此事也使孙党人物常梦锡、韩熙载感到奇怪。宋党中的其他人行事也大都如此，如冯延巳在元帅府任掌书记时，旧史记载说："同府在己上者，延己稍以计逐之"①，根本就不分什么土著或侨寓人士。可见以地域的不同作为两党的分野是站不住脚的。

为了搞清南唐党争的问题，必须首先把两党首要人物的生平搞清楚。先介绍一下宋党的魁首宋齐丘。

宋齐丘，庐陵人。宋齐丘的父亲宋诚，在唐朝末年任洪州节度使钟传的副使，早死。钟传被杨行密消灭后，宋齐丘陷于贫困之中，无法生活，一度依靠一位姓魏的倡女糊口。这一时期李昪在升州广招四方之士，经骑将姚洞天的推荐，宋齐丘结识了李昪，并受到赏识。宋齐丘早年勤奋好学，有大志，作为李昪的主要谋士，对许多重要决定做出了贡献。但是吴国权臣徐温却非常厌恶宋齐丘，曾经派人监视他的行动。宋齐丘为了避祸，佯装狂羁，徐温由此以狂士待之，遂不介意，但也只让其担任殿直军判

---

① 〔宋〕司马光：《资治通鉴》卷二八三，后晋齐王天福八年二月，第9244页。

官这样的小官，直到徐温死后，宋齐丘才升任为右司员外郎，历任右谏议大夫、兵部侍郎等职。宋齐丘在辅佐李昪期间建树颇多，所谓"讲典礼，明赏罚，礼贤能，宽征赋"①，做了很多有益的事情。

在这期间，李昪对宋齐丘非常器重，打算拜其为相，宋齐丘却以资望尚浅、不足以服众为由，以归乡葬父为名，隐入九华山，不再入朝。李昪只好命其子李璟以吴主之命亲往迎接，这才出山归朝。宋齐丘此举乃是以退为进的策略，通过此事抬高自己在朝中的地位。宋齐丘回朝后，马上被任命为中书侍郎，迁右仆射、同平章事，如愿当上了宰相。此人权力欲极强，好大喜功，自谓学识独步古今，但心胸狭窄，容不得贤才能人，尤其是和自己意见相左的人。此外，宋齐丘还广树朋党，排斥异己，在晚年干了不少误国误民的事情。宋齐丘一生几起几落，权力欲非但未减，反倒愈来愈旺，尤其在中主李璟统治时期，他几乎成了朝中一切奸佞之人的后台，终于落了个可悲的下场。

吴太和六年(934)与孙党的斗争，使得李昪对他逐渐疏远。李昪建立齐国时，任命宋齐丘为左丞相，但不许其参与政事。南唐正式取代吴的统治时，宋齐丘称病不出，也不在劝进书上署名，使李昪对其不满的程度进一步加深。南唐建国后，李昪以徐玠为侍中，李建勋为中书侍郎、同平章事，周宗为枢密使，给宋齐丘只是加了个司徒的虚衔而已。从这个意义看，两党的第一场斗争应该说宋党打了个败仗。当李昪即位后宣布任命公卿的制书

---

① 〔清〕吴任臣：《十国春秋》卷二〇《宋齐丘传》，第292页。

时，因其中有其与宋齐丘为"布衣之交"一句，引起宋齐丘更大
不满，遂大声说："臣为布衣时，陛下为刺史；今日为天子，可
以不用老臣矣。"[1]说罢拂衣而出。李昪只是好言抚慰，但并未给
其另授官职。

宋齐丘自感失计，久之计无所出，终于想出了一个讨好李昪
之策。他上书请求迁吴主家族于外州，并请李昪和吴世子杨琏绝
婚。早年李昪为了巩固权势，遂将自己的女儿嫁给杨琏为妻。宋
齐丘说："非独妇人有七出，夫有罪亦可出。"[2]这种自固恩宠的
愚蠢举动，遭到了当时舆论的嘲笑，非但没有达到预期的目的，
反而使李昪更加厌恶宋齐丘。

不久，宋齐丘亲吏夏昌图盗取官钱六百万，本应处以死刑，
宋齐丘却设法免去其死罪。此事被李昪知道后，下诏处死了夏昌
图，宋齐丘羞愧不已，遂称病不再上朝。李昪为了安抚宋齐丘，
特命其子李景遂前往劳问，并许诺让其坐镇故乡，这才使其重新
上朝。李昪设宴款待，在席间宋齐丘不胜悲愤，口出怨言："陛
下中兴，臣之力也，奈何忘之？"李昪见其不识抬举，遂厉声说
道："公以游客干朕，今为三公亦足矣。"宋齐丘也不示弱，大声
说道："臣为游客时，陛下乃偏裨耳。"[3]李昪虽然对宋齐丘非常
反感，但又不愿严罚于他，以免背上疏离功臣的恶名，于是在次
日，再次下诏安抚，并任命其为镇南军(治所洪州)节度使。

宋齐丘本人生活非常奢侈，在洪州为政残暴，任用群小，政

---

① 〔宋〕司马光：《资治通鉴》卷二八一，后晋高祖天福二年十月，第9183页。
② 〔清〕吴任臣：《十国春秋》卷二〇《宋齐丘传》，第293—294页。
③ 〔宋〕司马光：《资治通鉴》卷二八三，后晋高祖天福七年五月，第9237页。

事不治，将其家所在地爱亲坊改为衣锦坊，并且广修宅第，穷极宏丽。他出于虚荣之心，命令坊中居民皆要修饰墙屋门巷，极备华洁，民不堪命，相率逃去，坊中为之一空。宋齐丘先后四次在本州任官，所行之事大率如此。

在中主李璟即位之初，宋齐丘与周宗同时拜相，但由于他指使党徒攻击周宗，被罢为镇海军节度使。宋齐丘郁郁寡欢，遂请求归隐九华山，于是中主赐号九华先生，封青阳公。后由于中主之弟李景达的劝说，又一次召其入朝中，任太傅、中书令，改封卫国公，但不许参与政事。宋齐丘不甘寂寞，与其党徒勾结，排挤正直朝臣，擅权乱政，引起中主不满，中主遂命其再次出任镇南军节度使，直到后周军队进攻淮南时，才召其回朝中赴难。

宋齐丘曾经极力推崇李昪次子李景迁，谋图立其为太子，以便谋取未来的政治利益。这件事对李璟造成很大的伤害，引起了他对宋齐丘的极大不满，同时也为宋党最终的命运埋下了隐患。关于这个问题，元代著名史学家胡三省说："既以赞夺嫡之谋怨之，又以争权误国怨之，宋齐丘于是不得免矣。"[1]这些话都是很有道理的。至于宋齐丘改变李昪制定的国策，首开拓境之说——使南唐先后用兵于闽、楚，劳民伤财，四境骚动，极大地削弱了南唐的国力，致南唐由盛转衰，终至于灭亡——关于这一点，李璟固然要负主要责任，但宋齐丘极力煽惑，首倡提议，也负有不可推卸的责任。

孙晟，初名孙凤，又名孙忌，密州人。孙晟是进士出身，曾

---

① 〔宋〕司马光：《资治通鉴》卷二八三，后晋齐王天福八年二月，第9243页。

经当过道士，在后唐庄宗时当过著作佐郎的小官。后唐明宗时，他在秦王李从荣门下任职，李从荣败亡后，孙晟惧祸，亡命南奔，投于李昪门下。据说孙晟口吃，与人相接，不能道寒暄，一旦坐定，则"谈辩锋生，听者忘倦"[1]。

孙晟厚重沉稳，为人刚直，善文辞，深得李昪的信任和赏识，许多密计谋划，他都参与其中，在李昪取代吴国统治、创建南唐中立有大功，历任中书舍人、翰林学士、中书侍郎等职。在中主李璟统治初期，由于齐王李景遂的排斥，孙晟一度被贬为舒州节度使，归朝后，任左仆射、同平章事，与冯延巳同为宰相。孙晟的拜相，使宋党之人如坐针毡，非常嫉恨。冯延巳曾讥刺孙晟文采不足，孙晟回答说："仆山东书生，鸿笔藻丽，十生不及君；诙谐歌酒，百生不及君；谄媚险诈，累劫不及君。然上所以置君于王邸者，欲君以道义规益，非遣君为声色狗马之友也。仆固无所解，君之所解，适足以败国家耳。"[2]冯延巳羞惭不能对答。这段话不能仅看成两党之间的口舌之辩，实际上还反映了他们之间行事为人，及品格上的高下不同。

欧阳修在《新五代史》中记载，孙晟与冯延巳同时拜相，常鄙视冯延巳的为人，说："金碗玉杯而盛狗屎可乎？"而《玉壶清话》的记载却与此相反，说冯延巳看不起孙晟，谓人曰："可惜金盏玉杯盛狗屎。"这两种记载到底哪一种更可靠？不好论定。不过以孙晟之品格，似乎说不出这样的话来，很可能是冯延巳贬

---

① 〔宋〕欧阳修：《新五代史》卷三三《死事传·孙晟传》，第365页。
② 〔宋〕陆游：《南唐书》卷一一《冯延巳传》，《五代史书汇编》，第5549页。

低孙晟的话。

后周大军进攻淮南时，南唐军屡战屡败，中主李璟派遣孙晟、王崇质出使后周。临行前，孙晟估计自己此行不免一死，遂对王崇质说："吾思之熟矣，终不忍负永陵一抔土，余非所知也。"①永陵即先主李昪的陵墓。果不出孙晟所料，他此次出使被后周扣留，世宗待其甚厚，每次召见都要先赐酒。周军久攻寿州不下，以楼车载孙晟于城下，要他劝说守将刘仁赡投降。孙晟遥对刘仁赡说："君受国恩，不可开门纳寇。"世宗质问他时，孙晟大义凛然地说："臣为唐大臣，岂可教节度使外叛？"②周军作战不利，先所得南唐诸州皆已失去，世宗忧之，召见孙晟问江南虚实，孙晟拒绝回答，世宗大怒，下狱处死。临刑前孙晟神色怡然，正衣冠，向南而拜，说："臣受恩深，谨以死谢。"③

不过孙晟在江南数十年，高官厚禄，因此生活十分奢侈，据载，其进食时，不设几案，命众伎各持一器环立而侍，号"肉台盘"。时人多仿效之。

由于孙晟以死赴国难，对南唐忠贞不贰，受到时人的尊敬。周世宗见其是忠臣，又后悔杀之。中主李璟得知其死讯后，流涕不已，追封其为鲁国公，谥号文忠。陆游评论说："孙晟死于奉使，皆天下伟丈夫事，虽敌仇不敢议也。"④一般来说，孙党之中多刚正不阿之士，他们处事多能从国家大局出发，并且嫉恶如

---

① 〔宋〕薛居正：《旧五代史》卷一三一《孙晟传》，第 1734 页。
② 〔宋〕陆游：《南唐书》卷一一《孙忌传》，《五代史书汇编》，第 5554 页。
③ 〔宋〕陆游：《南唐书》卷一一《孙忌传》，《五代史书汇编》，第 5554 页。
④ 〔宋〕陆游：《南唐书》卷一一《孙忌传》，《五代史书汇编》，第 5554 页。

仇，慷慨激昂，如常梦锡、江文蔚、张易、韩熙载、徐铉、萧俨等，莫不如此。这一点正好和宋党之人形成鲜明对照。

（二）党争的焦点

先主李昪时期是两党积蓄力量的时期，除了围绕着禅代问题发生过冲突外，基本上没有太大的公开冲突。加上李昪颇有政治经验，对宋齐丘、李建勋等人采取抑制政策，并不过多地授予权力，所以这一时期南唐内部的矛盾并不尖锐，政治也较清明。及至中主李璟时期，宋党势力急剧膨胀，双方斗争逐渐白热化。

先主李昪刚一逝世，双方的矛盾就公开化了。当时任中书侍郎的孙晟，担心魏岑、冯延巳、冯延鲁以东宫旧僚受到重用，专权用事，遂打算称遗诏，奉太后临朝听政。这一做法固然是出于好意，然此议不但引起了宋党的激烈反对，李璟也十分不满。翰林学士李贻业出面反对，加之太后也不同意，于是只好作罢。不过李璟知道孙晟此议乃是出于公心，所以并没有因此而过多地迁怒于他。

事情不出孙晟所料，宋党中人见先主已死，喜形于色，积极活动，欲乘机攫取大权。如冯延巳等人，在中主李璟刚刚即位、尚未来得及听政时，就频频入宫奏事。这种行为连李璟都表示了反感，说："书记自有常职，余各有司存，何其繁也！"①李璟统治初年，委政于其弟齐王李景遂，不见朝臣，只有冯延巳、魏岑等人可以出入禁中，中外隔绝，形势对孙党极为不利。于是萧俨

---

① 〔清〕吴任臣：《十国春秋》卷二六《冯延巳传》，第365页。

率先上疏极谏，晓以利害，促使李璟重新出来听政。

宰相周宗首先遭到宋党的围攻，接着常梦锡也遭到攻击。因李璟为齐王时，常梦锡对其行为多有直言规正，故深得李璟的赏识，及即位，许以翰林学士一职。此事引起了宋党的极大不满，他们借口常梦锡封驳制书不当，将其贬为池州判官。后来常梦锡返回京师，也不甘示弱，经常与李璟争论宋齐丘奸佞，应该早做处置。不过当时李璟正信任宋党之人，所以常梦锡的话并不能起到什么作用。

中主李璟宠信宋党中人，并不是不了解他们结为朋党的事实，之所以仍然宠信他们，一是因为其即位之初孙晟提出过太后临朝称制的问题，多少引起了他的不满。事后他对李贻业说："疾风劲草，于卿见之。"[1]可见他对此事还是很在意的。二是宋党中的骨干分子冯延巳、冯延鲁、魏岑等，均是齐王府旧僚，从个人关系上看，李璟与他们的关系要比孙党人物更为亲近，使他觉得还是这些人靠得住。三是宋党中人多为阿谀谄媚之徒，且多具文学才华，颇投李璟所好。如冯延巳就是当时著名的词人，旧史也说李璟"特以旧人，不能离也"[2]。这些人经常陪伴李璟走马弄狗，赋诗唱和，饮酒作乐，自然能博得李璟的欢心。这批人还有一个特长，就是善于揣度皇帝的心理，百般迎合，因此他们提出的主张也容易为李璟所接受。尽管李璟偶尔也支持孙党抗衡一下宋党的咄咄逼人之势，但终究抵不住宋党的攻势，有时往往

---

① 〔清〕吴任臣：《十国春秋》卷二五《李贻业传》，第354页。
② 〔宋〕马令：《南唐书》卷二一《党与传下·冯延巳传》，《五代史书汇编》，第5394页。

反而受其利用，充当了打击孙党的工具，所以在中主李璟一朝基本上是宋党得势。

中主李璟统治时期的主要大事为伐闽、灭楚和淮南抗周，所以宋孙党争的焦点也主要围绕着这几件大事展开。在这些问题上双方存在着策略上的分歧，孙党坚持先主制定的策略，主张审时度势，等待时机，不轻动兵端，待机北伐中原；而宋党则主张扩土广宇，以干戈为儿戏，轻率用兵。在宋党的极力倡导下，南唐发动了伐闽战争，宋党主要人物几乎都参与到这场战争中。在朝中主持军务、政务的是宋齐丘、冯延巳等，在外前后统兵的有冯延鲁、魏岑、陈觉、查文徽等，由于他们的无能，伐闽战争彻底失败。对于这场战争孙党本来就不赞成，对以宋党人物统兵更是坚决反对，当时徐锴就指出冯延鲁等人无统御之才，人望至浅，不是适当的统兵人选，结果遭到贬逐。

宋党积极主张发动战争的目的本就不纯，欲使立功以取柄任，即为了获取更大的权力。宋齐丘刚从归隐的九华山回朝不久，遂推荐陈觉充当宣谕使，说其多有智略，可以不劳寸刃，便可使割据福州的李仁达"坐致阙下"。其结果是，陈觉擅发诸州军队，兵败辱国。战争失败后，孙党韩熙载等人力主斩杀元凶，以正国典，但由于宋齐丘、冯延巳的阻拦，也没有达到目的。

进攻楚国的战争也是宋党发动的。当南唐军队进攻得手之际，中主李璟曾打算就此罢兵，孙晟也主张见好就收，不要陷入泥潭而难以自拔。但冯延巳、魏岑等宋党分子持反对意见，坚持要攻取楚国全境。结果劳师费财，搞得本国人民及湖南百姓怨声载道，最终不仅未占得尺寸之地，反而损兵折将，进一步削弱了南唐的国力。

淮南战争就是后周乘南唐伐闽、攻楚接连失败，国力衰弱之际发动的。在这场战争期间，两党的斗争更加激烈。当时孙党的孙晟、严续虽为宰相，但军政大权皆归枢密院，严续多次进言，却不被理睬，不久便被罢了相位。孙晟出使后周，长期未归。当时宋党的陈觉、李徵古任正副枢密使，之后陈觉监李景达之军，留在朝中主持军务的乃是其同党李徵古，朝中决策皆出于宋党人物。南唐军事在他们的主持下一战不如一战，终于导致淮南战争的彻底失败。孙党虽然提出过一些有益的建议，但未能被采纳。宋齐丘在战争中也起到了一些不好的作用，在周军从各地撤退，以便集中兵力攻下寿州时，他怕结怨于后周，阻止诸将据险邀击，致使周军顺利地集结于正阳，寿州之围遂不可解，终于失去了淮南。

南唐军屡战屡败，淮南大部分州郡已为周军所攻占，南唐军力衰竭，无力继续再战，而后周又有不尽占淮南绝不罢兵之势。在这种情况下，只有尽快与后周妥协，才能摆脱困境，挽救危局。因此，李德明出使后周归来后，力主割地求和，宋齐丘出于门户之见，极力陈说割地无益。陈觉、李徵古则指责李德明卖国求荣，罪不可赦。孙晟、王崇质也出使后周，孙晟被扣，只有副使王崇质被放归。宋党遂指使王崇质出面诋毁孙晟、李德明，致使李德明被斩。宋党反对求和并不是建立在决心死战到底的基础上，而且出于朋党之间的斗争。交泰元年（958），陈觉奉命出使后周，见周军严整，实力强盛，心中大惧，向周世宗提出割让淮南，两国划江而治，世宗应允，双方于是达成停战和议。本来坚决指责李德明割地卖国的宋党，此时又力主割让淮南，成了划江而治的积极倡导者，真是莫大的讽刺。

南唐失地丧师、国势危殆，就是在这样的局势下，宋党仍不放过倾轧孙党的机会。陈觉从后周回国后，假传周世宗之命，对中主李璟说："江南连年拒命，知是宰相严续所为，可杀以谢过。"李璟素知两党势同水火，没有轻易相信陈觉的话，而是另派钟谟出使后周，核实此事。周世宗得知此事后，大惊，对钟谟说："必使续如是，乃忠臣矣。朕为天下之主，肯杀忠臣乎？"[1]钟谟回国后，才使真相大白，严续因此才不至于冤死。

（三）党争的结局

淮南战争结束后，由于宋党实际上把持了南唐的军事指挥权，对战争的失败负有主要责任，他们也认为这种状况必不为群臣所容，如果不想方设法渡过难关，将会遭到灭顶之灾。他们商议的结果就是设法使皇太弟李景遂上台，由宋齐丘执掌大政，则可以保全其党不被清算。于是由陈觉、李徵古出面，乘南唐新败、人心不稳、国家困窘之际，向李璟提出禅位于太弟，由宋齐丘摄理国政，李璟则退居后苑，"从容谭释、老而已"[2]。李璟认为此事必是宋齐丘指使的，心中大恨。孙党陈乔、钟谟等人则极力阻止此议，钟谟说："齐丘当国危之际，遣门人献议，欲因便

---

[1] 〔宋〕龙衮：《江南野史》卷二《嗣主》，第103页。
[2] 〔宋〕马令：《南唐书》卷二一《党与传下·陈觉传》，《五代史书汇编》，第5392页。

以夺主位，无人臣之礼。"①从而挫败了宋党的如意算盘。太弟李景遂见事已至此，不便再在太弟之位停留，便提出让出太弟之位，李璟顺水推舟，封其为晋王，拜天策上将、洪州大都督、太尉、尚书令，另立长子李弘冀为太子，参理朝政。

李景遂到了洪州之后，每天闷闷不乐，因小事迁怒于都押衙袁从范之子，并将其杀死。太子李弘冀得知此事后，为了根绝后患，派亲信送毒酒于袁从范，令其寻机毒死李景遂。有一天，李景遂击鞠口渴，向从人索水，袁从范乘机以毒酒进献，致使李景遂中毒身亡。李璟明知李景遂死得可疑，但由于他的死了去自己的一块心病，也就不加深究了。

李景遂的死，使宋党失去内助，气焰大为收敛。李璟经过这些年的风风雨雨，也对宋党祸乱国事的行为有了清楚的认识，于是决定清洗朋党。与后周议和之后，后周放还了被俘的冯延鲁、许文稹、边镐、周廷构等人，李璟皆弃而不用。接着，李璟下诏暴宋齐丘、陈觉、李徵古之罪行，放宋齐丘归九华山，将陈觉安置于饶州，将李徵古削去官爵，不久又下令赐死陈觉、李徵古。

自从将宋齐丘放归青阳后，李璟下诏令锁其家门，在墙壁上挖一小洞，每日用于递食。宋齐丘不堪其辱，于显德六年（959）春自缢而死。也有一种说法云：其家人因齐丘之故而不得食，每日饥饿，又听说如果宋齐丘一日不死，则一日不供食。为了生存，于是大家共谋，将宋齐丘缢死。据载，宋齐丘临死时叹息曰：我往昔献计幽禁吴主全族于泰州，今日却自己遭到禁锢，应

① 〔宋〕王钦若等编：《册府元龟》卷九二〇《总录部·雠怨二》，第10680页。

该如此啊！

据《江南野史》载，孙晟出使后周期间，世宗向其问江南虚实，孙晟答曰：我国有甲兵三十万，也不是能轻易对付的。世宗责其夸大其词，孙晟辩解说：我国有兵十余万，长江天堑可敌十万兵，国老宋齐丘，深谋远虑，机变如神，可比王猛、谢安，也可敌十万之兵。世宗由此对宋齐丘非常忌惮，后来南唐在淮南之战中战败，派钟谟出使后周，临返回时，世宗对他说："朕与江南大义虽定，然宋齐丘不死，殆难保和好。"①宋齐丘之死，即由此而起。

这种记载极不可靠，孙宋两党形同仇敌，孙晟作为其党之魁首，怎么会去赞扬敌党的首领呢？周世宗作为天子也不可能说出这样的话，从他对严续的态度可知其不会令人诛杀忠臣，且南唐已经战败，此时再多杀一人又有何益？

据说，宋齐丘年轻时，有一相面先生对他说：君面相虽然贵不可言，然而不过是周亚夫下狱之相也。（案，周亚夫是西汉著名大将、丞相，后被下狱饿死。）又载，宋齐丘当年东下投靠骑将姚洞天时，在投名状中有这些字句："有生不若无生，为人不若为鬼""岂堪忧挹万端，无奈饥寒二字。"②于是有人说这些都是他最终会被饿死的先兆。宋齐丘好客，士人识与不识，凡投奔其门下者多收留之，以至于三教九流、术士道释，多有出入其门者。他还在朝廷中多布私党，国家有善政，其党皆说这是宋公所

① 〔宋〕龙衮：《江南野史》卷二《嗣主》，第104页。
② 〔清〕吴任臣：《十国春秋》卷二○《宋齐丘传》，第296页。

为，有不得人心的政策出台，便说这是不用宋公之言的结果。他一生撰有文集六卷、《化书》六卷、《增补玉管照神经》十卷。也有一种说法，说《化书》乃谭峭所撰，宋齐丘窃据为己有。

在这一时期查文徽已经因病废于家中，但李璟仍不放过，将其流放到宣州，不久就死去了。只有冯延巳下场稍好一些，但由于他没有参与南唐对后周的军事指挥，所以李璟并没有给他任何惩罚，只是因为宋党致使南唐在淮南战争中一败涂地，李璟对他这个宋党骨干不能不有所表示，于是便罢去了他的相位，任命其为太子少傅。数月以后，局势稍稍稳定，又重新拜其为相。不久，冯延巳患病，又改任太子太傅，直至因病而亡。

至于宋党的另一骨干魏岑，在此前已经死去。他因为伐闽战争的失败，被贬为太子洗马。后汉李守贞叛乱，请求南唐派兵增援，魏岑力主出兵，李璟任其为沿淮巡检使，率兵骚扰后汉边境，结果无功而返。不久，又任命其为兵部侍郎、枢密副使。户部员外郎范冲敏与大将王建封上疏，指责魏岑等弄权误国，被中主李璟处死。不久，魏岑也突然患病，不治而亡。旧史说魏岑因为看到范冲敏变为厉鬼索命，因而患病，请道士作法无效，数月后死去。这些当然都是无稽之谈。

至中主李璟统治末年，随着宋党主要骨干的被清除，宋孙党争可以说才算基本结束了。

通观两党主要人物的作为及他们在政治、经济、外交方针上的分歧，孙党比宋党的主张要更为成熟，更具有积极意义。其主要人物的品德与行为，也比宋党人物正直、高洁，政治目光也比较远大。因此，后世的史学家凡论及南唐历史，莫不对宋党进行鞭挞与批评，这一切绝不是偶然的。撰写过《南唐书》的陆游评论宋齐丘时指出："若谓窥伺谋篡窃，则过也。特好权利，尚诡谲，造虚誉，植朋党，矜功忌能，饰诈护前，富贵满溢，犹不知惧，狃于要君，暗于知人，衅隙遂成，蒙大恶以死，悲夫！"[1]这种评论可谓至公之言。

二、轻薄宰相冯延巳

（一）无能宰相

南唐统治时期文化发达，人才辈出，拥有许多杰出的词人、诗人、画家、书法家，冯延巳可谓其中的佼佼者。他不仅在文学方面才华横溢，绘画、书法也无一不精，尤其是在文学方面，成就最为突出，在我国古代文学史上也具有一定的影响。可惜的是，他在政治上贪浊无能，在品格上轻薄浮躁，从而使后世对他的评价极为不佳。

冯延巳，一名延嗣，字正中，广陵人。其父冯令頵，早年在本州为军吏，先主李昪署其为歙州盐铁院判官。冯令頵为官清正，爱惜吏卒，威望极高。歙州偏将樊思蕴作乱，纵火烧营，大火烧及冯家，参与叛乱的兵士大都放下兵器，纷纷到其家救火，可见冯令頵是多么得人心。当时刺史病重，传言已死，全城人心惶恐。这时冯延巳年仅十四岁，奉其父之命入刺史府探问病情，搞清实际情况后，遂出府以刺史的名义安抚将士、吏民，人心始

---

① 〔宋〕陆游:《南唐书》卷四《宋齐丘传》,《五代史书汇编》,第5497—5498页。

安，局势也逐渐平稳下来。可见少年时期的冯延巳还是颇有胆略的。

成年后的冯延巳，才华横溢，文名远播。南唐统治初期尚没有实行科举制，因此冯延巳是通过荐举的方式入仕的。先主李昇因其文章华美，遂授其秘书郎之职。李璟被拜为元帅时，冯延巳被任命为元帅府掌书记，以辅佐其子。冯延巳后来在中主朝官居宰相，权倾朝野，其根源全在于此。由于李璟风流倜傥，酷爱文学，加之此时年纪尚轻，喜好声色犬马，而冯延巳也恰恰擅长于此，两人意气相投，大有相见恨晚之意，故冯延巳深得李璟的宠信。这一时期的宋齐丘官高位尊，权势极盛，是朝中炙手可热的人物，成为许多新进之士争相攀附的对象。冯延巳自然也不例外，但是他并不认识宋齐丘，无由得见。此时陈觉已经投入宋齐丘门下，而冯延巳又与陈觉关系密切，于是便通过陈觉的引见以投靠上宋齐丘。

冯延巳的书法水平远远在宋齐丘之上，为了讨好宋齐丘，遂拜其为师，向他讨教书法。宋齐丘喜人誉己，竟也煞有其事地指点道：你的书法并非不佳，只是还未自成一体，字体往往与唐朝大书法家虞世南相似，这样怎么可以呢！

李璟也逐渐看出冯延巳不是正人君子，只是爱其多才多艺，加之其在齐王府中多年，竟然不能割舍。冯延巳自恃才华，除了宋齐丘、陈觉等同党外，其他朝士多不在其话下，狎侮不已，引起了一些人的反感。给事中常梦锡就多次在先主李昇面前说冯延巳乃是小人，不可使其在李璟左右，李昇认为常梦锡说得有理，打算将其从李璟身边驱逐，可还没有来得及下诏，就因服食丹药而突然死去了。

先主的死使冯延巳兴奋异常，以为飞黄腾达的机会终于来临了。中主李璟刚刚即位，冯延巳未等任命，便屡次入宫议事了。

中主即位之初，以冯延巳为东宫旧僚，任命其为谏议大夫、翰林学士，不久，又升任户部侍郎、中书侍郎等职。保大四年（946），正式拜相。冯延巳拜相以后，为了攫取更大的权力，极力鼓吹发动对闽国的战争。伐闽战争失败后，他被罢为太子少傅。保大六年（948）正月，外任昭武军（治所江西抚州）节度使。

《续湘山野录》记载了一则故事，说冯延巳任昭武节度使不久，听说朝中对他另有任命，心中暗喜。有一天晚上梦见自己舌头上长满了毛，次日遂请一僧解梦，僧曰："毛生舌间，不可替也。"[1]果然冯延巳不但没有回朝任职，反而等来了其母亡故的消息，只好丁忧归家。由于中主李璟对冯延巳宠信未衰，遂又将其召回，任太弟太保、领昭义军节度使，接着又再次拜为宰相。

冯延巳多次拜相，掌管国政，自以为才略出众，经营天下绰绰有余，而皇帝却亲掌政务，致使大臣不能有所作为，从而使天下难以大治。中主李璟遂将全部朝政交给冯延巳，凡事只需奏知即可。冯延巳突出的只是文学之才，在政治方面并无才干，所以自其当政以后，纪纲废弛，胥吏弄权。在军事上，冯延巳更是一窍不通，无法驾驭诸将，军旅之事完全由边帅控制，冯延巳不置可否，只知以大言惑人。

冯延巳心胸狭窄，对朝士不附己者，往往设计谋害。中书令

---

[1]〔宋〕文莹：《续湘山野录》，北京：中华书局，1984年，第77页。

卢文进在后唐任安远节度使，能征惯战，是所谓北方虎将。因不满后晋石敬瑭对契丹称儿皇帝，遂南渡归顺了吴国。在吴国及先主李昪统治时期担任数镇节度使，颇有政绩，受军民爱戴。召回金陵后，授左卫上将军、中书令，封范阳郡王。此人虽是武夫，但南渡以来，礼接文士，谦恭有礼，从不谈论军事，以免引起南唐君臣的疑虑，因此在朝野上下口碑甚佳，唯独冯延巳对其十分厌恶。卢文进本是武人，性格倔强，加之不满冯延巳的为人，因此并不买冯延巳的账。卢文进生前，冯延巳权位尚低，暂无力对其陷害。卢文进死后，冯延巳已拜相，遂利用权势诬告卢文进，将其诸子全部收捕，并打算抄没其家产。营田判官高越是卢文进的女婿，于是上书中主称卢文进之冤，并指责冯延巳诬陷忠臣，为恶甚多。当时冯延巳权势正盛，许多人畏惧其权势而不敢言，故高越上书内容传出后，人人拍手称快，并对其胆识表示钦佩。中主李璟看到高越的上书后，嫌其措辞严厉，大怒，将其贬为蕲州司士参军。但是经过这么一闹，冯延巳陷害卢文进全家的阴谋也就落空了。

前面已经论到，南唐灭亡了楚国，占据了楚国的大部分州县。但是朗州却为刘言所占据，本来已有意归顺南唐，只要南唐政府善于安抚，授给节度使衔，并不难保持楚地的稳定。保大九年（951），刘言拥兵自立，南唐朝廷内部对于如何处理此事，意见不一。包括中主李璟在内的一批人，认为用兵以来，民力困乏，主张安抚，他对冯延巳、孙晟说：伐楚之役，是楚人请求我们出兵，不得已而为之，今不如授给刘言节旄，与其通和，不仅其民得以休息，我国百姓亦可得以休养生息。孙晟也赞同中主的意见，力主授予刘言节旄。而冯延巳自以为灭楚之役全是自己的功劳，不愿半途而废，他出面力争曰：本朝仅出偏师，就可灭亡一国，此举使天下震动，四境无不畏服，今日一旦将楚国的疆土三分弃二，对国威伤害太重，且诸将的功劳又如何体现呢？双方相持不下。冯延巳又认为此役不必动用本国财力，只需向楚民多征赋税，即可平定刘言之乱。中主一向无主见，只好同意了他的主张，结果使南唐在楚地大失民心，百姓纷纷转而支持刘言，致使刘言顺利地夺取了长沙，南唐军队溃不成军，尽失先前所占的楚国州县。

南唐伐楚，损兵折将，耗费资财，且未占到尺寸之地，造成这种严重后果的罪魁祸首，冯延巳便是其中之一。因此，在保大十年(952)十一月，李璟在罢去孙晟相位的同时，也罢去了冯延巳的宰相之位。但是时隔仅数月，又于次年三月，恢复了冯延巳的相位。

由于淮南战争冯延巳没有过多地参与，所以南唐战败后，中主李璟遂派其与田霖为正副使，出使后周，献银十万两、绢十万匹、钱十万贯、茶五十万斤、米三十万石。与此同时，还献出了汉阳、汉川二县。淮南共十四个州、六十个县，这两个县本属鄂州管辖，不在淮南范围之内，由于南唐与后周划江为界，此二县地处江北，南唐索性主动献了出来，故这场战争南唐共丧失了六十二个县的地盘。冯延巳等归国时，周世宗也赐给冯延巳金器百两、银器五千两、绢五十匹、钱五千贯、马四十蹄、羊二百口，副使田霖以下各赏赐不等的钱物。据此看来，此次战争的失败，损失最大的是南唐，冯延巳个人不仅没有什么损失，反倒获得了很大的物质利益。

然而淮南战争的失败，使冯延巳在政治上损失不小，李璟在惩处宋党其他人的同时，再度罢去了他的相位。尽管中主对其依然信任，但在宋党人物遭到清洗的情况下，冯延巳的政治声望及势力遭到了沉重的打击，即使想有所作为，也无力掀起风浪了，最终在建隆元年（960）默默地病逝了，终年五十八岁。

（二）文学成就

冯延巳在文学方面的成就不可谓不大，曾对我国古代文学的发展做出了较大的贡献。平心而论，冯延巳在词的创作方面，成就不如后主李煜，却比西蜀的"花间派"词人高得多。

冯延巳的词集原名《香奁集》，早在宋初就已经散佚了，直到宋仁宗嘉祐三年（1058），由陈世修搜集成册，取名《阳春集》，共一卷，该名沿用至今。今据《全唐五代词》一书所载冯延巳词统计，总计为一百一十二首，比之清人的《全唐诗》所载又多出了数十首，应该是目前所搜集冯延巳词比较全的一个本子了。至于冯延巳的诗歌创作，由于存留至今的诗作极少，不好评价其成就，但有一点可以肯定，即其诗不如词那般成就斐然。

冯延巳身居高位，生活优裕，所以其作品自然也脱不了女人、相思之类的内容。然而比较可贵的是，他的词不像"花间派"那样充满了脂粉气，许多作品都写得清丽多采、委婉深情，特别是在词的形象创造和表现艺术方面，做出了一定的贡献。后世对其评价甚高，认为南唐二主、冯延巳，固为词宗主，对宋代词人产生了极大的影响，其中对晏几道、欧阳修等人影响最大。

《词学集成》卷五说："冯延巳词，晏同叔得其俊，欧阳永叔得其深。"《白雨斋词话》卷一则云："晏、欧词雅近正中，然貌合神离，所失甚远。"正中即指冯延巳。词家的评论固然各持所见，不必强求一致，不管怎么说，冯延巳词对宋人的巨大影响，却是显而易见的。

冯延巳的许多词都具有很高的艺术价值，受到后世的高度评价，如《鹊踏枝》云：

> 几日行云何处去，忘却归来，不道春将暮。百草千花寒食路，香车系在谁家树。　　泪眼倚楼频独语，双燕飞来，陌上相逢否。撩乱春愁如柳絮，悠悠梦里无寻处。①

《谒金门》云：

> 风乍起，吹绉一池春水。闲引鸳鸯香径里，手挼红杏蕊。　　斗鸭阑干独倚，碧玉搔头斜坠。终日望君君不至，举头闻鹊喜。②

这些词均具有很高的艺术价值，词句清新自然，韵逸调新，其"风乍起，吹绉一池春水"句，尤为千古传诵的名句。这首词在当时就已产生了很大的影响。据载，中主李璟曾对冯延巳戏言："'吹绉一池春水'，干卿何事？"冯延巳回答说："未如陛下'小楼吹彻玉笙寒'。"③中主大悦。后人还认为"双燕飞来，陌上

---

① 曾昭岷等编撰：《全唐五代词》卷三，第 655 页。
② 曾昭岷等编撰：《全唐五代词》卷三，第 676 页。
③ 〔宋〕马令：《南唐书》卷二一《党与传下·冯延巳传》，《五代史书汇编》，第 5395 页。

相逢否"一句，立意深远，读来亲切自然。正因为如此，王国维先生才在《人间词话》一书中认为，"深美闳约"四字"唯冯正中足以当之"①，可见评价之高。

冯延巳的《归国遥·其三》一词云：

> 江水碧，江上何人吹玉笛，扁舟远送潇湘客。　　芦花千里霜月白，伤行色，来朝便是关山隔。②

写送别时的哀伤心绪及难舍情景，词句精练，意境深远，无论是写景叙情都恰到好处，多一分便俗，少一分便淡，成为千古以来人们称赞的名作。

冯延巳的词不仅写得清丽多采、感情深沉，不少词还具有明快精练、语言朴素的风格，这大概和他注意从民间汲取语言营养、受民间歌舞唱词的影响有关。如其《薄命女》：

> 春日宴，绿酒一杯歌一遍，再拜陈三愿：一愿郎君千岁，二愿妾身常健，三愿如同梁上燕，岁岁长相见。③

这首词感情真挚、明快，洋溢着浓郁的生活气息，用语明白如话，和敦煌曲子词的风格、语言近似，如敦煌曲子词中的《望江南》一首云："天上月，遥望似一团银。夜久更阑风渐紧，为奴吹散月边云，照见负心人。"④二者在风格上何其相似。尽管这类作品在他的现存作品中并不多，但也反映了他在创作道路上勇于

---

① 彭玉平:《人间词话疏证》卷上，第410页。
② 曾昭岷等编撰:《全唐五代词》卷三，第682页。
③ 曾昭岷等编撰:《全唐五代词》卷三，第685页。
④ 曾昭岷等编撰:《全唐五代词》卷四，第934页。

探索，从多个方面形成自己作品的风格。这首词对后世也有很大的影响，宋人吴曾所撰的《能改斋漫录》卷一七《冯相三愿词》记载了一事，大意是说后人仿效冯延巳《薄命女》词，撰《雨中花》一词，其词云："我有五重深深愿。第一愿且图久远。二愿恰如雕梁双燕，岁岁得长相见。三愿薄情相顾恋，第四愿永不分散，五愿奴哥收因结果，做个大宅院。"吴曾对此批评说："味冯公之词，典雅丰容，虽置在古乐府，可以无愧。一遭俗子窜易，不惟句意重复，而鄙恶甚矣。"

同书还记载了韩子苍《题御画鹊扇诗》云："君王妙画出神机，弱羽争巢并语时。天上飞来两鹧鹊，一双飞上万年枝。"[1]指出其借用了冯延巳的《鹤冲天》词意，即"晓月坠，宿云披。银烛锦屏帏。建章钟动玉绳低。宫漏出花迟。春态浅。来双燕。红日初长一线。严妆催罢啭黄鹂。飞上万年枝"[2]。这一切都说明冯延巳之词在北宋影响是比较深远的。

从冯延巳现存的全部作品看，就其内容与境界而言，也不都是女人、相思及个人情感之类。他身居宰相，执掌大政，其作品不可能不反映当时的政治情况。尽管其人品不好，政治上低能，但南唐的兴亡，直接关系到他个人的前途安危，不论从公还是从私，政治必然是他的第一生命，因此在其作品中对国势兴衰的反映乃是必然的，只是手法比较隐晦，借景借物去寄托自己的关切之情。这也是词家的常用手法，如果直说反倒显得太露，失去艺

① 程毅中主编：《宋人诗话外编·能改斋漫录》，北京：中华书局，2017年，第878—879页。
② 曾昭岷等编撰：《全唐五代词》卷三，第693页。

术感染力。如其所撰的《采桑子》一词云：

> 花前失却游春侣，独自寻芳。满目悲凉。纵有笙歌亦
> 断肠。　　林间戏蝶帘间燕，各自双双。忍更思量。绿树
> 青苔半夕阳。[1]

正当春花怒放，携手观赏之时，失却"游春侣"，独自寻芳，纵有笙歌，亦难免柔肠欲断。作者通过林中戏蝶、燕穿帘间的描写，用"各自双双"来反衬主人的孤寂。用"绿树"一句写景作为结语，正应"满目悲凉"一句，耐人寻思。全词构思新颖，淡雅自然，最能体现冯词的艺术特色。有学者评论说："江左自周师南侵，朝政日非，延巳匡救无从，怅疆宇之日蹙，第六首'夕阳'句奇慨良深，不得以绮语目之。"[2]

冯延巳的《菩萨蛮》《鹊踏枝》两首也深深透出忧国愁伤之意。前一首中的"宝钗横翠凤，千里香屏梦，云雨已荒凉，江南春草长"[3]之句，已是满纸萧索荒凉之意，凄婉之极。后一首中的"一晌关情。忆遍江南路。夜夜梦魂休漫语。已知前事无寻处"[4]，以寄托之辞，寓南唐衰弱难挽之意。冯延巳的此类词情调低沉，伤感忧郁，毫无振作之意，反映出他对南唐前途的悲观失望，以及无可奈何的消极精神状态，这也是众多士大夫遇到挫折后的通病。

---

① 曾昭岷等编撰：《全唐五代词》卷三，第664页。
② 俞陛云：《唐五代两宋词选释》，上海：上海古籍出版社，2011年，第79页。
③ 曾昭岷等编撰：《全唐五代词》卷三，第652页。
④ 曾昭岷等编撰：《全唐五代词》卷三，第700页。

文学上的奇才与政治上的低能儿就这样集中体现于冯延巳一身。若从繁荣文化的角度看，南唐有冯延巳这样的文学高手，可喜可贺；若从政治的角度看，南唐有冯延巳这样的宰相，则是最大的不幸。

（三）五鬼乱政

中主保大元年(943)至保大四年(946)，是冯延巳春风得意的一个时期。在这数年中，他从元帅府一个小小的掌书记，步步高升，历任谏议大夫、翰林学士、户部尚书、翰林学士承旨、中书侍郎、同平章事，官居宰相高位。与此同时，其弟冯延鲁，以及魏岑、陈觉、查文徽等人，也从名不见经传的小人物，逐渐升迁至南唐朝廷中的重要臣僚。他们五人相互勾结，玩弄权柄，时人称之为"五鬼"。

冯延鲁，字叔文，是冯延巳的异母弟，少年时即以才名而闻于世。他与其兄冯延巳一样，都在李璟的元帅府任职，在李璟即位后，历任礼部员外郎、中书舍人、勤政殿学士等职。冯延鲁与其兄不同，对于功名利禄的追求更加急迫，唯恐天下不乱，以便建功立业。冯延巳对他这种做法不以为然，劝诫说：只要恪勤职守，则不愁不富贵，何必弄险而图利禄？冯延鲁回答说：弟不能慢慢地论资排辈等候拜相。所以在伐闽战争中，冯延鲁不仅积极鼓吹用兵，而且还亲率军队参加了战斗。在进攻福州城的战斗中，吴越援军自海上到达白虾浦，即将弃船登岸时，南唐军队乱箭齐发，使其无法登岸。冯延鲁认为不如主动后撤，使吴越军登岸，然后四面包围，再予以全歼。其部将孟坚反对这么做，冯延鲁不听。吴越军登岸之后，奋力冲杀，踊跃向前，与城中守军夹击南唐军队，南唐军大败，四处溃逃，死者万人，抛弃的甲仗器械数十万件。冯延鲁自杀未遂，本来应该处以死刑，因宋齐丘的解救而免死，流放舒州。据此来看，冯延鲁不过是一个志大才疏之辈，根本就不懂军事。

后来冯延鲁遇赦回到金陵，任少府监，后历任中书舍人、工部侍郎、东都留守等职。后周进攻东都（扬州）时，冯延鲁率先化装成和尚逃跑，途中被俘。年余，放回南唐，李璟非但没有治他的罪，反而升其为户部尚书。宋太祖征伐淮南节度使李重进时，冯延鲁曾奉命出使过宋朝。后主李煜即位后，命其再度出使宋朝，因突患重病被送回金陵，不久死去。

冯延鲁不仅在政治上贪浊冒进，同时也是一个贪图钱财的小人。中主李璟经常在举行内宴时拿出财宝赏赐群臣，冯延鲁请求先给大家都分一点儿，剩余之物则全部装入怀中，然后再拜舞谢恩，李璟往往也就一笑了之。冯延鲁晚年出使宋时，乘机向宋太祖请求将原在舒州的田宅还给自己，宋太祖也只好赏赐给他。他还曾当着群臣的面，对中主李璟没有把后湖赏给自己而抱怨不已。

魏岑，字景山，郓州宿城（今山东东平东北）人。年轻时苦读力学，博学强识，却不善撰写文章，喜游览四方，凡天下名山大川，无不遍游，风土美恶，无所不知。中原大乱，南渡避难，初任州从事，久不得志，后来投靠宋齐丘，荐授校书郎，供职于齐王府。魏岑善于揣摩人意，尤精诡谀之术，从而得到中主的赏识，保大初年骤升至谏议大夫、枢密副使。

中主李璟自以为是李唐皇室之后，有统一中原、恢复旧都之意，有关部门请求举行南郊大礼，李璟说，待天下统一再告谢天地。魏岑揣知中主心意，与冯延巳、陈觉、冯延鲁等人相互唱和，穷兵黩武，力主扩充疆土。有一次，宫中设宴，魏岑对中主说：臣年轻时游元城，见其风物甚美，陛下还都长安之日，臣希望能授予魏博节度使之职。中主欣然许诺，魏岑遂争趋阶下拜谢。其实魏岑未必真的希望到魏博任职，只不过是向皇帝谄媚讨好而已。

魏岑也是一个贪财之徒，喜欢收受贿赂。清淮节度使刘彦贞乃富家子弟，不知兵法，为了巩固权位，献媚于魏岑，向其贿赂了大量的钱物。魏岑遂向中主推荐刘彦贞，并到处鼓吹说刘彦贞善于治民，用兵如古代名将白起、韩信。后来后周进攻淮南时，中主首先起用刘彦贞为统兵大将，结果导致大败，数万大军全军覆没。

陈觉，海陵（今江苏泰州）人。此人早在李昪辅政于吴国时，就已经投到宋齐丘门下，得其信任，被推荐给李昪。李昪移居金陵，命次子李景迁留在广陵辅政，以陈觉为其辅佐，李景迁病死后，任陈觉为东南诸道副都统。南唐建立后，历任宣徽副使、光政院副使、太仆少卿、枢密使等职。

陈觉在伐闽及淮南战争中，都起到了极不好的作用，对战争的失败负有重要的责任，本应受到重罚，但都由于宋齐丘的营救而得以免死，虽然一度被贬官，但很快又得到重用。后来陈觉利用出使后周的机会，假借周世宗的名义，要求中主处死严续。事情败露后，中主大怒，在贬斥宋齐丘的同时，将陈觉贬为国子博士，于饶州安置并遣使诛杀于途中。

陈觉玩弄权柄，祸乱国事，除了竭力排挤打击孙党人士外，对敢于触及其利益者，也往往给予残酷的迫害。如其兄在故乡犯法，泰州刺史褚仁规以法惩处，从而得罪了陈觉。陈觉挟私报复，向先主密告褚仁规为政残暴，并指使御史王仲连上表弹劾。先主认为褚仁规罪不至死，只是罢去了其官职。褚仁规不胜怨愤，上书自诉无罪。先主命陈觉前往推问审理，从而导致褚仁规被杀。

陈觉出于朋党之偏见，指责主张与后周讲和的李德明卖国，致使其被诛杀。后来他自己却力主割地求和，向后周称臣。和议达成后，陈觉为了讨好周世宗，向其献诗一首，以叙离别之意，为此周世宗赐其金器百两。其气节、品格之低下，于此可见一斑。

查文徽，字光慎，歙州休宁（今安徽黄山休宁县东北）人。自幼好学，年长后任气好侠，人有困乏，即使不识，也能解囊相济。其家本富，由此逐渐穷困，却仍无悔意。有人赠其金帛，盗夜入其家，尽数偷去，查文徽从不说起，其邻里也不知晓。后来，这位小偷被邻县抓获，经讯问才知其家被盗之事，时人都对查文徽的雅量表示钦佩。

先主李昪在吴国辅政时，查文徽前往谒见，再经宋齐丘的推荐被任命为浙西判官。南唐建立后，入朝任监察御史。中主时，历任谏议大夫、中书舍人、枢密副使等官。闽国内乱，其主王延羲被部将朱文进所杀，查文徽好论兵事，力主对闽用兵。中主遂命其为江西安抚使，至境上观察形势，再决定是否用兵。查文徽到达上饶后，力陈进兵之策，声言必克。中主命边镐为将，跟从查文徽进攻建州。建州百姓久苦王氏之乱，伐木开道，争迎唐军。攻下建州后，南唐兵军纪败坏，烧杀抢掠，无恶不作，查文徽不加禁止，百姓大失所望，中主知道后也不加指责，反而升查文徽为抚州观察使，又拜永安军留后。保大八年（950），南唐进攻福州，吴越兵来援，派人诈降，剑州（治今福建南平）刺史陈海劝查文徽不可速进，查文徽不听，督兵直入福州城，被吴越军队俘获。中主以南唐俘虏的吴越将领交换查文徽，临行时吴越使之饮以毒酒，至金陵后毒发，经医治后虽得不死，却从此卧床不起，口不能言。十年后，查文徽死在了宣州，终年七十余岁。

五鬼互相勾结，祸乱朝政，致使南唐由盛转衰。宋齐丘虽居其党之首，但自中主即位以来，并不直接掌握朝政，专权乱政的实际就是这五人，此外还有一个李徵古。这些人多为中主的东宫旧僚，深得其信任，故得以充任朝中重要官职，掌控大权。对外，他们主导了南唐与闽、楚、后周的几次战争，无一不以失败而告终；对内，他们打击排挤正直人士，营私舞弊，专断朝政，致使南唐政治混乱，民不聊生。

在这五人中，最早与宋齐丘勾结的乃是陈觉，他最早投入其门下，其他四人均是通过陈觉才得以结识宋齐丘，并在宋齐丘的提携推荐下得到重用的。他们互相勾结，排斥孙党及不依附于其党的人士，在其内部也存在着争宠邀功、钩心斗角的矛盾，如魏岑与陈觉之间就是如此。陈觉任枢密使时，魏岑与李徵古皆任副使，魏岑乘陈觉母丧在家丁忧之机，向中主揭露陈觉的种种恶行，致使陈觉被贬为少府监。

冯延鲁与冯延巳虽为兄弟，且均为宋党骨干，然两人关系如同仇敌。之所以如此，主要是因为冯延鲁不听其兄劝告。当年二人伐闽失败被贬官，押回金陵时，冯延巳叹息道："弟不肯为循资宰相，一至于此！"①虽然出面相救，但自此不喜其弟，兄弟间产生了裂痕。当时二人之母仍然健在，与冯延鲁住在一处，冯延巳也从不探望。江文蔚弹劾冯延巳等人时，曾经针对此事严厉批评，说"陛下方以孝理天下，而延巳母封县太君，妻为国夫人，与弟异居，舍弃其母。作为威福，专任爱憎，咫尺天威，敢行欺罔。以至纲纪大坏，刑赏失中，风雨由是不时，阴阳以之失序"②云云。这里所说的冯延巳之母，即冯延鲁之生母，冯延巳之后母。可见即使按照传统的伦理观念衡量，冯延巳也不是一个具有良好品格的人。

五鬼的这些行为也引起了南唐宗室中一些人的不满，李景达就是其中的一位。中主每次举行宴会，冯延巳、冯延鲁、魏岑、陈觉等人都借酒喧闹，极尽谄媚之态。李景达实在看不下去，遂出面斥责，并多次劝告其兄李璟远小人、亲君子。李璟不听。有一次，在东宫举行宴会，冯延巳借着酒劲，假装酒醉，抚着李景达的背说：将来你有了好处，不要忘了我对你的美言！李景达大怒，拂衣入宫，请求李璟立斩冯延巳，李璟好言相劝，才平息了一场风波。事后，朝臣张易告诉李景达说："群小构扇，其祸不细。大王力未能去，自宜隐忍。"③李景达知其说得有理，以后再

---

① 〔清〕吴任臣：《十国春秋》卷二六《冯延鲁传》，第368页。
② 〔宋〕陆游：《南唐书》卷一〇《江文蔚传》，《五代史书汇编》，第5546页。
③ 〔清〕吴任臣：《十国春秋》卷一九《齐昭孝王景达传》，第274页。

有游宴，便称病不往。可见五鬼能量之大，即使皇室亲王，也不能不对其避之三舍。

三、徐铉、徐锴兄弟

（一）徐铉：博学扬美名

徐铉，字鼎臣，世为会稽人。其父徐延休，在吴国任江都少尹时，将其家迁至广陵。据载，徐铉幼年时苦读力学，十岁时便能写文章。他在吴国统治时期任校书郎，由于才华出众，至南唐统治时期，升任试知制诰，负责起草诏书。徐铉虽然出道比韩熙载晚，并曾一度受到了韩熙载的提携和赏识，但由于其超群的才华，在江南人们将他与韩熙载并称，谓之"韩徐"。先主李昇统治初年，宋齐丘任宰相，结党营私，而徐铉却不愿依附于他，引起了宋齐丘的不满。当时汤悦主笔起草了一篇檄文，徐铉与其弟徐锴认为其用词不当，比附有误。汤悦也是当时有名的文士，对徐氏的批评当然不服气，于是他利用宋齐丘对徐铉的不满情绪，共同诬陷徐铉兄弟泄露机密，将徐铉贬为泰州司户，徐锴贬为乌江县尉。

这是徐铉入仕以来第一次在官场上受挫。好在先主对徐铉的才华还是十分赏识的，不久便又将其召回京城任祠部郎中、知制诰。

徐铉受到的第二次打击是在中主李璟统治时期，由于当时在淮南大兴屯田，致使许多百姓失去了土地，搞得民怨沸腾，徐铉奉命前往查处，又遭宋党中伤，被免官流放舒州。

后周大军进攻淮南时，中主李璟担心徐铉为周军所获，遂将其迁到饶州安置，说明徐铉在李璟的心目中仍占有比较重要的地位。果然，徐铉不久就被召回京师任太子谕德、知制诰，随后又升至中书舍人。后主李煜统治时期，徐铉历任礼部侍郎、尚书右丞、翰林学士、御史大夫、吏部尚书等。宋朝大军进攻南唐时，徐铉也曾奉命出使北宋，请求罢战退兵。当时南唐大将朱令赟率大军十几万从长江上游来援救金陵，李煜认为徐铉将要出使北宋，如果朱令赟继续进兵，与宋军激战，不利于求和，且对徐铉的安全也不利。徐铉却认为国家安危全在于这支军队，而自己此行未必就能使北宋退军，再说个人的安危如何能与国家安危相比，表示宁愿牺牲自己的生命，也不能置国家于危亡之中。后主李煜听后，非常感动，于是升任徐铉为左仆射、知左右内史事。左、右内史，即中书省、门下省的改称，因此这一官职实际上就是宰相之职。

关于此事，《十国春秋·徐铉传》说他坚决推辞不受。另据宋人所撰的《默记》卷中载：徐铉无子，其弟徐锴之子在徐铉死后生活无着，遂在金陵开一茶肆度日，人称徐十郎。其家中收藏有不少徐铉与徐锴的告身（任官状），其中有一道告身上写"归明人伪银青光禄大夫、知内史事、上柱国徐铉，可依前银青光禄大夫、守太子率更令"云云。这就说明徐铉实际上是接受了这一官职的。

徐铉出使北宋没有说服宋太祖停止用兵。南唐灭亡后，他随后主李煜归顺了宋朝，宋太祖见到徐铉后，声色俱厉地谴责他。徐铉并不惧怕，不慌不忙地说：臣为江南大臣，国家已亡，罪当死，何必再找其他理由。宋太祖叹息说：真是忠臣啊！希望你今后对待我就像对待李氏父子一样。于是任命他为太子率更令，后来升至左散骑常侍。

徐铉多才多艺，不仅文章写得很好，在书法方面亦颇有成就，尤精篆书，在中国书法史上占有重要地位。后人认为自秦朝李斯以来，真正能够算得上篆书家的只有唐朝的李阳冰和南唐的徐铉两人。清代学者甚至认为除了徐铉之外，包括李阳冰在内的其他人都不具备李斯篆法之神韵，可见对徐铉书法成就评价之高。

在南唐时，徐铉长期执掌诏敕文檄，其中有不少制敕收入其所撰《骑省集》中，其文名广泛流传于大江南北，并且也留下了一些逸闻趣事。据《清异录》载：中主李璟保大五年(947)元日，即大年初一，天降大雪，中主召集诸弟在宫中设宴赏雪。在宴会上，中主命诸弟各赋诗词，相互唱和，又派人到李建勋私宅令其接着这些诗词唱和。当时，李建勋正与中书舍人徐铉、勤政殿学士张义方在其家后园赏雪，遂各自撰写诗词以进。中主得知这个情况后，下令将李建勋等三人召入宫中同宴，一直到深夜才罢。当时参加宴会的诸臣皆撰有诗词，中主还召集当时南唐最著名的画家，将君臣同乐的场面画了下来。中主御容由高冲负责，侍臣、器乐由周文矩负责，楼阁宫殿由朱澄主掌，雪竹寒林由董源主掌，池沼禽鱼则由徐崇嗣主持，最后由徐铉写上序言。由于以上画家皆是各自方面的高手，此图绘成后遂成绝笔。

徐铉与后主李煜不同，不信佛教而喜好神怪，编撰有《稽神录》一书，流行于世，其所收录故事，多来自采择。如果有人进献故事，徐铉有求必应。他曾经主持过铨选，选人想接近他却无由能见，于是有人只要以进献神怪故事为名，便可得以谒见。江南有一人名叫蒯亮，已经九十余岁，好说大话，被徐铉收为食客，据说《稽神录》中的故事多得自其口。蒯亮曾经得罪了徐铉，徐铉好久都不愿与其交谈。一天，徐铉整装入朝，蒯亮大呼曰：有一异人，身长肉翅，自堂中飞升而去。徐铉听到后，急忙转身，笑着取出纸笔，将这则故事记录下来，从此待蒯亮一如既往。

徐铉多才多艺，博通今古。在北宋任官时，皇家后苑的大象死了，皇帝命人剖腹取胆，结果没有找到。皇帝问徐铉，徐铉说："剖开前左足，可得其胆。"果然如此，皇帝询问其故，答曰："象胆随四时在足，今方二月，故臣知在前左足也。"[1]在场的朝臣都叹服其博识。

徐铉一生著述丰富，除了有文集三十卷及《稽神录》一书外，还撰有《质疑论》《吴录》等书，又与句中正等人共同校订了《说文解字》一书。

后主李煜死后，有人与徐铉争名，遂故意向宋太宗推荐说：李煜之事，只有徐铉最为熟悉，撰写神道碑之事，非徐铉莫属。欲借此事陷害徐铉。徐铉得知此事后，急忙入宫请求面见皇帝，对太宗说："臣旧事李煜，陛下容臣存故主之义，乃敢奉诏？"太宗同意了他的请求。徐铉在撰写时，只从"历数已尽，天命有归"[2]的角度进行撰写，不言其他，既保存了故主旧臣之义，又

---

① 〔宋〕文莹：《续湘山野录》，第70页。
② 傅璇琮、祝尚书主编：《宋才子传笺证》北宋前期卷《徐铉传》，沈阳：辽海出版社，2011年，第15页。

不使敌对者找到陷害自己的借口。太宗阅之，大为感叹。

宋太宗淳化二年（991），庐州尼姑道安诬告徐铉，经查证后，虽惩治了道安诬告不实之罪，也将徐铉贬为静难军司马，贬到了西北的邠州。当时柳开任州刺史，对徐铉很是无礼。不久，宋太宗得知柳开喜食生脍人肝，且多有不法之事，大怒，派郑文宝出使陕西，追查柳开一案。柳开得知此事后，心中大惧，他知道郑文宝是徐铉的学生，于是便向徐铉求情。徐铉一开始拒绝了柳开，但经不住柳开再三请求，只好答应愿意为其说几句好话。郑文宝抵达邠州后，没有急于审案，而是首先拜见了徐铉。徐铉与他畅叙旧情，只是在临别之时，淡淡地说了一句，柳开对你此次来陕甚为恐惧。郑文宝默不出声，后来柳开的案子也就轻描淡写，不了了之了。

徐铉入宋以后，在汴梁见到人们在冬季皆穿皮毛衣服，认为这是自五胡乱华以来才有的习气，大为鄙视。他平日只穿宽衣大袍，从不肯穿窄衣。贬到邠州之后，由于地处西北，冬季甚为寒冷，但其仍不愿穿皮毛衣服，因此患上了疾病，死时年已七十六岁。

徐铉为人耿直，疾恶如仇，早在南唐中主李璟时，他曾联合韩熙载上表，请求将擅自兴兵伐闽的陈觉、冯延鲁处以死刑，事虽不成，也足以使宋党震撼不已。南唐初设科举，因人反对而被罢废，后在徐铉的坚持下，仅停罢一年便恢复了。徐铉在南唐虽然数次被贬，却从不向宋党妥协。有一次冯延已对众僚说：唐玄宗赐给贺知章鉴湖三百里，成为一时盛事，他日我致仕归家，只要能够赐给后湖便心满意足了。徐铉接口说道：主上礼贤下士，岂惜一后湖，所缺少的只是贺知章这样的人才。冯延巳听后羞愧不语。

（二）徐锴：多才未彰显

徐锴，字楚金，徐铉之弟。他四岁时，其父便去世了，其母教徐铉读书，徐锴在旁听讲，竟然也能记诵不少书。长大成人后，文辞甚美，博学多才，在江南与徐铉齐名。南唐先主李昪统治期间，文人浮薄无行，多以经义法律取士，引起了徐锴的极大不满，遂杜门不求仕进。徐铉与常梦锡同在门下省任职时，将徐锴的文章拿给常梦锡看，常爱不释手，遂将他推荐给先主李昪，未及任用，李昪便死去了。中主李璟即位后，任用徐锴为秘书郎，齐王李景达也非常赏识徐锴，上奏中主任命其为齐王府记室参军。不久，因与其兄一起批评汤悦所撰檄文之事，被贬为乌江县尉。一年以后，被召回金陵，任右拾遗、集贤殿直学士。

徐锴也是一个耿直的人，对朝中宋党人士专权非常不满，中主任命冯延鲁为巡抚使，负责巡察诸州。徐锴上表称冯延鲁有才无德、人望甚浅，不是很好的巡抚使人选，因此得罪了宋党，被贬为秘书郎分司东都，也就是让他以秘书郎的身份，到东都任职，实际上是被赶出了朝廷。由于徐锴之才深受中主李璟的赏识，后来又将之召回金陵任虞部员外郎。

后主李煜即位后，徐锴历任知制诰、集贤殿学士、中书舍人等官。据载，当初徐锴任知制诰时，按照当时制度，往往可以正式升至中书舍人。徐锴任此职多年，且无过失，应该升至中书舍人，却被宰相游简言阻止，以至于不能升迁。于是徐锴便去面见游简言，询问此事，游简言不慌不忙地说：以君之才，何止一个中书舍人，但是你们兄弟皆居清要之职，难道不怕舆论议论吗？不如先缓一缓。徐锴非常失望。游简言为了安抚徐锴，令置酒宴款待徐锴，宴会上歌伎所唱之词，皆为徐锴所撰，徐锴大喜，起身向游简言致谢。事后徐锴向其兄徐铉说起此事，徐铉叹息地说：你真是太痴了，难道数阕歌就可以换中书舍人吗？可见好名喜誉乃是文人的一大弱点，徐锴也不能例外。

徐锴曾经四次主持科举考试，由于选士公平，号称得人。他所撰的《质论》十余篇，由后主李煜亲自校定，士人以为荣。徐锴读书很多，博闻强记，后主李煜得周载所撰《齐职仪》一书，此书在江南极少流传，很多读书人都不知道有这部书，但问到徐锴时，他却能一一条对，无所遗忘，受到人们的赞誉。徐锴与其兄徐铉一样，都以博学而知名。后主李煜曾经因清暑阁前乱草纷长而不乐，虽时有清除，但也挡不住其疯长，徐锴告诉他将桂屑包在布中，然后将其塞在砖缝之中，不过一宵，草尽死。这个办法就是受《吕氏春秋》一书所载的"桂林之下无杂木"[1]一句启发而来的。可见其不仅博览群书，而且还勤于思考。

徐锴嗜好读书，无论隆冬还是盛暑，都能做到手不释卷。他长期在集贤殿任职，主要负责对图书的校勘整理之事，每天早入晚出，书册不离手。由于其对文字学有精深的研究，所以由他经手校勘的典籍最为精审，旧史上说"江南藏书之盛为天下冠，锴

---

① 〔清〕吴任臣：《十国春秋》卷二八《徐锴传》，第404页。

力居多"①。可见对其评价之高。后主李煜也常常叹息说："群臣勤其官，皆如徐锴在集贤，吾何忧哉！"②

徐锴不仅文才出众，在政治方面亦颇有见解。有一夜在宫中当值，后主召见他议论天下之事，谈到用人是以才为先还是以德为先的问题时，李煜说：天下多难之时，当应以才为先。徐锴不同意后主的观点，反驳说：有人军事才干如同韩、彭，德行却很差，陛下敢将十万大军交给他统率吗？李煜也不得不承认他说得很有道理。徐锴虽然是一个醉心于学问的文人，然其忧国忧民之心却丝毫不减于他人。在后主统治末年，看到南唐国势一天不如一天，而宋朝却虎视眈眈，处于极度的危险之中，徐锴忧心如焚，渐成疾患，终于一病不起了。临终前，他对家人说：我终于可以免为他人俘虏了。

徐锴死于宋太祖开宝七年（974）七月，终年五十五岁。次年，宋军攻下金陵，南唐灭亡。

徐锴一生有多种著述流行于世，如《说文解字系传》四十卷、《说文通释》四十卷、《说文隐音》四卷、《说文韵谱》十卷、《历代年谱》二卷、《方舆记》一百三十卷，此外，还有《古今国典》《赋苑》《岁时广记》及其他各类文章若干卷。就其著述总数来说，超过了其兄徐铉，但对后世的影响却不及徐铉，这是什么原因呢？

关于这个问题，宋人叶梦得所撰的《石林燕语》卷十有所论及，现节录如下："宋元宪公尝问苏魏公：'徐锴与铉，学问该洽

---

① 〔清〕吴任臣：《十国春秋》卷二八《徐锴传》，第404页。
② 〔清〕吴任臣：《十国春秋》卷二八《徐锴传》，第404页。

略相同，而世独称铉，何也?'魏公言:'锴仕江南，早死，铉得归本朝，士大夫从其学者众，故得大其名尔。'"文中所说的宋元宪公即北宋名臣宋庠，苏魏公指北宋宰相苏颂。"该洽"一词，意为广博。可见徐锴的学问并不弱于其兄，只是因为早亡的缘故，才使其失去传扬大名的机遇。该书还记载说，宋庠与其弟大文豪宋祁均喜好文字学，获得了徐锴所撰的《说文解字系传》一书，非常喜爱，珍惜异常，听到苏颂的议论后，高兴地说:二徐才学难分上下，要是以此书来评其高下，恐怕将来修史者也不便改易了。意思是说，徐锴此书奠定了其在文字学上的地位，即使其兄也不能超乎其上。可见宋人对徐锴评价之高。

四、潘佑、李平的悲惨命运

南唐的三代君主应该说都是仁慈之主，极少以个人好恶而诛杀大臣，更不要说诛杀上书言事之人，唯有后主李煜诛杀潘佑、李平是为数不多的例外，其中既有潘、李二人个人性格的因素，也是南唐朝廷内部矛盾斗争的必然结果。

潘佑，幽州人。其祖父潘贵，唐末在幽州节度使刘仁恭部下为裨将，刘仁恭之子刘守光任节度使时，因故杀死了潘贵。潘佑之父潘处常为了避祸，脱身南渡，在先主李昇时任散骑常侍。因此，潘佑虽为幽州人，却生于江南。潘佑幼年立志苦学，还未入学，就已经会写文章了。虽出生于官僚家庭，却不愿经营产业，每日闭门读书，文章诗词，均为时人所推重。

由于潘佑才学出众，深为韩熙载所赏识，于是他与中书舍人陈乔一起，向中主李璟推荐了潘佑，将其任命为秘书省正字。后主李煜在东宫时，开崇文馆招贤，潘佑又得以任职于崇文馆，因此潘佑也算是后主的东宫旧僚了，这对他日后被重用具有非常重要的意义。

后主李煜即位以后，潘佑被任命为虞部员外郎、史馆修撰。当时后主颇想有一番作为，尤其是改变日益困顿的经济状况。潘佑洞悉后主的用心，献议首先从解决土地兼并、赋税不均入手，去苛除繁，使百姓的负担大体平均。南唐在中主时期大兴屯田，在各地设置屯田使，征用民田为屯田，致使不少百姓失去了土地。后周军南伐时，虽然宣布罢去屯田，但主要限于矛盾最为激化的淮南地区，而江南一带的屯田仍然存在，潘佑建议一并罢去，将土地交给无地农民，由地方州县按常赋统一征收。潘佑还与李平共同献议推行井田之制，想通过这个办法来解决土地兼并的问题，得到了后主的采纳。于是在全国各地令地主将兼并来的土地交还原主，又按照《周礼》重新编造民籍，据《湘山野录》卷中载："民间舟车、碓硙、箱箧、镮钏之物悉籍之。"又下令全国百姓在空旷的土地上栽种桑树，对民间拥有的耕牛也编造了牛籍。由于急于求成，督责州县官吏颇严，于是奸吏乘机骚扰百姓，引起了各地社会的不稳，后主觉察到这些问题后，遂下诏罢去了这些措施。

客观地说，罢去屯田，将土地还给农民，有利于发展农业生产，因为耕种屯田的佃农负担重于普通农民数倍。掌管屯田的官吏还恃势侵扰州县，争夺民利，百姓苦不堪言。推行井田之法，虽然有抑制兼并的积极意义，却是一种不合时宜的土地政策，这种盲目复古的行为，只会使当时的土地制度遭到破坏，从而抑制社会生产力的正常发展。至于重新编造民籍、牛籍，更是有扩大赋税的嫌疑，加之没有制定适当的实施细则，又急于成功，因此失败自然是难免的。

后主纳小周后为后时，命太常博士陈致雍考古今沿革，草定婚礼仪式，又命徐铉与潘佑参议其事。潘佑援引典籍，力诋陈致雍所草定的仪式，徐铉也是一个博学的人，对这种续弦的婚礼也有自己的一套看法，三人争论不休，相持不下。于是李煜又命文安郡公徐游评定其异同，徐游肯定了潘佑的主张，从而引起了陈致雍与徐铉的不满。不久，徐游因病而死，徐铉对他人戏说：难道周公、孔子也会作祟？致使此人早早归天！言下之意，是说徐游没有主持公道，违背了周、孔之礼。可见文人皆自视甚高，以徐铉之博学亦不能避免。由于潘佑的主张被采纳，遂使后主对其才学更加欣赏，恩宠日隆，很快便升任为知制诰。

北宋将要进攻南汉时，命令南唐派使劝告南汉早日归降，李煜不敢违抗，命潘佑执笔起草了《劝南汉主书》。旧史记载说：潘佑受命撰写，"文不加点，累数千言"①。其实南唐并不愿意充当这种劝降的角色。在后主李煜统治时期，南唐与南汉之间的关系比较密切，除了政治上的往来之外，还保持着比较密切的商业关系。在这一时期，北宋已出兵灭亡了荆南高继冲、湖南周保权、后蜀孟昶，下一个目标自然是南汉，如果南汉灭亡，则南唐将处于四面受敌的困境之中，唇亡齿寒，因此北宋对南唐是否会出兵援救南汉颇为担心。如果南唐出兵援救南汉，前有五岭之险

---

① 〔清〕吴任臣：《十国春秋》卷二七《潘佑传》，第377页。

阻，后有南唐军队的截击，宋军将处于腹背受敌、进退两难的境地。所以宋太祖派人到南唐，命李煜劝说南汉主刘鋹投降，可以达到一箭双雕的目的，既可以试探南唐有无出兵援救南汉之意，又可以起到离间南唐与南汉关系的作用。李煜虽然是书生，但也清楚地了解当时的局势，如果南汉灭亡，下一个目标就将是南唐了。只是李煜认为自己并无力挽狂澜的本事，因此对北宋的命令不敢稍有违抗，只好命潘佑起草了这封书信。这封书信全文收在清人所编的《全唐文》之中。

李煜派龚慎仪为使，将这封书信送到了广州。南汉主得信后果然大怒，将龚慎仪打入牢狱，另派使送信至金陵，严厉地斥责了李煜，断绝了双方的关系，从而使北宋的目的如意地实现了。潘佑起草的这封书信，言辞恳切，分析透彻，得到了舆论的称赞，也使后主李煜更加宠信于他，不久便正式被任命为中书舍人。在这一时期，后主与潘佑关系极为密切，李煜甚至不称其名，而呼"潘卿"，潘佑也对后主忠心耿耿，对朝政知无不言，言无不尽，竭力尽到做臣子的责任。

开宝五年（972），李煜为了表示对宋朝的忠顺，下令更改官名，潘佑担任的中书舍人一职被改为内史舍人，这使潘佑感到无比的羞辱。

潘佑酷喜老、庄学说，轻视富贵，不惧生死，且性格非常倔强。他见南唐国势日渐危殆，而朝廷内居大位者却无所作为，因而感到非常愤怒，于是上疏后主，批评时政，历诋大臣将相，而且言辞非常激愤。李煜感于其出于忠心，所以数次颁下手札对其进行安抚，并对其忠心表示嘉许，但仍不能使潘佑停止上疏。

　　潘佑的上疏前后有七次，并且坚请辞官回归乡里。面对潘佑的这种态度，李煜还是容忍下来了，只是免去他的内史舍人之职，命其专修国史，希望通过这种办法使其冷静下来。但是李煜的这种企图很快就落空了，潘佑不但没有收敛，反而上疏说："三军可夺帅也，匹夫不可夺志也。"①表明自己并不惧怕降职免官，也不买后主这种息事宁人态度的账，反而在上疏中直接指斥后主。据《十国春秋》记载，潘佑这次上疏中有这样一些语言："臣乃者继上表章，凡数万言，词穷理尽，忠邪洞分。陛下力蔽奸邪，曲容诡伪，遂使家国愦愦，如日将暮。古有桀、纣、孙皓者，破国亡家，自己而作，尚为千古所笑，今陛下取则奸回，败乱国家，不及桀、纣、孙皓远矣。臣终不能与奸臣杂处，事亡国之主。陛下必以臣为罪，则请赐诛戮以谢中外。"②从潘佑直接指斥后主为夏桀、商纣及三国时吴国的孙皓这些亡国之君的态度，显然其已经将生死置之度外，下定了必死的决心。

　　后主李煜虽然性格懦弱，但毕竟贵为一国之主，面对如此狂傲的臣子，也不能不被激起怒气，但是仅仅因为这些而促使李煜下决心诛杀潘佑还是不够的，还有其他一些因素在起作用。据载，后主在宫中修建了一处红罗亭，四面栽有红梅，欲以艳曲记其事，命群臣各撰一词。潘佑写道："楼上春寒山四面，桃李不须夸烂漫，已失了东风一半。"③（一说此词为韩熙载所写）讽刺

---

①〔元〕脱脱等：《宋史》卷四七八《南唐李氏》，第13869页。
②〔清〕吴任臣：《十国春秋》卷二七《潘佑传》，第379页。
③〔明〕杨慎：《词品》卷二《潘佑》，转引自唐圭璋：《词话丛编》，北京：中华书局，2012年，第457页。

后主在疆土日削、国势危急之时，竟然还有如此闲情逸致。这件事引起了李煜极大的不快，新账旧账一起算，遂下令将潘佑收狱，潘佑得知这个消息后，不愿受辱于狱吏，便自缢而死了。也有记载说他是自刎而死。

据载，潘佑虽然才学出众，却是一个面貌丑陋的人。《湘山野录》卷中载：潘佑的妻子是南唐元老严续的女儿，容貌秀丽。有一天早上，其妻起床后梳妆时，潘佑突然出现在背后，其面貌映在铜镜之中，其妻大惊，竟然栽倒在地。潘佑见其妻嫌自己貌丑，大怒，遂与之离婚。由此可见，潘佑自尊心之强，已经到了连自己的妻子都不能容忍的程度。

潘佑死后，其家属被流放到江西饶州。南唐诗人刘洞对潘佑之死寄予了深深的同情，曾写诗吊之，在国内广泛传播，人人皆会吟诵，并为之流涕。后来北宋南伐时，宋太祖在诏书历数李煜罪行，其中所说的诛杀忠臣一事，就是指潘佑之死。后来，李煜在北宋时，徐铉奉命前来探望，李煜相见无语，忽然长叹道："当时悔杀潘佑、李平。"[1]这句话后来成为李煜被毒死的原因之一。

据说潘佑年幼时，曾经吟诗曰："只因骑折玉龙腰，谪向人间三十六。"[2]果然，其于三十六岁时死去。这种说法乃无稽之谈，不足以信，但潘佑的死在当时引起了巨大的震动，以至于成了后主李煜终生之痛，倒是非常可信的。

---

[1]〔清〕吴任臣：《十国春秋》卷一七《南唐后主本纪》，第254页。
[2]〔宋〕文莹：《湘山野录》卷中，第29页。

潘佑撰有《荥阳集》三十卷，直到宋代还流行于世，又与高远、徐铉、乔匡舜共同编撰了《吴录》二十卷。其子潘华，在北宋时官至屯田员外郎。

李平，本名杨讷，少年时在嵩山当过道士，后来与朱元同学数年。学成后，二人同游河中，在节度使李守贞麾下当幕僚。李守贞在后晋时，曾任数镇节度使、侍卫亲军都指挥使、同平章事，位高权重。后晋末年，李守贞与杜重威率大军抵御契丹，但由于二人贪图富贵，率军投降了契丹，致使中原涂炭，人皆恨之。后汉建立后，任命李守贞为河中节度使。不久，杜重威被诛，李守贞心中畏惧，加上有术士说他有人君之望，遂于乾祐元年(948)三月举兵反叛。为了牵制后汉军队，他派朱元与杨讷为使奉表于南唐，请求南唐出兵淮北，共同夹击后汉。

于是中主李璟派李金全为招讨使率大军渡过淮水，攻入后汉境内。当时南唐诸将，如查文徽、刘彦贞、魏岑等，皆踊跃向前，主张迅速进兵，唯独李金全老成持重，认为李守贞远在关中，两军难以呼应，贸然进兵，恐遭不测。正在南唐军队进退两难之际，后汉朝廷已经派枢密使郭威率大军平定了叛乱，李金全遂率军班师。朱元与杨讷两人无法北返，只好留在南唐，杨讷改名李平，被任命为尚书员外郎。

李平本为北方人，自言有统兵之才，因此在后周进攻淮南时，中主曾命其率军增援常州，抵御吴越军队的进攻，李平坚决推辞。中主遂命其以卫尉少卿率偏师巡于江北，以防后周军队渡江。后周弃守蕲州，又命其为刺史，进据蕲州。朱元被任命为舒州团练使，与李平互相呼应。朱元叛降后周，中主因李平与朱元一同南下，虑其不自安，遂将他召回金陵，实际上还是对其怀有戒心。派去的使者遂将李平打入囚车，押回金陵，中主虽对李平有戒心，但并没有打算治罪于他，所以对李平所受的委屈百般抚慰，并升其为永安军节度使，镇守建州。建州远在福建，与中原王朝关山阻隔，从这个任命可以看出，中主对李平仍是不放心的。即使如此，中主也不允许其久在外地，不久又召其回到金陵，升任卫尉卿，实际上也是一个闲散之职。

后主李煜统治时期，潘佑甚得宠信。潘佑本好老、庄学说，而李平早年又当过道士，修习过神仙修炼之术，经常与人谈论仙人鬼神之事，因此潘佑与他很谈得来，交游甚欢。于是，经潘佑推荐，任命李平判司农寺，主持推行井田之制，凡豪民买贫民田地者，勒令归还。李平虽然力主施行井田之制，却不能提出实行此制的具体可行的办法，只是一味督促州县官员强迫执行，从而导致了新法的失败。潘佑又推荐李平判司会府。司会府即尚书省的改名，而尚书省是国家的行政总汇机关，权任甚重。于是群臣议论纷纷，认为潘、李两人结为朋党。事实上这两人确实都是北方人，容易给人造成攻击的口实。

潘佑上疏攻击执政大臣，得罪了后主，后主认为潘、李两人关系密切，潘佑的这些做法都是李平教唆的结果，加上李平负责推行的井田之制与编造民籍、牛籍均以失败而告终。于是下诏先将李平逮捕下狱，然后才收押潘佑，潘佑闻讯自杀，李平也在大理寺被缢死，其妻子被流放虔州，次年才予以赦免。

因为实行井田制及编造民籍、牛籍，都是后主赞成的政策，所以在收押李平时，便不能以此为罪名，而是以其淫祀鬼神为罪名。这一罪名也不是空穴来风，据载，李平在家中置有静室，每日在其中修习神仙之法，人莫能窥。李平曾对人说潘佑的父亲潘处常已经成为仙官，而自己与潘佑也名列仙籍。这一切，构成了他最终被杀的原因。还有一个原因，即南唐群臣对他们的攻击，具体地说，主要是枢密使陈乔在其中发挥了重要的作用。陈乔在中主迁都南昌时，留在金陵辅佐太子李煜。李煜即位后，陈乔历任吏部侍郎、翰林学士承旨、门下侍郎、兼枢密使，总揽军国大权，"政由己出"。潘佑猛烈地抨击执政大臣，首当其冲的便是陈乔，试想陈乔如何肯与其善罢甘休。故马令所撰《南唐书·陈乔传》说："李平、潘佑之死，亦因乔间焉。"

除此之外，与此事有关联的还有新进之士张洎。此人也颇受后主恩宠，《十国春秋》卷三〇说他与游简言同为清辉殿学士，"澄心堂建，洎亦参机密于中，恩宠第一"。所以张洎也是当时的当权人物之一。张洎与潘佑最初共同任职于中书省，关系密切，后来因为志趣不同，逐渐疏远。潘佑深知张洎是一个利欲熏心之徒，曾经叹息地说："堂堂乎张也，难与并为仁矣。"①潘佑抨击执政之臣，批评时政，引起了张洎的反感，故乘机落井下石，致使潘、李死于非命。故上引之书记载说："后佑抵罪死，洎颇有力焉。"

陈乔、张洎早年均是与潘佑关系密切之人，而潘、李二人之死，他们又无一例外都是落井下石者。潘佑偏执耿直，虽然言辞激烈，但罪不至死，陈、张二人心胸狭窄，不能容人，致友人于

---

① 〔宋〕李焘：《续资治通鉴长编》卷一四，太祖开宝六年十月壬午，第310页。

死地，不但给自己留下了千古骂名，而且使后主背上了诛杀忠臣的恶名，其行为亦可恨可叹。

五、韩熙载的朋辈

韩熙载晚年很少与政治人物交友，由于对南唐政治心灰意冷，所以其这一时期所结交者多为一些小人物。关于这一点，从顾闳中所绘的《韩熙载夜宴图》中参加夜宴的人物中就可以清楚地反映出来，如李家明、陈致雍、郎粲、朱铣、德明和尚、舒雅等辈，朝中权贵几乎无一人参加。这些人大都政治地位低下，有的多才多艺，有的博学多识，均淡泊名利，超然洒脱。无论是韩熙载的晚辈或是同辈，均与其情投意合，成为莫逆之交。由于韩熙载晚年的这些朋友政治地位大都低下，所以有关他们生平的记载非常简短，有的人竟然找不到一点相关资料，这不能不说是一件极为可悲的事情。

李家明，庐州（治今安徽合肥）人，精通音律，在中主李璟统治时期官至教坊副使。李家明虽为伶人，却正直敢谏，且聪慧多才，其事迹在江南多有流传。李家明性格诙谐，他对皇帝的进谏也多是通过这种滑稽诙谐的形式表达出来的，这样做既符合其身份，又能使皇帝乐于接受。如中主即位之初，只是对其诸弟加恩晋爵，对百官却毫无赏赐。有一次，李家明在宴会上与另一伶人扮作老夫妇，让新婚媳妇进献饮食，每进一饮一食，都要跪拜行礼，颇为烦琐。李家明佯装恼怒地说："自家官自家，何用多拜邪！"中主听到后笑着说："我为国主，恩不外覃。"遂给百官进阶赏赐。

又如，中主曾见一头牛卧在树荫之下，说："牛且热矣。"李家明说：臣不才，想向陛下进献一诗。于是吟道："曾遭宁戚鞭敲角，又被田单火燎身。闲向夕阳嚼枯草，近来问喘为无人。"暗喻百姓辛勤劳作，生活困苦，而官府只知收税，无人问其疾苦。在场的以宰相为首的重要大臣听到此诗后，皆感到非常惭愧，向中主免冠谢罪。

宋齐丘只生了一个儿子，结果还早早地死了，因此非常悲痛，恸哭一月有余还不止息。中主派亲王、大臣前往劝解，皆不能使其停止悲泣。李家明对中主说："臣能止之矣。"于是遂动手制作了一个大风筝，在上面写了四句诗："欲兴唐祚革强吴，尽是先生起庙谟。一个孩儿弃不得，让皇百口合如何？"讽刺宋齐丘出谋划策将吴主杨溥一家百余口杀死。然后乘风放之，当风筝飞到宋齐丘家时，遂割断绳索，使其落入宋宅。宋齐丘见到后，大感惭愧，再也不便悲泣了，于是李家明便获得了大量的赏赐。①据此来看，李家明还是一个颇具正义感的人，对宋齐丘的所作所为颇不以为然，否则他绝不会在宋齐丘遭丧子之痛时，采用这种手段对付他。

南唐灭亡闽国，将闽王王延政俘至金陵，中主李璟封其为鄱阳王，并命公卿至其家欢宴，以示抚慰，李家明也率教坊乐伎前往助兴。王延政生性吝啬，给乐工们的赏赐极其微薄，李家明非常生气，便对王延政说："贱工无伎，告大王乞赐一物，大殷平天冠今已无用，家明敢取为优服。"王延政听到后，又气又愧，

---

① 参见〔宋〕马令：《南唐书》卷二五《谈谐传》，《五代史书汇编》，第5419页。

默默不语，从此郁郁寡欢，终于一病而亡了。

李家明多谋善断，常有惊人之举。母亲去世后，他本打算归乡葬母，但尚未告假。正好中主在便殿练习书法，李家明见状，心生一计，对中主说：臣经常模仿别人的签名，已经达到了以假乱真的程度。中主说："卿能学孤否？"李家明说："臣虽愚鲁，愿效神踪。"于是中主在麻纸上大书押字，即皇帝的签名，让李家明在旁边照样书写，看看是不是完全相同。李家明遂在押字上书写道："宣州于上供库钱二百千付家明安母亲。"中主看到后大笑，遂顺水推舟，如数赐钱给他。①

后主李煜即位后，李家明不再受宠，除了照常在教坊供职外，与韩熙载过从甚密，韩宅每举行夜宴，都少不了李家明到场助兴，甚至连其妹也经常前往献艺。韩熙载之所以愿意与李家明交往，除了因其多才多艺外，对其品格的欣赏也是重要原因。

在韩熙载晚年的朋辈中，陈致雍是为数不多的朝官之一。他是莆田（今福建莆田）人，早年在闽国任太常卿，闽国被南唐灭亡后，他流落金陵，旧史说他"入南唐，以通礼及第"②。在唐代有关礼科的科目只有开元礼与三礼，南唐以唐朝皇室后裔自居，故多沿袭唐制，科举考试中设置礼科仅见于此，所以不知陈致雍到底是通过哪一种礼科及第的。在中主统治的保大年间，陈致雍已经官居太常博士，虽然官阶不高，却是一个非精通礼仪者不能充任的官职。明人杨士奇所编《历代名臣奏议》一书中，收录了

---

① 参见〔清〕吴任臣：《十国春秋》卷三二《李家明传》，第460页。
② 〔清〕吴任臣：《十国春秋》卷九七《陈致雍传》，第1397页。

陈致雍在南唐时的数篇奏议，无一不是与礼乐典制、伦理道德有关，可见其确是南唐朝廷中礼仪方面的权威学者。直到后主统治时期，陈致雍依旧担任着太常博士之职，并且参与过后主纳小周后礼仪的拟定。从陈致雍长期不能得到升迁的情况看，其在南唐朝廷中也是一个落魄不得志者。

以韩熙载之博学，其友陈致雍的学问自不待言，其撰有《曲台奏议集》二十卷、《晋安海物异名记》三卷、《闽王列传》一卷、《新定寝祀礼》一卷、《五礼仪鉴》等书，其中后一书为入宋后所撰。《曲台奏议集》的序为徐锴所撰，可见两人关系比较密切。此外陈致雍还与徐铉关系密切，其在北宋致仕时，徐铉曾撰诗相送，其中有"三朝恩泽冯唐老，万里江关贺监归"[1]之句。以古人冯唐、贺知章比喻陈致雍，可见徐铉对其评价之高。二徐与韩熙载关系密切，故陈致雍得其赏识也就无足怪了。由于陈致雍与韩熙载及二徐关系密切，必然为宋党所侧目，受到排挤也在情理之中，陈致雍长期不得升迁的原因，恐怕也就在于此了。

南唐灭亡后，陈致雍也随之入宋，并且担任过秘书监这样的高官。由于其无意于仕途，遂请求致仕归乡，后又被清源军节度使陈洪进辟为掌书记，并终老于故乡。

舒雅是韩熙载的门生之一，宣州人。中主李璟保大年间，舒雅将自己所撰诗文献给了韩熙载，得其赏识，两人一见如故，成为忘年交。由于舒雅家贫，所以常年住在韩熙载家中，数年后韩熙载主持科举考试时，遂放其进士及第。舒雅姿容秀美，风度潇

---

① 〔宋〕文莹:《玉壶清话》卷八,第79页。

洒，加之文才出众，为众人所服，所以朝野上下对其此次高中，并未有丝毫的议论。舒雅虽然年轻，然性格孤傲，与韩熙载颇有几分相似。后来，李煜命徐铉对舒雅等新及第进士进行复试，舒雅宁愿不要进士出身，也拒不赴试。这样，他就长期在韩熙载门下生活，与韩熙载朝夕相处，谈诗论文，倒也潇洒自在。南唐灭亡后，舒雅在宋朝担任过将作监丞、秘阁校理、职方员外郎、舒州知州等官职，参与编辑过《太平御览》《续通典》，校订过《史记》《汉书》《后汉书》《周礼》《礼记》《七经疏义》等书，活到七十多岁时才死去，著有《山海经图》《孝经论语正义》《十九代史目》等书，流传于世。

朱铣也是韩熙载晚年的好友之一，关于此人的生平情况，在有关南唐历史的文献中没有记载。从碑石资料看，他大约与徐铉等人生活在同一时期，可能由于官职低微，加之在政治上没有多少建树，故为史籍所不载。从其能作为韩熙载的座上客这一点来看，朱铣的才学应该也是不错的。《六朝事迹编类》卷下记载，《张懿公神道碑》，朱铣书写；《蒋庄武帝庙碑》，徐铉撰文，朱铣书写。据此来看，朱铣不仅才学出众，其书法水平在当时也是非常不错的。

至于韩熙载的另一友人郎粲，其事迹已经无从考证了。在顾闳中所绘的《韩熙载夜宴图》中，其身份既然是状元，说明其及第的时间并不很久，很可能是在后主统治时期科举及第的，由于出道较晚，政治上尚无所建树，故不为史籍所记载。

《韩熙载夜宴图》中还有一位人物，他就是德明和尚，关于此人的生平，已经无法搞清楚了，只知其不仅出入于韩熙载宅，也出入于宫廷。当宋军包围金陵之后，后主李煜仍在宫中净室内请德明及云真、义伦、崇节等几位和尚讲解《楞严圆觉经》。李煜崇信佛法，德明得以出入宫中，讲解经书，说明其精通佛学。韩熙载愿与德明交往，并且视为朋辈，除了其也信奉佛教外，还有一个原因，就是德明也是一个多才多艺的人，与韩熙载的志向爱好颇为相同，所谓惺惺相惜，遂使德明也成为韩熙载家中的座上客。

在韩熙载的朋辈中应该还有一人，也就是乔匡舜，韩熙载与其虽然极少交往，却心仪久矣，只是不便公然交往罢了。

乔匡舜，字亚元，高邮人。年轻时就以能文而著称，文章典雅，颇有古风。先主在吴国辅政时，用其为秘书省正字。南唐开国后，他长期在宋齐丘府中任幕僚，长达十余年时间，曾担任过大理评事、屯田员外郎等小官。由于其为人正直，从不虚谀讨好上司，故不为宋齐丘所赏识。先主曾打算重用乔匡舜，由于宋齐丘不愿推荐，只好作罢。后来宋齐丘失势，被赶出朝廷，到洪州任节度使，乔匡舜仍然不舍，追随其至洪州，任主管文檄的掌书记之职。正因为品格高洁，乔匡舜才获得了韩熙载的尊重，并为其长期不得重用而抱不平，只是因为这一时期孙、宋两党斗争激烈，乔匡舜长期追随宋齐丘，韩熙载自然不便与其公然交往。

直到中主李璟保大年间，乔匡舜才被召回朝中，历任驾部郎中、知制诰、中书舍人等职。后周军队进攻淮南时，李璟一度打算亲率大军赴前线抵御，遭到乔匡舜的坚决反对，李璟大怒，以阻挠国家大计的罪名，将其流放到抚州。后主李煜即位后，才将他召回京师，历任司农少卿、给事中、监修国史等职。在这一时期，以宋齐丘为首的宋党骨干分子或被杀或被贬，然此时的韩熙载已经心灰意冷，对政治漠不关心，也就没有心思再去结好于乔匡舜。后来乔匡舜还主持过科举考试，由于选拔人才公平公正，受到了舆论的好评。乔匡舜晚年还担任过刑部尚书之职，由于年老患病，遂请求致仕归乡。李煜见其家贫，命令终身给其全俸。开宝五年（972）死，终年七十五岁，也算是福禄双全了。

六、结语

南唐作为五代十国时期的割据政权之一，在南方诸国中疆域最大，人口最多，军事与经济实力最强，加之人才众多，文化繁荣，是这一时期的文化中心之一。故陆游说："若用得其人，乘闽、楚昏乱，一举而平之，然后东取吴越，南下五岭，成南北之势，中原虽欲睥睨，岂易动哉！"陆游的这一观点与南唐先主李昪的统一方略并不一致，陆游是从南唐自保的角度出发的，而李昪则是从统一全国、恢复大唐帝国的目标出发的，实际上是一种先北后南的统一方略。陆游接着又论述说："不幸诸将失律，贪功轻举，大事弗成，国势遂弱，非始谋之失，所以行之者非也。"即认为南唐的出发点是正确的，只是由于用人不当，导致丧败。在这种情况下，"若北乡而争天下，与秦、晋、赵、魏之师战于中原，角一旦胜负，其祸可胜言哉"①。陆游的这一看法无疑是正确的，在南唐实力大为削弱的情况下，再北向中原，时机已完全丧失了，自保尚且不易，更遑论争夺天下。

---

① 〔宋〕陆游：《南唐书》卷二《元宗本纪》，《五代史书汇编》，第5484—5485页。

　　如果南唐能够严格地执行先主制定的统一方略，乘契丹灭亡后晋，中原无主之时，举兵北上，鹿死谁手，还是可以一搏高下的。明清之际的著名学者王夫之认为："当其时，石敬瑭虽不竞，而李氏诸臣求可为刘知远、安重荣之敌者，亦无其人。……即令幸胜石氏，而北受契丹之劲敌，东启吴越之乘虚，南召马氏之争起，外成无已之争，内有空虚之害，江、淮亘立于中以撄众怒，危亡在旦夕之间，而夸功生事者谁执之咎乎？故曰量力度德，自保之令图也。"①对于这种看法，笔者亦难苟同。王夫之认为南唐诸将无有刘知远、安重荣之辈敌手者，这样的观点也过于绝对。南唐诸将中以李金全之骁勇稳健、卢文进之刚毅果敢、林仁肇之善战多谋、刘仁赡之忠义英武，均为一时之佼佼者。其中尤以林仁肇、刘仁赡最为突出，林仁肇人称林虎儿，能同士卒共甘苦，深得军心拥戴，后周南伐时，屡败周军，连后周大将张永德也很敬畏他。刘仁赡少以骁勇知名，为将重士轻财，"法令严肃，颇通兵法"②。其守寿州时，以周世宗之英武，后周军队之强盛，竟屡受其挫败，终其生寿州始终未能被攻下。不仅如此，他还忠心耿耿，在非常艰苦的条件下，始终不为利诱所动。如果南唐能够重用这些将领，安知不是刘知远、安重荣之流的敌手？刘知远虽然在政治上老奸巨猾，但终其生在军事上并无突出的战绩。至于安重荣，浮躁寡谋，且骄横残暴，不是很好的将才，其轻举妄动，割据称霸，最终落了个兵败身亡的可耻下场。这样的将才实

---

① 〔清〕王夫之：《读通鉴论》卷三〇《五代下四》，北京：中华书局，1975年，第920页。
② 〔宋〕马令：《南唐书》卷一六《刘仁赡传》，《五代史书汇编》，第5366页。

在不足以称道。

当时的楚、吴越，也不足为虑。当时楚为马希范所统治，其本人骄横残暴，致使人心离散，加上群马争槽，内乱迭起，自顾尚且不暇，何能威胁别国；吴越当时为钱元瓘所统治，国力非钱镠时可比，而且国小力弱，不能构成太大的威胁。更何况在中原混乱，南唐出兵北伐，胜负未分之际，吴越是否敢于贸然出兵攻袭南唐，还很难定论。

至于契丹，虽说是劲敌，但在中原军民抗辽怒潮高涨之际，则与以往形势迥异。契丹在南唐尚未出兵，仅在中原军民的自发打击下，就已难以应付，不得已而退出中原。

如果南唐不伐闽、楚，严守先主遗训，以其丰厚的财力和久练之师断然北进，以当时的人心所向，招纳淮北诸部，安抚人民，收降诸州杀辽将而请命者，席卷山东、河南之地，不过举手之劳，至于河北也非难事。当然最后与太原刘知远争战，究竟谁胜谁败，还很难料定。不过南唐如果按上述方针执行，则已在兵力、财力，以及人心向背等方面优于刘知远。刘知远早年支持石敬瑭称臣于契丹，后晋灭亡后，又接受契丹主的封赏及所赐木拐，为天下所共知，估计人心将不会倾向于他。加上他以一镇之兵抗拒南唐举国之力，也是非常困难的。总之，晋汉之际的形势对南唐非常有利。断言南唐北伐一定失败，不免失之武断。并且，南唐伐闽、楚的失败，主要是用人不当所致，并不是其军队没有战斗力的缘故。

南唐共历三世，其由盛转衰的节点就在中主李璟统治时期，至于后主李煜统治时期，其颓势已成，谁当皇帝都难有回天之力，更何况后主并非励精图治之人。至于李璟，也非残暴奢靡之主，其主要的不足就是既无识人之眼、又无用人之能，再加上朝廷内部党争激烈，内耗严重，基本是佞人当政，正人备受打击。本章的主要内容就是要将中主一朝的政治混乱情况呈现出来，同时将南唐的一些优秀人才及韩熙载晚年的朋辈介绍给读者。

第五章　时代的尾声

一、几位末代君主

（一）南平高继冲

高继冲是南平最后一位统治者。北宋建隆三年（962）十一月，其主高保勖病重，命高继冲权知军府事，高保勖死后，宋廷正式命高继冲为检校太保、江陵尹、荆南节度使。在此之前，宋朝曾派卢怀忠出使南平，实际上是观察其形势，卢怀忠返朝后对宋太祖汇报说："继冲甲兵虽整，而控弦不过三万；年谷虽登，而民困于暴敛。南迤长沙，东距建康，西迫巴蜀，北奉朝廷，其势日不暇给，取之易也。"[1]所谓"民困于暴敛"，是指其赋税沉重，民不堪命。以高保勖为例，虽有治事之才，却不闻政事，经常召集倡伎于府中，命军士中强壮者肆意调谑，他与姬妾则垂帘共观，以为娱乐。又喜造楼台亭榭，穷极华奢，工程常年不绝。有商人自岭南来，带来了龙眼一枝，约四十团，千余枚，献给高保

---

① 〔清〕吴任臣:《十国春秋》卷一○一《荆南侍中继冲世家》, 第1451页。

勖，高保勖造琅玕槛子，将其置于其中，号称"海珠��"。荆南为小国，只有数州之地，财力本不丰足，为了满足统治者的挥霍，只能加大对百姓的剥削。高保勖自幼多病，这种穷奢极欲的生活，加速了其生命的终结。

高继冲是高保勖同母兄高保融之子，少年即位，人心浮动，政权极不稳定。正在此时，湖南张文表叛乱，节度使周保权求救于宋，宋太祖决心乘此机会，假道以灭之。建隆四年 (963) 正月，太祖命慕容延钊率师讨平湖南，命枢密副使李处耘为都监，为了迷惑南平，同时命高继冲出动水军三千人赴潭州策应。二月，宋军抵达襄州，派人告知高继冲借道之意。其谋士景威力劝高继冲多加防备，不要轻信宋人之言，然节度判官孙光宪却力主出城迎接宋军，即使归顺亦不失富贵。于是高继冲先派其堂伯父高保寅以牛酒犒军于荆门，都监李处耘待之以礼，高继冲以为无事，遂放松了警惕。李处耘当夜一面设宴款待高保寅，一面派出一支轻骑直奔江陵而来。高继冲得知宋军突然来到，慌忙出城迎接。李处耘命其在此等待主帅慕容延钊，自己则直接冲入城中。待高继冲回到城中，只见旌旗甲马，布列衢巷，全城已被宋军控制。高继冲无奈，只好交出牌印、籍帐。宋朝此举共获得江陵、归、峡三州十七县之地，一十四万三千三百户。同时高继冲还向宋朝进献钱五万贯、绢五千匹、布五万匹。

高继冲在位仅仅数月时间，就这样被北宋吞并了。高继冲归宋后，有的书说他想留在荆南继续任职，但宋廷不同意，只好被送到汴梁。实际情况是，宋廷仍然任其为荆南节度使，但是使府的主要官职都由宋廷另行任命，又命王仁赡兼知军府事，这样高继冲就完全被架空，成了空头节帅。不久，宋廷要举行南郊大典，高继冲乘机要求赴朝参加典礼，得到批准后，于同年九月告别三庙，率领全族五百余人，于十月到达汴梁，献上金银器、锦帛、宝装弓剑、绣旗帜、象牙、玉鞍勒及郊祀银万两，宋太祖也给高继冲赏赐了大量钱物。郊祀结束后，宋廷授其为徐州大都督府长史、武宁军节度使、徐宿观察使等官，并不赴任，仍居于汴梁。开宝六年(973)，高继冲死，终年三十一岁，一说三十六岁。

旧史记载说，后汉乾祐中，高保融命工挖掘池塘，得一石匣，长尺余，打开后见其上凿有六个金字——"此去遇龙即歇"，果然在建隆时国灭。又载，荆南流行使用高足瓷器，谓之"高足碗"。后来宋军临城，举族东迁，是为高足之谶也。这些都是无稽之谈，但时人却深信不疑，谓之谶纬之学。

（二）后蜀孟昶

后蜀后主孟昶，字保元，为后蜀高祖孟知祥第三子。据载，孟昶幼时聪明多才，深得其父喜爱。有一相者周元豹曾为其相过面，说"此儿骨法非常，宜爱之"，孟知祥不听。后又命周元豹与孟昶一同观戏，以便仔细观察，告之曰："此四十年偏霸之主，非等闲也。"孟知祥大喜，"由是特加爱念"。[1]孟昶母亲李氏，经常教导他勤俭固福，因此孟昶生活节俭，寝处用紫罗帐、紫碧绫帷褥，不用锦绣之类，盥漱之具只用银或黑漆木器。年稍长，加西川节度行军司马之职。孟知祥称帝后，授其检校太保、东川节

---

① 参见〔宋〕佚名:《五国故事》卷上,郑州:大象出版社,2019年,第91页。

度使、同中书门下平章事。孟知祥病危时，册其为皇太子。孟知祥死后，孟昶于明德元年（934）七月即皇帝位，时年十六岁。

孟昶即位之初，由于年幼，不为元老重臣所礼，如武信节度使李仁罕兼中书令后，自认为有功，求判六军事，甚至亲自跑到学士院，探看诏书的起草情况，无奈之下，孟昶只好予以任命。再如奉銮肃卫都指挥使、昭武节度使兼侍中李肇迟迟不入朝觐见新帝，直到三个月后才回到成都，但自称足疾，见皇帝而不拜。史载："将相大臣皆知祥故人，知祥宽厚，多优纵之，及其事昶，益骄蹇，多逾法度，务广第宅，夺人良田，发其坟墓，而李仁罕、张业尤甚。"①可见当时的局势是比较严峻的。面对这种情况，孟昶联合禁军将领张公铎及大臣王处回、赵廷隐、韩保贞、安思谦等，乘李仁罕上朝之时，命武士将其捕获，杀之，并处死了其子李继宏与同党数人。然后又迫使李肇致仕，安置其于邛州。随后又击败了后唐进攻阶、兴二州的军队，从而初步稳定了内外局势。广政十一年（948），中书侍郎同平章事张业、枢密使兼保宁节度使王处回奢豪专恣，孟昶下令将张业击杀于都堂，将王处回贬为武德节度使，勒归私第。至此，故将旧臣或杀或亡，孟昶才开始亲政。

平心而论，孟昶与前蜀后主王衍相比，至少是一个守成之主，他关心生产，注意减轻百姓负担，即位的当年十二月，就颁布了一道劝农桑诏："刺史县令，其务出入阡陌，劳来三农，望杏敦耕，瞻蒲劝穑。春鹧始啭，便具笼筐；蟋蟀载吟，即鸣机

---

① 〔宋〕欧阳修：《新五代史》卷六四《后蜀世家》，第804页。

杼。"①要求地方长吏深入田间，劝课农桑，作为一个年仅十六岁的少年皇帝，这一点是难能可贵的。广政四年(941)，孟昶还颁布了一个官箴，并且刻石以便长期保存，其文曰：

> 朕念赤子，旰食宵衣。托之令长，抚养安绥。政在三异，道在七丝。驱鸡为理，留犊为规。宽猛得所，风俗可移。无令侵削，无使疮痏。下民易虐，上天难欺。赋舆是切，军国是资。朕之爵赏，固不踰时。尔俸尔禄，民膏民脂。为民父母，罔不仁慈。勉尔为戒，体朕深思。②

后来宋太宗将其中两句，即"尔俸尔禄，民膏民脂。为民父母，罔不仁慈"十六字刻石，谓之戒石铭，立于天下州县公署之前。著名文学家、书法家黄庭坚曾书写这两句话，只是字句有所变动。南宋绍兴时，宋高宗命人将黄庭坚所书刻石，分立于各地官署。③可见孟昶颁布的官箴影响之大。

孟昶还注意发展文学，他曾对近臣说：王衍浮薄，好轻艳之词，朕不为也。命史馆编集《古今韵会》五百卷。为了发展教育，孟昶于广政十四年(951)下诏将儒家诸经刻石，命秘书郎张绍文写《毛诗》《仪礼》《礼记》、秘书省校书郎孙朋古写《周礼》、国子博士孙逢吉写《周易》、校书郎周德政写《尚书》、简州平泉令张德昭写《尔雅》，字皆精谨。两年后，宰相毋昭裔出

---

① 〔清〕吴任臣:《十国春秋》卷四九《后蜀后主本纪》，第707页。
② 〔宋〕袁说友:《成都文类》卷四八《官箴》，北京:中华书局，2011年，第924—925页。
③ 参见傅璇琮、张剑主编:《宋才子传笺证》北宋后期卷《黄庭坚传》,沈阳:辽海出版社，2011年，第176页。

私财百万营建学馆，并请刻版印刷《九经》，颁之于州县。这些
措施的推行，皆对蜀地教育的发展起到了促进作用。其实早在广
政七年(944)，毋昭裔就以长安旧藏《九经》旧本，命平泉令张
德钊书写并刻于石，贮于成都学宫，这一举动要早于孟昶此举，
毋昭裔的后一举动属于雕版印刷，实际影响的范围要更大一些。

　　孟昶还非常注意纳谏，这在当时诸国君主中还是很少见的，
如明德三年(936)三月，地震，孟昶打算命道士禳之以消灾，经
司天少监胡韫劝解后取消。孟昶喜欢打毬走马，曾发生过一次马
蹶，其母太后李氏说：你这样做只能增加我的担心。从此孟昶再
也没有骑马驰骋。孟昶迷于房中术，在宫中召集了一些道士，又
在民间征集了许多良家少女，引起了社会的不安。枢密副使韩保
贞出面谏止，孟昶即日便放出了这些少女，并且赏韩保贞黄金数
斤，以示鼓励。有人上书请求台省官当择清流，孟昶认为应该选
择贤能之士，不必局限于清流之士。左右近臣劝其谴责上书者，
孟昶却说："吾见唐太宗初即位，狱吏孙伏伽上书言事，皆见嘉
纳，奈何劝我拒谏耶！"[1]这些都是难能可贵的行为。他还在宫中
设置了类似唐朝的匦，"蜀主以张业、王处回执政，事多壅蔽，
己未，始置匦函，后改为献纳函"[2]。可知此举乃是为了接受投
书，搜集下情。

　　对于贪官污吏，孟昶也能予以铲除，如眉州刺史申贵，为官
贪得无厌，指使狱吏"令贼徒引富民为党，以入其赂，常指狱门

---

[1] 〔宋〕欧阳修：《新五代史》卷六四《后蜀世家》，第804页。
[2] 〔宋〕司马光：《资治通鉴》卷二八八，后汉高祖乾祐元年九月，第9399页。

曰:'此吾家钱穴'"①。事发后被贬为维州司户,行至途中,被赐死。但是孟昶并未始终如一地坚持打击贪官,如知枢密院事王昭远,"幼以僧童从其师入府,蜀高祖爱其敏慧,令给事蜀主左右;至是,委以机务,府库金帛,恣其取与,不复会计"②。关于后蜀的最终灭亡,元代著名史学家胡三省认为,孟昶对王昭远的重用是主要祸因。

孟昶统治时期后蜀在军事上最大的成就就是夺取了秦、凤、阶、成四州,完全恢复前蜀之地。这是在后晋灭亡,后汉尚未完全占据中原之际发生的事情。后周建立后就不能容忍这种情况继续下去了,于是在周世宗部署下很快又夺回了这四州之地,消除了其对中原王朝的威胁。

孟昶在统治后期发生了较大变化,不仅生活奢侈,而且在政治、经济政策上犯了不少错误。先说生活方面,早在广政三年(940)上元节观灯时,孟昶曾召舞倡李艳娘入宫,赐其家钱十万。孟昶好文学,又赐诗僧可朋钱十万、帛五十匹。孟昶毕竟是纨绔子弟,虽然此类赏赐数量并不算多,但已暴露出了一些奢侈的苗头。根据史籍记载,广政十二年(949),孟昶曾乘龙舟游览浣花溪,"游锦浦者,歌乐掀天,珠翠填咽。贵门公子乘彩舫,游百花潭,穷奢极丽。诸王、功臣已下,皆置林亭,异果名花,小类神仙之境"。兵部尚书王廷珪赋诗曰:"十字水中分岛屿,数重花外见楼台。"③孟昶也自豪地说:"曲江金殿锁千门,殆未及

---

① 〔清〕吴任臣:《十国春秋》卷四九《后蜀后主本纪》,第719页。
② 〔宋〕司马光:《资治通鉴》卷二八八,后汉高祖乾祐元年七月,第9395页。
③ 〔宋〕景焕:《野人闲话·颁令箴》,郑州:大象出版社,2019年,第37页。

此。"①便是将之与唐时长安的曲江胜景相较。后蜀内苑遍布奇花异草，每到花开时节，争奇斗艳，美不胜收，史载：

> 蜀主升平，尝理园苑，异花草毕集其间。一日，有青城山客申迅入内，进花两粒，曰："红栀子花种。贱臣知圣上理苑圃，辄进名花两树以助佳趣。"赐与束帛，背至朝市散与贫人，遂不知去处。宣令内园子种之，不觉成树两栽，其叶婆娑，则栀子花矣。其花烂红六出，其香袭人。蜀主甚爱重之，或令图写于团扇，或绣入于衣服，或以熟革，或以绢素、鹅毛做作首饰，谓之红栀子花。及结实成栀子，则颗大于常者。用染素则成赭红色，甚妍翠。其时大为贵重。②

说明这一切都是孟昶刻意追求的结果，而这显然不是明主所应该追求的东西。

孟昶还命人在成都城上遍植芙蓉，秋天盛开之时，远观若锦绣，孟昶高兴地说：自古以成都为锦城，今日观之，真锦城也。为了显示与民同乐，他甚至在后苑举行宴会时，放士人百姓入观。还有一次大宴群臣于教坊，命"俳优作灌口神队二龙战斗之象"③。

孟昶还非常喜好女色，曾进行过大规模的选美活动，据《蜀梼杌》一书载：

---

① 〔清〕吴任臣：《十国春秋》卷四九《后蜀后主本纪》，第718页。
② 〔宋〕景焕：《野人闲话·红栀子花》，第38页。
③ 〔宋〕张唐英：《蜀梼杌》卷下，第125页。

　　（广政）六年春，大选良家子以备后宫，限年十五岁以
上，二十以下，州县骚然。新津县令陈及之疏谏，昶嘉其
言，赐白金百两，然采择不止。于是，后宫位号有十四品：
昭仪、昭容、昭华、保芳、保香、保衣、安宸、安晔、安
情、修容、修媛、修涓等，秩比公卿大夫士。①

　　孟昶的这种行为，在中国历史上虽不算罕见，但也是比较荒淫的
表现。皇帝如此，所以后蜀的大臣们也纷纷仿效，如赵廷隐建别
墅称崇勋园，"幅员十余里，台榭亭沼，穷极奢侈"②。《野人闲
话》记载，成都城内"人生三十岁，有不识米麦之苗者"。当然
此类人绝不是普通庶民，不是达官贵族子弟，就是富商中人。可
见后蜀的社会风气已经浮靡到何种程度。据载，孟昶"中岁稍稍
以侈靡为乐，常命一梭织成锦被，凡三幅帛，上镂二穴，名曰鸳
衾。又以芙蓉花遍染缯为帐幔，名曰芙蓉帐。至溺器皆以七宝装
之。每腊日，内官各献罗体圈金花树，所费不赀"。

　　在经济上，孟昶也逐渐改变了轻税政策，广政十一年（948）
开始征收曲钱。本来蜀中是不征曲钱的，故孟昶此举对百姓来说
就是一种负担，而且曲钱的税额相对中原王朝来说更重。后蜀亡
后，宋朝于开宝二年（969）减去了十分之二。此外，其各地赋税
也轻重不一，史载："孟氏旧政，赋税轻重不均，阆州税钱千八
百为一绢，果州六百为一绢。民前后击登闻鼓陈诉，历二十
年。"③可知老百姓曾为此赴成都陈诉，孟昶明知弊端却长期不愿

① 〔宋〕张唐英：《蜀梼杌》卷下，第123页。
② 〔清〕吴任臣：《十国春秋》卷四九《后蜀后主本纪》，第721页。
③ 〔元〕脱脱等：《宋史》卷二六七《陈恕传》，第9202页。

纠正。他还下令地方官追缴历年欠税，龙游县令田淳上书劝谏，孟昶不听。广政二十五年（962），后蜀推行铁钱制。铁钱最初在边远州郡使用，至此流行于成都。规定按铜钱六、铁钱四的比例行用，但是由于人们靳惜铜钱，导致市场上铁钱泛滥，甚至后蜀国库中也混杂了不少铁钱。后蜀后期军费不足，遂大力铸造铁钱以弥补，极大地扰乱了经济秩序，造成了社会的不稳。

孟昶在用人方面也存在很大的问题。据载："蜀自建国以来，节度使多领禁兵，或以他职留成都，委僚佐知留务，专事聚敛，政事不治，民无所诉。"①孟昶知其弊，于是罢去了一些人的节度使之职，留在成都转任朝职。同时又任命一些文人知节度事，"略与正帅有异"②，而这种做法除了官职名称不同外，并无实质性的改变。后来竟然又命宰相李昊兼领武信军节度使，右补阙李起劝谏说没有宰相领节度使的事例，孟昶不听。这样就又回到了以前的老路上去了。最离奇的是，他竟然任命宣徽使宦官田敬全领永平节度使，理由是前蜀有宦官王承休曾任过节度使，故本朝也可以宦官为节度使。简直荒唐之甚。节度使领兵，属于武官系列，再加上统率禁军者多非将才，故"皇太后亦屡以典兵非人为言，帝不能从"③。

北宋取代后周后，宰相李昊劝孟昶向其称臣纳贡，希望能够延续国祚，孟昶不听。宋军平定湖湘后，后蜀担心宋军进攻，打算遣使朝贡，被知枢密院事王昭远制止，并增置水军，加强峡路

① 〔宋〕司马光：《资治通鉴》郑二八二，后晋高祖天福六年二月，第9220页。
② 〔清〕吴任臣：《十国春秋》卷四九《后蜀后主本纪》，第711页。
③ 〔清〕吴任臣：《十国春秋》卷四九《后蜀后主本纪》，第726页。

的防守。王昭远还派人联络北汉，相约共同出兵，夹击北宋，从而促使宋太祖决心征伐后蜀。

广政二十六年(963)十一月，宋太祖命王全斌为统帅，率数路大军向后蜀发动进攻。孟昶闻讯，以王昭远为都统、赵崇韬为都监、韩保贞为招讨使，率军抵御宋军。这几人皆是庸才，根本不懂军事。王昭远自比诸葛亮，手执铁如意，指挥军事，扬言"吾之是行，何止克敌，当领此二三万雕面恶少儿，取中原如反掌尔"[①]。然现实是无情的，王昭远连战连败，不仅损兵折将，其本人也被俘虏。孟昶又派太子孟元喆统兵抵御，元喆拥爱姬、携乐器、带伶人数十而行，百姓望之皆窃笑。还没有见到敌军面，孟元喆闻知剑门已失，便焚掠庐舍仓廪而逃。另一路宋军自水路进攻，也顺利进抵蜀中腹地。得知蜀军战败的消息后，有人劝孟昶整军坚守，孟昶叹曰："吾与先君以温衣美食养士四十年，一旦临敌，不能为吾东向放一箭，虽欲坚壁，谁与吾守者邪！"[②]遂命李昊草降表，遣人奉表向王全斌投降。时在次年正月。

宋朝自兴师至灭蜀，共计六十六日，得州四十五、府一、县一百九十八、户五十三万四千三十有九。自古灭国，未有如此之速者。

孟昶携太后妃嫔阖族及官属等，乘船自峡江水路而下，五月顺利到达汴梁。宋太祖为其修筑了宽阔的宅第，赏赐了大量金帛，授其检校太师兼中书令、秦国公之职，其宗族兄弟、诸子皆

---

① 〔宋〕欧阳修：《新五代史》卷六四《后蜀世家》，第806页。
② 〔宋〕欧阳修：《新五代史》卷六四《后蜀世家》，第807页。

分别授予官职。孟昶自亡国后，一直郁郁寡欢，很快就一命呜呼了，时在乾德三年(965)六月，终年四十七岁。孟昶死后，其母李氏不哭，说："汝不能死社稷，贪生以至今日。吾所以忍死者，以汝在尔。今汝既死，吾何生焉！"①不食数日而死，母子俱葬于洛阳。

旧史臣评论后蜀亡国的原因时，说："迹其生平行事，劝农恤刑，肇兴文教，孜孜求治，与民休息，要未必如王衍荒淫之甚也。独是用匪其人，坐致沦丧，所由与前蜀之灭亡有异矣。"②孟昶不同于前蜀王衍，这是无可置疑的，用人不当也是其亡国的一个重要因素，却不是唯一的因素。后蜀后期社会风气萎靡不振，统治者贪图享乐、不知进取，政事日渐混乱，军队不加训练，如此国势，灭亡是早晚之事。

（三）南汉刘鋹

刘鋹是南汉的最后一位皇帝，初名继兴，乾和十六年(958)八月即位后，改名鋹，同年改元大宝。刘鋹在位期间，可以说一点好事没做。

在政治上他开启了宦官专权的格局。宦官专权在唐代是非常严重的，进入五代十国时期，这种情况便不复存在了，唯有南汉是一特例，而且比唐代有过之而无不及。刘鋹认为，群臣皆有家室妻小，因而不能全心全意地忠于王室，唯宦者亲近可任。所以凡是欲获得重用者，必须自阉，然后才能进用，从而导致南汉宦

---

① 〔元〕脱脱等：《宋史》卷四七九《西蜀孟氏世家》，第13879页。
② 〔清〕吴任臣：《十国春秋》卷四九《后蜀后主本纪》，第743页。

官人数大增，总数超过了二万人，一说七千人。对于一个人口仅仅十七万户的偏霸政权来说，这一比例之高简直难以想象。由于其重用宦官，即位之初，便委政于宦官龚澄枢、陈延寿，台省形同散地。至大宝五年（962），又以宦官李托为内太师、六军观军容使，公开颁诏国政必须禀告李托，然后才能施行。刘鋹之所以如此信任李托，是李托将养女献给后主之故，其长女被册为贵妃，次女封美人，皆有宠。

刘鋹在政治上的另一特点，就是对宫中女官非常信任，任以各种官职。其即位之初，就委政于才人卢琼仙。"女官亦有师傅、令仆之目。"这些都是历代所未见的现象。宦官陈延寿投其所好，引荐了女巫樊胡子，其自言为玉皇大帝的替身，"帝于内殿设帐幄，陈宝贝，胡子冠远游冠，衣紫霞裾，坐帐中，宣祸福，呼帝为'太子皇帝'，国事多叩于胡子"。由于樊胡子得宠，于是女官卢琼仙与宦官龚澄枢争相依附之，樊胡子对刘鋹说，此二人都是上天派来辅佐陛下的，不可轻加以罪。除此之外，"又有梁山师、马媪之徒，出入宫掖，宫中妇人皆具冠带，以领外事"[1]。

刘鋹在政治上还有一个特点，就是大开杀戒，甚至其亲弟亦不放过。陈延寿对刘鋹说，先帝之所以能传位于陛下，就是大杀诸弟之故。于是刘鋹首先杀了桂王刘璇兴。刘璇兴是长弟，故刘鋹认为其威胁最大，所以首先从刘璇兴开刀。刘璇兴无故被杀，导致纲纪大坏，上下不稳。钟允章是刘鋹即位前的藩府旧僚，深得其信任，即位不久，就被任为尚书右丞、参政事。钟允章是一位正派人士，

---

[1] 参见〔清〕吴任臣:《十国春秋》卷六〇《南汉后主本纪》，第862页。

对宦官专权深为不满，于是上奏请求诛杀乱法者数人，以正纲纪，后主不听。但是此举却激怒了宦官，加之钟允章参政，分了宦官之权。数月后，内侍监许彦真诬告钟允章谋反，龚澄枢、李托出面做证，致使钟允章被杀，同时还杀了他的两个儿子。

南汉在刘鋹的祖父、父亲统治时期就以奢侈而著称，刘鋹继承了父祖的这一不良传统，并且有过之而无不及。首先，大肆兴建各种建筑，如其于即位当年，就在罗浮山兴建了天华宫，其性质为道宫。兴建的原因是十分荒唐的：刘鋹夜晚做了一个梦，梦见有神人指着罗浮山之西、延祥寺西北，说这里可以建宫。此地有一处金沙洞，又梦有金龙从宫内腾空飞出，遂将此洞改名黄龙洞。又造千佛宝塔于兴王府(今广东广州)。至于其以白金三千铤装饰宫中一柱，以白银为殿衣，更是人所共知之史实。刘鋹还命人在玄妙观以铜铸造自己与诸子之像，因为相似度差而杀铸工，前后三次方才造成。宦官们为了讨皇帝欢心，在各地兴建离宫数十处，"帝不时游幸，常至月余或旬日，率以豪民为课户，供千人馔"[1]。

为了满足奢侈生活之需，刘鋹下令置媚川都于合浦县(今广西合浦北)，定其课，令入海五百尺采珠，由于水压之故，导致不少人流血而死。后主还在荔枝成熟时节，在宫中设红云宴，大宴群臣，岁以为常。他还经常在内殿举行斗花活动，往往在早晨打开后苑，允许宫女们入苑采择花朵，然后限时回宫，由宦官监视出入，斗花输者要献出金银买宴，即以此作为设宴的费用。大

---

[1] 〔清〕吴任臣：《十国春秋》卷六〇《南汉后主本纪》，第864页。

宝四年(961)，"芝菌生宫中，野兽触寝门，苑中羊吐珠，井旁石自立，行百余步而仆，樊胡子皆以符瑞讽群臣入贺"①。其行事之荒唐多类此也。

南汉统治如此残暴，引起了宋太祖的关注并决心兴兵讨伐。在正式出兵前，太祖命南唐后主给刘铱写书劝降，刘铱得书后大怒，拒绝归降纳贡，并囚禁了南唐使者。在这种情况下，宋太祖遂命潘美为统帅，率大军于大宝十三年(970)南下讨伐南汉。

当时南汉的情况非常不妙，史载："时旧将多以谗构诛死，宗室翦灭殆尽，掌兵者唯宦人数辈。自晟以来，耽于游宴，城壁壕隍多饰为宫馆池沼，楼舰皆毁，兵器又腐，内外震恐。"②刘铱只好派龚澄枢守贺州，郭崇岳往桂州，李托往韶州，皆先后败亡。韶州之战时，南汉出动象军，"每象载十数人，皆执兵仗，凡战必置陈前，以壮军威"③。潘美下令以强弓劲弩射之，象四散奔踏，反而导致南汉军队死伤无数，主将仅以身免。宋军势如破竹，连下城池，大军直指广州。"龚澄枢、李托相与谋曰：'北军来，利吾珍宝耳。今尽焚之，使得空城，必不能久驻。'乃纵燔其宫殿、府库，一夕皆尽。"刘铱逃跑无望，遂穿白衣乘马出降。此役宋朝共获州六十，县二百四十，户十七万二百六十三。

南汉被宋灭亡前，有许多征兆。大宝年间曾命百姓家家置贮水桶，称防火大桶，据说宋以火德王，识者谓：房者，宋分也；"防"与"房"、"桶"与"统"同音。当时广州城内还有童谣曰：

---

① 〔宋〕欧阳修：《新五代史》卷六五《南汉世家》，第818页。
② 〔元〕脱脱等：《宋史》卷四八一《南汉世家刘氏》，第13926页。
③ 〔清〕吴任臣：《十国春秋》卷六〇《南汉后主本纪》，第872页。

"羊头二四，白天雨至。"宋军入城之日，"适辛未年二月四日，而雨者王师如时雨之义"①。还有一种解释说："天雨，犹天水，斥国姓。"天水为赵姓之郡望。大宝末年，有一块水稻田自海上漂至鱼藻门外，百姓聚而观之，有人见而叹曰："水鱼湫湫兮。"待宋军兵临城下，统帅为潘美，方悟此为"潘"字。②这些都是无稽之谈，写出来供读者一哂。

南汉刘鋹降宋后，被封为恩赦侯，升为左监门卫上将军，不久改封彭城郡公。刘鋹在国时十分残暴，宋军兵临城下，又焚毁了府库，归宋后宋太祖派人责问，他就把责任全部推到臣下身上。宋太祖虽然没有治其罪，但从恩赦侯这一爵号看，宋太祖并非认为他没有罪过，只是有罪而予以赦免，不再追究罢了。正因为如此，刘鋹整日提心吊胆，唯恐大祸临头。

有一天刘鋹奉命前往讲武池，其他官员还没有到，宋太祖便赐其御酒。刘鋹在国时经常以毒酒鸩杀臣下，因此怀疑酒中有毒，跪下哭泣着说："臣承祖父基业，违拒朝廷，劳王师致讨，罪固当诛。陛下既待臣以不死，愿为大梁布衣，观太平之盛。臣未敢饮此酒。"③太祖大笑说：朕以诚心待人，哪里会做这种事。命人取来此杯，一饮而尽。刘鋹惶惶不可终日的心态于此可见一斑。

为了保命，刘鋹想方设法讨皇帝欢心。此人心灵手巧，广州大火后，尚余珍珠四十六瓮，他曾用珍珠金丝编织成戏龙之状，

---

① 〔清〕吴任臣：《十国春秋》卷六〇《南汉后主本纪》，第874页。
② 参见〔宋〕吴处厚：《青箱杂记》卷七，郑州：大象出版社，2019年，第70—71页。
③ 〔清〕吴任臣：《十国春秋》卷六〇《南汉后主本纪》，第875页。

称之为"珠龙九五鞍"，极为精妙，献给了宋太祖。太祖拿出来供百官观赏，大家都感到非常惊讶。太祖下令赐钱一百五十万，以偿还其价值，又对百官说："鋹好工巧，习以成性，倘以习巧之勤移于治国，岂至灭亡哉！"①宋太宗征北汉前夕，设宴款待群臣，刘鋹在宴会上说：朝廷天威，势不可挡，今四方僭伪之主，尽在座中，太原旦夕可下，北汉主刘继元也会到来，臣率先来朝，希望能成为诸国降王之长。太宗大笑，赏赐甚厚。刘鋹在北宋苟活十年后，于太平兴国五年(980)死去，终年三十九岁，被追封为南越王。

（四）吴越钱俶

吴越最后一位国王钱俶，原名弘俶，字文德，避宋讳，改名俶。其于后汉乾祐元年(948)正月，正式即国王位。钱俶即位以后，先是清除了跋扈者数人，连带贬黜者二十余人，稳定了政局。又"下令每岁租赋逋者悉蠲之，仍岁著为令"②。吴越国赋税繁重，钱俶的这一举措在一定程度上减轻了贫苦农民的负担，有利于社会矛盾的缓解。在政治上，钱俶继续了依附于中原王朝的政策，每年向后汉王朝贡奉钱物，后汉也授其为吴越国王。后周取代后汉后，吴越又奉后周为正朔，后周除了仍册其为吴越国王外，还加封其为天下兵马元帅，增加食邑与食实封户数，后又改赐推诚保德安邦致理忠正功臣。在周世宗统治时期，不断地增

---

① 〔清〕吴任臣：《十国春秋》卷六〇《南汉后主本纪》，第875页。
② 〔清〕吴任臣：《十国春秋》卷八一《忠懿王世家上》，第1148页。

加其食邑及食实封户数，改赐功臣名号。周世宗推行灭佛政策，吴越亦以敕额裁减寺庙，由于其崇佛，即使裁减后，全国仍有寺院四百八十处。

在军事方面，吴越国对中原王朝亦步亦趋，乾祐三年(950)二月，南唐剑州刺史进攻福州，永安军留后查文徽率军增援，被吴越军队击败，生擒查文徽等三十余人，斩获万余人。显德三年(956)，周世宗派军进攻南唐的淮南地区，命吴越出兵进攻常州、宣州，以配合后周的军事行动。吴越招降了南唐的静海军制置使姚彦洪，获其家属军士户口等一万余人。吴越军先胜后败，攻下常州后不久，被南唐大将柴克宏夺回，进攻宣州亦受挫。直到后周攻下整个淮南地区，吴越在军事上亦无大的进展，但在供军钱粮方面对后周仍做出了较大的贡献。乾德二年(964)十一月，宋军大举进攻后蜀，钱俶命亲从都指挥使、行军司马孙承佑等率军会合宋军进攻，至于取得了什么战果，史籍记载不详。北宋进攻南唐时，钱俶于开宝七年(974)亲率镇国、镇武、亲从、上直等都指挥使王谔等五万余人，以丁德裕为先锋使，向南唐的常州发动了进攻。

为了表达对中原王朝的忠心，吴越可谓不遗余力，显德五年(958)四月，杭州城南发生大火，延烧至内城，官署庐舍焚烧殆尽，钱俶本人躲入都城驿避难，被火毁者凡一万七千余家。即使在这种情况下，吴越仍不忘向后周贡奉钱物，当月就进贡绫与绢各二万匹，白金一万两；七月，遣使进奉白金五千两、绢二万匹、细衣段二千连；八月，又贡白金五千两、绢一万匹、龙舟一艘、天禄舟一艘，皆饰以白金；十二月，进贺正钱一千贯、绢一千匹。吴越在经济如此困难的情况下，仍连续不断地向后周贡奉，主要是因为看到南唐丧失了江北之地，实力大受削弱，担心后周将会对己不利，所以通过这种办法讨好中原王朝，以图自安。

北宋取代后周后，吴越遣使贡御服锦绮金帛，贺宋帝即位。建隆元年(960)九月，原后周淮南节度使李重进举兵反叛，宋太祖赵匡胤亲自率军讨伐，钱俶主动遣上直都指挥使孙承佑率军至润州以策应。李重进的叛乱很快就被平定了，吴越军队并没有发挥任何军事作用，然其这种积极的态度获得宋廷的赞赏。至于对宋朝的贡奉则更加殷勤，史载："自宋革命，王贡奉有加常数，奇器精缣，皆制于官，以充朝贡。"[1]这里所谓"有加常数"，是与后汉、后周时期的进贡数相比，贡品数量更多，而且所贡之物皆为官办作坊所制，并非来自征赋，可见吴越对北宋的贡奉不仅数量多于以前，而且质量也属上乘。关于吴越钱俶向北宋贡奉的具体数量，文献中亦有所记载：

> 常读《宋两朝供奉录》，中间称忠懿王入贡，如赭黄犀、龙凤龟鱼、仙人鳌、山宝树等物，及通犀带七十余条，皆希世之宝；而金饰玳瑁器至一千五百余事，水晶玛瑙玉器至四千余事，珊瑚十高三尺五寸，金银饰陶器一十四万余事，金银饰龙凤船舫二百艘，银装器械七十万事，白龙脑二百余斤，玉带二十四，紫金狮子带一，金九万五千余两，银一百一十万两，锦绮色绵以万万计，而举朝文武阖

---

① 〔清〕吴任臣：《十国春秋》卷八一《忠懿王世家上》，第1159页。

> 寺多所馈遗。竭十三州之物力以供大国，务得中朝心，国
> 以是而渐贫，民亦以是而得安。①

如此巨额的贡奉，使得钱俶即位之初那点减税措施带来的积极效果，就显得微不足道了，民众贫困是不可避免的。即使如此，宋太祖还说："此吾帑中物尔，何用献为！"②欧阳修尖锐地指出："考钱氏之始终，非有德泽施其一方，百年之际，虐用其人甚矣，其动于气象者，岂非其孽欤？"③然使吴越十三州之民免于战火摧残应该是钱氏的功劳。

开宝九年(976)正月，钱俶前往汴梁觐见宋太祖。二月，抵达汴梁，宋太祖派皇子赵德昭迎接，赐宴于迎春苑，入居专门为其兴建的礼贤宅。钱俶向宋帝进献了犀玉带、宝玉金器五千余件、上酒一千瓶，以及金玉宝器、白金十万两、绢五万匹、乳香五万斤。宋太祖也向其赏赐了大量金银、丝绢、汤药、茶果等，并且大小宴不断，极备恩宠。这年四月，宋太祖将驾幸西京洛阳，遂遣钱俶归国，然却命其世子钱惟浚陪侍，实际上扣为人质。临行时太祖赐其一个黄包袱，告诫说途中才可以打开。钱俶遵嘱打开后，所见"皆宋臣乞留王章疏，王甚感惧"④。宋太祖此举实际上是暗示钱俶应该看清形势，自觉纳土归顺。可惜的是，同年十月，太祖就驾崩归西了。

南唐灭亡的第三年，即宋太宗太平兴国三年(978)三月，钱

---

① 〔清〕吴任臣：《十国春秋》卷八二《忠懿王世家下》，第1184页。
② 〔宋〕欧阳修：《新五代史》卷六七《吴越世家》，第844页。
③ 〔宋〕欧阳修：《新五代史》卷六七《吴越世家》，第844页。
④ 〔清〕吴任臣：《十国春秋》卷八二《忠懿王世家下》，第1172页。

俶再次前往汴梁，受到了热情的款待。宋太宗不惜金银器物、宝带绫缎、御酒美食，慷慨赏赐，仅赏赐给随行将校的钱财即达三万余贯。钱俶心知大势已定，自然明白这种热情的背后意味着什么，于是便知趣地上表，请求纳土归顺。

宋太宗早就盼着这一天了。但是他如果马上接受，岂不背上了胁迫属国纳土的恶名？遂略施小计，颁诏不许，但就是不放钱俶归国。五月三日，宋太宗再次派内侍赏给钱俶汤药四金盒、金器二百两、银器三千两。钱俶知道又得要表态了，于是他又一次上表请求纳土归顺。宋太宗见时机成熟，也就不再推辞了。

在一个黄道吉日，在汴梁崇元殿，钱俶将所属十三州、八十八县、五十五万人口、十一万五千名军队的籍帐及仓库，毫无保留地奉献给了宋太宗。作为回报，宋太宗授钱俶为太师、尚书令、兼中书令，改封淮海国王，食邑一万户，实封一千户，仍充天下兵马大元帅，赐"宁淮镇海崇文耀武宣德守道功臣"的称号，并赐府宅于汴梁。其他钱氏子弟亦得到了节度使的官职，部下将校也分别加官晋爵。

从此以后，宋廷三日一小宴，五日一大宴，给钱俶的赏赐常年不绝。钱氏子孙在北宋也都受到了优待，这比南唐李煜及其他家人的待遇不知好过多少。到了第二年，宋朝灭亡了北汉，其主刘继元被迫投降。宋太宗御驾连城台，偏偏命钱俶侍坐。他一面下令诛杀北汉降卒，一面又对钱俶进行表彰，赏赐钱物，加封食邑。宋廷此举的意图，可谓昭然若揭。

钱俶入宋以来，身体一直欠佳，经常患病。有一天黄门赵海饮酒过量，登门求见。钱俶地位虽高，但身处嫌疑之地，自然不敢不见。赵海见他患病，临走时留下了几粒药丸，说是可以治疗眼病，并请钱俶当面服下。钱俶只好照办。赵海走后，钱俶家人非常担心，因为赵海是皇帝身边之人，其来历谁也说不清楚。钱俶再三宽慰家人，家人仍然惊恐不安。此事被皇帝知道后，为了解除钱氏家族的疑心，遂将赵海决杖并流放海岛。

为了不使宋廷生疑，钱俶再三上表，请求辞去天下兵马大元帅一职。宋廷先后改封他为汉南国王、南阳国王，钱俶又四次上表，请求辞去国王，宋廷遂又改封他为许王、邓王。钱俶虽然富贵满盈，但生活非常节俭，服大帛之衣，食不重味，为人谦恭有礼，力戒家人招惹是非。端拱元年(988)春病死，终年六十岁。

（五）北汉刘继元

刘继元是北汉最后一位君主，于天会十二年(968)十一月即位。北宋利用新君刚刚即位、地位不稳之机，劝其归顺，并许以平卢节度使之职。对北汉当时的权臣郭无为，宋廷许以安国节度使，郭无为心动，劝刘继元降宋，刘继元不从。于是宋出兵威胁，刘继元向契丹求救。契丹派挞烈为兵马总管，率诸道兵救援，宋将李继勋得知契丹出兵的消息，不敢轻敌，主动撤退。北汉暂时转危为安。

次年二月，宋太祖亲自统率数路大军进攻北汉，击败敌军，并包围了太原城。由于太原城坚固，宋军筑连城以围之，并开掘河渠引汾、晋二水以灌城，城中人心慌乱。郭无为再次劝其主投降，刘继元认为契丹不会坐视不救，故坚持不降。这年四月，契丹兵发数路，援救北汉，却被宋军击败。五月，契丹皇帝遣韩知璠册封刘继元为大汉皇帝，韩知璠因故留太原城中。此人颇通军事，日夜督查，尽心固守，双方相持不下。这时契丹遣南院大王率军来救，而宋军因为连绵大雨，军士患疾，只好退兵而去。

宋军撤兵后，北汉派人将灌城之水引入台骀泽，水退后太原城墙反倒摧圮，契丹使者韩知璠见此状况，叹息说："王师之引水浸城也，知其一而不知其二。若知先浸而后涸，则并人无噍类矣。"[①]可见北宋缺乏有识之士，致使北汉又得以苟延残喘。刘继元命人收集宋军遗弃军需，获得粟三十万，茶、绢各数万，从而得以弥补破败的经济状况。这一现象也说明宋军撤退得非常仓促。

北汉国小民贫，除了每年向契丹进贡，还要整顿军队，防备宋军进攻，致使其财政长期困窘，国内赋税沉重，百姓困苦不堪。即使在这样的情况下，北汉仍内讧不断。刘继元先是诛杀了权臣郭无为，接着又杀了其从兄大内都检点刘继钦。因怀疑睿宗皇后郭氏害死了其妻段氏(实际上段氏是因病而死)，遂派人将郭氏缢死。

这一时期宋朝对北汉的策略是不断派兵进攻，以削弱其实力。如广运三年(976)，宋太祖派侍卫都指挥使党进、宣徽北院使潘美，以及杨光美、牛思进、米文义等，分五路进攻，又派军分别进攻北汉的忻、代、汾、沁、辽、石等州，屡败北汉军队。党进在太原城北，大败敌军，杀掳千余人。宋将郭进掳北汉山北民三万七千人；宋将马继恩入太原境内，烧四十余寨，掳牛羊数

---

① 〔宋〕李焘：《续资治通鉴长编》卷一〇，太祖开宝二年六月，第228页。

千；郭进攻陷寿阳，掳民九千人；宋将穆彦超入太原境，俘虏民二千人。宋太宗即位后，延续了这一方略，在削弱北汉的同时，又达到消耗契丹实力的目的，因为每次宋军进攻，契丹都派兵援救，并向北汉输送大量的粮粟。加上这一期间不断地有北汉将吏向宋朝投降，也在一定程度上削弱了北汉的实力。

广运六年(979)正月，宋太宗认为灭亡北汉的时机已经成熟，命潘美为北路都招讨使，率军直攻汾、沁、岚诸州；又命郭进为太原石岭关都部署，以阻断契丹援军；在夏州的定难节度使李继筠也派军队直逼太原境，以配合正面进攻的宋军。二月，宋太宗亲率大军进攻北汉。契丹出动数路军队援救北汉，均被宋军击败。宋太宗直抵太原城外，潘美修筑土城，长围四合，矢石如雨，昼夜不息。太原粮道断绝，契丹救兵被阻，城中将吏也有人出城投降。在走投无路的情况下，太宗下诏招降，刘继元只好接受诏书，遣客省使李勋奉表请降，然后缟衣纱帽，率领臣僚，待罪城台下。

刘继元降宋后，被授予右卫上将军，封彭城郡公。由于宋军在平定北汉的战争中伤亡颇多，刘继元担心不能保命，于是向宋太宗说："臣闻车驾亲征，即愿束身归罪，盖亡命者惧死，逼臣不得降尔。"①刘继元的这番话倒是保住了自己的性命，却为那些士卒招来了杀身之祸，被北宋诛杀者达数百人。为了讨好太宗，刘继元除了献上一些金银宝器外，又献出官伎百余人，太宗分赐诸将。此役宋共得州十、军一、县四十一、户十三万五千二百二

---

① 〔清〕吴任臣：《十国春秋》卷一〇五《北汉英武帝本纪》，第1506页。

十、兵三万。

宋太宗在汴梁赐刘继元宅第一处，后又晋爵彭城公，任开府仪同三司、保康军节度使。刘继元死于淳化二年（991），是诸降王中死得最晚的一个，追封彭城郡王，赠中书令。刘继元死的时候，儿子三猪才六岁，他在遗表中托太宗关照。太宗也很怜悯这个幼年丧父的孩子，赐名刘守节，授予西京作坊副使之职，这样他就可以支取一份俸禄维持生活了。天禧四年（1020），宋真宗特迁其为右武卫将军，改右骁卫将军。

二、一个时代的终结

五代十国作为一个时代已经结束了，然而其历史影响却久久没有消失。宋朝统一全国后，把各地文士集中到汴梁，使得宋朝大规模地搜集与编修典籍有了人才储备。这些文士得到了很好的安置，他们亦不负众望，参与修撰了一批重要的典籍，比如《太平御览》《文苑英华》《册府元龟》《太平广记》等。参与的人员有徐铉、张洎、吴淑、吕文仲、汤悦、杜镐、舒雅、杨徽之、刁衎、陈彭年、钱惟演等诸国之人，其中以原南唐人士为最多。这些典籍具有非常重要的学术价值，直至今日，研究中国古代的历史、文学、艺术、哲学、语言、文字等，都还需要借助于这些典籍。

五代十国对宋代的社会也产生了很大的影响。众所周知，东汉以来豪强地主的势力很大，光武帝就是依赖其支持才夺取帝位的，他本人也是南阳豪强。直到东汉末年，豪强地主的势力仍很强盛，如南阳袁氏、弘农杨氏这样一批四世三公、门生故吏遍天下的名门望族，他们都是后世士族地主的先驱。当时的割据势力也大都如此，如曹操、孙坚父子等都是依靠宗族部曲武装起家的。刘备虽然家世寒微，但他之所以能建立蜀国，没有当地豪强地主的支持，如法正、许靖之流，也是很难成功的。至于魏国的曹洪、曹仁、荀攸、荀彧等，吴国的周瑜、鲁肃、陆逊、顾雍等，无一不是地方豪强。所以三国时期的统治阶级基本是以此类人物为骨干的。

魏晋南北朝时期形成了士族地主占支配地位的局面，王、谢、袁、萧和顾、陆、朱、张等姓显赫于江左，崔、卢、李、郑、王等姓纵横于中原。就连少数民族建立的政权，要想立足于中原，也得依靠这些大士族的支持与拥戴。

入唐以后，关陇士族显赫一时，安史之乱后，一大批出身于庶族和归化蕃将充任节度使，中兴名将郭子仪和李光弼恰恰是这两类人的代表，而当时的藩镇不是安史旧部，就是郭、李旧属。这种士族与庶族合流的状况，逐渐演化成为所谓势官地主阶层，宋代叫"形势户"。①唐末农民战争后，新兴的藩镇打倒了老藩镇，原来的势官地主也受到了猛烈打击，于是在五代十国时期，统治阶级又换成了一代新人，即一大批出身于社会下层的人登上了政治舞台，处于社会的顶端。这一时期是藩镇军阀称王称帝的时代，藩镇和帝王之间并无严格的界限，谁拥有实力，谁就可以夺得天子之位，这些人的出身比唐代藩镇还要等而下之。所以说五代十国的统治阶级结构和唐代士族与庶族新贵合流为势官地主

① 参见陶懋炳：《五代史略》，北京：人民出版社，1985年，第4页。

的状态不同，他们是全新一代的势官地主。在文人集团中，或为藩镇幕僚，或为科举出身者，"但他们并非因科举而致位卿相，只不过是投靠藩镇，屈居幕僚，随着藩帅升为天子，而跻身于卿相"①。这一时期藩镇林立，大多数科举中第者，只有通过这种途径才能取得美满前程，否则就只能长期屈居下位，或拼搏多年才得一官，不及三考便又失去了，甚至"有一生终不至令录者"②。这种情况既与唐代不同，也与宋代以科举出身者为主的情况不同，具有乱世的时代特点。社会发展到五代，门阀士族的影响已经完全被荡涤干净，从而为宋代官僚队伍基本由科举出身的士人构成创造了条件。

在这一历史时期，农民的身份也发生了较大变化。自唐中叶两税法实施后，"中国历代政府只关注土地面积登记是否属实，而不再强调对农户的控制，由查户口隐漏，而转为核查土地隐报，遂使农民的人身更加自由了。广大农民身份的这种变化，应始于唐朝中叶，五代十国时期继续了这种趋势，至宋代农民对国家的人身依附进一步减轻"③。在这一历史时期，无论是中原王朝还是南方诸国都鼓励农民开垦荒地，无偿分配逃户田，使五代时期农民身份的自由度更进一步提升。这些政策的推行，使许多失地农民变为自耕农，再加上租佃制的发展，遂使农民的身份更

---

① 杜文玉:《唐宋时期社会阶层内部结构的变化》,《江汉论坛》,2006年第3期。
② 〔宋〕薛居正:《旧五代史》卷一四八《选举志》,第1984页。
③ 杜文玉:《唐宋时期社会阶层内部结构的变化》,《江汉论坛》,2006年第3期。

加自由。就身份的自由度而言，五代时期的自耕农与唐代均田制下的自耕农有所不同，前者可以自由地处置自己的土地，政府并不加以限制，政府所关心的只是土地流转后谁来承担赋税的问题，对谁是这块土地的主人并不关心。而后者的情况却与前者大不相同，其处置土地的权利要受到许多限制，自由迁徙也是做不到的。因此，虽同样都是自耕农，但就身份的自由度而言，两者是大不相同的。此外，五代时期的法律没有所谓良贱等级的相关规定，表明奴婢作为一个社会阶层，已经消失了。不仅如此，这一时期还不断颁布敕令，禁止压良为贱，这也是进步的社会现象。

在这一历史时期，商人与市民阶层也快速发展起来了。与唐代不同，五代时期不再抑制商业与商人的发展，故商业观念进一步强化，商业贸易空前发展。这一点与各国统治者的重视有很大的关系，他们无不重视发展商业贸易，这一切在史籍中都有大量的记载。统治阶层甚至直接参与商业贸易，除了皇室、宗亲外，官僚队伍中也有许多人参与此类活动，所谓"五代藩镇多遣亲吏往诸道回图贩易，所过皆免其算"[1]。这一时期的许多城市聚集了大量的商人，沿海城市还有不少从事海外贸易的商人。随着商人阶层的壮大及其经济实力的增强，必然导致商业资本与政治资本的结合，从而形成新一代的商人，由此也表明这一时期商人阶层的社会地位大大地提高了，已经发展成为一支不可忽视的社会力量。

---

[1] 〔宋〕李焘:《续资治通鉴长编》卷一八，太宗太平兴国二年正月，第392页。

随着都市人口不断增强，这一时期出现了一个新的社会阶层，即市民阶层。主要指生活在城市中的各类人员，包括商人、小贩、工匠、平民、艺人、宗教人士、各类服务业人员及大量身份自由的无产者。聚居在城市中的手工业者是市民阶层的重要组成部分，在我国古代凡是商业都市必有发达的手工业生产，因此手工业工匠的人数亦不在少数。在城市中的手工业工匠并不仅限于印染业与织锦业，还有造纸业、印刷业、文具制造业、金银器制造业、制车业、铸钱业等，再加上官营手工业作坊中的工匠，其人数是相当可观的。这一时期的商业都市均有大量的服务行业，如酒肆、旅店、脚力、邸店（货栈）、裁衣肆、凶肆、娱乐业等，服务业的发达是城市经济功能强大的重要标志，也是商品化程度有所提高的重要反映。

这一切变化，都是唐代所没有的，并为宋代的进一步发展奠定了基础。

五代十国时期的婚姻观念也与唐代不同，这一历史时期的婚姻具有以下几个方面的特点：崇尚当世官爵而不重阀阅；重视政治联姻；重视财产；重科举。①这些特点与宋代婚姻特点完全吻合，说明宋代婚俗受到了五代十国时期的深刻影响。这一点前面已有详论，就不多说了。

五代十国时期的经济也有一定的发展，其中中原地区的经济在后唐明宗统治时期得到了较大的恢复，虽然在晋汉时期又遭到

---

① 参见杜文玉：《"婚姻不问阀阅"应始自五代十国时期——对学术界"宋代说"的纠正》，《南国学术》2015 年第 4 期。

一定的破坏，但是在后周统治时期恢复较快，有些地区甚至有程度不同的发展。至于南方诸国的经济，无不有较大的发展，宋太祖曾说："中国自五代以来，兵连祸结，帑廪虚竭，必先取西川，次及荆、广、江南，则国用富饶矣。"①可见，北宋征服南方诸国除了政治原因外，也有经济上的考虑，说明南方诸国的经济确实比较繁荣。由于五代十国时期奠定的坚实基础，再加上北宋以来长期的社会稳定，在北宋前期"其主要经济数据已经远远地超过了唐代的水平，如北宋天禧五年（1021），北宋的垦田面积比唐代的天宝年间多出了40%，岁入粮食数比唐代多46%，丝织品岁入数比唐代多55%，盐产量宋仁宗时比唐宪宗时多56%，酒利岁入数天禧末年相当于唐文宗太和八年（834）的6.5倍，兴建的水利工程宋代相当于唐代的4倍多，其他收入如金、银、铜、铁、锡、茶、布、草等，都比唐代多出许多。至于政府的财政收入，北宋前期比唐代多72%"②。如果没有五代十国时期奠定的基础，北宋承袭的完全是一个社会残破、经济落后的烂摊子，其无论如何也不可能在统治前期就获得如此辉煌的经济成就。除了农业生产有所发展外，工商业的快速发展是其中最主要的一个原因，而这一点正是其继续了五代十国经济发展趋势的结果。"宋真宗天禧五年，商税收入为1204万贯、盐课350万贯、茶课330.29万贯、酒课1017.29万贯、矿冶业257.7万贯、丝织品与布的收入折算成钱为1460.43万贯，总计4619.71万贯；唐前期财政收入中来自工商业的部分折钱为1522.42万贯。由此可以看出，北宋前期的工

---

① 〔宋〕魏泰：《东轩笔录》卷一，北京：中华书局，1983年，第1页。
② 杜文玉：《五代十国经济史》，北京：学苑出版社，2011年，第314页。

商业收入是唐前期的 3 倍多。工商业收入在财政收入中的比例，北宋前期为 78.6%，唐朝前期为 44.6%。"①可见，工商业的发展是北宋社会经济繁荣的主要因素，这一点正好与五代十国时期的经济发展趋势相吻合，换句话说，五代十国时期工商业的发展成就在北宋得以继续发扬光大。

在文化方面，五代十国同样对北宋产生了较大的影响，主要体现在如下方面：

文学方面　在该时期，词这种文学形式得到进一步发展。众所周知，词本是"曲子词"的简称，中唐以后，文人偶尔为之，在文坛上尚不足占有一席之地。五代时期的南唐和西蜀是当时的两个文化中心，西蜀以"花间派"词人名噪一时，他们以韦庄、温庭筠为祖师爷，风格艳丽、娇娆，虽有一定的艺术价值，但内容空虚，思想颓靡。花间派在当时影响很大，直到北宋初期仍然有很大的影响，袭其风者不乏其人。南唐词人以李璟、李煜父子及冯延巳等为代表，其中尤以李煜成就最大。李煜的词风前后变化很大，最好的作品大多在亡国之后。李煜的词风一改花间派弊病，直叙个人情感，沉重哀愁，甚为感人。王国维在《人间词话》中说："温飞卿之词，句秀也；韦端己之词，骨秀也；李重光之词，神秀也。"②神，指精神、风格。又说词至李后主，"而眼界始大"③，是说其扩大了词的艺术表现力，影响后世至为深远。词这种文学体裁在文坛上能占一席之地，可以说始自五代十

---

① 杜文玉：《五代十国经济史》，第 314 页。
② 彭玉平：《人间词话疏证》卷下，第 356 页。
③ 彭玉平：《人间词话疏证》卷下，第 357 页。

国，其大发展则是在宋代。

绘画方面 这一时期的绘画与唐代相比有了较大变化，释道人物画逐渐衰落，山水画和花鸟画日趋发展，并逐渐成为画坛上的一股巨流。在画风上逐渐摆脱了宗教与政治的束缚，以表现和崇尚自然之美为画坛风尚。在作者群上，释道人物画作者的阵容已远远不能和山水、花鸟画家相比。在画法上，董源创立了水墨山水著色的新技法，徐熙创花鸟没骨画法，《梦溪笔谈》卷一七说徐熙作画先用淡墨画出枝叶蕊萼，然后再加轻淡的水彩，"神气迥出，别有生动之意"①。五代十国拥有一大批著名画家，如荆浩、关仝、巨然、顾闳中、黄筌、周文矩等，在我国画史上占有十分重要的地位，并直接影响了宋代绘画的基本趋势。

书法方面 这一时期著名的书法家首推杨凝式，陕西华阴人，官至太子少师，人称杨少师。他工于行、草书，笔势雄杰，淋漓快目，个性十分突出，开宋人尚意书风之先河。南唐李煜，工于书画，他的字骨力遒劲，结构紧劲，趋于清瘦一格，作行书喜作颤笔樛曲之状，人称这种写法为"金错刀"。他写大字不用笔，卷帛而书，人称为"撮襟书"。他曾下令将内府珍藏历代法书刻成《昇元帖》，比宋代的《淳化阁帖》还要早，为我国的书法发展做出了贡献。南唐徐铉，擅长篆书。自古以来学篆书者，都以秦朝李斯为祖师爷，但其书迹绝少，学书人难以为法。自李斯之后，唯唐人李阳冰独擅其妙，为后人所推崇，自李阳冰以后，当推徐铉为首了。宋人对徐铉推崇备至，认为李阳冰之后，

---

① 〔宋〕沈括：《梦溪笔谈》卷一七《书画》，北京：中华书局，2015年，第164页。

"篆法中绝，而骑省于危乱之间，能存其法；……字学复兴，其为功岂浅哉！"①清人钱泳甚至认为除徐铉外，其他作篆书者，如唐之李阳冰、宋之梦英、张有，元之周伯琦，明之赵宦光，均"愈写愈远矣"②。所谓"远"，是指这些人的书法不具备李斯之神韵，同时连李阳冰都遭到指斥，可见徐铉影响之大。

佛教思想方面 五代乱世，然佛教禅宗却有较大的发展。近人陈垣说"五季乱而五宗盛"③，就是这个意思。五宗指禅宗的五个支派，即临济、沩仰、曹洞、法眼、云门五宗。临济宗盛行于北方，其余四宗皆盛行于南方。禅宗不尚经义的研求，倡导"明心见性"④，凭己意解释佛法，置佛教烦琐教义于不顾，故易为人们所接受，影响日广。由于禅宗不顾教义，故五宗争论纷纭，各自坚持自己的理论。五代后期吴越高僧延寿着手统一禅宗，他综合诸家之说，撰成《宗镜录》一百卷，调和诸家之说，以禅宗与净土宗作为共同的实践。原来单纯讲禅比较奥妙，常人难懂，与净土宗结合，肯定了万善同归，易为人们所接受，故对宋代禅师影响甚为巨大。禅宗讲论心、理、性等，其思维逻辑甚有可取之处，对宋代理学的形成有重要的影响。禅宗僧侣作诗往往把禅理引申到诗歌中去，对后世文人影响很大，宋代文学家欧

---

① 〔宋〕朱长文：《墨池编》卷九，杭州：浙江人民美术出版社，2019年，第289页。
② 〔清〕钱泳：《履园丛话》卷一一《书学·小篆》，北京：中华书局，1979年，第285页。
③ 转引自晏昌贵编著：《中国古代地域文明纵横谈》，武汉：湖北人民出版社，2000年，第96页。
④ 转引自〔清〕黄宗羲：《宋元学案》卷一五《伊川学案》，北京：中华书局，1986年，第598页。

阳修、苏轼都讲究境界，就是受这种影响。

　　总之，五代十国时期作为一个时代虽然结束了，然其历史地位却是不应忽视的。傅斯年在论述这一历史时期的特点时指出："至于周宋，胡气渐消，以至于无有。宋三百年间，尽是汉风。"①一些日本学者提出了"从唐朝衰亡期经五代至宋朝建立之间，中国社会发生了具有决定意义的性质变化"②的观点。关于五代十国时期处于中国历史上大变革时期的这一观点，明人陈邦瞻论及中国历史变化时说："其变之大者有三：鸿荒一变而为唐、虞，以至于周，七国为极；再变而为汉，以至于唐，五季为极；宋其三变，而吾未睹其极也。"③这种历史分期法虽然不算精准，其能将五代作为变化的一个极点，已经是十分难能可贵的了。

　　我国自秦汉以来，有三次大的分裂割据时期，即魏晋南北朝时期、五代十国时期和宋金辽夏时期。在这三个历史时期中，五代十国时期最为短暂，但其特点却最为鲜明，社会变革也最为剧烈，对后世的影响也最大。其之所以在中国历史上占有重要地位，是因为其处于唐宋变革的关键时期，上承唐中叶以来的变革大潮，下启赵宋社会发展之趋势。在这个大的时代潮流下，其社会必然发生剧烈的变化。以前学界对这个问题研究不够，或者没有引起足够的重视，也没有给予客观、充分的评估，这是非常可惜的。

----

① 傅斯年：《中国历史分期之研究·史学方法导论》，北京：中国人民大学出版社，2006年，第52—60页。
② 日本内藤湖南研究会编著：《内藤湖南的世界》，马彪等译，西安：三秦出版社，2005年，第26页。
③ 〔明〕陈邦瞻：《宋史纪事本末》，北京：中华书局，2015年，第1191页。

三、《夜宴图》的命运

《韩熙载夜宴图》原为我国著名书画大师张大千先生的收藏，是张先生在抗战胜利后，于1945年以五百两黄金的巨款在北平购得。20世纪50年代初，我国政府派人在香港组成了一个秘密收购小组，主要负责收购流失海外的艺术品，以保护国宝。1951年，张先生从印度回到香港，并且居留约一年之久。在此期间，收购小组负责人徐伯郊与张大千往来甚密。徐伯郊利用自己是香港银行高级职员，又是著名收藏家的便利，照顾张大千的生活。张大千对此非常感激，把他当作知心朋友。朝鲜战争爆发后，张大千欲离开香港，举家移民南美。当时国家文化方面的负责人郑振铎在北京得到这个消息后，急忙写信给徐伯郊，指示徐利用其父与张大千的世交关系，在港多与张大千接触，一是希望张大千能够回内地；二是希望通过张大千的关系，争取将流失到美国、日本等海外之地的中国古代书法名画收购一些回来。

当徐伯郊把郑振铎信的内容告诉张大千之后，张大千对郑振铎的关心与热忱非常感激。尽管出于种种原因，张大千当时没有回到内地，但他却把自己最心爱的五代顾闳中画的《韩熙载夜宴图》、董源画的《潇湘图》、北宋刘道士画的《万壑松风图》等一批国宝，还有他以前收集到的一些敦煌卷子、古代书画名迹等珍贵文物，一共折价两万美元，以极低的价格全部"半送半卖"给了祖国。这批珍贵文物皆由徐伯郊经手，由国家文物局全部收购，终于回到了祖国的怀抱，现由北京故宫博物院收藏。

关于《夜宴图》中的主角韩熙载，有关其生前活动的遗迹留存至后世的还不少，据两宋时期修撰的《景定建康志》及《重修毗陵志》《庐山记》等书记载，主要有：韩熙载读书堂，在溧水（今江苏南京溧水区）无想寺中；韩熙载撰《追封庆王碑》，在金陵城南娄湖桥；庐山先天观，南唐中主保大五年(947)赐名真风观，并予以扩建，韩熙载奉命撰写了《真风观碑并序》；丹徒（今江苏镇江丹徒区）张公洞侧有万寿宫，南唐中主赐名洞灵观，韩熙载奉敕撰有《洞灵观碑》；乌江(今安徽和县东北)北汤泉院内，立有韩熙载撰的《汤泉院碑》等。这些遗迹在宋元时期仍然完好地保存着，然经过上千年岁月的销蚀，时至今日，除了极少数仍有痕迹可寻外，其余均已荡然无存了。

其直系子孙在其死后便湮没无闻，现能考知的是：韩熙载共有八子四女，其中长子韩畴，在南唐任奉礼郎，早亡；次子韩伉，任校书郎；其余诸子名字及任官情况不详。入宋以后，其诸子竟无一人显达，可叹可悲。

四、结语

宋代是我国历史上一个非常重要的历史时期，其经济、文化、科技等在中国古代都达到了登峰造极的地步，而这一切都是在五代十国奠定的良好基础上发展起来的。换句话说，没有五代十国时期创造的这个基础，宋代是不可能取得如此突出的发展成就的。

首先，在古代社会没有充足的劳动力，是不可能发展的。文献中记载有各国入宋时的户口数，分别是后周967353户、南平142300户、湖南97388户、后蜀534029户、南汉170263户、南唐655065户、清源军151978户、吴越550684户、北汉35227户，总计为3304287户。[1]而唐朝在安史之乱后的广德二年(764)，仅有293万户。[2]五代虽是所谓乱世，却有如此之多的人口数，从而为北宋的进一步发展提供了充足的劳动力。

其次，在水利方面五代也取得了较大的成就。中原地区最大的水患来自黄河，自景福二年(893)以来至五代末，黄河决溢共三十四次，平均一至两年便发生一次。史载："自周显德初，大决东平之杨刘，宰相李谷监治堤，自阳谷抵张秋口以遏之，水患少息。"[3]共动用民夫六万人，工期三十天。经过此次治理后，除了显德六年(959)在原武有一次不大的决口外，终五代之世乃至宋初，黄河再也没有发生过大的决口。直到宋仁宗庆历八年(1048)，黄河才在澶州商胡埽(今河南濮阳东昌湖集)决口，受益时间将近百年。除了整治黄河水患外，中原王朝还疏浚整修了其他一些河流，主要有洛河、蔡水、汴河、五丈河、颍水、伊水、灵河、淄水等。其中对有些河流的整治是为了疏通漕运之道，方便交通，如蔡水、汴河、五丈河、东南河等；有的则是为了防治水患，如灵河、淄水、洛河、伊水、颍水等。周世宗征淮南时，征发楚州丁壮开挖鹳河以通运路，十日完工，使江淮间的水运得以连通，周军战舰可以直达长江。经过后周的整治，围绕着汴梁的水上交通线初步形成，为北宋发展以汴梁为中心的水路交通网奠定了基础。与农业生产直接相关的水利工程主要有陈州翟王陂、

① 参见杜文玉：《五代十国经济史》，第3页。
② 参见〔后晋〕刘昫：《旧唐书》卷一一《代宗纪》，第277页。
③ 〔元〕脱脱等：《宋史》卷九一《河渠志一》，第2256页。

灵武白河渠、磁州疏浚漳滏十二磴、在雍耀二州境内引泾水以灌田、洛阳南置稻田务、关中三白渠等。①这些水利工程大都存留至宋代，对当时农业与交通事业的发展有一定的积极意义。

南方各国的水利事业比中原地区有更大的发展。其中规模较大的工程，吴国有吴漕水，除了用来漕运，也可以兼顾一些灌溉。南唐有练湖，可灌田万顷；秦污陂，灌田数千顷；安丰塘，溉田万顷；孟渎，可溉田四千多顷；磨源陂，灌田万余亩；赤山塘，溉田万顷；大农陂，溉田数万亩。此外，还有白水塘、肥水、巢湖、芍陂、南昌东湖、捍水塘、甘棠湖、陈令塘、马塘、土湖、大充塘、南湖、临川南湖等水利工程，其中有些是南唐兴修的，有些是前代所修，南唐疏浚后继续发挥灌溉作用。

吴越境内兴建的水利工程更多，最主要的水利成就就是捍海石塘的修筑和太湖地区水患的整治，使得吴越的农业生产得到了极大的保障，"是以钱氏百年间，岁多丰稔，唯长兴中一遭水耳。"②此外，还有武义县的长安堰，灌溉田地达万余顷。当时位于今浙江宁波鄞州区的东钱湖方圆八百顷，堆石为塘八十里，至宋代时灌溉田地可达五千顷。其兴修的马仪堰、新墅堰、高堰、千秋堰、钱塘湖、镜湖等水利工程，都在发展生产方面发挥了较大的作用。可以说两浙地区的富庶地位，自吴越以来始得奠定。

楚国在这一时期兴修的水利工程主要是龟塘，溉田万顷，此外还兴修了马王塘、莲花塘、上石匮、下石匮等工程。南平所修

---

① 参见杜文玉：《五代十国经济史》，第33—34页。
② 〔明〕张内蕴、〔明〕周大韶：《三吴水考》卷八《郏乔水利书》，文渊阁四库全书，台北：台湾商务印书馆，1983年，第577册，第276页。

的水利工程多以抵御长江水患为目的，主要有高氏堤、古堤垸、北海堤、寸金堤等，所疏浚的白小河也对疏导水患发挥了不小的作用。南平统治区正处在长江的荆江段，地势低下，河道弯曲，自古以来水患严重，故高氏统治时期的这些工程可以抵御水患，也是有利于农业生产发展的。

前后蜀在其割据的川蜀地区也兴修了不少水利工程。如前蜀兴修的通济堰，可溉田一万五千顷，后蜀武漳任山南节度使时，"乃凿大洫以导泉源，溉田数千顷，人受其利"①。南汉割据的广东地区水利发展情况，由于史料残缺的缘故，现能知道水利工程极少，其水利事业主要表现在"向水要地"方面，在粤中等沿海平原表现得最为明显，出现了所谓"沙田""葑田"。闽国所在的福建地区水利开发成就颇为可观。王审知在福清沿海派遣士兵修筑了大塘、占计塘两项水利工程，可各灌溉田数千顷。"大浚侯官县西湖，广至四十里，灌溉民田无算。"②又在长乐（今福建福州长乐区）建海堤，"置斗门十，以御海潮，旱则积水，涝则排水，堤穿尽成良田"，又"连江县东湖方圆二十里，溉田四万余顷"。③长乐有桃坑湖，又称桃枝湖，"东西一百三丈四尺，南北三百六十一丈五尺，埤塍圳四派溉田，种千余石。伪闽时为指挥使邱进所有"④。此外，还有龙潭水、六里陂、陈埭等水利工程。

---

① 〔宋〕路振：《九国志》卷七《后蜀·武漳传》，《五代史书汇编》，杭州：杭州出版社，2004年，第3305页。

② 〔清〕吴任臣：《十国春秋》卷九〇《闽太祖世家》，第1310页。

③ 转引自陶懋炳：《五代史略》，北京：人民出版社，1985年，第181页。

④ 〔宋〕梁克家：《淳熙三山志》卷一六《版籍七·水利》，文渊阁四库全书，台北：台湾商务印书馆，1983年，第484册，第251页。

圩田是江南人民合理利用水利而创造的一种良田。沈括在《长兴集》卷九《万春圩图记》中说，江南“可耕之土皆下湿，厌水濒江，规其地以堤而艺其中，谓之圩”[①]。指的就是圩田。尤其是发生水患时，由于地势低洼，在圩的周围全是水，圩田就是针对这种地形而修建的，可以做到旱涝保收。又据北宋张颙墓志记载：“李氏处江南，时太平州芜湖有圩广八十里，围田四万顷，岁得米百万斛。”[②]宋人沈括说皖南有一个大圩田，乃土豪秦氏世代占有，称为秦家圩。“李氏据有江南，置官领之，裂为荆山、黄春、黄池三曹，调其租以给赐后宫。”[③]除了江南有圩田外，江西等地凡条件相似之处，均修有规模大小不一的圩田。

最后，五代十国的社会经济是在战争中缓慢恢复的，中原地区尤以陈、许、洛、汴等州恢复较快。中原农业生产的真正恢复是在后周统治时期，无论是周太祖还是周世宗，都自始至终地坚持了轻徭薄赋、奖励垦殖、招抚流亡、发展生产的政策，并且采取一系列的措施，如罢废营田、废除牛租、均定田赋、治理黄河、疏通漕路、限制寺院、减少浮食、鼓励商业流通等，极大地促进了北方社会经济的发展。由于政治竞争与生存的需要，南方各国无不重视发展经济，随着北方人口大量南迁带来了比较充足的劳动力，再加上南方自然条件好(大都是两作制，或双季稻，或一稻一麦)，农业经济得到长足发展。在岭南地区也实现了一

① 〔宋〕沈括：《长兴集》卷九《万春圩图记》，文渊阁四库全书，台北：台湾商务印书馆，1983年，第1117册，第295页。
② 文物编辑委员会编：《文物考古工作三十年》，第322页。
③ 〔宋〕沈括：《长兴集》卷九《万春圩图记》，文渊阁四库全书，第295页。

年两熟的稻麦轮作制，部分地区甚至还实行一年三熟的稻麦复种制。[1]许多地区的米麦已大量地送到市场上交易。在唐代江西还不是农业发达地区，但经过吴、南唐时期的开发，江西的社会经济得到了很大的发展，至宋太宗淳化四年(993)，从东南六路调米六百二十万石，其中从江西调走了一百二十多万石，几占总额的五分之一，超过了江南东路和荆湖路的水平。[2]淳化四年上距南唐灭亡不过十几年时间，宋朝能在这里调运出如此之多的漕米，当是五代十国时期农业生产发展的结果。

　　五代十国时期的经济发展有一个明显的特点，即农业经济作物发展较快，甚至花卉已经发展成为专门的种植业，并且商品化了。水果种植业也发展较快，与唐代相比，主要有三点变化：一是引进了一些水果种类；二是培育出了一些新的水果品种；三是生产规模有所扩大，出现了大批专门从事水果生产的专业农户。药材种植规模有所扩大，出现了专业化种植的趋势，并且开始出现放弃粮食种植而专种药材的倾向，或者在种植粮食作物的同时，兼营药材的种植。如绵州彰明县共20乡，其中4个乡种植附子，种植面积占四乡全部耕地面积的40%，即20800亩，每年生产附子16万斤以上。[3]蔬菜种植亦出现专业化的趋势，尤其是在城市周围的农村，这种趋势非常明显，以满足城市生活的需要。

---

① 参见李庆新：《略论南汉时期的岭南经济》，《广东社会科学》1992年第6期。

② 参见杜文玉：《唐五代时期江西地区社会经济的发展》，《江西社会科学》1989年第4期。

③ 参见〔宋〕杨天惠：《附子记》，傅增湘编《宋代蜀文辑存》卷二六，北京：北京图书馆出版社，2005年，第79页。

桑蚕业比唐代也有了较大的发展，唐代以河北道、河南道与剑南道的桑蚕业最为发达，其次是淮南道、山南道、江南道[1]，至五代十国时期南方各地的发展超过了北方，至宋代两浙地区达到了"蚕一年八育"[2]的程度，使这一地区的桑蚕业凌驾于其他诸路之上。桑蚕业比较落后的岭南与福建地区，在五代十国时期也都有了较大的改观，这些地区的统治者不约而同地都实行鼓励种桑养蚕的政策，并且取得了很不错的效果。此外，水产养殖业有了较大发展，主要表现在人工养殖在江浙、岭南、福建、江西等地更为普遍。除了养鱼外，这一时期还出现了养蟹、养虾的情况，这在前代是很少见的。

这一时期进行的农业经济作物生产，其目的是把产品送到市场去交易，属于商品化生产，显然是一种进步的社会现象，是社会经济发展到一定程度的产物。这一时期的花卉、水果、蔬菜、药材、水产养殖、茶叶等领域的专业化生产，均是如此，并且对宋代农业商品化的发展趋势产生了一定的影响。

这一时期的手工业生产同样有了较大的发展，除了传统的矿冶业、丝织业、织布业、制瓷业、造船业、制盐业、制茶业等有较大发展外，还出现了新的手工业行业，这就是文具业与印刷业，尤其是后者，已经发展到了相当大的规模。至于造纸业，虽然算不上全新的行业，但在这一时期新的纸品不断涌现，产地范

---

[1] 参见赵德馨主编:《中国经济通史》第四卷,长沙:湖南人民出版社,2002年,第548页。

[2] 参见〔宋〕吴泳:《鹤林集》卷二九《隆兴府劝农文》,文渊阁四库全书,台北:台湾商务印书馆,1983年,第1176册,第383页。

围也不断扩大，对宋代造纸业的格局产生了较大的影响。

　　这一时期的货币经济也出现了一种新现象，即白银作为货币进入流通领域。大量资料证明白银在这时已经具备了价值尺度、流通手段、贮藏手段、支付手段等货币职能。故白银作为货币应始于五代，而通常认为始于两宋时期，或始于南宋绍兴年间，或金朝正大年间的说法是值得商榷的。两宋时期将白银作为货币大量使用，实际上是沿袭了五代十国时期的货币制度。[①]

　　在这一时期区域经济有了较大程度的发展，其中江淮、两湖、川蜀、闽广等地区的经济有了明显的发展，形成了各具特点的经济区域。总的来看，这一时期的经济发展具有以下特点：其一，商业的繁荣与商业都市的增加，表现在商业都市比唐代有所增加，区域市场已经形成，南北贸易空前发展，乡村草市大大增加；其二，区域经济得到了较大的发展，原先比较落后地区的经济有了较大的发展，如岭南、江西、湖南、福建等地的发展程度已与五代发达地区相差无几；其三，农业中商品经济的成分增加了；其四，对外贸易的格局发生了根本性转变，从唐代以陆上丝绸之路为主，变为这一时期以海上丝路为主；其五，我国经济重心南移的完成。[②]因此，五代十国时期在我国经济史中占有承上启下的重要地位，即上承唐代经济发展的趋势，下启两宋经济繁荣的新格局。

　　至于五代十国的文化发展对宋代的影响，前面已有不少的论

---

① 参见杜文玉：《五代十国经济史》，第175—183页。
② 参见杜文玉：《五代十国经济史》。

述，这里就不再重复了。两宋时期科技发达，五代十国时期对其有何影响？由于史料匮乏，无法作出论断，但火药作为武器用于战争，却是出现在这一历史时期。[1]因此，对五代十国时期的发展成就，绝不能忽视，其在中国古代历史上应该占有比较重要的地位。

---

[1]〔宋〕路振：《九国志》卷二《陈璠传》载，其率军攻打豫章时，"以所部发机飞火，烧龙沙门"。(第3252页)陈璠为吴国大将。据宋人解释，"飞火"就是火箭、火炮之类，可能是把火药捆绑在箭杆上，点燃引信，发射出去以延烧敌方建筑、营房或人员。

附　录

五代十国收养假子风气的社会环境与历史根源

杜文玉　马维斌

　　五代十国时期流行着广泛收养假子的社会风气，上至皇帝、国王，下至将相大臣，无不如此。五代时期的这种社会风气是受唐代宦官大肆收养假子的风气影响而形成的，其目的在于建立一种超乎君臣或上下级的更加亲密的关系，以增强内部凝聚力，从而结成一种紧密的政治军事集团，为夺取或巩固政权服务，或者维护已经取得的政治利益。这种社会风气的形成与泛滥也与儒家伦理的缺失有很大关系。

一

　　针对五代十国时期广泛收养假子的社会风气，宋代大文豪欧阳修在其撰写的《新五代史》中专门写了《义儿传》一卷，共收入了晋王李克用八位假子的生平事迹。按照欧阳修的说法是："其可纪者九人，其一是为明宗，其次曰嗣昭、嗣本、嗣恩、存信、存孝、存进、存璋、存贤。"①之所以此处是八人，是因为李嗣源后来当了皇帝，即后唐明宗，其事迹自然要收入本纪。按照

----

① 〔宋〕欧阳修：《新五代史》卷三六《义儿传》，第385页。

欧阳修的意思，《义儿传》应收入十人，因为李克用的另一假子李存审的孙女为宋太宗的皇后，欧阳修作为宋臣，心存忌惮，于是便恢复其原姓，以符存审之名将其传编入其书卷二十五《唐臣传》中。

李克用的这十名假子都是战功卓著、可以独当一面的大将，其中李嗣昭、李嗣本、李存进三人战死沙场，李存孝因反叛被李克用诛杀，李嗣恩、李存信、李存璋等人壮年病卒，只有李存贤与符存审两人老病而死，算是得了善终。在十人中以李嗣源活得最久，他是沙陀人，本名邈佶烈，因善于骑射、作战勇猛被李克用收为养子。李克用之子李存勖攻灭后梁，建立后唐王朝，李存勖即后唐庄宗。李嗣源利用魏州兵变夺取帝位，史称后唐明宗，庄宗死于禁军兵变。其实李克用所收的假子并不仅此十人，欧阳修说："唐自号沙陀，起代北，其所与俱皆一时雄杰魁武之士，往往养以为儿，号'义儿军'。"①能够编成一军，可见人数不少。这支义儿军战斗力极强，属于李克用的牙兵部队之一。《旧五代史·李建及传》说："李建及，许州人。本姓王，父质。建及少事李罕之为纪纲，光启中，罕之谒武皇于晋阳，因选部下骁勇者百人以献，建及在籍中。后以功署牙职，典义儿军，及赐姓名。"李建及以牙职统率义儿军，证明义儿军就是牙兵。李克用赐其姓李，又命其典义儿军，说明李建及也是其假子之一，因为义儿军通常都由其假子掌典。如李嗣本，本姓张，因功升任义儿军使；符存审也是以假子的身份掌典义儿军的；李存进、李存璋、李存贤等，

---

① 〔宋〕欧阳修：《新五代史》卷三六《义儿传》，第385页。

无不是以假子而任义儿军使的。未收入《义儿传》而史书有所记载的李克用假子还有李存颢、李存实等人。①

在五代十国时期大量收养假子的并不仅限于李克用一人，而是一种普遍的社会风气，凡割据者无不如此，大体上可以分为以下几种情况：

其一，皇帝收养的假子。建立五代第一个王朝后梁的朱全忠，就收有不少假子，如朱友文、朱友谦、朱友恭、朱汉宾等，或为禁军大将，或为节度使，其中有的还封了王，如朱友文封博王，朱友谦封冀王。在十国中，以前蜀皇帝王建收养假子最多，据《十国春秋》一书所载共有四十五人，这些都是地位较高，立有专传者。而据《资治通鉴》记载，王建收养的假子达一百二十人之多②，这些人在建立前蜀的过程中多立有大功，且多具有很高的地位，如王宗佶任太师，总六军，封晋国公；王宗侃任太保、中书令，封魏王；王宗涤任东川节度使、同平章事；王宗翰任同平章事，封集王；王宗弼任太师、中书令、判六军，封齐王。③《前蜀列传》其他诸假子皆分任各种要职，掌握着前蜀的各种军政大权，是维护其统治的骨干力量。就连建立较晚的北汉，其皇帝也收养有假子，如刘继业，本姓杨，作战勇敢，人称"杨无敌"，任建雄军节度使，被汉睿宗刘钧赐姓刘，收为假子。④这位刘继业入宋以后，恢复了杨姓，原名业，有子六人，

① 参见〔宋〕欧阳修：《新五代史》卷一四《唐家人传》，第863页。
② 参见〔宋〕司马光：《资治通鉴》卷二六七，第8728页。
③ 参见〔清〕吴任臣：《十国春秋》卷三九《前蜀列传》，第571—575页。
④ 参见〔清〕吴任臣：《十国春秋》卷一〇六《刘继业传》，第1516页。

皆勇猛善战，社会影响甚大的杨家将的故事即以此为原型。刘继颙，本为幽州节度使刘守光之子，刘守光败死后，他入五台山削发为僧，由于善于经商，获利多用于资助北汉财政，被刘钧列入宗姓，收为假子。[1]

其二，大将、节帅收养的假子。凤翔节度使、岐王李茂贞，在唐末五代割据于关中西部，势力最大时占据数十州，其部下大将中有不少为其假子。如杨崇本，"幼为李茂贞之假子，因冒姓李氏，名继徽"[2]，在李茂贞手下任邠州节度使；温韬，被李茂贞收为假子后改名李彦韬，任义胜军节度使[3]，曾将其所辖区域内唐朝诸帝陵盗掘，包括唐太宗的昭陵，是一个臭名昭著的人物；李继远，原名符道昭，为秦宗权部将，秦宗权失败后投奔李茂贞，被收为假子并改名，后来官居秦州节度使。[4]此外，李茂贞的假子还有李继臻、李继海、李继密、李继鹏、李继忠、李继筠、李彦弼、李彦琦、李彦询等人，他们或为节度使，或为禁军将帅，结成了一个颇具实力的政治军事集团。后梁大将霍存，收霍彦威为假子，后者在后梁历任邠宁、义成、天平等镇节度使，在后唐历任武宁、平卢等镇节度使。[5]再比如河中节度王重盈有假子蒋殷，曾任武宁节度使。类似情况还有很多，就不一一列举了。

其三，富人、豪强收养的假子。如王晏球，少年时被汴州富豪杜氏收为假子，后投靠朱全忠，历任右千牛卫将军、龙骧四军

---

① 参见〔清〕吴任臣：《十国春秋》卷一〇六，《刘继颙传》，第1515—1516页。
② 〔宋〕薛居正：《旧五代史》卷一三《杨崇本传》，第181页。
③ 〔宋〕薛居正：《旧五代史》卷八《梁末帝纪上》，第124页。
④ 参见〔宋〕薛居正：《旧五代史》卷二一《符道昭传》，第284页。
⑤ 参见〔宋〕欧阳修：《新五代史》卷四六《霍彦威传》，第505—506页。

指挥使、行营马步军都指挥使，在后唐历任归德、天平、平卢等镇节度使，并改名李绍虔。①再如孔循，被汴州富商李让收为假子，于是改姓李。李让又被朱全忠收为养子，他又改姓朱。朱全忠之子的乳母喜爱他，遂收养于室中，这个乳母的丈夫姓赵，于是他又改姓赵。②荆南国王高季兴早年也被李让收为假子，李让被朱全忠收为假子后，他随之改姓朱，其后地位渐高，才恢复了高姓。③这些假子都是身居高位才被史书记载的，没有显达而疏于记载的还不知有多少。

其四，假子收养的假子。在五代十国时期，被人收养为假子者，也纷纷仿效其养父行为，大肆收养他人为假子。如李茂贞曾为唐末大宦官田令孜的假子，一度改名田彦宾，而李茂贞养子杨崇本又收邠州留后李保衡为假子。后唐明宗为李克用的假子，他也收有一些假子，如张彦超，历任蔚州刺史、晋昌军节度使；李从珂，本姓王，后来还当了皇帝，即后唐末帝。前蜀皇帝王建，早年在神策军任职时，被大宦官田令孜收为假子，其创建前蜀政权的过程中又收养了大量的假子，以供其驱使。

在这一历史时期许多帝王本人也是假子身份，除了后唐明宗、后唐末帝以外，还有一个就是大名鼎鼎的周世宗。周世宗本姓柴，为周太祖郭威的皇后柴氏之侄，郭威无子，遂将其收为养子，郭威死后，其继位为皇帝。④欧阳修在《义儿传》序中说：

---

① 参见〔宋〕欧阳修：《新五代史》卷四六《王晏球传》，第509—511页。
② 参见〔宋〕欧阳修：《新五代史》卷四三《孔循传》，第473页。
③ 参见〔清〕吴任臣：《十国春秋》卷一〇〇《荆南武信王世家》，第1427页。
④ 参见〔宋〕薛居正：《旧五代史》卷一一四《周世宗纪一》，第1511—1511页。

"开平、显德五十年间，天下五代而实八姓，其三出于丐养。"指的就是这三位皇帝。其实，五代皇帝中为人假子者并不仅限于此，晋高祖石敬瑭应该也是其中一位。石敬瑭是沙陀人，后唐明宗的女婿，后唐末年任太原节度使，勾结契丹举兵反叛，认契丹皇帝耶律德光为义父，推翻了后唐统治，建立了后晋政权。在十国的皇帝或国王中，除了前蜀王建、荆南高季兴外，南唐的开国皇帝李昇也是假子，其幼年为孤儿，被吴国杨行密收养，因为杨氏诸子不容，于是又被吴国大臣徐温收养，取名徐知诰，称帝后才恢复了李姓。① 北汉少主刘继恩，本姓薛，其父娶北汉世祖刘崇女为妻，其父死后，刘崇因为其子刘钧无子，遂命其收刘继恩为养子。刘钧死后，刘继恩继位当了皇帝。② 北汉的最后一位皇帝刘继元也是假子，他是刘继恩的同母异父兄弟。刘继恩之父死后，其母改嫁何氏，生刘继元，不久刘继元父母双亡，刘钧遂也收其为养子。刘继恩被供奉官侯霸荣所杀，于是群臣拥立刘继元为帝。③

　　以上这些还不是这一历史时期收养假子的全部情况，充其量只是一些比较典型的事例而已，即使如此，也能充分地反映出这一时期收养假子社会风气的普遍性。

二

　　关于唐五代时期收养假子社会风气形成的历史根源，有人认

---

① 参见〔宋〕陆游：《南唐书》卷一《烈祖本纪》，《五代史书汇编》，第5463—5467页。
② 参见〔清〕吴任臣：《十国春秋》卷一〇五《北汉少主本纪》，第1495—1496页。
③ 参见〔清〕吴任臣：《十国春秋》卷一〇五《北汉少主本纪》，第1497页。

为是受胡人收养假子风俗的影响，但是却没有举出哪一个胡族具有这种风俗，哪怕是一条直接的史料也没有。其实我国古代收养假子的现象出现很早，具体在什么时代虽不好确定，但可以肯定的是，早在先秦时期就已存在，《诗经·小雅》云："螟蛉有子，蜾蠃负之。"后遂以螟蛉为假子、养子、义子的代称，说明早在上古时代社会中就已经有收养现象存在。尤其在儒家取得独尊地位后，其学说影响进一步扩大，"不孝有三，无后为大"的观念深入人心，因为无后，就会导致其先祖无以承，后世无以为继。故没有生育能力的家庭，往往都会通过收养的办法解决家族的延续问题，遂使得社会上的收养现象进一步增多。唐五代时期的这种风气实际上就是上古这种社会现象的延续，与胡人风俗根本无涉，更何况"胡人强调部落观念，而父系家庭观念淡薄"[①]，既如此，如何能产生收养假子以继承家族香火的观念呢？在唐代内迁到中原的胡人收养假子的行为，不是本民族习俗的体现，恰恰相反，却是受汉民族影响而出现的一种行为。

从表面上看，五代十国时期收养假子的社会风气与其他历史时期似乎并无两样，然而仔细分析后，便会发现其中差异及五代十国时期所独具的历史特点。

第一，收养的人数不同。历代收养假子主要是为了传宗接代，因此收养的人数极为有限，通常为一至数人，一些王朝的法律也对收养人数进行限制。像五代十国时期这样大规模地建立收养关系，收养人数之多显然已经远远超出了传宗接代之需，且绝

---

① 戴显群：《唐五代假子制度的历史根源》，《人文杂志》，1989 年第 6 期。

大多数收养者都有亲生之子，故这种收养关系显然不是为了满足这方面的需要。

第二，收养的对象不同。我国历代法律对收养大都有许多限制，并不能随心所欲地建立收养关系。如《唐律》规定：

> 诸养子，所养父母无子而舍去者，徒二年。若自生子及本生无子，欲还者，听之。疏议曰：依户令：'无子者，听养同宗于昭穆相当者。'既蒙收养，而辄舍去，徒二年。若所养父母自子及本生父母无子，欲还本生者，并听。即两家并皆无子，去住亦任其情。若养处自生子及虽无子，不愿留养，欲遣还本生者，任其所养父母。即养异姓男者，徒一年；与者，答五十。其遗弃小儿年三岁以下，虽异姓，听收养，即从其姓。①

可见无子之家只允许在同宗中选择小儿收养，禁止擅自收养异姓为养子，如收养异姓之人，必须具备两个条件：一是被亲生父母遗弃的，二是指三岁以下的小儿。之所以这样规定，是因为被遗弃的幼儿如没有人收养，将会冻饿而死。然在五代时期完全打破了这种法律规定，被收养者多为骁勇善战之士，且多是具有一定地位的将校，并不存在生存之虞。

第三，收养者不同。从五代前后的历朝情况看，建立收养关系的情况多发生在民间，虽然社会上层也不乏收养关系的存在，与民间相比毕竟不占多数。五代时期就不同了，大规模地建立收

---

① 〔唐〕长孙无忌等：《唐律疏议》卷一二《户婚律》，北京：中华书局，1983年，第237页。

养关系不是发生在民间，而是发生在社会上层，上至皇帝、国王，下至将相、大臣，无不投身其中。即使有类似李让这样的富商参与其中，也与政治产生了密切的关系，从其被梁太祖朱全忠收为假子可知。

第四，被收养者的年龄不同。历代收养的假子多为幼儿，长期与养父母生活在一起，有利于对其家族观念的培养。五代时期虽然不排除有收养幼儿的例子，如南唐皇帝李昪，但大多数却是成年男子。如唐明宗李嗣源比其养父李克用小十岁，建立收养关系时，李嗣源显然已是成年男子。甚至还有养子比养父年长的事发生，如晋高祖石敬瑭认契丹皇帝耶律德光为养父时，年已四十四岁，而耶律德光年仅四十一岁。

从以上这些差异可以清楚地看出，五代十国时期广泛存在的收养假子的目的，不在于传宗接代，延续家族香火，而是另有原因。这个原因就是收养者通过建立收养关系，与被收养者形成超过君臣关系或上下级关系的一种更加亲密的关系，增强内部凝聚力，从而结成一种紧密的政治军事集团，为夺取或巩固政权服务，或者维护已经取得的政治利益。关于这一点，欧阳修已经明确地指出过了，他说："盖其大者取天下，其次立功名、位将相，岂非因时之隙，以利合而相资者邪！"① 正因为这个缘故，所以在这一历史时期被收养的对象，或为勇猛善战之将，或为智谋权诈之士，不少人还具有较高的地位，或握有较大的兵权。

问题是夺取天下、致位将相的方法很多，为什么在其他历史

---

① 〔宋〕欧阳修：《新五代史》卷三六《义儿传》，第385页。

时期没有这种情况普遍存在，而偏偏在五代十国时期出现，这就需要认真探讨了。

五代十国时期处在唐宋交替之际，不仅其制度直接沿袭了唐制，在社会风气方面也深受唐代的影响。众所周知，唐代宦官势力很大，飞扬跋扈，专断朝政，自唐玄宗朝高力士弄权以来，直到唐末一百数十年间，宦官专权的局面始终没有得到改变，关于唐代宦官权势之所以能够长期延续的原因，日本学者矢野主税认为，宦官诸职制与假子制是宦官获得权势并能够长久持续的原因。[①] 这个观点直到现在看来，仍具有很高的学术价值。所谓宦官诸职制，中国学者称之为内诸司使系统，这是唐后期逐渐建立的一套与宰相为首的南衙行政系统相对应的另一套行政系统，内诸司使系统的使职只能由宦官充任，其权力则是分割南衙行政系统而来的，故内诸司使系统越发展，南衙系统的权力就越受削弱。关于内诸司使系统，经过多年的研究，已经取得了较大的成果，所涉及的使职达数十个之多，并且有逐渐增加的发展趋势。唐代的宦官们通过内诸司使系统获得权势和巨大的经济利益后，欲世代延续，则必须借助于假子制，这就是宦官们热衷于收养假子的根本原因。

近年来我国学者围绕着唐代宦官通过收养假子建立宦官家族，从而世代延续并形成宦官世家的问题进行了深入的研究，也取得了不少的成果。从这些研究成果来看，唐代宦官最初收养假

---

① 参见［日］矢野主税：《唐代宦官获得权势因由考》，（日本）《史学杂志》，1954年第10期。

子时，或为年龄幼小的小宦官，或为正常的男性，人数通常为一至数人，如高力士收养了三个假子①，其他宦官大体上也是如此。需要指出的是，在唐代，宦官收养假子是合法的，只是在收养人数方面有所限制，这一点与同样是宦官专权的东汉时期不同。东汉虽然也有宦官收养假子的现象存在，但在汉顺帝阳嘉四年（135）之前，由于法律禁止宦官收养假子，所以收养人数极为有限。这年二月，"初听中官得以养子为后，世袭封爵"②，宦官养子才算合法化了。然而由于东汉宦官收养假子纯粹是为了传宗接代，所谓"又养其疏属，或乞嗣异姓，或买苍头为子，并以传国袭封"③，并不需要大量地收养假子，因此收养现象还不算普遍。唐后期随着宦官权势不断地强化和地位不断地提高，收养假子的宦官便愈来愈多。只要是稍具一定地位的宦官，都纷纷收养假子，如西门珍，元和时任宫闱局令，从七品下，收养有四名假子；李从证，大中时任内仆局丞，正九品下，也收养有一名假子。④在唐玄宗时期，宦官"品官黄衣已上三千人，衣朱紫者千余人"；元和、长庆时，"是时高品白身之数，四千六百一十八人"⑤，这些都是有条件收养假子的宦官，收养人数合计起来相当可观，从而形成了一种影响甚大的社会风气。至僖宗、昭宗时

---

① 参见杜文玉：《高力士家族及其源流》，《唐研究》第四卷，北京：北京大学出版社，1998年，第175—198页。

② 〔宋〕范晔：《后汉书》卷六《孝顺孝冲孝质帝纪》，北京：中华书局，1965年，第264页。

③ 〔宋〕范晔：《后汉书》卷七八《宦者·单超传》，第2521页。

④ 参见周绍良：《唐代墓志汇编》，《唐故陇西郡李府君墓志铭》，上海：上海古籍出版社，1992年，第2375页。

⑤ 〔后晋〕刘昫：《旧唐书》卷一八四《宦官传》，第4754页。

期，宦官阶层的人数还有所扩大，收养的人数就更多了。

唐代宦官收养假子的目的，最初只是为了继承其取得的政治地位和经济地位，仿效正常人过上有家有室、儿孙满堂的生活。到了唐后期，由于朝廷内部政治斗争激化，藩镇割据愈演愈烈，为了巩固自己的权势，宦官们收养假子的目的发生了较大的变化，收养对象的范围也扩大了，开始大批地收养禁军将校与藩镇将帅，或者是具有一定地位和权力的宦官。如唐后期著名的权阉杨复恭，"诸假子皆为节度使、刺史，又养宦官子六百人，皆为监军"①，如天威军使杨守立、龙剑节度使杨守贞、武定节度使杨守忠、玉山军使杨守信、绵州刺史杨守厚等。杨复恭的兄弟、大宦官杨复光也收养了假子数十人，"皆为牧守将帅"，如兴元节度使杨守亮、忠武节度使杨守宗等。这些假子也收有假子，如杨守亮就有假子杨子钊、杨子实、杨子迁等，皆为禁军将校。②从而形成了一个颇具实力的政治军事集团，权势之大，就连皇帝都不在其话下。在唐朝后期类似杨氏兄弟这样广泛收养假子，壮大家族势力，专权跋扈的大宦官还不少，如仇士良家族、孙荣义家族、梁守谦家族、王守澄家族、彭献忠家族等。③如此之多的宦官大肆收养假子，壮大势力，获取或巩固自己的权位，这种风气不能不对其他人产生深刻的影响，从而形成更加广泛的社会风

---

① 〔宋〕司马光：《资治通鉴》卷二五八，第8419页。

② 参见杜文玉：《唐代权阉杨氏家族考》，《1998法门寺唐文化国际学术讨论会论文集》，西安：陕西人民出版社，2000年。

③ 参见杜文玉：《唐代宦官世家考述》，《陕西师范大学学报（哲学社会科学版）》，1998年第2期。

气。司马光曾指出："唐末宦官典兵者多养军中壮士为子以自强，由是诸将亦效之。"①这就清楚地说明，五代十国时期这种风气的形成是直接受唐代宦官收养假子风气影响的结果。

三

五代十国时期收养假子的这种社会风气受到了欧阳修的批判，他主要是从宗法关系的角度进行批评的，他在《新五代史·义儿传》序中写道"呜呼！世道衰，人伦坏，而亲疏之理反其常，干戈起于骨肉，异类合为父子"，对这种社会现象深恶痛绝。他又说："至其有天下，多用以成功业，及其亡也亦由焉。"这句话仍是就李克用集团而言的。后唐庄宗李存勖之所以能够推翻后梁建立后唐，其父的这些假子的确发挥了重要的作用，后来庄宗的统治被明宗李嗣源取代，虽未改变国号，但后唐政权由一姓转到另一姓手中，由此欧阳修认为李克用家族主导的后唐实际上已经亡国了，因为李嗣源不过是李克用的假子而已。至于导致庄宗直接丧命的郭从谦则是庄宗之弟李存义的假子，他策动禁军兵变，导致庄宗死于非命。可谓成也假子，亡也假子，这种历史教训欧阳修认为是非常深刻的，故采取了一种批判的态度。其实五代十国时期因为假子的缘故导致君主或养父丧命并非仅此一例。当然也有养父为了巩固统治，与假子反目成仇，从而诛杀假子的事例。其实在一个家族内部为了政治利益发生你死我活的激烈争斗，并不局限于养父子之间，即使亲生骨肉之间又何尝不是如此

---

① 〔宋〕司马光：《资治通鉴》卷二六七，第8727页。

呢？尽管存在以上现象，然从这一历史时期总的情况来看，这种相互残杀的现象毕竟是极少数，否则的话，人们何必纷纷仿效，大肆收养假子呢？因此，欧阳修的态度有些绝对化了，他更多还是从宗法制的传统观点看待这种社会现象，因而总觉得有些格格不入。其实欧阳修的说法是一种本末倒置的观点，"人伦坏"应该是"果"，而不是"因"，这个"因"应是对儒家思想信仰的缺失，从而使这一时期的社会结构与社会观念发生了极大的变化。

藩镇割据，军阀混战，是五代十国时期一个突出的社会特征。在长期的混战中，原来的社会秩序与社会上层结构被彻底打破了，旧贵族、旧官僚或死或逃，有的甚至穷途潦倒，一大批出身于社会下层的人登上了政治舞台，藩帅做天子几乎成了通例；其将相大臣或出身行伍，或出身胥吏，受儒家思想观念影响较小。即使有少数科举出身的人，也是投靠藩镇，屈居幕僚，随着藩帅升为天子，他们也就攀龙而跻身高位。即使如此，他们也要看武夫脸色行事，才能保其禄位。社会上层结构的这种变化，必然导致对儒家思想理论的忽视，重武轻文成为这一时期普遍的意识。后汉重臣侍卫亲军都指挥使史弘肇不喜文人，曾说："文人难耐，轻我辈，谓我辈为卒，可恨，可恨！"他还有一句很有名的话，即"安朝廷，定祸乱，直须长枪大剑，若毛锥子安足用哉"①。"毛锥子"是指毛笔，这里指掌握儒家思想的文人学士。后汉宰相王章也说："此辈与一把算子，未知颠倒，何益于国邪！"②"算子"指算盘，讽刺儒士不懂吏务，是一种轻视、排斥

① 〔宋〕薛居正：《旧五代史》卷一〇七《史弘肇传》，第1405、1406页。
② 〔宋〕欧阳修：《新五代史》卷一〇七《王章传》，第335页。

文士的表现。正是由于统治阶层中存在着这种轻视文士儒生的意识，所以他们对儒家所提倡的礼乐制度深恶痛绝。后汉枢密使杨邠曾说："为国家者，帑廪实，甲兵完而已，礼乐文物皆虚器也。"① 这是轻视儒家"名教"观念的一种反映，与历代莫不重视礼乐制度的健全形成了鲜明对照。

在这种思想观念的影响下，这一时期的儒学研究不仅毫无成就可言，就连文化素质也严重地下降了。以科举考试为例，在唐代以进士科最为社会所重视，录取人数在诸科中最多；然在五代时期却以明经科录取人数为多，此科主要考"帖经墨义"，能死记硬背就有可能考取，相比进士科要容易得多，故人们趋之若鹜。周世宗时加强对科举的管理，对已录取的新科进士进行复试，时有及第者被淘汰，有时竟出现被淘汰者占到录取名额一半的奇怪现象。考生如此，考官的素质也好不了多少，有的主考官甚至出不了考题，竟然要自己的门生来帮忙。可见这时的文化教育已经衰退到何种程度，而古代教育的主要内容就是儒家经典。

由于教育事业的衰退，统治阶层的文化素质急剧下降，使得儒家思想的影响大打折扣，伦理纲常观念对人们行为的约束也就大大松弛了，于是才出现了欧阳修所说的"人伦坏"的结果。为什么儒家思想的缺失会导致这种社会现象的出现呢？因为儒家的重要思想之一，就是"三纲五常"思想，所谓"三纲"，即"君为臣纲，父为子纲，夫为妻纲"；所谓"五常"，即"仁、义、礼、智、信"。前者是用于调整和确立古代社会中君臣、父子、

---

① 〔宋〕欧阳修：《新五代史》卷三〇《杨邠传》，第333页。

夫妇之间关系的一种特殊的道德，后者则是用以调整和规范君臣、父子、兄弟、夫妇、朋友等人伦关系的行为准则。可见"三纲五常"具有维护社会秩序，规范人际关系的重要作用。此外，"三纲五常"观念体现的也是一种个人修养，这一点在"五常"方面体现得更加突出。两千多年来中国社会结构超稳定地持续发展，与对"纲常"思想的坚持有着密切的关系，其一旦被忽略或抛弃，必然导致社会结构与秩序的剧烈动荡。所谓"礼崩乐坏，三纲五常之道绝，而先王之制度文章扫地尽于是矣"①，说的就是这个道理。

对儒家纲常思想忽视的直接恶果，首先就是欧阳修所说的"臣弑其君，子弑其父"②，而当时的人们却见怪不怪。后晋的成德节度使安重荣曾说："天子，兵强马壮者当为之，宁有种耶！"③这不仅是一种穷兵黩武思想的表现，而且是对儒家"君权神授"观念的质疑与挑战。在这种思想观念的主导下，这一时期的臣下一旦对君主不满，或者社会出现了混乱，在有机可乘时，他们便会毫不犹豫地与君主刀兵相见，以至于出现了"置君犹易吏，变国若传舍"的社会现象。

其次便是视人伦关系为儿戏，抛弃自己的亲人、宗族。为了个人的一些利益，甘愿认他人为父，而毫无廉耻之心。对于因儒家纲常思想的缺失所导致的五代社会混乱状况，欧阳修曾有过非常精彩的描述，他在《新五代史·一行传》序中说："五代之乱，

① 〔宋〕欧阳修:《新五代史》卷一七《晋家人传》，第188页。
② 〔宋〕欧阳修:《新五代史》卷三四《一行传》，第369页。
③ 〔宋〕薛居正:《旧五代史》卷九八《安重荣传》，第1302页。

君不君，臣不臣，父不父，子不子，至于兄弟、夫妇人伦之际，无不大坏，而天理几乎其灭矣。"在这种社会状况下，依靠儒家传统的伦理观念显然是行不通的，人们必然要另行寻找一种能够整合相互关系、强化凝聚力的方式，于是通过建立收养关系，利用家族力量形成凝聚力的这种长达数千年的旧方式便被重新重视起来了。这也是五代时期收养假子的风气能够广泛流行的社会条件，或者说是这种风气能够畅通无阻的社会环境。

不过，由于我国自汉武帝实行独尊儒术的方针以来，历代莫不以儒家伦理纲常规范人们的行为，以儒家思想治理国家，因此五代十国时期的这种反常的社会风气并不能持久。当这种混乱的局面发展到极致时，就会走向其反面。入宋以后，统治者便开始有意识地摒弃这种巩固统治的方式，重新确立儒家思想的统治地位。除了在北宋初期这种风气尚有一定的影响外，随着重文轻武政策的推行，尤其是理学地位确立后，这种风气的影响便逐渐淡漠，最终被扫进了历史的垃圾堆。

原载《陕西师范大学学报（哲学社会科学版）》2010年第3期

社会变革与五代十国时期绘画的嬗变

杜文玉　赵水静

　　五代十国在我国古代历史上是一个社会大动荡、大变革的时期，不仅社会政治、社会阶层发生了剧烈的变化，而且对艺术领域产生了极大的影响，在绘画方面亦是如此，与前代相比发生了不小的变化。绘画题材由唐代的释道人物画为主转变为山水、花鸟、人物等多种题材并驾齐驱。此外，人物画的内容及绘画材质较前代也发生了明显的变化。探讨这些变化的原因、特点及其对后世的影响，无论是对历史研究或是对艺术史的研究，都有着积极的学术意义。

一、社会环境对绘画题材的影响

　　五代十国时期承唐末社会动荡之余绪，战火频频，民不聊生，政治局势极不稳定，改朝换代频繁，加之异族入侵，使得广大人民群众包括士大夫阶层始终处于惶恐不安的状态之中。这种社会现状对这一时期画家的思想与创作趋向产生了极大的影响，尤其是对中原地区的画家冲击更大。众所周知，有唐一代绘画题材以释道人物画为主，所谓"以人物居先，禽兽次之，山水次之，楼殿屋木次之"①。这里所谓的人物，包括佛、道二教中的神佛和菩萨在内。其他题材种类虽然不少，但从作品及画家阵容看，都远远不能与释道人物画相比。但是至五代十国则发生了较大的变化，对中原地区画家的分类统计显示（见下表）：画释道者18人、鬼神4人、人物11人、仕女3人、写真2人、大像2人，共计40人，占46.5%；山水树石、花鸟竹禽、虫鱼草木、走兽家禽等其他类别的画家，共计46人，占53.5%。② 可以看得出在中原地区释道人物画的阵容已经趋于衰落，而山水、花鸟、动物画的阵容则日趋壮大。

中原地区画家分类统计表

画类	次类	五代中原画家
释道	释道	智蕴、运能、韩求、李祝、王殷(商)、朱繇、跋异、王仁寿、王霭、胡严徽、燕筠、王道求、宋卓、王伟、胡翼、支仲元、王瓘、滑台李罗汉
	鬼神	跋异、王仁寿、王道求、李仁章
人物	人物	赵嵒、李群、智蕴、王殷(商)、王霭、李赞华、郑唐卿、王道求、胡翼、阮郜、支仲元
	仕女	阮郜、王殷(商)、杜霄
	写真	王霭、郑唐卿
	大像	跋异、张图
山水树石	山水	张图、荆浩、关仝、李成、范宽、李霭之、何遇
	树石	德符、郭忠恕、何遇、李霭之

---

① 〔唐〕朱景玄，吴企明校注：《唐朝名画录校注》序，合肥：黄山书社，2016年，第1页。
② 统计据《五代名画补遗》《宋代名画评》《宣和画谱》《图画见闻志》《图绘宝鉴》等画史文献的记载所辑。需要说明的是，在分类中因有些画家擅长多种题材，故统计人员有所重复。统计虽可能仍不免有所疏漏，但基本能反映五代十国时期中原地区绘画的变化趋势。

画类	次类	五代中原画家
花鸟竹禽	折枝	于兢
	竹子	刘彦齐、施璘
	竹雀	厉归真、王道古
	鸷禽	厉归真、郭乾晖
	花鸟	张及之、郭乾祐、胡擢
虫鱼	虫鱼	袁羲、唐垓、杜霄
	草木	唐垓、郭乾晖
走兽家禽	畜兽	王道求
	野禽	唐垓
	牛	厉归真
	犬	张及之
	马	赵嵒、张及之、王仁寿、李赞华、胡瓌、李玄应、李玄审
	虎	厉归真
	猫	李霭之
车马台阁	车马	胡翼
	台阁	何遇、胡翼
	屋木	郭忠恕
田家风物	－	张质
无归属	－	卢汝弼、焦著

这一时期，南方诸国以南唐与前、后蜀文化较为发达，画家阵容最为强大，在画史上占有重要的地位，故以此两地的画家情况进行统计，其中南唐画释道、人物者32人，山水、花鸟、禽兽等其他种类57人，比例分别是36%、64%；在前、后蜀画家中，前一类共62人，后一类48人，比例分别是56.4%、43.6%（见下表）。

南唐与前、后蜀画家分类统计表①

画类	南唐画家	前、后蜀画家	比例
人物	21	29	21:29
花鸟竹禽	16	15	16:15
山水	13	12	13:12
走兽家禽	12	6	12:6
释道	11	33	11:33
虫鱼草木	8	7②	8:7
车马台阁	8	8	8:8
合计	89	110	89:110

可以明显地看出，南唐的情况与中原地区基本一致，而前、后蜀的情况则是前一类的比例仍然高于后一类，与唐代的情况大体相似，且画家人数也多于中原与南唐。对此有人早已指出："考邓椿《画继》，称蜀道僻远，而画手独多于四方。李方叔载《德隅斋画品》，蜀笔居半云云。"③川蜀地区画家类别的这种状况，形成的原因主要有二：一是蜀地距长安较近，唐末动荡，中朝士大夫多避难于蜀，其中包括不少画家；二是唐玄宗、僖宗幸蜀时，带去了大量的艺术人才，所谓"唐二帝播越及诸侯作镇之

---

① 参见陈葆真：《李后主和他的时代：南唐艺术与历史》，北京：北京大学出版社，2009年，第359—360、339页。
② 原书在这一栏为"0"，另据《宣和画谱》卷一六：黄筌有草虫图一；李廌《德隅斋画品》载其画鱼鳖；《宣和画谱》卷一六：黄居宝"盖虫鱼鸟迹之书皆画也"；《益州名画录》卷下：滕昌佑"常于所居树竹石杞菊，种名花异草木以资其画"，有虫鱼图；《宣和画谱》卷一五：刁光有鸡冠草虫图一；《宣和画谱》卷一七：丘庆余"而兼长于草虫"；《图绘宝鉴》卷三：赵昌"兼工草虫"；《益州名画录》卷中：赵忠义，工竹树、屋木。据此则前、后蜀画虫鱼草木者共有七人。
③〔清〕永瑢：《四库全书总目》卷一一二《子部·艺术类一·〈益州名画录〉》，北京：中华书局，1965年，第956页。

秋，是时画艺之杰者，游从而来，故其标格楷模，无处不有"，以至于宋初伐蜀时，盛况丝毫不减，所谓"圣朝伐蜀之日，若升堂邑，彼廨宇寺观，前辈名画，纤悉无圮者"①。由于蜀地之画家或来自中朝，或深受唐代画风之影响，故比较多地保留了唐代遗风，这一点与中原、南唐有所不同。

综上所述，可以明显看出，五代十国时期的绘画题材与唐代不同，发生了较大的变化。促成这种变化的原因，与这一时期的政治与社会环境有着直接的关系。具体而言，大体可分为如下几类情况：

其一，隐世避祸与闲逸自适。如荆浩，画史说："五季多故，遂退藏不仕，乃隐于太行之洪谷，自号洪谷子，尝画山水树石以自适。"荆浩不仅在山水画方面成就甚大，还著有《山水诀》一卷，流传于世。②《宣和画谱》认为他"以山水专门，颇得趣向"，宋御府所藏其作品，多为山水画。③宋人米芾《画史》载其"善为云中山顶，四面峻厚"。其画作的这种风格，也表现了画家避世自隐的心态。再如李成，其祖上为李唐宗室，"五季艰难之际，流寓于四方"，虽有大才，却不愿入仕与权贵交结，自谓"自古四民不相杂处，吾本儒生，虽游心艺事，然适意而已，奈何使人羁致入戚里宾馆，研吮丹粉而与画史冗人同列乎？此戴逵之所

---

① 〔宋〕黄休复：《益州名画录》，何韫若、林孔翼注，成都：四川人民出版社，1982年，第1—2页。

② 参见〔宋〕刘道醇：《五代名画补遗》，于安澜编：《画品丛书》，上海：上海人民美术出版社，1982年，第100页。

③ 俞剑华标点注译：《宣和画谱》，北京：人民美术出版社，2016年，第176页。

以碎琴也"①，将其避世的心态表露无遗。韩求（一云虬）与李祝（一云枳）也是如此，"属唐祚陵季，遂退藏不仕，以丹青自污，而好游晋唐间"，尽管如此，后来仍不免被杀。②我国士大夫阶层大都具有"达则兼济天下，穷则独善其身"的思想，每逢乱世往往都采取这种隐世以避祸的态度，政治人物如此，身怀一技的画家亦是如此。既然隐世，在选择绘画题材时，将其身居其中的山水作为创作的题材，自然也就不难理解了。

唐末五代局势险恶，士大夫亦不免遭受屠戮，如历史上影响甚大的"白马驿之祸"，成批的士大夫遭到屠杀。在政治斗争中，在改朝换代之际，无不有士大夫被屠戮的情况。面对这样一种社会环境，士大夫积极进取的精神遭到沉重打击，转而追求一种闲适的生活以逃避现实，无论是在野之士，或者在朝为官，这类人都不少。如著名画家关全，为荆浩弟子，"尤喜作秋山寒林，与其村居野渡，幽人逸士，渔市山驿，使其见者，悠然如在灞桥风雪中，三峡闻猿时，不复有市朝抗尘走俗之状"③。对其所绘《仙游图》，宋人李廌说："大石丛立，矻然万仞，色若精铁，上无尘埃，下无粪壤，四面斩绝，不通人迹；而深岩委涧，有楼观洞府，鸾鹤花竹之胜；杖履而遨游者，皆羽毛飘飘，若仰风而上征者，非仙灵所居而何？"④就是这种思想的深刻体现。著

---

① 俞剑华标点注译：《宣和画谱》，第182页。
② 参见〔宋〕刘道醇：《五代名画补遗》，于安澜编：《画品丛书》，第96—97页。
③ 俞剑华标点注译：《宣和画谱》，第177页。
④ 〔宋〕李廌：《德隅斋画品》，于安澜编：《画品丛书》，上海：上海人民美术出版社，1982年，第159页。

名画家范宽亦是如此，"卜居终南太华，遍观奇胜"①，"尤长雪山"②。因为雪山象征着纯洁，这是关仝选择其为创作题材的真实意图之所在。就连后唐袁嶬，虽身为军人，却喜绘画，尤善画鱼，"穷其变态，得险喁游泳之状"③，追求的也是一种自由闲适的生活情趣。五代厉归真，虽为道士，却不穿道服，善绘牛虎鸷禽雀竹，嗜酒如命，曾对梁太祖曰："衣单爱酒，以酒御寒，用画偿酒，此外无能。"④显然是一位以道士面貌示人而追求避世闲适生活的士人。故李廌评论其画说："笔简意尽，气韵萧爽。"⑤再如张质，"工画田家风物，有村田鼓笛、村社醉散、踏歌等图传于世"⑥。

南唐所在的江淮地区战乱之多虽不及中原地区，但远不如川蜀地区社会平稳。唐末孙儒与杨行密争夺江淮，杀人甚多，村落荒芜，致使素有"扬一益二"之称的扬州残破不堪，居人仅有数百户。杨行密也与后梁发生过大战。南唐立国后，南征闽，西伐楚，后来又与后周爆发了淮南战争。频繁的战争对社会稳定造成较大的影响，致使生民涂炭，生产破坏，到后主李煜时期，又长期处在北宋的军事威胁之下，这一切都极大地影响了士大夫的思

---

① 〔元〕夏文彦：《图绘宝鉴》，于安澜编：《画史丛书》，上海：上海人民美术出版社，1963年，第48页。

② 〔元〕汤垕：《画鉴》，马采标点注译，邓以蛰校阅，北京：人民美术出版社，2016年，第37页。

③ 俞剑华标点注译：《宣和画谱》，第156页。

④ 〔宋〕郭若虚：《图画见闻志》，黄苗子点校，北京：人民美术出版社，2016年，第39页。

⑤ 〔宋〕李廌：《德隅斋画品》，于安澜编：《画品丛书》，第163页。

⑥ 〔宋〕郭若虚：《图画见闻志》，第44页。

想观念。此外，南唐皇帝崇信佛教，尤其是后主李煜，官员中或崇信佛道，或沉湎于酒色，或追求闲适生活，这种思想情趣也在一定程度上影响了南唐画家题材的选择。

其二，求神佛以自保与民族矛盾的激化。如燕筠，善绘天王，画史云："岂非当五代兵戈之际，事天王者为多，亦时所尚乎？"①这一评论可谓是切合乱世时人们的心态。五代时期人们对于释、道绘画的追求与唐人可能有所不同。受这一时期动荡的社会环境影响，人们迫切希望求得神佛保佑，心态也更为功利。此外，随着战争所导致的民族对立情绪日趋突出，绘画作品中也得到了不少反映。画家王仁寿亦擅长画佛道鬼神，其在晋末被掳掠到契丹，直到宋初才放还，故除了继续绘菩萨弥勒之类外，还绘制了《征辽》之图，反映了画家对掳其北去的契丹的愤恨之情。张及之，善画犬马花鸟，所绘之犬"得敦庞之状，无摇尾乞怜之态"②。实际上是一种民族气节的反映，故《宣和画谱》说："方五代干戈之际，风声气俗，盖有自而然。"③宋人董逌曾为一幅五代的《犬戏图》写过跋文，其中有"因以著时之祸，以见当时画者之不能忍耻夷虏"④一语，可见这种情绪影响之大。

其三，异族风情。五代时期与中原王朝交集最多的民族当为契丹，这一点在绘画方面亦有所反映，如胡瓌，"善画番马，骨

---

① 俞剑华标点注译：《宣和画谱》，第67页。
② 〔元〕夏文彦：《图绘宝鉴》，于安澜编：《画史丛书》，第35页。
③ 俞剑华标点注译：《宣和画谱》，第231页。
④ 〔宋〕董逌：《广川画跋》，何立民点校，杭州：浙江人民美术出版社，2016年，第25页。

格体状，富于精神。其于穹庐部族，帐幕旗旆，弧矢鞍鞯，或随水草放牧，或在驰逐弋猎"①，受到了画界的赞扬。其子胡虔，其学生李玄应、李玄审，"有放马白本、胡乐、饮会、弗林等图传于世"②。突欲，契丹贵族，唐明宗赐名李赞华，"善画本国人物鞍马，多写贵人酋长，胡服鞍勒，率皆珍华"③。《宣和画谱》收藏其画十五幅。有唐一代，与中原往来的少数民族虽多，然受汉文化浸染较浅。自唐末五代以来，与契丹族往来紧密，政治经济交流频繁，且有大量的汉人生活在契丹，其中包括了不少士人，遂使其深受汉风影响，以上情况不过是在绘画方面的反映而已。

二、人物画内容的变化与影响

从《唐朝名画录》《历代名画记》《图画见闻志》等书的记载看，有唐一代的人物画内容主要是佛像、菩萨、罗汉、神仙、道士、高僧、历史人物与本朝人物等。五代十国时期的人物画以上几种题材仍然存在，但数量已经大大地下降了，而历史人物与当代人物的比例有所提高。从《益州名画录》《五代名画拾遗》《图画见闻志》《宣和画谱》等典籍的记载看，这一历史时期的人物画内容发生了如下几点变化：

其一，历史人物画中的社会阶层发生了变化。唐代所绘的历史人物大都为名人或社会上层之人，如老子、前代帝王、名士等，从《宣和画谱》所存之画看，有阎立德《右军点翰图》，阎

---

① 〔宋〕刘道醇：《五代名画补遗》，于安澜编：《画品丛书》，第 101 页。
② 〔宋〕郭若虚：《图画见闻志》，第 38 页。
③ 〔宋〕郭若虚：《图画见闻志》，第 37 页。

立本《太上像》《王右军真》，传世的有《历代帝王图》，孙位《高士图》《写马融像》，王肱《写卓文君真》等。这些画作不是唐代所绘的历史人物的全部，只是从中挑选一些具有代表意义的作品，以说明这一时期选择人物题材的趋向。五代十国时期也以历史人物为绘画题材，但是变化较大，仍以《宣和画谱》所收藏的画作为例，如周文矩的《写李季兰真》《钟馗氏小妹图》《绣女》《捣衣》《熨帛》，赵嵓的《调马图》《臂鹰人物图》等，这些人物均为社会下层人士，皆不见于唐代画作中。其中李季兰为唐代女道士，善诗，与朱泚有往来，泾原兵变被平定后，李季兰受朱泚牵连被杀。周文矩为李季兰画像显然是对其遭遇鸣不平，寄托了画家的深深同情。在唐代有关钟馗的画作甚多，但是以其小妹为绘画题材的却未见于记载，这是后世出现的钟馗嫁妹故事之滥觞，故五代时期出现的这种现象值得关注。至于上述的《绣女》《调马图》等画作，反映的题材都是有关社会下层人物的生活，这就说明这一时期的画家已经开始关注社会现实生活了，尽管这种画作还不是很多，但是这种趋势却是积极且富有生命力的。

其二，在当代人物画方面也发生了一些变化。唐代画当代人物主要是皇帝、诸王、将相、外国贡使，以及士女等，仍以《宣和画谱》所收为例，有阎立本的《窦建德图》《写李思摩真》《凌烟阁功臣图》《魏徵进谏图》《步辇图》等，常粲的《写懿宗射兔图》，韩滉的《李德裕见客图》等。五代十国时期亦有不少帝王画像，如后梁太祖、后唐明宗、后晋高祖、后汉高祖、后周太祖、后周世宗等，十国中的帝王亦有画像见于记载。其他人物如王彦章①、林仁肇、宋齐丘、韩熙载②等。他们或为当代英雄人物，如王彦章，为大文豪欧阳修所极力推崇，为其专门写了画像记。林仁肇为南唐大将，智勇兼备，宋太祖甚为畏惧，故施反间计使李后主将其杀害。至于宋齐丘，为江南著名智谋之士。而韩熙载则是著名文人，胸怀大志，社会影响很大。五代时期为这些人物画像当是英雄崇拜与渴望治世能臣涌现之情结所致，反映的是乱世人们渴望英豪能够拯救社会、结束混乱的一种迫切心情。

其三，为祖先写真容的现象较多。我国古代为祖先画像的现象出现很早，至迟在汉代就已有之，但是直到唐代这种现象仍不算普遍，至五代十国时期情况发生了较大的变化，无论是社会上层或下层民众无不热衷于此，从而为人物画增添了新的内容。如黄损入仕于南汉，后来又隐居不归，家人不知其存在，"子孙画像事之"③。由于社会上广泛存在为其父祖绘制画像的现象，以至于出现了与此相关的司法案件，如"杜镐侍郎兄仕江南为法官。尝有子毁父画像，为近亲所讼者，疑其法未能决，形于颜色。镐尚幼，问知其故，辄曰：'僧道毁天尊佛像，可以比也'"④，在一定程度上反映了这种社会现状。为祖先画像主要是出于祭祀之目的，以表示追思之情，是我国长期存在的孝文化

---

① 参见〔宋〕欧阳修：《欧阳修全集》，李逸安点校，北京：中华书局，2001年，第570—571页。

② 参见〔宋〕刘道醇：《圣朝名画评》，于安澜编：《画品丛书》，上海：上海人民美术出版社1982年，第117页。

③ 〔宋〕苏轼：《东坡志林》卷二《黄仆射》，王松龄点校，北京：中华书局，1981年，第44页。

④ 〔宋〕郑克：《折狱龟鉴》卷四，清嘉庆墨海金壶本。

的体现。这一趋势对后世的影响极为深远，至宋元明清时期遂发
展成为一种普遍的社会现象。

三、绘画材质的变化及影响

唐代的绘画作品大多绘制在壁上，主要是在宫殿、寺观甚至
墓室的壁上，不仅释道人物如此，即使人物真容，亦有部分绘于
壁上。如开元八年（720），城门郎独孤晏奏曰："伏见圣上于别
殿安置太宗、高宗、睿宗圣容，每日侵早，具服朝谒。"①唐僖宗
幸蜀期间，亦曾将其真容及随驾官员像绘于成都大圣慈寺壁。②
《唐朝名画录》所记载的画圣吴道玄的画迹，就很清楚地说明了
这一点。此外，唐代的山水、禽兽、楼阁等类作品，也有部分绘
于壁上，如李思训善画山水，"天宝中，明皇召思训画大同殿壁，
兼掩障。异日因对，语思训云：'卿所画掩障，夜闻水声'"③。
朱审，"得山水之妙"，"唐安寺讲堂西壁，最其得意。其峻极之
状，重深之妙，潭色若澄，石文似裂，岳耸笔下，云起峰端，咫
尺之地，溪谷幽邃，松篁交加，云雨暗淡"④。这些都是在壁上
绘画的例子。当然在唐代亦有作品绘于纸、绢之上，绘画典籍称
之为"卷轴"，然而这种情况与绘壁相比，毕竟要少一些。唐代
绘画作品流传后世极少，除了时代较远外，绘于壁上的这一风气

---

① 〔宋〕王钦若等编：《册府元龟》卷三七《帝王部·颂德》，北京：中华书局，
1960年，第413页。
② 参见〔宋〕黄休复：《益州名画录》，何韫若、林孔翼注，成都：四川人民出
版社，1982年，第42—43页。
③ 〔唐〕朱景玄：《唐朝名画录》，第50—51页。
④ 〔唐〕朱景玄：《唐朝名画录》，第129页。

也是一个重要原因。

这种情况在五代十国时期发生了较大变化，虽然绘于壁上的情况仍然存在，但与绘于纸、绢上的卷轴画相比，后者明显增多且居于主流地位。发生这一变化的原因甚多，主要表现在如下方面：

其一，绘画题材变化所致。前文已经论及五代十国时期的绘画题材以山水、花鸟等为主，这一变化决定了绘画材质必然发生变化。以山水为例，这一时期虽亦有绘于壁上者，然大部分已绘于卷轴之上，因为在唐代此类作品亦多绘于卷轴。此外，五代最著名的山水画家多不入仕，采取了隐世的生活方式，因此其作品无法绘于宫殿、寺观，加之这一时期的山水画多使用水墨技法，所谓"夫画道之中，水墨最为上，肇自然之性，成造化之功"①，故水墨山水画适于纸而不适于墙壁，从传世的五代山水画亦可证明这一点。至于花鸟画，本不适于绘壁，因其多为小幅作品，上壁极不相称。蜀地虽有将花鸟绘于壁上的情况，但毕竟不多。需要说明的是，川蜀地区沿袭唐代做法将绘画作品多绘于壁上，这是由于中朝士人多流寓于蜀，故保留旧风较多的缘故。还有一点需要说明，"自隋已前多画屏风，未知有画幛，故以屏风为准也"，至唐代这种现象仍普遍存在，故"杨契丹、田僧亮、郑法轮、乙僧、阎立德一扇，值金一万"，而"董伯仁、展子虔、郑法士、杨子华、孙尚子、阎立本、吴道玄屏风一片，值金二万，次者售一万五千"②。卷轴画至唐中后期逐渐多了起来，至五代

① 〔唐〕王维：《王右丞集笺注》卷二八《论画三首·画学秘诀》，赵殿成笺注，上海：上海古籍出版社，1961年，第489页。
② 〔唐〕张彦远：《历代名画记》，秦仲文、黄苗子点校，启功、黄苗子参校，北京：人民美术出版社，2016年，第31页。

时期遂成风气。米芾在《画史》中曾提及："南唐画皆粗绢，徐熙绢或如布。"①诚然，南唐绘画并不都绘于绢上，很多也是绘于纸上，比如著名的澄心堂纸。②

其二，绘画作品的商业化趋势影响。将绘画作品售卖历代皆有，但在五代时期明显增多，呈现出一股商业化的风气。这一时期，一些博雅之士或附庸风雅的官僚多出善价求购名画，故有人收藏了大量画作，"梁千牛卫将军刘彦齐，善画竹，为时所称，世族豪右。秘藏书画虽不及天水之盛，然好重鉴别，可与之争衡矣……其所藏名迹，不啻千卷。每暑伏晒曝，一一亲自卷舒，终日不倦。能自品藻，无非精当，故当时识者皆谓唐朝吴道子手，梁朝刘彦齐眼也"③。名家之画往往能卖得好价钱，如李赞华之画，"至京师，人多以金帛质之"④。也出现了专以卖画为生的画家，如"赵楼台，不得其名，相州人，卖画中都"⑤。成都人周元裕，专"攻写貌"，然所绘之像"富室则不类，贫家则酷似"，以致"母老供给不迨"，后来提高了技艺，"求请真容者，日盈其门，自此所获供侍周赡"。⑥可见此人也是一个专以卖画为生的人。这种风气蔓延的结果，便是出现了专

---

① 〔宋〕米芾：《画史》，文渊阁四库全书，台北：台湾商务印书馆，1986年，第813册，第16页。

② 元代汤垕《画鉴》载："徐熙画花果，多在澄心纸上。"

③ 〔宋〕郭若虚：《图画见闻志》，第133—134页。

④ 〔宋〕刘道醇：《五代名画补遗》，于安澜编：《画品丛书》，上海：上海人民美术出版社，1982年，第101页。

⑤ 〔宋〕邓椿：《画继》，黄苗子点校，北京：人民美术出版社，2016年，第94页。

⑥ 〔宋〕黄休复：《茅亭客话》，《宋元笔记小说大观》，上海：上海古籍出版社，2007年，第418—419页。

门鉴识画作之人，所谓"自晋、宋至周、隋，收聚图画，皆未行印记，但备列当时鉴识艺人押署"。此外，《五代名画补遗》记载："（钟隐）画在江南者，悉为南唐李煜所有，亲笔题署及以伪玺印之。"能够题印者当然只能是卷轴画。不仅南唐，这一时期在画作上盖印题款已基本成为风气。五代时期也是如此，甚至有人在购画之时，特意请人鉴识。商业化必须有一个前提，即画作必须绘成卷轴，换句话说，画作材质的变化为绘画作品商业化创造了前提条件。

其三，绘画小品大量出现。不仅花鸟画图幅不大，而且这一时期的动物画，如猫、狗、鸡、鱼等也都成了绘画的热门题材，这些画同样也是小幅的画品。在唐代，此类题材的画作极少，只要查一下《唐朝名画录》就可以得到明确的结论了。其中的原因虽与时代风尚有关，但也与时人的社会心态有关。以猫为例，其在隋唐时期被视为"不仁之兽"，这主要是因佛教视其为"肉食兽"。此外，这一时期人们还认为猫带有神秘性，甚至还存在"猫鬼"的说法。①由于这些原因，唐代尚未出现大量以猫作为对象的画作。然而，在五代十国时期，这些小动物则日益成为热门的绘画题材，社会风尚发生了极大的变化。如前蜀滕昌祐，"（绘）有虫鱼图、蝉蝶图"②。再如前述的后唐袁羲，尤善绘鱼，"穷其变态"。另据米芾《画史》记载："徐熙风牡丹图，……

---

① 卢向前：《武则天"畏猫说"与隋室"猫鬼之狱"》，《中国史研究》2006年第1期；付婷：《武则天"畏猫说"再探——兼论唐代猫的形象》，《唐史论丛》第15辑，陕西师范大学出版总社，2012年，第96—109页。

② 〔宋〕黄休复：《益州名画录》，第104页。

石窍圆润，上有一猫儿。"又曰："蒋长源以二十千置黄筌画《狸猫颤荮荷》，甚工。"刁光胤，"善画湖石花竹，猫兔鸟雀之类"①，绘有《睡猫》图②。李霭之，"尤喜画猫于药苗间"③。善绘狗者，亦大有人在，宋人董逌对此有专门论述，"问之：'画孰难？'对曰：'狗马最难。''孰最易？'曰：'鬼魅最易。'狗马人所知也，且暮于前，不可类之，故难；鬼魅无形，无形者不可睹，故易。"④善绘狗者，如张及之，"画犬马、花鸟颇工"⑤。黄居寀，有"鹰鹘犬兔"⑥等图传于世。善绘此类题材的画家还很多，这类作品仅《宣和画谱》就有大量的记载，故不再一一列举。

绘画材质的这种变化，具有较积极的社会与艺术意义，并不能将这种变化仅仅视为材质上的变化。画作绘制在墙壁之上，容易损污、残缺，文献记载了不少这样的事例，或因鸟粪，或因雨水，或寺观年久失修，都容易导致画作的损坏。至于战火与社会动荡，则损毁更为惨重。《益州名画录》序曰："圣朝伐蜀之日，若升堂邑，彼廓宇寺观，前辈名画，纤悉无圮者，迨淳化甲午岁，盗发二川，焚劫略尽。则墙壁之绘，甚乎剥庐；家秘之宝，散如决水。今可观者，十二三焉。"就是这种情况的真实写照，仅据《宣和画谱》所载看，共计收入五代时期的画家109

---

① 〔元〕夏文彦：《图绘宝鉴》，于安澜编：《画史丛书》，第23页。
② 〔宋〕周密：《云烟过眼录》，于安澜编：《画品丛书》，上海人民美术出版社，1982年，第359页。
③ 〔元〕夏文彦：《图绘宝鉴》，于安澜编：《画史丛书》，第35页。
④ 〔宋〕董逌：《广川画跋》，第25页。
⑤ 俞剑华标点注译：《宣和画谱》，第230页。
⑥ 〔宋〕郭若虚：《图画见闻志》，第93页。

人，作品2568件[1]，其中南唐画家36人，作品1223件，前、后蜀画家33人，作品637件[2]。南唐与前、后蜀画家人数相差无几，但入藏的作品数几乎少了一半，原因就在于蜀地画作绘于壁上者多。可见绘画材质的这种变化不仅影响到画作的流传，而且从绘画史发展的角度看，无疑也是一种很大的损失，不利于绘画艺术的借鉴、传承与发展。此外，绘于壁与绘于纸绢艺术效果大有不同，尤其是水墨画，适于纸而不适于壁，否则将极大地影响艺术效果。

四、结语

近年来对五代十国绘画史的研究成果颇多，主要涉及对《五代名画补遗》《益州名画录》等专门典籍的研究，以及一些记载了五代绘画情况的典籍，如《历代名画记》《圣朝名画评》《宣和画谱》的专门研究。此外，还研究了这一时期地域绘画的发展，以及一些绘画种类的情况，前者如南唐前、后蜀，中原地区等；后者如山水画、花鸟画、壁画等。对这一时期的一些重要画家亦有一定的研究，如董源、荆浩、徐熙、黄筌等。这些成果极大地促进了五代绘画史研究的深入发展，并对后世尤其是宋代产生了极大的影响。一般来说，五代绘画成就的影响主要表现在以下方面：

---

① 段玲：《〈宣和画谱〉探微》，《美术研究》1996年第4期。
② 陈葆真：《李后主和他的时代：南唐艺术与历史》，第347页。

一是绘画题材对后世的影响，促使绘画从以释道人物画为主向以山水、花鸟画为主转变，为"北宋山水画风格的形成提供了主要方向"，明代著名画家董其昌甚至把荆浩尊为北方山水画派的鼻祖。① 还有人认为"荆浩已初步构建成一个山水画的理论体系"，"中国古代绘画，自五代以后山水画成为主流，这与荆浩的影响密不可分"。② 董源与其学生巨然则是南方山水画派的祖师，其所绘均为江南山水，米芾《画史》说："董源平淡天真多……近世神品，格高无比也。"明人王世贞在《艺苑卮言》中论述山水画的发展演变时说："山水至大、小李一变也，荆、关、董、巨又一变也。"大小李指李思训、李昭道父子。有人评论说："董源、巨然创造的江南山水画派，前无古人，后有来者，在中国山水画发展史上，开拓了一个新的里程碑，具有划时代的意义。"③ 五代时期这几位山水画大师的影响一直延续到元明清时期，甚至认为学山水者，必荆、关、董、巨四人，其他人皆不足论。

五代花鸟画的影响也十分深远。在唐代，花鸟画还算不上独立的画种，大都是与楼台、树木绘在一起，以花鸟为主要题材的作品不多。五代时期这种情况发生了巨大的变化，尤其是在西蜀与南唐画坛上，这种变化更加明显，涌现了以黄筌、徐熙为代表的一批花鸟画家群体。所谓"黄筌富贵，徐熙野逸"就是对此二人艺术风格的高度概括。黄筌所绘珍禽异鸟均色彩

---

① 卢静:《山水画在北宋时期的发展概况》,《安徽文学》2011年第5期。
② 孙萍:《承前启后的五代山水艺术之北派山水》,《大众文艺》2011年第5期。
③ 周积寅:《绘画大师董源》,《南京艺术学院学报》1984年第1期。

绚丽，用笔细腻，极具观赏性，因而入宋以后黄家父子备受官方重视。徐熙的绘画在北宋初年并不受重视，但是后来影响却越来越大，由于其水墨淡彩的画法最适合文人口味，所以受到了后世士大夫的追捧，以至于文人画"开创和树立了绘画史上明清写意花鸟画的高峰"①。

五代时期在这两种绘画种类上取得的非凡成就，不但促使宋代绘画发生转变，而且对中国后世也产生了极大的影响，使得山水、花鸟画成为绘画的主流。

二是画风、画技对后世的影响。简要地说，董源的画法主要是继承了唐人李思训与王维的传统，而有所发展，即在水墨山水画上加以青绿或金碧，所谓"水墨类王维，著色如李思训"②，风格天然平淡。因这种画法新奇，故《宣和画谱》曰："盖当时著色山水未多，能效思训者亦少也，故特以此得名于时。"③虽然当时仿效者不多，但此种画法却对后世形成了极大的影响。五代时期另一种创新就是徐熙创立了所谓没骨画法，宋人评论说："夫精于画者，不过薄其彩绘，以取形似，于气骨能全之乎？熙独不然，必先以其墨定其枝叶蕊萼等，而后傅之以色，故其气格前就，态度弥茂，与造化之功不甚远，宜乎为天下冠也。"④即先用淡墨画出枝叶蕊萼，然后再加轻淡的水彩，

---

① 马蓉:《徐熙画派的绘画艺术风格特点及影响》,《大众文艺》2014年第12期。

② 〔元〕郭若虚:《图画见闻志》,第65页。

③ 俞剑华标点注译:《宣和画谱》,第180页。

④ 〔元〕刘道醇:《圣朝名画评》,于安澜编:《画品丛书》,第140页。

极似今天的水墨写意画。而黄筌的画法则是先以墨线勾出轮廓，再层层敷以颜色，掩没墨线，与今日的工笔花鸟画相似。故后人评价说："筌神而不妙，昌妙而不神，神妙俱完，舍熙无矣。"①董源与徐熙所创立的新画法、新风格影响甚深远，甚至延至今日。

原载《江汉论坛》2019年第5期

---

① 〔元〕刘道醇：《圣朝名画评》，于安澜编：《画品丛书》，第140页。

五代十国简表

年	五代	吴	南唐	前蜀	后蜀	南汉	楚	吴越	闽	南平	北汉
907	后梁 907—923										
908											
909											
910											
911											
912	太祖 朱温	892—937		891—925		905—971	896—951	893—978	897—945	907—963	
913	郢王 朱友珪	太祖 杨行密		高祖 王建		刘隐	马殷	钱镠	王潮	高季兴	
914	末帝 朱友贞	烈祖 杨渥		后主 王衍		高祖 刘䶮	马希声	钱元瓘	太祖 王审知	高从诲	
915		高祖 杨隆演				殇帝 刘玢	马希范	钱弘佐	嗣宗 王延翰	高保融	
916		睿帝 杨溥				中宗 刘晟	马希广	钱弘倧	惠宗 王延钧	高保勖	
917						后主 刘鋹	马希萼	钱俶	康宗 王昶	高继冲	
918							马希崇		景宗 王延羲		
919									福恭懿王 王延政		
920											
921											
922											
923	后唐 923—936										
924					925—965						
925	庄宗 李存勖				高祖 孟知祥						
926	明宗 李嗣源				后主 孟昶						
927	闵帝 李从厚										
928	废帝 李从珂										
929											
930											
931											
932											

五代	吳	南唐	前蜀	后蜀	南汉	楚	吳越	閩	南平	北汉
933										
934										
935										
936										
937		937—975								
938										
939 后晋 936—946										
940 高祖 石敬瑭										
941 出帝 石重贵										
942		烈祖 李昪								
943		元宗 李璟								
944		后主 李煜								
945										
946										
947 后汉 947—950										
948 高祖 刘知远										
949 隐帝 刘承祐										
950										
951 后周 951—960										北汉 951—979
952										
953										世祖 刘旻
954 太祖 郭威										睿宗 刘钧
955										废帝 刘继恩
956 世宗 柴荣										英武帝 刘继元
957										
958 恭帝 柴宗训										
959										
960										

注：十国的存在时间，一般从各国开始割据的那一年算起，截止于归附于宋。十国中以前蜀建立最早，是王建夺取西川的公元891年；以北汉灭亡最晚，直到公元979年才被宋太宗攻灭。

437

参考文献*

一、古籍类

〔唐〕罗隐.罗隐集[M].北京:中华书局,1983.

〔唐〕韩愈著,阎琦校注.韩昌黎文集注释[M].西安:三秦出版社,2004.

〔五代〕孙光宪.北梦琐言[M].北京:中华书局,2002.

〔五代〕何光远.鉴诫录[M].五代史书汇编,杭州:杭州出版社,2004.

〔后晋〕刘昫.旧唐书[M].北京:中华书局,1975.

〔后蜀〕赵崇祚编,杨景龙校注.花间集校注[M].北京:中华书局,2014.

〔南唐〕刘崇远.金华子杂编[M].北京:中华书局,2014.

〔南唐〕李璟、李煜撰,陈书良等笺注.南唐二主词笺注[M].北京:中华书局,2013.

〔南唐〕徐铉撰,李振中校注.徐铉集校注[M].北京:中华书局,2016.

〔宋〕马令.南唐书[M].五代史书汇编,杭州:杭州出版社,2004.

〔宋〕王栐.燕翼诒谋录[M].北京:中华书局,1981.

〔宋〕王钦若等编.册府元龟[M].南京:凤凰出版社,2006.

〔宋〕王铚.默记[M].北京:中华书局,1981.

〔宋〕王溥.五代会要[M].上海:上海古籍出版社,1978.

〔宋〕王辟之.渑水燕谈录[M].北京:中华书局,1981.

〔宋〕文莹.玉壶清话[M].北京:中华书局,1984.

〔宋〕文莹.续湘山野录[M].北京:中华书局,1984.

〔宋〕文莹.湘山野录[M].北京:中华书局,1984.

〔宋〕龙衮.江南野史[M].郑州:大象出版社,2019.

〔宋〕叶梦得.石林燕语[M].北京:中华书局,1984.

〔宋〕史温.钓矶立谈[M].郑州:大象出版社,2019.

〔宋〕句延庆.锦里耆旧传[M].五代史书汇编,杭州:杭州出版社,2004.

〔宋〕司马光.资治通鉴[M].北京:中华书局,1956.

〔宋〕司马光.涑水记闻[M].北京:中华书局,1989.

〔宋〕朱长文.墨池编[M].杭州:浙江人民美术出版社,2019.

〔宋〕刘道醇.五代名画补遗[M].五代史书汇编,杭州:杭州出版社,2004.

〔宋〕阮阅.诗话总龟[M].文渊阁四库全书,台北:台湾商务印书馆,1983.

〔宋〕苏辙.龙川别志[M].北京:中华书局,1982.

〔宋〕李焘.续资治通鉴长编[M].北京:中华书局,2004.

〔宋〕吴处厚.青箱杂记[M].郑州:大象出版社,2019.

〔宋〕吴泳.鹤林集[M].文渊阁四库全书,台北:台湾商务印书馆,1983.

〔宋〕吴曾.能改斋漫录[M].北京:中华书局,1960.

〔宋〕佚名.五国故事[M].郑州:大象出版社,2019.

〔宋〕佚名.江南余载[M].五代史书汇编,杭州:杭州出版社,2004.

〔宋〕佚名.宣和书谱[M].杭州:浙江人民美术出版社,2019.

〔宋〕佚名.宣和画谱[M].杭州:浙江人民美术出版社,2019.

〔宋〕沈括.长兴集[M].文渊阁四库全书,台北:台湾商务印书馆,1983.

〔宋〕沈括.梦溪笔谈[M].北京:中华书局,2015.

〔宋〕张唐英.蜀梼杌[M].郑州:大象出版社,2019.

〔宋〕张敦颐.六朝事迹编类[M].南京:南京出版社,1989.

〔宋〕张端义.贵耳集[M].北京:中华书局,1985.

〔宋〕陆游.入蜀记[M].郑州:大象出版社,2019.

〔宋〕陆游.南唐书[M].五代史书汇编,杭州:杭州出版社,2004.

〔宋〕陆游.南唐书校注[M].陆游全集校注,杭州:浙江古籍出版社,2015.

〔宋〕陈师道.后山诗话[M].文渊阁四库全书,台北:台湾商务印书馆,1983.

〔宋〕陈师道.后山谈丛[M].北京:中华书局,2007.

〔宋〕陈彭年.江南别录[M].郑州:大象出版社,2019.

〔宋〕欧阳修.新五代史[M].北京:中华书局,1974.

〔宋〕欧阳修.新唐书[M].北京:中华书局,1975.

〔宋〕罗大经.鹤林玉露[M].北京:中华书局,1983.

〔宋〕周羽翀.三楚新录[M].五代史书汇编,杭州:杭州出版社, 2004.

〔宋〕周密.癸辛杂识[M].北京:中华书局,1988.

〔宋〕郑文宝.江表志[M].郑州:大象出版社,2019.

〔宋〕郑文宝.南唐近事[M].郑州:大象出版社,2019.

〔宋〕赵令畤.侯鲭录[M].北京:中华书局,2002.

〔宋〕赵潘.养疴漫笔[M].郑州:大象出版社,2019.

〔宋〕胡存.渔隐丛话[M].文渊阁四库全书,台北:台湾商务印 书馆,1983.

〔宋〕洪迈.容斋随笔[M].北京:中华书局,2005.

〔宋〕祖无择.龙学文集[M].文渊阁四库全书,台北:台湾商务 印书馆,1983.

〔宋〕袁说友.成都文类[M].北京:中华书局,2011.

〔宋〕耿焕.野人闲话[M].郑州:大象出版社,2019.

〔宋〕钱易.南部新书[M].北京:中华书局,2002.

〔宋〕钱俨.吴越备史[M].五代史书汇编,杭州:杭州出版社, 2004.

〔宋〕郭若虚撰,吴企明校注.图画见闻志校注[M].上海:上海 书画出版社,2020.

〔宋〕陶谷.清异录[M].宋元笔记小说大观,上海:上海古籍出版社,2007.

〔宋〕陶岳.五代史补[M].郑州:大象出版社,2019.

〔宋〕黄休复.茅亭客话[M].宋元笔记小说大观,上海:上海古籍出版社,2007.

〔宋〕黄朝英.靖康缃素杂记[M].北京:中华书局,2014.

〔宋〕梁克家.淳熙三山志[M].文渊阁四库全书,台北:台湾商务印书馆,1983.

〔宋〕蔡绦.西清诗话[M].古今说部丛书,上海:上海文艺出版社,1991.

〔宋〕薛居正.旧五代史[M].北京:中华书局,1976.

〔宋〕魏泰.东轩笔录[M].北京:中华书局,1983.

〔元〕于钦.齐乘校释[M].北京:中华书局,2012.

〔元〕汤垕.画鉴[M].文渊阁四库全书,台北:台湾商务印书馆,1983.

〔元〕辛文房撰,傅璇琮主编.唐才子传校笺[M].北京:中华书局,1987.

〔元〕陶宗仪.南村辍耕录[M].北京:中华书局,1959.

〔元〕脱脱等.宋史[M].北京:中华书局,1985.

〔明〕杨士奇.历代名臣奏议[M].文渊阁四库全书,台北:台湾商务印书馆,1983.

〔明〕张内蕴、〔明〕周大韶.三吴水考[M].文渊阁四库全书,台北:台湾商务印书馆,1983.

〔明〕陈邦瞻.宋史纪事本末[M].北京:中华书局,2015.

〔明〕陈耀文.天中记[M].文渊阁四库全书,台北:台湾商务印书馆,1983.

〔明〕蒋一葵.尧山堂外纪[M].北京:中华书局,2019.

〔清〕王夫之.读通鉴论[M].北京:中华书局,1975.

〔清〕厉鹗.宋诗纪事[M].杭州:浙江古籍出版社,2019.

〔清〕刘宝楠.论语正义[M].北京:中华书局,1990.

〔清〕江顺诒.词学集成[M].清光绪刻本.

〔清〕吴广成撰,龚世俊等校证.西夏书事校证[M].兰州:甘肃文化出版社,1995.

〔清〕吴任臣.十国春秋[M].北京:中华书局,1983.

〔清〕陈廷焯.白雨斋词话[M].北京:中华书局,2013.

〔清〕周春.西夏书校补[M].北京:中华书局,2014.

〔清〕周济.周济词集辑校[M].上海:华东师范大学出版社,2016.

〔清〕钱泳.履园丛话[M].北京:中华书局,1979.

〔清〕凌延堪.燕乐考原[M].合肥:黄山书社,2009.

〔清〕黄宗羲.宋元学案[M].北京:中华书局,1986.

〔清〕康有为.论语注[M].北京:中华书局,1984.

〔清〕梁廷枏.南汉书[M].五代史书汇编,杭州:杭州出版社,2004.

〔清〕彭定求.全唐诗[M].北京:中华书局,1960.

〔清〕董诰.全唐文[M].北京:中华书局,1983.

〔清〕谢旻.江西通志[M].文渊阁四库全书,台北:台湾商务印书馆,1983.

二、著作类

丁传靖辑.宋人轶事汇编[M].北京:中华书局,1981.

文物编辑委员会编.文物考古工作三十年[M].北京:文物出版社,1979.

日本内藤湖南研究会编著,马彪等译.内藤湖南的世界[M].西安:三秦出版社,2005.

田居俭.李后主新传[M].长春:吉林文史出版社,1991.

成都王建墓博物馆.前后蜀的历史与文化[M].成都:巴蜀书社,1994.

张朋川.韩熙载夜宴图·图像志考[M].北京:北京大学出版社,2014.

李松.韩熙载夜宴图[M].北京:人民美术出版社,1979.

杜文玉.五代十国经济史[M].北京:学苑出版社,2011.

杜文玉.南唐史略[M].西安:陕西人民教育出版社,2001.

杨伟立.前蜀后蜀史[M].成都:四川省社科院出版社,1986.

陈欣.南汉国史[M].广州:广东人民出版社,2010.

宝鸡市考古研究所.五代李茂贞夫妇墓[M].北京:科学出版社,2008.

俞陛云.唐五代两宋词选释[M].上海:上海古籍出版社,2011.

南京博物院.南唐二陵发掘报告[M].南京:南京出版社,2015.

赵德馨主编.中国经济通史[M].长沙:湖南人民出版社,2002.

唐圭璋.词话丛编[M].北京:中华书局,2005.

晏昌贵编著.中国古代地域文明纵横谈[M].武汉：湖北人民出版社，2000.

郭绍虞.宋诗话考[M].北京：中华书局，1979.

郭绍虞.宋诗话辑佚[M].北京：中华书局，1980.

陶懋炳.五代史略[M].北京：人民出版社，1985.

傅斯年.中国历史分期之研究[M].北京：中国人民大学出版社，2006.

傅增湘编.宋代蜀文辑存[M].北京：北京图书馆出版社，2005.

傅璇琮主编.宋才子传笺证[M].沈阳：辽海出版社，2011.

彭文峰.五代马楚政权研究[M].北京：中国社会科学出版社，2014.

彭玉平.人间词话疏证[M].北京：中华书局，2011.

曾昭岷等编.全唐五代词[M].北京：中华书局，1999.

程毅中主编.宋人诗话外编[M].北京：中华书局，2017.

戴均良、刘保全、邹逸麟等.中国古今地名大词典[M].上海：上海辞书出版社，2010.

三、论文类

区潜云.李后主与牵机药[J].学术研究，1983(6).

仲伟明.后主李煜前期代表作意境析[J].语文学刊，2014(14).

任爽.南唐党争试探[J].求是学刊，1985(5).

孙克强、张鹏.论李后主词在词学史上的地位和意义[J].中州学刊，2019(3).

张兴武.马楚政权下的文人群体[J].首都师范大学学报，2001(4).

张成恩.论李煜词的艺术审美价值[J].社科纵横,2015(5).

李吉星.南诏大理国政治与政治制度史[D].云南大学博士学位论文,2014.

李庆新.略论南汉时期的岭南经济[J].广东社会科学,1992(6).

李艳峰、王兴宇.大理国国王世系及相关问题研究[J].玉溪师范学院学报,2018(9).

杜文玉、高长天.论唐末五代的夏州政权[J].延安大学学报,1991(2).

杜文玉."婚姻不问阀阅"应始自五代十国时期——对学术界"宋代说"的纠正[J].南国学术,2015(4).

杜文玉.吴越国轻徭薄赋说质疑[J].陕西教育学院学报,1992(3).

杜文玉.南唐党争评述——与任爽同志商榷[J].渭南师专学报,1991(1).

杜文玉.唐五代时期江西地区社会经济的发展[J].江西社会科学,1989(4).

杜文玉.唐宋时期社会阶层内部结构的变化[J].江汉论坛,2006(3).

邹华.论李煜词的诗化[J].云南民族大学学报,2010(1).

周安庆.道不尽的古代名画《韩熙载夜宴图》[J].收藏家,2017(9).

施沁.李煜与南唐文献[J].杭州师范学院学报,1992(5).

段玉明.大理国主段思平家世考[J].中国史研究,1998(2).

段玉明.大理国的朝贡及其影响[J].学术探索,2016(1).

皇甫鑫.论《韩熙载夜宴图》中的屏风[J].大众文艺,2016(21).

徐小兵、温建娇.《韩熙载夜宴图》中的衣冠服饰考[J].艺术探索,2009(2).

莫锦江.论前蜀兴亡[J].四川大学学报,1983(4).

诸葛计.南唐先主李昪行事述略[J].学术月刊,1983(12).

郭平.问君能有几多愁——浅谈李煜后期词风的形成[J].山东社会科学,2006(5).

高峰.南唐党争与文人心态[J].南京师范大学文学院学报,2010(4).

梁刚.《韩熙载夜宴图》的断代考订[J].荣宝斋,2018(5).

梁励.李昪与南唐政局述论[J].徐州师范学院学报,2003(3).

黄诚.大理国与两宋边境经济贸易研究[J].齐齐哈尔大学学报,2018(7).

彭文峰.马楚政权统治集团本土化略论[J].湖南大学学报,2009(2).

漠及.《韩熙载夜宴图》新解[J].美术观察,2003(1).

潘金玲.韩熙载与《夜宴图》[J].东南文化,1998(4).

后　记

　　向广大人民群众普及正确的历史知识，是我们历史学者应尽的社会责任。为此笔者进行了许多努力与探索，本书就是这种探索的新尝试。之所以称新尝试，主要是出于以下几个方面的因素：

　　一、切入点与一般历史著作不同，不是按历史发展的时序撰写，而是从南唐画家顾闳中的著名画作《韩熙载夜宴图》切入。这幅名画深刻地反映了南唐末年上层社会的生活场景，包括这种场景之外的社会政治背景，介绍了画作的创作原因、画中所涉及的历史人物、这幅画作的流传经过，并分析了此画的艺术特点及其在研究我国古代音乐史、舞蹈史、服装史、工艺史、风俗史等方面的价值。

　　二、由于以《韩熙载夜宴图》为全书的引子，故以南唐历史与人物为中心，同时兼顾其他诸国的历史。在南唐人物中，首先介绍了韩熙载的生平与其突出的才干，然后才涉及其他南唐人物。众所周知，这一历史时期仍然是以中原王朝为中心，是所谓正朔之所在。然而南唐也是南方诸国中的大国，在经济、文化、军事等方面都具有较强的实力，用宋人陆游的话说："唐有江淮，比同时割据诸国，地大力强，人材众多，且据长江之险，隐然大邦也。"因此以南唐为中心的写法，对传统写法而言无疑是一种革新。

三、在内容方面亦有一些创新之处。中外已出版的有关五代十国史的著作，其内容仅限于五个中原王朝与十个割据政权，而不及其余。五代十国这一提法是宋人搞出来的，并不十分准确，把同一时期的一些政权，如李茂贞创建的秦岐政权、党项拓跋氏建立的定难军政权、段氏建立的大理国政权、地处河西的归义军政权等，都排除在外。这些都是独立于中原王朝的割据或半割据政权，有的建立时间要早于五代十国时期，如秦岐、定难军、归义军等，除了归义军外，其余政权的疆土都比十国之一的南平国大，将其排除在外是不符合历史实际情况的。唐宋两个统一王朝之间的这一过渡时期，作为中国古代的一个历史阶段，如何概括与总结是一个严肃的历史科学问题，既不能率意而为，亦不能以偏概全，在历史科学昌盛的今天，这种状况必须彻底改变。"五代十国"这一提法已经延续了一千多年，不必硬行改变，但是在今天所撰的历史著作中，必须将其真实的历史面貌揭示出来。本书就是基于这一点，增加了这些方面的内容，从而使这一历史阶段的内容更加全面、更加真实。

四、全书收集了近三十幅历史、考古、文物方面的图片，与文字内容相配合，做到了图文并茂，将思想性、直观性、知识性、趣味性融为一体，使本书内容更加丰富多彩。

五、本书以史实为依据，无一字无来历，绝不虚构，但是在文字方面尽量做到流畅自然，语言上有一些文学性的修饰，以增加可读性，也就是说在写法上做了一些新尝试。

　　以上这些方面既是本书撰写方面的新尝试，也可以说是不同于他书的新特点，至于实际效果如何，还需广大读者做出评判，毕竟读者才是最好的评判家。

　　我的著作大都是按照学术著作的规范循规蹈矩地撰写，如本书这样的写法，对我来说还是第一次，因此困难是不小的。原因就在于写惯了学术论著，甫一改变，还很不习惯，不如写学术论著那样得心应手。

　　需要强调的是，本书仍然是一部严肃的历史著作，只是在写法上有所变化而已，所以希望读者把它当历史书来读，不是戏说，更不是文学创作。

杜文玉

2025年6月于古都西安

长城砖

垒书为城　故史惟新

总策划

沈海涛

编辑团队

金晓芸　燕文青
郭聪颖　郭金梦

装帧设计

图文游击工作室
汤　磊

新媒体专员

朱书睿

发行统筹

沈会祥　张　凯
乔　悦　李　鹏

印制统筹

王　静

营销专员

秦　臻

伊蕾集
YILEI

我
无边无沿
伊蕾日记、随笔选

THE SELECTED DIARIES AND ESSAYS OF YILEI

伊蕾 著 朵渔 编

天津出版传媒集团

天津人民出版社

图书在版编目（CIP）数据

我无边无沿：伊蕾日记、随笔选 / 伊蕾著；朵渔
编 . -- 天津：天津人民出版社，2025.6. -- ISBN 978-
7-201-21233-3

Ⅰ .I267

中国国家版本馆 CIP 数据核字第 2025Y7W343 号

我无边无沿：伊蕾日记、随笔选

WO WUBIAN-WUYAN: YILEI RIJI、SUIBI XUAN

出　　版	天津人民出版社	
出 版 人	刘锦泉	
地　　址	天津市和平区西康路 35 号康岳大厦	
邮政编码	300051	
邮购电话	(022)23332469	
电子信箱	reader@tjrmcbs.com	

特约策划	美好城邦
责任编辑	康悦怡
特约编辑	伍绍东
装帧设计	美好城邦·玥瞳

印　　刷	天津市银博印刷集团有限公司
开　　本	880 毫米 ×1230 毫米　1/32
印　　张	21.75
字　　数	460 千字
配　　图	6 幅
版次印次	2025 年 6 月第 1 版　　2025 年 6 月第 1 次印刷
定　　价	88.00 元

目　录

辑一　伊蕾日记

003　　早期日记　（1980）

029　　俄罗斯日记　（1992—2000）

393　　宋庄日记　（2012—2013）

441　　旅游日记　（2011—2014）

辑二　读书笔记 随笔 序跋 访谈录

607　　读书笔记

637　　随笔

657　　序跋

671　　访谈录

编者说明

辑 一
伊 蕾 日 记

1997. 4. 24

1997. 4. 25

早 期 日 记
1 9 8 0

1985年伊蕾（左一）与中国作协文学讲习所的同学

1980 年 5 月 23 日　星期五　常州

22 日 19：20 乘 119 次普快离京，23 日 16：00 到江苏常州市。

淮海战役烈士纪念塔　出徐州站，离铁路 6 公里处有个巨大白塔，为淮海战役烈士纪念塔，远山环抱。车再往前开，山峦渐移塔左侧，塔身独立于蓝天下；车再往前开，塔被红、白等色房屋掩住；车再往前开，两侧山峰峭立于窗前。

南京长江大桥　先见两侧引桥，然后车上铁桥。江水黄色，微红。江上三两船只。

农田　麦子有的已黄。田间水湾相连不断，很浅，水边或水中有一米左右的草，黄色野花。

灯芯绒　晚饭后去街上走，一进纺织品商店，迎面五颜六色的花布。说起常州灯芯绒国内外有名，再一看，才知都是灯芯绒。

小营前招待所内花草　冬青围绕，内种玫瑰花、月季花为多，还有石竹花，多是紫色、浅粉色，还有野花，颜色有藕荷、雪青、浅水红等，非常雅淡。

1980 年 5 月 24 日　星期六　常州

菜市　早饭后出招待所百余米，一条小街，熙熙攘攘，是菜市。最多的是蚕豆，像豌豆角一样，短粗一些，8 分一斤。一个妇女买完后正在剥皮，里面是鲜绿的嫩蚕豆，可以炒着吃。若是老了，就是我们北方常吃的蚕豆了。还有蒿瓜，像细细的带皮的玉米。还有莴笋、蒜薹，也有鱼，鲫鱼、鲤鱼、鳊鱼、鲢子等。

有两个妇女在买玫瑰花，立刻吸引了我们。卖花老人说："晾干了，可以泡茶、泡酒，一毛钱八朵。"据说还可以做糖时放进去，或做年糕时放进去。老人身边的另一只篮子里，还有几棵带根的玫瑰花枝。

雨 早晨 8 点左右，偶尔向窗外望，竟不知什么时候下雨了。雨丝密密的，却无声息。我想起北方"哗哗"的雨声。南方的雨这么柔软啊！约一二十分钟，偶尔又向窗外望，才知雨已停了，深灰色的云朵还布满天上。过了一会儿，云消日出。

1980 年 5 月 25 日　星期日　常州

红梅公园 这里是常州市最大的公园，进门后，先看导游图，见有植物园、动物园、月季园、盆景园等。

随意走去，见园内树林、山水很是自然，并无过多的亭子、石桥之类，树很浓绿，野花丛生。我拾起路边的一朵小花，花瓣只有小米粒那么大，蓝的、紫的，我问迎面来的一位老人："这是什么花？老大爷。"他笑了："我也不知道。"

1980 年 5 月 26 日　星期一　常州

下午去街上看，常州的工业近年来发展相当可观，灯芯绒更驰名中外。果然，每个绸布店都有不少花色的灯芯绒。

街上的商店很多是整个一面敞向大街的，拐弯处有的两面都敞开着。许多人家就住在临街的门脸，不少妇女在用木盆洗头，有的还用脚踏。水果只有苹果。甘蔗倒不少，用一种手摇的小机器把汁榨出来卖。

人们穿着都很普通，却格外热心，你若问一句话，他会答给你三五句，似乎还不大放心，直到告别。

1980 年 5 月 27 日　星期二　常州

下午访常州市文联。文联副秘书长包树森和小说作者殷志扬、陈肃与我们谈，介绍了常州风土人情之类——

工业　过去主要是手工作坊，篦子、木梳、豆腐干，解放前就出了名。大跃进时，投了很多工厂，开始有了无线电、钢铁、化学等产业，东风 12 型拖拉机也是驰名于世。在发展工业上，市委思想很解放，还敢搞新产品，搞"一条龙"，各厂协作完成。人们说："打酱油的钱都拿出来搞工业了。"

月季花　品种成百上千，大部分从国外来。月季花原产于中国，是在印度的一个英国人，带到英国，又传到美洲，又回来。家庭、工厂都养。外国人爱把玫瑰、蔷薇都叫月季。五月初到五月中旬盛开，然后谢了，开第二批、第三批，直到霜降，花期最长。它好活，掐两个枝一插，就活。苏州乡下人现在还在头上戴花。市里每年搞月季花展览，又成立了一个月季花协会。

1980 年 5 月 28 日　星期三　常州

上午参观灯芯绒厂。业余小说作者毕军同志带我们到各主要车间。

他们最出名的牌子是"荷花灯舞"牌，获国家金质奖章。这厂的中、粗条绒都是"荷花灯舞"牌。产品分提花、印花。提花的仅常州一家，比较难制。

我们参观了刻花室，几个青年男女正在刻花，照着一块已成形的花布，把花刻在镀了一层锌的花纹滚筒上。刻花时，左手握金刚钻，右手用小锤子锤打，钻头便在花纹滚筒上刻出花纹来。

毕军同志给我们讲了两个人物的故事。

设计师 有个花样设计师专科大学毕业，"文化大革命"后开始搞设计。他很专心，多次去布店毛料柜调研，他要设计一种近似毛料花型的布样，更适合灯芯绒这种布料。一次他发现柜上一女服务员身上衣服的花样正是他想找的，就每天去看，找她借衣服。服务员误会了，和他吵起来。商店的领导赶来，问清后，女服务员把家中余下的一块布头给了他。

又有一次，他在街上见一香港女子，上衣黑底小粉花，很雅致，他就一直跟着她，到公园桥上，出神时一下子掉进湖里。行人把他救起，他只顾高兴地嚷着："我的花有了！我的花有了！"那时，离广交会（中国进出口商品交易会）还七八天，他回厂后，马上画出来，厂领导全力支持，连夜赶制5万米。送广交会后，其他六种花色都不畅销，人家就要这一种。

他平日研究世界各国需要的花色，西欧人喜小花，而且是颜色逐渐变幻的；美洲人喜大花，而且是强烈变幻的、纯色花的。外国人需要最多的还是单色条绒，而国内印花的比较畅销。

叶慧英 女挡车工。是全国劳动模范，江苏省劳动英雄，全国新长征突击手标兵，《人民日报》《新华日报》《中国青年报》等登过她的事迹或照片。

挡车工只需要不出疵布，就是成绩。而她还熟悉机车，常考保养工："你听机子哪里有毛病？""没有。"她却马上说出几处。一看，果然不错。

她和人说话时，也练习接线头，去外厂传经，也带一缕线搭在肩上练，手被线勒出条条深沟。

她接到四百多封求爱信，有一次，某纺织厂一位科长（复员军人）给她写信，她很为难，不知怎么回绝他。领导找他谈。叶慧英也亲自找上门去，讲自己要在这几年内达到一个什么标准，如自学两门外语等，所以三十岁以后再考虑。这个科长很受感动。

叶慧英 1975 年才入团，1976 年入党，有人说她"只专不红"，要她参加各种活动。她不让步：我要把布织好。她已得九枚奖章，纺织工业部的最大，她都存放起来，没见挂过。

轮船码头 黄昏，三十多条船涌在桥下，多是运煤，有的运机器、化肥，有一只客轮。每条货船上三五人撑竹篙或以缆绳为纤，跳到另一船上去拉。篙是双齿的。船尾有电动舵，多为长者掌舵。

有条煤船上放着一块长长的木板，板上一盆花，只有一片绿葱葱的叶子，不知是什么花。盆是宜兴的紫砂盆。它的主人此时已无暇顾及它。

1980 年 5 月 29 日　星期四　常州

今天，由常州钢铁厂的业余诗作者邹国平陪同，驱车前往宜兴县境内的善卷洞。

"善卷洞位于螺岩山中，是一个古老的石灰岩溶洞，以通舟著称于世。相传四千多年前，善卷先生避虞舜禅让，在此隐居，因而得名。分上、中、下、水四洞，洞洞相通，如石雕大楼。"

还有个张公洞，因时间紧，未去。

1980 年 5 月 30 日　星期五　常州

上午去报社，见管志怡同志。看了几本《常州报》。

1980 年 5 月 31 日　星期六　无锡

上午乘 211 次快车离常州去无锡，只需 40 分钟。

惠山　环山已成锡惠公园。锡即锡山，是惠山的东峰。惠山，一称九龙山，是江南名山之一，东北距运河一公里。有南北朝时期创建的惠山寺、唐宋人艳称的"天下第二泉"惠山泉、明代江南名园寄畅园和清代竹炉山房、石刻等。

盆景　"一峰则太华千寻，一勺则江湖万里。"单干者盘屈苍古，数本者茂林笼翠。熔栽培、造型、诗画于一炉。

听松石床　唐代名书法家李阳冰篆书"听松"二字。"千叶莲花旧有香，半山金刹照方塘。殿前日暮高风起，松子声声打石床。"当年石床周围松柏森森，是观赏山景、静听松声的好地方。

马山　位于太湖西北部，是苏浙皖三省水上交通要地。

新四军电台驻地旧址　山后葱郁，山前一茅舍，木门，门前一树，枝叶展伸于房门前，生气勃勃。院里稻草捆成堆，给人以温柔的乡土气息，可以想见那收稻人，那爱军的房东。

天下第二泉　开凿于唐代宗大历末年，原名惠山泉。经唐代"茶圣"

陆羽评为天下第二，故得其名，又称陆子泉，泉水甘润可口。泉分上中下三池，上池呈八角形，水质最好，由龙头流入下池，池内有鲤鱼。泉背山临水，环境幽雅，是品茗观鱼的好地方。据说民间艺人阿炳的《二泉映月》，就是在这里得灵感而成。

1980 年 6 月 1 日　星期日　无锡

今天去看蠡园和太湖。

蠡园　乘车前往，临公路便是太湖。此园主要是长廊，精雕细饰的木长廊，花树相围的绿色长廊，在雨中显得幽静、迷蒙。还有些假山，都以"云"字为名，如云脚、云窝等，更增添了水天仙境之感。从廊上可尽情领略太湖风光。

太湖　我国五大湖之一。湖水一望无际。一面绿山，三面青天。湖中有大小三山，传说为鼋（龟的一种）的头、背、尾。沿湖岸景物繁多，密叶疏林，奇石四布于山上，各有典故于其中。

马山就在湖中，雾雨相隔，不见踪迹。为什么马在水中，龙在陆上呢？一个人兴致勃勃地讲起关于马山与龙山的传说。相传古时候，这一带龙马相斗，搅得太湖时而大水漫野，时而浊浪拍天，百姓不得安宁。人们束手相观，毫无办法。一次，马和龙又斗得天昏地暗，龙把马赶到了水边，这时人们见机行事，一拥而上，把马推向深水，把龙留在岸上。从此，马龙都无用武之地了，百姓得以宁日。

太湖有五七黛色渔帆、游艇、放鸭小船，几百水鸭。传说湖中有名的银鱼是西施的化身。

下午，我们乘 119 次普快离无锡往苏州，也是四十几分钟。

1980 年 6 月 2 日　星期一　苏州

上午去苏州文化馆，见谭亚新同志。他介绍了主要园林，并提到苏州两大名产：苏绣和檀香扇，建议我们去苏州刺绣研究所和檀香扇厂。

又去《苏州报》副刊组，见张同志，借阅十本《苏州报》合刊。

路经新华书店，在诗歌柜，想找些有关苏州风土人情、园林的书。卖书的青年说："没有，正在编，有一本《姑胥掌故》挺好。"最后他说："我家有，借给你们。"约好下午来拿，没想到当我们在街上走了几分钟时，听一声呼唤，回头只见他已找到书，正举在手里。真是热心人！我们猜他一定也爱写作，他不好意思地吞吐着："也喜欢，写点短的散文。"我们又约好，5 号还他，他说："你们需要，也可以先带走。"

抽十几分钟转到菜市场。好几个卖黄鳝鱼的，还有国营店卖鳊鱼的。一个妇女把要卖的鳝一刀破两片，又一刀切下头，连看也不用看，好不熟练。还有卖苋菜的，芯发红，可炒着吃。这种菜的好处是可从地里掐着吃，雨后又长出来。还有几个卖蘑菇的，白白的。

鳝鱼长在水田埂里。抓法：见埂上有洞，就一直用手挖，或用钩子，上挂蚯蚓，鳝是吃蚯蚓的。

下午去虎丘山和西园。

1980 年 6 月 3 日　星期二　苏州

上午去拙政园和狮子林。

拙政园　苏州四大名园之一，以水为主。（关于四大名园，旧说

法：拙政园、网师园、留园、怡园，新说法：沧浪亭、狮子林、拙政园、留园。在此采用新说法。因沧浪亭是宋代建筑，狮子林是元代建筑，拙政园是明代建筑，留园是清代建筑。）御史王献臣，降职回乡，取晋潘岳"拙者之为政"之意曰拙政园。

从南轩西廊看对面香洲内大镜子反映出来的景致，仿佛别有洞天。这是用镜子来反映出的另一种境界，是园林取景的巧妙方法。

狮子林 苏州四大名园之一，以山为主。假山过于雕琢，有失天真。系天如禅师为纪念老师中峰禅师而造。最高的叫狮子峰，合乎透、漏、瘦三个要求。最精美的是园的左边长廊，上面配着楼房的屋顶，远远望去把园的境界推广了，意趣无穷。这是中国园林艺术上"实者虚之，虚者实之"布景方法的一个典型的例子。真趣亭的石舫，是仿颐和园石舫，但颐和园有昆明湖，周围 3000 亩。而此地，小小水湾，不免俗气。

1980 年 6 月 4 日　星期三　苏州

上午去寒山寺、留园，下午去网师园。

寒山寺 在城西十里枫桥，建于梁天监（502—519）年间。相传寒山、拾得两位大师住此，自张继夜泊枫桥题了诗，名声大噪。进门，中为大雄宝殿，殿后两边都有长廊，右边通钟鼓。寺前面临水，建筑异常精致。楼后远对狮子山。寺中有五百罗汉。石碑上刻的是千手观音（下面也刻有关公）。寺中有一碑刻，唐张继诗："月落乌啼霜满天，江枫渔火对愁眠。姑苏城外寒山寺，夜半钟声到客船。"

我们和大雄宝殿中一着灰色袍的老和尚攀谈，他说，寺已有一千四百至一千五百年。正殿两侧各有一石榴树，斜倾，花正红。

出寺向右拐，走上枫桥，可见运河三叉水道就在眼下。桥身紧接铁铃关，可能是城门。枫桥是石阶铺成，桥身石缝中长出的树枝绿叶繁茂。寺左拐，是江村桥，一千四百多年了，石阶铺成。运河北通南京，东通上海。

留园 清代建筑。采纳了前三大名园优点，初建于明朝中叶。抗战时沦为日寇养马之所。此园长廊是大特色，曲折绵延，亭台高低错落。

网师园 久负盛名，略见荒落。据说其东园被美国移原样于国外。东园小巧清丽，四面亭台、山石，环抱一湾绿水，水中红鱼、黑鱼数十，争食一女孩抛下的食物。园内一僻静小院中有一"冷泉"，步下山石阶，便见泉水清澈见底，冷气盘旋。旁边是"冷泉亭"，一对青年正细语攀谈。

灵岩山 山上吴王井，西施常对井梳洗。有玩花池，为西施赏荷而开，荷花开时，西施荡舟采莲，避暑取乐。

艺匠 在苏州军分区招待所，同屋住着两个淄博市纺织二厂的艺匠。初听这个名称，可能会震动，其实她们只是十九岁和二十岁的姑娘，刚刚来苏州丝织试样厂学习的。苏州丝绸被面，历史悠久，驰名中外，主要有软缎、真丝、线绨。

艺匠是丝绸被面设计的最后一道——第三道。第一道叫花匠，负责设计花样；第二道叫组织，即把花样组织成某式的图案（如斜式等），点在格纸上。艺匠是把这组织好的图案放大到被面大小，一年也只能放大两三个被面。据她们说有电光放大设备，但为什么不用呢？她们自己也说不清。

　　她们这次是参加该厂举办的训练班，并不是教艺匠本身的业务，而是学分析花样。一天，我翻开她们的作业本，有几页角上贴着寸方的彩绸。一块是黑底，赫黄花纹，古香古色。一块深蓝底、雪青色的三朵花蕾，生机盎然而幽雅。练习本里还夹着一张月季花照片，还有一块自己画的花案。

　　晚上，她们打开半导体收音机，在轻悠的音乐声中，一直画到夜阑。主要是练笔，熟悉花形，或照"花卉的白描集"临摹在白纸上或在格纸上点点儿，很难点，要一笔把小米粒大的长方格子正好点满。

1980 年 6 月 5 日　星期四　苏州

　　下午去苏州刺绣研究所参观。研究所进门处像一座精心修整过的园林，里面也是绿树、草坪。讲解员告诉我们，这里就是苏州有名的环秀山庄，改做刺绣研究所了。这里有假山，有水，空气清新，静谧舒适。刺绣需要心情好，这种环境是很适宜的，对保护眼睛也有好处的。上、下午间或放几段轻音乐，调节精神。

1980 年 6 月 6 日　星期五　上海

　　10：22，乘 225 次列车离苏州来上海，11：40 多到。

　　我住的房间八张床，但并无那种单调、拥挤之感，反而有些家庭气息。房子是梯形的，倒也别有风格。

　　下午去街上看。在我印象中，上海人穿着整洁，尤其是合身，显得很精干。我到服装商店买衬衣，服务员拿起皮尺给我量胸围，这是我所没想到的，在北方从来是乱买，所以我从来也记不住什么胸围之类。我想，为什么北方就不能学一学上海的服务态度呢？

1980 年 6 月 7 日　星期六　上海

上午，去外滩和黄埔公园。

走上外滩，见黄浦江内货轮不计其数，兼有汽艇、小船等。还有游览艇，一片繁忙，临其境使人充实而兴奋。外滩沿路，巨大的木兰树，树上无数碗大的白色木兰花，飘来清香阵阵。外滩上还在拍电影，引住了无数行人。

黄埔公园，临江而筑。一块块青石、白石铺放在树荫下，花丛旁，已被游人磨得光亮了，就像外滩那淡绿色水磨石的石廊。

1840 左右，乘 119 次普快离沪去杭州。九点多到。

1980 年 6 月 8 日　星期日　杭州

灵隐　听说灵隐山算得杭州最好的风景区了，上午我们就去灵隐。这里有我国著名的古刹灵隐寺，有自五代至宋元的石窟艺术，也有奇妙幽深的天然洞壑。"在灵隐的参天古木中，还掩红映绿地点缀着冷泉等亭阁。"灵隐寺的殿宇、亭阁、经幢、石塔、佛像等建筑和雕塑艺术，对于研究我国佛教史、建筑艺术史和雕塑艺术史都很有价值。

绕进奇异秀丽的峰群，钻进洞去看一线天，好多人站在那里向洞顶望着，谁也找不到。我们钻出来，不甘心，又折回去，一个人在喊："我这儿角度对，看到了。""一个微微发白的小孔，它垂直向天，是这样的一线天。"我们挤到他的位置上去，看了好一会儿，果然，有个微微发亮的小孔，终于看到了这个一线天。走出洞来，我们四人在洞口留影。

飞来峰 "低矮瘦削，山岩突兀，与周围灵隐山、天竺山高峻挺拔的外貌不同，有飞来之感。山下一泓清流，沿着飞来峰曲折奔突。"小径迂回，怪石峥嵘。

岳王庙 回来的路上，我们安步当车，以览沿路名胜。先进了岳王庙。正殿中央是岳飞的巨大塑像，"头戴红缨帅盔，身着紫色蟒袍，臂露金甲，足履武靴，右手握拳，左手按剑，面相丰满，既有战士英勇气概，又有儒将潇洒风度。"塑像正上方，是四个如黄河奔流的雄健大字"还我河山"，这是岳飞的手笔。

岳飞是南宋的抗金名将，被赵构、秦桧杀害于杭州狱中。二十一年后，这千古大冤昭雪。庙内保存着几段柏树的化石，据说是"精忠柏"，岳飞死后，这柏树随之死去，可见岳飞正气动天地，泣鬼神。

岳飞墓前跪着四个铁像。过去屡听传说，今第一次见到。这就是谋害岳飞的秦桧与妻和万俟卨、张俊。害人者千古现丑态，大凡害人者见之都会心惊胆寒吧！人们争相在岳飞塑像下留影，而留给四铁像的是愤怒的唾沫！

平湖秋月 沿湖而行，入平湖秋月，这是"西湖十景"之一。平湖秋月三面临水，在这里眺望西湖景色，无论晴雨都有奇趣。尤其是皓月当空的秋夜，"一色湖光万顷秋"，更充满了诗情画意。

白堤 "东起断桥，经锦带桥而止于平湖秋月，全长一公里。"

西泠印社 无意中竟绕到西泠印社，可为荣幸。这里"花木扶疏，亭阁参差，是孤山园林的精华所在"。西泠印社是我国研究金石篆刻的著名艺术团体。

在华严经塔下，竹阁旁，有一茶室，售龙井特级茶，3角钱一杯，（也有1角5分的），我们饮茶赏景一小时有余。背向西湖云水，留影归去。

湖滨公园 临近我们住的湖滨路浙江省军区招待所，便是湖滨公园。沿湖而建，绿椅条条，人们临湖而坐，饱览西湖秀色。"公园全长约一公里，西湖游船的主要码头也设在这里。每到晚间，华灯初上。花栏内，绿色的灌木丛中有美人蕉等各色花卉，如同镶嵌着一条花带。"公园舒广优雅，与湖相映。若一绝美女子却淡妆素裹，更为高洁、宜人。

游览尽时，正是傍晚。四人去吃冷饮，吃冰赤豆、冰牛奶、蛋糕，最为适口。

1980 年 6 月 9 日　星期一　杭州

上午看日本电影《砂之器》。

下午去西湖划船，这是昨天便说好的。

船很好租，14：35 上船，四女子四人四支桨，便向湖心亭急驶而去。我虽坐过船，却是第一次划桨，三五下便精疲力尽。只见船也在东游西荡，像是毫无目标的浪荡儿，过了一会儿，才有点门儿。

船首先划上三潭印月。这是西湖三岛之一，占地105亩，素有"小瀛洲"之称。瀛洲是古仙岛名。湖中有三个石塔，可惜我们只顾在九曲桥上照相，竟没顾上看。岛上风景美不胜收，如入仙境！匆匆下船，又去湖心亭，眺望西湖，四围山光水色，收于眼底。

最后又想去近旁的一个小荒岛，就是阮公墩。只见柳荫浓密不见人，这里没有建筑物，恐怕是蛇虫久居胜地。船靠岸上，仔细观察，遍地乱石、青草，我只跳上岸边一块青石，进行了一下象征性的游览，大家拨船急返，眼看已近六点，连漂一会儿船的时间也没有了，又拼命地划回码头。

晚上去吃素春斋。辣子肉丁炒得香而不腻，很可口，肉丁是面筋做的。炒什锦，炒素肠，便吃不下去了，这也是热得减了食欲的原因吧。

1980 年 6 月 10 日　星期二　鹰潭

上午下雨，下午乘 15 次火车去江西鹰潭，约 20∶00 到鹰潭。

1980 年 6 月 11 日　星期三　鹰潭

铁道兵十一师指挥所刚搬来不久，院里尽是野草，被踩出一条红土的小路。草间整齐地堆放着钢轨。几个战士正在盖洗澡间，已被加工成长方形的石头，都是和土一样的红色。

晚上走二三里去市里散散步，街道挺宽敞，楼房是新式，浅色的，但路上铺满了纸片、尘土，实在美中不足。街中心是足有三五米宽的花池，种满了花草、芭蕉树之类，很有南方特色。路尽头是人民公园。我们拐过公园，去市立图书馆看了看杂志。这里看书人不多，比起常州，要差十倍不止。

1980年6月12日　星期四　德兴

下午，乘慢车往德兴县——五十二团驻地。7点到达，又逢细雨，团部的车子把我们接回。

晚上住团招待所，自己盖的简易房。引路的同志领着我们熟悉了一下环境。这里四处也长满野草。他说："蛇很多，前几天，一条竹叶青爬到了床上。"我们不禁有些胆怵，但也无奈，随它什么竹叶青、竹叶绿的吧，咬了再说。晚上睡前，我们还是把地上细细看了一遍，看是否有蛇。

1980年6月13日　星期五　德兴

上午出来走，忽见不远处古树参天，浓郁的绿色下是一湾汹涌直下的河流，L当时便想下去："太美了！"

"刚从西湖来，难道这儿会比西湖好？"

"那不一样，我喜欢这样的景色，古老，河水是汹涌的。"

晚饭后，我们五人一起来河岸，只见野草丛生，古树苍苍，树身上都长满叶子小枝，没人修饰过的。河水奔流直下，卷着千百个大小漩涡。河中有一绿岛，大概自古也无人迹。河上间或漂下一两树干和草捆，两只黑鸟栖在上面，享受了一会儿，便又飞走了。一个当地人举着饭碗在吃，告诉我们：一二十年前，这里是原始森林。难怪呢！果然有点原始的气氛。

T说："你们说这河在哪儿见过？"

"在《多瑙河三角洲的警报》里，像不像？"

顿时一股恐惧感涌来，我想起两个小孩子划着一条小船，在四围浓荫的水湾里静静地划着。绿荫里，两双吃人的眼睛正盯紧他们……不过这里没有坏人，只是怕蛇，我赶紧退到一片平坦的草地上，那些圆圆头的小草紧贴地皮，像是块印花地毯，很亲切。

上午，李政委、李副主任同我们座谈，介绍情况。简记：

五十二团来江西为一个铜矿修专用铁路线，64 公里，年底交付。铁路涵洞多，经山、麦田、稻田，七座桥，一座是大桥，其他中、小桥，最长 79 米。

一季度下雨 56 天，晴 17 天，阴天十多天。3 月两天晴，10 号开始雨，9 号、20 号晴。没完成计划。小雨大干，大雨有些工地坚持干，晴天抢着干。据说一直下到端午节，一场大暴雨后就晴，一直干旱到 9 月、10 月。

十一连组织工作组，现场侦察，住油毡房。到驻地第五天就开工，抢在雨季来之前，桥墩打好。边勘测，边施工，边安家。十一连担任两个中桥：江村大桥、西湖桥（浯口桥），浯口桥原是三条江汇合处。指导员、连长各带两排竞赛。

几个月后从北京来江西山沟。

卫生队治聋哑，附近几县，远至井冈山都有人来，已治好八个。

1980 年 6 月 14 日　星期六　德兴

访三连。连长、指导员去工地，见某班四人打夯，夯累了，就随口喊起号子："一个螃蟹两只脚，两个螃蟹四只脚……"后来连里印发夯歌，让大家照着编。

在往三连的路上，一个小山坡的几丛绿灌木丛中，有两个黑毛的八哥在那里伸着脖子叫。一个人上前一抓就抓起一只，它们并不想逃走，据说是太小，还不会飞，不一会儿又绕出来一只。

访九连。一季度五十六天雨天，棉衣湿了换绒衣，绒衣湿了再换，衣服都换光了。这里的土，"晴天像块铜，雨天就像包脓"。

1980 年 6 月 16 日　星期一　德兴

访十六连。全连管区较长，8.6 公里。上面下雨，下面黄泥巴半尺深，还得拉（平板车）。为赶凉快，5：00 起床、吃饭，6：00 上班到 10：00，15：00 到 19：00。

团长等常往这儿跑，团长已有许多的白发，说："我准备在这条线上把头发全白光了。你们营长、连长要准备给我脱一层皮，掉十斤肉。"中午两点，连队还在睡觉，团长挂着小棍儿（腿脚不好），去无名小桥查看，这个桥也是他重点抓的桥。

1980 年 6 月 19 日　星期四　德兴

访二十连。彝族战士马海木呷，被评为铁道兵优秀团员。天天扫地。打猪草，要求五斤，他打三十多斤。重活、脏活抢着干，衣服最烂。一上山干活，手就不停，从不休息。打风枪，整个身子都扑上，最后鼻子出血。考虑他身体不太好，就换下来让他搞农副业。他拉十二车土垫在石头上，收了七八百斤草，在路上拾粪，合上土，上肥。

打石头，山很高。老百姓说："没人上过这个山顶。你们部队不出三天也要撤下来。"结果牺牲一个，是打石头没有保险带，被石头带下来的。第三天，山顶上炮又响了。

石渣厂　半山腰，几十人围成半圆形，往下扔石头。下面是破碎机。

大风洞　往山上走，拨开两人深的茅草、茅竹，踩出路。茅草叶的边缘很锋利，抓不得，所以要抓茅竹的细细的枝。连长一边说，一边把一根根毛竹枝子从茅草间拉出来递给我。约攀了二三百米，才到大风洞口。走下去，里面是个很大的场子，能盛一千人。连里干部说：生产队常在这开会，过去方志敏的部下也在这里开过会。走出洞口，只见洞里飘荡出浓浓的青色水雾，如仙人之境。

洪源仙境　坐面包车开到山那一面，下车往山根走，绿草叶中，露出黑黑的洞口，洞上雕刻：洪源仙境。里面黑洞洞的，青石丛生，真有些可怕。刚走几步，觉得脚下打滑，正想怎么才好，"咚"的一声，我已被重重地摔在地上。后来的路便如壁虎在乱石壁上爬行，亏了同行者们的扶助，也亏了进洞时那一跤，给了我个下马威，不然，我怕真要掉下那石头深渊的。

洞里黑得只能见人影，我们一人一支手电照明。"哎，看这是什么？"不知谁喊了一声，于是，八支手电光柱一起射去，只见高高的洞顶处，两个女子亭亭玉立，旁边是一块平坦的巨石。向导们说：那是两个仙女，旁边是仙人台。

往里走，到了一片"梯田"。真像呀，石头的田坝，坝里竟然满满地盛着水，在手电光下，闪着一片青青的光。旁边就是有名的凤凰池，高高的石壁上，三个彩色的石刻大字。字下便是一池碧清荫凉的水，一面靠石壁，一面是美丽的千曲百转的石坝。我们惊喜万分，一边欢笑着，叫着，一面拼命地用池水洗脸，洗手，尽情享受着神仙的待遇。仙人田和凤凰池不愧是这个洞里最奇妙的景致了。

一路攀缘，一路赞叹。观音菩萨、水洞、风洞、仙人桥、震天雷，处处仙境。一位去过桂林山洞的同志说："比桂林山洞可要好多了！"其余所见的无名景物，大家据其形态随口呼来，更添洞内奇幻无穷，如"二老看桥""山湾幽会""戴王冠的国王""猴山""怒狮""莲花倒影""义子塔"……

在仙人桥处，似闻隐隐水声，大家一起收了声音静听，果然水声轰响，如远山瀑布落地。

已是 16：00 了，洞据说还很深很深，我们便往回走。站在仙人田处，远远地见洞口像一个蒙面巨人的两只眼睛，洞内远近都是峭石深渊，真难想象这里会有路通向洞口。当然，我们还是找到了路，那是由许多先来的人开出来的。

走出洞口，大家互相祝贺："活着出来了。"这里是国内知名的游览区，以后需要好好修整一下才是。

1980 年 6 月 23 日　星期一　德兴

参观德兴铜矿。德兴铜矿 1965 年 7 月 1 日投产，储量是全国最大的。

1980 年 6 月 24 日　星期二　德兴

今天我们留在团部各自写东西。

屋子像铁饼干筒一样使我窒息，四处都是噪声。我裹起纸笔和一本散文集，走向古森林的乐安河岸。

我踏着树荫下的满地小草，绿茸茸的圆头小草还顶着露珠，打湿了我的白袜子。只见一簇黄色的小野菊花倒在地上，我弯下身把她扶起，原来枝子未断，只是枝中间已经撕裂，干枯了，可是那一朵朵黄色的花仍是那么鲜明，张着温柔的花瓣。

微风拂面，一棵参天的古树飘下细碎的黄叶，飘落在草间，落在深深的乐安河里。

河水退了一些，河中露出长满灌木的小岛。在汹涌北流的河面上，却有一片片的水原地盘旋着，似乎留恋着什么。

乐安河，北去的乐安河，初见时，我觉得你是那么势不可挡，可现在，我觉得你是那样的无力啊，乐安河，你带不走我的一点悲痛！你尽管流去吧。我很快要走了，我要把全部的话亲自带给他……我亲爱的。

林中的小鸟呀，唱得这么欢乐，姗姗的白鹅啊，悠闲地寻着食物，组成了一幅西欧式的古典田园画。生活这么优美么！可是他，倾心醉心于生活和美的人，却不能来亲自享受了。我独自享受着快乐，却只生出了十二分的悲伤。

1980 年 6 月 25 日　星期三　德兴

早晨，太阳光满院，人们忙着把衣、被、鞋晾满院。这是因为晴天太少了。战士说："晴天像块铜，下雨就像包脓。"轮子一陷好深。

狗尾草，长在我们窗下，日日见长，不忍拔去，像一幅美妙的图画，由此我想起了战士们在这里扎营……

池塘，尽管美，我感到窒息。因水应流动，却受了禁锢。

一堆伐倒的大树上，长满了乳白的蘑菇。我们摘了几片："能吃，为什么没人来采呀？"

"已经过了时候，嚼不动了，嫩时好吃。"

"我喜欢到没人的地方。"

"沙漠没人。"

"不，还要有绿色。"

"那就难了。有树的地方就有猎人，有草的地方就有牧民。"

坐交通车（团里的大汽车）去七连，远近浓绿相连，"不愧是南方"。

回来时，接我们的车子坏了，正在修，我们徒步返回，去迎车。烈日下，人人欲晕倒，竟无一株树可遮阳，走出二里路，也没一棵足以为五人遮阳的树。

啊，若不是亲自走一趟，在交通车上怎么也不会想到这堂堂公路上竟无树可遮阳。

走到湖边。

"现在大家说，都想变成什么？"

"……鱼。"

"……大鱼。"

"啊？你想吃我。"

"什么呀？我不过嘴笨，想不起词儿了，就跟你学呗。"

"那我就是渔翁喽。"

（原来，二物相连，竟妙趣横生。）

在洪源仙境。好阴凉，仙人田、风水洞、凤凰池、仙人桥等等，观光一遍，便回去。离洞口十几米，一股热浪扑面而来，人不由得一下子倒退两步。但还得前去，因为人需要的一切都在人间。

有个连队种了十九种蔬菜：莴笋、蒜薹、四季豆、蚕豆、辣椒、茄子、芋头、白菜、南瓜、空心菜、苋菜……

公路边的草，落满黄尘。绿山、绿田间时时有一湾湾平静的绿水，像个爱美的姑娘时时掏出小镜子。连石头山的每个裂缝里也长满了绿树青草。黄花菜不开花时就得掐。

1980 年 6 月 26 日　星期四　德兴

访十一连。副指导员去买潜水衣，火车上遇到某舰队的一潜水员，说："要配好多设备，还要训练几月。"副指导员从半路返回，要赶在雨季前施工完成。

围堰，每人喝点酒，下几分钟，再上来。大部分是原始工具，拿起工具，我问："铁道兵什么时候实现现代化？"设备不配套，有大的，没小的，如铲运机搞路基加宽，就亏本。

访十四连。去年 10 月来这儿。热，病多。工具少，有筐没抬杠，没铁丝，用断铁丝接起来，短，抬时得蹲下，慢慢站起来。体力跟不上。冷了，下水上来后，腿冻得发黑。下雪时，雪从瓦缝往里落，起床时，战士身上白白的。衣鞋湿了，晚上没处烤（不像北方，第二天早上就干了），一穿很冷。

小孩大多数不上学，八岁左右放牛，三分工。

1980 年 6 月 27 日　星期五　德兴

访十一连。江村大桥，水深 4.5 米，长 105 米。

围堰，每两人抬一袋，一起潜入水。太冷，团长批 20 斤酒，每天吃五餐饭，吃饱。围了十天，中间又停几天，共半月。集中十二台抽水机抽水。围好以后，一人三等功，几人入党。之前，好几人报名围堰，表示要在江村大桥围堰中立功。当时正是对越自卫反击战时，部队也宣传。

老百姓："你们铁兵真厉害。""能吃苦，是个好部队。"

军民关系好，割稻，修水渠，修马路，每人背水壶，不喝水，不吃糖果，不吸烟。春节，百姓送了六箩筐糖年糕（这里出糖，甘蔗红糖 0.32 元一斤）、六十只鸡，按国家牌价给了钱。春节都出去做好事。战士把衣服忘在路上，一个老太太洗好叠好送来。

风俗：除夕晚封门，初一早上在屋里放鞭炮，开门。起得很早，有的一点钟就起。

访十三连。铺轨。雨衣、水鞋都不足，互让。五月铺 680 米，两副道岔。第一次人工铺轨，现在肩上的茧已长出，抬时不费什么力了。

四栏：快报栏、出勤栏、经济核算栏、劳动竞赛栏。

俄 罗 斯 日 记
1992—2000

伊蕾和她收藏的俄罗斯油画

1992 年 9 月 11 日　雨

从沈阳飞往苏联伊尔库茨克的飞机 8:20 起飞，三小时后到达。和平宾馆的一个汽车在接站，几分钟后，我们已经住进这家宾馆的二楼。这是俄罗斯人和中国人合办的，每天每人房租 7 美金。一楼可用餐。

1992 年 9 月 12 日　雨

莫斯科时间 6:30，也就是伊尔库茨克时间 11:30 左右，飞机飞往莫斯科。

在伊尔库茨克，李宁修因有进修生证明，只花 1400 卢布买机票，而我因无身份证明，花了 208 美金。持这两种票的外国人都在国际候机室等待。首先称行李，交行李费；登记机票；安全检查；等待登机。由机场小姐领入机舱，不对号。

莫斯科时间 12:15 飞机到达莫斯科。我们乘公共汽车到终点，汽车下层可放大件行李。下车后又换的士。不只出租车，各种车都可乘，只要顺路，或价钱合适。

1992 年 9 月 13 日　雨

早上，我们乘地铁去南面一个招待所联系事情。俄罗斯的地铁早在列宁时代就已经有了，地铁分三层，共十条线，被环线连成一个网，各站的建筑和装饰都不同，多处有浮雕、雕塑，气势宏伟，自动扶梯上下，速度很快。

所长列夫不在，今天是星期天，俄罗斯人星期六、星期天都休息。

于是到麦当劳吃快餐，只二十几秒钟就拿到了菜，两个人500多卢布。之后去逛一条商业街。国营商店也都关门，只有一家个体商亭，售各种外国货，价格较高。

1992 年 9 月 14 日

又去找列夫，列夫找来一个英语小翻译。我这是第一次使用英语会话，虽然很困难，但仍很兴奋。

午餐在这个招待所吃。米饭、肉排、红菜汤、土豆汤、黑面包、生圆白菜丝、生西红柿浇奶油。

出门后去见北展集团东欧处范广益经理，询问了有关贸易的一些事。进口税15%，私人进口税可能少些。若私人接货，须有合法住址和住房合同，每批不超过1万美金，可不上税。如果两箱，可以两人名义接货，货单上填1万美金以内即可，亦无所得税。若公司接货，收商业税28%。集装箱周期四十天。

估计莫斯科市场的中国商品仍是四大件：皮夹克、羽绒服、旅游鞋、阿迪达斯。俄罗斯若自己生产皮夹克，须交消费税35%，算奢侈品，所以本国产品少。

注册公司，委托中国贸易中心办理，950美元手续费，直到发执照。注册10万卢布的公司即可，可解决六至八人身份，与护照有效时间一样长。

见严晓寒先生，他将是这个处的下一届工作人员。从他那得知，莫斯科至中国的信件很慢，可打电话，每分钟1元人民币左右，极便宜，夜2:30以后可打通，星期六、星期日全天都可。

1992 年 9 月 15 日

上午去见赵心常先生、刘和平女士，吃了一顿中国餐。

16：00 去红场。建筑很华丽，又很幽静，或许是因为列宁墓前的两个庄严的卫士，或许是因为墓前的鲜花和红墙上刻满的死者的名字。红场的一侧是一个巨大的商店，分为三层，外走廊，门在红场的两头。

1992 年 9 月 17 日　雨

吃过午饭，去火车站接周燕、任自斌。从国内来的列车应是12：20 到站。晚点三小时。这个私人的小集体今天算是全部到齐。

新房子还没租到，两人只好睡在地毯上。

1992 年 9 月 18 日

阿丁与中国一考察团一行七人下午到达招待所。租金以美金支付。晚上又补了一个房间，两人日租金为 990 卢布。

午夜，召开匈牙利 N.E.W 国际文化经济投资总公司俄罗斯分公司第一个筹备会。

1992 年 9 月 19 日

十点钟，任自斌、李宁修陪考察团去红场。我和燕子（周燕）陪阿丁下午去北展集团东欧处。范广益先生在场，王复卓先生出差也已回来。在座的有一位阿廖申，原在俄国①驻中国大使馆工作。现在中俄合资企业索夫肯泰电子计算机公司任高级经济顾问。

---

① "俄国"是一个比较宽泛的历史称谓，此处及后文多指"俄罗斯"。——编者注

1992 年 9 月 20 日

莫斯科有好几个跳蚤市场。今天我们早上出发，去一个最大的外国人最多的市场。

地铁下车，即看到路上人头攒动，市场内的人和货物挤满了所有的空间。扑进眼里的除了工艺品就是老古董，大批陈旧的圣母像和耶稣像，以及各国邮票。阿丁看中一块木化石，还没谈好价，已被身边一个人用 70 美金买走。好像是刚才就看好货的一个回头客。我买了一块耶稣的铜像、一个金属的八音盒、一块手表。

回来的路上，在地铁口买鲜花，准备晚上为朋友过生日。我们买了一束鲜红的，共三枝。送朋友的花一般是三枝、五枝，一枝通常代表爱情。送死者要双数。地铁下的鲜花很便宜，25—40 卢布的多，还有贵一些的。我们买的是 250 卢布，大约因为是在地铁上买的，或许是因为我们长的黑头发。

1992 年 9 月 21 日

因为下错了地铁站，好不容易乘一辆的士找到高尔基大街。去外文书店，居然只有四本中文书，化学、物理之类。

19：00，我们与考察团一起在北京饭店召开宴会。这里的中国菜并没有味道，但中国人、外国人都占满了每一张桌子。应该说，这里的装潢的确富丽堂皇，大有中国味道。

21：00，大厅里响起了舞乐，乐曲和舞蹈者们则是另一番异国情调了。

1992 年 9 月 22 日

晚上，我们送考察团回国。23∶50 开车。中国人买的票居然都不是软卧，更有一些人买的重票，就是说两人是相同的铺位，那么有一些就不能上车。

1992 年 9 月 24 日

17∶30 在马雅可夫斯基站下地铁，初次与我们聘请的翻译安德烈见面。我们到附近一家咖啡厅边坐边谈。

他在莫斯科国立语言学院教汉语，包括汉语、当代文学、中国历史。他的上课时间是：星期一上午、星期二无、星期三 8∶00—9∶30、星期四不定、星期五 12∶00—14∶00、星期六 8∶00—9∶30，星期日休息。

他还做一些翻译文学作品的事，曾翻译过秦兆阳、韩少功等人的小说。

1992 年 9 月 25 日

9∶30，我和阿丁去找苏联作协两个未见过面的负责人。一位居然已去世，还有一位女士加丽亚已很久不上班了。有位女士英语讲得极好，她帮我们用电话找到了加丽亚的丈夫。加丽亚和她的丈夫都是汉学家，留了家庭地址，相约改日拜访。

晚上，约安德烈来住处，谈了许多要办的事，共进晚餐。

1992 年 9 月 26 日

到达狗市已近 11：00。大约有几百个俄罗斯人卖狗，从几千卢布到几万卢布不等。阿丁照陆陆的请求，按照片上的狗买了一只公狗。

四人去附近一家古老的西餐馆吃午餐，1900 多卢布。然后任自斌和李宁修去火车站，我和阿丁去见加丽亚。

这是一处极普通的楼房的八层，加丽亚很高兴地说了几句，就去厨房做菜了。她的丈夫米沙和我们继续聊天。午餐是每人一盘土豆泥和炒圆白菜。加丽亚的中国名字叫思华。她拿出收藏的中国书和中国作家的名片给我们看，并且非常希望两国作家能交流和互访。

阿丁当晚 21：35 的火车，从基辅车站回匈牙利，带着他的小狗。

1992 年 9 月 27 日

又去跳蚤市场。我也买了一幅桦树皮做的画。

1992 年 9 月 28 日

安德烈到律师事务所咨询后，打来电话。注册分公司需四个文件：

1. 总公司在匈牙利政府做了贸易登记，政府证明有此公司存在。
2. 银行的资信证明，证明公司有账号、存款，有能力开办分公司。
3. 公司董事会决议，同意开办分公司。
4. 公司总经理委派分公司代表的命令。

1992 年 9 月 29 日

我们随安德烈一同去另一家律师事务所咨询。

一、关于注册公司

1. 前两文件须在俄驻匈领事处认证，不用公证。用英语写。

2. 公司成员必须是俄罗斯签证。

3. 不需注册资金。

4. 须有法定地址。房东填表，办手续。办公室也可。

5. 注册手续费 26000 卢布，28% 税，两星期办成。美元可兑换，自由汇出。

二、身份

1. 留学生办身份，需有学生证。

2. 可公司出证明，到签证局登记。事先去翻译、盖章。

三、接货

1. 有学生进修证，可接货，不用法定地址。

2. 付关税。

四、税

1. 各种货物 15% 关税，32% 利润税。

2. 烟、酒关税高，白酒 25%—50%、香槟 25%—50%、啤酒 20%—40%、葡萄酒 20%—40%。食品和饮料免税。

3. 办公设备免税。公司开一证明，经海关时填一表。

4. 汽车开入莫斯科免税。公司开一证明，入俄后去交通警察局登记。

1992 年 10 月 1 日

张涌泉先生到地铁口接我们，去他们的住处。见到天津财经学院教授肖红叶。

他们是在两国大公司间谈项目。肖先生说："我给你们出一个好主意。不久前有人组织俄罗斯的一个马戏团到中国演出，赚了400万。你们可以做这些事，也属于文化交流。"

组织大型演出，阿丁和任自斌在国内已有过许多经验。而且比起做货物交易更易发挥我们的优势。理当认真探讨，最好春节前付诸实施，这是可能的。

16：00 又去律师事务所。

20：35，房产公司的两位小姐带我们和翻译去看房。房子在莫斯科的西南方，是地理和社会环境较优越的地方，就在大马戏团对面。房间装饰很漂亮，据说是 50 年代的老房子，厨房＋厕所＋洗漱间，20 平方米 +12 平方米 +8 平方米，月租 200 美金。当下签订合同，并付房产公司一个月的房租作为手续费。

1992 年 10 月 2 日

俄罗斯科学院远东研究所是在地铁的工会站下车，走五分钟。见到了舍维廖夫和乌索夫两位汉学家。

我们询问出版问题。舍维廖夫说，莫斯科有些印刷厂有中文印刷设备。当年有进步出版社、新华社出版社、苏联画报、苏联妇女画报，都是中文的。他将在星期一晚告知印刷厂具体地址和联系人。

舍维廖夫还说到我们的经营范围，他告诉我们不要做白酒，俄国人认为中国酒不好喝，葡萄酒和啤酒还可以，如五星啤酒、青岛啤酒。他说可做中国艺术品、工艺品，一些人喜欢和收藏中国的东西。

1992 年 10 月 3 日

山西太原煤炭气化公司在莫斯科的代表任东升到地铁站去接我。他提供给我个人公司注册的程序表。

思华老师和她的女儿麒梅带着她们的西班牙猎狗吉马到地铁站口接我们。在客厅里，思华请我们吃西点，喝红茶。我们谈了出版业和售书市场的近年变化。20∶10，诗人兼律师萨沙和他的女友、女作家达娜应约来访，他们带来了伏特加和西红柿汁。思华的菜也做好了，然后上来麒梅做的点心、红茶。

萨沙今年去过中国，他会用中文说"北京、上海、杭州、苏州"。他说到一个德国作家的富于哲学意义的长篇小说，小说中写了有许多虫子流眼泪，眼泪变成一个湖，湖中有一个紫色的小岛。他说他到中国吃第一顿饭，才知道什么菜是好吃的，而在过去他从不讲究菜的味道。他说，他一开始就会使筷子。我们开玩笑说："大约你的祖先是中国人。"

1992 年 10 月 5 日

中国大使馆对面是一大片草地和树林。约定的时间还未到，我们在草地上走，享受深秋的开阔的阳光。

10∶00，我们见到大使馆一等秘书贾福云先生。他介绍说俄罗斯的芭蕾舞和冰上芭蕾舞都是全世界最好的之一，现代舞也很不错。

大剧院芭蕾舞团、克里姆林宫芭蕾舞团都是水平极高的。最好的是列宁格勒基洛夫芭蕾舞团。如果邀请他们去中国演出，可向文化部外联局打招呼，外联局通知使馆文化处，可协助办理各种事情。

1992 年 10 月 6 日

9:20，火车站中国货物提货处才开始办公。大约 11:00，办公人员通知我们去仓库交仓储费，因为过了期。我们去交了 7050 卢布，又走回海关提货处。办好手续，周燕进去接受开包检查，塞了 13000 卢布才过了关。这时已是下午近 15:00。

外面早有车站工作的两个小伙子盯上我们这个主顾。又来了一个，好像是小头目。他们要拉我们的货物去找卡车，300 米距离，竟索价 12000 卢布，我们给了 10000 卢布。到外面即有一穿浅色夹克的中年人紧紧跟随，我知道已经上了贼船。到卡车边卸下，我去给仓库打电话，回来时已装好车，那个浅色夹克说要交 75000 卢布。翻译安德烈吓得半天翻译不出来。我一听就从座上跳起来，刚才车站那三个推货人说卡车只会收 8000 卢布，却变成了 75000 卢布。我推开拦我的胖子跳下车，在车门处和他们大吵了起来。最后我们佯装把所有钱都掏出来的样子，给了他们 23000 卢布了事。

浅色夹克跳下车，只付给司机几百卢布，扬长而去。

1992 年 10 月 8 日

搬家的日子终于盼到了。这是来莫斯科二十多天后第一次有了暂时安定的家。

我们要了一个大面包车，整整一小时到达那个宏伟的大院。深秋的落叶把这座石头建筑装饰得更加古朴、凝重。

女房东在等我们。她接着收拾东西、吸尘，匆匆离去，而该搬走的家具还没有搬，她说："next week。"这一家搬家如此仓促，冰箱里还有面包和食品，大约他们没有想到房子这样快就被中国人租下。

范广益先生要五件服装样品，我去存服装的那家公司取出给他送去。

下午两点半，安德烈随我们一起又去这家公司的办公处谈批发事宜。他们提出羽绒服 6800 卢布。皮夹克 7500 卢布全部买下，一星期内付清全部现金。

1992 年 10 月 9 日

毛毛雨细得眼睛看不到，但还是有几个打伞的人。我们沿新阿尔巴特街走了一趟，买了几样东西便回家吃饭。

下午去那家公司取款。他们付给我们全部款项，而不是 10%。这家公司是一家无线电厂的科技中心。负责人塔拉索夫休假了，代替他的是一位已过中年的女士，而她美好的风度使我们深为感动。她说愿与我们继续合作下去。

1992 年 10 月 10 日

安德烈带我们去列宁大街，一路告诉我们各种店铺的位置。来莫斯科近一个月，第一次找到了邮局、长途电话所、医院、理发店。

我们买了放大机、幻灯机。放大机仅 705 卢布，合十几元人民币。幻灯机是最好的，也仅 3100 多卢布。

1992 年 10 月 11 日

今天星期日，10：00 去见山西任东升。他们一直接待国内公务团，各项服务收取费用，如租用民宅，每天 15 美金，导游每天 10 美金，打长途收取 10% 手续费，买一张火车票收手续费 40 美金。就莫斯科的消费来讲，这些收费是合理的。他建议我们也搞一个类似这样的项目。这样的工作是连续性的，会节省很多精力。此举当认真探讨。搞一个京津地区或华北地区的接待处。

去找范先生，不在，正碰上徐工。他说在这样一个具有优秀文学传统又拥有一大批优秀文学家的国家搞文学出版，要了解很多问题，当然要从市场着手，也要考虑出版的层次和读者群。

1992 年 10 月 12 日　雪

俄罗斯文学出版社的房子是老式的，挺漂亮。尤丽·米哈洛维奇和一女编辑带我们见总编辑。他说他们与中国许多大出版社都有密切联系。一些外国文学家在这里出版他们的书。他建议我们在他们这出书，如果 200 页，5000 册，平装，大约 3500 美金。

17：30，我们到达王丹之先生的办公室。他现在办一个"亚太"股份有限公司。他可以帮助我们注册公司、办身份，费用 1000 美金以内。

他说他可以负责介绍中文印刷，电脑排版，保留软盘可再用，纸价也比国内便宜。如果客户少，纸价还可以商量。

给阿丁、山壁、占领写信。

1992 年 10 月 13 日　雪

任东升到我们住所共进午餐，然后一起去见鹏基公司的秋野先生。他昨晚一直在看电视、接长途、接传真，睡眠不足两小时。昨天是中共十四大召开。他 50 年代在中国文联工作，后在山西人民出版社做编辑，到莫斯科已二十多年了。

我们就签证延期问题请他帮助，他当即给俄罗斯内务部的一个老同事打电话，定下近两天帮助解决。我们留下护照和签证，又聊了一会儿告辞。

雪仍在下。寒风刺骨。据悉这是十六年来第一次的早雪和早寒。

1992 年 10 月 15 日

今天 320 卢布 /1 美金，换汇 500 美金。

气温回升至 8℃。

1992 年 10 月 16 日

天津的王春林准备回国，路线是从莫斯科飞阿拉木图七小时，再乘二十四小时火车至阿拉山口，再乘三天三夜火车到北京。全程费用合人民币几百元即可。

1992 年 10 月 17 日

今天 17 号了，我去取照片，服务员在照片堆里翻了一下，摇摇头，给我写"19 号"，我很生气，但说什么呢？她反正听不懂，只好忍气吞声地出门。

十字路口往北，是一个自由市场。今天星期六，买东西的人一个接一个，一直排出一华里长。想给小侄子买件大衣，看了几件，居然都是旧的。

给咪咪、张石山写了信。

1992 年 10 月 19 日

从昨天气温回升，今天居然是 13℃。连着下了两天雨。

给柯大姐、国步伟和家里发信。

洗印的胶卷取回。冲卷 100 卢布，洗一张 30 卢布。和国内价钱一样。

下午，安德烈带我们上街。唱片店的唱片从 3 卢布至几十卢布，很便宜。100 卢布以上的是美国唱片。俄国古典音乐的唱片都很便宜。

1992 年 10 月 21 日

18:45，我们走出楼口，到对面的马戏团去看马戏。票价仅 25 卢布，合人民币 5 毛钱。

杂技、动物表演一个半小时，然后休息。接下来是马术、魔术、杂技。串场的丑角表演是情节化的，从头至尾盯住一个女观众不放，其幽默令人大笑。亦有极高的技术，表演钢丝上的平衡术。

1992 年 10 月 22 日

在地铁环线的和平大道站，思华与我们会合，一起去科萨科娃家。这是位 60 年代的著名诗人，会讲英语、西班牙语。她宽敞豪华的客厅内有许多中国、蒙古、印度的艺术品。

我们与她谈组演出团的事。她为我们介绍了一个小乐队，四名乐手，一名歌唱家。我们听了几段录音，节奏强烈，嗓音很厚重。准备与这个队的领导见面后再定节目。

科萨科娃请我们喝红茶吃点心，她讲勃列日涅夫的故事，思华大笑，翻译给我们，我们亦大笑。她说，现在我们政治上、思想上自由了，虽然经济困难一些，仍感到很高兴、很舒服。她说她很喜欢中国，去过北京、南京、上海、苏州，她爱上了中国。

1992 年 10 月 23 日

今天买了日本福特传真机，420 美金。

1992 年 10 月 24 日

米沙老师与我们在地铁站内会合后，一起到一个演出团的组织者家里谈组团。米沙问："你给谁买的花？"我问："看朋友一般都送花吗？"米沙说："如果他请客。"

"什么花都可以吗？"

"当然，不过玫瑰是最宝贵的、最美丽的。白色或黑色的更珍贵。如果是黄色的，据说意味着分手。"

这位组织者请我们看了几段录像，听了几段录音。我们初步定了一下所需要的节目。当谈到演员的演出费用时，他索价每人每天30美金。我们说："太高了。我们回去算一下账，三天之内答复。"

米沙说："这是一个犹太人，一听他的名字就知道，长得比较漂亮，黑头发。犹太人很会赚钱，比较贪心。"

我们在路上租一个车去地铁站。到了以后，米沙跟司机说了几句，又对我们说："你给他50卢布。"下车后，米沙说："我问他多少钱？他说凭你的良心。"我们说："我们从没坐过这么便宜的出租车。"

1992 年 10 月 25 日

凌晨给国内打电话，4∶30 才睡。十点多起床后，室外阳光明媚。我们决定去跳蚤市场。

虽然是零下的气温，人依然那么多。我买了几样小东西。最后在出来的路上买到十来块桦树干锯成的小木片。我想，这上面可以签字、作画、刻字，送给我的诗友们一定最合适。

1992 年 10 月 26 日

翻译带我们去问飞机票价和火车票价。

莫斯科到北京，一年内往返双程票：俄国人 179800 卢布，外国人 2566 美金。

伊尔库茨克到沈阳，一年内往返双程票：俄国人 40420 卢布，外国人 575 美金。火车票单程，外国人 138 美金。

然后去买摄像机。"AKAI"牌 93500 卢布，可录电视节目。

17∶00，到任东升的住所，赵二湖也在。他 22 日刚从中国来，准备长期在这里工作。

1992 年 10 月 27 日

12:00 我们到安德烈的朋友柯维嘉先生的公司谈判组织演出团的事。

这个公司与许多国家合作。他们先付机票钱，然后让我们进行补偿，还要我们先付演员在莫斯科集合的费用，演员的部分吃、住、零用钱。这几项钱的准确数字却不能提供。我们提出包全部费用，他说那我们公司的利润就很小了。他想出让我们拿录像带来录下他能提供的节目，看后再定下一步计划。

秋野为我们办好延期，分别是 3 个月、5 个月。

1992 年 10 月 28 日　雪

我们又去塔拉索夫的公司取货款。仍为数不多。他提出让我们降价，下星期肯定会交全部货款。我们同意了。但信誉无所保证，只好听其自然。选择其他销货途径，仍是价格的矛盾。

1992 年 10 月 29 日

2:13—2:23，给柯大姐打通电话。她说我出国时未能见面，她难过得一天吃不下饭。在我心中亦是从没有忘记她。作为女人，我们的命运有一些共同之处。她独自生活了许多年，现在精神极好，令人钦佩。

每天 00:00 跟阿丁通话。今天通话仍较长，21 分钟。他说星期五我们即可收到注册公司所需要的文件。

给屠岸、蒋子龙发信。

1992 年 10 月 30 日

今天通过电话知道，秋野的公司也做飞机出口生意。他说，需要国家配额、批文。如果买飞机需准备四项：

1. 国家允许购买的证件。经贸部可批。

2. 银行资信证明。

3. 哪个单位要？

4. 哪个上级机构批准的？

签订合同后，需交 15% 定金。

现有米格 8-B 正在制造，有现货。可去工厂参观。

关于钢铁等进出口手续，品青说陈幼哲最清楚。

1992 年 10 月 31 日

秋野今天补充说，如果全部交现金，飞机价格还可降低。Mu8-B 可载客二十八人，驾驶员三人；把座位拆掉，可载货；两面换上玻璃，可旅游观光。只需省计委批文即可；可整机运走，由俄方提供驾驶员，中方只需为他买回程机票；可拆装运走，机身、机尾和螺旋桨分装。中方培训驾驶员，由俄方免费负担，中方只管吃住。保修期内，俄方维修人员免费维修。

在秋野办公室见了叶琳娜和杜仁科娃。叶琳娜在一家外国公司做翻译，杜仁科娃是俄罗斯电台对华广播文艺部编辑。她组织了三十多年演出，非常了解中国行情。去年她们应山东省文化交流中心邀请去济南、青岛、淄博演出。

1992 年 11 月 1 日

晚上，我们聊起公司今后的出版。任自斌说只要国内一家图书进出口公司接受，即可在国内公开出售。其印数则可由我们掌握主动。我们想了几个选题，如《俄罗斯当代爱情诗》《俄罗斯当代诗人诗选》《俄罗斯小学生课外读物》。

到秋野办公室送还 Mu8-B 文件。谈到他们公司的生意，这个公司主要做飞机、黑色金属、钢铁、大小汽车。中午收到注册公司文件。

16:00 到达王丹之办公室。他说首先注册公司，下一步解决身份，共 800 美金。登记进出口权，只要 1000 卢布。

1992 年 11 月 3 日

我们决定聘请思华女士任翻译。11:00，她来我们住宅会谈。主要内容是：我们年内要做的几件工作，请她配合。准备长期合作，如有重要事情可以请较长的假。

下个星期，请她安排我们与出版社见面，与企业家见面。

1992 年 11 月 5 日

16:00，思华先到，谢尔盖依夫娜、拉利沙女士和俄罗斯音乐厅业务经理来到。他们带来了演出团节目表和录像带。从录像看，剧场效果很好，但节目仍显沉稳有余，热烈不足。莫斯科 50 年代流行于中国的歌和用中文演唱的中国歌最受欢迎。

我们对节目安排提出具体要求，并商谈各项费用，基本达成口头协议。

1992 年 11 月 7 日　星期六

阿丁 14∶00 从匈牙利来到分公司公寓。飞机是 12∶25 到达国际机场的。

今天恰好是俄罗斯的国庆日。

1992 年 11 月 9 日　星期一

任东升、赵二湖来公寓见阿丁。他们带来一束紫色的菊花。

1992 年 11 月 10 日　星期二

陪阿丁去莫斯科国际航空工业公司。他们出售飞机、飞机零件、家具及日用品。

1992 年 11 月 11 日　星期三

到秋野办公室是 11∶00。阿丁送他一只从匈牙利带来的印第安花瓶。秋野说到"文化大革命"中，廖承志先生如何保护他出监狱、去日本，潸然泪下。当时，曾有日本、荷兰等国及中国香港地区聘请他去工作，他坚持要来到列宁的故乡，以证明自己不是革命的叛徒。

去"特鲁姆"，此次谈判非常成功。

1992 年 11 月 12 日　星期四

上午去王丹之处见法律顾问，商定注册分公司事宜，又去阿尔巴特街，阿丁和我各买了一件大衣。

1992 年 11 月 13 日　星期五

思华和安德烈陪我们去看一家现代艺术展。展品每件几千美金。美国、欧洲人士慕名而来者众。日本人看了买的少。

这是一座教堂，三层楼，每日租金 500 美金。

又去"特鲁姆"，双方签订协作意向书。

1992 年 11 月 14 日　星期六

送阿丁去国际机场。三人返回时，却在地铁口又见到阿丁。他因签证过期被拒绝登机。

1992 年 11 月 16 日　星期一

去莫斯科中国文化中心签证处延期，结果从 9 月 1 日改为去邀请人所在地政府签证，思华所在地的部门今天又是休息，星期一、日、四休息。

1992 年 11 月 17 日　星期二

安德烈陪我们去延期，签证局亦说去邀请人所在地，又返到安德烈所在地去办。因入莫斯科时未登记，邀请人和被邀请人分别罚款 450 卢布。

又去匈航买票，已过期的票又收 92 美金，改日期，明天可登机。

1992 年 11 月 18 日　星期三

从门口乘出租再送阿丁去机场，车费 3000 卢布。出门时下雨，车到时变成了雪。

这一次，直到见不到阿丁的影子，我们才离开机场，天又改为下雨。

我去回国火车站的大商店购物。大衣已涨价一万到两万多。

1992 年 11 月 20 日　星期五

周燕解决了一年多次往返签证，手续费只 200 卢布。

1992 年 11 月 21 日　星期六

11：00，米沙带我们去买文具。

1992 年 11 月 23 日　星期一

今天，"亚太"董事长交给我们商务邀请信。出国后再入境即由留学签证改为商务签证，办一年多次往返手续。

1992 年 11 月 24 日

河南省驻黑河的边贸公司经理张新民等二人由我介绍给秋野的鹏基公司。双方讨论了在俄可出口到中国的商品，如各类钢材、汽车、电丝铜、推土机等。

河南现来团都住中国大使馆招待所，15 美金住宿，饭费 16—20 美金。张说今后再有团可介绍给我公司，并与我公司签订易货合同。

1992 年 11 月 25 日

特鲁姆公司顾问先生来我住处，拿去了三副手套样品和工艺品图片。

1992 年 11 月 26 日

12：00，去秋野办公室拿回钢材数据表。

秋野先生说，莫斯科的好处，一是空气污染很轻，二是不排外，三是资源丰富。莫斯科郊外非常美丽，树林、草地、小木屋很多。

1992 年 11 月 27 日

买了几块木板上贴的纸圣像。

买了六床毯子，每床 1440 卢布。被罩每床 1190 卢布。

1992 年 12 月 9 日

为把留学签证改为商务签证，我们带着亚太公司的商务邀请信去爱沙尼亚的塔林。在边境下火车，落地签证。签证用了两小时，后面来的一辆车也已开走，只好等到中午 12：45 才乘车往塔林。

1992 年 12 月 9 日

下车后是 17：00；给商店代表戴玲女士打电话，然后乘的士赶到她住的公寓，在那儿住下。每人 55 克朗（1 美金 =12.4 克朗），很便宜。

1992 年 12 月 10 日

10：00 去俄驻爱大使馆。门外排了近百人。排到门内才知道，今天是入俄罗斯籍的人排队，明天才签证。

使馆在塔林的老城。像我只在童话中知道和在画报上见过的美丽的老城，尖顶的房屋，狭窄的石头大街，古老的商店。

1992 年 12 月 11 日   星期五

8：50 来到俄使馆门前排队。一个小时过去，却只有五个人排队。

我们填了表，表格分俄文和英文，都可以。翻译米沙先去为我们填写俄文。然后交出护照，邀请信。照片三张。

然后步行 15 分钟去买票。在售票厅里，用美元又换了 124 克朗。

然后乘 35 路去海边看海神娘娘。这是纪念死难者的碑。娘娘手里高举着金色的十字，她长着美丽的翅膀。

天在下雨，雾气重重。我们回来时迷了路。一路上尽是二层的小别墅，下层有小车库。

到达招待所，烧了点茶。然后去送钥匙，接待员留下了姓名、电话。

15：00，取出签证。这是加快件，加收一倍费用每人 30 美金。星期二下午取是每人 15 美金。

1992 年 12 月 12 日

16：25 上的火车，今天 13：00 才到莫斯科。三个人的火车票大约合 10 美金。

1992 年 12 月 13 日

晚上去任东升的公司做客。他们买的铸铜画，1500 卢布，2000 卢布，都工艺很好，质感也不错。为我们每人买了一箱铝铸的小刺猬烟碟，每套 6 个，只 53 卢布。

1992 年 12 月 14 日

安德烈去我们所住的区签证局为我和任登记，被指到市签证局去办。

1992 年 12 月 15 日

市签证局要我和任的洽谈邀请信，否则不给登记。而邀请信留在了俄驻爱使馆，只好等明天请亚太公司出面，去办一年多次往返签证，迟登记至多罚 450 卢布。

1992 年 12 月 16 日

亚太公司董事长看过我们的签证，发现"到什么单位去"这一项未填，因此仍不能办一年多次往返。他说，下星期我公司营业执照会下来，再去办有可能行。

1992 年 12 月 18 日

今天给黄尧、聂震宁、李发模、黄桂元、程世爱发了信。

1992 年 12 月 22 日

亚太法律顾问提出，须有一俄国人或懂俄语人做总会计师。

临时执照下来后，由亚太出面去办两个账号。如来不及办一年多次往返，可回国去俄驻中国使馆领事处领，一个月以上周期。

1992 年 12 月 23 日

今天在金城公司见莫斯科州顾问和中央亚洲公司副经理。顾问和副经理都一面喝茶，一面感叹中国的茶香。他们谈判很直率，讲原则，不含糊。

1992 年 12 月 24 日

安德烈带着亚太的证明信，去为我和任办登记和延期，未收费。也为周燕登记，未收费。

我和任第一次办延期时，听说未登记要罚款很多，不给延期，等等，吓得未敢去签证局，托秋野办的。看来大可以自己一试，而不必太有畏惧。

1992 年 12 月 25 日

特鲁姆公司顾问来谈 1993 年贸易，初定夏装：凉鞋、牛仔裤、真丝、砂洗、背心、短衫。

他同意用信用证，将本与利一次付。

阿丁提出用可转让信用证，以免只是中间商。

1992 年 12 月 29 日

亚太董事长打来电话，我们的公司注册完毕。6 号，经理与会计师去签字。

1992 年 12 月 31 日

18：00，任东升公司全体六人光临，与我公司团聚，共度元旦之夜。

喝伏特加，法国香槟。唱山歌，蒙语歌，俄语歌，德语歌，流行歌曲，《红楼梦》插曲，《冰山上的来客》插曲。

任、李、徐、郝打麻将至天亮。赵、任、李和我跳舞。赵二湖手拄拐棍跳的独舞有点像卓别林，又像抓壮丁中的小地主。

1993 年 1 月 3 日

晚上，王丹之先生打电话来，让马上找会计师。看来这个公司是独立上班的。

1993 年 1 月 4 日

会计师仍未定下，说好可找一人临时代替。

安德烈来，翻译了一点莫斯科的有关资料。

1993 年 1 月 5 日

与中亚细亚公司会谈，副总经理依丽娜小姐来公寓洽谈。公司包括贸易、高科技、办合资厂、商店等。文化交流也可做。付款方式：俄派代表赵中宁送货。货到俄后，交提货单同时将美元打入我账号的文件交付。

1993 年 1 月 8 日

周燕、李宁修回国。20 次，俄国车，01：00 开。匆匆看了票，就上了车，送人的也上去了好几个。高包车厢，58 美元，2700 卢布一张。只怕周燕要补票或被罚款。

1993 年 1 月 10 日

与宋晓峰通话，她想换 3000 美元的卢布存起来，另外，她有商店、企业等，可以赊货，可以合作。

1993 年 1 月 11 日

今天去国际经济银行分行去办卢布账号。文件留下，明天去交 50000 卢布，另 5000 卢布手续费。

王丹之先生将护照复印留下一份，准备让我们去俄驻中国大使馆领事处领签证。

1993 年 1 月 12 日

又到银行，交了 50000 卢布和手续费。

1993 年 1 月 13 日

法律顾问谢苗诺夫在亚太与我们见面，商讨银行要求的经营计划：

4—6 月，存入 2.5 万美元，

7—9 月，存入 2.5 万美元，

10—12 月，存入 5 万美元，

出版社明年存入 1 万美元。

1993 年 1 月 15 日

任自斌回国。票价 139 美元，凌晨 1:00 开车（星期六）。

1993 年 1 月 16 日

昨晚晓菲和陆陆到莫斯科，近两天可能没有飞机去中国。今天转到机场旅馆住。

1993 年 1 月 17 日

10:00 出发，去看晓菲、陆陆。住房内没有电话、电视。吃的东西免费，但极少，一个小面包，一盘菜汤，晓燕说是中国的 60 年代。

晓菲风风火火，陆陆文文弱弱，充满热情。

1993 年 1 月 18 日

又去机场看母女俩。20:00 飞机将起飞。

陆陆外柔内刚，看来晓菲不是她的对手。

6:30 送她们上了大轿车以后返回。

1993 年 1 月 20 日

10：30，安德烈和我去俄新闻出版部。

中国大使馆文化处贾福云先生已为我们出面联系好。

外事局顾问带我们去法律局。法律局交给我们一张申请表。主要填写：创始人、报纸名称、内容、办公地址、资金来源等。

周期和印数无限制，最少 1000 份为宜。

1993 年 1 月 22 日

去秋野处取票，星期二 23：50，180 美金，硬卧。

晚上去金城公司过年夜，跳舞至夜 3：00。

1993 年 1 月 23 日

今天是初一，午间与二湖去寄卖店买了一套玻璃茶具，一个钢花瓶。晚上，化妆跳舞。每人一顶纸帽子。

1993 年 1 月 24 日

晚上东升、二湖、袁云萍和我，听《红楼梦》入境，个个落泪。二湖终于喝醉，三次滚落床下，两次去呕吐。午夜醒来，聊天到三点。

1993 年 1 月 25 日

去蒙古使馆拿回签证，30 美元。

1993 年 1 月 26 日

23：50 乘 4 次中国车返北京。赵二湖、任东升、安德烈来送。赵、任送我去车站，1500 卢布租车。

车晚点 30 分钟。

同包厢是两个罗马尼亚男士。

1993 年 1 月 27 日

11：00 起床，隔壁包厢是唐山董、毕、吴，李是团长。

1993 年 1 月 28 日

两天里，车上卖货的俄国人很多，大衣、小汽车、气枪、厨具、儿童车、表、望远镜、冰鞋。

列车长说这里有小偷和妓女。

1993 年 1 月 29 日

今晚见列车长，在车上销售报刊之事，他说与北京列车段联运业务室联系即可，在老十路车站靠东。最好与局里打招呼后联系。

1993 年 1 月 30 日

路过贝加尔湖。

凌晨三点时路过伊尔库茨克。

唐山老李在车上买了不少金表。世界上俄罗斯的金表有名。

1993 年 1 月 31 日

昨晚过俄海关、蒙古海关，只填了表，未检查行李。

今晨到蒙古境内停车时，一群孩子拿着蒙古硬币换人民币。蒙古币 45 元等于人民币 1 元。

我换了一些，约有七八个 50 的硬币。

老李拿卢布换了一些纸币，正在啰唆，被一个孩子一把抢去跑掉了。

1993 年 2 月 1 日

北京时间 00：50，列车到蒙古海关扎门乌德。

20：40 以后，列车到北京。

1993 年 2 月 2 日

与张石山、任自斌、张玉然、李亚荣去北京珐琅厂看货。手镯色不全，没有首饰盒。

1993 年 2 月 3 日

与张石山、任自斌、李亚荣去北京工艺美术厂看货。首饰全，价格也可以，没有首饰盒。当场订货手镯 2000 盒，项链 1000 条，戒指 1000 套，耳环 1000 对。

1993 年 2 月 4 日

上午张石山回晋。我与咪咪去买衣箱。晚去魏公村住。

1993 年 2 月 5 日

中午回文讲所。15:05 回津。

1993 年 2 月 6 日

去《天津文学》杂志社见同事。

与咪咪去邮电局打电话给石家庄。又租车去五大道看房。再去国际商场、劝业场自由市场购物。

1993 年 2 月 7 日

叔叔来。中午我与咪咪到家。

18:05 乘车回京。

1993 年 2 月 8 日

早上乘 11:30 的 245 次车去石家庄。没买票，拿咪咪给的通行证。车长让我在一个软包厢，到定州补的票。

到石家庄后去省文联，见郁葱，晚上见陈超，三人共进晚餐。见旭宇。陈超介绍书《爱与意志》，罗洛·梅著。

1993 年 2 月 9 日

上午去商业厅见晁戌军和李春英。他们是河北省人民政府驻俄代表处代表。驻列宁格勒。又去外办，见外办对外宣传部康殿峰。见文协主任程栋才。

中午，与李春英、康殿峰在河北宾馆就餐。

晚上，晁成军请客。计经委石处长、商业厅人事处邹处长、司机班刘班长在，秦皇岛进出口公司经理张代生从秦皇岛赶到。李春英、郁葱在座。晚上住河北饭店王总的办公室内。

1993 年 2 月 10 日

9∶05，乘 98 次车，与晁成军同来京。到京后分手。晁给我俄使馆商务处一秘的电话，乌里亚托夫，晁的俄文名——舒拉。

下午李宁修去。

1993 年 2 月 11 日

与咪咪去基金会，见陈爱仪、李林栋、贺平、贾先生。

下午，周燕、李宁修、任自斌和我一起讨论报纸问题。

1993 年 2 月 12 日

上午与任通话，任告知阿丁意见，不同意办周报。

下午乘游 5 列车回津。17∶40 到孙建平家。蒋子龙、刘品青、康泓、于俊祥都在。吃火锅，唱歌，跳舞至夜 00∶30。

1993 年 2 月 13 日

9∶10 到子龙家，谈办报。他昨晚问我是否精神病。今天说我还行，四平烟厂厂长 16 日在京，子龙给我联系见面。

1993 年 2 月 14 日

闫波和杨总来文讲所见我。

杨总说，现在可搞一些资料出来编书，如第三国际对中国革命的影响、中苏关系紧张的背景、珍宝岛之战的秘密等。可在俄拍片子，制作费会低于中国。

闫波说，他可用信用证买俄的推土机，挖掘机，大型汽车，建筑机械，化工，油。

1993 年 2 月 15 日

《经济晚报》刘昕被我请来坐，他出个主意，可给全国一些轻工企业发信，多选几个层次，看有多少愿做中俄贸易或广告宣传的。

1993 年 2 月 16 日

11：20，我进入《当代作家评论》和《工人日报》合办的发奖会场。11：30 散会，我急忙见了子龙、王蒙、高占祥。让同学何志云去给我报了个名，与他们共进午宴。

到饭店，子龙把我引见给四平烟厂厂长杨贵生。这也是我来此吃饭的目的。同桌的还有工厂工会主席李世林。

饭后，我随杨厂长的车一同去华都饭店，谈了一小时。杨厂长说：如果是朋友帮忙，只是一次性的，希望你们为我们在俄推销烟，共同分利。可根据俄的要求生产不同档次、类型、价格的烟。他大约 4 月初赴俄，届时再谈下一步合作计划。

16：30 去见宋晓峰——唐山兰德公司经理，过去是唐山市委秘书，

1992
1993
1994
1995
1996
1997
1998
1999
2000

1985 年辞职经商。我与她商量办报，她建议不办报而办刊，可出口。
她想去俄留学。

1993 年 2 月 17 日

昨晚，石山、学波、晋生、耀龙四人到京。

今询问到，景泰蓝出口要特别许可证，北京市经贸委批。

晚上，我请办事处与本公司共七人在姊妹餐厅小聚。

1993 年 2 月 18 日

杨厂长电话中说，推销烟可由俄果品公司订货。

1993 年 2 月 19 日

胡耀龙说要三十辆康巴赫车，要油。

高新民说有二十人团想赴俄。

1993 年 2 月 22 日

今晚何力力与曹厂长来，又去姊妹餐厅进晚餐。《全国皮革信
息快报》主编陈春堂先生来访。他说该报面向全国五百多家皮革工厂。
如我方办报，他可在报上及兄弟报上登广告，拿到样报后可拉广告。

这些皮革厂每年拿 400 元信息费。

1993 年 2 月 23 日

中国科技大学工会主席鲍女士和李同宪来访。他们咨询去俄旅

游问题，希望办好旅游线，安排好日程。

中午见的《经济日报》记者郝北上和香港《国际贸易报》记者申一文。申一文说，可与北京社会经济调查中心合作组团。该中心有五百多调查员遍布全国。

如果办报，《经济日报》信息部可提供信息。

1993 年 2 月 25 日

发景泰蓝完毕，石山等人离京。

1993 年 2 月 26 日

辛一夫先生来访，说到海拉尔对中俄贸易最感兴趣，还有吉林。可代为找联系人。

1993 年 2 月 27 日

作协唐作璞是泰格尔公司职员，提供了一个陶制的胸饰，两元，可向俄出口。

1993 年 2 月 28 日

到唐山来找宋晓峰。她给我两件真丝衣服做样品，未收钱，说送与张石山和我。55 元进价，卖后分她 65 元。系上海外贸出口退货，因薄厚不匀，10000 件。

她准备签证去俄考察市场。

1993 年 3 月 4 日

来航鹰家谈。品青同在。还有刘晋秋先生。航鹰也想办中、俄文报，可投资。但她希望中间有作保单位。

1993 年 3 月 5 日

景元家，见可可已长大，会走路，很大方。

景元说王立的朋友想办东亚欧商报，在哈尔滨。

1993 年 3 月 10 日

去华北大酒店，闫波开出要货单，需钢材、金属、汽车等。我将请任自斌电话传给莫斯科。

到崔卫平、晓渡家。他们的女儿闹闹八岁，居然才华毕露，诗风非常成熟，说到一些生啊死啊的话题，令我大惊。

1993 年 3 月 13 日

咪咪、建云、步伟与我从北京去天津，又会薛淑云、黄桂元、孙浩，在友谊宾馆共进晚餐。今日是薛、国二人生日。在宾馆银河厅玩至 4∶00，又去龙凤酒家住。房间每日 168 元。可要直拨电话。

1993 年 3 月 16 日

回京，与任自斌去俄使馆见乌里亚托夫先生。他收了我们的护照、照片。约好下星期一通电话。

晚上住武警总部招待所，日 70 元，楼下直拨。

1993 年 3 月 18 日

给左老师打电话。他官司打输，准备上诉。我去左老师住处，拿到文件，急忙送奥林匹克饭店人大代表会上航鹰处。航鹰亦想了很多招数，答应帮忙。

1993 年 3 月 19 日

打了一天电话。晚上与品青同车返津。

1993 年 3 月 20 日

在《天津文学》杂志社。下午李力来，六七个人一同照相，又去倾城酒家戚老板处吃晚餐，唱卡拉 OK。

1993 年 3 月 22 日

今日返京。下午去拿北京到贵阳的票。刘长春先生接待。

又去沙滩安排住处，随去接石山和学波。意外中又接到燕治国，晚上共住沙滩北街 2 号。

1993 年 3 月 23 日

晚上，秦文玉做东，几人共进晚餐。鲍光满也在。后去何力力处。下午见宋晓峰。又去奥林匹克。

1993 年 3 月 24 日

今下午见郝北上，谈报纸宣传费用、电视剧本。

晚上去任自斌家用餐。21：24 上火车赴贵阳。

1993 年 3 月 26 日

21：00 到贵阳，住朝阳旅社，二人房 44 元，无电话，冷水。

1993 年 3 月 27 日

7：55，直快火车去遵义，12：00 到。直奔发模家。发模在家。同时在的有石金泉、周开迅。

饭后即谈办报。遵义中国酒文化研究中心同意协办，筹集半年费用的 50%。1 万美元。成立商报中国分社。

1993 年 3 月 28 日

见安富集团顾问郑黔生先生。下午同去安富集团见总经理宋安富。晚上，由郑先生陪同用餐。发模在座。

1993 年 3 月 29 日

中午，在遵义最大的烟草个体户代国君女士家聚餐。《遵义晚报》宋渤副总编在座。还有陆大庆、周开迅、李发模等共十一人。

晚上去歌舞厅。住代女士家。

1993 年 3 月 30 日

晚上，宋副总编做东，十人聚餐。约酒厂销售科长初见。

19：00 回发模家，签订协议书。

1993 年 3 月 31 日

8:00 与代国君同车回到贵阳。中午吃过桥米线。

晚与孙建朝见面，同去唐亚平家，同时见了曹琼德。去叶笛家算命，他说我寿命八十或八十四，七十岁是文学顶峰，无官运，有财也散尽，为爱情而不幸。重友情，是个慈善家。

唐亚平比原先富态了一些，仍很年轻，秀丽。

1993 年 4 月 1 日

一早，与石山同乘大巴一日游，去龙岩、天星桥、黄果树大瀑布。

1993 年 4 月 2 日

早 9:00 孙建朝、唐亚平来，与我二人同去郊游，唐要的电视台的车。

先去半边山旁的一个苗族村，石板房极好看。中午就在一农家喝米酒，吃饭。这家的年轻男主人说在电视上就知道唐亚平，现在唐老师出现了，他很兴奋。相约明年再来这里。

石山和亚平唱了民歌。

晚上去吃酸汤鱼。

下午去了花溪，石山游泳，说水温大约 15℃，冰得头痛。

1993 年 4 月 3 日

中午，汪延安先生请客。

下午去黔灵公园。仍是亚平、建朝、石山和我。野山弱水很有情味。

晚上仍去那条食品街去吃晚饭。

21：45 离贵阳返京。

与孙建朝定了一个展销会，11 月在俄举行。

1993 年 4 月 5 日

5 日到京。晚上见光满、高叶标、陈可雄、肖立军。住表弟家。

1993 年 4 月 6 日

11：00 咪咪被我呼来，共吃饺子宴。

下午，与石山回津。祥杰来，与石山谈房地产。

1993 年 4 月 7 日

这次，石山主动谈到说过三次的话题。下午跑了三个地方进行了初步接触。其中补办户口看来比较费力。

1993 年 4 月 8 日

中午，柯兰大姐来吃饭。孙建平、邹建平、张羽也来。他们提供了莫斯科埃卡的地址、电话。

晚上在孙建平家用餐，唱卡拉 OK。

1993 年 4 月 9 日

从电视上得知，昨天北京 10 级大风，两处大广告牌从天而落，有伤亡。

石山回太原。

1993 年 4 月 13 日

见铁路局王路。他为我打通了北京路局客运处方处长的电话，说让我尽快去订国际列车票。

下午我即去京，见方处长。方处长找来孙忠先生，说："看看还有没有下旬的票？"孙先生查了一下一本大簿，说："还有。"随即开了一张订票单，上写着必须在十天前去订票。

我即去北京站对面的国际饭店"国际列车售票处"。答复是："下星期一再来，车还没有加好。"

1993 年 4 月 19 日

8：00 到北京，买到票，1104 外汇券，其他人的 1401 外汇券，不知何故。

星期二下午售本星期余票。星期三预订票。

1993 年 4 月 20 日

石山到。住魏公村。近一个小时没电。熬黑米粥。

1993 年 4 月 21 日

今晨乘 10：50 的车去天津。

晚上去吃炸鸡，李力请客。

1993 年 4 月 22 日

孙浩来，交给石山 30000 退款的手续单。

石山拿走了胶片、我父亲的身份证，留 500 元钱。

1993 年 4 月 23 日

乘 8：50 的车到京。高建云、咪咪来接。去协和宾馆 301 房间，咪咪昨天租的房。赵继军已到。李成民接着到。陈为人、徐学波最后到。

八人在协和宾馆餐厅用餐。

晚上，陈为人请客，仍在此宾馆 3 号餐厅。

7：20 出发去火车站。咪咪、石山、继军、为人、学波去送。

所有的东西由持票人拿着，经检查入站。

送站人后进。没想到，站台票须用车票并加盖专用章，所以几人未能进站，石山争取后一人进站送我。进站时，我的行李未过秤。

1993 年 4 月 25 日

经满洲里，检查护照，填单，未查东西。

到后贝加尔，检查护照，把单子画了圈了事，仍未查东西。最后亦再无关口。停车三小时。

1993 年 4 月 29 日

晚点三小时，15：30 到莫斯科，宁修和安德烈来接。我东西很少，坐地铁回家。

家中有三位青岛、潍坊的客人，王正帆、丁国运、高平。

又租了一套灰线房子，两间 150 美金。交了 50 美金介绍费，两月房钱。

1993 年 4 月 30 日

今起即随翻译去跑商店，到市中心的钻石首饰店，说只要金银的。有和平大街的一小店收了一套。又一百货店收了各数十套。因为此家女经理说，50 年代她卖过这种东西，若干年前又见过一次。

1993 年 5 月 5 日

五一节连休了四天。今天又跑商店，去首饰店，女经理不了解景泰蓝，她看了样品和说明，说各要 20 套，但要下次来订合同。

1993 年 5 月 6 日

销售景泰蓝的方式必须调整，只靠商店，一是太慢，二是转账要扣各种税，现又积极找主顾买断。降价 10%—30%。奇怪的是至今没有一个公司出钱买这些首饰，看来这是因为他们实力有限，要接快销的商品。

1993 年 5 月 8 日

在阿尔巴特街大商场看到我们的景泰蓝正在出售。

1993 年 5 月 9 日

今带三客人去蓝线跳蚤市场。丁经理三人都买了俄国邮票册，都是旧票，8000 或 7000 卢布一册。

又买了放大镜。望远镜 5000 卢布一个，小的。

1993 年 5 月 13 日

20：10 到地铁站接天津河西区商委的邢朝阳、老李。虽初次见面，提到柯大姐，大家都感到一种信任感。

他们马上要来一箱货，主要是皮夹克，税 30%，特别消费税35%。童装一身 80 厘米以上的也上税。

邢说蓝线上方终点的五一商场商品多，价格低，大使馆人员和夫人们每星期都有光顾者。

1993 年 5 月 15 日

下午去五一商场。回来后算账。从去年 9 月来俄时购货起，算到这个月。

1993 年 5 月 16 日

下午带周燕去门前的马戏团门口散步。她挂双拐，走进草地非常兴奋。遍地是小孩子。我们分别与两个游泳上来的孩子照相。临走时，在长椅上来了一家三代女性，最小的是个一岁的小女孩，胖胖的，极其可爱。我看她时，她害羞地把头埋在妈妈腿上。

1993 年 5 月 17 日

上午任与安老师去跑商店，第七个商店才接受这些商品。下午李宁修一起去跑，没有人接受。

1993 年 5 月 19 日

16:00 我与安老师继续跑商店。

先去塔拉索夫公司取钱。他们的贸易伙伴多在莫斯科州，销售得很慢，给了 69300 卢布。

我们在白俄罗斯火车站附近的一个小店里，女主人挑了一套中的四个戒指和另一套小戒指中的四个，当场给了 3600 卢布。真奇怪，他们认为那一盒小东西是七个商品，竟然拆开来卖。而且几乎所有的商品他们都这么认为。

另一个委托店明天可来送货。如果二十天后仍卖不掉，他们就降价 20%，这是委托店的规矩。

1993 年 5 月 20 日

下午伊戈尔来。他也谈到必须找一个有经验的会计，工资 80—90 美元，钱进了银行，应尽快转而投入其他项目，如电话费、关税等，要买东西可买公司使用的东西，而不能买个人的东西。

而且，即使给现金的商店，也要交税的，因为商店会把售货合同交给税务部门。

他建议可进口中国纺织品原料，在俄加工成衣，销往西欧。

今天凌晨时打电话找到宋晓峰介绍的朋友贾志平。贾先生又介绍了在莫斯科留学办公司的程爱琍先生，新华社驻莫首席记者万成才先生。

晚上与程先生通了话，他把地址传真过来，约好下星期联系，他有展厅，搞批发。下午去使馆见文化处贾福云先生。他把一位著名画家的名片给我，让我看了他的画，主要是在瓷器上作画，准备见面详谈。

1993 年 5 月 21 日

13：00 出发去阿尔巴特街首饰店。他们已将 29 万余卢布转入我的账号。并再要货，但要等星期一主管人来才接货。

安德烈问办公室一位小姐，可否以该店名义为景泰蓝做广告。她说：欢迎！你们自己可以决定。

又去阿尔巴特街大百货商店，主管人说，浅色的首饰最受欢迎，并要去说明书。还建议我们做一个照片广告放在柜台里。

晚上与二湖通话，谈到做广告需 10 万卢布，他说有一家免费做广告的刊物，每星期出版一期，靠卖刊物赚钱。高强写下了这个报纸的名称，是刊物形式，报纸的纸张。

电话中找到晁成军现住址。

1993 年 5 月 22 日

中午阴，10℃，去陪老王买钻石戒指，一会儿下雨，又下雪，又出太阳。下午回来后温度竟是 5℃。

刚进门，四平烟长杨贵生厂长来电话，6 月 5 日后从外地来莫斯科。让我给中行驻莫银行刘总打电话。

晚上，思华带他的朋友，一个出版社的编辑科西加来买首饰。

他没去过中国，但非常喜欢中国，他说他迫使朋友们也喜欢中国，他的朋友又迫使他们的朋友喜欢中国。他为女儿买了一副黑色的耳环，一盒大戒指，一盒小戒指。他的太太开一个商店，他为她拿去了5盒手镯，2盒大戒指，2盒小戒指，2条大项链，2条小项链。还有12个书签。

科西嘉说，可以在出版方面合作，我们说印挂历在俄销售。他建议最好做一张年历，60厘米×90厘米，古代美人最好，他们认为日本美人很美，中国美人更美，风景也可以。不要齐白石那样的画。

今天我又想到这批景泰蓝的前前后后。经验是，选择方向没有错误，这适合于我们这样的私人小公司，价值高，体积小，好携带，好储存，档次高。这次的失误在于批量太大；空运，报价太高，导致关税太多；货较单一，借别人的款需还息。

推销方式，这次开始是让俄方许多公司看样品，但一月之内无一家要货，说明俄这些公司无实力购买。另外这种东西销得慢，占用资金，也有价格偏高的问题。一月之后走商店，走账商店和付现金商店都将付税。更可怕的是，卢布一天天贬值，今天已达1020—1045卢布/美金。而且销售太慢。一些汉学家买得很多，凡知道这种东西的人都买了。

据此，须立即在报纸上登一广告，让所有知道景泰蓝的人都知道货已到莫斯科，或许会有大的效果。

另外，积极寻找在俄的合作伙伴，货到后能够接货。这或许应该是批发商、政府一些有关部门、进出口部门、汉学家的组织。

1993 年 5 月 24 日

今天的卢布换美元比价是 1020—1045 卢布 / 美金。

安老师在报社付了广告费 5 万多卢布，6 月 10 日—17 日登载，《从手到手》。

1993 年 5 月 27 日

法律顾问带来了为我们请的会计，是一位老年女士。

我们问了一些问题，她回答如下：

1. 如果要把银行里的卢布取出，是不可能的，可作为借口关税还给债主，但要有一个借贷合同。

2. 可做一个借本钱合同，董事长签字盖章传真过来，把卢布买成各种货返还，也可换美元返还。

如果买了汽车，一旦卖掉，还要把钱还给银行，因为银行不让个人的手中有现金。

借本钱合同传过来以后，本公司盖章，去公证。

1993 年 6 月 1 日

赵二湖来，晚餐时他说今天是他的生日，大家喝了一杯二锅头。说到这批景泰蓝看来是不赚钱了，必须马上继续做别的，以丰补歉。

晚上他住这儿。

1993 年 6 月 2 日

10：00 在 1905 地铁口等到沙赫特市两个商人，一起去二湖处谈判。他要的暖瓶、景泰蓝、服装。给现金。

1993 年 6 月 4 日

安老师来，说会计去了银行，卢布转美元，要 3% 手续费。

1993 年 6 月 6 日

张国明厂长、张维林医生带李宁修去乌克兰解决多次往返身份问题。

下午，与王正帆去马戏团门前草地和游乐场晒太阳。他的伤看起来不太好，骨头位置也不太正。回国后可能要重接。

1993 年 6 月 7 日　雨

田永利和刘先生来接王正帆，21：00 多飞北京的飞机。

1993 年 6 月 8 日

王复卓先生带我去大剧院后面的一个工艺品店，店里是古家具、油画等。他们各留下十套。给现金。路上见卖翻译过来的《易经》。

1993 年 6 月 10 日　雨

连着四天有雨，气温 7—10℃，很多人穿皮夹克，有的穿羽绒服。

晚上，房东来拿钱，他穿的蓝羽绒服，安德烈穿的皮夹克，我穿的厚毛衣，三人围桌而坐。很像冬天。

房东是工程师，太太在一家科学研究所研究海里的鱼类。最近

1992
1993
1994
1995
1996
1997
1998
1999
2000

乘船去北海考察了。

与基辅周先生通话，为湛江公司要钢材。他说，如果对方有诚意，我们可以很快找到货。

1993 年 6 月 16 日

在阿尔巴特街地铁站的一个古老的工艺品店。负责人是位女士，热心接待了我们。她们嫌项链价格太高，而要了 30 盒手镯、30 副耳环、15 盒大戒指、15 盒小戒指。

这个店里有不少太大的景泰蓝花瓶，有印度的银戒指，中国香港的银戒指、地毯等。

这家只记护照号，给现金，不再上税。

1993 年 6 月 17 日

去乌克兰使馆办理签证。10：00—12：00 办理。

公司代表有邀请信可不必排队。先领一张登记表，再交 50 美元。把登记表与护照留下，16：00—18：00 取回。

今天《从手到手》刊登了我们的广告，以阿尔巴特街首饰店的名义。内容是：这家首饰店销售中国著名工艺品景泰蓝妇女首饰、手镯、耳环、戒指、项链。这是北京国企工厂制造的，从 15 世纪中国就生产它，现在日本、美国、法国畅销。

真可惜，这个店的一楼房顶还没维修完。我们通知报社推迟，但已晚了。店经理很不高兴，没办法，他总是生病，安德烈一直没找到他。

1992

1993

1994

1995

1996

1997

1998

1999

2000

1993 年 6 月 19 日

基辅的票在回国火车站的国际售票处，交 1 美元手续费，3000 多卢布。可惜宁修听我的话，去了基辅火车站，只好买了两张票，20000 卢布。

1993 年 6 月 20 日

5:00 多到基辅，租车 4000 卢布。

老周起床跟我们聊了一会儿，吃过早餐，我们去另一处房休息。晚上老周去我们那吃饭，接着说。

合作之事基本双方都无异议。老周要我们回国发货。品名主要是：

皮鞋、风衣（夹的、面料柔软）、防寒服、砂洗西服（里不缩水）、夹克衫、衬衣（长短都可）。每种服装几百件。还有牛仔、真丝睡衣。

20 个集装箱，40 万—50 万元人民币，最低 20% 利。货到三个月付款。15% 关税，三个月以后交。

这是易货，国内进出口公司收人民币，代理费 1.5%。

要与出钱单位搞代理协议，有合同样本可参考，做外贸易货合同，基辅可开资信证明。

铁路走一个月，走满洲里。船运 45 天，走奥德萨。出口公司管选线。

报关，进俄货明细表，装箱单不写价格。

1993 年 6 月 21 日

早上去老周办公室。出来后，沿着一条繁华大街走，直到喷泉广场，有大喷泉和一些小喷泉。人们散坐在四周台阶上，有卖书的，有卖小工艺品的，还有卖邮票的。我们坐在大喷泉旁，用点心来喂鸽子，看人们走来走去。

1993 年 6 月 22 日

23：16 的车，买了两张黑票，2 美元。上车时，列车员无论如何不让上。老周又给了 20 美元才上去。

1993 年 6 月 29 日

去一家工艺品店，女经理看了景泰蓝和陶瓷图片，选了几种，又说景泰蓝太贵，能否有些别的中国工艺品，如雕漆坠、戒指、耳环、手镯、项链；瓷坠、玉坠，带汉字的；银戒指、小石罗汉、木罗汉、小瓷花盆、紫砂壶，上有龙等花饰；带玻璃面的装饰画、瓷茶碗。

她看图片看中的景泰蓝有转油盒、洗子、烟具、圆盘、荷叶花边盆、华冠万年灯、呈祥薰。

我看还有烛台、镜子、钟表、台灯等可选。

1993 年 7 月 10 日

周燕准备今晚回国，但票一直没有拿到。直到下午四点多吃完晚饭，才决定放弃。我说：你晚走一星期永远不会后悔。

1993 年 7 月 13 日

任自斌、高强从立陶宛回来。那里物价较高，人口少些，安全些。但立陶宛市内没什么好玩儿，要到附近去。

1993 年 7 月 16 日

总算账结果大家都无异议。每人大约花费一两万。这是铺路费。我觉得这不是单纯的消费，它换得了经验和初步的开拓。明年会有相应的结果。

晚上，四人喝一瓶半干香槟，高强后到，租了一个车拉东西，6000 卢布。

火车 21∶25 开出莫斯科。周燕与我互相拥抱，洒泪相别，注定是百感交集，无不遗憾。

1993 年 7 月 17 日

与赵二湖、郝京蔚、郑小峰同去列宁格勒。4 次车，23∶59 开，往返票价 5520 卢布。第二天 8∶30 到。

1993 年 7 月 18 日

诺拉来接，他的小汽车坏了，为我们租了车，他自己乘地铁走。

11∶30 去冬宫。排队入门，排队买票，俄国人 40 卢布，外国人 7000 卢布。

这是一座世界著名的博物馆，收藏油画、雕塑、瓷器、壁毯、珍宝等。

门前是亚历山大柱，打败拿破仑的纪念碑。

去彼得广场，伊萨基辅大教堂，去教堂里看市貌。

看青铜骑士——彼得大帝、涅瓦河。

去普希金故居，普希金临死前一年住在这里。

1993 年 7 月 19 日

由于前一天 2：00 多才睡，吃牛肉，早上起得晚。下午下大雨，四点多出发，去见晁戍军、李春英。李春英做好了饺子馅儿，韭菜猪肉的。

列宁格勒与莫斯科情况相近，货不好卖，服装加一点利都卖不动。很少有人批发。都是寄销。

1993 年 7 月 20 日

去彼得夏宫。在冬宫后门的涅瓦河上船。

1500 卢布船票，半小时，水翼船。下船即夏宫，宫内有彼得大帝住所，各种有趣的喷泉，蜡人馆，各种小乐队在奏乐。古装的宫廷人员与游人合影，1000 卢布一张。

回来时，在港口等船，坐在石路上，阳光很暖和。米沙老师在很有兴致地说话。我闭上眼睛，半睡半醒地和他说话。米沙很有趣，他总是问一些我也不太明白的语法问题，比中国人认真多了。他知道俄罗斯的历史，也爱中国，他早年的恋人还在中国，一生未嫁。

1993 年 7 月 21 日

今天去铜版画厂。二湖、小峰、米沙谈判，我与小郝、魏大夫去买画。600—1900 卢布，很漂亮的画，我买了 78000 卢布的各种画。

1993 年 8 月 1 日

小郝带路去地铁站的新处女公墓。各种石头的纪念雕像，多数是黑色，造型有许多与被纪念者的身份有关。赫鲁晓夫的墓碑一半黑、一半白，标志着功过各半。还有王明墓、卓娅墓、马雅可夫斯基墓、布尔加宁墓、斯大林夫人墓。

我坐在墓地中的小木椅上留影，周围是繁茂的杂草和树。有一块腐朽的木十字架，下面开着鲜花，令人动情。

1993 年 8 月 7 日

任东升、郝京蔚、郑晓峰、宁修和我去森林公园。在前方是几个小湖，湖边大片的草地。

一片白桦林非常漂亮。很多木椅，坐着老妇、少女。偶见骑自行车的人穿过。

不知是什么草会咬人。我被咬了好几处，一处红肿起来。

很多男人赤着臂、赤着脚在湖边打排球。

一些儿童在湖边跑来跑去，或跳到水里。

1993 年 8 月 8 日

今天去游莫斯科河。在 1905 站集合，同行人有东升、小李、小峰、宁修、小黄、米先生和我。

一条游艇要 3 美元。不管多少人，一小时返回。

我们上了另一条船，每人 800 卢布，往返。全程共三小时。沿途见国防大楼、外交部大楼、红场、游乐场。

1993 年 8 月 12 日

山东机械战仲波从中国来，去基辅，在我这儿停留三日。买票在地铁站下，左边经过布尔什维克胡同，下一条街就是。

第一、二窗口卖给外国人票，第三、四窗口卖团体票。去基辅有 1 次，19∶00 开，41 次 20∶40 开。

昨天，列车员死活不让上车，让去签证。大约是他们不认得这种棕色的公务护照，以为是私人护照。

只好今天又重上车。安德烈送站，解释了一番，顺利乘车。

1993 年 8 月 13 日

本星期去几条地铁站尽头的首饰店。要货量最大。但愿销售也最快，我们的生意从此有望。

1993 年 8 月 15 日

中午去跳蚤市场。我看木制品、皮制品可以做。胸坠、手镯、烟斗、皮花等。半宝石也可以一试。

去越南楼。乘 7 号地铁 2 站，下车后乘有轨电车 38、43、46 路，6 站，过马路，向前，十字路口向左拐，第三座楼。卖花椒、姜片、酱油、味精、糖、米。菜有猪肚、豆腐、豆芽以及各种菜。

1993 年 8 月 21 日

去望远镜专营店。店面像个办公处，大约批发业务多。门口有警察值班，价格比商店低些。

1993 年 8 月 22 日

6:25 与任东升、李翠文集合于 1905 地铁站，一起去莫斯科郊外他们房东的别墅。

乘电气化火车，200 多卢布。两个小时。下车后，邻居夫妻开车在等。几分钟即到达别墅。是在一片杂树林的边缘。一座绿色的木头房子，一个小木门，木门是繁茂的鲜花、绿草、小暖棚。这是我所能想象的最美的别墅了。

吃了几个点心、面包干，喝一杯茶，即开车去托尔斯泰故乡，是在 115 公里外的图拉市。

到达托尔斯泰庄园，购票后随人们前往。一座不太繁华的小楼。托尔斯泰最后几年在这里度过，写作和休息。死后在这里举行葬礼，按照他的遗嘱，制一木棺，无墓碑，埋在园中。

1993 年 8 月 23 日

21 日从王复卓先生那儿抱来小狗可可。它的名字是我根据他的品种起的。深蓝色、大脑门、长耳朵，刚刚一月。

1993 年 8 月 24 日

可可跟在我的脚后，不断地咬我的脚，我害怕它的尖尖的牙齿，被缠不过，索性让它咬，毕竟牙很小，小狗也没有力气。

从冰箱里拿出牛奶给它喝，喝了两口立刻打嗝了。我想糟了，过了一会儿，缓过来，看来不能吃太凉的东西。

1993 年 8 月 25 日

今晚没电。我和宁修坐着说话。他要走了，说剩我一人更不安全，云云，就想到搬家。

给河西区邢朝阳先生打电话，说这两天正找房子。西南区政府已答应，也为我找一处看来不成问题。于是我决定立即搬家。因为30 日是这间房的租房月末。

又给小峰打电话，当下答应。于是收拾东西至 2:00。

1993 年 8 月 26 日

上午去画家米哈伊尔的画室兼居室。看了他的许多风景画和静物画。我们几人都喜欢他的几幅静物，有丁香等花。

安德烈说：“他真是一位艺术家，我听说过他的名字。”

米哈伊尔自己制画框。我们参观了他的木工车间。

下午回到住处，即搬往小峰家。15000 卢布租一辆面包车，装得满满当当。

1993 年 8 月 27 日

今晚小峰去列宁格勒。不然这屋真够受的。

一间屋子又挤进一男、一女、一小狗，品种太多，不方便。小狗又拉又尿，早上第一个起床咬人的鼻子，呜呜地叫。

1993 年 8 月 28 日

宁修去火车站买了今天的票。美元加卢布票，合 60 多美元，他交给票贩子 130 美元，算是成交。

炖了一小锅牛肉。匆匆整理行装，铜画、书本、两床毯子、两床被褥，加两床床单带回去，开办办事处。

京蔚与我送他去车站。9:25 开车。

1993 年 8 月 29 日

7:40，小峰回来，我想他一定没睡好。我正好租房的钥匙还没退，就带着小狗又搬回了我的家。

17:00，返回去拿东西，小峰与我一起来我家，送来两床毯子和一包必需品。

1993 年 9 月 5 日

今天格外晴朗。我与朋友去郊外的林湾，湾好大，草上一直有露水，树丛下尽是小蘑菇。湾里时有小汽车通过，大都是举家外出。

1993 年 9 月 5 日

秋野先生说，中国工艺品中的艺术陶、贝壳画可做，羽毛画不能做，黑色的陶不能做。他建议我在国内选一好地点开俄罗斯餐馆。改装店堂投资大约 10 万美元以内。

1993 年 9 月 14 日

手工艺店的经理建议我做雕漆（各种颜色）、首饰盒（木）、艺术钟表。如果价格合适，他可支付现金。

1993 年 9 月 15 日

从这月安德烈先生的工资涨至 100 美元。他说他的一个学生在一家台湾公司工作，兼职，350 美元。我们公司属私人公司，资金很少，第一年只有投入，不见利润。明年可望好好发展。我跟安德烈说，争取明年你的工资涨至 200 美元。年奖金几千美元，买一辆小车。他表示理解，非常愿意与公司合作。

1993 年 9 月 23 日

安德烈说，昨天 20:00 叶利钦宣布解散议会，要带领俄罗斯走市场经济。议会 12:00 宣布解除叶利钦总统职务，由已下台的第一副总统鲁茨科伊担任总统。

安德烈说："我怕早晨起来，门口有坦克车，结果没有，我就去上课了。说实在的，我对政治真的不太感兴趣啊。"

延炯来电话说："你知道今天的汇率涨到多少？""1290。"我不吃惊，但很沮丧。连续四天，汇率从 1090 涨到 1290，我的卢布还在银行里没有换成美元。这个国家真是不可预料。财政部部长一再发表讲话说，汇率要保持到不是 9 月底，而是年底。

今天安德烈去银行，负责人说，英文的合同不行，要翻译成俄文。又去翻译局，说连翻译带公证费需 7 万卢布。翻译后去中国大使馆认证，再回来公证。同时还要翻译、公证从工厂购买货物的合同，即成交确认书。

1993 年 9 月 24 日

今天汇率突变为 1297 卢布兑 1 美元。我的卢布还全在银行里没有换美元，怪我没有抓得很紧，虽反复催促会计、翻译换美元，但掉以轻心，怀有幻想。

1993 年 9 月 28 日

今天卢布由昨天的 1293 ：1 美元升至 1201 ：1 美元，美国、法国运来大批的外汇投入。

1993 年 9 月 29 日

卢布又升为 1179 ：1 美元。

1993 年 9 月 30 日

在任东升公司过中秋。任、李翠文、郑小峰、王玉惠和我。

桌上有玫瑰花、菊花，水晶的餐具盛满葡萄、苹果。每人一盘配好的冷菜，还有陆续的热菜，喝二锅头、香槟、格鲁吉亚葡萄酒。最后是我买的法国白兰地。4：00 分头入睡。

1993 年 10 月 2 日

女诗人丽玛来访，安德烈翻译。她很高兴，活泼、健谈。她喜欢我做的菜，尤其说虾片很香。她每月在电视台主持一次节目。她的诗是极其自由的，不讲章法，所以近十年来俄罗斯没有出版她的诗歌。但青年们都喜欢她的诗。她希望在中国发表她的译诗。她说她的诗中有中国哲学的味道，她学过孔子。

1993 年 10 月 4 日

19：20，张石山带徐学波、贾泽生到达莫斯科。这次列车正点到达，以至于我们迟接了半小时。

1993 年 10 月 5 日

下午，约安德烈、延炯总经理来家与张石山等相识，共进午餐。郑小峰在座。

1993 年 10 月 6 日

14：00，去新处女公墓，安德烈做导游和翻译。

1993 年 10 月 14 日

去莫百商店谈判。他们不认识雕漆，说可带广告来，一试。小花瓶可以订 10 个左右。要刺绣品的小台布等。绣花的睡衣，真丝的也可，卖 5 万—10 万卢布的。拉花不要，纸的东西绝对不要。

1993 年 10 月 15 日

今天正式办理了美元账号。

整个过程如下：

3 月 3 日，景泰蓝到莫斯科，交 36% 的关税和增值税后提了货。

5 月开始办借款合同（银行要）。传真一份过来，不合格，按银行要求重办。

8 月底，新的合同寄来，中英文。

9 月初，银行说要俄文。

去翻译处翻成俄文，5.9 万卢布。

翻译处说要去中国驻俄大使馆公证合同与成交确认书，然后去俄外交部领事处认证。再回翻译处公证。

中国大使馆说，外交部文件，他们不认证，有关经济的文件，也无需认证。

让会计重新找银行交涉。同意不认证。

昨天，我与安德烈带文件去银行，但还要海关文件，即交税凭证。

今天又带海关文件去，始办成。

1993 年 10 月 20 日

公务护照者进俄后 48 小时内需要进行居住登记，带公司文件、邀请信、住房合同、护照等。

亦可用居住一年的邀请信去外国人登记签证中心，办成一年合法居住身份，再回国时可不用邀请信，直接去外办领出境卡。

今天与张石山、安德烈同去俄作协，外委会负责人阿列克桑得拉维奇先生接待了我们。双方谈到互访的困难，诗人出书的经费难办，中国书在俄出版很少等。俄没有专业作家。

我们提出请先生办理张石山一年居住邀请，他欣然同意。他并建议安德烈翻译张石山一篇小说、我的一首诗他负责发表。他同时建议我们一起去莫斯科附近的地方参观游览，并邀请大使馆文化处贾福云先生。

1993 年 10 月 30 日

我与张石山于 21：15 离莫斯科去天津。小峰、严炯、学波、东升、书琴送行。

1993 年 11 月

认识朱强老板、姜曼丁老板。祖光、品青一直帮忙搭桥。朱老板做中俄生意十年。找大企业、矿山订中国服装上千万件，每件只赚 5 美金。

1993 年 11 月

去孙建平的别墅，宁河县。1200 元买了 1200 平方米的地，盖 100 平方米房子。装饰自然是主人的风格与追求。只是没暖气，冻得够受。

品青说可以为我找到附近的地，不花什么钱。

1993 年 12 月 3 日

今晚 22：19 从天津上 19 次国际列车回莫斯科。我的几件重东西让祥杰的车送上站。

同包厢的王芳萍多买了一张后贝加尔票，6000 元。食品袋不过秤。穿的不过秤。

1993 年 12 月 4 日

到满洲里商店买些货，毛衣贵 50%。

1993 年 12 月 5 日

到后贝加尔，去大市场，有的东西比国内的还便宜。大毛衣 37 元，我买了 5 件。

1993 年 12 月 9 日

20：50 准时到莫斯科。小峰、书琴、老李去接。

1993 年 12 月 13 日

他们对俄已多的东西不感兴趣，比如防寒服、毛衣、童帽等。他们喜欢闪光画片，好看的扇子，发卡，布的、丝的、绒的。

他们对艺术价值不高的不感兴趣。如画片，大漆烟具，他们认为是塑料的，不值钱。手编的台布等俄国有。他们极喜欢小泥人、绣片、丝台布、钥匙链、内画、布首饰盒。

俄工艺品店，闪光画片他们有美国的，2400 卢布，丝的小杯垫他们说俄国有，景泰蓝烟缸不要，瓷的不要。他们喜欢小泥人、首饰盒、钥匙链、戒指、细手镯、各型耳环、刀剑、鱼。他们不要台布、靠垫，说卖得不太好。

经理说，要小的丝绒首饰盒，1300 卢布一个，各色，各型。

1993 年 12 月 15 日

艺术沙龙不要小泥人，太小。不要画片和十字架。要首饰盒。小瓶 8000 卢布，卖得挺好。收了台布、烟缸、钥匙链、小绣片。

手工业经理收了我的几乎所有所带之物。不要小泥人，太小。不要景泰蓝十字架。

1993 年 12 月 16 日

蓝宝石可以要钥匙链、小瓶，但最好要与总公司签合同。不要空首饰盒，他们认为 5000 卢布太贵。

如意要钥匙链，首饰盒。不要小绣片，说最好给工艺品店。

书店世界今天要了耳环和项链，说新年可能有人买。不要剪纸、小泥人、绣片。

锦厘要了小瓶子，8000 卢布，要了 37 条项链。说可以要大些的东西。不要钥匙链，太小。

1993 年 12 月 22 日

礼品店说最好的是景泰蓝，衣服最好不要。现在不要冬天的东西了。要春天的男女衬衣，要欧洲式的。睡衣 10000 卢布的，不要太贵的。要做工非常好的。

头发卡大概只有小女孩要，成年女人不要。

布盒太贵。绣片也不要。

小泥人已卖了 95 个，香盒卖完了，小绣片卖完了。钥匙链、小瓶、最细的小戒指也好卖。

耳环有很多有毛病的。

布盒没有中国特色。

下一次可试一试黑扇子。睡衣要中国特色的，如中式、绣花的。不要一般真丝的。

1993 年 12 月 31 日

在东升家过新年之夜。黄河清也去了。2:00 多睡下，剩四人打麻将。

1994 年 1 月 1 日

11:40 到地铁站接从乌克兰萨克来的人，暂住我处。

1994 年 1 月 10 日

萨克的小关签证过期，我们去莫斯科中国文化中心去办延期。下车出站后直走，过地道后往右拐，到红绿灯往左拐，过乌拉尔饭店后往左拐即到。地址：26 号警察局。

交 2 万多卢布，2 盒烟，第二天 16:30 取。

1994 年 1 月 11 日

直接送小关上车。中国车，检车长刘昌旺，较瘦较高。车长张文来，许燕民没有见到。

如果找票贩子买票，要当天上午来最好，比车上补票还便宜。

1994 年 1 月 14 日

书店世界说 5 把扇子已卖完，还要 10 把。他们要中国的珍珠首饰，需合格证；要玉首饰也需合格证。他们拿一副石头耳环给我看，2000 卢布一副。

不要草编。

1994 年 1 月 15 日

书店世界要了所有的金属画，共 634 张，分别为 3000、2000、1200 卢布一张。

要委托书，给安德烈的。因为他们不想与外国人护照打交道，可能这样更方便。

1994 年 1 月 20 日

近日卢布从 1200 贬到 1800—2000，这就回不了国了，或停卖货，或调价。

1994 年 1 月 21 日

据说卢布贬值是因盖达尔副总理辞职和财政部长的准备辞职。支持派在做工作。

1994 年 1 月 25 日

昨晚 20：00 的中航飞机。卢布又回升 1600 左右，这就可以脱身。填报关单。检查行李。有少量金属的并没事。油画也通行。下一关是托运行李，超重一些并无妨。再下面是验护照、签证。

登机口处是一美元售货处。烟酒俱全，贵一些。

放了三个电影，飞机就到了北京。

首都机场到新街口 40 公里。我与延总一起到李宁修家处停留。

1994 年 2 月 2 日

今晚乘车与张石山同去苏州选样品。局工会主席李子林受张伟刚之托，给软席售票处打了电话，我自己取票。2 张 300 多元。

1994 年 2 月 5 日

今晚回天津。两天里，范小青、徐阳生和范小青的父亲为我们忙碌。去工厂、买票。货是八折。一般少量可七折。

工艺品贸易部的货太贵。还是直接从工厂拿。

货中有的有锈迹，需要每件检查。

1994 年 2 月 7 日

红桥的手镯是便宜，但件件有毛病，是残次品，不能要。

小花瓶还可以，3 寸的 42 元一盒。2 寸的 22 元一盒。

1994 年 2 月 10 日

大年初一与康泓、舒怀、小傅去会朋友。子龙、品青不在，伟刚、景元、清云、建平在家。建平家吃的下午饭。舒怀要一张画像，建平说他愿意在过节时为别人画像，可见作画于建平实是乐趣之深。

1994 年 2 月 17 日

明天坐火车走。飞机票咨询是 7000 元人民币，刘说朋友卖 4500 的票，没买成。

1994 年 2 月 18 日

早上买票，只买到伊尔库茨克。又去买货。下午回津。晚上桂珠、祥杰、桂政、孙浩、高明、大韩送我上车。

1994 年 2 月 20 日

过关时没问题。车又过了一两站，上来的两个铁路上的女工作人员，要护照，我明知是要税钱，还是把护照给了她。胖女人说要 15 万卢布。我们说没有，她们叫来了警察，把我的箱子往外拽，我追出去。反复几次，车又过了几站，她们也无奈了，拿了我的三瓶习水大曲，还拿别人一瓶啤酒、一瓶罐头走人。

1994 年 2 月 24 日

今天是星期五，20：50，车准时到莫斯科。小峰、薛天虎、刘乐生已在窗外发现我。在车下又见到安德烈也来了。

晚上，一起喝汾酒，半夜 3：00 才各自安睡。

1994 年 3 月 4 日

27、1、2、3 日共工作四天，4 号没办成事。明天起三天都要休息，然后是"三八"节。计算的共有十天，就这样要玩六天。

1994 年 3 月 6 日

今天是星期日。我和老薛去蓝线的跳蚤市场。今天很冷，我看中了一幅树皮画，1.8 万卢布，有点贵，留待下次再买吧。

老薛说，我以为跳蚤市场是每人拿着东西交换，原来是卖工艺品的。

晚上一起喝一点啤酒。

1994 年 3 月 8 日

早上就去大市场买东西，黄瓜、菠菜、猪肉、葡萄等。在平常都是贵的菜。老薛花所有的钱，他说今天应该他请客。

下午，宰布敏先到，也带来了菠菜、猕猴桃、豆芽和豆腐。老郑又到，带来了大瓶的葡萄酒、饮料，宋良又到，带来了苹果。

一起喝的五粮液、啤酒。

楼上地板有节奏地响着，还有音乐，是俄罗斯人在跳舞。好像"三八"是全国人民的节日。

1994 年 3 月 10 日

我跟安德烈说起"三八"节何以有这么多热心的人的祝贺，安老师说："是的，'三八'节到了，这意味着春天快来了。"

俄罗斯的冬天的确是太漫长了。

1994 年 3 月 12 日

路过绵匣，进去看看，没有了我们的货，以为是卖完了。去收货处一问才知，上次改变价格，需做新合同。而我没听懂就走掉了，所以东西没卖，赶紧补了新合同。

1994 年 3 月 29 日

五十盒香全部卖完了，还要。太快了，可惜运货并不这么简单。

1994 年 3 月 30 日

去彩色宝石，经理说，她们是地质学家，特别想要中国的各种石头的首饰，不太贵的。比如玉石。还要几十个银的好看的戒指。一定要天然石头，不要人造的，她们会辨别。

如果卖得好，她们可以专门给我们开一个卖中国货的柜台。

1994 年 4 月 2 日

跟北京华艺景泰蓝厂订货，已开始备货。缺一些品种，包括鸽子蛋、鹌鹑蛋、耳环等。

1994 年 4 月 8 日

布敏、宋良和我在这个 160 号住室里度过了最后的时光，今天搬到 5 号线工会大厅 100 号楼 131 室。

租一个大面包车，装上大小 30 包，1.5 万卢布到目的地，已是 22：00，搬家的还有安德烈。

1994 年 4 月 9 日

房东是埃卡和她的妈妈耐里。埃卡学中文，友谊大学的研究生。妈妈也是学外语的，现在不工作。我 1992 年就认识了埃卡，我的朋友说她性格非常好。她没去过中国，愤愤不平："很多人一句中国话也不会说，去了中国，我到现在还没去过。"

1994 年 4 月 13 日

又隔几天，没想到埃卡突然告诉我，她要随一个马戏团谈判小组去中国谈判，今晚就启程，去石家庄。2:00 俄罗斯的飞机。

1994 年 4 月 19 日

会计娜嘉，终于见面。她因摔了腿，三个月未见我。提到涨工资，她说，别的中国公司的会计在要求涨工资。会计都不愿在中国贸易公司工作，文件乱七八糟。我问她要多少，她不说，我也不说。她说，200 美元，我说 1—3 月，先给你 150 美元，涨工资的事 4 月底再说。

从 50 涨到 200 美金，不知俄罗斯人有没有数字概念?

1994 年 4 月 20 日

枯燥无聊的夜晚，使我不得不买了个电视机，FUNAI（船井电机），日本产，215 美元，加 2% 的保险。因这家公司直接从厂家进货，所以最便宜。色彩非常和谐。这样，加上我 1992 年买的录音录像机，可以看点录像。

1994 年 4 月 23 日

布敏借来了《北京人在纽约》，共四盘。我、布敏、宋良从 17：00 看到 5：00，看完方睡，真可怕！

1994 年 5 月 1 日

小峰和宋良来。小峰在列宁格勒工作一月有余，而铜版画出口仍未办妥。有一个失误是，画厂本只有权收 60% 美元，其余转账，而小峰付给了他们 100% 美元，这样，工厂已经违法，所以不愿再出面负责出口。最后又交涉，加 2000 美金，大概可能办成。

1994 年 5 月 2 日

贾福云先生和太太张女士、女儿贾素玲来访。带来的《联欢会》《曹操与杨修》录像带也看完了。

1994 年 5 月 8 日

今天来了电报，通知货已到机场。历时十天。

1994 年 5 月 9 日

今天是卫国战争胜利纪念日。一些人集合游行。

1994 年 5 月 10 日

山西机械进出口外贸的一集装箱打火机被别人用伪造的单据直接从载重车司机手里提走。货值 16 万美元，保险 9 万美元。

交接单上海关的章也是伪造的，即黑社会用伪造的单据，绕过海关，直接逼迫司机交货是可能的。

安德烈说机场还未将我们的货登记。

去年取货共去了四次机场。

1994 年 5 月 13 日

今天第一次去机场。

1994 年 5 月 16 日

今天第二次去机场，登记了公司文件。

去打海关关税表，但产地证明的原件还未到。

1994 年 5 月 17 日

今天快信到，有产地证明原件、装箱单、成交确认书、发票、价格明细表。

1994 年 5 月 18 日

第三次去机场，仍是我与安德烈。

从 12:00 排队到 18:00，海关表没有打出，办公室只给走后门的人办。

1994 年 5 月 19 日

第四次去机场，我与宋良，排到中午，还是一个没办，只给走后门的人办。我与宋良商量给他们 5 万卢布。12:40 收下，我们吃了饭下楼，见她已开始办理，时间为 13:40，上班时间还未到。

打出表后去 29 号窗口排队，仍排不上。又回来请教这位胖小姐，她再要 5 万卢布。然后将表送入 29 号窗口，让我们去 26 号窗口准备拿出。

29—26 号是海关检查表格是否正确。

从 26 号取出已是 17:00 多。去交关税，发现竟是 104 万卢布之多，合 60% 的税，忙去问胖小姐，她说，发票是 FOB①，离岸价，所以要交运费。

我们决定晚上打电话问北京是否没交关税再来机场。

1994 年 5 月 20 日

晚上，何锁玲说已交运费，并传真过来发票和说明是到岸价的证明。

11:30，我与安德烈到达机场海关。

海关内 27 号窗小姐接待，说这是你们公司的责任，我劝你们不要找了，你省不了多少钱，最多省两三万卢布。因我们已输入电脑，还要改正。重打关税表，再来排队。证明文件要翻译成俄文，去公证。

安德烈去问一位中级的负责人，他说你们可以事后再来索回运费。

我一算账，运费是 3360 元人民币，如果误三天，仓储费要 15 万卢布多，要排队，还要交两次黑钱 10 万卢布，还要晚销售 2 天，

---

① Free On Board，指定装运港船上交货。——编者注

造成损失可不止 300 多美元，决定先取货。

于是交了关税。窗口上有一纸条：凡交 50 万卢布以上关税者，另加 4%。真是强盗逻辑！

交关税后回 25 号窗口。检查后去仓库 17 号库交 0.78 美元。又回到 25 号窗口，发给提货证，去交仓库费用，包括仓储和服务费，共 15 万卢布。

然后去仓库提货。

仓库要我们去租一个车来，再把货运到海关。我们又跑回去租车，租车处说 15 万卢布，常规应是 3—4 万。安跑出门去找车，也未找到。两个要 14 万，其他车没司机。只好又回来租车。门口正好有一司机，说少于 15 万不行，只好随他。忙去仓库，提货后去海关。

海关要打开一箱。一女士拿走一盒套铃，安主动送先生一鸡蛋，于是安然过关。

我又伪装去厕所，从正门溜出，上车同回家去。

1994 年 5 月 24 日

我电话咨询天津国际信托投资公司郭洪。

他说，在中国是这样的。工厂委托运输公司后，承运人有正本提单两份，随机一份，给收货人一套。从国内快件寄，或到目的地后发电报由收货人领取。如果是一套，承运人应把正本提单给收货人。收货人只有凭正本才能提货。正、副本完全一样。

莫斯科海关无权收运费，除非他与承运人有合同，可代收运费。

海关称不看提单，那么他就不知货的重量，又怎么计算运费呢？

海关只能是对离岸 FOB 加收运费的关税。

1994 年 5 月 25 日

委托王丹之先生办一年三次往返，回电话说只能延期一个月，回国后重新接受邀请回莫斯科，在俄驻中国领事馆办三次往返。

1994 年 6 月 2 日

因货已不全，决定尽快回国，办好三次往返再回来。在北京发一批景泰蓝，仍由华艺工厂空运。

宋良送我去机场。任东升送至地铁头。

1994 年 6 月 14 日

今早与咪咪一同到达太原。

上午与张石山去轻工外贸结算货款。入账已 1.1 万美元，扣除运费外，其余分别汇往郝建立账号与北京华艺景泰蓝厂。郝 5 万元，华艺 3 万多元。

下午去煤气化总公司见高勇经理。高说账上只有 2 万多元，无法代任东升还税款，下月再说。

1994 年 6 月 15 日

赵瑜与我们三人一起乘作协的一个车去参观乔家大院。实际上是一个山西民俗馆。这里曾拍摄《大红灯笼高高挂》。

晚上去朋友家唱卡拉 OK。赵瑜唱《涛声依旧》，嗓子竟出人意料的好。咪咪早已名声在外，自不必说。

1994 年 6 月 16 日

与张石山去省高级人民法院。晚上回京。

1994 年 7 月 18 日

今早到上海，直奔俄领事馆。星期二才办公。

给傅星通话后，在长宁区居委会门口会面。报社老魏给联系的上海财贸招待所，有空调，日 80 元。给王安忆打电话，约吃午饭。中途接她后去魏志远办的饭店"月季皇后"吃午饭。安忆剪了短发，她说她过去一直是这样短发的。

晚上，安忆请我在招待所旁的一个酒家用晚餐。

1994 年 7 月 19 日

上午又去领事馆。只十来个人排队。

要 330 美元办三次往返，后天取。

下午安忆来，在招待所我请吃便饭。

1994 年 7 月 20 日

跟杨夫元联系上，他来看我，已为我订票，全封闭空调软卧，360 元。

晚上他请我吃饭。

1994 年 7 月 21 日

下午傅星、安忆先后来。闲谈剧本之类。安忆刚交谢晋一个本子《风月》，改三稿。

1994 年 7 月 22 日

下午，杨去车站送我。软卧候车室卖的中国工艺品奇贵，在工厂 5.5 元的绣片，这儿卖 80 元。

1994 年 7 月 25 日

延炯早上突然来电话，已到天津站，我和祥杰乘车赶到邮政公寓，为其安排住房，套间 110 元。托他订星期四机票 3060 元，天津邮政厅订票处说 8000 元，很奇怪。

1994 年 7 月 26 日

乘 15：00 的旅游列车去北京。宁修接站。

1994 年 7 月 27 日

上午去红桥，下午去玉器厂郎玉田家。买了三件小件。玛瑙古代美人 2200 元，水晶渔翁 2500 元，翡翠狮子 2200 元。说实话，我非常想经销这些高档的艺术佳品，可惜对莫斯科市场却几乎不抱希望。即使这样，仍冒险一试，卖不掉的带回中国，退还工厂。又送了几十条各种玛瑙、玉石项链，10 美元左右一条，仍是几乎没有希望。玛瑙戒指 8 元一个，这个我想完全可以。

1994 年 7 月 28 日

上午去华艺景泰蓝厂，玉器科几乎没玉器。只买了两个 150 元一个的大象、马，釉玉的，仿旧。那么，此项选样任务没有完成。应提前选就是了。只因签证不知可否，迟迟未动身。

13：30 到飞机场，到莫斯科后出站用了三个小时，罚款 750 美元，即补税金。

秋野先生接我。王豫卉接延炯。

1994 年 8 月 1 日

今去提货，电报是 29 日到的，星期五。海关给我们出示前面的三张电报，为 24 日发。工会大街翻译成了工人大街。他们领导说：你们应用音译，不应直接翻成俄文。我们不懂英语，因此不负责。真是强盗逻辑。

这是国内飞机场货场。俄德合资的，更不讲道理。而且由于电脑输入新的关税表，反应不正常，白白排一天队，一个人也没办成。

1994 年 8 月 3 日

安德烈去参加一个大会做高级翻译。我找任东升借一留学生小王做翻译，到 17：40，方打出关税单，总值为 300 万卢布之多。税已涨至 60%。

1994 年 8 月 8 日

今天星期一，我与安德烈第四次来提货。

打好关税单。由海关复查。其中花瓶的税应为73%，又回来改过。又复查，交税金。

仓储费59万卢布，租车费25万卢布，相当于120美元。晚21∶00后到家。

1994年8月9日

王丹之先生给办的落地签证。三个月居住期必须返回，然后回来重新落地签。想一次性久居，需要办移民证。

1994年8月17日

见费加。是秋野先生介绍的新翻译。他原在苏对华电台任编辑，也写东西。他瘦高，四十多岁，很认真地问必要的问题，我觉得他是一个自觉承担责任的人。

1994年8月22日

今天安德烈去别墅还没有回来，我约费加工作。他正在一家台湾公司代理经理，暂时兼职。一个月后，待总经理从台湾回俄，他可辞职来我公司。

他按时到"艺术沙龙"门口，打着雨伞在等我。我已进入商店，到点方出来接他。

1994年9月5日

今晚乘中航飞机回国，主要是因玉石样品迟迟不到，须回国去办。

1994 年 9 月 10 日

几天来参观了北京玉器厂、玉器二厂、华宫玉器厂、北京首饰进出口公司。货质量很好，价格也合适。比如首饰公司的玉坠，软芯的 25 元，一般的 20 元，刻工很细腻。玉器厂的玛瑙戒指 5 元一只，也很便宜。

1994 年 9 月 17 日

我电话请刘兆林介绍辽宁岫岩县朋友，找到了文化馆馆长，他报的价格与北京玉器厂相差无几，而且去县里有 180 里山路，我决定暂时不去。路线是乘北京—大连的火车。在海城市下车，倒长途汽车，3 小时可到。

1994 年 9 月 22 日

托常英杰带回中国的 5000 美元，至今天中午方到一部分，主要是不好带。我急忙去取马师傅的景泰蓝货，并在家接郎玉田的货。19：35 的车回天津。宁修、咪咪送站。总重量约 80 公斤。

1994 年 9 月 23 日

下午，品清、康泓、李力来看我，一小时后离去，备的晚饭没有吃。

1994 年 9 月 29 日

21：20 左右，火车晚五十分钟进了站。延总、小曾，还有一新朋友，内里去接站。东西总重近 100 公斤。还是乘地铁回。

1992
1993
1994
1995
1996
1997
1998
1999
2000

途中，我车厢检查匆匆，只看了小部分景泰蓝，补税 190 美元。

路上认识留学生李燕民、黄小姐等三人，都是湖北人。热心帮忙。

1994 年 9 月 30 日

卢布汇率已由 9 月初的 2200：1 美元，贬为 2700：1 美元。

秋野先生送来百合花。

1994 年 10 月 10 日

今天卢布 3100：1 美金。

1994 年 10 月 11 日

今天卢布疯狂贬值为 4100：1 美元。请教王丹之先生，得知决定卢布比价的单位名称是"莫斯科各银行间外汇交易所"。每天早上，各大银行代表聚于所内，经几小时的激烈讨论还价，定出可接受的价格。而中央银行无能为力。

电视一晚上都在讨论这个问题，说明天议会要开会，政府要有对策云云。

1994 年 10 月 13 日

今天买了飞机往返票，票价 650 美元。返程前三天去售票处认定一下即可，如果买不定日期的，返程前七八天就要去订座。否则没有把握。

俄罗斯人买票，价格一样。

1994 年 10 月 14 日

几天来买了一些工艺品。最有价值的是一块两平方寸大的石头，非常像一幅油画。

在众多的观赏石中，大都是自然的松针形花纹，唯独此石，下面深绿，中间浅绿，上面枯红，像层层山峦在晚霞中。最妙的是旁边有一株绿色的树干，远处还有一株细细的树干，无枝无叶，显其苍凉壮美。

1994 年 10 月 15 日

雨有些凉意。冬天就要到了。莫斯科每年从 10 月 12 日起，几天之内会有雪。

到艺术沙龙，安德烈说看看有没有康定斯基的画，就是那块石头的风格的画家。果然有一本法国出版的画册，5 万卢布，合 17 美元，我当即买下。

巴拉热尼亚·康定斯基，1866—1944。现代画家，画风独树一帜。而我这个外行，却看不出此中奥妙。只看出画中大量用了几何图形。它们互相关联，又互相破坏，互相改变。有的像是儿童画，天真的想象。

1994 年 10 月 20 日

20:25 回中国的飞机。

秋野开车来送我，晚到一小时。因为没了油，而路上的国产车多，油不同，等了一小时左右，才加上了油。

到海关只看了一眼我带的大铜画"吉亚娜"就过关了。吉亚娜是古希腊狩猎女神。这幅画是黄铜的，8.5 万卢布，合 28 美元。

1994 年 10 月 21 日

下了飞机乘车去咪咪家，她见我吓了一跳："怎么你的嘴是黑色的？"是因为长时间上火，嘴唇枯焦了。

休息了几小时，下午一起去逛燕莎，这对于女人是一种很好的休息。

1994 年 10 月 22 日

玉器厂还没开始做我的货，他们担心这么大的订货，如果不看样品，出了问题没人给钱。我订了 500 玛瑙猪、1000 玉猪、1000 玉猪小胸坠。

1994 年 10 月 28 日

晚上，秋野先生来电话说今天到了北京。飞机晚起飞了两小时，他感觉很累。

1994 年 10 月 30 日

星期日与先生见面一起去国贸购物，进门发现了北京第二届房地产展交会，于是匆匆绕了一周，拿取了很多资料。又去燕莎买了一个箱子。

1994 年 11 月 1 日

去廊坊的东方花园别墅看房。规模 50 栋，五种各异的房型，临高速路1000米，临高尔夫球场15米。临廊坊市6公里。距北京37公里，距天津60公里，有系列服务中心、室内游泳池。绿地400—800平方米。总经理赵广才。

1994 年 11 月 2 日

几天前宁修租前门柜台，让我投点资。又投 6000 元。之前还有300 美元。我想只要开始做，总会有成功。他缺少的可能是机会，今天问他情况，说是还可以。

1994 年 11 月 9 日

咪咪去上班，《中国信息报》美术编辑，记者。她自己挺喜欢，如愿以偿。

这些天她苦口婆心地劝我很多话，我想是必要的吧。人先要生存，我面临的现实也使我清醒，这一次以后我一定会改变一些，甚至改变许多。

人生得一知己，谓为珍贵也！

1994 年 11 月 11 日

今日零点时分，飞机才到达莫斯科。晚起飞四小时。过关时什么也没看，就出了门。

安德烈和延总来接。门口有人民宾馆的大轿车，大使馆的德国奔驰面包。还有杨格宾馆的两人来接站，我们去了杨格。今早算账，接车费 30 美元，住每人 23 美元。

回住处，安德烈汇报，只收 400 美元加 15 万卢布，送货 200 多万卢布，太少，太少！

1994 年 11 月 18 日

几天来送货平均日 1000 美元。今天到彩色宝石，情况令人欣慰。总值 1300 多美元。玉的和玛瑙的全部接受。会计等预计，除戒指本商店有同类货，其他会卖得较快。

会计和负责人每人买了一只玛瑙熊，优惠价 20000 减 5000 卢布，会计和负责人还买了两只小龟 8000 卢布，优惠 6000 卢布。

本星期送货总值是 1900 万卢布左右，值近 6000 美元。

1994 年 11 月 21 日

埃卡几天来一心想着刘德华和他的歌。托中国的留学生送来，还有几张可贴性的小照片。埃卡正在给刘写信，说是写好了给我看。

1994 年 11 月 22 日

基辅地铁站有个莫斯科最大的艺术沙龙。下午我和安去那儿。说是只要美术家会员的东西。

旁边还有两个艺术沙龙，只要俄罗斯的东西，他们一看玉和玛瑙的坠子说："哦，这是外国的，不要不要。"

1994 年 12 月 4 日

11 月 10 日至今日，送货总值近 1 万美元。

1994 年 12 月 9 日

今天飞机场来了电报，通知货到，是发货后的第二十天，情况就算大吉！以后运货需提前三十天发货。

1994 年 12 月 11 日

两天来去陪埃卡站柜台。今天卖了 13 万卢布，相当于一个最好的商店。

1994 年 12 月 12 日

今天是节日。上午打通电话，货场上班，就与费加于 12∶30 出发。安德烈送来了委托书。

1. 先用电报、委托书、护照办进门证。

2. 去 18 号仓库取正本提单。

3. 打关税表，需提单、发票、产地证明、装箱单、货场明细表，均为英文。还要公司注册号码、销售确认书。

又找到娜达沙小姐，她收下前说电脑坏了，收下后说明天 10∶00 找她来领。文件里夹了 10 万卢布。

1994 年 12 月 13 日

再去提货。

1. 进门，我们丢了电报。而因为我们的货误入 18 号仓库，提货单未从进门处拿，电脑中没有记录。去找领导，领导打电话给外边。出来后，仍不让进。安又进去问是给谁打的电话。出来后去 10 号窗领一人入门证。安进去后开一证明，证明提货单在内，可让我进，而门卫说要盖章。又去盖章。后找两人去领入门证，同入。

2.29 号窗海关。海关说关税表要写具体首饰名称。

回到打关税表的娜达沙处，填好。

发现关税收的是 60%。娜达沙说，可能这种货有产地证明也不再优惠，可去问海关。再回来，13：00，休息。

14：00 吃饭后返回。问：动物一项是纪念品还是首饰？我说：穿上线是首饰，不穿线是纪念品。

又问：钥匙链也是首饰吗？可挂在脖子上吗？答曰：可以。

要合同。交成交确认书。曰：这不是合同。回曰：是。问另二人海关，认可。曰：要翻译成俄文。（奇怪！）于是安去问娜达莎，哪有打字机？曰：后边有。来到，曰：等二十分钟。二十分钟后曰：要出门，二十分钟后回。回来后，打出俄文合同。盖章。

通过。

3.27 号窗口海关。检查合同。曰：价格条款应为运输条款。奇怪！曰：俄文应如此意，改毕。

曰：为什么 150 天付款？去 365 房间找领导。

找了全楼 2 次。曰：363，灰楼。

又去院内灰楼。写一保证书，150 天后付款证明交海关。证明转的钱是 1580，不是更多。

回到 27 号窗口，通过。

4.26 号窗口登记，问，首饰有产地证明，是否优惠？曰：11 号的法令，不再优惠。

5. 交税：换钱。不知总数多少，回 26 号问清，再回去，已关门。

我们最担心的是合同写玉，装箱单写石头，发票写玻璃。海关却未指出，不幸中之大幸！

1994 年 12 月 14 日

1. 交税。换钱 3290 卢布 / 美元，换 800 美元。

去交税，算总数，电脑有毛病，手算。填好表格。曰：有一项 0.79 是美元，要改。

一小姐算是 A 数。

一小姐算是 B 数。

又改两次。共填四次表。

2. 交仓库费。来 25 号窗。曰：在 18 号库。

来 18 号库。交 1.4 万卢布仓库费（免费 2 天），9 万多加工费，共 15 万多卢布。

3. 取货。叉车司机不在，等二十分钟。取出。

曰：要在 17 号库检查。

又找司机，二十分钟后找到，送转 17 号库。

4. 验货。排队。13：00 到。

安去吃饭，为我带回芬达，两片黑面包，一块点心。然后去租汽车。

14：00，验货。关税单上写着我们写了保证书。要看。曰：要盖章。

安回灰楼去盖章。

奇怪的是，我们的货没有开箱。

去找叉车司机。返回，女，1 万卢布。叉车司机来，叉到门口。司机将面包车打开，装入。

5. 租车后回家。出门，急掉头，曰，排队车太多。走的是一条完全陌生的路，两边是别墅。我看前面的车，后边的车，个个可疑。安脸很红，解释说，是政府的别墅区，没有问题。

过一小城市，安：是莫附近的一小城。奇怪！安：他的车在飞机场登记了号，没问题。

到家已天黑，请司机帮忙运入门里。车费 25 万卢布，给了 27 万卢布。

当晚整理到 1:40，极度劳累，入睡。

送埃卡一玉猪、玉镯。

1994 年 12 月 15 日

上午我自己去艺术沙龙，经理玛丽娜说不要猪。可能她认为她的商店不应季节性。

下午，与安同去工艺品店。

1994 年 12 月 16 日

大约 9:00，安打来电话说发烧，嗓子好痛，要睡觉，两小时后再打电话。我中午起主动打电话过去，没人接。

我自己去彩色宝石。会计说很多话，我给郭洪打电话请帮助。

郭只有一英语翻译，翻译将会计话翻译成英语，郭再将英语翻成中文给我。

领了 80 万卢布。

晚上通话，安说他睡觉，拔了电话线。我永远想不通：为什么他不想配合我，又想在本公司工作？

1994 年 12 月 19 日

埃卡买了晚上大剧院的票。19∶00，我与耐丽、埃卡去看芭蕾舞《堂·吉河德》。这是他们又一次在莫斯科公演。

七层看台的剧院金碧辉煌，古典风格的宽座椅。各层都有小酒吧，存衣廊。

1994 年 12 月 20 日

在地铁里等埃卡。耐里也来了，一起看柯西嘉的剧团的节目。

柯西嘉是埃卡非常喜爱的一个演员。柯西嘉的父亲是俄罗斯最有名的演员，他创造了一种节目形式，个人说笑话。柯西嘉也继承了，并且跳舞很漂亮。有一年，柯去格鲁吉亚演出，埃卡天天去看，送花给他。为了能天天看他的演出，她决定到莫斯科上大学。十六岁的她，学校嫌她小，劝她以后再来。她让父亲找校长，终于接受了她，在莫斯科友谊大学。

她经常去看柯西嘉演出，和妈妈一起去，早到一小时在门口坐，为了看柯西嘉。

她说：只有妈妈理解我的感情，没有人理解。柯西嘉长得很丑，我却觉得他非常可爱。没有他和他父亲，就没有我的今天，我可能只是一个普通的格鲁吉亚姑娘。

1994 年 12 月 24 日

费加带我去参观一个展览"半宝石的音乐"，是俄画家公司办的。入门排队，3000 卢布买票。参展的公司真多，包括了俄所有的石头品种。我买了几个石盒，其中一个是二十多种石头拼成的，华贵灿烂，好像是王宫里的用品，要价 20 万卢布，合近 60 美元。还有一个同类的小的，要价 10 万卢布，我给了他 6 万。

圣诞之夜，埃卡的朋友列娜、她丈夫、同学尼卡来做客。耐里用两天做了各种菜。

1994 年 12 月 25 日

10：00 出发给任东升送近 400 美元的货。然后去普希金站与费加会合，去记者俱乐部。

俱乐部包括各种房子，先往左，下楼存衣。再上来看了两个节目，这是一个有一百八十个座位的小剧场，有一百个左右的记者在看节目。再出来去小酒吧喝一杯白葡萄酒，吃巧克力面包，茶，小点心。13：00 又转去另一酒吧接着坐。这里灯光较暗，很漂亮，使我想起塔林的小酒吧。服务生是一位男的长者，穿着深红的衬衫，结黑领带，圆圆的秃顶头，好像二百年前他就在这儿服务。

1994 年 12 月 31 日

15：00，在地铁口，王丹之先生将办好的签证交我。

16：30 去接燕兴公司的张婉妹来家过节。她想与俄罗斯人一起过节。

埃卡说："当然欢迎，那还用说。我们格鲁吉亚人就是这样，她是好朋友的好朋友的好朋友的好朋友，我们还是请她来家里吃饭。"

婉妹买了一朵玫瑰花，献给耐里。过一会儿，埃卡回家，她又送了双面绣笔筒给她，母女俩连连感叹：中国的东西这么漂亮。

我在昨天就买了五朵康乃馨，早一天开始过节。

耐里做烧鸡、烧鱼、红菜汤，加上苹果、橘子、巧克力、糖、面包。

12：00，共同举杯祝贺。又吃饺子，埃卡跳非洲、西班牙、阿拉伯、吉卜赛、俄罗斯、格鲁吉亚、法国舞蹈。唱刘德华的歌《回来吧！好吗》。

在花前、圣诞树下照了一些相。

5：30，我开始入睡。王晔 4：00 来，5：00 走了。他说，街上很多人，有一家一家的，都邀他喝酒。

1995 年 1 月 1 日

睡至中午方起。我送埃卡一套苏绣真丝中式天蓝色衣服，送耐里一真丝手包。去东升家。在车站买了三朵红的康乃馨，带一瓶西凤酒。

进门时，人已到齐，有八九个。武绍光、王瑞、韩露、小邓、宋亚荣、二王、徐东、东升和我，九人。跳舞，打麻将。

他们 7：00 才睡，我大约零点就睡了。

1995 年 1 月 2 日

起床后，东升、我、徐露乘车去黄泽家。徐在地铁下车。

张今晚回国，所以只坐了一小时，吃了饺子便告辞。

下午延炯来打电话。帮我与埃卡照相。穿中式真丝服。

1995 年 1 月 4 日

去火车站大商店，可以要纪念品，但十日后订合同。几乎所有商店都要十日后接受新货、订合同。

1995 年 1 月 5 日

与王丹之通话，问询几件事。

1. 可以聘总经理代理，公司打字盖章、去公证处签字。

2. 利润是按年总值算，利润税 30%。

3. 办一年多次往返，需护照一年有效，交450 美元。

1995 年 1 月 10 日

10：00，会计、翻译安德烈，代理人费加来到。会计为做年底报表，要几个数字：（1）现金店收钱数、送货数。（2）转账店欠账数。（3）库存数。

中午，安德烈、费加、我、埃卡、耐里共进午餐，耐里做的格鲁吉亚鸡、鱼、胡萝卜和白菜，还有中国鸡，我做的炒肝尖。喝瑞典最高级牌酒和啤酒，是酒中最贵的，3.5万卢布，合9美元。其中蓝色字是无果味，这种黄字是柠檬味，红字是辣椒味。

他们连说好吃。费加戏称格鲁吉亚饭店。

耐里、埃卡认了真，晚上讨论在中国办饭店问题。

22:00，安来电话，会计弄清了一个问题，如果俄职员有工资，要交各种税39%，其中退休基金28%。

1995 年 1 月 13 日

今夜又是俄罗斯的旧年夜。从1918年始，政府定的年。

零点，我们三人又开香槟，吃耐里自制的果仁糖，包的中国饺子。

愚蠢的车臣战争还没有结束。有一位母亲赶到前线去看儿子，抱头痛哭。一位母亲流泪接受采访说：叶利钦，把我的儿子还给我，你没有权力这样做，把十八岁的孩子送到这样的战争中。

有一天报道死了八十人，而有关部门的统计是二百至三百人。

1995 年 1 月 15 日

费加13:00来，带来合同书草稿，提了几个小的意见，然后完全同意。

他所在的台湾公司正把剩余衣服打包装运到远东去。很快会结束工作，完全进入我的公司。

1995 年 1 月 23 日

最后一个星期了，费加从今天起全日工作。他和安德烈几乎完全不同。他快乐地工作，早起，晚不归，星期六和星期日总想安排额外的事做。最感染你的是他淡淡的幽默，加上他由衷的微笑，你不得不和他一起笑。

我说："埃卡，你不要得 5 分，3 分就行。"

"她习惯得 5 分。"费加说。

我一碰他手被"啪"地电回来，我在发电："我们要离得远一点。"

"或者不分开。"

1995 年 1 月 24 日

今天去公证处，公证费加的签字。

1995 年 1 月 25 日

费加要去记者俱乐部打电话，人不在，我们去喝一点。这个俱乐部有无数有趣的房子，有几处是咖啡厅。这一处最幽暗和漂亮。6：00 开门，我们第一个进去，要了法国红葡萄酒、生鱼片、面包、咖啡。

一会儿，人多起来，站满了人。对面一男一女在谈论有意思的问题。男说："如果一个人不懂语言，他在生活中可以，但他要再高一点要求，就寂寞了。"

这当然是费加给我翻译的，不懂俄语的我深有同感。

费加说："今天有四个意义：第一，是莫大建校四十周年纪念日；第二，彼得大帝定的这一天是大学生的节日；第三，是叫达吉亚娜的人的节日；第四，是电视里这个名演员的生日；还有，是我的生日。"

"不是 12 号吗？"

"对，按旧历，十三天后，25 号仍是我的生日。但是我不过它。"

"今天我破例为你过一回，我请你再喝一杯。"

于是又排队要了法国红葡萄酒。

"这里都是熟面孔，那几个人几乎天天在这里。都是老记者。"

费加滔滔不绝。在交织的谈话声中，他的声音是最内一层，包围着我，浸染着我。

我吃完了那片红鱼子酱面包。头上，人造地球毛茸茸的，在转，闪着彩色的光。没有太阳的莫斯科，它像不像太阳？

1995 年 1 月 26 日

18：00，我和费加回到家。我们打了几个电话，十五分钟做了煎泥肠、炒鸡蛋、炒白菜丝。喝耐里的红菜汤，吃面包，喝格鲁吉亚的红葡萄酒。

"你不吃了？"

"不吃了，肠太香，鸡蛋太香，菜也太香。这样说是小说。灯光也太多，这是诗。"

"可以关掉。别的不知怎么办？这个可以。"我笑。

"不，过几个小时可以。"

"为什么？"

"不知道。"我笑，学的是他的口头语。

今天在"送咖啡的姑娘"咖啡厅我问他六个问题。

"古今你最崇拜的人是谁？"

"不知道，"他说，"我，我真的没想过这个问题。"

"你当二十年记者，最喜欢自己哪篇文章？"

"写中国的小故事。"

"你就没写过大的东西？"

"没有。"

"春夏秋冬你最喜欢哪一季？"

"夏天。我在黑海边生活了很久，游泳。"

"我知道了，我可以在夏天邀你去中国。"

"从早晨到晚上你最喜欢哪一段时光？"

"早晨。我习惯早起，做事。"

"说明你还有活力，还健康。我作为女人，喜欢晚上。女人喜欢家人、朋友相聚，喜欢有人爱她，陪伴她。"

"你认为男人最重要的品格是什么？"费加笑，"你问得太重要。"

"给朋友帮忙。"

我大笑。"你还没有帮完台湾人。免费帮忙。""我很满意。说明你重感情、重友谊、重人与人的关系。"

"最后一个问题，你最讨厌什么样的男人？"

"把别人当工具，用完就说，哦，你走吧。"

"我也是这样认为，最讨厌自私的男人。"

1995 年 1 月 30 日

中国的年三十是人最珍惜的一天。我无法停在家里或酒吧里，仍与费加一起去了工艺品、纪念品店，回到家15：00，匆忙准备晚宴。

娜嘉、安德烈 16∶00 也来。娜嘉早来了半小时，让我签一大堆文件，足一小时。

我做了中国的猪肉炖海带、红烧鱼、炒三丁、茶鸡蛋、鸡肉丸子，喝葡萄酒，喝拿破仑白兰地。

19∶00，我与埃卡、费加去燕兴公司跳舞。一楼的办公室蛮不错，满满的冷菜和饮料。

张婉妹穿一身漂亮的少女裙装，主持晚会。

费加疯狂地跳舞。

埃卡表演了一些舞蹈片段。

23∶00，上楼吃饺子，牛肉的，太好吃了，我好不容易停止吃。

00∶30，费加送我与埃卡回到家。

1995 年 1 月 31 日

今天星期二，一定去彩色宝石。拿了 100 万卢布，送了货，包括景泰蓝戒、环、镯、项链。

在那里足待了三小时，经理滔滔不绝地讲话和评价我的东西。

这个店将是我们最重要的合作伙伴之一。

1995 年 2 月 1 日

女士商店会计处。我去交 10.08 万卢布的税。是年初的手套 84 万卢布的税。信誉第一，长远计策，我当然要交这些税。

大约 12∶00，我们又经过记者俱乐部，在这里给手工艺打电话，会计一直不在。我们喝一点咖啡。13∶00，转到小酒吧，大约

15：15，我们出门去手工艺，没成功，又去艺术沙龙拿了 200 万卢布。

晚上，耐里、埃卡请我看了法国芭蕾。

1995 年 2 月 3 日

费加在家安装他的柜子，我一人跑到蓝线尽头俄商店买了婚纱。是宰布敏从美国打电话说要它。我想可以穿它化妆成新娘，在某一个最快乐的晚会上。衣服 25 万卢布，帽 5 万卢布，合 74 美元。

晚上我请埃卡试穿，她和妈妈非常兴奋，照了五张相。

费加来，埃卡正坐在椅子上等他看她的漂亮。费加带来一支粉色康乃馨，奇怪的紫色花纹。他大约零点过了才走。康乃馨和白色的五朵菊花插在一起，像一个小太阳，淡淡的，温柔的光，奇怪的新鲜的光——在没有太阳的莫斯科。

1995 年 2 月 4 日

费加买来了 8 号的苏航飞机票，170 万卢布，合 430 美元。

1995 年 2 月 5 日

晚会时，王豫卉、黄河清来，共进节日晚餐。耐里做的格鲁吉亚鱼、鸡、胡萝卜沙拉、红菜汤。19：00，任东升、王瑞、韩露来，带来了中国饺子的肉馅，三朵鲜红的康乃馨。

喝瑞典顶级牌（蓝）白酒、匈牙利葡萄酒、荷兰啤酒。

21：00 开始听音乐。埃卡弹吉他唱了四首歌，东升唱一首民歌。跳舞。

1995 年 2 月 7 日

最后一晚来记者俱乐部。我和费加顶门进来，坐在离吧台最近的桌子上，这是几个老记者的阵地。

我们喝第二瓶酒时，先后来了三个老记者，他们说的同样的话："对不起，我可以坐这儿吗？""真对不起。""你真漂亮，你应为自己骄傲。"一个说起他去过越南战场，会说越南话，问我会不会。

我把第二瓶酒最后一些倒给他们每人一小杯，一人说："对不起，我可以吃一片面包吗？""可以，可以。"直到吧内亮起灯来，我先站起来，有意把巧克力、香烟都留在桌上，和费加先撤了。

1995 年 2 月 8 日

上午，我和费加仍出门，下午两点后才返回。耐里见到我就流泪了，说："你要去中国了，太好了，可是我和埃卡就更糟了。"她说着来拥抱我。

17:00 后，王豫卉、黄河清、延总先后来。延总与我匆匆结账，把未卖掉的一些货钱全给了我。

耐里哭了："我们喜欢你，并不是因为你特意为我们做了什么，而是因为你是个好人。"她说着又过来拥抱我。

在地铁交叉口处，我坚持让延总、王、黄返回，由费加一人送我。

行李超重，我折腾了一下，把几乎一个空的航空旅行箱交费加带回。轻轻吻别，淡淡挥手。

我还会回来的！

1995 年 2 月 9 日

飞机于 13:00 提前降落在北京首都机场。自 1992 年 9 月 12 日—1995 年 2 月 9 日的莫斯科之旅正式结束。此间往返数次与此次心情大有不同，我从土插队始，到洋插队结束，远离家庭生活。我发誓，再不到外地久居，把剩余的生命都留给海河边这块热土。

我从没有过的轻松和自由，从此，我可以做任何事或任何事都不做。

秋野带车来接我，事先我并不知道。我也并不奇怪，好像是约好了一样。开车的是他的助手天刚，到宁修家暂息。

1995 年 2 月 10 日

忙着订一小批货，准备特快邮件。见马玉兰、何锁玲。她们说可按我的要求做新样品。十二属相胸坠、手串、戒指。

1995 年 2 月 27 日

已回国十八天。柯大姐请客，见到康泓、燕华、景元、白金。伟刚、建平、康泓来我家。

1995 年 2 月 28 日

要去康泓、建平的公寓看看。还差一分钟出门，费加来电话。我无望地盼了很久的电话，他说检查公司要 800 美元，还说要做什么新的合同，为那些多出的钱。

他说从我的黑箱子里找到了我的四张照片，有机会看我。他说他带耐里和埃卡去记者俱乐部，告诉她们我们就在这里坐，看酒吧中央的球。他说，耐里一进去就哭："我的大女儿走了。"他说：好了，听到你的声音就好了。

他说彩色宝石要镐玛瑙。

到建平家，木本色的家具。我洗澡。吃草莓、山药，喝木桶中的葡萄酒。

1995 年 3 月 5 日

8：30，我与品青到达京津高速公路宜兴埠出口接秋野先生。到宜兴埠口，过了一小时，发现这是入口。又步行去出口。路口民警说，有一奥迪车在此问路后进城了。电话联系小郭后，在此等候。十点半，秋野的车第三次返回。

先去大寺乡。见李庆华乡长、王玉树经理。大寺乡号称第二个大邱庄。去年乡村二级利润 1 亿 4000 万元。135 个企业。鸿利集团、金狮集团在其中。去年总产值 20 亿元。化工、自行车等。农业养殖水面 2 万多亩。

又去梨园头，徐致友村长、郭有库经理、郭德建在座。

1995 年 3 月

在圣宝保健品公司与徐殿基医师、毛俊杰经理、李颖小姐相识。在中山饭店用餐。

我买了 14 盒龙颜玉容散，纯中药保健面膜。这种外用保健皮肤用品是国内首家。徐大夫是清朝御医第八代传人。

1995 年 3 月 21 日

零点刚过，费加来电话，收到我的信，他说信太短了，但还是很高兴。他说卢布已贬为 4807：1 美元，每天贬值 25 卢布。

1995 年 4 月 22 日

今日试拨莫斯科电话，知国际号已通。傲利亚接电话，安德烈已去上班。

1995 年 4 月 28 日

费加终于来电话，说海关说此石头为半宝石，每克要交 1.5 美元税，20 公斤共交 3 万美元。又说同意只交 1500 美元。但要先交中国货款，再办提货手续。并说，再运此类货属特殊货物，须先交还中国货款。

莫斯科真是个难以预料的城市，我纵有天才经商智慧，也不会想到有如此交税之政策。

1995 年 5 月 1 日

第 43 届世乒赛今日在天津开幕。晚上开幕式整个是一台文艺节目，而这种世界性大赛的开幕式至少应像一个狂欢节。

1995 年 5 月 8 日

女团、男团都取得冠军。天津观众万众欢呼，家门口连续响起鞭炮声。

今天晚上仍是下雨，小有遗憾。不然，这些世界上最热情的公民会多一些庆祝。

1995 年 5 月 10 日

看《今晚报》载"台湾歌后香消玉殒——邓丽君在泰国病逝"……

我欲哭无泪，犹如痛失知己。我说过，如果有一天我想自杀，会想起还拥有邓丽君的录音带，我就会活下去。

邓丽君的歌声像是神仙的巨手，在我的周围布置了一个至善至美的世界，大自然所有的美景都在，世间所有的真情聚集。一草一木都理解你，一雨一云都爱抚你，一人一事都让你为之动容，你的一切悲哀、忧愁都被她收去，不肯归还，而还给你一掬温情，告诉你，你还能爱，你还美丽，你还单纯，你是上帝的娇子，你应该甜蜜地活着，你总有一天能看到小城故事中的这个美丽绝伦的女主人……

但是今天她先我而去，我因为她的歌声而留下，我希望有一个健康平安的晚年。在燃烧的壁炉旁，我和亲密的友人一同倾听邓丽君旧日的歌声，感谢上帝，让我拥有这一天吧！

1995 年 5 月 11 日

下午与品青去文化街文远堂结书款。

而后去看伯涛画展。孙伯涛近年的画以马著称，金石风格，尤为独特。他的画亦从古诗、古哲学中得道匪浅。

139

1995 年 5 月 27 日

米兰公寓的徐树山经理婉言告知，希望尽快交房钱，房子要涨价了。可是一星期前就和董事长失去了联系，他退了房。我肠胃紊乱四天之久，吃黄连素片，喝生姜水，见好一些。

1995 年 5 月 30 日

米兰今天真的涨价了，3500—3800 元 / 平方米涨至 3700—4000 元 / 平方米。

1995 年 6 月 3 日

17：00，我等的电话终于来了。生活却捉弄我。我以为是那个找我吃饭的电话，让妈妈代我接了。当妈妈告知我姓甚名谁，已悔之晚矣。仍没有留下联系电话。

我想，是出什么事了？

1995 年 6 月 7 日

去燕华家。看红红。他大学法律系即将毕业，却在河间出了车祸。四十天昏迷后醒来，现已恢复一些。但口齿不清，一只胳膊抬不高，腿瘸。他思维很清楚，说在照片上见过我，我比照片年轻。他不停地说话。

我把一个玉观音挂在他胸前，祝他早日康复。

他视力也不太好，我想给他找一些大字的书。我觉得他很可爱，因为他对人充满热情、真情，他不会编谎，他太闷了。

1995 年 6 月 12 日

问张经理，说家具还没做完，快了，品青急了，要了厂长电话，是霸州的工厂。厂长说，上任厂长出车祸死了，图纸也不知在哪。压根就没做。时已两个半月。

1995 年 6 月 14 日

从玉器厂给埃卡打电话，她与妈妈已出门。

给费加打电话，他要求换中国经理，因为税务部门越来越严厉，他担心上税太多。

1995 年 6 月 16 日

从尖山路"传真机总汇"买了韩国小型老板机传真机，2680 元，优惠 80 元。又听经理劝，买了一盒 12 卷传真纸，300 元。经理说，不受潮，用两三年没问题。

回来越想越不对劲，我的卧室本来就潮，我的用量又小，得用六年。打电话问李力，她说退了没问题，或开发票来给她。

1995 年 6 月 17 日

给莫斯科延炯试着发一传真，试机成功。

1995 年 6 月 19 日

书商答复，美国的书刊中可选服装裁剪、装饰、卡通片、低幼读物。美有一服装裁剪刊物，可否做中国代理发行。

1995 年 6 月 22 日

问及在天津体育馆办演出事宜，如下：

场租 8 万元，另加空调费、搭台费、广告发布费。

先去天津文化局演出公司办演出证，再找有实力的广告公司包广告。出多少钱卖掉会场广告，或分成。演出需有一天津的媒体合作才好办证。

上一场男子汉音乐会系天津大港区黑马广告公司举办，票价分100、80、60、40 元。是摇滚乐专场，出场的当代中国摇滚明星何勇、张楚、窦唯和一名天津歌手。没拉到广告，卖了 50% 的票，30% 票是赠送，赠的票又被持票者低价出售，破坏了票房营业价值。据说赔了三四十万元。此次音乐会媒体是天津人民广播电台。

1995 年 7 月 16 日

收到小宰自芝加哥寄来的电子书（有声读物），快件五天。成本价 10 美元，国际开本。

1995 年 7 月 18 日

9：30 在民主影剧院门口接到刘津生，回家谈话。他原为企业宣传部干部，曾做了《汪东兴日记》等畅销书。他说选这行是轻松和有意思的事，发展会很快。他说文化的事终究要文化人来搞。现在，这一行人的档次越来越高，出版、文化、宣传部门一些人纷纷下来，信息快，能量大。

他是个人账号。一般预付定金，个别也不预付，但都有信誉，因为是一个圈子，不守信誉则难立足。

他今年计划书中有《中国不容腐败》，从法律部门找到全部资料。稍一通顺，再稍减，即可。

谈话七小时，彼此很愉快。

1995 年 7 月 20 日

昨晚听天津经济台《悄悄话》节目，23：00—24：00，徐殿基和毛俊杰是嘉宾，介绍"龙凤洁"1、2、3 型。听众热线电话不断。

今天，徐在大胡同 21 号接待五十多人咨询、看病，又发了二十多个号儿，明天继续。

公司的毛总接到几十个电话，山东、辽宁、河北都有，几个商店"龙凤洁"脱销。

1995 年 7 月 21 日

昨晚打电话给张建星，邀他采访徐殿基，他刚上班走了。今早去看录像，又打电话给他，接通后答应。

下午三点半，建星、闵锋小姐到刘大胡同 21 号绿色医药保健商行见徐大夫。回国五个月，我也是第一次见建星，总忘不了他给过我的帮助。这一次亦然。

1995 年 7 月 26 日

又见刘津生。他非常坦诚地说了他的经验，对我是极宝贵的。

发行渠道有三：一是一渠道，各省市图书发行局，要找一个，

143

如北京发行局，要书量最大，一般两三万册；二是邮局，在某省或市找一邮局发行，任何局都是面向全国发的，上海邮局非常有信用，但要量少。牡丹江邮局也有信用，量大；三是二渠道，各省市都要找一名，分别负责各省发行，一般是先寄样书，然后款到。或先交定金，最慢还款是一个月到一个半月。

1995 年 7 月 31 日

去出版大楼，见张雪杉。907 房。从窗口望去，我为之一震！海河转弯处尽在眼底，多漂亮的河啊！

张说了大致的情况。

可要俄国的长篇、民间文学、寓言、童话、儿童连环画、漫画。

做版权代理，由委托人签字出委托书，然后与出版社订合同，如 9% 版权费。给作者 6%—7% 即可。

入俄图书推荐类型：中国妙语、中国历代服饰、幻灯片，青春祭。

出书程序——

1.征订，2 个月。如跟北京发行局订，他们总订 5000 册，就赚钱。然后根据订数付款。

2.二渠道找一书商订，至少 3 万册，折扣是对折，最低至 4.5 折。付多少款先给多少书。

3.如自投资金，给社里 10%。如社里投资，拿版税。一般二次加印时社里就投资了，也可争取仍由个人投，仍给社里 10%。

4.付费，700 页的排版校对费是 7000 元，可先付。付印前再付付印费。

从付印到收回资金 3—4 个月。

1995 年 8 月 3 日

我带普希金俄文全集去京。

在燕京饭店送走延总后，去首都发行所、北京发行所。任超、董科长、王淑英几乎都肯定征订不会好，虽然王肯定了我的想法，我想，这是经验，只是经验，不是一定的结果。

在燕京饭店，中午在咖啡厅用一点西餐，喝一杯红茶，延总喝可乐。看到四围几个肃立的服务小姐，好像人生就是一顿饭的工夫，两小时电影，过一会儿就都忘了。

1995 年 8 月 9 日

给宰布敏汇 1000 美元现金，工商行是 3% 手续费。中国银行是收 268 元。打出单子后，我去对面大邮局挂号寄出，7 元手续费。如果特快专递是 300 元，就不如工商行汇更合算了。

说心里话，得到这些钱不容易。在书还没有开始编时就如此投入，心里有点不安。然而这是最好的选择，就像我在俄的第一笔生意。还没有希望时就折断了去路，只有前进，别无选择，最后硬是美元铺了一条路，我想这比把美元装在袋里而没有路要好得多。

宁让自己过不去，不让别人过不去，是我始终的为人准则，这样使我有一笔精神财富，我自慰、自信和自由！

1995 年 8 月 15 日

今天是抗战胜利五十周年纪念日[①]。

我祈求一万年的和平！人类所有的蠢事中，没有比战争更愚蠢的了。

1995 年 8 月 17 日

埃卡突然从北京来电话。她已到中国两星期了，在广东。昨天刚到北京。这个小精灵、小知识分子、小艺术家，我真羡慕她，她的聪明和运气，她的好妈妈。

想起让她带一张照片走，题小诗一首：

我与佛

你离我很远
在另一个世界
你离我很近
只须轻轻地回眸
你就坐在我心上
时时在乞求
什么时候鲜花开到天边
邀你一起走……

---

① 1950 年 8 月 13 日，政务院发出通告，确定抗战胜利日为 9 月 3 日，此处，延续了 1946-1951 年的纪念方式，即认为是 8 月 15 日。——编者注

又一首：

> 你们好！欧洲的先生们
>
> 你们好！俄罗斯大地的伟人
>
> 我是一个东方的女子
>
> 内心敏感又多情
>
> 也许今世已无缘相见
>
> 也许来世相遇在莫斯科河边
>
> 今夜我是上帝的新娘
>
> 请祝福我——一生平安

1995 年 8 月 18 日

埃卡来了，我去北京看她。

18:27 下火车，在出站口我们拥抱在一起。她说不饿，我说那就去喝点儿。让出租车送我们到三味书屋，可巧晚上他们有爵士乐会，不营业了。又乘车去王府井附近的一中餐馆小街，吃东坡肘子、京酱肉丝、芥蓝菜，喝饮料。埃卡说是在中国北京吃的最好的一顿饭。

回付民家住。没想到南湖西里竟在四环。付民 10 月要去美国了，他整天忙着电话联络，并送我一套资料，1.4 美元可办签证，租柜台房间一年，办公司。付款方式是双方把钱存入银行，无双方签字不能取出。签证到后付款。

1995 年 8 月 19 日

埃卡买的 12：45 的俄航。

10：00 我去送她。付民骑摩托去。我给耐里带的大麻花，天津崩豆。给费加带一本傅抱石人物画，漂亮至极，《离骚》《九歌》中的人物。

在机场迟迟不想分手，又谈了半小时。匆匆一别，也许又是许久，也许两个月后又相见。

1995 年 8 月 21 日

收到宰布敏从芝加哥寄来的家庭装饰的书五本。

1995 年 9 月 4 日

15：00，品青、郭彦俊和我到李一民大夫家拜访并看病。

李大夫现任一大学医学系教授，每周三次专家门诊，是天津名中医，爱好剪报，收藏紫砂茶具，收藏酒、书、画，极为健谈。

1995 年 9 月 6 日

上午收到布敏寄书十本，邮费 54 美元。

1995 年 9 月 13 日

8：30，我已到景泰蓝厂，结清账目，打的去俄大使馆签证，9：30—12：30 上班。

交 10 美元，3 张 2 寸照片，身份证复印件、护照，下星期四来取。

又去见龚建伟，遵小宰嘱给他 800 元人民币，只在外郊门前的接待室小坐，即告辞。

在咪咪家住。咪咪去看大秧歌剧。我在家等史小兵来送照片。照得不错，极有动感的那张最好。

1995 年 9 月 14 日

去美术馆看妇女画家展、中国油画展。又去北京第三次图书节，在劳动人民文化宫。

1995 年 9 月 20 日

去俄使馆拿签证，他们说，我护照上记载我 1993 年 4 月 30 日入境，11 月出境，未办落地签。是非法居住，可以拒签。让莫斯科警察局发一证明至俄使馆，说我那时手续符合居住规定。

奇怪的是，我 1994 年已在上海俄使馆顺利签证并往返三次，合法后住，为何要翻旧账？

中午到中华版权代理总公司，见吴颖、焦广田。他们说，编外国书，引用不得超过 10%，否则依然有版权问题。吴说，她们有外国寄来的几种装修、服装杂志，可以借走编书，然后由她谈版权，一般是 10% 或 8%，她们收其中的 10%。焦手中有各出版社办理俄文书在国内出版的书目，他负责俄国这一块的版权。

下午又去图书节。

昨天交龚建伟的样品今天已随机去俄，没想到请他帮了这样的忙。

1995 年 9 月 25 日

去百花社见雪杉、薛炎文、小闻。他们的意见都对我有效。

1995 年 10 月 6 日

孙建平、康泓婚礼 18：00 时在少帅府大酒楼举行，嘉宾二百人。电台的专业主持人。美协主席、作协主席与众多同仁参加。见到很多朋友我很开心。

饭后，萧沉陪我同去新房祝贺。邹建平与女友亦同往。

1995 年 10 月 8 日

昨晚住桂珠家。今上午与他家三口去人民公园看家具、照相，天气真美！

下午两点到康泓新房，晚一起去兰吉亚酒店举行婚礼补办酒席，嘉宾六十人，柯大姐 18：00 到。

1995 年 10 月 11 日

14：30，我买了五枝玫瑰花，与品青同去廖墨香先生家。廖先生被称为周易师圣、气功名家。他此次让我从 1—28 中任意写下六个数，然后由六个数推断我的一生，宏观论述。须记下的是：

俄生意是对的，但需克服保守，调整经营战略、战术、思维方式。须以奇制胜。

我的阴历生日是 7 月 28 日。

还有第二次婚姻，对象是在西北方或东南方。岁数比较大，命中有一子。应是志同道合，婚姻到头。

今年立冬有一个机会。明年有转机，四十八岁开始大步，至五十八岁，又衰落。

1995 年 10 月 15 日

天津人民出版社总编李天麻的家就在中山路靠金刚桥这头的第一幢高层里，品青和我在大豪门前会合，一起去见他。

我把编好的美欧家庭装饰书给他看，他连说"好"，"跟我的想法非常一致"，"一定大有市场"，"信息量很大"。

他出差回来后，28 日后将预测费用，投入出版。

1995 年 10 月 19 日

12：00，我与品青、天津生产资料公司的经理何山保在少帅府酒楼门前见面，去二楼原张学良书房吃饭。这是一个二十多平方米的房子带一个八平方米左右的小圆厅。壁纸和地毯全是法国进口的。这里的最低消费是 1500 元。

何经理非常随和、朴素，告诉我哪些生意可以与俄国做。

1995 年 10 月 23 日

7：00 多我到上海，乘出租车去愚园路上海财贸招待所住宿。

10：00，郭延坤来取走我的护照、三张照片、身份证复印件、俄方通知书。

16：30，王安忆和李章来。李章谈到 CD 盘在俄很便宜，合十几元人民币，而中国要 160 元以上。

17∶30，我们一起在街上扬州菜馆吃饭。安忆和李章请客。有鲈鱼、扣肉、豆腐丝、豆苗、卤肉、萝卜饼，汤有些辣，很好喝，要了两个。

饭后去他们家里小坐。一年前新换的房子，两室一个走廊，一个开放式小厨房，布置很典雅、整洁。床头是一幅放大的安忆全身像，长裙，草帽，光脚坐在椅子上。李章的作品，很经典。

安忆回答我说，已有作品由一英国人代理，在英、美出英文。她送我一本《父系和母系的神话》长篇小说。她说："你不会看书了吗？"我说："这对我首先是收藏品。"

1995 年 10 月 24 日

今 12∶00，在上海大厦内，郭将护照和签证交我，我付 300 美元。他匆匆告辞要乘飞机去北京。

我在外滩吃了饭，小坐片刻，沿南京东路走到人民广场，给张烨打通电话，然后去她家。她来地铁新龙华站接我，进入康健小区，很漂亮。她住四楼的两室一走廊，显得有些凌乱，有几张放大的她的照片。

她请我喝煮好的咖啡，吃苹果、蜜饯、蛋糕。

晚饭的汤有成段的竹子。喝花雕酒。

1995 年 11 月 1 日

毛秀璞突然在电话里出现。十四年里不知他做了些什么，我相信他忘不了泰山。他邀我十号去参加老铁作家、诗人青岛笔会。我说我马上要买票去莫斯科。他说，你可以来，也可以不来，你不来，将在铁道兵圈里遗臭万年。我决定还是要去。我说你十四年打一个电话，还谈什么感情。你那时表现就很不好。他大笑说：相见时我们不懂爱情。

1995 年 11 月 3 日

小毛一天打来三次电话，说他现在是回光返照，最后的爱。

1995 年 11 月 9 日

15:58 的软卧车票。我来到东站软席候车室，约 15:38，我问服务员，什么时候放行，她说，239 次不在这儿上车吧？天呐。我想起应在西站上车，急忙往外跑，乘一辆夏利直奔西站。

我付了双倍的钱，司机一路安慰我，直送我至入站口，跳上车，十秒钟后车开动。

在车上找到叶晓山，一起到我卧铺座，对面是安全地带日本料理的总经理长沼一正雄先生，邀我们去参加他们在青岛开的又一分店的开业典礼。

1995 年 11 月 10 日

6:50，车到青岛。出站是刘金忠、马玉建、小毛在等。小毛还是疯子一样，用双手揪我的头发。

车从海滨过，第一浴场。沿途像度假村，美丽、干净、安宁。住交通局招待所。

1995 年 11 月 11 日

下午开会。已到的还有宋绍明、李武兵、刘宪宗、盛玉宽、梅梓祥、钮鲁生。王新春局长准时赶到。说车以每小时 180 公里赶回。5：45，沈素荣、谢克强到。沈不愧是新闻发言人，潇洒过人。

1995 年 11 月 12 日

王局长带全所人员游览青岛公路、立交桥、高速公路。青岛路是全国最好的，立交桥是最大的。可以说是老铁的新功。

中午吃海鲜。八带鱼、番螺、手剥虾、舌头鱼、逛鱼、海蛎子。

下午乘大型轮渡返回。

1995 年 11 月 13 日

去崂山。耀眼的黄芦叶是秋天的盛景。蒲松龄当年写聊斋的书房。

1995 年 11 月 14 日

在老战士座谈会上。我看到老铁们的老铁情结。群情振奋的会场，打断宋绍明的发言，提议搞一个大型故事片《老铁》。

1995 年 11 月 15 日

电影《老铁》的设想被大家正式讨论，说搞出来死而无憾了。孙建军提片名《铁血兵魂》，被一致采纳。又订总顾问、总策划、策划、编剧。编剧暂定宋绍明、伊蕾、谢克强、孙建军、马正建。

1995 年 11 月 16 日

晚上，市委宣传部招待我们。

大家乘车送我与武兵至火车站，我与送行人一一拥抱告别。

1995 年 11 月 20 日

宁修、任自斌来送行。宁修送我至机场，去莫斯科可以不检查身体。海关人员检查我机票，说：你买错票了，不是 909，应是 505。我莫名其妙，旁边海关另一人笑："505 神功元气袋。"我释然："你们海关人从不跟我们开玩笑的。"

这是一个好兆头。

出关时亦没有检查。费加来接我。他说：依拉过五十岁生日，你要不要去？我们肯定要去，我知道他们是老朋友。

从依拉家给埃卡打电话，太巧的是埃卡明天要与耐里一起去台湾。我们从依拉家又赶往埃卡家。

1995 年 11 月 21 日

中午来到我的新居，瓦维洛瓦大街 48 号楼 49 号房。女主人柳德米拉，五十五岁，电影学院教授。儿子安德烈，二十五岁，建筑设计师。

1995 年 11 月 22 日

13：00 去文登汉附近陪费加看牙。去文登汉买酱油。去艺历大见总经理。

1995 年 11 月 23 日

费加介绍说，青年近卫军商店今年已给了二十多次钱，全部现金。13：30 到店里，取 40 万卢布。又去彩色宝石，取 106 万卢布，交了新货。

1995 年 11 月 24 日

见公司经理，他说有 2000 吨尿素，给了我坯布样品。

去著作权协会，转交焦广田的中华版权代理总公司的合同。谈了几个问题。关于版权保护法，待俄总统访华，即签订新的国际性的保护法。乌克兰、白俄罗斯、哈萨克斯坦等亦即签订此法。

1995 年 11 月 25 日

与郭洪去火车站地铁买香水，法国的，1.75 万卢布。在旁边喝咖啡。

1995 年 11 月 26 日　星期日

10：00 到莫大主楼门口，王永祥教授已在等。门卫严格，而且星期日只此一个进出口进主楼。住房在十六楼，是中国教委与莫大协定，免费住宿和提供研究条件，房子只有大约六平方米，没有电话。

12：00，在一楼吃中餐，二楼还有一餐厅是讲究一些的，我吃了土豆沙拉、鱼冻、肉丸子，喝红茶、果汁、酸奶。

费加、我和王教授一起去看彩色石头音乐，就是一个石头东西的展览。门口大约排了一百五十人以上的队伍。半小时以后进入，人非常多。有各种石头首饰、观赏石、石头首饰盒等。我买了一个盒，

10 万卢布，买了几块玛瑙石做的坠子，这是原料上的一块自然剖面，我以为比雕刻成一种样子要舒服。

16：00 出门后去看东方文化博物馆，然后在记者俱乐部吃晚餐。我们仍去费加的"个人办公处"——小酒吧，要了一瓶俄罗斯的葡萄酒。

1995 年 11 月 27 日

约定今下午去银行。在门内，我与费加等安德烈五十分钟，未见人来，只好撤退。

1995 年 11 月 28 日

10：00，又约去了银行。得知，如果有公司经理命令，可取任意多的出差费和花费。过去我以为最多 200 万。

12：00，费加、安德烈、娜嘉与我在记者俱乐部小酒吧见面。

1995 年 11 月 29 日

8：00，与王丹之在地铁见面，交他四张一寸彩照和 300 美元，去办三次往返。并签字一份与他公司的工作合同，这三次往返即是工作证明。办好后，还需从王的公司银行账号拨 200 美元的卢布交办理机关。

14：00，到五一商店。

18：00，在小酒吧见费加的朋友 Leonid（列昂尼德）。他说他的朋友在尿素厂，但厂计划已到 2000 年全部售出，他可办到为中方争取。

他带走一套货的样品，交押金 46 万卢布。

1995 年 11 月 30 日

两个房东先后出门上班。费加 10：30 来，我正煮肉骨头。他说："想不想听音乐？"说着放上一张唱片，是布鲁斯。他几乎每次到我这儿来都忘不了首先打开唱机。他把每一件日常的事都做得认认真真，充满享受感。他使我想起《红樱桃》剧组说的一段遭遇，要拍一个背影，俄方演员都要从内衣换起，并系好领带。我说给费加听，他只是笑。

14：00，我们去见一个书商。他叫斯坦尼斯拉夫斯基，五十岁左右，很好的套间办公室，但是没有茶。他说俄现有一系列写黑社会暴力的小说，还准备出一系列二十人，老中青都有，是最好的作家系列。他说他没出过外国书，如果翻译费很高，他不想做。他说大约中国的针灸书可以。

18：00，我、费加与王丹之在记者俱乐部酒吧见面。今天的俱乐部门厅宾朋如云，有戴勋章的军人，也有戴勋章的西装革履的人，老人较多，得知是一出版社举行纪念会。

我们要了三份牛肉串的饭，一瓶法国葡萄酒，开心果、巧克力、咖啡、冰块饮料（饮料内加了白酒）、香槟酒。

我们说到王先生的家。他十岁来俄。

他说经理问题，可给费加做一命令，执行经理、副经理等离"总"字远一点，再做一委托书，说他的权利范围。

他们公司会计现为九个公司做账，月工资 200 美元，我说可以多付一倍钱为我公司做会计。他说当然你可以多付，因为其他公司全是空账，你们是有一些账的。

他说运输方式还有一种，即办理个人收的包裹，说明税已在中国交完。可把贵重物品夹杂中间，避免损失。这不是邮局业务，是空运的一种。

尿素问题，他说正为一公司办 20 吨，是帮忙，如果作为中介人与我合作，他更感兴趣。

1995 年 12 月 1 日

去艺术沙龙取 100 万卢布，扣税后余 82 万，是我个人护照办的，只能我取。

13：00 去商店后面的画家中心大楼参观，这是莫斯科最大的展览馆之一，共四层展厅，多是油画、雕塑。有些画在麻袋上、木头上、纸上、陶瓷上。买了一本画册，画家是俄最有名画家之一，死后得到世界上一些专家的好评。极富创造性。

在一楼喝一杯茶，吃一块蛋糕。去把 40 万卢布转账。

18：50，王永祥到地铁与我见面，去看一宗教神话剧。正巧也是去画家中心大楼，剧的内容是上帝创造人，三个女演员裸体，一男演员裸体。宗教味很浓的黑斗篷非常漂亮，蜡烛光也是必不可少的。现代的东西穿插过多，冲淡美感。

1995 年 12 月 2 日

10：00，王永祥、郭洪和我在地铁站集合，去大教堂，因郭洪马

159

上要回国，很想去柴可夫斯基故乡看看。但我的房东告知，需先与旅游局联系，不知冬季是否开门，因此改去教堂。

我是1993年秋天到过这个教堂，信徒的合唱声一直萦绕耳畔，一片片神秘的烛光还未褪去。今天，教堂顶是白雪皑皑，牧师穿着黑色的长袍，带着木制的十字架从院中走过，一个十几岁的女孩低着头快步走过去站到他身前。牧师的手抚她的头顶，并握住她的手。女孩儿匆匆吻了牧师的手，又低头走开。一个老妈妈拉着一个八九岁的小女孩儿又匆匆拦住牧师的路，牧师摘下女孩的皮帽，以手抚她的头发，拍拍她的脸颊。

我买了一个烛台，铜的，有五个蜡烛孔。我想收集烛台，这里面有宗教，有民族古文化，也有民间艺术。

18：00，与使馆唐先生在记者俱乐部见面。

1995 年 12 月 3 日

14：00，费加和他的太太达吉雅娜约我在大奥林匹克表演厅看一个少年演出团的节目。这个团曾出访法国、美国、日本、荷兰、瑞士、德国，名字是洛克梯瓦歌和舞表演队。有个节目是一百多名五六岁的儿童演出舞蹈，大多是女孩儿，穿各色短裙，动人极了。我流了眼泪。每个节目后都有观众上台或在台前献花。

1995 年 12 月 5 日

费加去火车站送走他父亲，我们在吉姆百货商场见面，去燕兴公司。在门口等半小时未见公司来人，我们便去地球仪书店，送了

300 万卢布的货。下午去礼品店,算清了账,给 1.8 万卢布。这个店上个月改卖文具,从下个月完全改卖鞋子。他们说,今天卖了五双鞋,利润 100 万,比卖那些小东西要好得多。

晚上,费加和我在家翻译那些微雕上的诗,我一看,自己先笑了,这些诗怎么能翻译成俄语呢? 我选了几首字义简单的先做起,如"两个黄鹂鸣翠柳,一行白鹭上青天。窗含西岭千秋雪,门泊东吴万里船",在纸上画上这样一幅画。

1995 年 12 月 6 日

9:30,我与费加去地铁站见郭洪和他的朋友赵秉霓先生,赵先生说有化肥至少 1.25 万吨,要一些中方文件。

10:30,到著作权协会,见一女工作人员。她拿出与焦广田等五人的照片,说她去了北京、昆明。她把签好的八份合同给我。我问她近两年俄出版的最好卖的新书,儿童书。她送了我七八本,其中一本印了十一次。每次都改新的名字。

1995 年 12 月 7 日

11:00 在延总办公室和延总见面。他最近出了一件事,我听他的朋友说被骗,是两个学生帮着卖鞋子,卖到美元一大把时就跑了。燕兴已雇克格勃在追。损失达 5 位数美元。

延总介绍我与石家庄的郭云虎见面。他带来了电子发光耳环 100 多副,是专利产品。当时办公室有一男一女俄国雇员,他们说这是小孩子戴的,十五岁以下。如果成人戴了,那她的智力就相当于小孩子。20 美元买一个假首饰，不可能。因为是帮忙，我还是接了所有的货，复印的五份说明书，进商店一试。

当天下午即去了艺术沙龙、少年图书馆、青年近卫军。少年图书馆说，3 万卢布大概可以。可工厂报价就 12 美元。其他两个店完全不要。

1995 年 12 月 8 日

10：00 首次见左贞观。是李章托我转送 100 元人民币稿费和 1992 年第 4 期《音乐爱好者》，上有左贞观的文章。

左的家紧挨地铁口，他随母亲来俄已三十一年。一半俄罗斯血统，妻子俄罗斯人。他作曲，作品在二十多个国家演出。他是在俄的中国音乐家，给我的印象是热情、上进和富有童心。他给我看两个大夹子，里面是他的节目单和出访时的各地报纸文章、照片。他说他组织了一个管弦乐队，正在准备录音，国外也来人准备录 CD。

中午与费加在俱乐部见面，下午去工艺店、大剧院，去推销郭的首饰。工艺品店说，不卖这种假首饰。如果是胸饰、戒指，还可以让售货员戴上展示。这种假首饰对耳朵皮肤不好。其他两店完全不想要。

1995 年 12 月 9 日

19：00，费加和我去地铁站的电影中心看影片，索菲亚·罗兰等三十八位明星主演。各种人与人的相交、关系，时装表演。其中，一个贵妇头披婚纱，手抱鲜花。结果，全场热烈鼓掌，经久不息。

1995 年 12 月 10 日　星期日

10:00，与常英杰在地铁站见面。他开了汽车来，带我和王永祥去他的公司。距地铁站约六分钟的路。

我取回了一盘录像带，样品就送他了。11:00，我们一起吃午饭或说早饭。然后我与王永祥去跳蚤市场。我为朋友买了树皮画、油画——深秋傍晚的白桦树与湖水。为自己买了俄罗斯作家的套娃，他们是普希金、托尔斯泰、陀思妥耶夫斯基、莱蒙托夫、果戈理、涅克拉索夫、冈察洛夫。

1995 年 12 月 11 日

11:30，天津农贸公司发来传真，一是录货单，二是给我的委托书。但录货单不是公司公文纸，二没有总经理签字。不算是正式文件。

中方主要认为与俄方的付款方式又难以谈成。中方提出货到付款或 90 天远期信用证，也是货到付款。达成共识，下一步给银行资信证明、许可证副本，说明保何种险、到何港口、接受价、中介费的付给。

晚上与费加、达尼亚去红场俱乐部。

1995 年 12 月 12 日

昨晚赵先生电话，现有 20 万吨货在手，合同价 185 美金，到岸。俄方付俄关税，中方付中关税，佣金 2%，合同另签。可付给中国俄公司账号。

晚上，王永祥与我参观国家普希金造型艺术博物馆。馆内存有世界各国 17 世纪至 19 世纪的大量油画名作和雕塑名作，其中《大卫》《维纳斯》《吻》《永远的春天》等原作都有。看馆的一位年老女士告诉我们，如果不用闪光灯可以照雕塑，我们拍了三张。

晚上饭后，我们谈到诗，人性问题。我的经历是，艺术家尤其是文学家最富激情，也最重感情的历程，很富有浪漫色彩，重视人的情绪和发展。而其他职业的人就逊色得多。有些人简单地把人的感情分为一种有感情，一种没感情。实际上，中间阶段的层次是最丰富的，需要理解的。

1995 年 12 月 15 日

两天去商店，彩色宝石又要了 1000 美元的货，包括所带的所有景泰蓝。克里姆林宫要提前几天订好入门日期，然后去入门登记处领证，打电话联系好方可入。外国人一般不给办，很麻烦。

1995 年 12 月 17 日　星期日

昨晚在任东升公司留宿，八人同聚，打牌，看录像《围城》一至七集，我至夜 3：00 先睡。吃饭时吃猪肉粉条等烩菜太多了，15：00 时仍不饿，却又吃了一些。

中午回到家，女房东和她儿子带滑雪板出门。莫斯科爱滑雪的人很多。

15：30，我和费加出门。几分钟后，突然风雪交加，雪花弥漫，向天望去，像有东西直接从天上倒下来，四处一片白花粉状，几米外只见到灯光的影子，漂亮极了。风雪一阵紧似一阵。我有几秒钟突然有一点害怕，莫斯科的风雪真能把人卷上天吗？雷声也连续响了几次。

我们买了三张电影票《一个钱币的两面》，达吉亚娜也赶到了。三人一起去散散步，去找一家石头博物馆，可惜找到后，他们已经准备下班。电影开演前一小时，影院开门，我们去喝茶、咖啡，还要了两小杯白兰地，我要了一小杯意大利的杏仁酒，吃面包片香肠或面包片吐司，2000 卢布一片，酒每杯 50 克，6000 卢布。杏红酒很好喝。

今天卢布 4750 卢布：1 美金。

1995 年 12 月 18 日

昨天俄议会大选。远东地区共产党选票获最多，总票数还没出来。一些人认为，共产党上台会消灭黑社会，会关心人民的基本生活。

下午去第三个商店——俄罗斯工艺品店，接受了 300 万卢布的货。费加认为这是很意外的。我跟他讨论说，应认为这是很正常的，每一次都会有 50% 的希望，所以尽量多地送货而不是相反。只有多付出，才能多得到。

参加大选的四十三个党，二三个共产党。费加投票俄罗斯民主选择党，领袖是盖达尔，1991—1992 年任俄国副总理、代总理，现任一个经济研究所的经理。

1995 年 12 月 19 日

从达尼洛夫商店出来，在地铁与王丹之见面，交我的护照。真奇怪的是，我第三天就把护照交王先生办落地签，一星期后，王告诉我，从上海领事馆签证的那天，即 10 月 26 日起算起，一月之内离境。而我 11 月 20 日刚到，真是无理可说。我决定办一年三次往返，王说就是办一个工作证，交政府 92 万卢布，相当于 200 美元。我同意了。前几天却又通知我说，什么过期了，要到警察局去交罚款。什么过期了，我也不知道。费加找了三个地方，找到了。去办，说刚死了警察，要明天办。又去，说过一小时来，收钱人不在。又说去银行交钱，俄国人是俄最低工资一半，即 2.5 万卢布，外国人 12 万—63 万卢布，费加只好交了 12 万卢布。

晚上，我送房东柳德米拉一大盒巧克力糖，她送我一个工艺的陶瓷烛台，白地蓝花，两条跃起的鱼，上面一朵莲花，非常可爱。

1995 年 12 月 20 日

我们从手工艺品取钱出来，在普希金广场站的小快餐馆喝茶，是茶粉沏的，里面有柠檬粉，又酸又甜，很可口。费加吃了三个白菜馅儿的小面包。他中午修了牙齿，所以现在才吃。

回来时在门口食品店买了两小瓶克里姆林宫牌的伏特加，每瓶是 100 克，7500 卢布。晚餐时喝了一瓶，庆祝我们见面一个月整。

1995 年 12 月 21 日

从少年图书馆出来，有一书店二楼卖英文书，价格较高。

找新的商店没有结果。

说我们连夏天的钱还没付好。这个店一年、两年前就说他们付钱有问题，这是一个地铁口的店，顾客很多。奇怪！

我做了肉片炒土豆，洋葱炒白菜。像每次一样，我和费加把菜吃光，把盘子也擦得很干净。他说："你听，这么好听的音乐，要不要点起蜡烛？"我把房东送我的烛台和我今天买的玻璃烛台点起蜡烛。玻璃烛台像是一块冰一样的手举起烛光。

1995 年 12 月 22 日

昨天夜里的梦竟清晰地被我记住了。在蔚蓝色的大海上，写着一首乐曲，最后一个音符是 2，然后是省略号两大行，最后一行音符在海浪下面，白色的浪花翻滚，我费好大劲儿也没把浪翻过来，只好对妹妹说，最后一句没办法唱了。

我们又来到船上，几层都是商店，我站在第二层，一转旋钮，三层就像电梯一样下来。我上到最高一层。里面好像是铁道兵那些战友正在准备晚宴，一个问，伊蕾来了吗？一个指外面，那不是吗？我请妹妹自己出去玩，等我，我这时也可能是醒来了。

1995 年 12 月 23 日

下午我们搬家到斯维特拉娜家。

路上在红场又与王丹之见面，要回护照等，还去警察局写一个详细的被罚款原因，盖章。

斯维特拉娜大笑着来开门，她竟这样地爱笑，与柳德米拉完全不同。我们一起喝了五桶啤酒，吃咸鱼、榛子果。

1995 年 12 月 24 日　星期日

早上，任东升打电话邀我去过圣诞之夜。下午费加来，我们一起翻译我带来的那些微雕，晚上谢绝了任的邀请。费加出门去买了香槟、巧克力、冰激凌。斯维特拉娜来后，我们又点燃两支蜡烛。

布敏于夜里 12:00 来电话，说美国人正在大包地买东西，圣诞时很多东西降价一半卖。她的绿卡还没有办成，她准备存一点钱，然后办公司。她说芝加哥每年五六月份举办国际特大展卖会，可组中国团来。

我请她为我收集几个旧式蜡烛台，木的或石的或金属的。她说美国这种东西多的是。

1995 年 12 月 25 日

约好 10:30 在银行，费加、安德烈和我。我 10:24 到，费加已到。安德烈 11:25 仍未有影子。我气愤至极。昨晚打了两个电话说明只有今天有机会用护照取今年的钱，不然这些钱到明年，不知道会发生什么事情，他却置公司死活于不顾。

我和费加只好回费加住所的警察局去办我的事。

1995 年 12 月 26 日

昨晚我很愤怒，但仍做了最大让步，电话中与安说好 10:30 今天银行见。他 11:20 终于有影，我们去取我的出差费。他却没有加上 200 万的办公费，又写一张取现金单。但银行说一天不能取两张单的钱。第二张单是十日内有效。

我当晚就把钱转老总。三日内可望回国。

在记者俱乐部我们喝一瓶香槟，等安德烈来退货、结账。我和费加打赌说：你说安会不会来？他说：不会。我说：那赌不成了。我说：他要来，明天太阳从西边出来。

斯拉瓦说：如果你定要一杯茶，我一定会为你找到。我说：那非常感谢。

近 22:00，一位电视台记者发白酒，第一杯给我，说一位同事在车臣又被打死。他一共发了二十多杯白酒。

我们送了斯拉瓦一块中国微雕，送尼娜一个玉象小坠。微雕上是李白的《客中行》：

> 兰陵美酒郁金香，玉碗盛来琥珀光。
>
> 但使主人能醉客，不知何处是他乡。

斯拉瓦满脸笑容向我点头。我走过去，他吻了我的手："非常感谢！"

1995 年 12 月 27 日

12:00，王丹之的助手把护照又还给我们，因我们是在签证过期后签办的工作证，一年三次往返不给办，需出一次国再回来办理。现需要出国票去办延期手续。是去中国还是可以别的国，王先生问好后告诉我。

我和费加又去银行取 200 万卢布的工作费。关于 200 万是否一定要有花费的票据，我们争执起来，就在换美元的窗口前。

1995 年 12 月 29 日

昨天中午见娜嘉。费加从商店来，12：00在俱乐部。娜嘉从中行来，带来了转银行要的文件。

我问每月办公费一定要有票吗？她说要有，不是每月，是年底算总账。关于出差，她说可以做一个出差一个月的命令，再做一命令延长一个月，每天补助 28 美元。再长怕出问题。关于检查公司，她已说过今年需 700 万卢布（4680 卢布／美元），我问有没有便宜的，她说，这是一个最大的国家的公司。有便宜的，开始便宜，然后检查中不断追加。所以一个上当的公司要求娜嘉为他找新的检查公司。

我们三人又一起去银行中行，问如果委托俄国人取钱可否，委托多长时间，他说，都行，那是你们自己的事，要公证。

晚上仍在俱乐部与安德烈见面。他退还了一些东西。我说了对公司工作的总评价——"基本正常"，但不理想。安说是新货少，我说：景泰蓝是中国传统艺术品，每年都有新的购买群，这是一个问题，但不是最主要的，主要的是不够积极主动，保守，新店少。

中午喝香槟，晚上喝一瓶葡萄酒。

今天中午去里尼亚送货 150 万，下午去俄罗斯工艺品店，领 162 万现金，明天送一些货去。

王丹之先生通知我说，已联系好去罗马尼亚，那里一个中国公司经理正好在莫斯科，手里有章，发一份传真给我，即可去罗使馆签证。

1995 年 12 月 30 日

中午与 Leonid、安德烈见面。安迟到一个多小时，13：00 多才到，又退了一对大花瓶。傲利亚的钱和货仍未带来，说她放在一个地方，现在不在家，又说女儿让邻居看着，马上要走。

今天我从斯维特拉娜家搬到费加家。

1995 年 12 月 31 日　星期日

我醒来时费加已不在，一定又去了朋友家。下午我去大街，莫斯科的百货店，阿尔巴特街。街上在放花炮，在空中闪光和响的，沿街都卖大蛋糕、香槟酒、巧克力、榛子、花生仁、糖和毛衣等用品。

我买了酒、榛子、花生仁。又在门口买了小蛋糕和三支康乃馨。

零点仍是叶利钦祝贺新年。之前演《命运的捉弄》这个有趣的电影。其中很多歌是布加乔娃唱的。

费加和达尼亚拿出往年的圣诞树，银色的纸叶子，组装的。又点了四个烛台。达尼亚做的鱼子酱面包片、生鱼片、烤鸡腿、蔬菜沙拉。

1996 年 1 月 1 日

13：00，我在马雅可夫斯基站与左贞观见面。他领我去了一家外国咖啡馆，要了两杯咖啡和水果蛋糕一块。他这次提了很好的建议：

1. 俄电台有几百万小时的录音可买。也可请大剧院乐队或他的乐队演奏录音，把中国歌重演奏，如改成管弦乐。

2. 俄还有艺术电视片可以买后剪辑，比重录制要省钱。如唱俄

171

的歌，后面是风景。

3. 有艺术电影片可买。

制 CD 每盘成本 2 美元，卖 10 美元。

录制一盘需 2000 至 5000 美元。

电视片录制每盘 2 万或 1 万美元。

另，莫斯科约有四百个话剧团，一个小剧场，每月可有二十多场。多是名著、古典。如契诃夫《三姐妹》有五个团不同剧本。场地最少六十人。各种场地，一般有赞助。有的免费入场。有的剧无对话。

关于出版。有一七十多岁汉学家，翻译过中国古代女诗人的诗。

俄有一组织，哪本书开始翻译，即去登记，别人不得再翻，中国肯定也有这种组织。

1996 年 1 月 3 日

今天去罗马尼亚使馆签证。接待人是大使的顾问，他说，应有罗马尼亚当地的公证，警察局的同意证明，还要将邀请翻译写成罗马尼亚语。他说，大使不在，他现在代替大使工作。他说，我很想帮助你，但是没办法。他还说，我去过中国，会讲"谢谢""罗马尼亚大使馆"。

中午在大使馆见宋良。与费加三人共进午餐。

1996 年 1 月 4 日

上午即与匈牙利联系，发传真，晚上阿丁电话中说，如邀请也要去警察局登记，大约要一个月。我们即决定买回中国的票。

去银行取了 200 万卢布工作费，安又迟到五十分钟。

1996 年 1 月 5 日

去地球仪书店，得知要签新合同，需新税号。

沿途见一古老的白桦树画，卖 200 美元。

19：00 在格林卡中央音乐博物馆看中国音乐会。主办人是左贞观，六七个节目。其中小提琴独奏的女孩儿极富天才，在莫斯科音乐学院学习，她在不停的掌声中再次返场。

这个博物馆每天有节目，票价 6000 卢布，一个美元多。座位大约二百个或更少些。

女演员演唱了左贞观作曲的《故乡》。

1996 年 1 月 6 日

12：00，又与娜嘉、安德烈、费加见面。娜嘉说有三种税还没交，担心被罚款。安德烈应该马上去交。

我请娜嘉考虑如何使我们的费用得到证明。她说可以做中国住宿的较贵的收据，即高于 28 美元。另外，咨询费可做。

安德烈要上个月工资。我说，一年的账你都不清算，至今日还欠公司近一万美元的账，怎么能要工资？他说去年的工资我实际上减少了一半。我说，去年定工资是出于我对你的关心和照顾。你是不是认为一个商店也不找，只去银行签字就应得 200 美元工资？那么费加的工资怎么定？他只一个专职工作，要干每月二十天。我说今年公司要发展文化业，你可尽力。另外，你不能再迟到这么久。

还找他要了学校电话，这个电话是三年多来第一次要到。

我们每人喝了两杯白兰地，吃了小点心、面包香肠片、巧克力。

1996 年 1 月 7 日

费加和达尼亚去过达尼亚父亲的生日，他今年八十四岁。我一人在家，整理一下公司的东西，打电话。

跟左通话，他说：外国公司已制成的 CD 盘，要买复制权会很贵，也没有必要。电台有许多 DAT 带子，是数码带子，你可听一听，选择购买。现在中国人都要柴可夫斯基和 50 年代苏联歌，已有几大公司买过，你可另选别的，太多了。电台的人没事就录音，那也是他们的专业工作，现有几百万小时的音乐准备卖出。我有很多好的想法，可以合作。

1996 年 1 月 8 日

达尼亚建议到森林散散步。费加，还有我。走出他们的住宅一分钟就是教堂、森林，白桦林和松林。许多人在森林中用滑雪板在滑雪，成人大多数是男人。还有小孩子用狗拉雪橇跑，一个老人为两个幼儿拉一个雪橇。森林中时常有上、下坡。回来走另一条路，路上有三座小木桥，没有栏杆，在低处。

我穿着达尼亚为我找的鹿皮半大衣，很热，解开扣子，头上戴的是达尼亚去年送我的白毛线方围巾，我想我可能像一个猎人。

回家后喝茶、吃中点。大约 13:30 后我和费加去买飞机票。

已知新疆航每周五上午 9:00 起飞，周五上午 11:00 到莫斯科，往返票 650 美元，单程票 350 美元，学生优惠。免费行李六十公斤。在乌鲁木齐免费一晚住、一餐饭。第二天上午 10:00 后有飞北京的飞机，也可住一两天再走。

我们先去了俄航，单程 190 万卢布；往返一月内定日期，300 万卢布；三月内定日期 320 万卢布。每周二、四、五、六，00:25 起飞。回到莫斯科是 19:25。我买了三个月往返票，3 月 1 日的，三个月内可提前三日去改日期，费用很少。也需提前三日去订座。

1996 年 1 月 9 日

11:30 与王丹之在伏龙芝地铁站见。我把护照、工作证、延期罚款证、照片和欠的 200 美元给了他。他说争取签成往返的签证，再回来不用签。那当然太好了。

还谈到能否有一俄公司接货，按分成的价格，付现金。

13:20 到俱乐部。跟费加一起喝茶，吃了肉面包两个。然后去著作权委员会。

她说，俄著作权会与中华版权代理总公司有协议，不针对具体公司、出版社签合同，只能通过对方。她说我们买的那套书中的作者是个老作家，大概可以和他个人签合同，其他的需同出版社签，而且社里会要价很高。

她说，他们同中华版权代理总公司有个协议，双方互相免费接待代表团。今年 6 月中国会有一个六人代表团，出版界的，来这里，但是自费的，她正在找合适的宾馆。

大约四点，我们去地铁站看新房子。一个老太太，六十多岁，她的孙子是莫大数学系学生米沙，她叫嘎丽娜。四间房子，一个小储藏室。

出门后在门口复印一些文件，买工作本。

19:20，我与延总在回国火车站见面，去见 19:55 火车回国的一位朋友，请他带回我的东西。王善辉也同去。回来时，小王送我至地铁，费加已在那儿等。

1996 年 1 月 10 日

13:00 到彩色宝石。取了 211 万卢布。他们的经理去了新加坡，要两个星期后才回来。

会计接待了我们，要了各种玉的首饰，共 280 万卢布的货。

在地铁口喝了咖啡，吃了两份香肠加面条，即去地球仪书店。签了新合同。他们要了玉手镯、开口镯、铃铛、小玉坠、景泰蓝小坠等。我问珍珠的要不要，米沙说可以。大玉象当然也可以看一看，试一试。红珊瑚，有很多，价格如果便宜。

17:00，到俄民歌委员会，现在的创造性组织会——音乐民间艺术。该组织的领导达乌拉、米哈伊洛乌娜、巴乌洛娃女士接待我们。她说，该组织收藏甚丰，包括录音带、乐谱、歌词和唱片，如按每盘 200 首计，共 2000 盘，40 万首款，有伏尔加河边的少数民族歌，是顿河边的高加索北方的民族。

做 DAT 之前，要做修理，最宝贵的一部分最旧，修理要每小时 600 美元。然后做 DAT 数字带，再做CD。

1996 年 1 月 11 日

费加在家给会计打字发文件。16：00 来，问房东："我们是不是昨天的计划？"嘎丽娜说："是的，搬家。"她昨天说过了，请费加送她马上走。费加说，我们要工作，这对我们不方便。双方争了几句。看来，费加完全不想让步。我给了房东 2 万卢布。去俱乐部赴一个约会。

费加、娜嘉和两位客人，一是作家伊万诺夫，他出版了四十本儿童书，其中两本，拍了十一部动画片，有一本印了 1000 万册，销三十七个国家。另一位是他太太，出版社负责人，美术家。他留了五本书，我要带回国内咨询，一本是《翅膀、角和尾巴》，一本是《松鼠》，属低幼儿读物。

在酒吧喝了一瓶格鲁吉亚红葡萄酒，然后回斯维特拉娜家。

伊万诺夫是俄作协会员。他说莫斯科也有作家俱乐部。有三处休养所，包括大楼和小房子。

1996 年 1 月 12 日

昨夜又给何山保经理发传真，请他在认购 10 万吨尿素的书上盖章、签字，并请银行盖章传真过来。本星期价 185 美元 / 吨，下星期为 210 美元。12：00 我又打去电话，方传真过来，但银行盖章要星期一。俄方同意等待。

下午去手工艺店和里尼亚。手工艺说玉的项链等好卖。里尼亚是新店，什么都可以。

1996 年 1 月 13 日

与左贞观在作曲家协会见面。里面有咖啡厅、音乐厅、小餐厅。我们谈两国作家、音乐家几十年的生活境况和各自的生存。决定明天听一些带子，做具体讨论。

晚上，到费加家算上年贸易数字。又过这个老新年。零点整，互祝新年好，彼此大笑，为太多的大节日。

1996 年 1 月 14 日

下午在左的家，听左的乐团"俄罗斯爱乐乐团"演奏《宝岛情》的 CD。第一首《橄榄树》，极富深情，极其优美动听。我们列出具体可做的项目：

1. 买《宝岛情》的版权，5000 美元，现金支付。

2. 邓丽君歌曲改编成管弦乐——这一项使我极为兴奋。

3. 买俄古典音乐母带，在中国出版，或苏 50 年代歌母带。2000—3000 美元。

4. 编录管弦乐一盘（60—65 分钟）5500 美元。（编曲每首 200—250 美元）。

5. 邀小团体 6—15 人去中国演出。

1996 年 1 月 15 日

上午与达尼洛夫、艺术沙龙签了今年合同。下午同工艺品签了合同。

因为算去年账，现金花亏近 1000 美元。费加一直心情不好，我说：这也是好事，你应该高兴，不向你要利息，不限期归还，从商业讲，这对你是好事。另外，今年我们会有动力去挣多一点钱。

1996 年 1 月 16 日

去文登议买一件中国衣服。

17：00，与王丹之和助手约在地铁见，拿到延期签证和护照。

1996 年 1 月 17 日

早上与延总通话，延总说小王对给我公司做会计有种种疑问，怕承担责任，干脆让我老婆去吧。

11：30 在地铁见，新会计名乔艳红。一位典型的职业妇女。

从公证处出来，去俱乐部吃饭，又去银行。得知，银行需经理和会计两人同时公证在一张卡片上，而我们只做了一个会计的。另外，需两张卡片，因何公证处只给一张？奇怪。

1996 年 1 月 18 日

11：00 在公证处排第一个重做了公证，又赶去银行存档。

15：00 去民歌委员会。

1996 年 1 月 19 日

10：00 在左贞观家最后一次见面。他写了一些合同项目，包括：

卡拉 OK 在俄拍外景，每天四小时费用 250—500 美元。

买 CD，2000—3000 美元。

改编中国歌曲十二首，录制一个 CD，由俄乐团演奏，5500—6000 美元。

晚上整理行装，二十公斤的旅行包装了三部分书：给中华版权代理总公司带的、伊万诺夫的儿童书、当代长篇。

费加送我去机场。

1996 年 1 月 20 日

到北京机场是 13：50，19：00 到宁修家。与宋绍明通话，他想明早尽快见面。一会儿，小毛打来电话，约好明早 8：30 到琉璃厂青岛渔家宴大酒店见王新春。得知今上午中铁建已为拍电影召开研究会，但两个头头未到会，启动资金问题悬而未决。

1996 年 1 月 21 日

到宋绍明家是 10：00，一会儿沈家英、冯复加到，盛玉宽到。初定启动资金可以调来，至少出五个本子，定了七八个评委。再向中铁建汇报，谋求共识。

1996 年 1 月 22 日

先去中华版权代理总公司送书与合同，下午赶回天津。

1996 年 2 月 1 日

一星期内向中华版权代理总公司推荐了的两本书：《警察——祝你好运》《我们与你同一血统》。

向百花社张雪杉推荐一本《最底层的一个最先死》，向天津电子音像出版社推荐了伊万诺夫的录像带《翅膀、角和尾巴》，与新蕾社初谈了这本书的印制、发行。

1996 年 2 月 9 日

2—7 日与建平、康泓、邹建平、何维娜、夏丽霞、刘云、张羽在高明市度过。住皇家银海大酒店。

7 日当晚去深圳，与唐栋匆匆一见，言不达意，他即派车送我去深圳南头海关。林晓东、张俊彪也在那儿等。张有免检证，车顺利过关。9 日午时返回广州。

1996 年 2 月 10 日

住艺星宾馆，唐栋买单。他今上午又是工作，中午才有机会见面吃饭。

当晚，唐栋相约，陶建军、肖建国、寄丹到。康泓又约了《作品》的艾云，还有唐栋的儿子，寄丹妹妹江涛。

陶现在是广州电视台音乐台负责人，他希望我带来俄的音乐片资料。

1996 年 2 月 12 日

昨到上海，见杨夫之。今午时见李章，共进午餐。下午去医院看王安忆，她血压不正常，心脏不好，精神紧张。但检查显示是正常的，王说医生骂她神经质，她送我刚出版的《长恨歌》。在花园里坐，太阳很好。我送她一支勿忘我，蓝色小花。她穿浅粉色的绒衣，淡蓝色的背带绒裤，肥肥大大的休闲式，好像很无力，说年后要去杭州休息一段时间。

1996 年 2 月 13 日

午时，李章约薛范和我在沪警会堂门前见，去旁边吃火锅自助餐，48 元一位。薛是苏联歌曲专家，已六十二岁，腿严重残疾，拄双拐。他自学了俄语、英语，翻译过一千五百多首外国歌，其中六百六十多首是苏联歌曲。1988 年和 1995 年分别编辑出版了《苏联歌曲集》，中国电影出版社出版。

薛说去年北京出现苏联歌曲热，北京音乐厅连演二十三场不衰，50 元票炒到 500 元，还卖了一百张站票。书卖一千本。

薛得到俄政府颁发的贡献奖，大使参加了表彰会，中央台、北京台、俄电视台都纷纷采访。

去年，薛已编好一盘 CD 的歌，交电影出版社，但社里至今未投资发行。我提出出资。

李章说需找俄一些大音乐家的歌、传记，钢琴曲、小提琴曲，最传统、最权威的教材（已有约翰·汤普森教材九册），儿童音乐百科全书，演奏的古典乐曲，红军歌舞团唱的，施尼特凯、古拜杜琳娜、莫洛瓦（小提琴家），还有格林卡、柴可夫斯基、里姆斯基—科萨科夫、鲍罗丁、居伊、穆索尔斯基、肖斯塔科维奇、哈恰图良（父）、斯特拉文斯基、普罗科菲耶夫、拉赫玛尼诺夫、鲁宾斯坦、杜纳耶夫斯基、索洛维约夫 – 谢多伊。

还想找电影纪录片《杜纳耶夫斯基的旋律》。

1996 年 2 月 24 日 （初六）

下午去桂顺家移居，晚上见李天麻。他决定着手《客厅》一书。

1996 年 2 月 25 日 （初七）

11：00 多接到朋友电话，出去吃饭。15：00 在 27 号新货场站接子林来家见面。喝了一瓶桃红王朝葡萄酒。

1996 年 2 月 26 日 （初八）

薛天虎、石冰先后来。下午建平、品青与我先后到杜滋龄家。晚上在少帅府吃饭，何山保请客，认识驻纽约代表崔广泰。

1996 年 2 月 27 日 （初九）

从何山保公司去北洋音像出版社，与品青一起见沈玉斌、赵伯华、马秀华。

晚八点多，高林来。喝了一点通化红葡萄酒，是我特意在回家路上买的。

1996 年 2 月 28 日

下了汽车即打的去濮玲华家。她身上还留着年轻人的朝气和天真热情。我们谈了"苏联歌曲珍品"CD 的市场和预测前景，谈到薛范，谈到我为什么不写诗，为什么下海。谈定我去延期，几日后签合同。

下午我去京伦饭店将 3 月 1 日飞机延至 3 月 5 日。去表弟家放下东西，即去高祥林家，他已为我约好谈话人。

21:40，王德禄先生从楼上下来，他是中央电视台总编室的，负责审查外来影片。他简介情况如下：

目前中国电视台大多是美国片，已放过俄国片《静静的顿河》《复活》《夏伯阳》《春天的二十七个瞬间》《脖子上的安娜》《命运的捉弄》《办公室的故事》《莫斯科不相信眼泪》《这里的黎明静悄悄》《两个人的车站》。还可以买，如果好，多少都行。

内容为艺术性强的故事片。专题片，如农业、牧业、林业。军事院校培训军官，苏联红军歌舞团演出的带子。

买播放权，播两次，价格 2000 美元，新的 2500 美元，最贵的 3000 美元。

要求国际声（语言与音乐分道），用 SP 带子播，四三金属带，制式 PAR 制。中国公司要有版权播映委托书（俄文）。

扣 10% 外商所得税，万分之五发票印花税，俄方不知是否还有税。

现进片渠道有二，一是莫斯科电影制片厂驻京代表处，有一中国小姐在做，二是苏联电影厂，瓦西里。

带子过关要上税。

我公司分别与双方签合同，中央台看样片同意买后我再付款买断。

1996 年 2 月 29 日

到文化部见贾福云先生。他说年前刚结束带俄国家模范民间歌舞团的演出，上海、青岛各两场，北京四场，非常成功，场场满座。

他介绍俄有几个好的芭蕾舞团，1. 列宁格勒芭蕾舞团，2. 俄大剧院芭蕾舞团，3. 莫斯科古典芭蕾舞团，4. 克里姆林宫芭蕾舞团。

他还介绍有一俄电视台节目主持人办的艺术团"俄著名艺术家小组"，七人，每年 7—9 月有 2—3 星期时间出国演出。其中一对芭蕾、独唱等，为国内一流水平。

1996 年 3 月 5 日

9：00 到电影社音像部，与副主任濮玲华、主任王家龙见面，由濮起草合同。此前我咨询朋友，结果一般提出版权归出资者所有，二八或三七分成。濮否定说，国家有规定，版权只归出版社所有。二八或三七分成是对个体商而言，他们个人还包发行。我们合作属我方资助出版，不交管理费，五五或六四分成。亏损由出资者负责。但收回款后优先返还出资者。

签合同后，我先付了 1200 美元，算演员费用，最后算总账。

下午，宁修送我乘 13：30 西单民航班车去机场。

1996 年 3 月 6 日

妇女节前的两天，生意的黄金时间，上午，费加去五一商店，我去彩色宝石，然后费加去艺术沙龙，我们又一起去工艺品店。送货 3000 美元左右。

1996 年 3 月 7 日

上午去里尼亚，又去地球仪书店，买了奥斯特的儿童书三部，还有《普希金的爱女们》。

1996 年 3 月 8 日

12：00，与左贞观在大剧院看儿童芭蕾舞《白雪公主》，至半场，出来喝咖啡、谈话，他准备接受写一部儿童芭蕾舞，安徒生童话《夜莺》。

傍晚去延炯家，买花者挤成一团。我买了一束紫色菊花，一束红色郁金香。卖得最多的是玫瑰、康乃馨。

1996 年 3 月 10 日　星期日

复去左先生家，送我的一本诗集《独身女人的卧室》。他请我听俄民族乐团演奏的苏联歌曲。我决定将《苏联歌曲珍品》CD 的演奏从中国乐团改由左的爱乐管弦乐团承担。当然这应马上征得中国电影出版社的赞同和支持。

左报价为 5000 美元录制一盘。编曲另算，每首 200—300 美元。这盘 CD 他可找到现成的曲子，不另编。另制一盘加俄语演唱的母带，加 1000 美元。

他说可为我组二十五人团的芭蕾舞团，现有《天鹅湖》二十五人演出录像带可看，亦可将《吉赛尔》改成二十五人团，演出费每人每天 20 美元。

我还说了请他找好的艺术影片。

16:00，在记者俱乐部，与费加、会计见面。会计说，增价税等于卖价减买价，要交30%。利润税等于增加价减税减费用。其他税从增价总值交，按不同百分比。如果价定太高，增价减少，会引起税务部门怀疑，招致麻烦。总之，要各方平衡。

去年检查公司费用是480万卢布，980多美元。

其他税有国家利润税、城市利润税、国家增价税、城市增加税、公路税、各种专门税、财产税、住房基金税。

1996年3月11日　星期一

去威登汉①为青年近卫军找包装袋。与费加先进入主馆，我又找到那个石头店，买了一块观赏石——水草玛瑙，下面深绿像石头青苔，上面灰色积云，地上残红，似秋日落花。

1996年3月12日　星期二

又去著作权委员会，见玛丽娜，转交焦广田先生信，并请她代为介绍近来拍成电影的好书等。

复去威登汉石头馆，送货70万卢布，付了现金。他们要小动物、美人头、小鱼、小摆件。他们说太白的那种玉和太绿的那种都不是玉，不接受。

去艺厉大送货，取钱。

---

① ВДНХ 是 "Выставка достижений народного хозяйства" 的缩写，意为 "国民经济成就展览"。这是一个位于俄罗斯莫斯科的大型展览中心，最初是为了展示苏联各个领域的成就而建立的。全称是全俄农业展览中心，通常缩略译作全俄展览中心，又俗称 "威登汉"。——编者注

1996 年 3 月 13 日　星期三

在地铁与王丹之见面，收到护照，他说 7 月 1 日前要重新登记公司，最好尽快办，临近律师费价格会高，他为我找一找便宜的。

去大使馆见翟民，转交《红楼解梦》和信。

见左。午饭是酸菜汤、面包香肠、土豆泥猪肝、起司、茶。我问起他岳父，翻译《红楼梦》为俄文的唯一汉学家，闻听他岳父已去世。他岳父翻译极好。

在记者俱乐部喝一杯茶，一杯格鲁吉亚红葡萄酒，等费加来，又一起去见画家谢尔盖·列昂季耶维奇·库拉科夫斯基。看了他一百多幅油画，选中三幅，一是伏尔加河风雷天气，是他正乘船时突遇的风雷，我看了为之震动，很感动；一是莫斯科郊外的小屋和门前的马拉雪橇；一是老杨树和水，层次丰富、明丽。画家的父亲在画家二十一岁时死了。他生于 1921 年，当过炮兵、侦察员、苏联对外广播电台的组织者，已画画三十多年。画协主席说他的画很有个人特点，不是哪个名家的风格。

1996 年 3 月 14 日　星期四　晴

10：00 在地铁站下车，有小车在等，接我们去 2×2 电视节目制作办公处。经理请我们看了一些带子。她的节目分为两部分，一是文化消息，一般两三分钟，一是商业的节目。我请她列一个单，报价格。

去银行。一个新店，少年图书馆，艺术沙龙。在少年图书馆，一姑娘看我们的货，最后与费加互换电话号码。我得知后，立即警告费加不要和她见面，莫斯科到处是陷阱，我还讲了中国的一些案例。

晚上我对费加的用钱提出批评，他说，"我虽然不高兴，但是没办法不接受。"我们约定今年的具体行动——甲方全年共进 48000 美金货，乙方每月平均送 4000 美金货，弄清各种税务，每三月清点货物，与数量账相符，每月底结算现金。将公司现金封存。

1996 年 3 月 15 日

11:00 给天津打电话，没有人接。晚上给濮玲华电话，她说薛范说前期费用太高，国内乐团也可以，而且可以唱俄语。我说：你们认为是否俄管弦乐团肯定比国内团好？她说：那是肯定的。我说：好，我们就是要最好的，可以从定价上找回来。

1996 年 3 月 16 日

10:00 我给天津打通了电话，是午休结束的时候了。我谈到《廊桥遗梦》《红楼解梦》，拆字法来解名字。我们谈到一些琐事或者说复杂的事，但是只能见面再说了。而电话里时间过得太快了。我说到《红楼梦》第二十八回，宝玉行的令，"滴不尽相思血泪抛红豆……"我一直为这些词和王立平谱的这些歌而深深感动。

1996 年 3 月 17 日　星期日

去大跳蚤市场，寻见一对小树皮画，本色的木框，本色的桦树皮，上面有一个和两个树结，像是秘密的森林故事。我怀着一种想象买下了它们。

1996 年 3 月 18 日

去银行，交四季度税 90 万卢布，银行又催我们转行，说下季度服务费升至 100 多万卢布。

16：00，与左在 M 喝茶，把早上中国的传真给他看，传真中心说此次选的歌不合适欣赏，是推广用的，不必俄管弦乐团和俄语唱。

17：00 到作家大楼的书档案室，这里存有所有作家的作品目录档案，她叫瓦列吉娜·阿列克谢乌娜，工作电话为 2913459，说下次为我们准备所需要的材料。

晚上与费加喝俄国啤酒，谈算账的事。我强调，这个公司的贸易实际上一半以上已是他的。而且年底还需还中方的百分比，需在 50%—70% 卖货总价之间，不然是亏损。他说："你对我说这些很好。"我拿一个烟盒说："它有四面，我要让你看到另外的三面。"

1996 年 3 月 19 日

10：00 去许更西先生家。他很平易、热忱，他说，北京电视台 22 号要来莫，从德国来，一星期。买一部 48 集电视连续剧《圣彼得堡的秘密》，已经谈了两年，刚刚交款。

他介绍给我一部《俄罗斯芭蕾舞明星》剧剪辑片，二十集，每集 56—63 分钟，每集中有各明星的一段舞，经典之作。

他说还有一个 3—5 人演唱小组，可推荐。我说可配合《苏联歌曲珍品》CD 在中国发行，邀他们成行，与中方演员同台演唱。

下午去青年近卫军店送货。

然后去"声音出版社"，总裁赠其所著书一套给我们。副手叫安德烈·瓦西里耶维奇·卡诺夫卡。他们说早想在中国找合作伙伴，他们是严肃文学出版社，大作家、名作家都在这出书。过去有大出版社，如青年近卫军社，现在什么都不出。他介绍给我们许多书，一本是印了 100 万册的。

我提出一个建议，选十个俄罗斯优秀中青年作家作品，为一套，在中国出版。

1996 年 3 月 20 日

今天去了手工艺品店，拿钱 50 多万，又去看了工艺品店。

去录像公司。他们给我很多片子介绍单，六盘录像带。他说，可以在两个以上电视台播出。每台播两次，一小时 1000 美金。一年或两年之内播。

晚上，许更西先生也打来电话说，他介绍的二十集芭蕾舞片，经请示领导，可在若干电视台播出。地方台在编排节目时可以用这些片的一部分，每小时 1200—1300 美元，价还可商量。

1996 年 3 月 21 日

12：00 到科技电影片厂。在绿线头坐 551 两站，向东走 200 米。经理不在，助手下来交一个有名字的卡片给门卫，即领我们上楼。她拿出历年片子目录，我们拿了 1992—1995 年的，要了一盘带子《我什么都想知道》。楼道里没有灯，助手说因为没有钱，要节约电。

接着去纪录片厂。在市中心。在七楼资料档案室查目录，都是20—30 分钟的短片。各种内容都有。还有几十年来的。有一批是在中国拍的片。资料员说，厂里只有影片，没有录像带。要制成带子很麻烦。看来工厂已不直接卖片，要找影片出口公司。

影片出口公司在北京的代表叫阿伯拉莫夫·瓦西里，三十五岁左右，跟费加曾在电台共事。科技片厂的助手说，瓦西里没有什么卖掉的片子，但他手里有很多样带。

晚上跟左在作曲家协会喝茶，喝了两杯红酒，他说他只能喝一杯，讲了他九岁的故事和十九岁的故事。

1996 年 3 月 22 日

约 14：00，到《我们的遗产》季刊编辑部，这也是一家出版社，做历史、文化遗产方面的书。客厅里是一个极现代化的画展，用各种杉木钉起来的画。办公室的桌旁，一边坐着三个硬纸做的人物——斯大林。

负责人说，他们每周在厅里办一个小画展，然后请画家留一幅画，这样以后他们就可以办大的画展。

他们的刊物是一个公司资助出版，只能收回成本，每册 12 美元。他们出了几本书，也是各公司资助出版。他说他写过十五部书，其中三部是诗，他特别喜欢中国诗，喜欢李白、杜甫、李商隐、王维、老子、孔子。他可以在各方面与中方合作。

我说回国后策划一本介绍俄罗斯文化遗产的书，请他们编辑。

16：00，在地铁站，许更西先生在等我。有车送我们到和平电视台。先看了"俄罗斯民间舞蹈总汇团"四十分钟录像，给了各种资料、照片。这个团 1990 年创始，比老的团更有活力。如"俄罗斯国家模范民间舞蹈团"是老团，年前在中国演出八场，贾福云带团，非常成功。

许先生的车送我到基辅站，即去机场接从德国来的北京电视台六人。

1996 年 3 月 23 日

11:00 到燕兴经理延总家。我带去从录像公司要的六盘带子，先看了《斯大林的一个晚上》，整整一夜。又看了《金色的云》。

16:00，去地铁站看一套房子，小套间，每天20美元，楼下有食堂。短期居住最宜。

1996 年 3 月 24 日　星期日

跟乔艳红去大市场买皮衣。她上次看中的一件295万卢布的皮衣涨到395万卢布，而且人群拥挤，我们尽早退出，又去阿尔巴特街。

晚上，乔、延与我去2号线的一个剧场看芭蕾舞剧《天鹅湖》。这不愧为一部世界名剧，美丽绝伦、凄艳的爱情悲剧故事，纯洁至美的天鹅令人心动。全剧共四幕，幕间休息三次。

1996 年 3 月 25 日

今天去工艺品店。经理说：如果你们能很快换货是最好的，如屏风、扇子、剑、雕漆、大手镯、真丝大睡衣、衬衣、少绣花的枕靠背套、好的珍珠项链、落地大花瓶。她说：我的波兰合作伙伴就及时换货。不管多贵，人们想买一些有价值的东西。

手工艺品店说，这个店不久要取消，只要了很少的美人头坠、细手镯。

又去达尼洛夫店和地球仪书店，卖得较慢。

从去年起，外国公司要重新登记。王丹之提供一律师名字，要600美元。他今天仍未去上班。会计提供的律师要500美元。为什么要重新登记？也许只是为了这些钱，外国公司的钱。

1996 年 3 月 26 日

费加去达尼洛夫和地球仪书店送货。然后一起去律师事务所。律师娜嘉接待，说我公司须有总公司签署委托书，委托一人在文件上签字，委托书应在俄驻匈欧使馆当面签字，确认，用俄文。然后特快专递，之前可传真一份，三五天后即有临时新公司文件。三星期全部做完，共600美元，不含公证费等。含刻公章，开银行账号费用。

15：00，左带我去旧阿尔巴特街录像片商店选片，共三百多片子目录，左选了近二十部写给我，建议我先自己看中，再去工厂要。

1996 年 3 月 27 日

在电影中心看一场意大利歌剧片。

去录像公司商店买了三盘录像带《秋天的马拉松》《两栖人》《荒土地上的白太阳》。价格26000卢布（4890卢布：1美元），而租一天是6000卢布。

18：30 在俱乐部见王丹之。

1996 年 3 月 28 日

天又变冷，下小雪。10∶00 到里尼亚，取了 150 万卢布，然后回家。翻译录像带名，了解内容。

1996 年 3 月 29 日

14∶00 在俱乐部见作家罗曼·卡努施金的母亲，母亲交给我几本她儿子的书，作者三十五岁，写儿童书和成人书，爱乐器、滑雪、旅行。

去阿尔巴特街图书大楼买一盘 CD，上面有电影插曲《莫斯科郊外的晚上》。

在照相机商店买两盘 CD，里姆斯基–科萨科夫的和斯特拉文斯基的。买两盘录像《尾巴体操》。

1996 年 3 月 30 日　星期六

在左家，听他的作品的 CD，《汉宫秋月》《五行》。

他带我又去图书大楼，买了儿童音乐启蒙的书，和介绍六位俄音乐家的书，介绍六位西方音乐家的书。

二楼有数千张旧唱片寄卖，左说，找老歌可以买它们。但买古典的，不必，要买 CD，因为有 CD。旧唱片从 5000 卢布到几万卢布不等。CD 从 2.5 万到 9 万卢布不等。

上午写了诗《小夜曲》："小夜曲是不死的鸟，小夜曲是未亡人。"读此令我自己胆寒。

1996 年 3 月 31 日

一天没出门，坐在房里想。

现在公司的贸易风险仍系于我一身，上税、会计等事都有麻烦，应再找一个老板的脑袋代替我，双方共担风险，我则进一步解脱。

1996 年 4 月 1 日

去大剧院后面的街印名片，58800 卢布，合 12 美元。

15：00 到"话"出版社，下地铁，41 号楼，他们说他们是三个最好的出版社之一。推荐中短篇三本，是作者的第一本书。此前已在杂志上有名。经理来，说订合同时要交钱，如 20000 册以下，交 4000 美元，然后每印一次付 7%。我说中国不可能付这两种钱，只能其一。他说，实际上这 7% 他恐怕永远拿不到，我可写 4% 或 3%，随便。在德国也拿不到，在中国更拿不到。但我一定要写。第一笔钱我们要付作者 70%，这些很好的作家，收入很少，需要钱。

17：10，火车来，带来一些东西。又送我们两棵白菜、黄瓜、葱、青萝卜。（此车上星期三从中国出发，这星期一到。）

1996 年 4 月 2 日

昨晚呕吐，嘴唇发裂，我知道是内心火盛。今天在家躺。费加下午来。提到他写的那个所谓合同，600 美元工资等。我们争吵两小时，他许多地方只有默认，但仍无改变之意。我说：我考虑三天，现在不要再提 600 美元之事。

我说：你怎么连最基本的常识都不懂，把公司钱私自花掉，不思偿还。提 600 美元工资，但不保证全年公司基本经营数额。

1996 年 4 月 3 日

中午在俱乐部与会计娜嘉见面，她请我签字一季度所有报表，两本，一本是说统计局的，一本是她本人留。她说公司去年没利润时，税务局要认真检查。本公司去年只一季度做了有利润。

会计走后，我跟费加谈话。要点是：去年利润太低，今年要改变。一是以工艺品店为主，从 5 月试验贵的货，成功的同时关闭一些不好的店，如五一、达尼洛夫、手工艺品、艺厅大等。争取俄工艺品店每月销售额 1000—2000 美元为基数。二是因此节省了时间，费加可以找第二职业，保持原工资不变。他很同意，这实际上是我自我解脱，收回经营权的第一步。逐步过渡到以一两个店为合作伙伴，而不是以一个雇员为合作伙伴，这样更可靠、更有效、更长久、更正规化贸易。

1996 年 4 月 4 日

上午去银行。

下午去工艺品商店。跟经理达吉亚娜见面。

后去少年图书馆，买了一幅油画《白桦树小树林》，作者 1921 年生。此画作于 1986 年，画的结构平中见奇，三棵连理树，前有三棵孤立树，树干及全画底色为青莲紫色。售货员说，他用了很独特的颜色。有一种神秘感，是秋天色彩灿烂的景象，叶子正纷然下落。我觉得似与画家的命运极有关。

1996 年 4 月 5 日

见儿童作家伊万诺夫。他希望他的书通过著作权委员会来操作，可靠，省个人时间。他带我们去动画片厂。

这是欧洲最大的动画片厂。他们给了片的目录，是已制好 SP 带的。他们报价每分钟 25 美元，超一小时，可降为 20 美元。印录像带要版权费为 10%—15%，可以 10%。他们请我们看用日本故事在俄制的片和其他一些片的片段。给了一个样带，每片 1—2 分钟片段。

他们说有两三次中国人来谈了，但是没有结果，他不知道怎么与中国人再谈。

中午吃牛肉米饭快餐，1.6 万卢布一份，喝咖啡。

下午去声音出版社，他们准备了几本书和作者、书介绍。

1996 年 4 月 6 日

在左家看俄普希金芭蕾舞团的录像，《天鹅湖》第二幕和一些舞的片段。片段是统一白幕布，我觉得缺少空间感，如打布景是否可以？

1996 年 4 月 7 日

去石头展览会。买到一块玛瑙坠，奇特之极，雪白色花纹没有黑色线，像油画的风雪，我想我会永远喜欢它。

18：00 在一画商家，名傲利亚，养一条牛一样大的狗。她说建议在莫卖中国画，先带样子，画片。

1996 年 4 月 8 日

下午去买票。俄航单程合 478 美元。又去新疆航空，已关门。

1996 年 4 月 9 日　星期二

10:00 买了新疆航空的票，350 美元，星期五 13:45 起飞。10:40 转给王丹之，请去签证，签证星期一、二、四、五接受办理。星期四可拿出。

晚上与陈国平先生联系。他是华侨，母亲是俄国人，父母、姐姐已去世，他和妻子、女儿在这儿。在电台上班。我跟他是星期六谈了在中国出版俄文学作品的想法，他非常高兴。今天他说已去作协、图书馆等处找资料，介绍白银时期的一批作家，这是对中国翻译的一段空白，于中国很有价值。我说要对图书馆、院校学生、作家、爱好者都有收藏价值和参考价值，他完全同意，他说还可以做纪念品，送朋友。

他说：大约编六本，诗、散文、小说、剧、讽刺品、俄侨作品（即旅外俄籍侨民）。一些俄侨作品非常好，有些正回国，有些仍在国外。他说：有些作家要做些介绍，还要准备照片等。我问：是否由您全部翻译？他说：可组织翻译，在中国也有很好的翻译，可以合作。我说：中国的翻译费很低，20—30 元人民币一千字。他说：我们都是炎黄子孙，把这事做好，这件事此后再谈。他答应一星期后传真给我。

1996 年 4 月 10 日

下午，我与费加签了今年的合同。把东西拿回他家。

晚六点，在俱乐部见画家谢尔盖·列昂季耶维奇·库拉科夫斯基。他带来了我上次在他家看中的两幅画，《伏尔加河的风雨来临》《郊外晚上的农舍》。我们一起喝格鲁吉亚红葡萄酒，吃面包香肠、巧克力。付了他50万卢布，合100美元。

这个画家1921年生，莫斯科人，当过炮兵、侦查员、苏联对外广播电台工作人员。他邀请我们夏天去他的别墅玩儿，看他作画。

1996年4月12日 星期五

13：45的新疆航空飞机。中途在新西伯利亚停了三小时，上来一个旅游团。乘客成分大多是小生意人、阿塞拜疆人，对空中小姐动手动脚，抢吃抢喝，吸烟。他们只会说一个汉语词："姑娘！姑娘！"

1996年4月13日

2：30下飞机。我带的十八盘录像带被快检一小时多才归还。4：30进航空酒店。

10：00到桂政的办事处，同在的有朱绍禹师傅。下午去大街看珠宝店、书店。这里人很少骑自行车。妇女讨饭蒙面而席地坐。公共汽车很多。晚上去看桂政爱人的老姨，左志英也在。这里是破旧的平房。晚上满街是卖食品的维吾尔族人。

1996年4月15日 星期一

爸爸下午睡后站不起来，右手不能伸直，言语不清楚。约18：00，打电话叫叔叔来。21：00，祥杰、桂珠来，一起去医院。路上接马祥大夫,急诊断为脑栓塞,住观察室,我留下看守,又叫桂彬来。

1996 年 4 月 16 日

10:00 进入特护室。拿 2000 支票,凑了 2300 元现金。马大夫跟家属谈话,说有日本药,冬灵,三次 3000 元,是自费药,若同意下午马上用药,若不同意,就用其他药。我马上答复同意,用最好手段治疗。

1996 年 4 月 18 日　星期四

今天下午应打第三针冬灵,却找不到药了,领四针,共 1900 多元,每针约 500 元。我找值班大夫,提出马上再买两针。

16:00,买到药后打第三针。

1996 年 4 月 22 日　星期一

10:00 到百花社送四本谢苗诺夫的书,还有两个大夹子是声音出版社推荐书,四本儿童书,两本成人书,托他们转交焦广田。

13:00,去杨作林公司谈合作事宜,他和弟弟有意投资,我说了大概计划,他们很感兴趣。

乘 16:38 火车去北京。

19:10 到高祥林家,财政部的付东正好在场。他说录像带的审查,即电影片进口是全国一条渠道,是广电部音像管理处审查,由他们的总公司卖给各地方台。

他说若有什么发行的文化品,他可给推荐一下。

祥林、俊霞和我把带子都看了一下，除《兔子，等着瞧》《德尔苏，乌扎拉》都可以成彩色图像。

1996 年 4 月 23 日

10：00 后去濮玲华家。

吃火锅涮羊肉。饭后我去红桥市场找货。基本没有象牙和骨头，都是骨粉制品，半尺高人物 20—30 元，小屏风 25—60 元。

晚上去任自斌家。他写一篇我的文章，其中涉及制 CD 一盘的事，我建议他去掉。

1996 年 4 月 24 日

9：30，在文化部传达室，将武志荣的东西转交孙先生。然后进去见贾福云处长。

他听了我的计划很高兴。说音乐书目都很好。音乐、影视、书三项并进，有一项成功也是极好的。他说下半年也有几个芭蕾舞团入京，大剧院团、古典团、列宁格勒团。

14：00，去鼓楼东大街宝钞胡同内的国祥胡同"华艺影视实业公司"见周鹤。我们十几年未见了，他已是白发，六十五岁了。我谈到 CD《苏联歌曲珍品》一事，他看了我与出版社订的合同，认为不合理，他说，应有版权的是我，可转让给出版社，但要有品种、发行范围、使用年限的限制。另外，返款日期要定。还有保底数。

1996 年 4 月 25 日

首都发行所就在表弟家门口西绒线胡同 7 号。上午去，又见任超经理，请他看音乐推荐书目，他也说柴可夫斯基日记较好。他说：现在不包销，社里如征订 2000 册，我可订 4000 册，也有包销的性质。

他提出明年是俄十月革命胜利八十周年，想搞系列文学作品。被褒的、贬的都要。我问多少部？他说最少二十部。请我帮列书目。

下午回津。

1996 年 4 月 26 日　星期五

上午去北洋音像出版社，留三盘磁带给他们听。他们已请音乐专家列了曲目，想要俄的 CD。我说：第一是促成，什么方式做都可以，你们也可直接与俄方传真订合同。另外，俄国一作曲家华侨 6 月来中国，你们可直接谈。赵问：你可否为我们办签证？我说：可以帮忙，每人大约二十天花费近 2000 美元。

19：10，李打电话，约 20：00 前到。我很喜欢他的声音，跟他说话有一种冲动，想吻他的嘴。

桌上有两支红烛，始终没有点燃。音乐不知什么时候中断了。他又一次要求看我的诗，我终于拿给他。他在台灯下俯身，读得很慢。读完了，他直起身，又轻轻向后仰去，闭上了眼睛。

1996 年 5 月 1 日

下午去北京，19：30 在民族宫剧院看阿丁编的话剧《谁都不赖》。贫穷是万恶之源，人应该有能力实现基本的权利，而这种能力是怎样地被剥夺了呢？它又何时能回到人民的手中？

1996 年 5 月 2 日

上午去中央台，把苏联红军歌舞团的带子给总编室王德禄。他已将明星芭蕾二十集推荐给文化广场，将两动画片推荐给少儿部。

中午与祥林共进午餐，参观了一下演播厅。

1996 年 5 月 20 日

爸爸日渐好转，可以扶椅或扶人走路了。中西医结合治疗，针灸、中药、点滴并用。

1996 年 5 月 22 日

这月已将十部少儿书推荐给少儿社。将美国《客厅》推荐给马威找书商。将"黑母猫"系列推荐给百花社。

14 日和 16 日，在北图招待所见薛范。16 日午时与濮玲华一起在随园酒家共进午餐。

1996 年 5 月 30 日

明天去北京，直接由北京去莫斯科。

这几日，看了西青区第六埠的别墅，13 万元人民币，120 平方米，很结实，外观也可以，安全基本没问题。问题是房型太陈旧，小厅，窄楼梯。另外离市区三十公里，远了一些。

回来路上又看了常光明的地，六十亩，在森林公园边上，要建成区须三年以上时间，我等不起，常说：你可建第一座，我搞第二座。但我的胆子还没有这么大，敢守大森林。

品青又与西青区说好，给常买十亩地，在外环边建一小区，这个方案应该可行。

李来看我，送我两样用品。

我奇怪声音的魅力竟然不亚于视觉和所有的感觉。当声音与语言有好的结合，它的魅力足以压倒一切理性的判断。

1996 年 6 月 3 日

今晚到莫斯科，左贞观、费加去接我，左的朋友开了车去。我们直接回到莫斯科中心地铁旁，一座二十多层的尖顶建筑，9 层，60 号。男女主人，一只狗，一只波斯小猫，一只黄猫。黑狗大声地叫喊，扑上来。

进屋稍坐，男主人让费加写下护照号，又让费加抄了我的护照，又让左去写确认以上内容，留电话号码，先付 100 美元。

1996 年 6 月 7 日

两天里去了工艺品店、书店世界。工艺品店接受了所有的新货，除骨头的，他们说两个还没卖掉。他们说，这是塑料制的。而其他东西他们认为价格太高，而且他们都有便宜的。费加已在台湾公司工作，早九点至晚六点。今天他抽空与我同去彩色宝石。彩色宝石认为浅红珍珠项链的珠子太整齐，像是加工的颜色。

1996 年 6 月 8 日

我设想再开辟一种半正规的贸易方式，即与工艺品店、彩色宝石合作，中方发货，俄方接货。然后每月返钱。价格可降低 10%。每年走一次正规民航，其他走包机。这样，商店可以做账为货物的来源。

1996 年 6 月 13 日

左今天去中国。说好 6:50 在地铁终点等。五十分钟仍未谋面，估计是因我迟到三分钟，他已提前走了。

快车到 8:00 就没有了。

1996 年 6 月 14 日

12 日是自由节。前一天地铁发生了爆炸，死三人，伤十几人。所以几天来地铁有许多警察检查车厢，尤其是终点，将椅子翻起来，寻找炸弹。

1996 年 6 月 16 日

今天大选，提前统计的数字是叶利钦 30% 多，久加诺夫 20% 多，戈尔巴乔夫 9%。

1996 年 6 月 17 日

贾素玲打电话来说，跑了一天，只买到一本音乐书《世界著名小提琴家生涯》。15 日是星期六，我们曾去阿尔巴特的图书大楼，一本没有，买了一张唱片，一个 CD，都是 50 年代老歌。买了列维坦的画册，20 万卢布，足有三公斤重。去了柴可夫斯基音乐学院对面的小书店，星期六关门。费加说，柴可夫斯基庄园会有，准备星期六或星期日去。这个庄园也是早在冬天就准备去的，但当时说可能冬天不开放，未成行。

贾电话还告知，7 月 4 日去伏尔加格勒的票已售完，只有今天和明天的。

1996 年 6 月 18 日

半个月去商店，更清楚的情况是，凡是他们有的，基本不要，或嫌价高，比如珍珠、地球仪，五一、彩色宝石都因有货而拒收。

而漂亮的东西很易被接受，比如景泰蓝烟缸、小坠子、玉的动物等。

1996 年 6 月 20 日

12:46，达尼亚到银行，与我会面，而银行是 13:00 关门。

取了 900 万卢布，又加 34 万卢布，换了 2000 美元。送乔住处 1600 美金，并补发她 5 月工资。她执意不收，说只帮了一点忙。我说：你的事会多起来，这是生意，应该付的。

延总和乔问我经营情况，说不行就都收了。我说：家人、朋友全这么说，但你知道需一个过程，马上收了卖给谁？最好到年底圣诞节之前处理掉一些东西，然后转向与两三个商店合作。

1996 年 6 月 21 日

跟陈国平先生约，在伏龙芝地铁口的咖啡厅见面。我 17：20 到，要一杯可乐，看我的笔记本。直到 18：30，仍未见陈的影子，我只好回家。刚进门五分钟，陈来了电话，说："怎么回事啊？我 17：40 进去，看看没有中国女的，就在门外等，又进去好几次，18：15 才离开，现在我刚进家。"

我说："你没见一个穿红毛衣、黑头发的女的？那就是我。"他说："好像有一个穿红毛衣的，可是不像中国人。"

"那你像中国人吗？"

"我有一半像。"

"这是我俩都始料不及的。我有多半个像。多半个中国人找半个中国人，当然不像两个中国人那么简单。"

"俄国人说，如果第一次没见上面，事情一定会成功。"他还说："明后天我去别墅整理房子，下星期五邀请你去别墅，风景可漂亮了，我请你吃烤肉，那是我的拿手戏。"

1996 年 6 月 22 日　星期六

9：30，贾素玲来电话，我约她去莫斯科运河玩，再去一个公墓。

我们在紫线地铁里见面，出门后按任东升说的，去乘 64 路汽车，车站人说不对。又打电话问任，说是电车，电车站人都说不对，要到绿线头上的地铁，有一码头。最后问清，乘 43 路，即可到此地铁，有一码头。这才乘车而去。

船是每小时一趟。上船后，两岸全是茂密的树林、游泳和日光浴的人们。五十分钟后又回到此岸。

即乘地铁去 1905 大街的公墓。墓地没有新处女公墓那样庄严、整齐，很拥挤，墓碑大多是简单的铁十字架。也有一些好的雕像，诗人叶赛宁的白色石头半身像非常醒目，下面有许多鲜花。旁边是他母亲的墓。他母亲 1955 年去世，而他生于 1895 年，1925 年去世。后面是他女朋友的墓。

又去找了去年被枪杀的著名的电视节目主持人的墓。在大门口附近，黑色石板铺成平缓的十几层台阶，上面布满鲜花，台阶尽头是他的照片。

1996 年 6 月 25 日

10：00 去燕兴公司公寓取 1000 美元。11：00 在地铁口交给贾素玲。她要交下一年的学费，差 1000 美元。我早就答应要帮助她的。

她交给我一个书名，两个中文翻译名，我想回国后需要认识一下。她还交给我为我买到的《世界著名小提琴家生涯》一书。

23：00，焦广田来电话，他们已经如期到达莫斯科，住北京饭店 321 房。

1996 年 6 月 26 日

10：30 在北京饭店门口见老焦和导游埃玛女士，一同步行往红场。另几人已先往。

红场今要举行什么活动，外围戒严。我们几乎绕了红场一周，买票进克里姆林宫，里面有总统办公楼、帝王的坟墓、举行婚礼和庆典的宫殿、教堂等等。

16:00 去俄罗斯广播电台见陈国平先生。他已在门口等，一身漂亮的银灰西服，银灰的头发，瘦瘦的，戴一金边眼镜。应该说他基本上完全像一个俄国人，而不是华侨。

我们办了入门证后进入，先去他的办公室认识了播音员江小姐、张先生和另一位先生，又去三楼喝咖啡。我谈了首都发行所长提的二十部书纪念俄十月革命胜利八十周年的计划，他原先提的六部介绍白银时期（19 世纪末，20 世纪初始）作家的计划，和一个介绍最有名作家的情况。他说有很多作家的逸闻趣事不为人知，编成书一定会有读者。马雅可夫斯基早期许多诗非常好，完全不是后来的样子。法捷耶夫为什么自杀？并不只为酗酒。

陈说话的速度很快，干脆而充满激情。在地铁分手时，他用力摇了一下我的胳膊，又用右手握成拳头在我眼前有力地挥了挥："祝你一切顺利！"

1996 年 6 月 27 日

早晨与焦通话，谈他们下午来我住处进晚餐。他说上午仍去红场，参观列宁墓，下午去复活出版社，晚上去看马戏，时间很紧。我说不管多紧，总要找一小时吃饭的。

我特意去大学地铁站买红豆和菜。买了红豆、白豆，最好的黄瓜（7000 卢布 / 千克）、西红柿、香蕉、茄子、红樱桃。送回家后又出门买了牛肉（32000 卢布 / 千克）、鸡腿、米、酒。

16:30 他们进门，红豆稀饭已熬好，其他也差不多好了。大家快速、热烈地喝了粥，葡萄酒也喝了多半瓶。

侯健说：你的房子真漂亮。老单说：我在云南等待你们前往。高总说：谢谢。老焦说：这是你的地铁图？——拿走啦。

1996 年 6 月 28 日

左贞观从中国回来，10:30 来看我，送我一束康乃馨，一盒巧克力威化饼干。他晒得发黑，很像一个中国人了。他说：北京太热，如果让我待三个月，我受不了。这次总的印象不是太好，一般商店的服装是过时货，如前门、大栅栏、西单，而高档店的跟这儿一样贵。

他说西四有一家上海饭店，菜非常好吃。

1996 年 6 月 30 日

11:00，带延浄去新处女公墓。在地铁站见面。我提前到，警察足有二十多个，用喇叭喊话，并赶人们离开地铁，到外面等人，不知为什么，好像有不祥的事。我被赶到这边，又赶到那边，二十五分钟后，延浄出现。我真担心带朋友的孩子出来，这一次会有不测。

在公墓照了一些相，赫鲁晓夫墓、斯大林妻子墓、奥斯特洛夫斯基墓，一些好看的墓碑，卓娅的墓。很多墓的雕塑表达了亲人永恒的哀痛，如折翅的鹰，落地的鸽，跪拜的修女。

延浄很可爱，一副大人的样子，积极地问路，说感谢，并且毫不犹豫地伸出小手与被谢人握手。我觉得这一点尤像延总经理的女儿。

左 11:30 来过，留下字条。

1996 年 7 月 1 日

一早与达尼亚去俄工艺品店旁的艺术沙龙。她们选了花瓶、玉项链、玉佛、雕漆大镯等。

12：40 左右，左来家里，进门就说："走吧，去吃饭，你是不是饿了？"我说不饿，可以坐几分钟。

我们步行十五分钟，来到距普希金站不远的中国饭店"帆船"。此店按一个中国船的样子修建，甲板、岸边、红灯、纸伞，灯光幽暗，很漂亮，只有半数人已在吃饭。

先上了一壶茶。我们要了鸡肉青椒、猪肉片，两个汤，一份炒饭，一份白饭，两杯啤酒。

我们闲聊关于两国礼节，两国人的行为、言语习惯，说到旅游的计划。他说秋天可能到中国，我说可去旅行，他说泰山、华山、黄山都没去过，还有三峡。我说坐火车和坐船都很好，尤其是坐船，最好是一等舱。

他说，我想你应该去普希金的故乡看看，大约快到爱沙尼亚了。在它近处有两个很好看的古城。

饭后我们去工艺品店，谈下批进货的事。经理助手说 7 月 8 号、9 号再接着谈，并会给我们一份订货单。

回来路上看了新沙龙中的莫市书廊，喝了一杯咖啡。

1996 年 7 月 3 日

今日俄罗斯第二次投票，在叶利钦和久加诺夫之间选举总统。

各行业都放假。

我去费加家清点东西和算上半年的账。

20：00后到北京饭店，见版权公司的团，老焦送我《普希金全集》1—12卷，是复活出版社送他们的，还有几卷待出。老焦和单送我至地铁口。

1996年7月4日

10：00，陪这个团五人去旧阿尔巴特街购物。买了一些小套娃、水晶、圣像之类。今晚他们回国。

17：00后，左把机场接来的台湾同胞送到饭店，然后来看我。他说，很久不见了。我说是的，很久。

1996年7月5日

我和达尼亚去新店送了货，又去工艺品，把剩余的贵的骨头品给了他们。共190多万卢布。

19：00后，左来我这儿。我们一起出去走，在门前绿地转一圈，走到楼后面的白宫门前。树上扎满了红布条，一些粗粗扎制的花圈。左说，这是1994年白宫战死亡者的纪念。我们在草地上坐了。修新白宫外貌花了大批钱。白宫内是市府办公地。

回来时看见一片红色建筑，左说是美国大使馆。

1996年7月6日

台湾同胞来录音是第二天，我应左之邀特去录音棚看他们的工作。棚就在我家门前。见了女指挥孙爱光小姐，制作人李先生。

213

14：00—18：00，录了七首歌，都是中国台湾地区 30 年代后流行的民歌谣，几乎每一首都有历史的故事。今天录的是——

《龙的传人》

《雨夜花》

《恰似你的温柔》

《桃花泣血记》（为一大陆电影的配歌）

《望春风》

《爱拼才会赢》

结束后，一起去吃饭，仍吃的帆船中餐，鱿鱼做得很腥，不好吃，牛肉还好。又路过一教堂。又去柴可夫斯基音乐学院。学院的外围铁栅栏，是柴的名曲的几句五线谱，有柴的铜像在门前矗立。

1996 年 7 月 7 日

今天 9：30 开始第三天录音。打击乐手昨晚喝多了酒，今天晚到了一小时。前一小时整个乐队只好先把今天的曲都练了一遍。

今天录的有——

《河边春梦》

《淡水暮色》

《补破网》

观众席上没有观众，或说只有我与制作人两个。摆满了小提琴盒子。我建议孙爱光在其中坐，留影。我也留一个。又一起去录音室听昨天录的音。录音师是五十多岁的女士，很有精神，穿杏黄色紫色西上装，黑裙子。孙爱光坐在机器前的椅子上听，很快泪光盈盈。

结束后我陪她俩一起去蓝线的跳蚤市场。孙一路极爱看漆盒、贝壳胸针，是因为画得极精致。李和孙都买了几套套娃。李还幸运地买到一套音乐家的套娃。

20：00 给孙建军打了电话。三天前收到他和孙静轩老师署名的英文电报，说在成都的省作协召开中国诗人会。我最早要 19 号才到中国，或者更晚至 8 月初。

1996 年 7 月 8 日

11：30—16：30 在录音棚继续听爱乐交响乐团录台湾歌谣。席间看了李庭耀先生写的台湾歌谣一百年纪念文章。每一首歌都有一定的历史背景，主要是爱自由、爱生命、爱生活、爱人的主题，多数曲子都是极优美、柔润、凄婉的。

1996 年 7 月 9 日

录音结束。我陪孙、李去旅游。先后去普希金造型艺术博物馆、处女墓、列宁山、克里姆林宫。

23：05 在列宁格勒火车站集合，送二位去列宁格勒。

今天是第一天如此热，像中国的北京。夜里也毫无凉意。入睡时天已见亮，估计是 3：00 或 4：00 了。

1996 年 7 月 10 日

昨晚的事，不，应该是今天凌晨的事，或许并没有什么特别的历史意义，而对于我，至少是独特的，带着一种新的人文的意义。

文化，究竟在人性中占了怎样的位置？怎样的分量？真是无限的估计，而对于我这样的精神饥渴症病人来说，简直是致命的。

世界又为我打开了一扇窗户，似有新鲜的阳光射进来，并传来高亢的歌声，异族的歌声。

莫扎特的《第四十交响乐曲》，主旋律一直回旋，充满圆舞曲式的喜悦的激情，倾诉式的激情。

1996 年 7 月 15 日

14 日与李庭耀、孙爱光、左贞观在北京饭店旁美国人的一家快餐式的店里吃饭。这个店修得像一节火车，金属的银色。一大杯的冰激凌大约 5 美元，我没吃饱。大家各要了一份餐，有一种烤面包片中间夹猪肝、鸡蛋、蔬菜；有一种小薄饼卷西红柿粒，配米饭。

饭后，回明斯克旅馆，爱乐乐团的车已在等，送他们去机场。我与他们分手，相约再联系。

两天又都是很晚才睡。

昨晚做了一个景色美丽但残酷的梦。A 和 L 乘一架像飞碟似的新式飞机从空中经过。一个持枪的士兵对 R 说，打掉它。飞机像一个金色的小星星，非常遥远的样子。R 举枪，第一枪未射中，第二枪射中，星星爆炸成碎片，大兵高兴地点头。我呆呆地说，你射中了？是啊，即使他射不中，还会让别人射。我知道这是为什么，为那些作品，为那些作品中的黑话。我想，我将怎样继续活？苟且偷生，或准备挨这一枪。

过了一会儿，A 突然出现在我面前，他说，以后再也不坐这种飞机了。

对了，在第一枪未射中时，他在飞机上喊，别打啦。L喊，有人！我想，正是因为有人。人都太善良，不相信这样的残酷的游戏。

两天我没有觉得累，但感觉不太好。事情总是过犹不及，应该多用理智，尤其是处理像花一样娇嫩的事。

1996 年 7 月 17 日

与陈国平、左贞观在左的家见面。陈带去为我准备的白银时期作家与作品要目。我请他为每本书写个具体提纲，他说下星期三左右即可。

陈说梅列日科夫斯基的长篇小说三部曲《基督与反基督》非常好。尤泽福维奇的侦探小说不亚于福尔摩斯的小说。

我们一起喝了俄国香槟酒，吃红烧虾。

1996 年 7 月 18 日

今天第二次与维拉去树林花园。有橡树的地方就只有橡树，而且很稀。然后是松林、白桦林，又高又直又密的树。有浓郁的清香之气在散发，又是雨后，潮湿的气息沾在脸上，不由你不深深地呼吸。林中的路一眼望不到边，是那种深褐色的土地，盖着经年的草叶，静如处女。偶尔有跑步的人迎面而来，或在朽木上小憩的老人，都是静静的，像是这个树林里的一种动物。

1996 年 7 月 21 日　星期日

　　星期五 20：45 的火车，从莫斯科去普斯科夫市，与维拉同行。说话到 00：30 左右入睡。第二天早 10 点多一点到站。问及去另一城市没有直通火车，决定去普希金山。买了票上汽车，车即开动。大约 200 公里，三小时到。即换一辆出租车去普希金被流放的住所。车大约十分钟到。下车后又步行一公里多。沿途是极好的松林，还有小湖、小教堂。买票时请一导游员。她对我们说，这是普希金的爷爷的庄园，普希金曾七次到此，第三次是被沙皇流放到此，在这儿过了两三年。他有一保姆陪伴，极少有朋友来，有人监视。他的房子是白色的，大约十几间，院子左边是浴室，右边是厨房。房后是极美的一片绿野，上面有湖水、灌木、古老的风车、牛羊，与天相连处是缓缓的绿坡。放眼四面竟都是一片绿洲葱茏，一面是深褐色树干的小松林，里面也有水光闪耀。普希金常骑马、游泳、打台球。

　　解说员带我们过一小桥去她的办公处，拿出留言册让我们留言。经理出来，送我们每人一份纪念品，是签了名的普希金的小诗册。

　　又去看了普希金墓，一个小小的白色的碑，在乡村教堂里。

　　乘车回普斯科夫市。换 17 路公共汽车去市中心的克里姆林宫。市内有古老的白色城墙断壁。宫里有一教堂，正举行弥撒。今天是这个城市的一个神像节。这个教堂存有许多很珍贵的神像，有一些专门的书写这些。这个大地区的主教也在参加仪式。唱诗团的合唱声不断响起，是非常高水平的合唱。

　　街上有许多小小的教堂，白灰抹的外墙，简朴至极，有 13 世纪修的。这时天下小雨，整个小城安安静静，好像几个世纪就是这样。

在普希金与保姆铜像前，几十个老人在跳舞。

21:15 的火车，我们离开普斯科夫回莫斯科。在车窗的栏杆前，我们谈了许久。

今天 15:00，我们去市中心俄罗斯油画的博物馆。这个馆历经十年，刚刚重新修复好，非常漂亮。一进大厅，四面是售画册和幻灯片、卡片的，有咖啡厅、饭店。这里存有几个世纪的名画，我第一次看到一些原作，如列维坦的《白桦林》《三勇士》。《三位一体》的神像是画在木头上的。很多作家、音乐家的肖像，托尔斯泰、涅克拉索夫、柴可夫斯基、果戈理、列宾、陀思妥耶夫斯基、普希金、契诃夫。

1996 年 7 月 22 日

19:40 到安琪儿家，他照例先问我饿不饿，我说不饿。要了一杯茶，这一次他没有问要乌龙茶还是茉莉花茶，还是红茶、绿茶。

谈到白银时期诗人的书，我说准备先出五本，然后一本接一本出。他说你胃口这么大。我说我投资或与出版社共同投资。这五个诗人的名字对中国诗人来说非常熟悉，也很神秘，是了不起的。他找出他学生时代手抄的诗本，翻译了普希金的《我记得那美妙的一瞬》，茨维塔耶娃的诗，勃洛克的诗，叶赛宁的，帕斯捷尔纳克的，莎士比亚的诗。他说马雅可夫斯基早年写了很多很好的诗，有极大的想象力。

谈到这些诗，我已感到内心的诗潮，我即将回到诗中去——我肯定地想。

1996 年 7 月 23 日

我乘一站地铁，去 1905 车站买菜。这里大约是最便宜的，水果也比阿尔巴特便宜几倍，李子是 6000 卢布一公斤，而上次我在阿尔巴特买是 30000 卢布一公斤，当然比这些好的。

14：00，门铃响，安琪儿来，他从市中心来，他说："我给你买了几本书，只有帕斯捷尔纳克的没买，是两本一套的，我想买一本精选的。这次买的是勃洛克、阿赫玛托娃、茨维塔耶娃、奥·曼德尔施塔姆、尼·古米廖夫、巴尔蒙特。后两个也是非常重要的诗人。"我说："一共多少钱？"他说："我送你好不好？都是在旧书店买的。"

1996 年 7 月 24 日

我去 1905 站买了朝鲜小菜茄子、胡萝卜粒、酸辣椒等。和安琪儿共进午餐。他说："有面包吗？"我说："没有，想让你吃一些菜，非常好吃的菜。"他尝了，说："我好像在哪里吃过？"又请他吃了一点大豆稀粥、草莓酸奶、小点心、奶酪。

他给我带来了两本俄罗斯小学生的课本第一册，是 1965 年的。我说这是古董，要保存好。我说："因为国内人学几年俄语的全忘光，我也不想学。"他说："不是忘不忘的，要有好奇心，哪怕只住一星期，也应了解这儿的文化、语言。"我说："你从哲学上批判了我，学习的意义不只是要用，求知是人的天性之美。好，我下决心学了。"

晚上，去延总家。找延净要了一本《语言入门》。

1996 年 7 月 25 日

房东带着狗、猫和达莎从别墅回来了。

21:30 给陈国平打电话，他说，诗目录已编好，非常满意。小说正在编，与文学史的朋友讨论。长篇不能选太难懂的，首先是达、雅，然后是近，我这么想。俄国文学与东正教有千丝万缕的联系，第一本书是在教堂印的。《基督与反基督》非常好，是说人生意义的。谁要否认这一点，就是大糊涂蛋。我们约定下星期二见面。

1996 年 7 月 27 日

15:00，安琪儿已在绿线的白俄罗斯站等我。一起行至绿线出环线的第二站。很快进入一大片绿地，见一铜管乐队红衣、黑裤正在行进中演奏。我们也随人群一起走去。到彼得大帝的小木屋前，一些化装成大型动物的演员正在和群众一起听"彼得大帝"的讲演。"乌拉！""乌拉！"欢呼声很久。大约是为庆祝海军建军三百周年。

我们再往前走，莫斯科已在眼下，是一个拐弯处，浓荫密布。河面上也有表演。我们选了一株大树下，铺开风衣，安琪儿情不自禁地顺势一躺，"真舒服！"并且很快他好像睡了几分钟。他说："我去买冰激凌。"我说："我带来柠檬水。"是只有三寸多高的小瓶子，很好喝。

绿地中有一极高大古老的教堂，建筑很有特色。

我们进去其中一个教堂，安琪儿又买了两支细烛，给我一支，分别点燃置于神像前。这种非教徒式的信仰我一面觉得有点陌生，一面又备生敬意。

1992
1993
1994
1995
1996
1997
1998
1999
2000

1996 年 7 月 28 日

我去超市买了两个石盒，40 美元，像画的碧石两块，10 美元。回到住宅前，安琪儿已在等。他说已等了半个小时，但丝毫没有怨我。

我们谈到圣诞节礼品，如音乐蜡烛。他说，可以，音乐要欧洲的，或美国的一首歌。

1996 年 7 月 29 日　星期一

左晚上要去他母亲家，在保尔库斯克，需乘四天的火车。15：00 他来，送来《俄国白银时期诗人的命运》一书，留了两个翻译的名字，北京的赵艾沙，黄晓和。

我们在电梯前分了手，好像和每天一样。

一小时后我突然特别想写诗。刚铺开纸，王丹之来电话，说可以见面拿我的护照去办改签。

出门前我与左最后一次通话。他给了我邢秉顺的电话。

与王在伏龙芝地铁站口的快餐厅用餐。要了两份烤牛排、土豆条、沙拉、果汁、茶。

1996 年 7 月 30 日

一早又见王丹之，仍把护照取回，去银行取钱，关账户，共 685 万卢布。11：50 赶到登记处，交护照、签证。

下午留在家里完成诗稿。对中间一段记叙很不满意。最满意的句子是："你的无限含笑的目光 / 是我寂寥的天堂！"

1996 年 8 月 1 日

晚上与陈国平通话。由文学说到油画，又彩画。

他说，油画 16 世纪后由荷兰、法国、德国传来，是由于彼得一世改革，引进西方文化。

而彩画是 11 世纪就有，是地道的传统画，小幅，以圣像画传统为基础，现实主义画风，人物、山水都有。画成油画、水彩，画在漆器上、纸板上。

莫斯科以外很多小城市有很好的画家。

金环上有许多好看的小城。如高尔基市，现在叫下诺夫哥罗德市，过去不开放，生产国防武器，旧教派很多。

1996 年 8 月 2 日

去阿尔巴特街旧品录像店买了《冬天的夜晚在卡格瑞》《我们是爵士》。

1996 年 8 月 3 日　星期六

到延炯家，看两盘我买的录像。

延钢摔断了腿卧床，成了延总的"秘书"。

今天是延铮的生日。她到俄不满一年，俄语已相当可以。

乔艳红想去大市场，为延铮买护膝（打球用的），我要陪她同去。在红线上头的倒数第二站，是集装箱批发市场。主要是中国人、越南人、朝鲜人，售货员部分是俄国雇员。都说不挣钱，价格低，货质量仍不太好。市场杂乱无章的样子。

1992
1993
1994
1995
1996
1997
1998
1999
2000

1996 年 8 月 4 日

到工艺品市场，买了石盒，28 美元一个，石画仍是老价。卖石画的俄国人很兴奋，留下他的名字、电话，说他可以找到许多像画的石头，让我 10 月来俄后与他联系。

买到三个一套的银画，纯银制品。两个胸花，一个 4 万，一个 7 万。应该说是贵的。

给延铮买了一个水晶的铃铛，外形像教堂顶。12 美元。

1996 年 8 月 6 日

昨天乘飞机回国。延炯送我。中途有陈国平在地铁接我们上去换他的车。他是去外地送医生赶回来的。到机场停车场，时间还很早。他拿出写好的白银时期文学选目、诗歌与小说，他很兴奋地说到某某小说如何如何棒，挑起拇指。我被他感染，真想马上看到这些小说的中文本。他说这些小说比《钢铁是怎样炼成的》好得多，没法比。

他最后拿出一药品说明，请我为她女儿在中国选中药"补脾益肠丸"，治溃疡性结肠炎。

与山西的张信、常向龙、省电视台韩书记同机。

到京后，下午即去首都发行所，任超所长不在。

1996 年 8 月 7 日

上午去文化部见老贾，他送我一本《俄罗斯文艺》，是北师大的，白银时期文学专辑。

11：00 又到首都发行所，任超在。他说：可以像你说的，白银时期为一部分，其余至今为一部分，编一套书，放弃"纪念俄十月革命八十周年"的说法。

钢琴教材和小提琴教材仍躺在他的抽屉里，我拿了出来。只有亲自去跑。

1996 年 8 月 11 日　星期日

与张雪杉通话，他说今年新闻出版署文件称大力整顿出版，四统一，即统一发票，统一发排单，统一发行单，统一发货单。这样，限制书商的活动尤其是盗版商。

1996 年 8 月 12 日

就《爱我中华》期刊一事，我又电话询问，周繁恺说异地编辑、发行、付给该刊所有人书号钱的做法是不合法的。我即给徐子方回话，决定中断此项目协商。

1996 年 8 月 15 日　星期四

今去社科院，见赵启厚先生。他为我借来社科院内刊十本。说，你若编成白银时期文学一套书，贡献太大了。遂介绍该院郭家申先生，答应帮助我约见。

11：10 到中华版权代理总公司，见老焦，把列昂诺夫的四本书转交，即《拳击台》《陷阱》《法定胜利》《一个手无寸铁的人》。焦说：在俄时我问列昂诺夫你认为你的哪本书最好？列说："我的孩子，一个前年生，一个今年生，你说哪个好？都好！"

我把《俄罗斯文艺》给焦看，他留下说下次我来时还。

同屋小赵说："最近出版《中国可以说不》销得很好，可编带政论性的通俗书。"

晚上到珠市口西大街的太原招待所，见常向龙和他父亲，将陈国平的药转交。他今晚的飞机。常的父亲说：刚发 20 万元的货，运动服，阿迪达斯，一千多公斤，2.8 美元 / 公斤。

1996 年 8 月 16 日

9：00，到中央音乐学院见音乐系主任杨峻，请他看钢琴教材。他说要看懂前言，看有否新内容加入，即向我介绍卞萌老师，不巧她的电话未通，只好告辞。

晚上去濮玲华家，将俄风光录像带转交，并送她一盘《俄老歌20 首》CD。

见她丈夫迟先生，他由图书司转中国连环画社，说儿童书都发行不错，一般都开印了三四万册以上。张乐平漫画，极厚，已加印至几千册。

1996 年 8 月 17 日

在朗玉田家谈下批备货，看了他的部分存货，退还剩余的骨头马、象。

1996 年 8 月 18 日

1：30，电话铃骤然响起，是左贞观。他从外地回到莫斯科，给我发了一份传真。我即回他一份。13∶00，我又回复一份较长的传真，我的诗及薛范的信。

我觉得当我找不到语言时是幸福的，也是惶恐的。世界上比石头更永恒，比花更娇嫩，比露更短暂，比日月更持久的，是我永不灰心的追求。

晚上发烧 38.3℃，与妹妹、高明去第一医院打了两针安痛定。

1996 年 8 月 20 日

桂元来。我说你的文笔在进步，他付之一笑，说，对有些人由仰视可以平视了。我说陈超来电话说春风文艺社要编一套女性诗歌文库。他说是好事，可以参加。初定有舒婷、王小妮、我、翟永明、唐亚平。

1996 年 8 月 23 日

刘波 10∶00 来电话，告知关于外国刊物在中国每期发行的事是不可能，以后看发展而定。刘波是新闻出版署报纸司司长，他代我问的期刊司。

1996 年 8 月 24 日　星期六

9∶00，与天鹰到京津职校报到。此校建于 60 年代，以前为京津中学，近年升为职专，刚刚立起一座四层的新教学楼。学生每个人领一套桌椅搬上楼。家长排队交学费，每人 4200 元。

在细细的小雨中，几个家长在咨询。此校今年新生四个班，四个专业，外贸英语、微机管理、合资会计、物业管理。桂政今天来三次电话询问情况。

14：30，我与品青到辛一夫先生家拜访。他的画刚刚在美国举办个人画展，只剩下两张。品青此前就向我感叹："辛一夫的画真好，特别深，抽象的。"辛拿出两本相册，全是画的照片，果然用墨新奇，奥妙无比。辛说："我先有一具像在心里，描于纸上，然后上水，再用墨，与一般国画画法正好相反。纸要厚的好纸，几干几湿，层层涂抹。有一张用了一个星期才完成，直到达到心内意境为止。有的画上还写了几个中国字，欧洲人都非常喜欢。"

他又拿出收藏的古玉，殷周、明朝为多。多是白玉，侵成绿、黑、红、乳黄、灰色。多是解放初期由古玩店收集。有的是两次殉葬品，侵入的颜色不同。明朝的刀法极粗。商周以前的极为古朴、斑驳。

我请他看了俄国买回的石盒，他连说好看，用测试笔试过，无珍贵石料在内，次于玉。但观赏价值无法用此论。

1996 年 8 月 25 日

小雨连阴，下午未出门。中午小睡，又连接电话。

下午韩会来来访，带来了他做的面人"贵妃醉酒"等两件。他近三年师从王玓，风格已接近。王玓看后说只是他做的有雕塑风格，因王玓是拿在手上做，韩是在雕塑台上做。嘱他更细，越细越好。王玓是被联合国教科文组织命名的世界工艺大师，出国展卖石人最贵的一套达35万元人民币。面人之细腻，只有泥人张彩塑可与之相比，此行中王有为亦是韩会来之师，世界工艺大师。

韩说有一女孩，腿有残疾，做玉件雕刻，工艺奇绝。她通常从美工处选得纸样，到天津特种工艺品厂选料，做成品后再返卖给厂。我听后如获至宝，相约日后引见。

1996 年 8 月 26 日

在家整理照片、底片。大部分光线都不大清晰。

14：00 与友人相约去看滨湖公园的石展。又去看了《世界信息报》天津记者站。

16：30 到京津职校为天鹰开家长会。此校前身为河北工业会计职专，13 年教学史，六届毕业班。今年招生 167 人，已有 153 人报到。书法好是此校一个特色。口头英语也好。技能要求较严。

19：10 接燕华，一起来家。说起红红和二子，陈冬至。陈很懂古诗文，古哲学，二子亦继承此业，素描极好。近日，陈与台画商签了合同，预订 200 幅画。

1996 年 8 月 28 日

10：00，到大悲院，今天农历七月十五，是孝子节。院内可谓人山人海。我买了一炷香，绕院三周，每一处烧香处投入火中三支香，捐了几次钱。祈祷爸爸身体康复，妈妈身体健康。

下午到北京。

1996 年 8 月 29 日

一早去焦广田处，将《普罗科菲耶夫自传》交给他。把上两次给他的儿童书全部取回，准备给中国连环画出版社。

接着去刘增喆处，将铜画领回一部分，准备转到天津去卖。

中午去北京国际艺苑皇冠假日饭店一楼美术馆看刘迅的国画展。他的抽象画，都是很有意境，随心所欲。

又去中国美术馆看了几个展览，馆藏民间画、大漆画。

21：30到北医三院门前，与亚蓉见面，去她家。

我们几乎一年没有见面了。她的一年中天时、地利、人和占全，投了自费包装农民歌王贺玉堂，已录制，并在山西拍了MTV外景。中央电视台《东方时空》为此拍了六集《生活空间》，在6月已播出。全国几十家报纸报道了这一新闻。她给我看了《中国青年报》《中国妇女报》《音乐生活报》，英文的《中国日报》等。看了录像的《生活空间》六集。

1996年8月30日　星期五

世界上有什么东西价值能与青春相比？它是失而不能复得。

今天是我四十五周岁生日。

按照世界最新年龄段划分法，我今天正式步入中年。

青春已逝，无憾亦无悔，虽然坎坷，虽然不幸，虽然贫寒，我竟尽了我的能量自由地活！从生活形式的自由到心灵的自由、选择的自由、放弃的自由、爱的自由、诗的自由、时间的自由和空间的自由！虽然艰难，虽然太少，我是尽力了。

在所有的社会关系中，我最看重朋友——心灵上和思想上、情感上、智慧上、境界上的朋友！这是一种最自由的结合，最轻松的关系。

我因此选择在女友咪咪家度过今天。打电话、睡觉、吃葡萄。中午在"心情不错"饺子馆与咪咪和她儿子张响羽吃饺子。买菜、洗菜、喝一杯啤酒。在宽大的长沙发上对坐，说音乐、油画、工艺品和诗，说她即将组织的一个新的音乐影视班子。

1996 年 8 月 31 日

咪咪、响羽送我到大街，即去 1996 北京国际图书博览会。在俄国书展台前巧遇了王复卓先生。他精神很好，穿一深绿色 T 恤衫，我问起在莫斯科养过的小狗，他说在亚运村，"力力"是一号，最聪明、漂亮。

15：00，到社科院刚退休的郭家申专家的家，向他请教白银时期文学。他兴致很高，说白银时代确切说是 1890—1917 年。他是莫大毕业，近年研究苏联戏剧。他说，南京大学、复旦、华东师大、北师大、北大、广东外国语学院都有很好的俄语专家。在国内已出专集的白银时期的作家有阿赫玛托娃、勃洛克、帕斯捷尔纳克、叶赛宁、马雅可夫斯基、茨维塔耶娃、古米廖夫、布宁、布尔加科夫、安德烈耶夫。他说十月革命后，想用社会主义现实主义统一天下，连浪漫主义都不提倡，要排斥其他流派。

晚上住高祥林家。谈到文轩宾馆、书画院、我从俄带回的录像带。给王德禄打了电话。

1996 年 9 月 1 日

近午时刻到陈爱仪家，周燕12：00也来。陈说有一人要投资出书，我把《彼得堡秘史》介绍给了她。

15：00在大三岭美食城门口见马威，决定将俄钢琴教材给他操作，他要我问首都发行所包的数字、序言内容等。

16：00到濮玲华家，迟乃义在等我。他看了我带去的四本魔幻儿童书和其他几本儿童书，濮玲华、他们的儿子也看，都很兴奋。焦广田写的此书介绍"离奇曲折，难以想象"，迟决定明天马上找翻译，争取尽早定夺。希望长久合作，他说，万一赔了，也要付你本和息，不能让你赔。

迟还说该社准备建电脑工作室，搞制版，需15万元，一年还本，欢迎投资。

晚上到任自斌家吃饭，住下。他给我一份5月23日的《世界信息报》，上面有他写我的一篇文章。

1996 年 9 月 2 日

11：30到文化部。贾福云老师出门与我一同去新街口《中外文化交流》杂志社。孙书桂副主编、任梦强副社长在等。一同去楼下吃自助餐，谈杂志的改版问题。我说该杂志得天独厚，可利用优势成立自己的创作队伍，面向大众文化生活、文化热点。孙说想了很多，来不及做。只能先解决困难，如福利、经费。

15：00，见周鹤。他说想办一《中国人》杂志，但刊号是否好办？我请他努力。他告诉我，成立了中国新诗学会，一百八十多位理事。

1996 年 9 月 3 日

上午去首都发行所四楼业务科，见董科长。问他白银时期文学书一事。他说，诗、小说、散文、戏剧编一套的话，不好卖，分开卖不能印同样多，如果小说印两万册，戏剧只能印五千，而且近两年国内很少戏剧书。书店是分类陈列书，一套将被破坏。上海一个图书节，个人购书占 83%，书要考虑个人购买群。

普希金的书，最好以感情生活为主。

儿童书，季节性强，春节、六一、十一是旺季。

钢琴书，制版是手工，很麻烦。可以发行。汤普森教材发了十万册，再准备加印十万册。

12:30，郑晓峰来，送来铜画样品二十五块。

15:00，我和张玉香到玉器厂。郎玉田在等，领我们去了大约五六个小仓库，看了件活，最贵的有翡翠的 8 万元的，3 万元的，好一点的小件千元以上。他明天去厦门参加一个玉器珠宝会，带三小盒，价值 42 万。

19:30，我和张立军去北京音乐厅听音乐会"全国青少年珠江钢琴获奖音乐会"。

1996 年 9 月 4 日

8:00 整出门，到北京大学去见李明滨教授。他是原俄语系主任，现又任新成立的普希金研究会会长。我向他讲了编白银时期文学书的计划，他说，1993 年他在俄参加讨论教学大纲一年，对 19 世纪至今的俄苏文学史了如指掌，现已编成一本文学史，准备在国内出版。

白银时期这套书很好，但北大出版社会较多可能出版与教学有关的学术书，这种作品系列可能性不大。

关于纪念普希金诞辰二百周年的书，他说传记类很少，只有1937年有一本《普希金文集》中有一万多字的传很好。可写十万字内的一个散文式的传，结合评介他的作品，要有一定深度，要达到雅俗共赏。太厚的书对于读者也太累。

一小时后我告辞，乘小巴到北京图书馆。借出《普希金文集》，将那段传记抄下小目录，传一共近四万字。去读者快餐厅用餐，但快餐已售完。乘332路倒7路，到家已17:00整。

1996年9月5日

到华艺景泰蓝厂见何锁玲。她给我换好的首饰，又退坏首饰的钱。她说近几年外销量大幅度下降，厂里有一半人都回家了，发260元钱。

中午赶到中央电视台书画院，和艺术部的专业画家丁先生交谈。他说此书画院展半个月需20000元，加电视宣传等需要38000元。可以画抵租费，一般2000至5000元一张。我们说到俄油画，他说前两年他去阿拉木图收过画，该市有一百多画家，他收了二三十人的画，200元以下一张，大多为风景画，基本写实，但又不是纯古典风格，带现代风格，比较好卖。日本和东南亚人肯花大钱买，美国及西欧各国销量有限。个人卖画可到北京三大拍卖行，荣宝斋拍卖行、凯德和太平洋拍卖行。荣宝斋每星期拍卖一次。一般可翻十倍价格卖，如100美元买，1000美元卖。

18:00回到天津，20:30到孙建平家里，他和康泓刚从香港回来。

在深圳印了孙建平画集，质量很好。孙是一个自然、真实、自由画风的画家，肖像画功力极强。

10：42，三人一同观看中央一台大型纪实系列片《中华魂》，此片由刘品青总撰稿，祖光总导演，历时两年成片。

1996 年 9 月 7 日

下午去康泓家，在胡同口有品青、李小姐的车接。晚饭前去王顶堤参观李小姐公司的房产工地。去吉利大厦 10 楼打保龄球。之前在天府酒家用餐，今晚初见协和房地产老总石国华、华苑房产老总王振生，还有郭彦俊先生。

1996 年 9 月 8 日

下午与品青、刘津生、胡宝平在我家谈出版。胡只想做刊物，而且基本不写，只编，省稿费，这样，刊物不会有好的发展。看来我们的思路差得太远。

1996 年 9 月 9 日

石冰特来看看我。

晚上尹春华来，我求他帮助找礼品公司，批发铜画。

2：00，我给安琪儿打通电话。他说："你怎么想起今天打电话？"我说："你不回信，我就打电话。我现在给你发传真，你用五分钟给我回封信，好吗？"

二十分钟以后，他回了传真，答复说尼古拉耶夫教材特点要找时间写。北洋公司的回复也待下次传真告诉我。他在信中说："首先感谢你为我写诗，我非常喜欢这些诗……"我把这封信读了三遍。

1996 年 9 月 10 日

王荣 11:30 到民主影剧院门口，我带她回家。她想制作一套介绍俄民歌加风土人情的电台节目。她现在每天直播两个节目，9:00—11:00，21:00—22:00。

下午我带她去韩会来家，韩给我看了他的面人种种，有《金陵十三钗》《钟馗》《天女散花》《汗滴禾下土》等。他请我们看了泥人张第五代外姓传人王有为的有关录像带，有几段是当场塑像，为侯宝林、日本友人、天津记者。又看了王玓的录像带，她是当代面人大王。二王均被世界教科文组织命名为国际工艺美术大师。

1996 年 9 月 11 日

昨晚住康泓家，孙建平去北京参加中国首届油画大展。看了录像《恐怖舞影》《连环杀手》《天生爱情狂》，为了轻松或者说为了紧张，也不知道。

下午薛天虎和刘乐生来，正好他们愿意做铜画，我请他们拿走样品共十三块，介绍了四家要看货的单位。

1996 年 9 月 12 日

匆匆吃了几个饺子，算是早饭，而时间已是 12:00。我即去医院看望朋友。买了九朵玫瑰花。花是建国道个体花店的，花小，又不大新鲜，没有办法。

下午品青来。我们共同设计我明年回国后的计划，以便早做物质准备。我设计为艺术品进出口，逐步发展文化交流。

1996 年 9 月 15 日

一行数人去孙建平的宁河别墅，有品青、老郭、郭太太、绍兴建筑公司的郭经理、李小姐、建平、康泓和我，还有建平的一个男学生。

建平此去是准备"平房改造"，把别墅前面加出一太阳厅，平台接出一至二米。

到了屋前，小柏仍是乐呵呵地跑来，打水、找鱼竿、挖鱼食，安排品青等人钓鱼。我跟小柏了解一些情况，水每天定时有，一直有电，前街有卖菜的。每天 13：00 左右从天津发此处有车，每早7：00、7：30，有两趟车经过此处去市里，是个体租的大汽车。

我们一起看地。紧挨着建平的是段光辉，然后又是两块宅基地，前面是养鱼塘，对面是小柏新买的四间房。我决定买挨着段光辉的一块，这样，鱼塘在我与小柏家之间，成了"私人所有"，真是大喜过望。当下借了李小姐的钱付给房东，写了合同。品青说，这么快你就成了"地主"了。我说我是"地主兼资本家"。

1996 年 9 月 16 日

晚上，孙浩和他岳母家的二哥李刚见我。一起在白天鹅餐厅用餐。李刚准备去海参崴和莫斯科卖食品、饼干和糖。

1996 年 9 月 17 日

上午与韩会来一起去见"面人王"王玓。王玓，四十岁左右，有些娇弱，平和谦逊。她刚从丹麦回来，每年在国外举行个人展览、展卖。国内基本没有卖她的东西，原因是价格国人接受不了。

我请她准备一些资料，去莫斯科看看是否可以推出。

16：00 左右，我到景元家。他说今天可可过生日。昨天在姥姥家过的，今天在自家过。我打电话叫过桂元来。孙浩、可可六点左右回来，一起吃捞面，喝一杯灵芝酒。

20：00 多，一起出门到门口的"同志茶餐屋"，是萧沉的店。店里写满他像诗非诗的语录，大量的啤酒瓶子装饰。他说每月可有利两三千元。年租金四万，一季一交。

1996 年 9 月 18 日

找伟刚，从单位要一面包车，小张开车。康泓又买了她和建平旁边的一块地。

晚上，韩会来携妻李婉珠和两个女儿来看我的石头。

尹春华带一朋友来看我的邮票实册。当即拿走了 1985、1986、1989、1990、1991 年的全部共九册，尹个人收藏。1992 年将低于面值，因为印得太多了。

1996 年 9 月 19 日

去书店买本俄语手册。见已无诗歌书架，摆有大量琼瑶各种书，大量名人传记。

晚上子林来。吃包子，喝玉米渣粥。他还我家庭装饰书。说他已基本装修完新居，8 万元左右。我说我需要一种平和、平衡的精神状态，一种自然、自由、自我的生存境地。"白日梦"，其实是我的梦，是我和灵魂的对话。艾略特说得好："诗不是感情的表现，是一种逃避。"

1996 年 9 月 20 日

昨夜又发传真给安琪儿，请他在我出国之前将样带、母带先后制好转来，然后签约收钱。

1996 年 9 月 21 日

昨夜安琪儿回电话，说他马上去办。并又问我归期，他说："你知道的，我在等你。"我说我争取 10 月中旬到。

1996 年 9 月 22 日　星期日

13：30，韩会来来我家，一起去南郊看地。他电话找来他姨弟开一辆面包。到高庄子，先见刘三宝，是原二六七二焦化分厂的职工，现在高庄子中学校办工厂。他又带我们去见村长。我们先去海河边转了一圈，河到此处已经很宽了，一群群的鸭子在栖息，脚下是养鱼池，也有人在钓鱼。

遗憾的是这里远了些，不适宜长住和办公。距外环五公里左右。有出租车至 58 路终点，然后换 58 路去市里。这里的地去年 1.7 万一亩，有地产权。现在只能买使用权三十年，两三千元就买一亩。

约17:00回到家，与韩会来聊画。他说文化街修竹斋的刘新星，是刘奎龄的孙子，画动物奇绝，善画狮子和猴，大幅售价5000元。现存有几百幅，准备将来把修竹斋作为他的画馆。已故的王叔晖老太太画仕女，工笔细腻传神之至，长长的细细的窗棂，一笔画就，粗细一致。去世一年多的梁琦，几年前画的几十元至一千多元一张，现已两三万元一张。年轻的晓凡现在文化街售画，画小品，才气毕露，但画只卖二三十元一张，可以及时收藏。

1996年9月23日　星期一

乘游4次火车去北京，下车即奔琉璃厂。一般店都是字画、玉器、古玩、旧家具等，顾客很少。荣宝斋有大批字画，一楼大部分是木板水印，齐白石、徐悲鸿的300—500元，任伯年的一张200元。去他们的拍卖部，问俄国油画要不要，答曰不要。又问多少钱买的，我说100—500美元，他说："那你2000元就卖了？"我说："当然要高一点。"他说你拿来看看吧。我又问天津画家的画，他说不好，孙其峰的四平尺一张刚拍了1400元。

1996年9月24日

见濮玲华，谈钢琴教材投资的事，但书没找到，只把小提琴教材两本交给她，今后或可用。

去郎玉田家看样品。

去红桥市场，与表弟一起买了沙发床和茶几，送给表弟家。

即奔咪咪家。进门五分钟，赵瑜来，一起看MTV《庄稼汉》。

片子拍得不错，画面质朴、大气，有冲击力。

晚上，咪咪给我看陕西安塞县民间画的照片和录像，这些画最高在国外卖到十几万美元，可谓国宝。想象奇美，色彩艳丽，笔触细腻。

1996 年 9 月 25 日　星期三

郑晓峰来我住处，将剩余一套铜画样品取走。我亦对在天津销售失去信心。郑说他现在卖珍珠项链，一月能挣 1000 多元，我笑他：你长这么高，卖这些小女孩的东西。

1999 年 9 月 26 日

贾福云老师今要赴俄国就任文化参赞，我 10：00 给他打通电话，算是送别，并委托他转告翟民一些事。

1996 年 9 月 27 日

今天是中秋。大弟、二弟都在外地。小弟、弟妹、叔叔与我和爸爸、妈妈团聚。下午去王运国家，看看他的烙刻画。并买一幅贝多芬头像。估计这种画一上市，技术即被社会效仿，因此价值不太高。是工厂制版，复制。

1996 年 9 月 28 日

去电报大楼交电话费。即去康泓家。在门口饭店用餐。遇闫秉会，去他家一小时，请他写一段文章，介绍中国书法和国画，并准备资料，由我带回俄国。

约15:00，建平、康泓等和我一起去看银座小区。又一同来我家。我又送他们出门，一起去看同一条街上的弘一法师故居，故居内已只剩一米左右的走道。

1996 年 9 月 29 日

冯秉俊大夫来给爸爸看病，说下次为我带来他写的书法。桂珠、祥杰来。品青、常光明于14:00多来车接祥杰和我，一起去邮政公寓小坐。常有意请祥杰帮他启动房地产公司。

1996 年 9 月 30 日

9:00去百货大楼买了娃娃、叫狗，去孙浩家看望李红和小侄子，刚刚一星期大。孩子正睡觉，长得挺端正。

15:00，建平、康泓开车接我一起去红都影楼参加天宝月末拍卖会。品青和董建津在门口等。其时已过几分。拍卖品中有不少仿制品，总的价都不高。拍卖品共156幅，总成交额10万元左右，其中最高一幅2万元，是朱屺瞻《晚节香轴》，其中37幅召回。

1996 年 10 月 1 日

约10:30，祖光开本田车来民主影剧院接我，去高祥杰家，见高祥林。

中午一起在起士林三楼吃西餐，祥杰、桂珠一起陪同。

1996 年 10 月 2 日

一早打的去买花，到燕华家，看燕华和红红，红红又有些好转。他的话我 90% 都能听懂。他说，你像一个贵妇人，一个有文化的贵妇人。我说：我又黑又瘦，还像一个贵妇人，我真高兴。他说：你人在中国，心在他乡，这是现代人的一个特点。他说：早就听说你化妆很得体。我于是想起给燕华化妆，用了五分钟化妆法。又去燕华画室看画。这原是陈冬至的画室，后来陈在外租了一个独单，这屋就归燕华做了画室。看她的白荷花，黑天鹅，气质高洁，优雅天然。

中午与王有为、韩会来在百惠饭店吃羊肉火锅。我谈了设想，王很兴奋，说他一定全力支持我。

下午去文化街修竹斋见刘经理，他经营好的笔墨纸砚。

晚上打电话，康泓劝说我搞艺术沙龙，卖油画。她说的我同意，油画的市场是潜在的，而印刷的油画只是一个过渡。国画由于多和滥（真假难辨）已渐入低潮。

1996 年 10 月 3 日

8:30 见王玓，她给我她的一些资料，包括照片、简介、剪报。她又介绍的逯彤 9:30 来，逯是泥人张第五代异姓传人。他办了一个公司，大多是做庙宇的泥塑，游乐场的泥塑，而制泥人已人力不足，生意不好。

中午到艺术家画廊，这是油画专卖。赵先生说，好时一月卖几张。静物、风景、人物都动。不好时一张不卖。那套铜画样品一直没有买主。他们分析，这是机器模子，成批生产，价值不高，如是手工打制，定然值钱。

下午去出版大楼，见百花社张雪杉。几本俄语书刚有一本签了合同，他却以为已签了六本。后他的助手将委托书拿来，请他填好，马上寄中华版权代理总公司，制合同。

见俄语翻译王绍明，很好的人。

1996 年 10 月 4 日

上午古文化街看了杨柳青画社的新店。春在堂的画，经理姓柴。

晚上张长勇来，让我看了他仿的十幅字。有梁启超、金农、林则徐、曾国藩的。他送我一幅他的隶书。

1996 年 10 月 6 日　星期日

今一早来北京。

昨天给漓江社的总编宋安群打电话，问是否可能考虑《俄白银时期诗歌》一书。他说，花城出版社从前年底就开始编译白银时期文学，社科院外文所周启超也在编，不知会给谁。本社已发排《俄罗斯诗歌三百首》，明年面世。另外，本社已买八本俄文的版权，没有来得及做，不准备再考虑俄文书。

1996 年 10 月 7 日　星期一

昨天跟玉器厂郎玉田订货 21600 元，已备齐，等 15 日付款提货。这次有些玉的、玛瑙的件活，不知俄方市场如何。

为《俄白银时期诗歌》一书，经倪培耕介绍，与陈染通话。陈染刚回作家社不久，情况陌生，我让她与王家新通话，以期了解此书价值和需求。

今早我又与王家新通话。

1996 年 10 月 8 日　星期二

与韩会来同去王有为工作室。他仍是热情地笑迎客人坐下。桌上、墙上已有徐悲鸿、齐白石、斯坦尼斯拉夫斯基、爱因斯坦头像浮雕。徐悲鸿是栩栩如生，肌肉感强，神情毕现。

1996 年 10 月 9 日

8:30，小陈的车带着祥杰来接我，又去接孙建平和康泓，直奔宁河东白庄别墅。

到最后几百米土路，比较难走，怕托底。一下车，陈和祥杰说，小院儿真不错，环境挺好。又去看我刚买的地，与屋后正在建新房的房东交谈。

中午在乡里吃饭，见书记、乡长、副乡长、主任。下午把村支书、村长请来签字，乡里盖章，手续即办定。书记送我们每人一块小挂毯。

1996 年 10 月 12 日　星期六

为《俄白银时期诗歌》一书与陈染通话，她说她与社里发行部的人谈话，若非赚大钱的书，很难考虑，问伊蕾有什么发行渠道。

1996 年 10 月 13 日　星期日

左贞观于 11：00 左右来电话，说北洋要的样带已于一星期前由祥宇公司王建军带到北京。他仍一直在想我什么时候能够到莫斯科。我告诉他无论事情怎样，月底前一定到。

1996 年 10 月 14 日

4：00，费加来电话，发传真，说"尾也体操"共七集，一个多小时，价格待经理回来订。

上午我去百花文艺出版社，为《俄白银时期诗歌》。雪杉说，须先交译文，再征订，不足五千册时由我包销，可六折；若包到一万册，可五折。只要不赔钱就可以出。给译者 5% 的版税，或千字（二十行）30 元，出书即付。

我推荐的那几本书，可付利润的 3%，或总价 1%。

1996 年 10 月 15 日

昨晚住咪咪家。拿了她的 MTV《庄稼汉》和几份报纸介绍，今晚送到高祥林家，请他推荐给春节联欢晚会总导演。

下午去祥宇公司取了北洋要的样带。又去濮玲华家把"钢琴教材"给她。

1996 年 10 月 17 日

一早去杨柳青画社，品青已在门口等。去展卖厅选画，选中《连年有余》，《三仕女》是代表作，还有《福善吉庆》《春牛图》《红楼梦》。仕女很漂亮，笑不露口，动不扎手，柳叶眉，蚂蚁眼，樱桃小口一点点。仕女图带轴的 500 元，《连年有余》带轴的 320 元。社长李志强交代六折给我。又买了一张齐白石的木版水印《三只虾》。

在品青家见李颖，她当一轻局旅行社经理，生意大火。

1996 年 10 月 18 日

一早把音带样本送北洋的沈玉斌社长家。他写了一个意见书委托我传真给俄方。

韩会来到我家。他说天津民间艺术会有四百成员，可展卖他们的手工艺品。此言有理，一是手工的，二是地方的，应有存在之可能。

1996 年 10 月 21 日

中午，祖光的车送我至六部口，即打电话给白塔寺。晚上，宁修送来 15000 元人民币，说过几日还能给 5000 元。

1996 年 10 月 22 日

今上午去郎住宅拿货，因俄方形势不好，原准备的十个件活，只拿二个，玛瑙牛（900 元），玛瑙桃盒 (1300 元)，价值共 9860 元。下午即去买票，权衡再三，买了中航，3600 元人民币，单程。

1996 年 10 月 23 日

中午约焦广田到国际艺苑艺术沙龙看画展，台湾杨识宏先生的抽象油画。然后在对面天伦王朝酒店吃自助餐。每人 68 元，锅底 25

1992
1993
1994
1995
1996
1997
1998
1999
2000

元，扎啤 29 元。环境设备都一般。

下午到王家新家，他请我看了两套俄国诗歌，分别是 1989 年、1991 年出版。

1996 年 10 月 24 日

11：00 到亚运村邮局门口，王复卓先生在等。

他的家精致又实用，是香港的设计，内室带套间，套间又通阳台，阳台通厨房，厨房通客厅，循环式。

他家挂近十张油画，几张是在艺术沙龙买的。还有吊灯、壁灯、杯子，都是水晶的。还有很多画册，都是俄罗斯带回的。我说没想到一个不搞美术的人如此喜欢油画艺术。

他说，一共去四次莫斯科，第一次一个月，很好；第二次两个月也不错；第三次一年也凑合过来了；第四次又一年，受不了了，度日如年。才知道为什么寂寞能够死人。回到家来每一天都是金子。

1996 年 10 月 26 日

一早，陈冬寒来电话，说正在天津办案子。近中午时，我们在望海楼下见面，中午共进午餐。

她办了衡水市首所民办寄宿制学校，筹资 200 万元，准备再筹资 500 万元，建体育馆、实验楼、图书馆。她同时是一家律师事务所主任，旅行社社长。

1996 年 11 月 6 日

4 号晚乘中航飞抵莫斯科。左贞观和陈国平先生去接。车子在雨后的街上飞驰，说真的，这对我是极少有的感到安全的夜行。路上，我们就迫不及待地谈起天津北洋公司买俄音乐版权的事，出版《俄白银时期诗歌》的事。我说看到好几种版本俄国诗歌，其中外国文学出版社出的《小白桦诗库》，每一种前面还有三四千字作者介绍。陈先生说，我们可以写八千字，为什么不可以？我听了真高兴，陈先生也是有献身精神的人啊！

4 号晚就住在地铁附近，这是一套一居室的房子，临街。

5 号即去乔艳红家，送延炯的一封信。临别前我与延炯在国内北京友谊宾馆见面，知道公司被查封，并登了报纸，罪名是走私、偷税漏税，一些莫须有的罪状。乔哭了。延净面无表情地说：我很幸运，出国上中学，又在国外被抄家，并且亲眼看着被人家抄。

下午见王丹之，送上延炯的住院证明公证书。王是延炯的代理人，正在调查的案件需要这个证明。王说俄国内情况继续恶性循环，工厂没钱买原料，刚等到钱就被税务拿走。税务部门也没钱，有的职员的工资是 8 万卢布，还发不出来。国家规定最低工资是 7 万卢布。而一张地铁月票就 9 万卢布。

1996 年 11 月 7 日

早上又搬回上次住的艺术家大楼，这里安全一些，少些寂寞。家里很乱，巴得留沙和他的盆盆罐罐及达沙的书、玩具满地都是。列娜刚起床，眼底黑黑的，问左：有没有烟？一支就行。

15∶00，在地铁普希金站等到达尼亚，拿回我的大衣和皮靴，要了300美元。

1996 年 11 月 8 日

在乔家一天，看《中国推拿术》录像，互相试验。她很想挽留我，但我要回来接电话。

1996 年 11 月 9 日

11∶00去人民宾馆1021房见莫斯科运河96有限公司的经理吴赤农，他和北京广告公司的郭子辉在这儿，暂时卖裘皮，最好的3000—4000美元一件。他们想做体育、文化交流和广告。

1996 年 11 月 10 日

11∶00费加来。他母亲去世，他去乌克兰刚回。我向他讲了公司转向的计划。又去乔家，拿录像带。

16∶00，陈国平打来电话。17∶00 他的车在机场站口等我。一起去他家。

他的家距沃伊科夫斯卡亚站还有一段大约五站汽车路。是三居室的，在第八层。客厅套书房，墙上挂两幅中国羽毛画，框内是软木画。他拿出一画册《国宝》给我看，说俄国人喜欢的是一些色彩漂亮的，或新鲜的水墨画，或中国书法，对太旧的古画不好接受。他说女儿安娜在一家广告公司任副总，认识画家及组织者，会带我去见他们。安娜这几天病又犯了，溃疡性结肠炎，每天七八次去厕所，便血。我已给她带来两次药，补脾益肠丸、人参健脾丸、四神丸。陈说，5000 美元稿费已全用于她的治疗。我把这次带的《中国推拿术》交给他，告诉他把穴位及按摩法画下来，自己来做。

我们谈到俄白银时期诗，他对 1984 年外国文学出版社出版的那本苏联诗选很不满意，那书对作家做了不公正的评介。他说他的介绍会注重艺术成就，少评作品，让读者自己去读。他说翻这本大约三至五个月。我说我 2 月走，最好带走译文，他说"完全可以"。

太太不断地叫"陈老师，你过来一下"，大约是为准备菜的事。过约几十分钟，菜上来，是肉丝炒芹菜、炒青椒丝、拉面条、葡萄酒、果汁。饭后上了水果、蛋糕、茶。

1996 年 11 月 12 日

在莫斯科中国传统文化发展中心见经理戴超先生。他们的办公处已堆满工艺品，准备在 11 月 28 日—12 月 28 日办展览会的。墙上挂了四幅中国画，一看就是业余水平的行画。桌上的石雕做工很粗，还有紫砂茶具、陶瓷摆件、灯笼，四扇屏等。

我拿出带的杨柳青年画、燕华的黑天鹅、面人、泥人的照片给他看。我说如果从宣传角度做，应该从最好的做起，而不是相反。看来他们是实力所限，另外更重要的是艺术修养和价值观的问题。

14∶30 到大使馆，贾福云老师接我到住所，谈了一些我想知道的问题。文化处是搞文化交流，主要是演出和展览。政府间的交流很少。俄方因接待不了，中方基本没有团来。俄方团一年去中国二十多个。中国需求量很大，但文化部是限制的，为保国内演出团体利益。上海很有意见，说，一些外商因上海没有夜生活，飞到香港去度周末，有的干脆不投资了。

关于展览，他希望有一个好的艺术品展在俄国，明年能否请天津来展？好的画展也会有资金问题，运输保险费很高，谁的东西谁上保险。俄方因上不起保险，原定的列维坦画展未果。乌克兰去中国的一个工艺品展，两百件小东西，挂毯、草编之类，很差。

俄文化部成立了一个国际艺术交流中心，半官方的，可搞商业性演出和展览。可把天津年画、泥人、面人介绍给他们。

俄的油画现在是最便宜的时候。最有名的一个画家说，卖给你们中国人，可800美元一张。那么将来会是几万美元。收藏者应首先是中央美院。各国的美院都有好的收藏。可多收一些年轻的有潜力的画家作品。

1996 年 11 月 13 日

到张信的公司办公处去见马燕生小姐，给她送一点我们公司的货代卖。马正在卖衣服和鞋。她说去年很好，今年一点也不好，降价也不行。她准备把东西尽快处理掉，回国。她说认识的好几个女的，很能干，都走了。有一些香港女士挣了一百万元，又折了一百万元，被骗、被抢，七个集装箱（70万美元）第二天被租库人转空。

去年17美元的鞋，今年卖7美元。

下午去威登汉，中国之窗二楼已空，封了门。几年来一直是中国人包的。我本想上去买中国调料的。

费加昨晚说，台湾公司仓库又被偷了几十箱衣服。

1996 年 11 月 14 日

12：00 维拉来，一起去作曲家协会的招待处吃午餐。有鸡腿、土豆泥、沙拉蔬菜、蘑菇汤、西红柿汁、面包片，饭后喝一杯咖啡。维拉去作曲家协会，我冒着小雨回家。

1996 年 11 月 15 日

维拉与我见面，一起去买 CD 机。进了两家美国的电器行，买了一个韩国三星牌的 CD 机，带遥控，双卡磁带盒，小屏幕显示功能与节目号码，很方便。88 万卢布（1 美金 =5460 卢布）。

晚上，维拉在电台录音棚休息时，为我送来五盘 CD，吕思清的《梁祝》，台湾刘星的《一意孤行》，两盘俄语老歌，一盘小提琴、钢琴曲。

1996 年 11 月 16 日

起床很迟。听音乐，看《傅雷家书》。

15：00 与费加在工艺品店见面，送了我专为他们准备的东西。有一个玛瑙牛，350 美元，一个相框 80 美元，两张杨柳青年画，各 20 美元，其余是玉小件，动物。他们说：我们要的东西你们为什么没带来？音乐首饰金、小镜子……我说：没有发货，中国公司的情况都不好。长远看，还可以再调整合作。

1996 年 11 月 17 日　星期日

到费加家去，达尼亚一起，收了剩余的货。请达尼亚到各处去时，了解年轻画家的情况，为了选择和买一些画。请她把两年的旧货尽快地处理。

1996 年 11 月 18 日

冒小雨去艺术画廊，很多位置已空，估计是生意不好。买了一幅白桦树皮画，15 万卢布，是画的乌克兰的霍坦市一景，极古老的塔楼在树皮的疤痕里，有现代感。看中一幅画蓝色海水的画，售 250美元，不带框 200 美元。

1996 年 11 月 19 日

9：45，在 5 号线等乔艳红，三十五分钟未见人，上得地铁来，与费加一起去银行。

取款 1000 万卢布，账上留 450 万给乔，留作她们交房租增值税。

1996 年 11 月 20 日

9：30 在伏龙芝站拿上王先生给的工作合同书、申请延期书、公司营业执照，即去大使馆。贾老师介绍的矫怀欣大约 10：40 才到，即招呼我进入工作室，向一个女领事介绍我，马上填一张表，写换护照理由等，后天可取。

在贾老师、翟民处各谈一会儿，去贾老师宿舍吃冻饺子、炖猪肉。贾谈起 1991 年刚来时，油画 20 美元。他刚买一幅《海》，90 多美元。他说莫斯科有两兄弟，七十多岁，是俄当代最好的画家，可约时间去他们家里，谈谈我的在中国的艺术沙龙计划。

1996 年 11 月 21 日

中午时，我独自去图书大楼看画册。大多是 19 世纪、20 世纪初的画家画册。现代手法的，有些很感人。

晚上去东升家，他太太张艳萍从国内已来两个月，黄凤花晚一点儿来了。

1996 年 11 月 22 日

上午去大使馆取了新护照。

18：40，我到住宅大楼的对面红绿灯下等左贞观，一起步行去柴可夫斯基音乐学院，听莫斯科音乐之秋的一场音乐会。

学院一共有三个音乐厅。

往年 11 月，都有这个音乐之秋，大致六十多场，今年只六十多场，都是免费的。过去只演莫斯科作曲家的，现在也演外国的，成了国际音乐节。这场都是现代的音乐。

1996 年 11 月 23 日

与乔、延净同去大市场买衣服。这是我第一次来这儿。1992—1993 年，这里是中国人身带刀子练摊的好地方。现在看不见中国人的影儿，据说已被挤出这块宝地。

人太多，地下很脏。都是中档以下的东西。很多摊位就是一个大卡车，开车后门卖货。15：00 已大多收摊。

左在录音棚工作后，送来录像带《落鸟》。

吃红烧猪肉炒白菜，煮饺子。

1996 年 11 月 24 日

午时去费加家，把一些积压的货降价，包括细镯、动物戒、玉猪、玉美人头、玻璃内画景、金属画、玛瑙戒、微雕、玉大象、银戒。拿回所有布的东西，其中有真丝睡衣、真丝椅垫、真丝围巾、真丝的纱片（寿、百子图等）。因这些东西太中国化，卖得很慢，又便宜，不如拿回来送朋友。

6:30 时给中国徐殿基、张羽、品青打电话。

1996 年 11 月 25 日

上午去乔家看了《落鸟》。生活的本相残酷又无聊。还是傅雷在家书中说得对，只有深入艺术中，才有深的幸福和乐趣。

16:00 与费加、达尼亚在地铁里见，同去彩色宝石店。收了一百二十五只细镯，玉的小件，景泰蓝餐具。会计说，杂石小象在夏天送来后一天就卖完了。

我看商店人极少，会计说，最近很不好，又涨了租店费，永远没钱装修她们的店。

联想到，近日看到很多旧的商店收了门庭，百货店改成高级服装店，服装店改成高级咖啡店，副食店关了门，威登汉的中国之窗二楼已空。抢劫偷盗日甚。乔说前两天体育大市场的仓库被抢劫一空。是警察与黑社会勾结。中国人损失最多的达一人两万多美金，跳楼的心都有。

晚上，左又送来六盘 CD，*Smooth Classic*，《雨果发烧碟》（一）（二），李泰祥的《告别》《美丽的哀愁》《那些天地人》。李是台湾的作曲家、指挥家。

1996 年 11 月 26 日

12:30 在十月站下地铁后，先去艺术沙龙去看一眼我们的东西是否已卖掉。然后拐到画家大楼。这里比往日人少了许多，一楼仍卖一些画册、首饰。俄罗斯的艺术沙龙中，首饰占相当分量，多是石头为主料的，所以显示出它们的天然艺术价值。二楼、三楼也有一些卖艺术品的店，多是画展，包括一些布、电线等作的画和造型艺术。

看过画后到一楼咖啡厅里喝茶，吃一块比萨饼。

又去旧阿尔巴特街。一进街就买了两张桦树皮画。一张叫《老蘑菇》，一张是画了两棵白桦。到录像带店买米哈尔科夫的《烈日灼人》，没有。此片去年获奥斯卡奖。米哈尔科夫还有几个好片，《爱情的奴隶》《奥勃洛莫夫一生中的几天》《蒙古精神》，都没有。

1996 年 11 月 27 日

上星期去使馆取了新护照。这次去取任东升的驾驶证公证，晚上送去他家。顺便从地铁接了费加送的细手镯二百只等，送去给李翠文代卖。

1996 年 11 月 28 日

把两年前余的围巾、椅垫、真丝睡衣等送到马燕生处代卖。她说，今年一直不好，预计三个月的货卖一年多还剩一多半。都降了价，有的赔本卖。原以为什么都不走，鞋会走，今年鞋都不走。

1996 年 11 月 29 日

今天仍下雨，找红宫未果，去 1905 站的各商场转一圈。卖瓷器的地方人在排队，圣诞节快到了。

1996 年 11 月 30 日

今天找到红宫，看了莫斯科中国传统文化发展中心办的"北京—莫斯科圣诞礼物"展览。有国画几十张，瓷器几套，景泰蓝、石雕、工艺伞、仿兵马俑、绣片等。武志生说，是河南美院提供的国画，他们公司为对方提供莫斯科的油画。从画家档案了解的情况，明年十月，郑州举办油画展卖。

1996 年 12 月 1 日

11:30，陈国平老师开车来接我，他女儿安娜、太太同来，一起去见画商。画商是夫妇俩，吉玛和依拉儿，都是非常热情、纯真的。他们把存画一个画家一个画家的介绍，共有十三位左右。

吉玛说，1—12 名画家都是俄美协会员，职业画家。职业画家的标准是须受过美术高等教育。

又说，现代主义的好画好找，现实主义的好画不好找。古典画风的那种毫无生气的画已经没有多少人买。一些新莫斯科人（大款）在有新房子前订这种古典画风的，一旦住进房子，还得换成现代的，因为只有现代风的画才有值得介绍或炫耀的地方。

说到在中国出画册的事，他建议用两种文字，画家自己也会买一些。

晚上打电话向陈全家致谢。陈也代他女儿谢谢我的礼物。

1996 年 12 月 2 日　星期一

10：10 在伏龙芝站与乔会面，同去阿尔巴特买衣服。她买一件浅驼色羊绒大衣，123 万卢布。我买一件粗布格衬衣，3 万多卢布。

15：00，在阿尔巴特图书大楼与左见面。他带我去楼上看画册。我们买了伊利亚·格拉祖诺夫的 1992 年版画册，50 万卢布，又买了希洛夫的，28 万卢布。

这两位是目前俄国在世画家中名气最大的。伊利亚·格拉祖诺夫创办了一个美术学院，任院长，他的画在俄国有很多争论。他的代表作《20 世纪神秘剧》画了世界的众多人物。当年他第一次在英办画展，人们排长队购票。他的画有些与现实、政治密切相关，内容深刻，有一些画斯大林时代人的悲凉，城市的黑暗。

左说："可以作为了解，我不会收藏希洛夫的画，没有意思。"

回到家，我们接着谈画。他说，一个画家名叫兹翁佐夫，学习很多中国水墨画手法，你应该认识他。

我请左看了杨柳青年画《仕女游春》。他说，俄国人不是太喜欢这种花花绿绿的，特别喜欢齐白石，很多人都知道。他说，19 世纪末、20 世纪初最大的汉学家阿列克谢耶夫①研究了杨柳青年画，他在中国住，还考了秀才，写了一本书《中国画》，写了很多关于中国年画的文字。

他说，你应该去彼得堡认识姜世伦，他对画的情况非常了解。我说，我一个人去？他说，有时间我可以陪你去。我说，如果你去，我把齐白石的《虾》送给你。他说，你不要送我，可以卖，卖200美金。你这次没有发货我就很为你着急，你靠什么活？我感觉这个生意你还是要做下去，我的感觉一向都是对的，可以请汉学家临时帮忙，有些事我可以帮忙。

1996年12月3日

上午在乔家看了米哈尔科夫导演的《烈日灼人》。此片1995年获奥斯卡奖，被评为外国影片最佳。

15:00在沃伊科夫斯卡亚站等费加和雪欧尼得。我一星期身上没有护照，见警察就心不安。这个站的警察还是格外的多。我等了十五分钟，没有人，就离开了。

1996年12月4日

在伏龙芝站交给王丹之300美金，加10万卢布，为办一年多次往返签证。然后去五一商店。

达尼亚16:10才到。在办公室，她与那负责人理论半天，我听出她们说卖得不好，没有新的。一起去仓库退了货。今年此店共卖我们500多万的货，剩了110多万退了货。

晚上，23:00给姜世伦打通了电话，我做了自我介绍。他说，不要听什么派，什么功勋画家，什么主义，西方也不看你这些。还是古典画法写实的风景画雅俗共赏：一是学生四、五、六年级的，画得好的100—200美金；二是画家工作室的，去看一定要买，200—

---

① 瓦西里·米哈伊洛维奇·阿列克谢耶夫（Василий Михайлович Алексеев，1881年1月–1951年5月)，中文名阿理克，是苏联著名的汉学家。——编者注

400 美金，比较好的。

他说，中国画在这边不行，没有人买画。过去我总办画展，现在不办了，去西方办。展览可以，但不会卖掉。没有钱买。有钱人不买画，买房子买地。

1996 年 12 月 5 日

今天是达沙十岁生日，晚上回来时为她买了巧克力大盒，23000 卢布。

早上给马燕生打电话，她说，这几天还是特别不好，有一天只卖 7 万卢布，到晚上才来两人批发了 90 多万卢布的。她说东航旅馆四个人押车送 10 万美金中国人的钱。警察拦车检查，硬往他们身上塞一块毒品，一支枪，把他们带回警察局，打呀，让他们承认走私毒品，私带武器。后来又花 2 万美金才把四人赎出来，共损失 12 万美金。

她说，你看了前天的电视吗？两个警察被冲锋枪打死，连防弹衣都不管事。我说，看了电视。

下午去威登汉，深圳馆中国人卖石头的柜台。我原以为是从中国进口的，原来是批发印度人的。圈戒指 2300 卢布，有玛瑙的、各种石头的，项链从 1.8 万到 12 万卢布。

1996 年 12 月 7 日

中午与王先生谈话，他说注册新公司很简单，只要因私护照去大使馆开一证明，准许办公司，然后作一说明，本公司资产，包括电脑、复印机、家具等超过 7000 万卢布即可。

他说他女儿是学国际心理学的，在一国际组织工作。在西方，上心理学课至少每小时 100 美元，很有效，甚至只凭一个梦即能解释你的处境及前途。

下午，与费加去威登汉。让他知道玉的东西的情况。

去少年图书馆，把几乎所有东西都降了价。女售货员非常纯真质朴。她说她们沙龙里的画有一些是一个画家家庭画的，父母与两个儿子。其中之一在美院上学，画彩色水墨画很有名，每张已卖 600 多美金。我马上请她定见面。

1996 年 12 月 8 日

13：00 去费加家，与达尼亚三人谈话，说明必须尽快处理所有东西。玉的东西有中国人在做批发，立刻会满莫斯科全是，价格极低。我于是拿走一些东西，说明再聘一翻译，上午去，下午我与达尼亚去。

晚上算账，拿回东西总值 6350 美金，还余 5500 美金的货。也拿回了账，算了一下各店欠账，清好东西，已是凌晨四点。

1996 年 12 月 9 日

15：00，与思华在东方人民艺术博物馆见面。上三楼见几位东方学专家。先生斯乔夫，会说汉语，父亲是有名的汉学家，写过一本中国服装类图书。经理，女，达吉亚娜。还有拉利萨、里吉亚。

我问，听说一汉学家编了一本书，是苏联收藏的中国年画，思华说，就是她。她参与了编辑。这本是北京人美出的。

我请他们看了杨柳青年画、水墨画册、张羽水墨画、李燕华画册和画、面人和泥人照片。

他们说，要展览就得租展厅，每平方米每天 1 美金。有一百三十平方米的厅，每月约 4000 美金。如果要卖，入关还要交税。卖价的 25% 还要付给博物馆。

他们说，在这里，画很便宜，一张齐白石的 1000 美金，一张 17 世纪的古画 1000 美金。几年前，齐白石木版水印卖了 4 美金。

17:50，在家门口地铁与任东升、张艳萍见面，一起步行十分钟至柴可夫斯基音乐学院大厅听音乐会。黄安伦作曲，左贞观筹划。俄罗斯国家合唱团演唱，女高音朱小强，加拿大籍，毕业于上海音乐学院，还有一男高音，加拿大人。

第一个节目是《敦煌梦》，后面有《岳飞》，最后是颂歌，合唱水平很高，曲是比较流畅、古典的那种，非常优美，独唱也很好。管风琴伴奏。

1996 年 12 月 11 日

天黑得特别早。18:00，在窗子透入的月光、灯光中，安琪儿像一个复活的幽灵，昨天的梦和明天的梦，羽翼一样丰满和柔软，像珠在贝中呼吸和发光，紧紧相连。他们被女神的手放在一起，成熟是为了分离。有什么能磨损掉它内心的光芒？它将无助，它将任意流落，却只有他能看见那灵魂之光。我过早地想念那晚年的炉火，有钢琴的音符在跳荡，像女神一生的有力的脉搏，像我的永不衰老的歌。

1996 年 12 月 17 日

陈国平老师介绍了新的翻译米沙，是广播电台的汉学家。我们
11：00 在地铁站见面，我一出现，他立刻走过来。在银行取钱 500 万
卢布。因签会计名被银行职员发现，问为什么一人写两人名。问中
国总会计，我急忙道歉，算是了结。

约 17：00，到了图书大楼，费加帮我要了普希金的所有书，我选
了七本，其中一本是根据普希金的诗、莱蒙托夫的诗写的乐谱。其
他几本都是普希金生活的画册，有 1954 年、1975 年、1987 年出版
的旧书。我背着好像有十公斤的书，兴奋至极，回家后连看了五遍，
想象着明年春天它们出现在普希金沙龙的书架上。

1996 年 12 月 18 日

12：00，思华和我一起，到绍恩，让他们看齐自来的虾和杨柳青
年画，他们说太贵。有中国人专为他们送 50 美金一张的，还不好卖。
什么都不要。

出门一拐弯，去中俄友协，见了王先生介绍的瓦西里·伊万诺
维奇。他看了我的名片，立刻给巴里玛诺夫打电话，请他也过来。
但巴说半小时来不及，下次再约。

瓦西里是支援中国抗日的战士，在驻中国大使馆也工作过五年。
他说，这院内有展厅，四十多米的，可免费办展览。远东研究所也
有展厅。还有东方研究所，但是研究不只是中国，也包括其他东方
国家。

友协计划从 1997 年起，每年中国春节前，办艺术品展销，但他

们本身没有钱，不知会不会委托中国公司来办。

16:30 在和平大厅地铁站与费加见面，一起去艺丽达沙龙。这个沙龙是莫斯科百名妇女画家协会的沙龙。经理玛利雅也是画家。一小时后经理来，我们谈合作的计划。我说明年在中国开艺术沙龙，会卖俄国油画。玛利雅说，她们经常在西欧各国展览。如去美国的七十张，只订一个框，将七十张画布平铺，只六公斤。在文化部做手续，10% 税或可以免税。但再入关时，卖掉的要交 5%—10% 的税。展期三个星期或几个月都可。由银行做合同。可去一人，只管吃、住，也可不去人。

我们看了店里的画，其中科尼亚耶娃画的莫斯科的雪景，825000 卢布，我很喜欢。玛利雅说她的画在英国卖得很好。还有梅拉穆德的花，很有生气。我们约定下星期见几个画家。还发现了画水墨的画家，一张 30 万卢布左右，用硬纸框装着。她的名字是艾达·彼得罗夫娜。

玛利雅也可把中国的画拿来在这儿办一个展览，这儿还有钢琴，可办一个晚会。

这样，关于中国沙龙展俄国画和将中国画带入俄国展卖的事算是有了清晰的前景，甚幸！

1996 年 12 月 19 日

与达尼亚去少年图书馆。楼上的侧廊是个艺术沙龙。主要是油画，也有小首饰和工艺品。油画廊中间是长桌和凳子，上面有许多杂志、报纸。

我们的东西都降了价，她们很高兴地接受，立刻拿给顾客，当时就有一女顾客买了珍珠项链和手镯。

又去艺术沙龙。他们只要大的东西。一个木雕 80 美金的已卖出。60 美金的芙蓉石鸟也卖了一个。

1996 年 12 月 20 日

我一人下午去彩色宝石。玉镯降为 20000 卢布，她们马上接受。一个雕漆小象也卖 20000 卢布，会计拿钱立刻买了。只要是象，她们都积极收集，或者只是出于爱好这一动物。她们一直说杂石的小象如何如何好卖。

1996 年 12 月 21 日

15∶00 到费加家，昨晚打电话说好今天去拿一些东西，小的全拿。

他和达尼亚一定会有很多担心，但是公司只有改没有办法，夏天就到期了。费加请我看了他的许多画册和图片。达尼亚则两小时后做好了她的饭，烤面包片和奶酪、香肠、西红柿沙拉、米饭汤。喝一点酒。很奇怪，这漆盘和前面的一些画册是他们从蒙古买回来的俄罗斯的东西。

我看三小时半过去，天已全黑，提出拿东西走。这些漂亮的东西，同时也是他们俩的生活来源。但是很遗憾，费加八个月前就自动离职去了台湾公司，而把我公司交他太太管。夏天就这样维持过去了。而这次我得知达尼亚又找了一份工作，每天 12∶00 到 14∶00 教小孩子跳舞，而 16∶00 才可能到任何商店。这样，我终于失去了对这样的职员的信心。旧公司结束，而新公司可以再看情况而定。

我一共又拿了两千美金的东西，还余两千美金的，大概这月内会卖一半，下一半是手镯和鸡蛋，会等明年四月后才卖，也就不指望它了。

我觉得自由又回到了我的身上。我又可以主宰自己的生活了，应有的自由，少一些都会压抑。

1996 年 12 月 22 日

今天又去住宅对面大街的莫斯科人民广播电台录音棚，听黄安伦作品的录音。

左仍是现场组织和总指导，在座的还有香港龙音公司的谭耀宗董事长，现居加拿大，还有指挥赖德梧先生，当然黄安伦也在场。休息时，左介绍我们认识，黄说他三岁到十岁在天津度过，天津话忘光了。

首先是赖指挥歌剧《岳飞》的序曲。

休息时，我们几人一起站在走道上，他们争着讲音乐和外语的笑话。黄说，我要上厕所，左说，等一下，我给你再讲一个笑话，特别有意思的。黄说，好，你快一点。一边做好助跑的姿势。

下半场，黄指挥，是芭蕾舞剧《卖火柴的小女孩》音乐。他充分运用身体语言，又是他自己的作品，极熟悉的，激情的，所以很好看。

许是因为气氛的轻松，席间常有一些小笑话，比如黄正在指挥，一小提琴手以为又是录音中断，开始说话，结果，全场哄笑，只好真的中断。或者黄在中断后又开始得太快，结果被录音师打断，反而慢了。或者黄指挥着自己开始大摇其头，然后指自己的胸，原来是他自己错了。

1996 年 12 月 23 日

11：00 到威登汉给丁平送一些东西。她四十三岁，是中国新技术创业公司外派的代表，卖皮衣、皮鞋等。她说丈夫带着女儿在家，也是不高兴，但又回不去，没人接。在这儿还能挣一些钱。她问了我的家庭情况，说，女人呀，差不多都有一样的问题。

下午与达尼亚去地球仪，为卖画片，她们说新年后再说。又去图书大楼，送了她们两个小玉牛，只答应明天收有关冬天的画片。

达沙几乎每天找我来玩牌。

至晚上听了左昨天送来的几盘 CD，有阿炳的双 CD，刘天华的双 CD，许斐平的钢琴演奏，陈培勋的交响作品，后两盘是爱乐管弦乐团的演奏。

安琪儿又来，还是那么懒散地往被摞上一靠。我说，你穿黑色高领衫很漂亮。你的眉毛挺好，原来还有我没发现的优点。"你会发现还有不少优点。"当然，表象的还发现不完，内心的就更无止境了。

1996 年 12 月 24 日

这是西方圣诞的前夜，俄国人似乎与此并无关系。一切照旧，都上班。

11：00，我到中苏友协与巴思玛诺夫先生见面。瓦西里先生先去忙他的事，说过一会儿来，留我们与翻译在。他是个平易亲和的老人，说："你先开始吧？我怎么能帮助你呢？"我说想明年出版我的俄文诗集。他说，他刚在私人出版社出了一本诗集，并拿给我。500美元，印了二百本。他只写诗，不写别的。他翻译了好几个中国人的诗，他拿出一本手掌大的厚厚的精装书，说这是选的1—20世纪中国女诗人的诗。我说，在左贞观家见过这书。

他1951—1953年在苏驻天津领事馆做副领事。或者更早。他说与方纪是老朋友。很可惜四十年再没有去中国。

他问，你的诗是怎样的？

有关个人感情的，有长的，三百行。

不好，我喜欢短的，李太白的都很短。

我的长诗是一个小组，十几行一个标题的。

诗不好翻，很深刻，最好有一人能先把特别的意思说明。

我可以请人帮助。有的诗纯是语言的美，带着感情色彩的。比如我的诗，"在春天有冰凉的蛇为生气陶醉/在夏天会有人误入花丛"。我写诗大约二十年了，后来下乡，入厂，上学。

我以为你是二十岁的。

友协和作协会有一些活动，汉学家参加的，可以通知你。

很可惜我没有学俄语。

你能见到方纪吗？

当然，您可以送书给他。如果他不在了，我就留下作纪念。

我也可以送给你一本。……你丈夫怎么样？

我没有丈夫。

如果我写可爱的伊蕾，怕你丈夫会吃醋。

"亲爱的"和"伊蕾"两个词都很好听，像音乐一样。

1996 年 12 月 25 日

12：00 在地铁内与思华的丈夫米沙见面。他的眼睛更坏了，可以写但是看不见字。他说麒梅的孩子明天满一个月，爸爸是南斯拉夫人，他们没有结婚，麒梅主动中断了与他的关系。他和思华都没有工作，麒梅上学也是收费的，很需要钱。

维克多本来约我一点在录音棚吃午餐，但他又打来电话说，去机场接小提琴家吕思清，他的签证日期有误，不能出关，他跑到作曲家协会去办。

不能见面了，你是不是生我的气?

我说没有，只是有点遗憾。

一个历经失落的人，心情犹如打翻的五味瓶，会有种种不祥的感觉时时笼罩，不管语言的表象是如何，或者正相反的背后和潜台词。它像音符是跳荡和流动的——时间的艺术。感情正是这样一种艺术。我之所以一直热爱美术，大约是想美好永驻，感缘不朽的。

1996 年 12 月 26 日

今天零下 25℃。一早去黄泽的公司买一套瓷器茶餐具，10 万卢布。加四个碗 1.6 万卢布。回来送列娜。列娜说：太贵，太谢谢了，真漂亮!

又去少年图书馆取钱，送货。

去威登汉与武绍忠结账，他去南斯拉夫，为我卖掉 2327000 卢布的东西。已算是很能干了。当然我的价也是最低的。

18:00 在 1905 站与李翠文、任东升、王瑞等人集合，去瓦西里家做客。他们每年 12 月 26 日都去瓦西里家。瓦西里现独身一人，七十五岁，仍在中苏友协上班。

他准备了肉冻、白菜沙拉、西红柿沙拉、香肠、酸黄瓜。伏特加是一种带香味的以色列出品的酒，很好喝。他的客厅有中国景泰蓝、雕漆、软木画、内画、骨头人、宫灯，像个小展览室。

席间，刘金生带一位小姐来。刘是电力部驻莫斯科总代表，学地质学和热力学的。讲他智斗马匪的故事。

1997 年 3 月 6 日

今晚下飞机。出海关时不像过去还会检查，这次取了行李径直出来。

陈太太拿了一束高高的蓝色的伊丽斯花束接我，安娜也跑过来。原来陈国平先生病了。

我乘上她们的拉达，安娜开车。陈太太说安娜吃了我托人带的药，好多了。过去每天去十五次厕所，现在三五次，可以工作了。千恩万谢。她说："我每天给上帝磕头，给你磕头。"

1997 年 3 月 8 日

陈太太和安娜来接我去画家大楼看展览。她们的车坏了，租了车。临下车，陈太太找不到零钱，我要付钱，她急了，说："伊蕾，你要是付钱，我——不说话！"我差一点笑出来。

展览有 19 世纪的画，我看很便宜，一幅大约 60 厘米 ×70 厘米的静物，极好，售价 3500 美元。

后来，我们去一家英国人开的饭店，安娜请客。饭店门口一般，店内极其讲究。前厅有服务员为客人挂衣服，下去是厅。过一小厅，内有壁炉，正燃着火，又是一厅，尽头是台球案。都是木头装饰，墙壁露着一截石头壁。我们要了沙拉、蘑菇汤、酸奶、面包、炸土豆条儿，合 60 多美元。

1997 年 3 月 13 日

上午去彩色宝石店，送了 1500 美金的货，玉的全部接受。下午又去工艺品店，送 1300 美金的货。达吉亚娜对松石、木雕、玉的价格都无异议，说骨头人可以留一套。

1997 年 3 月 15 日

陈国平开车来，陈太太和安娜同车，我们一起去画商吉玛和依拉的家。依拉仍是笑逐颜开，拿出嘉利亚的一幅幅画摆开。

我说准备请他们准备一百幅画去中国展。吉玛说，七十多幅是现实的，十几个画家的画。他说："前期的宣传、广告你要做吗？"我说是。

1997 年 3 月 17 日

左贞观从瑞士回来，给我带来贝多芬的 CD 和一小瓶法国香水。

他说瑞士生活比德国要安定，欧洲生活所有的优点集于一身，多山，多湖，冬天盛行滑雪，出产表、折刀、巧克力、女式衣，用品都是品位极高。银行很多。百年和平无战事。

1997 年 3 月 18 日

我为我即将诞生的沙龙起了一个名字"故乡艺术园"，并题短诗一首：

> 艺术——灵魂的故乡！
> 你有多少秘密的宝藏？
> 受洗于你神圣的光辉
> 我的生命如此安详——

1997 年 3 月 19 日

维拉带我去音协旁的一座地下室，这里是画家工作室。有三个画家正做大盘的沙拉。他们让我看他们的现代油画。其中一个南美人又把我带到临街的一座房子里。这里有维拉认识的那个画家。他听了我的计划，问我的沙龙是多大的，光线怎样，有什么个人的想法。这些如果没有，就不是沙龙，只能是乱七八糟的。

我们约好后天见。

1997 年 3 月 20 日

14：00，维拉带汉学家萨喀洛夫来我家。他研究中国美术，去年在日本居住一年，是日本一家国立艺术研究所的艺术学博士。

273

我请他看我的画册，天津美院国画，张羽画，李燕华画，20世纪末中国现代主义水墨艺术走势，看墙上挂的杨柳青年画，齐自来的虾。他说，天津的画很好，他想写一篇介绍天津画家的文章，向我借这些书。

他一翻开书，就喜欢闫秉会的画，说他的笔墨有的像指画，也喜欢韩文来、何家英、张羽。

他知道很多中国画家，包括天津的溥佐、孙其峰、何家英，他都知道。他家藏有齐白石的画五张。

我让他看了泥人、面人、黄杨木雕照片，他说，泥人、面人肯定不行，木雕的佛可以，玉石微雕可以，女扇可以。中国的书法可以，竹也好，但不要贵，可以为俄人接受。

1997年3月21日

11：00一过，维拉和我到索良卡街1、2号建筑，即一个展览礼堂，看艺厉大一年一次的画展。

昨天是开幕式，人很多，今天还没有画家来。维拉说这样的画展一天在莫斯科有几百个，登在报纸上。显然说得有些夸张。但是提醒了我，可以订阅美术报刊，多参观一些展览，同时在展览上结交画家。

18：00，到中央电报楼对面那个画家工作室。他们又在做沙拉。

主人听了我们的意图，说好画要500—1000美金一张。维拉解释说，对于中国人，要看是谁画的，名气大小。主人立刻倡议，他的朋友舍米亚金是俄当代最好的，现居纽约，可以说论名气是俄国第一。可以去中国办画展，他可带八十幅以上的画，画家本人也可去。很多人都说舍米亚金的画中很有中国元素，但一直未去中国展出。他可带从新加坡印好的宣传单一千份去中国，不必另印。

维拉说去年莫斯科开了他的一个很大的画展，莫市到处卖他的画册，的确是俄最有名的。

我请专人看了天津美院国画系画册，他说很多都很好，他最喜欢陈冬至、闫秉会、韩文来、霍春阳等。他说可请他们几位在他的画廊办画展，免费展厅就在他的楼上，是他个人的。他可自己买票去中国选画。

1997 年 3 月 22 日

一个人去阿尔巴特街图书大楼。

舍米亚金的画册没有，暂时。买了一本《莫斯科》，一本《克里姆林》，英文版，共 186000 卢布。

14:50，左贞观在广播电台有直播，介绍他的音乐作品。可惜我回家已晚，没有听到。

1997 年 3 月 23 日

中午去伊兹麦洛夫斯卡亚街工艺品市场，还未进市场门就先后买到三个烛台，合金的，老的。

在里面买一石盒。见一妇女在卖油画，像儿童画的稚气，但很好看。她画下雪，整个画片点满了大雪花。我买了四张，10 万卢布。买了一本《莫斯科博物馆的艺术珍品》画册，10 万卢布。

见到一新画种——水彩画，画莫斯科红场，卖给外国人最适宜，价格 10 美元起，小幅。好像有十九处在卖，看来生意兴隆。

1997 年 3 月 25 日

昨晚，新莫大李玉通经理说马上要看我带的画。今 11：40，我与电台的米沙在威登汉站下面见面，一起去新莫大。

李很愉快的样子，好像老相识。他说他是天津书协的秘书长。我说"没想到你也在这圈子里"。他说他认识一些天津画家，画动物跟真的一样，回头介绍给我。

他说画卖给这儿的中国人就行，很多人想要。我把画留给他，说过几天再联系。

上 8 楼 814 见曾晓春。他晚上在桑拿浴值班，现正睡觉。他带我们下地下室看了桑拿浴室。

1997 年 3 月 26 日

11：30，又同米沙一起去"走自己的路"艺术沙龙，在白俄罗斯站出来，过铁桥，走两分钟就到了。

里面是二层小楼，一层五十平方米左右，都是东方工艺品，中国的很多，一楼有 CD，二楼有书。很多是翻译的中国的，道、佛、气功、太极、孔子等。

没有书画艺术。不知有无合作之前途?

出来后去青年近卫军书店，告知结账。她们说，下午四点即可来办退货。

1997 年 3 月 27 日

12:00，与达尼亚在里尼亚见。说退货、结账，她们说要两星期办完。她们正开新沙龙，人很少，而且不知道外国人护照怎么办。

看来这个沙龙地处偏僻些，工作方法落后很多。算账几乎一小时，给了 50 万卢布。

今天是全国罢工、反对政府的行动日。全国约有两千万人罢工、游行，基本没有武力冲突，生活照常。

1997 年 3 月 28 日

11:30，在灰线萨维洛夫斯卡亚车站与徐庚熙先生见面，又等到别列兹金先生，一起去"复活"出版社。

广告科长下来接我们入门。交入门证。

他拿出《普希金文选》，说已出了二十三本，去年焦广田给了我十二本，共二十三本。我说特别希望在明年出版一套介绍普希金的书，每册 10 万字内，以纪念普希金二百周年诞辰。中国近五十年基本没有介绍普希金的书，只有他的作品集。

主编中途进门，他说下星期即可把计划交我。

1997 年 3 月 29 日

安琪儿来，是 15:30 以后了。我们大概一致的感觉是又好久没有见面了。实际上前天晚上他从录音棚跑来坐了一小时。

房东带着她的女儿和女儿的小朋友出去了。嘎比和巴德留沙朵在家里，悄悄地没有声息。

1992
1993
1994
1995
1996
1997
1998
1999
2000

他带来了我送他的《独身女人的卧室》，我需从中选几首送巴斯玛诺夫做俄语翻译。

他说过几天他会空一些，带我去一些地方。如托尔斯泰庄园。他说他太崇拜托尔斯泰，托翁说的话都很深刻，托翁的小说也是，其中"教父"的故事，他讲了一遍，说托尔斯泰说的都是人性的问题，人共同的埋藏在心里的问题。有一本书是托尔斯泰语录，是一个人跟着他，一直记录的。他爱的另一个作家是陀思妥耶夫斯基，西方最推崇的，现代主义文学奠基人。普希金是中国人最熟悉和爱的，当然也是俄国人最爱的。

他说他看了《陈寅恪的最后二十年》，作者古文功底很好，成语连篇，很富感情的描述。中国大学者的生活情境很使人感动。中国其实是大有人才，有这么了不起的学者，却大大地浪费了。

1997 年 3 月 30 日　星期日

11：00，闫刚在南站接我去他的住地小坐。一套两室住房，租金450 美元。下地铁还有十分钟。他带了大包的中国小菜和真空袋的肉食，给我煮了面条，西红柿炒蛋的卤。他说二十个集装箱，如果顺利，一二星期就批完，有的接整箱。现又准备接新货，已发生的封库事件争取达到撤诉、罚款。

1997 年 3 月 31 日

11：00 到地铁等会计娜嘉，半小时后未果，才发现表已指向12：30，原来今天是夏时制第一天，我忘记了。去银行已来不及，只好去少年图书馆看看。有两幅画，26 万和 30 万，画莫斯科庭院或野外，都是很好的。

1997 年 4 月 2 日

9:30，陈国平和陈太太开车来接我，去吉玛家。

吉玛提出的问题是，展厅费谁出？我说中国国内的一切费用我出。他又问，如果我没有利润怎么办？我说事先准备好所有照片，先回中国请专家看和找客户。他再问，剩下的画有些要带回，出关时有什么问题？税？他说，最好是出关时交每张 10—15 美金税，然后再回来时没有税。

我们照了三十多张画的照片。吉玛给了我几个画家的宣传品。

13:30 我到红场边的"马涅什（练马场）"展览馆，离克里姆林宫的游客入口处极近。维克多五分钟后也到。3 万卢布一张票。厅大约有千余平方米，三百多家画廊在此展出，画都有很强的个人风格，现代的比较多。也有不少铜雕。我们要了一些画家的电话。其中有 А Б 画廊的女主人，她们常去国外展览，代表十个画家，有一家庭画家，夫妻和儿子，女画家说她很喜欢中国，中国的瓷器、食品、刺绣。

1997 年 4 月 3 日

与会计娜嘉在地铁见面，给一些文件签字。13:30 到少年图书馆，与达尼亚一起谈公司转个人护照的事，说好下星期一办理，又交了一点新货。匆匆去银行，交了文件，取了 200 万卢布办公费。然后赶去彩色宝石，在地铁与米沙会合，彩色宝石说好下星期四办理。

1997 年 4 月 4 日

12：30 到工艺品店。他们退了一些东西，其余的留下转为个人护照。退的有骨头动物、玉镜、玉大象、玉项链、细手镯、戒指等。

又去莫斯科画家办退货。玛瑙盒、玉葡萄两个很快卖了。其他退还。

18：10，在大剧院门口与陈太太会面，一起看芭蕾《吉赛尔》。入场后，先去吃一点东西。陈太太说，一定是她请我，要了红鱼子、黑鱼子、白鱼（鳜鱼）、蘑菇、香槟各两份。

看剧使我又想起了母亲，止不住眼泪。我已在梦中梦见妈妈三次了：第一次她躺着，闭目；第二次她站着，我从背后拥抱了她；第三次，她裸着上体，我从正面拥抱了她。我是如此强烈地要接触妈妈的肉体，白天这种愿望时时涌现，我悔恨在妈妈活着时没有多给她一些拥抱和吻，此生大憾！

剧后，陈国平和安娜开车来接我们。

1997 年 4 月 5 日

一早下小雨。安娜和陈太太又开车来，13：00 左右，我们同去电影中心内的一个画廊。

画廊在中心的里面，有二百多平方米的样子。她们是三个女性，正准备新的画展。我看中了三张，问价格，一是德米特里·阿列克谢耶夫的油画，色彩明朗的海湾，800 美金；一是花卉，500 美金；一是水彩画，350 美金，作者七十五岁，是马列维奇的女学生。说好再打电话。

1997年4月6日 星期日

马涅什的年度画展今天是最后一天，我一个人又跑去。今天人很多，存衣处排起了长队。

画是很好的，价格也高，一般是800—2000美金。

我留了几个地址，买了几本画册，准备再联络。

其中一画家的水彩花卉前有很多顾客。原因是花色彩很漂亮，其次画家也把画拍了些照片出售，每张5000卢布，我也选了一张。玻璃柜和瓶的质感极强。这幅画本身是100美金。

1997年4月7日

中午去少年图书馆，旧货还没算好，不能退，只好先用我的护照只送了新货。

14：30与陈太太在楼下见，一起去"电影"画廊买阿列克谢耶夫的那张画。

陈太太一定要给我300美金，为安娜的药。我只好接受。她说，女儿是我的，病是安娜的，你要了钱她也好得快，你花了太多钱。

画廊正筹备15号的人体画展，晚19：00开幕。

我请他们做了证明，盖章，为这张画。

1997年4月8日

又去少年图书馆，仍为准备算账。见安娜·恰林娜的画，画乡村庭院，极好，只合50美金。售货员又拿出她的水彩画，合20美金，可以更少，画莫斯科街道的，也极好。

15：00，与米沙一起到艺厉大，退了所有旧货，只有 4 万卢布。说好星期五再送新货。

1997 年 4 月 9 日

9：00 差几分到大使馆文化处。翟民接我到办公室，贾福云参赞正与山东美术出版社二位说话。我是应约而来，遂加入旁听。

该社来过一次莫斯科，这次应大使馆邀请而来，为出俄油画家画册。已选定谢尔盖·彼得罗维奇·特卡乔夫、阿列克塞·彼得罗维奇·特卡乔夫兄弟二人的画，已拍了反转片，今年 10 月后出版，每册约 500 元人民币以下。他们准备每年出 3—5 本俄油画册。此次准备在北京和莫斯科中国大使馆开新闻发布会，首印 3000 册。

去年该社利润 1500 万，今年预计 2000 万。总编辑姜衍波先生说，出版社的出路是必须出好书，干别的都不行，搞创业之类是瞎闹。

他说他们有一很大书店，二层，可与我联合办展览活动，他们社也可买我的画。

贾说画带出去的问题要解决，可请俄文化部管此事的官员来使馆，认识一下。在北京与国际艺苑建立联络，可借对方一块宝地。

15：00，陈太太带一刚大学毕业的女画家来，她在漆画厂任设计画师。26 厘米 × 16 厘米的一块漆画 70 美金，一个 15 厘米 × 12 厘米的盒子 45 美金。她说依兹马雅路市场的漆画是贴的，不是画的，所以便宜。

安琪儿来，他知道特卡乔夫两兄弟，说他们是典型古典主义，很有名。他说俄国人最爱诗，是诗和戏剧在黑暗中发光。《叶甫盖尼·奥

涅金》这个电影，他看了十五遍，母亲以为他疯了。《日瓦戈医生》
每一句都极好。诗人改写散文肯定是很好。当然不像一个小说家那
样有结构感。

1997 年 4 月 10 日

中午与会计见面，为一季度的报表签字盖章，两大本。

下午去少年图书馆，收 518000 卢布。

1997 年 4 月 11 日

又去少年图书馆，添新货。再去工艺品店。公司结账，共 40 多
万卢布，个人的 80 多万卢布。瓦丽亚问我公司转个人的货是否要提
价？她们可以做。我说不用。我很感动她的认真热情。

路过画家展览馆，里面正销售展览。我进去买了一套夏天的丝
麻衣裤，共 37 万卢布。又买一琥珀坠子，14 万卢布。

下午去艺历大。两个大约是女画家不知怎么承担了收货的任务。
其中一个围着头巾，像个吉卜赛的巫婆。她们每收一种东西，都要
去问柳达，又说这不要，那不要。我又想哭，又想笑。女人就是女人。

21：00 多，安琪儿来电话说："我们是不是出去散散步？"我说好，
他说过五分钟就到，我说要十分钟。

风有些凉，我穿了足够的衣服，只感到清爽和快意。我们走过
白宫前的灰砖铺地的拱桥，很舒服。又经过白宫门前，到处是黑布
和红布的帷幔、条子。报栏里贴满死难者的照片，有一木的纪念碑
大义凛然地矗立着。

我为这个民族骄傲。他们可以死，也可以怀念，也可以表达这怀念。

1997 年 4 月 12 日

今天 2℃，没出门。想了一天，决定这次就买一批两兄弟的画。夜长梦多，不知明天会有什么情况。抓住主干，枝节不乱。心里轻松了许多。给闫刚打电话，他说，过十几天没问题。

1997 年 4 月 13 日　星期日

下午去新莫大，见华人联合会秘书长洪烨，他说，要新办一报，望我来办。我说很可惜我已不在莫斯科长住。我有很好的建议，主编可在家审稿，你们给送和取。

姚一赶来，还给我齐自来的画。他请我请国内画家来参加华人文化节。我建议请一画店老板，可带若干画。

文化节从 5 月 11 日至 6 月 8 日。他们说给各国华人发了五十多份邀请，规模空前。

姚是中文传呼台的老板。他说他懂字画鉴定。

从新莫大去 1905，远达公司。跟李翠文结账。

20:30，维克多来。他说很饿，我说我准备了最好的沙拉，25000 卢布一盒的。奶油和香肠做成。吃面包、香肠，喝咖啡。他说：太舒服了。俄国有句话，对男人的爱要通过肚子。他说：我们一起喝这杯咖啡，你不喜欢？我说：如果我不同意，就是形式主义。他说：教条主义。我说：伪善主义。

1997 年 4 月 14 日　星期一

安琪儿中午跑来。他说，一会儿要去为新加坡四个人办签证，过几天他们来录音。

我感觉是一条鲨鱼在吞食一条小鱼，一头熊在品尝一颗糖果。一个温暖的巢暂时收留了一个小可怜儿。这是我的唇的感觉。

1997 年 4 月 15 日　星期二

15：45，我到莫斯科广播电台，陈国平和米沙出来接我，到六楼的咖啡厅，吃一点沙拉，喝白酒和猕猴桃酒。又去米沙的办公室，他们要吸烟。又从下面端上来几杯咖啡。

见了他们台里的几个汉学家，送陈一盒内画玻璃鸡蛋，请他转送同事们。

1997 年 4 月 16 日

中午去彩色宝石，把公司转成个人货，余货 1300 多万卢布，给 140 万卢布。

17：30，把一些样品交米沙。

19：15，陈太太带我去"电影"画廊，参加人体雕塑展的开幕酒会。我问了几张，分别是 5000 美金，10000 美金，有一些铜、铁、玻璃的人体雕塑。

1997 年 4 月 17 日

去 1905 远达公司给徐庚西发了传真。

15∶50，在图书大楼门前，与左贞观、姜世伦见面。随姜的有他的外甥女郑曼琳，还有莫斯科工艺美院留学生李红、范宏苹。一起去对面的阿尔巴特街11号看一个画廊，这是一个约三十平方米的小画廊，主人是三个名叫奥莉加的。

他们介绍说，这是一个实验式的画廊，每月一个新展，然后把这画家介绍给大的展览。以雕塑为主，有人赞助，可以和中国做交流、交换。

完毕，奥莉加送我一些宣传品。

左带我们去旧阿尔巴特街喝一杯咖啡。

然后我们步行到我家。途中，李、范告别。左亦去录音棚。

姜买了一瓶马蒂尼，说是丘吉尔最爱喝的酒，16度。到家里我拿出猕猴桃、李子、椰味饼干请他们品尝。喝马蒂尼。一小时后，左也来，开始饭餐，是我准备的各式沙拉、饺子。左一小时后又去录音。

姜问我的宏伟计划。问我货源。他说还去"产地"，美院学生的画，又好，又不贵，150—200美金，300美金，就很好。一些画廊不纯，画展是过眼烟云，只为了解。重要的是认识画家，今后会有帮助。

他说天津美院的画集很好，霍春阳的有独特性，孙其峰的也好极了。李燕华的也很好，第一张双鹭图构图极新颖。齐白来的虾不错，但太密了。

他说我买的"海滨"油画不好，水用色乱了，两幅小的不错。

他每年展三次左右个人画展，一次国外，两次俄罗斯。每幅500美金。芬兰是2000美金，一年收入10000至20000美金。

他对我要在俄展卖中国画不抱信心。

姜给我的影响是他的轻松、自然、热情、理智。

1997 年 4 月 18 日

10∶30，陈先生和太太来接我，去吉玛家。

吉玛准备了三十余张照片，一一写上画家名、尺寸、材料。

共十九位画家，十八名是美院毕业的。年龄大多 40—60 岁。风景、静物为多。我看水平不错。但没有我特别喜欢的，布赫、贝斯特利茨卡娅的我还比较喜欢。巴宾娜的也有特点。

1997 年 4 月 19 日

今日周末，去阿尔巴特街为刘新星的孩子和修竹斋刘买两个小望远镜。又去威登汉，与丁平结账，她卖了 550000 卢布，说耳钉卖得最好。

我在下面厅里的小吃部吃了牛肉肠、辣椒沙拉和一片面包，喝芬达。临近一姑娘手拿麦克风在唱歌，她的机器发出悦耳的伴奏，我想她也许是卖录音机的。她唱得高兴，还不时跳起来。

1997 年 4 月 20 日

维克多昨晚提醒我去看"石头交响乐"。我大约 11∶00 出门，今天特别冷，我没穿大衣。

展览会在画家大楼旁边的大楼里，入场券 6000 卢布。我买了一石头画，与石盒差不多同价，像冬天的溪水结冰在山脚下，很漂亮

1992
1993
1994
1995
1996
1997
1998
1999
2000

的色彩。

匆匆去费加家。记下几个未结账的商店欠款，又记下库存品种、数量。

19:30，与王丹之在伏龙芝地铁口的喷泉咖啡厅见面。

他为我们要了咖啡、奶昔、蛋白点心、土豆条。

我请他办一次往返登记，三天后取。

1997 年 4 月 23 日

星期一凌晨从疼痛中醒来，身体痛。从床上搬到地下，心想可能是睡软床太久。过了一会儿无效，又搬回床上。早上给维拉打电话，他说一定是发烧，试一下体温，一试 38℃，吃了列娜的药。14:00，维拉来，匆匆半小时。晚上吃阿莫西林，喝列娜端来的蜂蜜，热水送，发汗。

第二天仍 37.4℃，下午只好打电话给大使馆贾福云参赞，告知今天仍无法出门，改在两天后再联系。

我在电话里说了主要的话——是这次买画好，还是过一段再买？他说与翟民商量后，认为还是中国沙龙成立后为妥，我说这对我是最好。他说先让翟民去说一下意图，如他们愿我去看，可去。

维拉没有来。

列娜告诉我一定不要出门，她可以为我买东西。我说好，请为我买沙拉和橘子。她说好，明天去商店买。很奇怪，因为中国人会认为应该马上去买，商店就在门口，其"慢"可见一斑。

今天早上一试体温 36.1℃，又吓了我一跳，怎么又少了？打电话问翻译，答曰，不少。我立即跑银行去交税单。下去打电话后跑去少年图书馆取镜框，匆匆跑去巴斯玛诺夫先生家。16：10，他已在地铁里等。

乘三站 52 路汽车，下车后，27 号楼，十六层的，他住二层。一室，一小厅。

我们先聊各人的经历。他在西伯利亚出生，长大，参军。参加了卫国战争，后到莫斯科外交大学学习三年，学了中文，在外交部工作。后被派中国北京大使馆，1950 年去了天津总领事馆，任副总领事；后去沈阳总领事馆，任副总领事。最后到新疆乌鲁木齐市总领事馆。共在中国十年，其中在天津三年。

他在天津时，方纪是中苏友协天津分会总秘书。巴先生是分管文化，所以他们常见面，彼此来往。

他翻译了很多中国诗词。他说有人先告诉他要翻《金瓶梅》这样的书，好卖。《金瓶梅》1993 年第三次印，五万本。翻译家已于二十年前去世。

他送我一本《见面与离别》，他题字："聪明的女诗人伊蕾，友好的和知心的。"又送方纪一套娃娃，请我转交。送我他在别墅种的果子自制的果酱一大瓶。

我为他镶了镜框的方纪的题字"友谊长存"做背景，我们彼此照了相，背景还有他那些翻译的书。

临出门，他说等一会儿，在屋里转了五分钟，我说："你找什么？"他说："你为我花钱做镜框，我要给你钱。"我说："这不好，比如你送我果酱，我怎么给你钱呢？"

他执意要送我到汽车站，此时已九点，天渐暗。我建议他尽早去医院拍片。因为他三月前摔了头，现在感觉仍不好，有时走起来晃晃荡荡的。他说一人可去。女儿和女婿在印尼工作，妻子四年前去世。他大约八十岁，有外孙、外孙女。

1997 年 4 月 24 日

12:30 到少年图书馆送货。通过电话翻译，知道奥莉加要订一个货，即海产珍珠白色颈链，50—70 美金，如果满意，每次都要订。

近 17:00 时，又接到王丹之的电话，称签证还需那张一次签证的最后一联，我急忙送去。

19:30，赶去电台的录音棚，听雨果公司录《梁祝》，乐队仍是爱乐乐团。左贞观在现场组织，指挥是从德国来的华人黄，小提琴独奏薛伟，很有名的，雨果的老板亲自任录音师。有多次中断的原因是换弦不连贯，有断的感觉。或相反，该有节奏的感觉不强，或号声太大，弦音太弱，或锣声太低、太高，或长笛吹得太散漫了一点，该紧凑一些。《梁祝》只能是中国的梁祝，曲从二胡来，情从国人来。但是一首好听的通俗曲，我是一直为之深深感动的，其缠绵悱恻，伤怀悲人，令人动容。

1997 年 4 月 25 日

9:00 到大使馆文化处。

贾福云和翟民与我一起谈话。翟先拿出一本《普希金全集》第 18 卷。是普在创作时随手画的素描集，多数是诗行间的人头像、自画像等。共四百页带画的。翟建议我带回中国找出版社。贾看看说，印一二千册可以，多了不行。我说印高级的封皮，如牛皮的封皮，定高价，少印数。或银的皮。

再是出一本关于普希金的画册，可收有关普的画、照片。

翟说，复活出版社找到他，要他推荐中国一出版社建立合作关系。他准备请我推荐。我说徐庚希先生已找过我，我已定天津百花文艺出版社，并起草了合作意向书。

然后谈特卡乔夫兄弟的画。翟介绍说特卡乔夫兄弟已在日本、意大利、美国、波兰等国出过画集。苏联当然也不止一次。在家乡，建了特卡乔夫兄弟博物馆，属国家级博物馆。俄罗斯美术学院院士，并设有特卡乔夫兄弟工作室，是该院十几个工作室之一，可培训研究生等。他们有一部分画被一百多家博物馆收藏。现家存画一千多张，包括成名作、代表作等，不给博物馆，也不卖。很遗憾老大没结婚，老二只有女儿，没儿子，死后传谁保存是一块心病。美国曾出 20 个亿买他们全部画，不卖。日本在苏刚解体时买走一部分，兄弟想起时仍感到可惜、心疼。

关于普希金，莫斯科有普希金博物馆、普希金基金会、普希金研究院，须直接去看、去谈。先回中国确定国内需要的内容，再回俄收集资料。

晚上，安琪儿打电话来，他满腔热情的温柔之声又把我一下子感动了。一小时后我们见面。

在渐暗的天色里，我们喝一杯 Holsten（赫力斯特）啤酒，吃了两条咸鱼、酸辣椒、胡萝卜丝、香肠丝。他说真舒服，啤酒真好。

1997 年 4 月 26 日

明天是复活节。

今天，全城人为明天耶稣的复活准备着面包。陈太太和安娜开车来接我，一起去教堂。

走进教堂，我们排在长长的队后，教堂的名字叫圣皮缅，是一个神的名字。那神就画在教堂的外墙上。

陈太太安排安娜一人排队，带我买了蜡烛，一小一大，进了教堂。她说："我为我的两个母亲。你为你妈妈吗？"我说是。她要我点好蜡，插到一个点满蜡烛的台上，默念我的愿望。我说："妈妈，愿你复生，下辈子别有病。"我为妈妈放了一千卢布在教堂，然后又排一队，走到圣像前低头吻三次，把举着的蜡插在台上。

出来后，随安娜一起排到头。大约是百人围在十几张大长桌前，打开带来的面包和彩蛋。陈太太特意为我做了一个面包，插上小蜡烛，点燃。天稍有风，所有人的蜡烛都熄灭了。一个神父走出来，用甩子沾水淋到所有的面包上和人的头上，仪式就结束。

外面排的队已是三四百人之多。

天很冷，安娜抱着肩在前面连跑带跳，我紧追其后。

一起去画家大楼。我们参观了二楼，下来喝了茶，吉玛才赶到。又领我们匆匆去看。有几人的画我已有照片。他说他为我们买，便宜很多。

他在一楼还负责一小商店，说我的东西可以拿来。

00:00，我看电视里转播教堂的仪式，拿出陈太太送的面包和彩蛋，边喝茶边吃。仪式从 23:00 左右开始，到近 3:00 还没完。里面有市长和总理，我不知会到何时，只好入睡。兴犹未尽。

1997 年 4 月 27 日

今天去工艺品跳蚤市场，买了一水晶激光的普希金像，30 美金。买一莫斯科金环的套娃，30 美金。买一列宁与萨林油画，还有那位太太画的油画，一张奶奶和一张面包。面包是圆柱形，就是耶稣复活那天吃的那种。耶稣复活那天，他的门徒不敢相信，耶稣说，不信你们给我一块面包。

1997 年 4 月 28 日

签了 5 月 1 日的票。与米沙一起去克娄巴特拉。收货的小姐说六月左右店要修理，可不可退一些货？他说木头的不行。我知道那不是好木头。肥皂石的在俄国没有名，没有什么生意。岫玉的也一般。老虎还太早。①

去伏龙芝站的银行换一些钱。去买了几种法国化妆品。

1997 年 4 月 29 日

14：00，陈太太来接我，一起去画家大楼见吉玛。吉玛在大楼同时负责一个小商店。他收了我 500 万卢布左右的东西，说，都是漂亮的，很有意思。

我一人跑去克娄巴特拉，回答说仍然没有钱，让明天再打电话。

---

① 原文如此。编者也未解其意。——编者注

1997 年 4 月 30 日

最后一次去少年图书馆。松石对于他们太贵。其他都可以。一太太当时就买走了骨粉的两仕女，我先告诉她仕女的中国名字——林黛玉、探春。她用拼音写在盒子上。

安琪儿来，我说到一个中国女人的特殊经历，开化之晚，命运之不测令他惊讶。他说那太不幸了。我说你是幸运的。他说："是的，我很幸福，因为我知道有另一个美的世界，很多人不知道。"

他说，托尔斯泰有一中篇《克莱采奏鸣曲》，非常好，你一定会喜欢。中国应翻译过。

他说，想象不出你过去是厉害的。我说我有一种基本的反抗精神。但是对于花，她是娇嫩的，最好少一些风雨摧残，风和日丽的好。我想她经不住。

1997 年 5 月 1 日

14：00，维拉来带我去散步。

一直走到阿尔巴特街。普希金结婚时的旧居、各大使馆、领事馆、酒吧、工艺品摊群。18：30，陈国平和太太接我去机场。

1997 年 5 月 2 日

下飞机后，上午即去岛子家。我送他一个 12 倍 +20 倍的双镜头望远镜。

主要谈我在国内办的公司，岛子说在天津也好，以后电脑联网。他看了所有照片，认为形态不够多样，简单了点。画册上的很好。

他说可以为我开专栏，在各美术杂志上。可办成俄国风格，甚至家具都从俄国运来，可常搞中俄联展。

他建议我收集红色文物，如斯大林、列宁时代的宣传画，如在中国可以卖 100 多元。

1997 年 5 月 24 日

今晚和李力一起把办公司的资料送交河北工商局的唐所长。少几个下岗证明，投资协议，又补。

1997 年 5 月 29 日

下午去审计所验资，交 10 万现金存入指定银行。算是合营企业，一人投资，八个雇员，公司级如是 10 万，不能搞经营，属服务性公司。个体户不验资，无雇员。

主营：美术作品、绘画；兼营：工艺品。

1997 年 5 月 31 日

13：00 在城市宾馆前厅见张劲。他带我去旁边一个酒吧谈话。他在一个法国公司工作，有新加坡业务，双方有某些矛盾，现工作处于暂停状态。他说可帮我。我说，你的电话和传真可做北京联络点。

他带我去三里屯看几个小画廊，共十来个，大约十几平方米至三十平方米，以做画框为主，也卖名画印刷品。只一两个商店有少量油画。一个小姐说，他们老板就是画画的，不好的看不上，好的老百姓买不起。（这种商店式的操作在中国现阶段不适宜卖高档画，

因大多数无鉴赏能力，商店又无艺术价值的保障）

这里酒吧遍布，颇具欧洲风格了。使馆区的优势之所在。

约15：00，我租车到了邢秉顺先生家。他还有年轻人的精神面貌，生气勃勃的。他的小客厅两个茶几，一套皮沙发。他说用书桌颈椎痛，就用茶几，累了一仰，稍作休息。他在哈尔滨学的俄语，后在职到北大学波斯文。老师每天灌一百个单词，到二年级，想要生词也没有了，全是学过的词翻来覆去。波斯文也是二三十个字母，无音标。邢学过英语、俄文后再学波斯文，感到很轻松，语法很多相似之处。

他建议我不要"都荡进去"，不必讲规模，分几步走。他以为有俄风土特点的风情、风景画最好。

他每天5：00起床，工作至7：00，休息。下午工作，晚上休息，每天翻译40—60行波斯古典诗歌。

18：00，我们去多味烧烤馆吃自助。

1997年6月2日

给天津人美刘建平社长打电话，他说有消息通知我，这月肯定成行。

上月初我初次见他，请他看了六十张俄油画照片，他说，古典主义的写实风景还是最好的。他带我去买画册，按7.5折，我买了《列宾美术学院学生作品选》《俄罗斯巡回画派精品集》《埃尔米塔什博物馆藏画》《中国油画肖像艺术百年》《光辉的历程》，共923元。刘说，巡回派画册已加印第三次，是国内卖得最好的一种。

晚上去李鸿升家看寿山石。韩会来和大客同行。

他请我看了他哥哥李鸿起的一些小画、山水，很有西画特点。还看了刘奎龄的披红袈裟的达摩。笔法精到。

他说寿山石是石类中最有价值的一种，世界各国都有人收藏，大型拍卖会亦常有精品出现。价最高的是田黄，最高达百万元以上。他请我看《寿山石个人藏品大观（上、下）》，都是俏色或彩色，或单色黄，人物大多是和尚、佛、山鬼、济公、寿星等。

1997 年 6 月 14 日

办完了地税、企业代码，还剩国税没办，交给桂政即赴北京，准备赴俄。

1997 年 6 月 15 日

与张立军一起租车去潘家园。又去红桥市场。买了一批玉石项链，几个芙蓉石佛。还是无新货可选。各种画需特别准备。

1997 年 6 月 17 日

到机场是 10:00，等到 12:45 飞机起飞时间，名单上无我的名字，也无空座可订，只好返回表弟家。下午即去俄航重办定座，定 19 日飞机。

1997 年 6 月 19—20 日

昨天飞机迟七小时起飞，开始因机组人员未到，后又有雷阵雨。陈先生和陈太太半夜三点接到我，送我一束康乃馨。

路上，陈说在街上碰到天津美院三人，帮他们找红场云云。世界真是个"家庭"。

1997 年 6 月 21 日

陈太太和安娜来，拿走了 1130 多万卢布的东西，说帮我忙。14：00 到贾福云先生的家，是使馆的参赞楼。说了我的情况，他当即打电话给翟民，翟说特卡乔夫兄弟去别墅，九月中才回来，他们很愿意把画卖给中国，尤其是博物馆，会便宜卖。

素玲小两口来，忙做饭，我来不及了，先辞转回。

18：00 多，维拉打电话来约我去马雅可夫斯基一站的意大利餐馆去吃饭。面条、肉饼、面包和黑啤酒。

1997 年 6 月 22 日

和维拉去工艺品大市场，我买了伯颜①木盘，伯颜是在俄罗斯唱史诗的人，在国王宫殿，大概也在街上唱。鲁斯兰和柳德米拉，一开始就是伯颜唱诗。

1997 年 6 月 23 日

安琪儿来。他说工笔的虎俄国人不一定喜欢。树叶、羽毛画的框子太中国化。剪纸做的画还不错。寿山石俄国人不懂。

他的浅蓝色的粗布格半袖上衣，衣领那么干净，带着新鲜的皱褶，透出温馨的气息，一种闻不到的香气。

―――――――――――――――――

① 古俄罗斯的吟游诗人，他以讲述故事和传说而闻名。――编者注

1997 年 6 月 25 日

大约 17：00，索科洛夫打电话，说十分钟以后到。这两次接电话的是他岳父，列夫·彼得罗维奇·杰柳辛，著名汉学家，在东方研究所工作。

谢尔盖·索科洛夫自称燮，索科洛夫是他的姓。我请他看所有东西。他说，他不喜欢俄国油画，没有传统，他喜欢法国 20 世纪油画。他不喜欢工笔的虎，冯大中的、朱基元的工笔人物也不好，张大千的人物也不喜欢。剪纸他说特别好，尤其是传统内容的，如风筝、虎、蝴蝶、寿、喜、福、龙、瓶等。裱成 1/4 尺的很好。

寿山石，在俄是很便宜的，软的石头。但白芙蓉龙 200 美金，也不算贵。

1997 年 6 月 26 日

23：00，左打电话来说，他们爱乐乐团明天启程去香港，八十人。要用车把乐器运到机场，人亲自搬进货包。因乐器太大，输送带无法工作。他说：我已开会跟他们讲了，叫他们不要跟我说话，如果八十人每人向我提一个问题，我就死了。很累，很不舒服。这次他们是"我的祖国"大型音乐会，在香港演两场，7 月 1 日、2 日晚，然后去台湾，再回深圳、广州演出，大约 7 月 25 日才回来。歌唱演员是五个国家、七个地区的华裔歌唱家。

1997 年 6 月 27 日

下午六点多到东升的公司，谈请他帮助做合同，为中央电视台

1992
1993
1994
1995
1996
1997
1998
1999
2000

买影片。他打电话问中行管外汇的张小姐，回说根据合同，美元入俄账号，一半将被换为卢布。俄影片公司只要有美元账号，即可收款。无后顾问题。

我即将中央台英文合同传真给陈国平，请安娜翻译成俄文再传回。

昨夜他们在莫斯科最大赌场玩儿了一宿，输掉 800 多美金。

1997 年 6 月 30 日

今晚香港交接仪式 20：00 开始。东升、耀文、黄凤花、小高和我一起去燕山大楼看电视直播。

山西几个公司的不少人陆续都来见面。

1997 年 7 月 1 日

10：00，徐庚熙先生与我同去莫斯科电影制片厂。在极其复杂结构的大楼里，大约十五分钟找到了进出口贸易部的经理办公室。主任同在。

我们提出买《冬天的夜晚在卡格瑞》。他们说每分钟 40 美金。共八十八分钟，3520 美金。我说中央电视台出价每分钟 20 美金。他们说这个部原是国际部，已成立五年，去年向中国卖了三十多部电影。我说你们没有卖给过中央台吗？不是这个价，请你们重新报价。他们说过两天吧，我们确实不了解情况，要调查一下。

《到巴斯巴登旅行》是高尔基厂 1989 年出品。

奇怪的是他们买东西要调查中间公司吃了多少，唯恐吃亏。

下去与陈太太去画家大楼，吉玛给了 195 美金，又要了 700 多美金的货。景泰蓝仍然卖得好。

我们一起上楼看油画，关于海滨，3500 美金。吉玛说，我认识他，去他家订，1000—1500 美金就行。他去法国，也去日本作画，如果中国邀请，也可去中国。

陈太太说，上个月电视上刚刚又介绍了他的画。

1997 年 7 月 2 日

莫斯科到处都在修理。

米沙说录像公司电话中说到，《到巴斯巴登旅行》没有国际声道，只能打字幕或画外音。但我想中央台不会接受。

1997 年 7 月 5 日

和陈先生一家三口去吉玛家继续谈画。安娜开车。陈有些发烧，还是来了。陈太太一直说服我买吉玛的三张，四张，五张。我说可以。

吉玛给我们看了选中的几张，又拿鲁达年科的《苏兹达利》，写实的但很鲜活，很美，还有他的《莫斯科郊外的早晨》很有生气。加上他的《弗拉基米尔》。贝斯特利茨卡娅的《古城边的小街》我很喜欢，但是现代的，说好代销，再加上鲁达年科的《紫罗兰》代销，再加一俄国农村的秋天和白桦树代销。又买了二张，一是希里科洛夫的《尼可思吉大门大街》，上有普希金结婚时的教堂，远处有我住的大楼。还买一张是小画，舒尔宾的冬天的傍晚。

1997 年 7 月 6 日

11：00 过，费加来，克里姆林退了东西，八月以后再接受。他弟弟也退了东西，找到了新工作。

12：30，陈太太和安娜又来接我再去吉玛家。

依拉在。昨天付了 600 美金，今天又付 850 美金（连 70 美金手续费）。有两个代销的不准备要了，《秋天》和《白桦树》。

1997 年 7 月 7 日

一早和石仑通了话，买明天的票，去列宁格勒。

我说：顺便问你，你喜欢中国的香吗？能闻香味吗？

他笑：我什么都不要，你不要送我东西。

我想送，只是不知道你是否能喜欢。如果你不反对的话。

我不反对。

下午去买了返程票，楼下是 32 万和 50 多万卢布两等级。我在楼上买，次等的是往返 45 万多。

昨夜是我第四次梦见妈妈了。清楚的是这四次。第一次躺在那儿，遗容时的印象。第二次背对着我站着，多半身。第三次面对我，裸着上身，半身。这一次是活的，她见我来客人，从床上跳下来，刚刚包完饺子，床上是一些白的面。她说一会儿他们走了，就没人了。这屋多好，宽房大屋的。不一会儿，刘婶来，提来一篮葡萄酒，说，买一瓶吧。妈说，好，买一瓶。槐奶奶也拿起来看，问从哪儿来的，答曰韩松厂里刚拿的。二奶奶隔着瓶吮吸两口，说还可以。

1997 年 7 月 11 日

今早从列宁格勒回到莫斯科。

9 号早，曼琳去车站接我，说石仑昨晚有客人，睡得太晚。到家，把石仑唤起，趁琳做早餐，他说，走，去看我的画。石真是善解人意。

他的画是重彩半工半写意或小写意山水，也有竹、兰、松、菊、牡丹。多是俄国风景，阿尔泰雪山，贝加尔湖，白桦林等。他说他的特点是有墨无笔，国内画家会否认这种做法，其实也有笔，或山和云无笔。他说他都是写生画，画的真实，所以欧洲好接受。

他画的竹刚中有柔，且弯且直，有光有影。他说国内画家的竹无光无影，是不真实的。竹是他得意的画，从小研习的。

他说埃尔米塔什博物馆收藏他二十一张画，两张书法，竹、牡丹、兰、菊和山水。人文博物馆长年陈列四张。他说他是被列宾美院老院长发现的，可见不凡。

他看冯大中的虎画册和张洛的虎的小片，说张的比画册好多了。说羽毛画和树叶画不行，再好也不行。剪纸在多年前俄国有过很多（那应该可以）。说到寿山石，他拿出许多图章，说都是寿山石，寿山石最好刻。有鸡血石的，他说很硬。

15：00，打车去列宾美院。王铁牛把我带入他的工作室。王在梅尔尼柯夫工作室读研究生，是鲁美的教授。又去宿舍，还去了另一学生宿舍。

王的太太陈雪敏和辽美社的张东明傍晚回来，共进晚餐。我和石回家后又聊天，大约 1：30 就寝。

第二天 10：00 在芬兰火车站见，一起准备出城去小绿城，可天下蒙蒙细雨，改去俄罗斯博物馆。我很得意，因为是第一次同画家一起看画。我们看了十来个厅，列宾、列维坦、库因芝、苏里科夫、谢洛夫、希施金。

王在不断地说一些话，他喜欢的是光的饱满、准确，色彩的丰满、灿烂，线条的潇洒自如，细腻入微的古典风格，还有富有人性的题材。

临行，石送我三张名画家的版画，这对我是很宝贵的。

在月台上，我俩又谈论如何将石的画介绍入中国。要留一个带子给电视台，报纸要系列报道，云云。我们拥抱分手，他称我"道友"！

1997 年 7 月 12 日

在彼得堡冻着，开始流清涕。下午去为张东明买票，17 号的票已在两天前不卖。被告知大约新疆航空代办处还有，需星期一上午去看。罗小姐接待。

1997 年 7 月 13 日

昨天得知《到巴斯巴登旅行》电影片可由录像公司做国际声道，要 200 美金。即决定买，并电话告中央台知。

1997 年 7 月 14 日

徐打电话来，说莫斯科电影厂已同意 30 美金／分钟，他们要我们预交 25% 款，以便做分声道等。还说要带中央台的委托书。我说我们买他们的东西，要俄方的版权播映委托书，至于我们卖给中央台或其他台，与他们无关。

1997 年 7 月 15 日

至昨夜的梦，我的绝望的心受到一丝抚慰。

我梦见妈妈的复活——当时我从外面跑来，见家人、院中邻居春香等重孝含悲，爸爸也俯于灵前，一片雪白。我才想起应早回来守灵。但见妈妈在忙里忙外。外面又催着去给妈妈送葬。我说，妈妈，让我好好拥抱你，我怕我回来时你万一不见了。她说好，然后伸开双臂，并伸出舌放在我的唇里，我见她舌上是正在吃的黑面包渣，手里拿的还有，就是耶稣复活时吃的那种。婶子站在一旁。

妈妈，你应该再活二十年！那我就是世界上最幸福的人！我失去的一切都得到了最好的补偿！世上没有一种失去能使我绝望，除了失去你！我在绝望中继续活着，为了延续你的血肉筑成的生命，为了你割舍不下的爸爸，为了你深爱的妹妹、弟弟和孩子们！为了你所爱的一切人！我最后悔的是为什么没有在你活着时每天拥抱你，吻你，我是很想的，为什么我没有做到？妈妈，我是太傻太傻的女儿！我爱你爱到怀疑你的爱，怀疑你不是太爱我，我还偶然想，你真是我的亲生母亲吗？但是想起我领男朋友进家吃饭时，你坐在院子里哭得像十七岁的少女，你不满意，你绝望，我就知道你是最爱我的。

1997 年 7 月 19 日

昨晚在伏龙芝地铁口的咖啡厅见宋良。他送我一个土库曼斯坦的哈密瓜。

回来后接安琪儿的电话。他长途旅行回来，很累，睡着了。醒了又打电话。

1997 年 7 月 20 日

13：00，安娜和陈太太来接我，去吉玛家看我订的画《莫斯科郊外的晚上》。是拉日温画的，还可以，但情感色彩太淡。两棵白桦太小，夜色不太强烈。苏兹达利的那张很不好看，两棵乌黑歪曲的白桦。我当时都决定买下。回来后越想越无法接受后者，就给陈老师打了一个电话，退了这一张。

左贞观从中国回来。他带七十八人的俄罗斯爱乐乐团 6 月 27 日飞抵中国，7 月 1 日、2 日在香港庆回归演出，七个国家、地区的著名华人歌唱家云集荟萃，其中有胡晓萍。后去台湾演出，又在深圳大剧院演出。他说演出非常成功，演员大多没去过中国，都很高兴，吃得很满意。一次丰盛的自助餐使他们意外欣喜。左的姑妈全家在台湾，姑妈送他一张画，自画的牡丹，姑父送他一张字，是左氏家训。他说亲人相聚，有一种不同一般的亲切感，虽然自幼很少在一起。他请他们看了乐团演出。

1997 年 7 月 22 日

本来想去城外玩，一打电话知 12：50 才有小火车，改去近处的一个水库公园。有五十多人，多半是很小的孩子。水很浅，滩平缓。有海军的很多船，白色的在水边。

水温在 22℃左右。

公园里我们坐椅子上，后边松鼠在跑，我用巧克力和里面的榛子放手心，它跑下来，拿一块又跑上去，两手抱着窸窸窣窣地嚼。吃完又下来拿一块。

园中有一泉眼，很多人用小车拉着桶来接水。一个老太太送我们一塑料瓶，水清甜冰凉的。

1997 年 7 月 24 日

18:30，在家门口的电影中心看美国新拍的《安娜·卡列尼娜》。女主角一出场，我为之一振，这么熟悉、这么美的一个灵，像我，真是像，眼神？精神？

托尔斯泰是伟大的。女人的命运都相似，只是一些人因种种原因幸免罢了。因为男人都是一样的。

1997 年 7 月 27 日

星期五 13:00，安娜开着她的深蓝色的"斯柯达"来接我去别墅。她的爸爸、妈妈、陈先生和陈太太在那里。

路上三小时，最后拐进一条小土路，大约几百米，到她们的别墅。挂着窗帘。安娜跑进去，拉出陈太太。

四面和院里长满了野花、野草。一大片花原说是种的喂马的苜蓿，淡紫的小球花，一望无边。远处是绿色的山坡、森林，草地上几头花牛，有小河。

别墅是很典型的别墅，下面两间，外间兼做饭，有冰箱、电炉、餐桌。上面是两间，都是卧室。

我们吃了一点面包、干奶酪、香肠之类，安娜就去睡觉了。陈太太和我去邻居家串门。玛沙的院子大约有两亩，种的黄瓜、西红柿、菜花、葱、圆白菜、大豆、胡萝卜……别墅一层中间修了乡村式的壁炉灶，刷白浆，很有味道。出来后我们沿小路往远处走，两边花草深及肩膀，香味扑鼻。

晚上，吃牛肉、猪肉放葱头沫的肉饼，喝一小杯白酒。

21:30，太阳就要下山，我喊下安娜，几个人双双合影——莫斯科郊外的晚上。

第二天一早，我在院里摘浆果，陈继续刷他的水井房。吃了早饭燕麦粥加干酪、面包。大约 11:00，我们四人开车去野餐。找了两处不理想，又往回开，开到小石头河边，支起小桌和椅子，吃午饭，菜是我做的蔬菜炖鸡。

回家后又都午睡。我 18:30 才醒来，又拿风衣在院子里铺了，仰卧二十分钟。喊醒陈太太——陈的命令，做饺子。他们一家真还有中国人的水平。刚刚开吃，有人在门口大喊大笑，原来是他们的邻居，两位女士，一个胖胖，一个矮小。介绍说胖的是莫斯科唯一的私立英语学校校长。她们入座后，开始喝白酒。校长说：我要唱歌。唱俄国歌，专业水平，唱乌克兰爱情歌，西班牙语的歌，又唱《莫斯科郊外的晚上》，用声轻重缓急，真好极了。

我们四人在暗中去散步，半夜又入睡。

转天晨，安娜和我在外面玩，她编了花环，我们各自照相。她知道很多花的事，一种花叫狮子嘴，一捏一张的，有的能治伤，有的治感冒，小白菊可用来算爱情。有的可编成小公主狗，有的可粘在衣服上做胸花。

我想起别忘了陈昨晚说的，有很多好的短电视片，可卖给中国，还有儿童书、畅销书，可先写各 1500 字简介拿走。

27 日 11：00，我和安娜离开别墅回莫斯科。老两口带着布和一瓶水，开到公路边后为女儿洗了窗户，大家拥抱告别。

1997 年 7 月 28 日

昨晚，安琪儿很有点意外地跟我说了很多可安慰的话。他说了诸如有一种伟大的感觉，特别满足。我记得第一次从他嘴里说到几个没有说过的字。他总是怀疑我的话，可能是为了证实或者确认，也可能我的确是有难以让人相信的品格和耐力。

我梦见脊背是一个荒凉的处女地，当小羊的嘴唇啃噬野草的时候，我深深地痛楚，其中的野性透过看不见的伤口，生长出来，火红的玫瑰，金黄的菊花，向着天空呐喊。在月光中，晨曦里，它们热烈地摇曳，互相拥抱着，吻着，慢慢睡着。

1997 年 7 月 29 日

彩色宝石店二楼改卖汽车配件、电视机配件等。一些画还有。退了我的小玉璧、小玉象、玛瑙戒指、玉马等。

约 18：00，左来电话，他家来了两位广州人，请我去喝茶。是广东省委宣传部的，赵彦和宋敏芬小姐。

1997 年 7 月 30 日—8 月 1 日

11：00，与赵、宋在红场约见。红场圈起来，可以一边进入看到列宁墓。但相机不准带入，只好去克里姆林宫门口存。一会儿赵也进来，说宋进不来，因照相机。我又跑出去把宋换入，我二次存相机。

1992
1993
1994
1995
1996
1997
1998
1999
2000

接着去列宁格勒火车站为她们买了今晚的票。

再去大使馆，见贾福云，赵的朋友的同学在礼宾司工作，也一同见。

16∶00 我先告辞，匆匆赶回。

米奇德已在地铁站台等我。一起到河运站。去伏尔加河的一等舱还有票，工作人员马上给我们拿来了钥匙。是两个人的小房间，窗户是玻璃一层，木叶一层，关上木叶，风与水声仍存。19∶30 开船，趁天亮我们站在甲板上看风景。现在是莫斯科河，两岸总有游泳的人群，也有别墅区，新的红砖的别墅区据说是富豪之家，每栋至少有十几间房。

入夜，米买来两桶啤酒，冰镇的，吃他带的香肠、干酪、烧鸡和蔬菜。他不停地说，啊，真舒服。我说你到过许多国家，还有这么新鲜的感觉。他说没有乘船长途旅行，水上的感觉太舒服了。我有过几次乘船，但没有买到过一等舱。另外海船从第二天晨就晕船，卧床不起了。

半夜，过一个水闸，即是伏尔加河。下起了雨。河面渐宽，时有大面积水域。米说是低处形成的小水库，或是支流涌入。有一段有许多小船扣在河岸，配有小房子。这种船安上马达即可行驶。间或有小帆船，运沙的大船。沿途尽是小别墅区，背森林而近水的。

起床已 10∶00。仍是阴，有小雨绵绵。米拉我去船头观景，风很凉，米的双臂围住我，站了有半小时，仍回房间，恐怕冻着。午饭时分，餐厅说过半小时可入。米带我去喝咖啡，要了一个冰激凌 snickers（士力架）。极香甜美味。米说，这个牌子做广告最多，西方的人戏称

俄国人是 snickers 情结。还有相同牌子的巧克力，

午饭是肉汤、鸡肉和面包片，西红柿沙拉。

下午仍阴，但时有阳光洒满，我们坐和站各一，在船边聊天。又到船尾，有座椅，他让我说诗和北大上学的内容，教授们怎么样讲。

17:00 过，船开至乌格利奇市，岸边已见好几座彩色小教堂。在细雨蒙蒙中下船，和前一船的游客一起往前走。前一游船都是欧洲各国人，我们的船俄国人多些。看了几个教堂，往回走时在露天咖啡要了一瓶啤酒，两份肉饼。

回来后，米又微微睡着。我给他记了账，他 11:00—11:30 是睡着的。但我还是选择尊重他的自主权，一个人又跑到甲板上去看景。他醒来说，你真好，你允许我睡觉。我们又一起在船内的上上下下跑来跑去。22:00，他又带我去喝咖啡，吃 snickers（士力架）。

出来后去船尾看，已在乐声中跳迪斯科舞，米没想到还有兴趣，他拉我跳了一会迪斯科。过了一会儿，又跑来跳一段布鲁斯。又跑掉回船舱。

夜已经浓了，星月，寂寞的星月今夜该是安详而欢慰。伏尔加的雨幕是清凉清香的，灼热的心贴着它，贪婪地想象着，从在海河边玩耍，就梦想有一天，我的密友与我相对站在船舷，讲那些我不熟悉的故事，他的白衬衣在夜色中颤抖，轻唱着我能听懂的歌曲。让我的心一生一世就这样站在船舷吧，有夜色与水相伴。

母亲抱着白虎走过海洋

母亲你给我不朽的血肉
和巨大的思想
母亲，女儿的青春如此短暂
来不及爱
来不及让你为我而笑
我也来不及取得圣水
留住你的健康
母亲，你的血肉筑成的女儿的身
抱月而归

今夜，你的福祉降临
我死去又活来
梦想成真
我把无地相许为伴
河海相连
爱我之人
天地爱之
母亲，抱着白虎走过海洋的母亲
你的女儿
抱月而归
——

"如果天堂是这样，我一定要去。"

"天堂与人间原来是这样近，很多人仍是去不到，真奇怪。"

"要不要喝那瓶干白，我来打开。"

"当然，与你相陪。"

他喝两口，又一头倒去，好像一刻也不愿离开"天堂"。我一人慢慢喝，听窗外的唰唰的水声，水声真漂亮，真温存。

转天 6：00，有值班人敲门，提醒我们离船。吃一点东西，下船，把钥匙交值班人（不像国内有押金）。在船边照两张相，一个胖胖的老先生跑过来抱住我的肩，抢了一个镜头。他学过中文，开玩笑问我："有没有中国菜？"我说"没有"，他说"真可惜"。

现在是雅罗斯拉夫尔市，莫斯科金环之一的市。

市中心克里姆林宫旁的小广场上是市创始人的像，雅罗斯拉夫。我们沿街向河边走去，没有人踪，只有教堂和树木、花草、老房子。这个市到处都是一个王子命名的地方。

还有一个三位一体的名画的雕塑，这个画作者是这个城市的人。此城也有 1100 年以上的历史。

10：45 乘火车去莫斯科。有空铺位。米说，有很多人沿叶尼塞河旅游，野的风景，极美好。克拉斯诺亚尔斯克——北冰洋。来回一周。

大罗斯托夫市很有名，南边也有罗斯托夫。建筑完整，克里姆林宫很好。

1997 年 8 月 2 日

10：30，我去绿城拐弯的底卡霍夫斯卡娅站接赵彦、宋敏芬，一起去跳蚤市场。

她们选了许多大围巾，125 厘米 × 125 厘米的 5 万卢布批发价。买套娃。为她们的儿子选小汽车等等。

1997 年 8 月 3 日

今天又增加了山东省政府外贸的康、周、刘等共六人又去跳蚤市场。这次又买围巾、套娃，还买了一批水晶酒杯。

回欧亚宾馆，吃中餐，四人四菜一汤，很可口。经理李正荣，六十七岁。哈军工毕业，十分健谈，想在莫斯科搞连锁店 10—20 家，每家宾馆有欧亚的一层楼，他说办宾馆一定要专家办。现在的职员一个都不行。

他来俄三十余年。现在为解决中国人的许多签证等难题，与地方关系极好，知晓许多经贸信息。

1997 年 8 月 4 日

10：40 在北京饭店与赵、宋会面。11：00 左来会合，带我们沿街去看商店，路过许多著名的大楼。特维尔斯卡亚 14 号是 19 世纪的老食品店，极其豪华。特维尔斯卡亚 8 号和 6 号之间是普希金的雕像，再往前是莫市创始人骑马的像。其中路过一幢当年安上轮子推着转移的大楼。

直到莫斯科画家沙龙商店，俄工艺品商店。

去莫斯科饭店吃中午饭。饭店极大，只有约 1/10 上座率。先上肉汤，又是鸡肉饼，都不太好吃。喝咖啡，还好。

饭后，左先告别，我带她们去古姆百货商场买东西。直到 16：00

多，她们出门来又匆匆四面照相，然后在地铁分手。本来我要送他们到换钱处，宋塞给我 100 美元，死活要我收。还不回去，只好作罢。

1997 年 8 月 5 日

安琪儿来看我。带我去阿尔巴特的书店，穿过楼对面的小街，直走到莱蒙托夫故居，前面就是书店。买了专为外国人做的俄语课本，英语说明，还有两册家庭作业，两盘录音带，共 10 万卢布。

出门来他买了一套西方美术史，他说写得极生动的。

1997 年 8 月 6 日

昨天晚上去吉玛家，交了寿山石头等货，他们夫妇极喜欢的。看了几幅画，500 美金，太贵了。约好，今又去画家大楼看拉日温的白桦树照片，250 美金，我很不喜欢。我感觉拉日温有一点点神经质、冷漠、枯燥和灰暗，如果神经质到热烈、有趣、歪曲、夸大就好了，如梵高。

我独自去一楼咖啡厅喝茶。最后又要一瓶啤酒，19000 卢布的，不太浓烈。

1997 年 8 月 7 日

13：00 一过，我出发去大使馆。到门口离约见面时间 14：30 还有二十分钟，我的愿望是在门口的水潭边小坐，阳光很好。

14：30，贾福云、井勒苏一秘和我驱车前往夫妇画家的展览。老贾开车。半路，女画家阿娜斯塔西娅有车在等，一前一后前往。

315

地点是外交部大楼的后面。

房子是世界建筑协会的。古老的木制房子，六七间相连相通，每一间挂一二张或三四张巨幅的画。

我们一张一张欣赏过去。石头、红鱼、女人体、会走的树、瀑布、海浪花、叉鱼、麋鹿、未来世纪、静物。这些画有惊人的历史感、空间感。对大自然的无限崇拜、对生灵的崇拜、对物质星球的崇拜跃然眼前。高超的绘画技巧加上画家独特的运用色彩和构图，独特的造型，给人以深深之震动——

红鱼，是一群巨大的飞动翻流的鱼群，透明的身影，是一首生命的交响乐。海浪花冲天而起，无限之高。画家莫斯科维京说，浪花可以无限高，像火山喷发，云雾翻飞，像有龙在其中显灵。而瀑布，一泻而下，排山倒海，奔腾而来，痛快淋漓。

画家说他极爱东方哲学，孔子、老子及道对他的影响极深。他想把中国与西方融合，徐悲鸿曾经为之努力。

我说：你画水、石头、生灵，是在追溯根源。科技发展分隔了完美的大自然，磨灭了许多健康天性。你想修补、缝合。水是生灵万物共同需要的东西，是人与生灵相通的一物，而石头是唯一永恒的地球之物。画家连连点头，高兴地说：谢谢你，谢谢二位让我们今天认识了你。

他画的静物，是一篮蔬菜和几条鱼，放在一条大河边。他说：你可以想象这些菜花是一些星球。

他画的他的夫人正面而坐，银白色、浑圆，像一个马上就会转动的星球。惊异的目光投向这个现实世界。

而会走的树，在一阵大风中就要起步。一棵老树长发飘飘如森林女神，清澈的白纱在林中飞舞。

画家说，他吸收很多，埃及古代的画，中国古代的画，如王维。用色彩的方法很多，效果都不同，如有颜色的反光效果，各种涂法。

我看他画的鱼、石头、树都有神的色彩，神秘、古老、美丽。他真的懂东方哲学，胸中有一个更大的宇宙。他说老子的"鸡犬之声相闻，老死不相往来"，是最高境界的旅游。而信息社会，人人相通、相交，个人特点磨灭之烈可见。

驱车回大使馆，到贾家中再谈。认识好画家，也增强我的信心。天津公司可以搞大。继续找画家资料，如画院、协会。继续找画普希金的画家。可去普希金博物馆先看。

1997 年 8 月 8 日

维拉带我去索科尔尼基公园。他说这个词的意思是皇帝狩猎的地方。

这个公园不收门票，9 号、10 号还有很多演出，免费的。

1997 年 8 月 9 日

11：30 与陈国平全家喝茶，陈星期一要去中国，我给了他几个电话。

下午去特立季科夫博物馆看画，买了这个画廊的录像带，共详细介绍 130 幅画。

1997 年 8 月 10 日

下午到旧阿尔巴特街走步。买了一张红场的水彩画，12 万卢布。角度是教堂后上方，全景很全。

在街上的凉棚喝东西，极舒服的，吃的饼夹肉、冰激凌，饮料。

在 23 号楼发现各种小书，最小的不到一平方寸，是普希金的女友们的名字和几幅画像，6.5 万卢布。我想在国内可否出纪念普希金的小书。

1997 年 8 月 11 日

左贞观带我去录像公司见总经理。我指出两点：第一，原口头协议 2000 美金应有效，与书面协议同等效力，无特殊情况不能单方废除。第二，增加 60%，损失全由我个人承担，不能接受。我要求仍按 2000 美金，可加分声道的钱 200 美金。他说要付现金可降价，另写封信，说明继续买哪些影片。25 号副经理才休假回来，要等他。

一起回我家，左给我上俄语第一课——变格。

说起我又买的画，看好的画。他说 19 世纪俄国画西方没有一张收藏。俄国最伟大的是 19 世纪文学，其次音乐，其次美术。而美术以意大利为最。音乐的德国为最，奥地利也是德语国家。差不多 70% 音乐大师是德语国家的。

他又说起他学俄语，起初很难的。他母亲从中国来，到离伊尔库茨克 70 公里的外婆家。左要考音乐学院，母亲就送他到伊市。学校优待接受了他，学大提琴。第三年已得奖，成为学校中最好的。毕业后去到新西伯利亚读音乐学院大提琴专业。毕业后又到莫斯科音乐学院作曲系。毕业后在电台工作八年。上学时自己养活自己，去饭店弹钢琴、给钢琴调音。在伊市，有很多音乐专科，他一个一个地方跑，一天挣人家半月的工资。

在电台工作的同时，他与太太搞翻译，他口述翻成俄文，她太太一边打字，省去手写翻译的工作，用挣的钱买了房子，6000卢布。

他说：我一点也没觉得有什么白学的，浪费了时间。学大提琴使我成了乐器的专家，现在录音我是内行，在电台学会了写文章。

1997年8月12日

到艺厉大取钱607000卢布。各种东西都还有。

我又看她们的画，还是没有喜欢的，大部分功力太差，缺少活气。倒是手工艺品还好，是女性的长项。

1997年8月13日

去阿尔巴特街的书店。又买一本普希金的纪念画册，1985年版，我想积累一些，在后年以前。买一本莫斯科金环城市的英语照片册，所选城市与其他书不尽相同。

再转到特利季科夫画廊。大师的录像带已售完。画廊的俄语版已售完。俄国东西就是这样，看中了马上买，别指望明天。

我在咖啡厅喝了两杯饮料，吃了两份蔬菜沙拉。这是三个厅相连的，一个带快餐，装潢很一般，有些与整体不相称。

1992
1993
1994
1995
1996
1997
1998
1999
2000

1997 年 8 月 14 日

与李翠文 11:30 到中国银行。中央电视台已到 7181 美金，接待人告知，要取款需合同。

如果钱打到个人账号上，可不需任何手续。

路上，翠文说，个人办的公司可不交税务报表，也不交税。我不太相信。

1997 年 8 月 15 日

与列娜一起去儿童医院看达沙，她的耳朵做小手术，要住院一星期。

探视从 12:50 开始。乘电梯上楼，套一双布的大袜子，走进走廊，坐椅子上等。一个个孩子跑来，扑进爸爸、妈妈的怀抱。

达沙出现了，她默默地走来，神情忧郁。列娜拿出布套指玩具、饼干，我送的饼干、衣服、手帕、卫生纸等。

大约一小时，看视人相继退出。

列娜路上回答我，手术不收钱，吃饭也不收钱，吃得很好。

1997 年 8 月 17 日

昨天一天下雨，学俄语忘了吃饭。至 21:00 第二次吃饭。

今 11:00，贾福云开车来接我，一起去画家大楼。

见一画在绢上、真丝上的女画家的画，工艺性很强，复杂构图，工笔。画家名叫伊琳娜·卡济米罗娃，1953 年生，1974 年工艺设计学校毕业。1993 年入俄美协。1995 年办法国个人展，1996 年莫斯科威登汉个人展,1997年亚罗斯拉夫国际画展,苏兹达利博物馆有收藏,法、德、美国有收藏。

又见一画家,画风景,神话境界,古典画风。每幅画中间有一光环,他名叫维亚切斯拉夫·科林科夫。他正在座。我们交谈。他说,他画的正是神话中的大自然,照抄自然的不是画家,画家应有自己的世界观。有些所谓现代,是下流。有人建议这个画展起名就叫"光",光是发自内心的。如果关闭灯,我的画自己会发光。

他说80厘米×100厘米,1500美金,到画室去会很便宜,很愿意卖给中国沙龙。

看完画下楼,找到二楼看阿列克谢耶夫的那张海滨画,已收到仓库,正配框,有人订了,星期二要来拿。我们跟女工作人员一起去仓库看,贾说果然不错。3500美金。我说还是去他家订吧,吉玛说会少许多。

准备吃点东西,去酒吧看,菜极贵,一般12万卢布。我们驱车去找什么披萨饼店,未果。直开到基辅站的五星级饭店,斯拉夫饭店,吃自助餐,每人35美金,可卢布结算。供香槟酒,饮料自取。冷菜我吃的生鱼片、鱼子酱、蘑菇、橄榄、像竹笋的不知何名,没吃生肉片。又吃一盘甜食。

贾说,橄榄他极喜欢,从第一次就觉得可口,以后就越吃越爱吃。我却难以认同,自认为此为天下一大怪事,口味大有相反。

1997 年 8 月 18 日

昨夜又难以入眠,想起我妈妈,多么悔恨,我为什么不及时打

电话？为什么不及时回家？多少钱能买回我的妈妈呀？此时追悔已
枉然！

清晨大地草木沾满霞珠
那是我一夜的眼泪

为了夜神的船上与你相见
为了看见你丰满的身姿
为了迎接你直射的目光
你万里路途中的女儿
抱月而归

不知你的归来是在何处
不知通向你的路有多么长
你的眼睛里是否还有我离别时的身影
能摸你的面庞
你的神态是否依然
依然兰花一样地静
暗合着童年的忧伤
妈妈，你的女儿今夜
抱月而归

我想去寻访母亲的归路
暗夜的天堂
一边做着拯救万物的主

一边但愿就是我与母亲为伴

建立这个小小的新的家园

永远，永远的悠然

母亲，你的女儿

抱月而归

1997 年 8 月 19 日

请中央电视台王德禄重新盖章的合同收到。我和翠文再去银行。营业部俄方小姐又来，说必须交 6600 美元原欠税，还余 500 美金可取走。我们争执起来，信贷部冯经理走来，说两个办法，一是请中央电视台去汇款行更改收款人账号（我方提供补充合同给中方），二是请税务局撤销委托。

18：00，我打电话给中方，回答是不太可能，完全按协议办事。如果改账号后再有问题怎么办？

1997 年 8 月 20 日

昨晚见安琪儿。一起在街里散步。好像洪峰已经过去，现在是平缓持重的大潮，含着强烈的欲望轻轻叩首。

我想起前天一起看的歌剧《叶普盖尼·奥涅金》录像带。在情感面前，理智总是失败，而理智的胜利又往往是愚蠢和时过境迁。要处理好自己的命运，人类的智慧是远远不够的。老庄哲学的深奥即在于此——无为无不为，清静无为。安琪儿说得也好：生活中这么多美好的东西，活着太有意思了。

下午，我考虑再三，又跑去银行问营业部，是否可留一半美元取走，回答说不行，没有这个权利。

1997 年 8 月 21 日

10：00，与黄凤花一起去第三税务局，接待者是柳德米拉·阿纳托利耶夫娜·马卡罗娃，她说不能撤销委托。后说美元账号没税，可不扣税，你们还得找银行。我递她一名片，一盒十个景泰蓝小坠。

我即去大使馆。找到老贾，他打电话给田威总经理，不在。又找冯家全，他说，那里可提一半去。他说我只要把钱分成两部分，交税是营业部的事。又打营业部李应才经理，回答可以。但境内转账只能卢布。美元只能免费取出或与某代表处有合同而转走。

在使馆吃午饭。米饭和鱼。说下月开始有工作午餐。贾送我一本国立特列季科夫画廊代表作画册。

1997 年 8 月 22 日

一早去远达公司取文件，然后奔银行。10：00 与翠文在二楼见了面。先去三楼卖一半美元为卢布。再下二楼办取美元。付款的俄方小姐说，美元账号也已冻结，取不出钱。我们说，不对，如果冻结即不能交税，可我们一直在交税，不明白。即由翠文打电话给税务局，我照我昨天要的电话号，说通后即由这位小姐继续通话，只好认可。又跟李应才经理说，她们很可能跟税务局关系好。李说，你们的钱刚一入户就来取，可以取走了。如果入账后我们通知了税务局，你们就取不走了。又去查我们的账号有什么问题，扣除 1% 手续费，账上留 50 美元，共取了 3500 美元整。

1997 年 8 月 23 日　星期六

昨晚与安琪儿散步，回来后喝一瓶俄国啤酒。有一点兴奋，说笑话。

我梦见一只手轻轻划过我的颈背，像一只带翅膀的美丽小虫。我感到强烈的刺激，好像生来没有人碰过的禁地，突然有了人迹。

下午我一人去跳蚤市场，买了许多老明信片，普希金、柴可夫斯基、高尔基、列宾等。

晚上，安琪儿又来找我散步。我们走到楼后一座小教堂里，进去，正在修复。也正做仪式，钟声刚刚"叮当叮当"地响过。

绕到加里宁大街，过一小的音乐厅，是沙良滨的故居，常有音乐会。

1997 年 8 月 24 日

一人去画家大楼。见吉玛。我首先拿给他看寿山石的画片。连比画带说，带查我自制的小字典。寿山石已卖掉两个，还剩四个，还可以再要。围巾也卖掉了，还要五到十个。另外，松石小件、玉佛、芙蓉石佛、珊瑚项链、珍珠项链、景泰蓝耳环、小铃、花瓶、铜铃、雕漆盒、耳环、项链、贝壳画也可试，水墨画一到两个。手帕太小，不要。

1997 年 8 月 25 日

一天等左的电话，说录像公司关于影片的售价。副经理下午才休假回来。左的电话打到他家。他说：你怎么不早说是总经理的朋友，好，我同意原来的价格。

维克多20:00来电话，一起出门陪他去拿一份文件，算是散步。然后去麦当劳吃东西，冰激凌、冰可可水、三明治。他讲一个笑话：报纸上写，有三个女人回答一个男人的问题，2+2=？第一个说不知道，第二个说等于3，第三个说等于4。第一个真诚，第二个愚蠢，第三个聪明。你说他会喜欢哪个？有人说，大概男人喜欢第一个真诚的——都不对。他喜欢那个屁股大一点的。

1997 年 8 月 26 日

一早整理的公司文件，N.E.W 已于6月30日正式关闭。

1997 年 8 月 27 日

昨天说好列娜帮我工作，左在电话里为我们翻译。结果今晨列娜对我说，郭里亚不同意。她也害怕不会算账等等。我说，没关系。我想这样也许更好。我真怕生意破坏了我们的好关系。

结果我俩牵着迷吉去旧阿尔巴特街散步，我顺便看一看有没有合适的商店处理我剩余的工艺品。列娜说她特别喜欢散步，也喜欢老阿尔巴特街。我们在街上的小咖啡处喝了一瓶啤酒，一瓶饮料。

中午，左打来电话说，阿尔巴特街正展出石仑的画，女经理还告诉他中国字卖得很快。我们约好二十分钟后在阿尔巴特的那个沙龙门前见。

门口橱窗里竖一块牌子："石仑画展"，一幅牡丹。里面是十五张画。一位先生迎上来，他中国名字叫安贞吉，橱窗里有他写的中国字书法"福""富""喜""寿"，还不错。

左自我介绍说是石仑的好朋友。傲丽亚来，说 29 日是石仑七十岁生日。安说，他昨天见了萨科洛夫，萨说中国最好的艺术在天津。左笑了，说，就是伊蕾给他提供了天津的画册。

我拿出张济画的小虎，傲丽亚当时就买了，30 美金。她说有一个老板经常来，他属虎，她要送给他。

我送他们每人一张剪纸的镜心，傲丽亚属龙，送了龙。安属鸡，送了鸡。一再深深地致谢。

出门来我提议去旧阿尔巴特看博物馆。一起到普希金故居，正好关门。我们在旁边录像带商店选了《冬天的樱桃》三集，《美国女儿》《莫斯科郊外的晚上》。

1997 年 8 月 28 日

昨夜留在远达公司看录像，还看了电视里 20：25 演的《爱的奴隶》。一早回到家。

安琪儿中午时来看我，一会儿又匆匆告辞了。列娜兴致勃勃地抱来迷吉给安琪儿看。

16：00，贾福云参赞开车来接我，一同去画家中心大楼参加一个画展的开幕式。

共四位画家，画的现代手法，也有水彩，不是我太喜欢的。先介绍画家、画家朋友，经纪人介绍，然后是音乐节目。

大约 18：00 去一楼吃了东西。然后驱车出门。在大街上开车，行至胜利广场，只见喷泉一片鲜红，我们下车直走到胜利女神的碑下，碑是三石鼎立的，上有持花环的女神和两个天使像，碑文是三石鼎立的，壮观之极。我们在碑下的长椅上小坐。

晚上给陈国平打电话。问及莫斯科有无企业家俱乐部。他说刚成立的有一个"学术、文艺赞助者俱乐部"。待遇很高，不交会费，但经常有赞助性活动。成员做生意是免税的。

我问徐庚西推荐的《从清晨到黄昏》一书如何，他说：不好，文风不好，也没意思。此书系叶利钦前卫士作。

1997 年 8 月 29 日

彩色宝石商店已改为只一层。生意很好。我去拿钱未果。时已一月有余。

1997 年 8 月 30 日

去阿尔巴特大书店买了几本书。

下去一直等电话，想去台北饭店。饭店是推出画种的好场所。

1997 年 8 月 31 日

9：30 给姚一打通电话，说过半小时再打到办公室。电话通后，定 10：30 在库尔斯卡亚地铁站与他公司小姐接头，拿到两幅画。

晚上给王丹之打电话。他说办签证又有新规定，每办一人都要大费辩论。最好办法是去上海办多次往返。10月中旬来莫，王用四星期去外交部办出邀请，100 多万卢布。然后拿邀请去上海，三天办出一年多次往返 100—200 美金，当天是 360 美金。

如果办工作证是 300 万卢布，加 50 美金，太贵。

1997 年 9 月 1 日

7：00，王丹之开车来。在楼下，我把护照、工作证和照片两张交他。他今天去办签证。

9：00 去远达拿图章。

16：00 去录像公司，带子还没做好。

21：00，王丹之又开车送来临时证明，因为四天没有护照。车里有他的妻子，我向她问候。

1997 年 9 月 2 日

安琪儿来，为我打电影厂的电话，说还没做好。明天 10：30 再电话联系。

安琪儿精神有些恍惚，身心很疲惫的样子。不过刚理了发，显得年轻几岁。他说游泳大概已经太冷了，他要开始骑自行车。一天不锻炼，骨头好像生疏，很难受。

我问他一些《休闲》报纸上看不懂的词。列里赫是谁？他说是俄 19 世纪末 20 世纪初的画家。人道主义者，研究中亚，住印度。画有几千张，雪山等。保护文物方案的提出者。特列季柯夫画廊有他许多画陈列。

我又问安德烈·鲁布列夫是谁？他说是中世纪著名画家。俄最著名的那幅《三位一体》画的作者。有个电影拍他，很深刻的艺术电影。

没等我再问，他说：明天再说好不好？我要去修自行车。

晚上去远达公司拿 400 美金的卢布，为了明天买电影。

1997 年 9 月 3 日

请米沙 10：30 打电话给电影厂，说已做好，正检查质量，13：30 见面。

经理出来接我们进去。先去会计处付款，拿到带子、证书、剧本（俄语的），合同已先有。

我向他要艺术片、音乐片，他说很少。儿童片不是这个厂。我要安德烈·鲁布廖夫，他给我拿来送给我。我送他一个玛瑙字"春"，芙蓉石美人头。他说：是观音吗？我想要画的观音，彩色、黑白都无所谓。做了一个合十的动作。我又是很高兴。不谋而合。

大约 16：30 到了马涅什看画展。奇怪，是食品展。

晚上陈国平电话中说，是国际食品展，今天应闭幕，但总理今天要看，延长一天。

1997 年 9 月 4 日

上午一直等左联系录像公司。约 14：00 左右才约好公司的副经理。用电脑打出英文合同，俄文的证书，我提出写上两年之内播两次等。最后送他一幅孙放的水墨虾。全部东西是带子、剧本、证书、合同。

16:30，贾福云的车来接我，去画家中心大楼看系列画展的第三次。没有什么太喜欢的画。普希金画大约两米高，《普希金在莫斯科》，没有什么创造性，造型能力还好。还有一个画教堂内景的，很好看。

1997 年 9 月 5 日

8:00 去地铁见王丹之，拿到签证。10:00 去确认票，已无 8 号的，签了 10 号的。12:00 在威登汉地铁站约了维拉去看书展。先进的俄罗斯书馆。书很全，印刷很精。有世界著名博物馆藏名画，13 万卢布。有普希金写莫斯科的诗，用世界各国语言翻译的。有电脑软件，我买了高尔基电影厂 1915—1997 年所有电影的片名、简介。买书人说，今后他们会书和电影一起出，书—录像带—电视播放—电影一体化。

又去中国书柜台，没什么书。三十个工作人员去游览了，有一人值班。

1997 年 9 月 6 日

9:30，萨喀洛夫的岳父德柳辛在楼门口接我。他家距我家几步之遥，五分钟。

他的家四室一厅。墙上挂满了画，有中国齐白石四五张。《老当益壮》、松鼠、牡丹，任伯年的"仰曦"，徐悲鸿的白鹅，有他版画家朋友的画。

他说，1951—1954 年他在中国是《真理报》特派记者。认识徐悲鸿，徐告诉他若要买真画，可去西单关帝庙胡同。他说当时不太懂中国艺术，只是看齐白石的好看，就买了。是一百多万块钱一张，当时他的工资是一千万。

他现在国际经济政治研究所工作，写关于政治、经济的书。他在中国亦发表作品，用名是杰柳辛。

他1951年在哈尔滨认识了高莽，他托我带一些资料给高看。他最喜欢北京、天津、杭州、哈尔滨。说上海是太复杂的，他说认识天津的冯骥才，有他的一本书《一百个人的十年》第一辑，他还想要第二辑及其后的。

我说想纪念普希金活动在我办的沙龙。他就送我一批有关普希金的小书。

回家吃一点饭，我去马涅什。画室还没开，仍是食品博览。我随人流往前走，极慢的，一直到红场。正有演唱会。从红场出来我往右拐，一直走到普希金广场，人山人海。又走到马雅可夫斯基广场，走回家。

约18：00，左打来电话，送我一张今晚大教堂音乐会的票。我去拿了票是19：30，走到大教堂已是21：30。地铁挤不进去，坐环线大圈去绕，下地铁后又步行。教堂前是两千人的大合唱团，由好几个团组成。看了半小时又走到波利亚恩卡站才坐上地铁。

1997 年 9 月 7 日

10：00 与陈国平、陈太太去吉玛家取画。我们说你怎么还没拆内框？他说半小时可以。陈着急只好坐地铁去电台送一份稿件。过了大约两小时又回来。

最后两张没付钱的画，吉玛要涨 30 美金和 50 美金。陈太太也生气了，说：伊蕾我现在替你付。她付了 720 美金，加上吉玛又给我 100 美金货款。

吉玛与我们同车前往。路上他说领导说他的小卖部很丰富，想扩大。我说：太好了，扩大以后可以展卖中国画。你一定要争取。

下午去大使馆，把鲁布廖夫带子拿回。贾说资料片很好，但不一定能播给大众接受。

晚上把图章给小黄送去。

1997 年 9 月 8 日

一早去看尤伽区的那个莫斯科全景画展。他们做了一个莫斯科全景模型，大型的，长约十米，还有夜景，每个窗都有灯光。

晚上安琪儿来。

他说：怎么样？还感觉我有些陌生吗？俄国人不说陌生，说不是自己的。我说是一点一点变化的，语言也很重要。

我请他看画，他每张都由衷地说好，最喜欢紫罗兰，尼可思吉大门，说"大门"很抒情。

晚九点，与费加去台北饭店，但雷姆不在，电话打到另一处找到他，他说今天不可能了。看来他没有热情。

我送费加一张画，他选了"道"字和山水。

晚上与陈通话，说到吉玛扩大店的事，我说：没有梧桐树，引不来金凤凰，先种树。陈说可搞专题展览。我说货源没问题，我来解决。

想起昨天还与贾说到拍大型风光音乐故事片《莫斯科郊外的晚上》。一切集中于美，美好的民族之间的感情融于大自然、音乐和人物形象中。贾说：太好了，你怎么尽有好主意？我认识一个好导演，八十多岁，想独立干事。

1997 年 10 月 17 日

大约 22∶00 才下飞机，陈国平一家三口在机场等我。陈太太拿了康乃馨花。

路上说到列娜和达沙染上皮肤病，暂不能去住。车开往任东升家。直到楼下，手机中一直是无人接听。车只好开往陈家。

陈太太很快做了饺子。猪肉放辣子和葱头。

1997 年 10 月 18 日

陈一早起开车送我去使馆找贾福云参赞，去要文化节的票。结果回说住在代表团驻地，驱车往俄罗斯饭店孙建平房间。建平正在等，其余人已去吃饭，饭后参观特列季科夫画廊。

此间，中央台摄制组的几人进来与陈认识。陈送我和建平去画廊。

在画廊遇作家团的昌耀、张平、刘宪平。贾也在陪副部长参观。

下午去见安琪儿。

再返回酒店，没人。一人去画家大楼喝茶。约王丹之出来，把护照交他去办一年多次往返。

晚上住任东升公司。

1997 年 10 月 19 日

一早去饭店，又没人。又去画家大楼看画，喝茶。大约 18：00 给左打电话，在地铁见左后去一披萨饼店。

我流浪了两天，心情极暗。眼泪也流出来。

左出门来给房东打电话，叫给我找房子。

1997 年 10 月 20 日

一早随美术团和基地团去吃早饭。然后去军事画廊。画并不太好，每个画家有一画室，走廊里挂着作品。现实主义的军事题材，一些肖像还不错。

17：00，在地铁沃依科夫斯卡亚站与左见面，去列娜的朋友阿萨家住。阿萨热情、干净，十分友好，收拾好东西，交代清楚之后去她女儿家住了。

1997 年 10 月 21 日

下午在画家大楼等美术团三人。

建平和廖去了。三楼一个展览正在开幕，进去一看是美术珍品和一些文物的展卖。三人极兴奋，说不虚此行，好画很多。上午他们刚看了洛夫的画，不喜欢，太俗。

1997 年 10 月 22 日

下午又到画家大楼与美术团会合，一起去阿尔巴特街。这是他们在莫斯科停留的最后一天。

1997 年 10 月 23 日

今天 13:00 再次去画家大楼，给吉玛送货。

内画、鸡血石、青白玉坠、贝壳银坠等吉玛都嫌太贵，但还是收下了。

又去少年图书馆，傲丽亚要珍珠，我却没有。宝贵石头的价格亦不好接受。

1997 年 10 月 24 日

17:00，约电台的翻译米沙在基辅站见画家尤里。他带我们去他家见他父亲，老画家阿列克桑德罗夫。家里内外大厅相连，挂满了他的画。我曾在少年图书馆画廊买过他的白桦树。他翻出一些画，我选了六张，请他们决定价格，下次再来买。

1997 年 10 月 30 日

再次去老画家家里买画。他们报的价不高，说现在经济困难危机，明年会涨价。

尤里的母亲请我们喝茶，喝自制的果酒，非常好喝。

同时买了尤里的一张《冬天》。尤里毕业于苏里柯夫美术学院，大画较多，有工作室。

1997 年 10 月 31 日

王丹之带我去人民画家办的公司买画。我们分乘两辆车，到市中心他的画库。这是一座极其古老的房子。他说要把房卖掉，新房主会拆除重建。

我选了肖像画《在外婆家做客》《夏天》，风景画《白桦微霜》《列宾画室》。

《在外婆家做客》中的小女孩正襟危坐，戴着白围裙，高举着茶杯，可以看见不在场的外婆是位家教严谨或有着贵族血统的女人。女孩的脸用色极其高超，色块堆积出的脸极光洁，且有丰富的光感，神情静如池水，内涵有无限延伸性。脸部正面，身体稍斜，座椅略倾，很有美感。开窗远望，院内花木五彩缤纷，室内是木质结构的别墅型，与这个城市来的女孩交错在同一时空，增加了文化的、空间的、时间的感觉。

《夏天》的技法非常高超，用色简练。花草在阳光下迷离一片。尤其是桌上的花束，似有神来之笔，色调温柔可爱且神秘。人物用笔简至极致，少一笔则不成形，多一笔则无用。

1997 年 11 月 6 日

1 号晚去彼得堡。

2 号 7:10 到，石仑已在车站等。到家即为我做早饭。说 11:00，弗明的儿子开车来接我们去他家买画。11:00 在门口等二十分钟未果，石仑和我又返回家打电话，才知石仑的太太给约的是星期一 11:00。

下午睡觉一直到天黑，大约 17:00。

晚上石仑为我烙饼。饭后看他去外地讲学、展览的录像带。

他说有些录像带他只看过一遍。有些情节已经忘记。

　　3号一早，石仑又在炒菜。11：00，弗明的儿子来接我们。到弗明画室。四壁挂满了画。弗明的太太出来迎接，是一位极和善、有修养的女士。他们拿出近十张画摆开，让我们选。石仑问我：你选中哪个？我说：这个。石仑说：对，我也是。又说第二呢？我说：这个。石仑说：正好是一对。是四月、五月的风景画。弗明太太说：你们选得很对，这是他1995年最后的作品，也是他的风格代表。弗明太太请我们喝茶。

　　弗明的儿子开车送我们去他朋友的画室，他们二人合作工作，做大型装饰画。朋友是列宾美院副教授，人物画得也不错，工作室是二层楼。

　　我们把画留下，等晚上他们送。我和石仑去逛涅瓦大街。列宁格勒是世界名城之一。这条街是政府保护的大街，不准动一砖一瓦。我们去市场买了猪肉、白菜、柿子、黄瓜、西红柿、香菜、小葱。回家后做红烧肉、米饭。一边等肉熟，石仑给我讲故事，岳云出征。直到肉发出煳味，我冲过去关掉火。我说你讲的岳云成了不忠不义之人，怎么不要公主了，也不夺城了，只保了命？石仑哈哈大笑，说：我一边编，一边说，漏洞百出了。我们吃红烧肉，味道不错，喝一杯五粮液。

　　4号一早，石仑说，今天上午我们挂画。他拿来长70厘米宽大约60厘米的板，把画背面涂上糨糊，然后用图画纸看准画后盖在上面，用手反复抚平。然后拿到板上，在板四周涂上白胶，把画贴牢，几小时即可。

　　中午两人都无困意，一直聊天。下午他带我去美协，那儿有两个画展，还有石仑的一个小画展。步行路过文学咖啡馆，石仑带我进去看，这是当年普希金决定决斗的地方。他把一只手套扔在地上，丹特士捡起来，这就表示同意决斗。咖啡馆最里面是一间钢琴室，有三位姑娘在琴前面，旁边有两张沙发，可以有人来听琴。

晚上回家，石仑说用奶渣和面可以做好汤圆，过去给左贞观他们做过，无不惊叹。熟了，果然可以，稍有酸味，用的枣泥、豆沙馅。我说今天该走了。石仑说：我怎么不知道？还有很多项目没安排呢。他是开玩笑。我想了想：那你答应我一个要求，明天去普希金市。

第二天一早，乘电气化火车一小时，到普希金市。车站是极古老的门。换乘公共汽车二十分钟，到皇宫皇村学校，进学校参观教室、宿舍。宿舍很小，大约六七平方米，间与间上方相通，说这是为了培养学生普通人的生活标准。皇宫前一个湖，已结冰。旁边是皇宫的大厨房。

晚上回家石仑做清炖牛肉。早晨做的饺子还没吃完。这几天使我想起爸爸这些年一直是每天想着我爱吃什么，跑很远去买。每晚叫我陪他喝一杯酒，吃他亲手调的凉菜。

21∶20，石仑送我去车站，买好票，坐了一小时，送我上车。他说过得怎么样，我说非常好，我很幸福。

1997 年 11 月 8 日

与香港谭先生、北京中央音乐学院学生小马、左贞观一起去跳蚤市场。左特别喜欢水晶的激光制品，买了几个。买了一幅画秋天的油画，60 美金。

1992
1993
1994
1995
1996
1997
1998
1999
2000

在长城饭店吃饭。左极爱吃的是豆腐。当然莫斯科太少。我则爱吃白菜。

1997 年 11 月 9 日

到东升公司拿 1000 美金的卢布。然后又去看美展。

晚上到杰柳辛家，送给他冯骥才赠的书和高莽的赠书。

1997 年 11 月 10 日

上午，贾来电话，说特卡乔夫的样书已到。我匆匆赶去。翻一遍，又翻一遍，特别看中我熟悉的《打草时节》（草图），还有洗浴一组，说好过几天去见面。

下午与翟民、贾一起去看新疆兵团的少年杂技团演出。

1997 年 11 月 11 日

18:00，维拉与我在新阿尔巴特街艺术沙龙见面。经理傲丽亚很热情地握我手说："我们又见面了！"我给她们留了书法轴，人物画镜心，送她们一个虎字轴。内画的虎她们特别喜欢。

最后我送她们每人几套剪纸。傲丽亚拿出一个她弟弟的铜塑送给我。

1997 年 11 月 14 日

昨晚做一梦，又是妈妈复活了！

全家和邻居都穿着一身孝衣，正在送葬。妈妈也在其中。我扑倒抱住她的腿，问：你还活着？弟弟说：是。我问：现在是什么日子？
弟弟说：1997 年 2 月。我哭了，说：妈妈是此后的日子死的，当然
现在还活着。

过了一会儿，有人说今天是 1998 年 2 月。我笑了。妈妈真的活了。
我说：我知道已经火葬了，怎么又活了？妈妈说：火葬时排队两小时，
我醒了。往后一看，这么一长队人。

我极力想象妈妈是什么病，复活的可能性。

妈妈抱着我快快地走。

在饭店，我进去找靠里的座位。妈在排队，我又出去说：我排。
可是挤不进去。

1997 年 11 月 18 日

午饭后，在使馆与老贾分手，我和翟民去特卡乔夫工作室送样书，
买画。

灰线萨维洛夫斯卡亚站。步行十分钟，一座普通的住宅楼 242。

开门的是弟弟阿列克谢·特卡乔夫。他一见翟民就欢呼起来，
上前拥抱，又与我握手，吻手。他是个小个子，穿着旅游鞋，绒布
格衬衫，黑坎肩。忙出门去叫哥哥。

谢尔盖·特卡乔夫进门，与翟说几句话，急忙要看画册。连看
了四五遍，边翻边赞叹，印得好。

阿克列谢手舞足蹈：啊，列宾！大家大笑。

我送他们两个内画水晶壶，合和二仙。哥哥说：这么好的东西
应该送博物馆。看来他不大喜欢。

翟民请他们拿出一些画来让我选。他们先拿出《秋千》两张，又拿出大幅的《婚礼》。

我说要肖像，脸部大的。他们拿出《合作社》。我说要《打草时节》（草图）。

二人商量一下，给我拿出。这是草图，其作品获苏联国家奖金。极有他们的特点。

我想再要一张。和哥哥拿样书找，这一张是母亲——不行，这一张是女儿——不行，这一张是外孙女——不行。《莫斯科女郎》行不行？哥哥一时无语。弟弟问："拿不拿？"哥哥点点头，于是从茶室拿出了这张 1997 年的作品。

弟弟说："其他国家的一些有钱人来买，我连看都不让他们看。"

弟弟一边捆画，一边说："我们的孩子要到中国去了。"

我反有些伤感，不忍心。

付了美金，还差 1000，翟民说："我回头送来。"

去茶室喝了伏特加。黑乎乎的小屋，一个圆桌。几个银杯，几个陶碗。用手托杯底，碰杯，发出悦耳的银器声。茶里挤了柠檬汁，吃生鱼片、西红柿、饼干、糖。

弟弟说："为我们写诗吧。写在俄国遇上两个老坏蛋。"大笑。

问我："有没有孩子？"我说："没有。但现在有两个。"对方不解。我说："你刚刚送我的。"大笑。

我发现我的陶碗漏了。弟弟忙为我换。大笑。

最后，三位站起："为唯一的女士干杯！"

阿说："要为画写诗。"

我说:"一定写。翻译成俄文送你。"阿说,"我们送你画册。""照张照片,给我们寄来。""你要好好对我们的孩子,孩子他爹可厉害呀!"

我问他草图的意义。他说:"只有俄国有,法国都没有,像中国大写意。画好,就看不出来了。画上有的,草图上都有。"

我赠张济的水墨《落》给他们,哥哥捧在手里看了好几分钟,走过来紧紧拥抱我,吻我。

1997 年 11 月 21 日

在旧阿尔巴特街麦当劳用餐。我对面坐的姑娘正巧与我买的油画《莫斯科女郎》如出一辙。黑裘皮大衣、黑内衣、红指甲、贝雷帽。我自我介绍后拍下了珍贵的照片。

这个民族真不得了。五十年审美情趣仍是如此相通。

> 你难道是
> 五十年前的莫斯科女郎?
> 或者是三天里
> 我经历了五十年的时光。
> 天荒地老
> 唯有你的美貌毫发无损。
> 而此时此刻你闪耀的
> 是祖辈的高尚血统,
> 还是特卡乔夫兄弟天才的光芒?

1997年11月23日

在伊兹玛亚①大市场遇油画的托尔斯泰，已非常破旧，卖主说，画布已八十年了。我看技法高超，形神兼备，立刻买下。

可说是上帝赐我的礼物。

1997年11月30日

下次可再看特卡乔夫的《严寒与太阳》，90厘米×120厘米，148页；《浴中女》，62厘米×82厘米，146页；《三月的白桦》，74厘米×40厘米；《我们的画室》，49.6厘米×79.5厘米。

维克多一早就带我去参观博物馆，普希金像还在修，去参观了托翁博物馆。又去俄罗斯画院。见《四季》的作者正办画展，买了他的画集，签字、合影。傍晚，又看一眼中央学者之家出来，最后看河上的彼得大帝铜像。

18:00左右，去麦当劳用餐。

1997年12月1日

今天回国，傲利亚的证书还没做好。我28日送去的王有为的徐悲鸿泥塑头像已被他们沙龙接受收藏。说好下次再补证书。

17:00出发。左贞观、陈太太、东升送我，至绿线地铁出站，陈国平开车与陈太太送我去机场。

---

① Измайлово Блошиный рынок，伊兹马伊洛沃工艺品市场，位于莫斯科东北部，只在周末开放的大型旧货市场。"一只蚂蚁"是中国人根据俄语谐音对它的俗称。
——编者注

1997 年 12 月 3 日

在俄时，杰柳辛先生介绍米哈依洛夫附近的小村住了列宾，五十岁，在列宾美院工作，画普希金。

阿列克谢·萨喀洛夫，七十岁，在列宾美院教书，住彼得堡莫斯利大街。

1998 年 2 月 28 日

26 日晚乘中航到莫斯科。陈国平全家开车接我。地上温度零下 10℃，不觉冷。

安娜每天便一两次，应属正常。我又带了三个月的药给她，其中一种 1 号换成了 2 号，为巩固效果。

27 日 11:00，维拉来。12:00，王丹之来，给列娜安排了工作，送一快餐订餐本，在家等电话。

今天 10:00 到使馆贾福云住所。先看了所有照片和报纸。2 月 13 日，《中国信息报》一千字加通栏照片《中俄文化交流中绽开的一朵奇葩——伊蕾诗人艺苑在天津诞生》。《中国文化报》2 月 21 日登伊蕾诗三首。这是十年来首次在文坛复出。

关于艺苑，可马上接着购买科尔热夫和格里采等人作品，因山东美术出版社已拍完片带回国内，年内出书。现山东已出第一本《特列恰科夫画廊藏画》，比俄出的效果明显好。现在起，应和一些个人、画廊建立信任关系，以每年两次以上组织赴中国展览，俄方可不随行，一至三个月结算。

关于普希金二百周年诞辰。莫斯科有普希金基金会，主席是普希金的玄孙，埃塞俄比亚人，普的姥姥是埃塞俄比亚人。贾已问过他们，是否愿明年去中国，路费自付，中方接待，他很高兴说，那当然好了。

19：00，王丹之接我去老画家家里。我说可以展览方式组织油画，第一批五十张，三个月付 50% 款，六个月付清。他说有个条件，即只与他一人合作，不再买别人的画，因他能拿到俄国所有好画家的画。他也不与中方其他人合作。第二，先付一部分订金，要给画家。问我能付多少，我说 5000 美金。他说，太少，其余的他来解决。我说，还有一个方案只拿二十张，他说少了太麻烦，还是五十张。我说也可以一个月付款，但卖不掉的要运回。他说，不，不好。

1998 年 3 月 1 日

安娜和陈太太来接我去吉玛家。我给他新带的东西，其中有十张国画。他说昨天还有人买画。我向他订拉兹瑞文的二至三张风景，沃特林的女郎肖像，他说星期六可以拿到。

15：30，普希金国际基金会在旧阿尔巴特街 53 号普希金博物馆举办纪念活动。使馆文化处崔小姐和经济处何先生也到会。有诗朗诵、诗谱写的歌、歌剧，演员有儿童，也有专业人士盛装登场。

之后，我们参观各房间。普希金婚后在这里二层度蜜月，常邀朋友聚会、跳舞，大厅一百多平方米。摆设的桌椅是根据朋友书信等想象而成，其他资料全无。有一房间专为纪念他夫人而摆设。有一肖像是她蜜月中，有一张是她三十七岁时的肖像。她极其美丽、善良、友好，得到所有人的赞赏。普希金与她有两儿两女。普希金临终前说：你不要任何歉疚，我是为我的名誉，为家族和孩子的名誉而决斗的。

基金会主席说：我们想在明年带二百个孩子去中国，如果中国也有相应的伟人同时纪念，让俄国孩子也了解中国。普希金是国际性的，他的血管里有白人的，也有黑人的血。我们只能通过普希金建立与世界各国的人民的友谊。普希金对于俄国就像宗教。我此生愿为普希金的事业工作。我第一次走进这个博物馆，因为我说过只有当我从事这个事业，俄国人民接受了我，我才会进来。

我说：这是一个极好的计划。我从现在也为之努力。我想，没有问题。

1998 年 3 月 2 日

去阿尔巴特街傲丽亚的沙龙，见面都很高兴。卖掉了四幅中国人物画片和一个寿山石"龙子"。

傲丽亚说，石仑的画拿到北京饭店展卖，还没什么结果。

这次我送来的画，作者是孙建平、许晓帆、王子明、蔡师傅。安贞吉评这些画，不行的是孙建平仿别人的一个观音、蔡师傅的山水。他颇像个行家。

他说我带给他的纸还太薄，要厚的，给了我一小条样子。

1998 年 3 月 4 日

15：00，左和我在普希金馆见面，一起去艺术研究所见萨喀洛夫。我们把他召唤出来，在厅里小坐。我请他看辛树东在报纸上的画，他很喜欢，说简洁，很有意思。我又请他看张占勇仿的几个名家的字，他喜欢金农的，说以前就喜欢金农。

我问他书出了没有，他说没有出，是字典，上面有关于水墨画的条目，他用了天津画家的画照片，做了介绍。

两小时后，我到远达公司。问今年生意如何，答曰不好，想调整，做服务咨询类工作，或投资租进租出大楼。我说这都需要有竞争力，很黑的。又谈到影视进口和油画进口中国，任东生有兴趣合作，我说解决办法就是借钱还息，因为画的成本很复杂，不好计算。

1998 年 3 月 11 日

6 号晚去彼得堡找石仑。

7 号上午在家作画。我为他带来了 50 张二层贡纸，比三层夹宣还要厚，他一试极好，色很漂亮，全出来。

下午去王铁牛宿舍，还来一位化学系毕业的博士生，共进晚餐。喝红酒、黑啤、格瓦斯，吃水煮肉排。

8 号 12:00，与铁牛在马涅什见面，一起参观彼得堡美协 65 周年大型展览"时代的联系"。

迎面就是梅尔尼科夫的两幅巨作《夏天》《在湖边》。他从苏联现实主义绘画超越出来，更注重色彩本身所传达的美感，极为奇特，造型更简练。他的全名是安德烈·安德烈耶维奇·梅尔尼科夫。当居第二的大师是莫伊先科，他的作品是《母亲河姐妹们》，画家 1989 年已去世，造型能力较强。还有弗明的一张白桦，石仑说不如我得到的两张好。展览总的来说，现实主义力作较少。

17:30 出发，与石仑、仁尼亚去参加一个家庭晚会。这是一个不算小的晚会，共十五个人，是老式的房子，五十平方米左右的大厅，一架三角钢琴，丁字形餐桌已摆放就绪，墙上是一些油画肖像。我被安排在正中座位上，或许因为"国际""三八"两个原因吧。主人做了鱼丸子、猪肝酱、烤肉排、炸鱼、大豆沙拉、蔬菜沙拉等，石仑送去的中国沙拉。席间休息后，主人提议我唱歌，我唱了《红楼梦》插曲，一个钢琴家马上站起来说她听出了歌的含义，并即兴弹奏歌曲。一个先生又说，这是因为歌唱得太好，引发了她的灵感，因为我们从没听到她这么美妙的琴声。席间休息第二次后，男主人和另一先生分别给每位女士发礼物，有书、香皂、铃铛、钥匙链等。席间，人们不断地讲笑话。饭后喝茶，吃主人自制的两种糕点。这次聚会主要是钢琴家，指挥是八十岁的一位女士，宇宙飞船的研究制造者等。

9 号本来想三人去城外，铁牛有事，改石仑与我去夏园。夏园很多好雕塑，可惜都用木头封闭保护起来。出来后路上进"华侨饭店"喝一杯茶，吃雪棉豆沙。又去菜市场买菜。晚上，铁牛和陈志强先后来，吃猪肉白菜饺子。陈花 25 万美金买了饭店，就中国厅的装饰问题，几人到处翻资料，定位为民间式，窗棂。陈说，搞一个最好的厅卖石仑的画，就叫石仑厅。我们说，这正是我们的建议。

10 号中午到列宾美院，先去了铁牛工作室。他正忙毕业创作，画了石仑，画了他的父亲王盛烈，还要画一个穿中国古典装的姑娘。旁边看娜达沙工作室，她正画大型画《婚礼》。走廊里遇油画系主任谢苗诺维奇，版画系主任梅尔尼科夫。最后去院长叶里米涅夫工作室，铁牛要谈中国鲁美六月来访的事。办公室和外间的秘书室都各有一二百平方米，墙上挂大型古典油画。

1998 年 3 月 11 日

安琪儿从上班的地方来。他说最近他情绪是低潮，很想一个人到一个安静地方去，我说是因为你拥有的爱太多，受不了了。

他说我应该让发型设计师设计一个发型，一个最好的表情，裹身的裙子，因为我的腿很好看。我的肩很好，不应穿厚垫肩的大衣。他说我是无技巧派，这和我班男同学的评价完全一样。我真的不知道是我不会还是不愿意，还是根本没介意过，大概是后者。

1998 年 3 月 12 日

下午去大使馆。翟民问我画的情况。我问英拉斯托夫。他说今年是他一百零五年诞辰。他是特卡乔夫兄弟的师父，明显高于后者，他的儿子是特卡乔夫兄弟的同学，好画家。他说今年六月出科里热夫、格里采的书。明年春出英拉斯托夫的，他一生有一万多张画，是最多的。没听说过中国人买他们的画。但他们几人都在中国展过，没有卖。

1998 年 3 月 13 日

9：30，巴斯曼打来电话，说：你在莫斯科？说好 11：00 他在汽车站纳戈尔纳亚接我。

他给我看书，说：这是我的书。有方纪的《长江行》，作家出版社 1958 年版的散文集。有《老栗树下的故事》，作家出版社 1958

年重版的小说集。还有"万有文库"六本，商务印书馆发行。有《金瓶梅》民国二十四年版，上海中央书店印行，六本。

12:00，他说："我知道你们中国人十二点要吃饭，现在'准备'。"他拿出了面包、橄榄、大豆罐头、白菜肉汤、蔬菜沙拉，鱼和肉饼被我谢绝。喝伏特加、果汁。饭后喝茶。

他说我几十年没有机会多说中国话，我要向你学习。我说我也向你学习。我们互相学习怎么说这个，那个，果然奇效。

1998 年 5 月 8 日

15:00，维加和我见石，一起去普希金造型艺术博物馆，后去马涅什博物馆。幸遇一个博览会五点开幕。又巧碰上傲丽亚，给了我们两张票。

开幕式上约有千人，大都是美术界同行。各个展位前的小桌上摆满酒和水果、饼干等。展览布得很好，馆是从中间分开的，向里拐，再拐出来。依次参展。

画的形式多样，还有不少雕塑，大型的也有，很有想象力。

很有意思的是遇到安德烈。我们相约见面。

1998 年 5 月 9 日

中午，安娜和陈太太来看我带的衣服。安娜特喜欢中式立领盘扣，说是今年流行。让我为她丈夫选一件黑布的长袖衫。我送她们每人一件，陈又买了几件，又拿了几件说是给朋友看。

15:00 去见王丹之。在伏龙芝咖啡厅里。他的快餐暂时停止，换地方。精品大楼正在筹建，说从下半年起逐渐取消市场，进大楼。

晚上，安琪儿带我去他的房子小憩。

1998 年 5 月 10 日

10：30，陈国平和太太准时来接我，去吉玛家。这次是应他嘱带几样工艺品。主要想给他看画。

我们开始谈互做展览的计划。他说 6 月 15 日至 7 月 15 日在画家大楼有一个十人展是他组织的，然后可移至北京。这次是精选，一定是最好的。另外他说可以租展位展中国画。一百平方米一个月1500—3000 美金。

陈太太在回来的车上告诉我，吉玛半年以后想结束工艺品生意，每年只做几次画展。我听了特别高兴，这正是我一年前向他建议的。

1998 年 5 月 11 日

昨晚我给索洛明打电话。我问："你在做什么？"他说了半天，我说："索洛明，我听不懂！"

"听不懂？"他大笑。我说一会儿请翻译给你打电话。

15：30，他在地铁口等我们。走了一分钟，到一幢六层的古老大楼内。他的房子有一二百平方米，整洁丰富。中央桌已摆好酒和水果。小李和小高齐声说：真是艺术的殿堂！

我说：怎么称呼你好呢？他说：叫我郭里亚吧。

他跑来跑去准备各种吃的，像见老相识一样。他说在中国每到一处都受到那么热情的接待。中国那么安静、美丽，人那么善良，没有邪恶的目光。有那么多好的风景，漂亮的城市大楼，中国的艺术家多么幸福！

他说：我在北京时答应给你画像，我说的话一定算数。我说：你是一个君子。他笑得很开心。他说那是给你准备的画布。原来旁边已准备好大约一米长的画布带框。

他说：我在军队学了很多，是军队给了我许多优秀品质，教我守纪律，说话算数，正直、认真。有人让我画像，有的领导，我画完敬礼（说着他敬了一个礼）再见，从没想过有什么回报。

他让我们看画架上的一些画，印度风情、俄罗斯风雪景很有特点。他说：我这次不让你看完，为的是你们下次还来。

他拿出一大堆中国画册，是他从中国刚刚买的，有《苏俄美术史》《1997 年国画选册》等。他特别喜欢中国画，但没有收藏。

他说明天就办理离退手续，离休，然后就自由了。他说其实他本质更是一个自由人。他今年要为新的大教堂画四幅巨幅圣像，五米高的，他是竞争了这个工作的，他的画在白宫有，切尔诺梅尔金的办公室也有一张巨幅的历史画。

我邀请他明年去中国，他欣然点头。

1998 年 5 月 12 日

15:00 在布拉格饭店前与维拉和安德烈会面，听他建议，坐他的车子去看了他的一个小展览，是在一间大办公室里，有七八张画。

维拉有事先告辞，我与安德烈回到阿尔巴特他的工作室。这套房子四个房间，是四个画家的工作室，还有玛沙和瓦洛嘉在，与她的双胞胎女儿。

他们画大部分是这套房子的内景，我不明白这是为什么。他们的画是写实的静物，半抽象的风景和人物。我拍了十几张照片，回去和国内画家一起再看。

1998 年 5 月 14 日

14:30 去见周祥甫。他是左贞观介绍给我的，七十多岁。他一边开门一边说，这里到处是锁，是一个流氓社会。苏联时期特别安静，做什么都有钱。

他十几年住在英国。后每年去三次美国，儿子在美国。

他问了我许多，然后拿出几本中国大画册一起看。他问临摹的一张傅抱石画要多少钱。这一下提醒了我，我这么喜欢傅抱石的画，也可临摹一张挂家里。

他说早几年可在街上买到古董的画，很便宜。他就见过两次希施金的画。现在在小城市也有可能买到。

他说多年前，普希金博物馆举办展览，只展《蒙娜丽莎》一张画，从早到晚排满了人，每人只能看三分钟。

1998 年 5 月 16 日

13:30，我和维拉在克拉斯诺普列恩斯卡亚地铁下见面，去画家中心大楼。

先在楼旁的露天画室看一圈儿，无什么好画。楼旁排队竟然有近万人，6 万卢布一张票。原来今天是一个妇女杂志在做大型展览，实地美容等服务。人很多，美容一般是折叠软床，很舒适，各种化妆品展卖。维拉说，化妆品在欧美是正常消费品，在俄国是新兴的充满魅力和魔力的女士必需品，消耗特别大。

没有什么好画展，大都是很随意的画。

1998 年 5 月 18 日

下午去少年图书馆。傲丽亚要了一件真丝衬衣，娜达莎要了一条珍珠项链，为她的母亲。这次她们要的珍珠、玉手串、银镜等，一般是什么卖掉了就继续要。

18:00 去阿尔巴特街的画家沙龙。主管业务的傲丽亚过生日，正摆酒桌，我和米沙入座。桌上准备了葡萄酒、果酒、水、水果、面包、香肠、西红柿等。席间，一老先生举一束红玫瑰入门，与傲丽亚接吻几次后，掏出一个画片，说："一个小礼物！"

我和米沙先告辞。此间我们主要谈了关于石仑的画。我说明天我去参加石仑画展。他们送我一叠报纸，上面一版是石仑的介绍和画，还写到我与她们的长期合作。

最后她们收了我送的画十四张。

1998 年 5 月 19 日

晚上去看胡晓平和她的学生的演唱会，在电台录音大楼。胡最后唱了三支歌，声音很美，台风很朴素。

23:00 我乘车去彼得堡。

1998 年 5 月 22 日

20 日晨到彼得堡，石仑在车站接我，乘地铁回家。

这次为他带来三枚他要的图章，闲章"润物细无声"他很喜欢。

还买了一堆他爱的八宝小菜。送仁尼亚一个微刻。

11：00，三人乘石仑儿子的车去展览厅。六十多张画正在悬挂，这里是美协的展厅，主办是武术馆的主人。仁尼亚拿一堆印好的画的标题，一一对号并钉上，看来是少了一些，他先回家继续去做。我和石仑坐了一会儿，去陈志强的餐厅，陈没在，又去列宾美院找铁牛。铁牛也没在。他的同学万景在，正画毕业创作画《黄河曲》。

我请他看我拍的特卡乔夫的一些画片。他说最好选他的灰调子的。他说法明用颜色比较怪的，他不太喜欢。

21 日 7：30，石仑来叫我吃早饭。我又赖了半小时起来，吃了早饭，他走了，去参加中国侨联要召开的华侨座谈会。

14：00，我和仁尼亚拿着各种水果，打车去展厅。四点左右，到了约一二百人。侨联的郭麟恭先生带的团也到了。岳总领事、展厅经理、武术馆代表等各界代表讲话，说到石仑的巨大成就和受人爱戴。献花。然后入展厅。

觉得俄国人比中国人更喜欢国画，很多人订了画，拍照留念。铁牛追着石仑拍了一些照。他大约七月学成回国。

一个多小时后，石仑带我和铁牛入小厅去小坐。已有一些石仑的老朋友在喝酒。有一个人民演员，唱了歌，旁边坐的是普希金博物馆馆长。仁尼亚提议我唱歌，我唱了《都有一颗红亮的心》，大家赞叹一番，身旁的女士激动地吻了我。

23：10，离彼得堡。石仑说，如果不今晚送你，会被大家拉去喝酒。这样，只好明天喝了。

今天去彩色宝石店，送了700美金的玉石，仍然主要是玉石动物和小佛像。

1998年5月25日

19：00，在格涅辛音乐学院音乐厅听胡晓萍独唱音乐会。大都是华人，也有汉学家，加拿大大使馆人员。我请了任东升、李翠文。见到陈国平、安娜、徐庚熙、翟民、安贞吉、马燕生、张信等熟人。

胡不愧是世界最优秀的歌手。后半场歌曲演唱感受更深。《花非花》我也会唱，但从来不知道是如此美丽动听的。加唱的《故乡》，左贞观曲，陈国平词，也极优美。胡塑造了最美的声音。

加唱后掌声仍然整齐地响着，又加唱了民歌《康定情歌》。观众起立，仍不离去，最后加唱《布谷鸟》。

1998年5月26日

一早起床奔大使馆，给翟民送姜衍委托转交的《特列恰科夫国家画廊藏画》中文版。

他说刚刚接待国内来的国际儿童基金会。

我们很快谈到特卡乔夫。他说：特卡乔夫拿到中国出版的画册，看到我买的那两张画，不无感叹地说，那一张卖就卖了吧，这一张[指《打草时节》（草图）]无论如何不该卖，你可告诉她，好好替我们收着。翟说，你放心，她不会拿去倒卖的。

翟说，去年下半年美国出版了一本画册《社会主义现实主义》，收了苏联二十多位画家的画，封面是特卡乔夫的画。特卡乔夫说："资本主义美国出我们的画，共产主义中国出我们的画，就是俄罗斯不出。"他们大约准备再出一个俄文版的。

我说布拉斯托夫的画册也买不到。翟说，布拉斯托夫的孙子说每次去书店都去看有没有他爷爷的画册，从来没见到。布的儿子是著名画家，孙子也是好画家。现存布的画5000多幅，一生共有10000多幅。翟已说过，有一女诗人准备买一张，他们基本上同意了。

我解释说，我不是做普通画廊，要做一个私人的微型博物馆，几位名家的都收藏至少一两张，可附带一个沙龙，代理十几位中青年好画家的画，可以卖的，以便有资金继续收藏。翟说，布的孙子可以推荐中青年，他本人就是苏里科夫美院毕业，又是特卡乔夫的研究生。他有一个同学住在小城，一次带来的《菊花》特别棒，只卖400美金。他喜欢浓墨重彩、大写意，又有写实的地方。我连称是，因我爱好亦然。

翟说，另外特卡乔夫的女儿、女婿都是好画家。我说这太好了，我们可以结束盲目地买画了。翟说最好十月后，秋天，他们都回到莫斯科，科尔热夫的画册也出了，一齐买一些。

1998 年 5 月 27 日

与陈国平在电话中讨论为中国选俄文书。他说有一四十多岁的作家阿克萧诺夫，写了两个中篇《爷们儿》《娘们儿》，写俄国知识分子的，也写到官吏等各阶层，西方人也喜欢，写得有民族特点。

陈与莫斯科有名的杂志《新世界》主编讨论过这个问题，主编原也是电台的人。他会推荐一些。

薛范今天第二次打来电话，说俄驻上海领事馆召他们开会，说明年纪念普希金二百周年诞辰的事。我们原来计划的诗、歌与画一起的纪念册还要准备，可在俄多寻些普希金的画像。他说记得有一张普希金与格林卡在一起，普希金站在钢琴旁。

与翟民通话，翟说山东美术社胃口很大，想出梅尔尼科夫的画集，以前谈过此事，梅不大热心，现在他又病了，翟想建议与他的夫人谈话，据说梅很听夫人的。翟说中苏友协副主席金山石在俄住多年，与梅关系密切，可请他出面。我提议石仑和夫人，翟说如果以后需要再麻烦他们。

1998 年 5 月 28 日

想起在石仑画展上，见中央美院彭老师，进修生万景，他们推荐美院的好画家有几位。

别希柯夫（列宾美院油画系主任），在中央美院上过课。

乌嘎洛夫，前院长，苏联美协主席。

列赫特。

尼克拉依·列宾。

我记起杰柳辛说过列宾画普希金，我得去专门拜访他。

1998 年 5 月 29 日

为买电影到中国，我就银行入现金交税问题请教王丹之。他说，只要是入账号的钱都要扣 20% 增值税，所以如果一份钱转几次就没有了。

这样，买电影的钱就不能汇入莫斯科公司账号，只能在国内的账号入账。国内损失的是美元兑人民币的汇率差价。一美元损失 4 毛多钱。还有一个问题是莫斯科需有足够的钱支付卖方。

1998 年 5 月 30 日

去蓝线工艺品市场。市场外的小摊都被安置在市场内了，又有了很好的整修，食品摊也都到了市场里，市场外的土地被翻起，好像要绿化的样子。

我又买了几块少先队队旗，一套领袖像套娃，工艺非常高超的画法，有点漫画式。

中途，大雨下来，我也趁势回家。

1998 年 6 月 2 日

约好今天去"祖国"录像公司，陈国平因昨天去中国，由陈太太带我去。她先到我家给我退了东西，一起乘车，大约五站。

经理佐托夫，五十多岁。陈太太说明要求后，他先向我推荐买拷贝，一个十多分钟的。我说这个不买。他又拿出已制好的电视使用带子，我说这也不要。最后他拿出普通录像带，一一介绍，有的放一段看。我选了十一个，付了 3 万卢布，对方给一证明，过海关时可用。

带子大部分是文化、艺术、风土人情、人物传记的，他们也还有有关战争的等。

我问买两年两次的价格，他们说国内买每分钟 25 美金。我说我们买过每分钟 15 美金，他说我们会按这个价格考虑，夏天会经理在，或主任里亚波洛夫在。

我说我特别喜欢油画、画家，给他们看俄国画家在我家的照片。他们说，公司有画廊，可安排去看。

晚上，陈太太来电话，说："你看，这两个人多好，他们说这两天就带我们去看画廊，有肖像画的。"

他们说还有一个关于俄罗斯浴室的，过半年会有。

1998 年 6 月 3 日

米沙几天或说十几天来一直打电话联系谁能代表阿拉木图公司跟我们谈买《美国女儿》电影一事。今天该公司经理来莫斯科，答复说，两年放二次最少一万美元。是他不愿卖，还是的确不愁卖。碰巧今天俄国电视又放这一电影。或许美国出了天价？

教训是一定要在俄方先谈好条件再请中央台报批。

1998 年 6 月 7 日

安娜和陈太太来接我，一起去画家工作室。

11：00 整，画家迎出门来，他名叫巴拉巴诺夫，1974 年入莫斯科画家协会，在莫斯科电台工作二十年（1968—1988）。1989 年去美国，以后每隔三年去一次。

他说今天6月7日是三个安琪的节日，上帝让我们见面，是吉日。他说1976年，一个美国女孩给勃列日涅夫写信，应邀来莫斯科，并去黑海，返回时飞机失事。她每年来莫斯科，他就画了一张这个女孩的像送给这个母亲。三年前他儿子死了，二十二岁，他才明白当时他为什么会送这个像给她母亲。

他画了未重建时的被毁的大教堂。大教堂重建好后他送给他们，并与叶利钦、市长、主教等人在一起合影。

他给我们看了他所有的画。他画了尼古拉二世一家，尼古拉的儿子，四个女儿像。他说人类要和平共处，永远不要杀人，不要让年轻人死掉。

他还为带雀斑、红头发的男孩子画肖像。

1998年6月8日

昨天16:00我在机场地铁下面等伊戈尔，他是左贞观介绍的老汉学家。16:20，我见一个拄拐杖、步履迟缓、衣衫已脏的老人慢慢走来，坐下向我打招呼："你在等我吗？"他就是当年翻译《红楼梦》的著名翻译家之一依戈里。他说：对不起，我的腿有病，我知道你在等我。我们走出地铁，一路走一路停，他每走大约五十米就要坐一下。他说他参加了一个宴会，大约是累的，我想或许是喝酒的原因。左说他爱喝酒。我说：我想给你买点吃的，他说：家里有各种各样吃的东西，如果你能买两瓶啤酒的话可以。我买了啤酒和一大袋饼干。

走到家时已是17:40，他说给我钥匙让我先上楼。他大约二十分钟后才上得楼来。这套房子三间，住着三户人家。依戈里的房子一开门有一股酸霉味，桌上摆满了各种碗碟、空瓶，大瓶的烟头。床上是一堆脏的被褥。

而在钢琴上有四位中国女画家办展览的宣传画册，书架上是《艾青选集》。他说他认识艾青，认识臧克家。他拿出当年他翻译出版的苏东坡的诗集，他说这是翻译最好的一本。他说他特别喜欢苏东坡。我拿出天津画的苏东坡水墨肖像送给他，他欣喜万分，说：我太喜欢了，谢谢你。我要挂在墙上。

他说有五年没有跟中国人说话，差不多忘了。临走，他说：你把你的诗给我看，翻译出来，在这里慢慢地发表。他一连声说：对不起，说这不是我，是我的腿（不好）。

我想他应该得到照顾，生活将要毁灭他。他说他的女儿在贝加尔湖住，不来。我想我要给他帮助！

1998年6月9日

列娜问我去不去别墅一天？我一口答应了。12：35的火车，达沙我们三人，带着卓森（狗）的食和用具，买了面包、香肠和果汁。

一个半小时下车，大约是终点站。向前一百米，向左过铁道进入羊肠小道，顺左侧一直走到公路上，走十分钟，顺公路向左，一百米处再向左一直走进去。到头向左拐，再有二百米左右。这大约是最后一栋别墅，浅绿色，屋顶已无色。四十年风雨，已使底座几乎倒塌过半，用木头等支起铁架。列娜的丈夫已答应找人修理，600美元或更多一些。

屋里凌乱一片，这是列娜的风格。我想起陈太太的风格，一丝不苟的整洁，真是天上地下。走上楼梯，打开二楼两面的窗子，清凉的风就穿过房子，无比的舒畅。大小三个床，梳妆台上也堆满了衣物，大都是达沙儿时的衣服，好像十年列娜都不会整理一次房子。

达沙带我去看打水钻。穿过几个邻家的别墅，有一家院子里有几棵大树，大树下一张桌子，铺着雪白的桌布，鲜红的花。女主人正在忙着准备吃的，两个老太太坐在桌前悠闲地张望。

下午睡了一会儿，列娜不起床，让达沙带我去看洗澡的地方。是河中游的一片水，几个孩子在玩。

回来后我建议把桌子摆在荫凉处，吃面包、喝茶、照相。列娜一头躺到草丛里，"真舒服，"达沙爬到草丛里学鸽子叫，"咕咕，咕咕。"这时万里无云，我想起海子的诗句：珍惜黄昏的村庄／珍惜雨水的村庄／万里无云如同我永恒的悲伤。

1998 年 6 月 10 日

列娜准备 7:00 出发，带女儿和两只狗去别墅，非常巴望我再次同行。我把事推到星期五后，答应同去。

安琪儿 17:00 过后来，急匆匆走得满头是汗。没有咖啡，请他喝冰的开水。他答应带我去认识一个业余画画的演员朋友。

1998 年 6 月 12 日

10 号 20:26 的火车。买的是去莫扎伊斯克的车票，库宾卡站下。卓森也买了票。亲戚不用买票，它刚两个月，放在背包里由达沙背着，有大狗不能坐地铁，我们是乘公共汽车到火车站的。

当晚到别墅，吃了面包、香肠，列娜和达沙想早一点睡，我就一个人把厨房里多余的一堆鞋子背包等运到另外房间，把沙发和小桌摆好，沙发铺上白布。

第二天说好去商店的，上午列娜起晚了，下午又嫌热，于是一起去森林走走。过铁道就是古老的森林，杉叶落一地，蚂蚁、蚊子很多，达沙闹着回去，我也趁机说可以回去。

17：00，列娜和达沙去商店，我和两只狗留家里。有一只是京巴狗，它一直伸直腿睡觉。过了近三小时，主人才回来，背了一堆吃的，米、土豆、油、糖、盐、饼干、牛奶、果汁，我要的啤酒、干酪，主人还买了一条干鱼。我说我很喜欢这里，列娜说她也是。

到21：00，列娜开始做饭，是把一袋汤料放到水里，就成了三碗汤——完事儿！

列娜说很想把沙发搬出来，舒服，明天。我说现在。沙发很重，立起来才推出来，列娜一连声说："伊蕾真有劲。"

晚上，蚊子太多。床又太软，还不平，我很晚才入睡。第二天一早6：00醒来，我抱了被子搬到楼下去睡。

说好中午去，还没去，郭里亚带两个工人来看别墅，准备修理。他们要1200—1700美金，没有谈成。男人又去找来三个工人，谈成700美金，一星期修好。

达沙不断地找我打羽毛球，我说好每次十五分钟。另外有打水、割草等活动。一切都要接受蚊子的反对和攻击。

认识一个女孩，喀秋莎·卡嘉，七岁，很优雅地慢慢走，低垂

1992
1993
1994
1995
1996
1997
1998
1999
2000

着眼睛说话，天生的微笑翘嘴唇。

晚 18：00 我和男主人同行回莫斯科。

1998 年 6 月 15 日

今天 32℃，屋里很热。我 10：00 出门，到画家大楼门口的树荫下小坐，读俄语口语。13：00，马燕生、张信与我会合，一起进画家大楼见吉玛。

我们三人先到二、三楼转一圈，二楼大画展像是谁在开玩笑，都是随意涂抹的大型画，足有五六十张。阿列克谢耶夫的《海湾》仍在挂着，已是 4000 美金，马和张还比较喜欢。

吉玛给我们看几张画，我们三人一起摇头，他说是极有名的，我们说可是在中国不行。

傍晚安琪儿来。好像他并不热得难受，精神很好，冷果汁也喝很少。他说在附近二百公里处有一文化小村，是别墅区，住的尽是作家等，一万美元一千平方米的房子。我说你赶快买，风景环境最重要，远近是次要的。他说他决定买。

1998 年 6 月 16 日

10：00 到中航订座，没有人排队。然后去使馆，和老贾一起看了我买的三盘电视录像带。风光人情民俗片看来可能性较大，普希金的三十个亲属考证太多，对中国人来说可能枯燥些，贾建议给普希金基金会。

15：00 见翟民。他说格里采死了，八十五岁，儿子早他而死，妻子也是，只有儿媳，可能有孙子。他留世的最后文字就是写给中国即将出版的他的画册前言《致读者》。翟民说着，异常伤感。

1998 年 6 月 17 日

11：00，贾老师与我一起到了维亚切斯拉夫的工作室。他的女儿开门，他匆匆从楼上走下。

这是一间足有八十或者更多平方米的大屋，四面的书架顶屋顶，攀梯可上。拐向二楼的木梯极粗大的栏杆，像两排雕塑。室内两架钢琴，沿窗是不宽的长工作台。桌上已摆满水果、干果。

他的朋友——儿童出版社负责人与我们同一进屋的。他们合作出版了普希金的童话七个共三本，都是斯拉瓦画的。他们希望在中国出版，送我们每人一套。我答应一定尽力。

他给我们看他的历史画的大照片，这些画已在博物馆。我问他还画不画油画，他说：画油画很费钱，如果有人订大概可以。不过我有许多工作做不完，也不愿给人画肖像等。现在的财富不均，资本主义倾向我很不喜欢。

从他工作室出来，我直奔"中国城"马罗谢伊卡街 2 号，老画家的仓库。刘执中和他的助手、老画家、夫人已在门口，王丹之赶到，一起进入。大约仓库内二百张画。翻了一遍，找出七张，全是风景，还不错。他们说晚上报价。

出门来，给"四季"画家德米特里·日林斯基打电话，直奔他家。路不熟，大约走了两小时，到一片树林内里的 44 号大门前。主人开门，一条漂亮的大狗，一个足有一亩多地的大院子。他拿给我们看他的静物、风景画，也有人物，很多是纸板，材料不是油画，是大约丙烯一类的，颜色耐久。他只有十几张画，他说：这是我这个博物馆所有的。有的画西班牙，有莫奈。《四季》在彼得堡俄罗斯博物馆。《狗》是他留给自己的。

又去看她女儿的画，在三楼。画得不错，她和儿子的一张，我们问多少钱，她说"一万美金"。她父亲不满地咳了一声转身走了。她说可以七千。

男主人的妻子已去世两年，画的画在一楼墙上很多，也做雕塑。

1998 年 6 月 18 日

10：00 去弗罗洛夫街一号，郭里亚的工作室。

翠文、东升和另外的朋友，索洛明——我习惯这个名字，还是那么热情洋溢。他星期一刚出院，还算健康，他说要根据检查情况、身体状况定是什么退伍军人，发什么钱，他说：我希望有病。我们大笑。

我送他的野菊、满天星、松枝被他插在一个大玻璃瓶里，我们用矿泉水碰杯，祝他健康自由。

他先给我们看了大型宗教画的小样，接着看他的风景、静物、肖像。他的肖像眼神丰富、准确、传神。他的风景是雪、木屋、教堂、树林，典型的俄国风景，用笔都不错。他们选中了一个静物蘑菇，画名应是《丰富的食品》。他找了一本画册送买家。画册上的人物、静物更胜一筹，极美丽的。

他说俄联邦美协今年有大型画展，他准备画幅我的肖像参展，然后画就可以送给我了。我说不送也行，让更多的俄国人看到我也很好。他说十月我一回来就打电话给他，带我们去别墅。

从他家出来去电台，米沙从莫斯科电影厂拿了三盘新片给我，《星期一的孩子》《月光里的一天》《美国女儿》，他说：俄国电视还没放过，我希望你喜欢。

又去画家大楼，见吉玛，拿画家的简历和最后一批照片。他带我在大楼内转一圈，又照几张，说那十个画家之外的也可以带去中国。

1998 年 7 月 31 日

昨天乘中航于 8：00 出飞机场，陈国平一家来接。说到画展，陈说最重要的是找到好画。他说的一点不错。

见了安琪儿，喝一点冷啤酒，又完全拥有了那个夏天的感觉。他说有了很好的线索。一个美术基金会的领导留了电话，他们几十年一直收藏画家的作品，很多很多。

1998 年 8 月 1 日

近中午，陈太太、安娜上楼来，看看我带的几件衣服，我送安娜一个雕漆金，青蛙形的，她特别喜欢。陈先生在下面车里等。一起去特维尔市画家的朋友家，看了几十张画，我不太喜欢。

又一起去画家大楼看了二、三层，也没有特别喜欢的。正好碰到吉玛，一起去二楼他工作室，谈准备工作。我提出我付所有费用，关于卖画，一是俄方定价，按定价售后付钱。出售价由我定；二是俄方定价，售后对半分，出售价由双方商定。吉玛同意第一种。这

1992
1993
1994
1995
1996
1997
1998
1999
2000

样对我也方便。吉玛说星期五准备好所有的画。

从大楼出来，去吃饭。彼得罗夫卡街，中央百货商店附近，一个俄国饭店"谈恋爱"。室内全是木结构，一圈二层楼，有空调，我吃了凉汤、牛肉串、果沙。

回家已是四点多，给维加打电话，约好一会儿去游泳。我不游，坐在沙滩上看《亚洲周刊》。他说游了 1100 米，日有所进。

回家又喝了一杯啤酒，吃了一点儿猪肉，感觉不饿。

1998 年 8 月 2 日

去画家大楼送我带的货，都是吉玛要的，雕漆瓶、檀香扇、铃铛、女扇等。他连说"漂亮"。说这些东西会很快卖掉。

老艾开车带我去找水边小憩。开到东，开到西，马路汽车散步，最后在一条河边坐下。还是热，跟中国几乎没有两样。一点儿心境也没有，或许跟热有点关系，回来路上吃麦当劳。

1998 年 8 月 4 日

11：30，我和左一起去普希金造型艺术博物馆看画展。此次画展是为纪念该馆建立一百周年，世界九个有名的大博物馆送来了展品，有俄国的埃尔米塔、特维尔市的博物馆、特列季科夫画廊，有美国的大都会、法国的卢浮宫、匈牙利的布达佩斯博物馆。

大多是 19 世纪的人物肖像，偶有一两张风景画，画有历史性的建筑，典型的民族风光等。流派是以地方命名的。也有一些印象派后的现代派。

14：30 与陈太太去见涅斯捷罗娃，她住加加林大街 23 栋 52 室，是工作室。约四十平方米的厅。画家很和善、轻松的感觉。她同意准备宣传片和简介，十月我来后交给我。我是应湖南美术出版社刘勉怡委托来谈，准备在中国出版她的画册。

1998 年 8 月 5 日

12：00 与陈太太见面，去塔甘斯卡亚地铁站。

11 号要去俄罗斯东方旅游公司。陈国平的护照还有四个月到期，但中介签证要求必须有效期六个月以上。我和陈太太只好先去大使馆请求。见贾福云参赞，他出面去见领事馆管签证的刘伟小姐，答复说可以。我们又转回旅游公司，在附近银行换了卢布。

要价是 52 美金，签证费是 70 美金（签香港 30 美金），如果不住旅馆，签证费是 100 美金，每人每天保险费 1 美金。如果住，京伦饭店和保利大厦，每人每天 80 美金，十天以上优惠 75 美金。

离开中国的日期可以更改，不另付费。只需向京伦饭店俄航打一电话即可。

1998 年 8 月 6 日

上午订座 10 号国航。

14：30 与维拉见面，去一个画的收集中心，画家的画从这里送往很多沙龙。在老城的一个二层老房子里，傲丽亚在等我们，还有负责人尤里·费奥多罗维奇。大部分是现代风景画，一千多美金的居多。维拉很喜欢一些色彩现代感强、有音乐感的画。我提到办展览，

1992
1993
1994
1995
1996
1997
1998
1999
2000

他们说那很麻烦，展后要全部带回。另外，现在要排队鉴定画。

16:30 见尤里，又去他家看画，看上三张，说好明天打电话再来。

1998 年 8 月 7 日

去彩色宝石，她们说玉动物很多，不要太多，要紫水晶、桃花石等料的大佛。

与陈太太 13:30 到旅游公司，谢尔盖说：下星期五 13:30 才取，你们听错了，签证这么快会要很多钱。

15:00 与贾福云参赞到纳扎鲁克的工作室。贾收到了中国连环画出版社的传真，同意出纳扎鲁克的《普希金童话》一套三本。3000 软精装，500 硬精装，5% 版税，1999 年初出版。请俄方提供软件和网。纳扎鲁克说硬皮会好保存。另外，外国给他这样的画家版税是 7%，我希望中国给 7%，如果有困难另说。我说：我为你争取，如果不成，可提议出版社请你去中国签名售书。我还建议他搞一个小的展览。

他向我们展览他的系列泥人，穿军装或民族服装的，他说让儿童玩具同时成为传播知识的载体，了解民族历史越多，儿童越喜欢今天的生活。他说如果把系列泥人形象制成冰激凌，只在动物园卖，可增加旅游业收入，等等。

我最后问他个人简历，以便向出版社介绍。他生于 1941 年 3 月 4 日，毕业于国立莫斯科列宁师范学院绘画版画系。七十年动画片创作经历，共有影片五十部，其中《列奥勃尔特年》获苏联国家奖金。《普希金童话》获 1997 年全国最佳图书奖。油画被几个博物馆收藏。现在莫斯科国立师范大学教授绘画。动画片 98% 在国外放映。

他说，最容易沟通成人与孩子心灵的就是童话。

1998 年 8 月 8 日

9：00 一过延炯来。我请他送我与房东郭先生去列娜的别墅。

路上买些吃的，顺库图佐夫大街一直向西。约一小时，见一小天桥，从桥下过即向右拐，见口即再向右，见口又向左，经铁道，又一天桥，很快到别墅。土路入口处有一小黄房子，挂一小牌"飞行员"，从左侧入，直到房子前。这是飞行员和飞机制造厂人们的别墅区吧？

天在下雨，列娜、达沙在房子门口一站一坐，见我来意外惊喜。我说：给你送钱来了，房钱 125 万卢布。她说：我正好没钱了，又不想回莫斯科，太谢谢你了。

我收拾一下桌子，桌子足有八九个空烟盒，各种废纸、盒。又扫一下地。开始准备喝茶。香肠、猪肝、黄瓜、面包、花生、糖和煮馄饨。

天一会儿下雨，一会儿晴。晴时和延一起去四周散散步，各院全有小路，种的花和树、车库。达沙和尼娜在玩。

郭里亚一人去森林，采来十几个大白蘑菇，列娜笑说这些不能吃，就去倒掉。

延睡了一会儿，我和列娜在院里说话。

16：00 多时，两人喝两瓶啤酒。在雨中又返回。归途是顺那条窄路，尽是弯，两边是森林，极幽静的感觉。一忽儿又尽是别墅，这儿离莫斯科只有二十公里左右了。

1998 年 8 月 11 日

中午下飞机后立即开始按报纸信息打电话，租房。几个朋友说：还是这样快捷。

1998 年 8 月 15 日

14 日住进租的房，西坝河东里 87 号楼。180 元 / 房，月租 3000 元，电话 64620700。

15 日去机场接回陈国平和吉玛 (托罗科诺夫)。他们带了五十一张画，其中有贝斯特里茨卡娅、布赫、列尔格曼、叶尔尼次卡娅等。住国展宾馆豪华间，日租 480 元 +15% 服务费。

晚上冯勇来，左棕也到，由冯勇开车去吃烤鸭。然后去看冯勇的画。吉玛非常喜欢。

1998 年 8 月 16 日

一早，我带陈和吉玛去天安门广场，匆匆一览即步行至王府井大街，看工艺美术大厦。吉玛感兴趣的是精细的描金陶瓷、玉雕龙等。景泰蓝镂空描金盘、绣花大围巾、绣片百鸟朝凤、玉石金胸花、国画牡丹等。

下午，冯勇送内框来，又找来天津画家曹威恒，一起订内框。

1998 年 8 月 18 日

17 日继续为几幅画补色彩、装内框。

18 日上午张劲、冯勇一起开车装画去布展。小曹、陈老师加我。

等到下午四点钟布完。其中有我的藏品四张：法明的《四月》《五月》，莫罗佐夫的《在外婆家做客》，斯米尔诺夫的《休息》。

晚上塔斯社首席记者瓦洛嘉来接我们去他家小坐。又同他夫人一起与我们到街内小店共进晚餐。瓦洛嘉喝起酒开始滔滔不绝跟我说话，喝个不休，喝到别人都兴奋起来。

1998 年 8 月 19 日

9:00 开幕式。我们从窗口可看到会场，即临窗参加了开幕式。

瓦洛嘉和夫人首先出现在我们面前。一会儿，吉玛领大使罗高寿过来，合影纪念。

一个收藏家带一台湾同胞经过，跟冯勇说刚买了一张吴冠中的画 20 万。

看画人熙熙攘攘，大半是画家、画廊人、教育界新闻界人。

1998 年 8 月 23 日

第三天卖了一张风景。买者是一文化公司夫妇，年轻人。第五天卖两张，买者一是台湾同胞，一是大学职员。问作者名，但接受价一般只在 3000 元以下，甚至 1000 至 2000 元。倪萍夫妇各看上贝斯特里茨卡娅一张《玫瑰花》与《帆船》，亦因价格未成，而买了特邀国展区的一幅俄罗斯风景，3300 元成交。

几日内，有友人众多，二湖、建平、康泓、秉会、王复卓、濮玲华、迟乃义、曹力群、乔良、李力、刘倩、郑晓峰、薛天虎、潭渌夫、杜志刚、小宋、咪咪、宁修、王培洁、邢秉顺、于烈、范丽梅、李志强、马燕生、岛子、奉家丽、孙涛、叶楠、张抗抗、王希麟。

伍劲带摄像机在开幕和结束前均与我们聊了一会儿，采访吉玛说：为什么今年想到到中国来办展览？陈老师翻译说：想知道中国人对各流派的看法，接受情况。

李天翔教授亦见面。

范迪安先生路过，欣赏法明的《四月》《五月》，我说你估一下价吧，他说：不好说，16到20万吧。我说：我同意您的看法。

最后一位买画的是对年轻夫妇，他们转了几圈后回到我们展位说：你们的画是最好的，国内许多画太幼稚了。

俄使馆文化处一秘魏尔临说：就要像你们这样搞民间交流。不要他们大画廊那种，加钱很多。

很多观众看到我们是俄国画展，都为之一振，马上举足前来，细细观看，很多人留影。很多学生情不自禁用手去触摸那厚厚的立体的油彩。

一位先生说：特卡乔夫的名字如雷贯耳。你要有他的画，是真的，不怕贵，有大公司要买。

1998 年 8 月 24 日

上午撤展。下午陈与小曹去买书，我带吉玛去红桥市场。他买了几条项链珍珠，3600 元的一下砍到 1000 元，居然都能成交。买老东西的兴趣出乎我的意料。他买了一个老式茶壶 200 元。一对老酒杯 100 元，几个老瓷鼻烟壶 80 元的砍到 20 元。说是老的其实都是仿旧。

他还特别感兴趣老绣片，蓝白花的、大红的，带人物的都极推荐。

他还看中老茶盒，瓷的，及酒杯、茶杯、小茶壶。

他说国画都不好，博览会的画还是好。看来老外也不太外行。

晚上刘倩、李农请吃饭，所谓东北菜。

这些天一直是冯勇做东，为我分担一些压力。

1998 年 9 月 3 日

15：00 画展开幕，天津画家十人展。

嘉德拍卖的油画业务主管高翾在场，我让她看我的藏品照片。她说今年不拍欧洲油画，因时机尚未成熟。待国内油画拍好了，再拍欧洲的，会耳目一新。现在是好好收藏期。她看我的藏品不错，《在外婆家做客》也不错。

她当场看中了范海忠的和王立宪的，说展后拉走。

1998 年 9 月 8 日

中午后，洪先生和张先生来，拿了四张小画，共 8500 元。

此前，柯大姐带他们来，看中石根雕两件奉送。看中的桦树皮画我不忍割爱，又看中两个老的铜盘，我说：待再买画时奉送为好。

张先生说，他家在台湾的房子很大，楼梯侧想挂一些小画。他说大陆的画在台湾已不新鲜。但俄国的会很有市场，他建议去台湾办展览。

1998 年 9 月 14 日

王玲带我去王占武住地看画。王得了博览会金奖（大兴安岭组画）。六张大画，卖价 6 万元至 8 万元，小画也在 2 万元以上。

我们租车同去李天祥教授家，夫人赵友萍也是画家。李教授与夫人多年致力于美术教育，著书立说，对俄国画极有研究。他听说我买了特卡乔夫等人的画，说这是积德的事。可先搞一个精致的小画廊，再发展。李教授说：回头我给你介绍一些人（指莫斯科的）。王玲回来时跟我说：这是很难得的，你一定要抓住。

1998 年 9 月 20 日

9：00 到中央美院彭洪远教授家。她从列宾美院回来休假一个月，带来了三十张画，说是代画家卖掉。梅尔尼科夫的两张 4000 美金，已被新加坡人买走；现任院长和系主任的 3000 美金，没有卖掉；还有一张大约 30 厘米 ×40 厘米的小风景，卖了 300 美金。我看风景还不错，而院长和系主任的选材和色彩都不喜欢。

然后去汤凤国老师家，聊他的别墅、工作室的设想，中午吃饺子。15：00，中央美院雕塑研究工作室五十周年纪念展开幕。很想见张得蒂，但也没见着。有不少她的作品。我看展览很感动，雕塑家比之其他艺术家多付出的还有体力劳动，而且更受社会环境的制约，尤其是室外雕塑。痛苦和无奈是可想而知的。

1998 年 9 月 21 日

世达拍卖公司的王继武先生来，他原是文化部外联局人事处长。人很和善、精明。他看了我的画，说好画一定要事先宣传。如拍卖前先做展览，说明何时在何地要拍卖，让买家去炒。他说明年他们在王府井办画廊，我可以在他们那儿展。

中国美术总社李习竹来电话说准备给贾参赞发传真，同意给纳扎鲁克 6% 版税，无偿提供软片。之前，迟乃义（党委书记）电话中说九月上旬，全国少儿图书订货会上，我推荐的这套《普希金童话长诗》三册基本无订数，他说哪怕只有几百套订数也好，但是没有。我继续说服他，赔一点也值得，而且应该不会赔，我来帮助销售。

1998 年 9 月 22 日

昨晚回津。今天办撤销公司的手续。准备下一步在北京开设。桂政拿回了税务局发的申请表。

1998 年 9 月 24 日

下午回到北京，郝站来电话，约好 16：00 来我家。他是中国展览交流中心的总经理，干过几十年，很有经验。

他说：你办画廊能行吗？我认识的有些画廊已经改行。你不如找各种关系把画卖掉就是了。我也可以把买家带到你这里来。他看了我的画，吉玛留下的风景画他都不喜欢，他说女孩还不错，法明的是好东西。他说几年前他们买了一批俄国油画，很便宜的，加一倍的价卖掉了。他们中心收藏了几百幅中国油画，1 万元以内能买到很好的画，现在中国画家的写实功夫非常好。

1998 年 9 月 25 日

14：30，我在国际艺苑与董事长刘迅见面。他七十五岁高龄，矮个，精神很好。他带我在八楼茶室坐，喝一杯红茶。他先问我：你做什么？靠什么生活？我笑了：现在也是我的难题，我想收藏的同时每年卖两张画生活。他说很难，偶尔碰到喜欢要的，也不肯出大价钱。我们艺苑已买了一百多张，钱都用光了，现在不买了。我们收藏了七个院士的，也有法明的、梅尔尼科夫的。我们是贷款 5800 万美元建的饭店，去年还了 800 万，刚刚又还了 600 万。看起来很有钱，其实什么钱也没有，他还不时问：柯兰怎么样？在做什么？

我给他看军队画廊的画册，说想请他们来办展览。他说：如果来五六个人，我可以免费接待，我签字即可。但要办手续，通过中国展览交流中心办，大约要三个月。

他送我他的诗文集《波斯菊》和两本画册，他说共三本，第一本没有了。他的画大泼油彩，像海涛一样，我看了亦很动情。

1998 年 9 月 26 日

老斯来，带了几样吃的，仍有我爱吃的栗子。谈一些旧人旧事，也谈了我的发展设想。他说：你听他们的吧，不要投入太大，一定要稳妥。

下午去见孙永祥先生，他为我带来了左贞观改后的《诗人与爱情》的打印稿。孙先生是石油天然气专家，学俄语的，也是天津人。他说：我跟俄国干上了，有大贸易可做。正实施的项目是石油天然气管道跨国铺设。他家里挂了几张俄国油画，是市场买的行画。他儿子在大藏艺术公司，歌手。自己写词曲。孙先生说大藏的经理蒋涵和郭沫若的女儿可以与我见面，先认识一下。

17：00回到家，王荣和郭华已在楼下，等候一小时。晚上又约冯勇，冯勇带了漱玉来。

晚上王荣住在我这儿。谈的话题仍是我在北京的定位。她建议搞一个商业性的沙龙，靠流水来生活。她说可以卖咖啡和酒水，给圈内人一个交流的场所。

1998年9月27日

13：00过，电台台长王大锋来。我们边吃边谈。他说他采访过音乐厅钱程，他们的做法有三点可以借鉴：第一，普及与教育相结合，如卖学生票，20元，一个学生带好几个家长，先讲座，然后演奏，极有吸引力；第二，每位的安排，专题或系列的，有一套程序，提前卖票；第三，聘大学生包场销售。还有重要的一点是一定要坚持品味，钱程说开始每年才六十场时我也没演电影。他准备承包天津音乐厅，天津音乐厅已演电影，很好的小包厢改成了电影双人座，很脏。

1998年9月28日

14：00一过，我到张劲家，见大姐、姐夫和两个幼儿在家，张帅要过一会儿才回。

张帅回来，还是十九年前的模样，更文气了。她学生物的，现搞药品研究。在加拿大住了六七年，因调一个新工作，又回美国新泽西。姐夫情不自禁地说：张帅很棒，比我们强。

大姐又给我看手相，说婚姻线很明显，很美，财运很大。

1998 年 10 月 5 日

去天津过节，爸爸身体一直保持良好，但我们和他的愿望是健康。桂子、立军和伊莎与我同去天津，2 号一早他们返京。

我 5 日晚到京，张劲去接，直接去见大姐，与她全家共进晚餐，吃火锅。

1998 年 10 月 6 日

上午汤先生从戒台寺打来电话，邀请我和杨齐过去。我约了冯勇，接了杨冬前往。先到侯一民先生的博物馆。侯先生是原中央美院副院长。他和夫人邓澍、罗工柳因画人民币而闻名。博物馆占地七亩，建筑面积 1500 多平方米。有两个大厅是挂他们二人的画。许多写生，少数民族题材的，还有自创作的瓷盘、雕塑、浮雕，还收藏有珍贵石头。

侯先生建议我收藏大师们的手迹，包括笔记、草稿、素描等。他说约干松的画值得收藏。

汤先生的地是二亩左右，六间房。准备建成工作室。

晚上回我家吃饭。

1998 年 10 月 7 日

乔良来。他仍是孩子样儿。

1998 年 10 月 8 日

上午与汤先生一起看北京青年雕塑家展。杨齐的人像挺不错。总的水平不如莫斯科。

下午去出版社见唐晓渡，送左贞观的书上照片。唐听我说有贵州社的"普希金诗中的女性"，说一定要找来看看，如果出自一个资料，就糟了。

1998 年 10 月 9 日

邢先生与我 9：30 在中国美术馆见面，去见副馆长高伟。不在，我们去看画展，中国第四届工笔画大展。

1998 年 10 月 10 日

上午见同学，在外面吃饺子。

下午冯勇、小曹与我同去看画廊。我真的不喜欢这种全开放的形式。博物馆或商店是开放的，而艺术沙龙介于二者之间与二者都极不相同，应有自己的操作方式和人际交流圈。

1998 年 10 月 11 日

去"风入松"买了《北大往事》《文物艺术品拍卖热》。书中写苏联 1988 年 7 月 7 日举办第一次国际艺术品拍卖会，由索斯比（英国）拍卖行主持，主要拍卖苏联当代艺术家的作品。共售出 119 件绘画，总售价为 3400 万美元，超出估价的 3 倍。买主都是西方收藏家，60% 的款付给艺术家，文化部留 30%，拍卖行获 10%，即 340 万美元。

此消息证实友人称特卡乔夫兄弟画应值 10 万到 20 万美元并非子虚乌有。

1998 年 10 月 12 日

到王玲家看俄罗斯画册。其中有一些名画先后有两张以上，而且第一张很差，第二张才好起来。如《又是一个两分》，列宾的。

两张画分别有收藏者。

有些大师的画也并不好看，如雅勃隆斯卡娅后期的风景。

1998 年 10 月 13 日

下雨了，19∶00 后我去前门西大街 129 号的画家艾立的住处。她从博览会的书上看到我的电话。她上河北师大美术系一年，觉得学校没意思，中途退学，职业画家。屋里挂的画大都是花卉，梵高味的。她说别人说她是女梵高。我看很有力度，内在的东西比较个性，有深度。自画像造型很奇特。两枝没有叶子的黄玫瑰孤傲和忍耐地立着。

1998 年 10 月 15 日

王继武先生又来。说元旦后拍卖，让我 12 月拿一批低价风景画，一张或两张好画，试一试。他建议我在俄国找中国的古画、文物，如是画，要照三张照片，画、款、章；如是瓶要照底、顶、身。他说会很有销路。

1998 年 10 月 16 日

20∶00 到刘倩和李农开的"蓝色多瑙河"西餐厅参加周末派对。餐厅风格比较艺术，曲线是主要装饰。

见到严冰冰，服装设计师，下周她会开一个大一点的店。她谈话中一笑，露出诱人的自信与谦和。店是在工体附近，她说通知我去看。

还见到珍珍与她丈夫斯特凡诺。他说：我的工作就是买画和卖画，原来我有幸遇到了一位收藏家。他们准备去看我的画。

又见刘杰平，他在搞陶艺创作，准备建一个三立方米的较大的窑，他英文也不错。

1998 年 10 月 17 日

这两天我的房东已搬回，我们友好相处，共进晚餐。女主人鲁艳华的女儿刘欣，小女儿刘家。我建议让刘家开始学素描。

下午，祥杰、国华与杨总来。杨总说他喜欢肖像画，几千元到一万多的，可买一两张。他们公司也可以买几张。他说要研究不可能，没时间，总是外出奔波，生活质量很低。

1998 年 12 月 20 日

这次来莫斯科四个星期。

开始买了两张年轻画家的画波波夫、里亚波洛夫 250 美金，其实 100—150 美金就差不多。

去彼得堡买了法明的《在村庄里》，有一张《浴室》贵一些，以后再买。

去科尔日夫工作室，买了《想当演员的姑娘》。他高大，白胡子，七十多岁，穿着深蓝的工作长衫。他给我们看了三张大画，一张是纪念车臣战争中的死难者，像宗教画，十字架的巨大阴影在地上。

又一张是玛利亚穿俄罗斯民族服装，内心有一些情感无法表达。再一张是《前辈的秋天》，老亚当、夏娃、巨大的树、篝火，极有历史感。他太接近诗和哲学了，我很喜欢。他说：你有什么要求可以再提出来。

我送他一张石仑的《牡丹》。翟民同行。

又见特卡乔夫兄弟，买了四张：《在长凳上》《在家乡的土地上》《小姑娘肖像》《秋千》。他们送我左贞观新书《我们的生活》。我说想在中国成立俄美术馆。他们说，中国台湾地区已经有了，1990 年，姓邵的翻译带他们来，买了三百张，我们的一百张，还有科尔热夫、格里采、梅尔尼科夫、亚博隆斯卡亚。那时很便宜给他们。他们到处去办展览，也去了中国。

我送他们石仑的《小兰》，孙建平的《孔子》。

最后一星期在画家大楼买到了老的肖像画，共三次买了十七张。总算如愿以偿。

索洛明给我画像，连续三天，每天 11：00—14：00，但都是阴天。画的还不错，神形兼备，手持兰花，怀念我亲爱的母亲。今天最后一次去，还是阴天，他不想开灯，灯光他不要。画了几笔，说：你走了没关系，按照片画，中途照了几次，很漂亮的。他请我喝茶，从另一茶壶倒出的竟是白兰地，我大笑。他胖胖的，去给女儿开门时，向前走要用力甩动胳膊，像军人在走队列，非常好玩。他说要参加几次展览，这画才能归我。

认识了瓦列里，好雕塑家、画家。他带我、陈国平去画家大楼见业务经理玛丽娜，说外国人展览每天每平方米 1 美金。提前两月给新闻稿，可七十个新闻单位发稿，可保证观众。先付一半，一个月前付另一半。我想可以俄方名义主办，省大约一半钱。还要照片几张，一页纸的新闻稿。租柜子十天 190 卢布，布帐十天 340 卢布，开幕式自印请柬，免票。

1999 年 2 月 6 日

10:45 的俄航飞机，12:00 左右才接到画家瓦列里、萨沙。乘车去三环的家，午饭后即乘火车去天津。

1999 年

在天津由天津电视台"文化视野"栏目拍了个专题片，包含瓦列里、萨沙的镜头。

两人为我和妹妹画肖像。

两天后即回京准备画展。王玲带我们去希尔顿饭店，见庞国良经理，在观景廊定画展，14—23 日。画廊收 5000 元展资，以画抵钱。分成 20% 与 80%。作画框四十个，500 美金，登报纸 60 美金。

在天津第一天看了文化厅、大悲院，见了陈冬至、燕华，陈送他们两只画笔。两人最兴奋的是看陈冬至示范作画。

第二天，去文化厅画画。

第三天，早一些又去画。

大年二十九，也就是 14 日 15:00 点开幕。来宾有王复卓（翻译），俄使馆文化处杜佳妮小姐，画家王玲、冯勇、李骏教授、曹威恒、郑晓峰与女儿、万梓、左棕后到。

年三十上午回津，软席有座。

22：30去找桂珠、祥杰一家，00：00出门放花、录像。

初一在家画像，晚上聚会。来宾有建平、康泓、萧沉、向峰、王晶、立宪、郭雅西、杨亦谦，杨宗友拍了一些片子。

初三去文化厅神福阁买了一些笔、墨、纸。李安东接待。

初四又回京，画展还没登广告，人很少。庞说有美国、俄国、澳大利亚等几人订了画。

晓峰带他们去了中国美术馆。我带他们去了琉璃厂、表弟家、胡同、北海公园。他们认为白塔极美，一直拍照。

去了故宫，看了各个展馆，直到珍妃井。

看了工艺美术大厦、北京画店。

1999年6月27日

19：30到靳尚谊院长家，先看特卡乔夫的画像，我收藏的三张先睹为快。接着看了所有收藏品照片。

靳说：苏联对世界绘画有其特殊意义，在此之前是画贵族，印象派也是中产阶级，到了苏现实主义，才开始大方、朴素、潇洒，真实的劳动人民。欧洲很喜欢这些画。在意大利，他们就拿出特卡乔夫的画给他们看。

我国的美展在欧洲，他们最欣赏我国50年代的画，30年代太像西方，现代的还看不出什么。他们欣赏的是艺术，而不看题材是否共产主义之类。

像约干松、索尔尼科夫、莫以先科、普拉斯托夫、特卡乔夫、雅博隆斯卡娅这些顶尖人才，再也不会有了。

但收他们的画，要收一流的。小的也行，碳素笔的不要，要油画速写可以。

艺术上只有好坏之分，没有新旧之分，新的不好也没有价值。

艺术上只有第一，没有第二。伦勃朗同时代许多画家，都和伦勃朗差不多，只差一点点，就没有留下名字。

你收藏的那些肖像对于初学者有些用处，色彩比我们好。你够专业水平收藏家了。

那些中青年的缺点是碎，琐碎，不流畅，《井》还好一些，比较朴素，《做客》的颜色极好，《休息》左部分不错，右部分要更精到，就有分别了，有层次感了。但右边更粗了些。总之还不错。

索洛明也不是最好的。两个孩子睡觉那张还不错，如果教写生还可以，比如军艺，找崔开喜，刘大为，北师大艺术系。

现在我国学生的造型能力已非常好，比如王沂东，素描也很强，但色彩比不上俄国。

你如果有一流画家的好画二三十张就好办了，但现在好的还比较少。二流画家的不要再收了。

1999 年

辛一夫病在家中，腰不好。他的画抽象，色彩平实、含蓄，水墨效果很好。他说了一些个人的秘密。

以沱染的办法画油画，画十几遍，积和破（深和浅），湿中画，干了再画。

可剪裁出有用部分。

要有一处实的地方，或半实也好。

注意冷暖，冷托暖，暖托冷。白托黑，黑托白。

油画是细部刻画，国画是留白。

先造景，再沰染，添加。

先沾墨再沾水，或相反，效果不同，湿或半干也不同。

2000 年 1 月

左带团自上月 24 日抵京当日赴长沙后，辗转南方一月，回到北京，在北京展演。我带几个朋友看了一场音乐，一场芭蕾《巴黎圣母院》。

2000 年 2 月 4 日

左带女儿从上海回到天津，在我家过年。晚上去我妹妹家，与她婆家几兄弟一起放鞭炮，炮直径足有过寸，震天动地。左一边看，一边兴奋地摇头，真没想到，真没想到，原来过年是这样啊。他四十年来第一次在中国过年。

晚宴时，春玲见玛雅格外庆幸，给她换穿一件件中式衣服，抢下模特镜头。玛雅本来就有一个好模特的身材，身高 1.76 米。

2000 年夏

5 月至 7 月底，装修南马路邮电公寓新房。我“早上班，晚下班”，与工人一起，坚持了二十余天。风格是俄国乡村式。厅内墙面全部留住，而且在四个门上方又造出四块石栏，风格也愈加强烈。

地板是柞木带结的。踢脚线是水曲柳，包门口板为菲律宾板，比榉木便宜50元，每张25元。

2000年11月25日

彭老师今天回津，带去了梅尔尼科夫的《人体》，去找别的教授鉴定。她也是单身贵族了，已是六年的自由主义者，非常快乐、开放的性格。

2000年11月26日

贺中、李伟华和李茵来看画。李也是如此快乐的性格，都是善良中人。我们都认为应该互相支持、扶助。

2000年11月27—28日

今天晚上，我突然一下子记起昨晚的梦。我又梦见了妈妈。我上前抱住她，贴紧她白白的细细的皮肤的脸上，仔细辨认她熟悉的笑。

2007 年 11 月在北京宋庄画家

2012 年 11 月 3 日

一场雨将我新租的房两侧墙冲倒。老周说，不是只因雨，而是上面的井下面的几寸口径的管，水直接冲击墙外侧，变成了泥石流。

看冲倒的墙内有许多钢筋呢，质量还不错。

高淑平说，伊蕾老师不同意就砌了墙并加一垛墙，变成拐梯下来。我去现场看了，老周在旁边一直解说，我说"大局为重，安全第一"，当然可以修。

2012 年 11 月 15 日

跟天鹰谈他的圣诞开始的工作计划，基本如下：

六、日个人演唱会，有灯光；

一、二、三、四、五个人演唱，无灯光；

每月一次三人演唱会，最后一周的周六；

每天记流水账，由天鹰汇总入账；

每月的收支账，由我过目。

2012 年 11 月 16 日

去新房现场发现正在砌的台阶，上部为 27 厘米，下半部为 25 厘米， 比 38 号鞋还差 2 厘米，即刻去找老周，他马上下令改为 35 厘米。我说："工人说 32、33 可不可以，我认为可以。"他打电话说："这事听伊蕾老师的，33—35。"

不然，迟早有人要摔跤，这是真的大事呀。

2012 年 11 月 18 日

今天刷完墙面。中间主墙过于鲜亮，冯说，挂任何画都是脏的。这一句话就从根本上否定了这个色。在色卡上看发灰，但刷出来大面积，没有灰的痕迹。决定后天改色。

2012 年 11 月 20 日

我和兰兰选了色卡中的"大地回春"色，已没有再深的色。刷出来的确够深，绿中发橄榄色，有些暗了。找冯来看，他说，行，挺好。

赵欣、兰兰傍晚来，赵说，这色挺大气。

2012 年 11 月 21 日

今天去买车的店做保养。2008 年的这款车应是 1.5 万公里保养，现已过了 2 万公里。从去年 6 月至今，人家说，开的不少。我是基本没开，宁修和天鹰开的。看这意思天鹰快出师了。总价 1329 元，人工打八折，共 1254 元。

2012 年 11 月 24 日

妹和金祥开车来，帮忙打点，准备月底搬家。

妹的细心在我看来是天生的，她负责打包所有的工艺品和餐具、酒类。

2012 年 11 月 29 日

今天搬两车，家具、书类。300 元一车。

原来一车四个工人，现在只有两个，因为工作累，钱少，工人都去别的工地打工了。

最后一晚住在晓琦的院子。前几天与老何吃饭聊天，他说一些形而上的问题很有深度。我记了一些：

人，一定要有正念。正经的念——顺其自然——正果。

一念断万念，一念可能异念，杂念出来也不要管它，压它反而给它能量。

提高生命等级是人高低贵贱的标准。

人对别人好，唯独对自己不好。其实，只有自己好了，才有能量给别人。能量这个可一直没搞清楚。

心想事成的人，一定要能控制能量，不然，一旦有邪念，能量越大越危险。

正念是不能有"不"字，要完全正确的词，不然，你说永远不死，那就一定死。

问：人为什么无论如何也想超过一百二十岁？

答：任何事物都是一个过程，人不过是一个运动的过程。我们把物质时间可见的东西放入时间，如日出日落为一天，人活多少岁，实际就是一个运动的过程，我们只能是让这个过程怎样完美，符合你的愿望。

2012 年 11 月 30 日

今天近 11:00 来车，搬最后两车。双门冰箱加 100 元，滚筒洗衣机加 50 元。

国伟来盯着装画，我就放心了。

我把重要的资料、衣服等都装了行李箱，由自己的小车拉。因为有一些衣服找不到了，总怀疑是搬家时搬丢了。

2012 年 12 月 2 日

昨天和今天，全部拆包分类摆放。基本完工。新房是 368 平方米，有主卧、阳光房、酒窖、双卫、楼道，没有厨房。地址是小堡北塘艺术区西楼一楼。五年租金 40 万元，一次付清。合每平方米每年 220 元，比天鹰租的每年多 20 元。有一个铁门，一个阳光房门，两个落地窗也改为门来使用。

2012 年 12 月

从 11 月初，赵欣、兰兰公司为天鹰的音乐酒吧连续做了一些活儿，加大吧台，楼梯挡板，舞台加固，演出灯架，刷墙漆。赵欣说我是最会主家的，因此主家女主动提出自己的意见，明确表示可否，我转达给天鹰。天鹰以为不说否，就是是，而事实并不够。

2012 年 12 月 21 日

廖文出差回来，我打电话，她说马上过来。又发短信说，等一会儿，老头也要过来。不一会儿她与老栗同来。都说不错，这才像伊蕾的家。

廖文说，我以后可以借你家做活动。

我送老栗二人十几年前存的空白折扇几把，老栗说要给我写一把扇子。写什么呢？

2012 年 12 月 23 日

20：00，圣诞 party 开始。廖文组织的二十人左右，我约了几个朋友，时伟、冯峰、高淑平和儿子小宝、薇薇、小熊、白岩、吴震寰、老赵。

天鹰和小铭驻唱。

2012 年 12 月 24 日

志刚和蓓蒂上午就到了，中午二冯夫妇、廖文、桂政、红玉和我共进午餐。

晚上包饺子，廖文退席了，芙蓉和汉森来。加上天鹰、小铭共十四人。三个 80 后吃了匆匆离去，准备一会儿的演出。

大家每人点了一个喝的。

演唱开始，志刚独自到后排就座，我跟过去。他说，这两个小子的和声太棒了，非常美。天鹰的声音很好听。只是我觉得他们没有尽兴发挥，比较克制，或许是我们做听众的原因吧。

二人下台来和志刚单独谈天。志刚说应根据不同曲目的内容有不同的情绪，这次我们没有看到。

天鹰说："有您这样的观众，我得天天好好练。"

2012 年 12 月 27 日

上午去光大银行，取 4 万现金。交暖气费，我 980 元，天鹰 400 元。

强鹿鸣从天津来，是邵姝的母亲，来帮女儿的忙，陪我住几日。

之前，鹿鸣、邵刚夫妇来宋庄看过房子，她的愿望是来宋庄给艺术家做饭。现在是女儿率先实现了她的计划。从 24 日，天鹰、邵姝决定正式开始经营沙丘酒吧，加上大家要求的，改为餐吧。当然是西餐，比萨、意面、沙拉、汤。

2012 年 12 月 28 日

《天津诗人》主编罗广才带余数、韩若冰来访。又约卧夫、冯哲来。午时在"沙丘"共进午餐。

第一次吃"沙丘"的西餐。他们餐具还不太全，调料也不全。汤还好喝，奶油蘑菇汤。两个比萨、意面、四个沙拉、咖啡。

罗带来了新的《天津诗人》，80 后档案，据说大受好评。

2012 年 12 月 29 日

上午，罗广才又约何阳来，我特别意外惊喜。何阳是 80 年代"点子大王"。我说："我有你三本书，不过今天我不问你什么问题。"

中午在家用餐，清炖排骨、烤鱼、沙拉。

餐后一会儿，何阳坐在书桌处说："我有一个计划，访问 150 个国家，一个主题一个主题的做。先做教育，150 个国家是怎么教育孩子的。有一个专门摄制组随团拍摄，有企业投资。我死了以后由我儿子接着做，反正主题是无穷的，如医疗、娱乐、养老等。"

我说：在经历了世界末日的传说后，人类有必要思考今后的生活，各民族的交流是太必要了，出书会成为畅销书，电影也会大卖。

我问："你不会平反吗？"他说："只有一种情况可能平反，就是判你杀了人，这个人又活着回来了。否则即使又有人承认是他杀的，也不会平反。"他说他在狱中可以任意走动、读书、写作。他写了三本书。我说，作家花钱租房子写作，也不如你清静。

餐后去"沙丘"小坐。我说，大家认为"沙丘"的点心、巧克力做得太精致了，不太实际。何阳说，做成礼品就好了，而且与当月大事有关。音乐一定要有动感背景，比如介绍宋庄，做成宋庄第一站。投影仪多小的都清楚，有光线也可看。他手中握了一个烟盒大小的东西说：我刚买了一个这样小的，很清楚，也不贵。

2012 年 12 月 30 日

6:00 多，罗广才三人来接我回津。下车直奔 6 号院，参加高先中从莫斯科带来的油画展。布展还未完成。我点了午餐，大家匆匆用过。

下午来了一百多人。美院、日报、二商局等。我约了妹、金祥、曹丽君、杨亦谦。

画作中相当部分是库茨涅佐夫的风景画，古典与现实主义之间，很精美。蕾芭科娃的有些特卡乔夫风格，也很耐看。画的题材有些重复，没有大师作品。

高先中近几年全身心投入俄中文化民间交流，美术展览连续进行，成为收藏家，并有编辑美术书《20 世纪俄罗斯绘画》即将出版，有意在中国成立专门的俄罗斯油画拍卖行。

2012 年 12 月 31 日

一早赶回京。晚上聚餐，志刚、蓓蒂、二冯夫妇、天鹰、邵姹、鹿鸣和我。

2013 年 1 月 1 日

送走了世界末日的预言，2013 年人类会有反省吗？经济和科学的野马又将奔向哪里？人的焦虑会找到什么灵丹妙药？在个人利益、集团利益、民族利益面前，谁来做大法官？而人的一己之力，可以逆流行否？而我只想继续维护我的健康天性，利人利己，这是可以做到的。

妹、祥杰来，从天津带来面粉、肉馅、大白菜、韭菜、各种料，做大包子。

父母没有任何遗产，为我们留下了弟妹四人。妹妹一家成为我的生存方式的支撑。

2013 年 1 月 3 日

天鹰为我硬盘存了一百多部电影。

晚上看《足球流氓》《演唱会》《意大利人在俄罗斯的奇遇》《摇滚乐团》（日本）。

2013 年 1 月 4 日

看电影《热血警探》《浩劫求生：劫机》《浩劫求生：地震》。

近午时，廖文带王南飞及志善来。还有一完整提拉米苏蛋糕、包子、肉饼，正好食用。

天鹰、邵姝在为晓珂做比萨，晚些来，超群说他也要一个。餐时送来，大家分用。下午去"沙丘"看，超群赞助 200 元。

2013 年 1 月 5 日

看电影《最后的座头市》（日本）《恐怖角》《哥斯拉》。

《哥斯拉》中，外星人能量强大，可为人类治病、治伤，善良温和。

2013 年 1 月 6 日

看电影《虎口脱险》。

2013 年 1 月 7 日

李培的同学霍威联系的去马尔代夫。1 月 6 日，8800 元。平安保险的内部价。先后联络几条线：双鱼岛、天堂岛、湾月岛、月桂岛。

从马累（现为易卜拉欣·纳西尔国际机场）下飞机，坐快艇三十分钟去天堂岛，乘小飞机四十分钟去月桂岛，乘水上飞机去湾月岛。另外去马累有直飞，有从斯里兰卡转机。

北青报价高三千多元。

看电影《四个好家伙》。

2013 年 1 月 8 日

看电影《高斯福庄园》。

一个幼时被遗弃在孤儿院的人，成年后在父亲庄园的 party 上杀父，而在此之前，其未露身份的母亲已用毒药将其杀死。因她知道儿子会做此事，为保其子而为之。当客人一个接一个知道真相后，原谅了这对母子。说："你愿意看到因为一个人的证词而另一个人被杀死吗？"

小莉、张栋来，张说他爱人是何允仪的学生。他上了三个美院，住了二十多年酒店。餐后去冯路敏处。

2013 年 1 月 9 日

看电影《房车之旅》。

因为亲情而拼命工作，又因此而顾不及亲情。顾此失彼间，得到亲人理解和原谅。为得工作而放弃良心，又因良心发现而失去工作，又因善良而重获机会。

卧夫带湖南妹里所来，拿走了我已抄录的《独身女人的卧室》1—3 首。

2013 年 1 月 10 日

看电影《一往无前》。

跟天鹰谈音乐计划。他说想参加各国音乐节，最后回到国内参加音乐节，这是最后的愿望。

2013 年 1 月 11 日

看电影《万恶俱乐部》。

主人公鲍比饮酒，享乐，淡漠亲人。写兄重伤、父身亡后，天良发现，深入虎穴，受伤痊愈后加入警校，与警方内外接应，干掉贩毒集团。

2013 年 1 月 12 日

上午去万通购物，午后去晋商博物馆参加高先中的"俄罗斯油画品鉴与投资"会。

15：00 开会，三十余人。

马学东讲座。有些数据。2010 年、2011 年投资高潮，2012 年回落。油画只是百分之几的份额。他说他个人很喜欢俄罗斯油画，真诚、朴实、自然。

我约了郭安和郑晓峰。原说请郭安发言，而录制及主持人（书画频道）未提及。

17：00，现场观看作品。

看电影《义海雄风》。

2013 年 1 月 13 日

看电影《五百年后》。

《倾城佳话》（*It could happen to you*）。主角查理和依枫。根据真实故事改编。警官查理中头奖 400 万美元，按约定分给餐厅女侍应依枫一半，风波四起，查理离婚，败诉，返还所有奖金。二人相爱，感动纽约人，依枫赎回小店。查理的扮演者尼古拉斯·凯奇，主演《天使之城》。

中午，邵姓过来送小吃，我留她并叫天鹰吃饺子。

餐后谈今明两年音乐计划。预计明年 8 月参加德国音乐节，并做独立电影。

2013 年 1 月 14 日

看电影《先知》。

主角露辛达五十年前放于时间囊里的信上满页数字，被凯莱布的父亲解密，写的是近五十年人类灾难或说纽约灾难的预知：地址、时间、死亡人数。

最终，外星人送走了凯莱布和露辛达的孙女艾比，带入外星，另有几只大白兔。

当地球被太阳烈焰烧为焦土，冲垮一切现代文明的痕迹，外星人送回了大白兔和凯莱布、艾比。这时地球上一片黑色的麦浪，一棵大树参天树冠。

这就是人类的新生的开始吗？

2013 年 1 月 15 日

看电影《蓝调传奇》。

2013 年 1 月 16 日

看电影《刺杀据点》。反映在西班牙召开的反恐大会上，美国总统（替身）被刺杀，炸弹引爆。警官伯尔尼追捕凶手，救出被劫持的总统。

影片透露出绝望的无奈。反恐而恐怖者防不胜防，所谓明枪好躲，暗箭难防。

看电影《神枪手之死》。杰西作恶多端，逃亡多年，逐渐绝望。终被青年鲍勃趁机杀死。但非议满城，有认为杰西杀富济贫，而鲍勃被视为懦夫。

2013 年 1 月 17 日

看电影《割腕者的天堂》。

小孩子认为生活不公平，因此没有意义。青年又认可宗教说法"我们都被困在世间"。

整个电影灰调，情绪压抑。

2013 年 1 月 18 日

看电影《十三刺客》（日本）。

江户时代后期，社会趋于稳定，武士逐渐弱势。而将军的同胞弟弟齐韶并不甘心，性格残暴，无法无天。

影片从间宫剖腹血谏，希望幕府采取行动始，从始至终尽显血腥风云。有被砍断四肢的农民领袖之女，有被全家射杀的，有被逐一刺死的。人性之恶不过如此。

看电影《千钧一刻》（又名《死亡直播》）。

一个捷克人和一个俄罗斯人到美国闯世界。一个扮演员，一个手持摄像机，做导演。要账时情急杀人，又误杀了妓女，又杀追捕的警察，直至杀死大名鼎鼎的警察艾迪，最后杀证人于火场里。被捕后伪装精神病，被同行的俄国摄像人用影像揭穿，被艾迪的朋友当场击毙。

在正常人与精神病人之间，有一种异常人，为数应是巨大，易为情境犯罪。

晚上，请廖文带全家、志超全家和几个朋友来"沙丘"吃比萨。她 17：30 打来电话，与志雪在殡仪馆未回，因一个朋友的孩子跳楼自杀了。晚餐时间，老栗孩子二十七岁，法国留学归来，服装设计师，尤伦斯曾做过他的展览。老栗找出手机内存的他的作品，我说请发到我邮箱内。

19：00 点后开饭。四种比萨，每人一份意面、汤，廖文一直说，"太好吃了。我今天真的是饿了。"

2013 年 1 月 19 日

看电影《情迷高跟鞋》《天使与魔鬼》。

张立军和伊莎来。

尤劲东、陈宜明、李志刚和蓓蒂先后到。18：00 一起到"沙丘"，我请大家共进晚餐。五个比萨，沙拉，蔬菜汤，喝老尤带的红酒。

天鹰给大家唱几首歌。有他特喜欢的《永远是个秘密》《灰色轨迹》。

老李（李志刚）说：今天的晚餐，太棒了。比萨火候特别好，沙拉也特好，装盘很漂亮。

2013 年 1 月 20 日　中雪

看电影《午夜旋律》。

一个人在酒吧里用萨克斯吹奏爵士乐的老者，一个视生命和音乐为一体的人，在每一个午夜，把美好的旋律带给观众。

三人在家看了一天雪景。

廖文他们十四人在"沙丘"开会，用餐。甜甜被带来我处。准备狗粮，给他吃白菜，饼干，板栗，玩圣诞球。

21：00 点餐时，天鹰过来，问伊莎会不会一个软件。

2013 年 1 月 21 日

看电影《午夜牛郎》。

里佐辞去洗碗工，去纽约闯荡，要做舞男。处处受骗、遭歧视，靠偷过生活。城仔先是骗他，后来住在一起，相依为命，靠偷过生活。洛可帮他做成舞男生意，但已贫病交加，死于巴士车上。

看电影《去死吧！性感》。马兹和艾迪卷入一起债务，用阔老太太的死尸胁迫要钱，意外发现命案的真相，斗智斗勇揭穿凶手。

看电影《哭泣宝贝》，school boy，叛逆的一代，真情真爱征服了人心。摇滚乐器摆满了屋子，生活也充满了摇滚的放荡不羁的色彩。后段是极为精彩的歌与表演，尤其在狱中相见时，借助场景，大幅度的歌舞，淋漓尽致。

午后，邵姝来送鲜百合花，带着甜甜，谈起印刷小册子。她说不用太正规，两三个月一次即可，小方本，薄薄的，带 CD，送或卖都可。

她说回头给我她选的一部好电影，80 年代末、90 年代初美国有很多好电影，网上能找到 80%。

我给她看《天津诗人》80 后诗档案。她认为 80 后诗缺乏想象力，有些平庸。远不如我们这一代。特有的，不可超越的，有神性的光。

午后，我发短信请老栗给我那个自杀孩子的长诗，他用手机发给我。

2013 年 1 月 22 日

两人跟大宝学英语：

Please do me a favor. 请帮忙（在外）。

Help me, please.

Go ditch. AA 制（二人以上）。

Let's fifty to fifty. AA 制（二人）。

I'll pay. 我付钱。

I'll treat. 我请客。

I'll treat you. 我请你。

I'll treat you all. 我请大家。

It's my turn. 这次是我的。

May I order something? 可以点菜吗?

May I have the menu? 可以看菜单吗?

2013 年 1 月 23 日

看电影《幸福终点站》。美国巨星 Tom Hanks 演 Victor，泽塔·琼斯演空姐。

全片含有多层美好的事物，Victor 父亲的感人愿望，儿子的孝敬、信守诚意，坚持诺言，热爱家乡、国家，与人为善，各路人的友情、爱心，舍己为人。温暖的叠加，使人性散放光芒。

"沙丘"晚上有四十人的包场，是有人组织为老栗和另一位先生过生日。最终选择在"沙丘"，已是午后，邵姓急忙请我过去帮忙切菜，洋葱、柿子、柳丁^①、起司丁。

晚上，派大宝过来帮忙待客。

天鹰晚上过来接甜甜，非常疲劳的样子，他说我们很享受这个过程。大家自带红酒、白酒、香蕉、瓜子、萝卜，点了十四个比萨，几个沙拉，自助式喝水，拿光了所有的杯子。

2013 年 1 月 24 日

看电影《霹雳舞》（*Break Dance*）。

2013 年 1 月 25 日

看电影《象人》。

这是一个真实的故事。长相奇异，皮肤如大象一样粗糙的"象人"受歧视、虐待，被关入动物笼子，被用于展示取乐、赚钱。到最后，"象人"走进大剧院，作为贵宾出席，受到全场热烈欢迎。

缘缘来，说带她妈妈去"沙丘"，吃比萨玛格丽特，三种芝士加番茄酱最好吃；神秘咖啡，土耳其风格，也很好喝。

---

① 柳丁即柳橙。——编者注

2013 年 1 月 29 日

看电影《记住我》。

女孩 Ally，母亲在地铁站被枪杀。长大后遇到一男孩，男孩的哥哥自杀，父亲不关心他和唯一的妹妹。最后男孩因抑郁跳楼自杀。女孩反而变得坚强，含着微笑登上了久违的地铁。

看电影《幸运符》。

战争中，士兵罗斯因弯腰拾起地上的一张女人照片而幸免于被炸死。战后，他寻找照片上的女人，想说"谢谢"。相识后，知道那个女人离婚带儿子，与母亲生活，之后两人相爱。而后照片被当警察的前夫发现，引起两人误会。在一场大雨中，为救女人的儿子，罗斯前去送命。最终罗斯救出孩子，两人选择在一起。其间，母亲充当了智者，使女人从失去弟弟的绝望中醒来，接受了罗斯。

2013 年 1 月 30 日

看电影《末日情缘》。

末日倒计时二十一天。至十二天时，城市发生打砸抢烧。两个刚相识的男女邻居开车逃离城市。男主角找到多年未见的父亲，请父亲开私人飞机送女人去远方见父母。最终女人返回，回到爱人身边。

2013 年 1 月 31 日

看电影《意外人生》。

美国大律师亨利，由影星哈里森·福特主演。他违心地为当事人打赢一场官司。

看电影《真爱至上》。

英国首相扮演者休·格兰特是英国著名男影星。首相与秘书，英国人与外国服务生，男人与男人，儿童与儿童，男人与情人，在圣诞节都说出了真话表达爱意。男童的父亲甚至鼓励儿子冲过机场警戒线，去和他爱的女童道别。

2013 年 2 月 1 日

看电影《苹果酒屋法则》。

Homey，在孤儿院长大。Cendy 和军人丈夫去孤儿院的医院做流产手术，带 Homey 出来闯荡。Homey 与 Cendy 相爱，直到 Cendy 的丈夫瘫痪回来。Homey 与 Cendy 选择分手，Cendy 留在丈夫身边。Homey 回到等待他的孤儿院。

此片中的乡村风景、果园风光富有诗意。

看电影《隔世情缘》。

一个现代人跌入时间裂缝，回到 1867 年。带回一个公爵。他自己意外乘电梯摔伤住院。公爵一人应付现代生活，状况百出。

2013 年 2 月 2 日　小雪

看电影《美丽心灵的永恒阳光》。

英语原意是无尘心灵的永恒阳光。主演是美国著名喜剧演员金·凯利。这是他唯一一部不是喜剧的作品。意识流和意象组合，贯穿全片。

看电影《哈维的最后机会》。

达斯汀·霍夫曼饰演哈维，一个美国设计师，离异，为赴英国女儿婚礼，租一天英国女友。他的幽默和友善使女友爱上了他。再约会时，因哈维突然住院而失约。最后哈维在电话中辞去美国的工作，毅然找到正在失望、痛苦中的女友，并肩消失在河岸边的花树人流中。

2013 年 2 月 3 日　小雪

看电影《蒙特卡罗》。

女主演员是六岁就成名的。长相和身段有点像孙超群。

三个女孩参加旅行团去巴黎。中途掉队。

2013 年 2 月 4 日　小雪

看电影《我们所知道的生活》。

男主角梭慧，女主角贝伦森。他们共同的朋友出车祸，留下遗嘱由他二人做其女儿的监护人。二人曾在这个朋友介绍下约会谈恋爱未成功。他们共同哺育这几个月大的女婴，困难重重，吵架，分手，分别照顾女婴。直到在 party 上又见面时发现彼此仍有爱意。但因再次争吵，梭慧决定回凤凰城。

贝伦森追到机场未见其人。梭慧其实已从机场回家。他说："朋友的用意是我们要成为一家人。"

2013 年 2 月 5 日

看电影《爱在黎明破晓前》，英语原意是黎明到来之前。

杰西和瑟琳在火车上相识，共去餐车用餐。中途瑟琳随杰西下车，在这个小城游走，从白天到入夜畅谈，至亲密无间。分手时约定半年后的当天 18∶00 点在这个火车站再相见。此间不写信，不打电话。

2013 年 2 月 6 日

看电影 *Celeste and Jesse forever*（《离婚不分手》）。

二人准备离婚，其间仍亲密地住在一起，但已各自约会新人。Celeste 隐瞒自己的真实恋爱，表现出独立快乐的姿态。很快，Jesse 的女友怀孕，Celeste 大为愤怒。双方终于正式签下离婚协议。

鹿鸣来，住在"沙丘"。她带来亲自烧好的肉、面食。

2013 年 2 月 7 日

我去太阳城看赵老师夫妇（赵友萍）。先去看蓓蒂。给两家带去邵姝连夜做的饼干、绿茶蛋糕和苹果派。

赵老师气管炎严重，几天不下楼。保姆 17∶00 来了，她照顾赵老师已十五年，姓任。

我在楼上和二位老师攀谈一会儿，知道暂无大碍，被催得告辞。李老师拉我手下得楼来，挽起赵老师早已备好的食品袋交予我带走。

赵老师几年前的黑发已然全变白了，弱不禁风。几年前的莫斯科之行计划推至今年，看来难以成行。或许我能想出什么万全之计。

2013 年 2 月 8 日

大略地看了《凯尔特的薄暮》，叶芝（爱尔兰诗人）早期作品。

诗人 1865—1939 年在世。早年学法律，后学过肖像画。

叶芝一生崇尚神秘主义和唯灵论，诗歌的灵感来源于通灵学说和超自然的冥思。中年涉猎政治、现实，晚年倾向个人生活化写作。

1923 年，诗人获诺贝尔文学奖。

晚年的巅峰之作《驶向拜占庭》，表现出对东方文明的兴趣。

在《讲故事的人》中，他说："文学难道不就是通过象征和文字来表达情绪吗？为了表达情绪，仅仅有这么个荒芜的人间就够了吗，再不需要什么天堂、地狱、炼狱和仙境了吗？……人间只是我们脚下的一粒尘埃而已。"

我想起"讲故事的人"莫言，他就因此成功。

2013 年 2 月 9 日　除夕

几天里，和大宝讨论中译英诗歌。大宝找出一篇文章《当代汉语诗歌的英译困境》，译诗的准确传神取决于诸多方面：语言、语调，尤其是姿态。我理解为作者的真实心境和情绪本质。

从网上找到中译英的作者伊利亚·卡明斯基，1977 年生于乌克兰敖德萨市，十六岁定居纽约。翻译过多多的诗。

今天是除夕。

春晚，3D 技术使舞台背景立体、绚烂。节目倒是如旧。郭德纲的《败家子》一如既往的好乐。"连海盗都哭了！"败家子简直就是抢劫犯，还是官方的。

2013 年 2 月 10 日　初一

大年初一，鞭炮声少了许多。末日之后的人们开始善待环境。

2013 年 2 月 11 日　初二

妹带来给我洗的百张照片，是旅游中各国景点纪念照。还有上次在我这个家中照的一组，人物面相、身材极其年轻，服装色彩绿、红、天蓝格外艳丽。

晚上我给桂珠、立军、伊莎大拍服装秀，把我的旅游装换了一遍。

2013 年 2 月 13 日　初四

阿多尼斯（叙利亚）的中文版诗集《我的孤独是一座花园》，2012 年第 7 次印刷。这本是冯峰、缘缘送我们的新年礼物。

这个诗人，阿拉伯语诗歌的重要人物，反抗现实，独立自由，"风与光的君王"。他拥有黎巴嫩国籍，又定居在巴黎，他说："我真正的祖国，是阿拉伯语。"在阿拉伯的文化中，诗歌被视为"阿拉伯人的贡献"。诗人对祖国既热爱又失望："在这个灾难织就、鲜血铸成的时代，每天都有一个颤抖的身体，在太阳面前醒来，它的名字是——祖国。"

杨炼在序中问，什么是诗歌精神？他自答：以"诗歌"一词命名的、持续激活诗人精神。

那么，什么是诗歌呢？我想，是诗人发出动物一样天性的声音，乐器一样美妙的声音，传达上天的声音，模仿宇宙万物的声音。在被围困时，发出冲击的呐喊；在被压迫时，发出人的吼声。

2013 年 2 月 14 日

早上，我去给冯路敏家的花浇水，路过"沙丘"，天鹰、邵姹在车上，打不着火。我找来门卫老王，又找来对面老板周宝库，未果。周说，开老大的车吧。我说，不行，过两天再说吧。周说，可以叫车拖去修。

2013 年 2 月 15 日　初六

初六，晓帆、兆军与郭兴月，先后到面人汤。缘缘、冯峰进门。后进门是李津、王向峰和司机。

李津点的菜谱：饺子，三鲜馅，人均四两肉，二两韭菜，一个鸡蛋，二两虾。

李津送我他的画册《活泼泼地》。红花布封面，内里文章极棒，画作是前无古人，后无来者，打破传统，一发不可收，汪洋恣肆，美艳无双，展览用画册《今日·盛宴》，亦如是。

2013 年 2 月 16 日　初七

看电影《偷天陷阱》。泽塔·琼斯主演，保险公司调查员，实为大盗。而男主演大盗实为警察局工作的诱捕者。二人勇敢，智慧，有情有义，倒是胜于那些庸庸碌碌的警员们。

泽塔·琼斯曾是体操运动员，其中不乏惊险之动作，男主演身为大盗，却呈现一身浩然正气，大智大勇，且怜香惜玉。二人最终逃脱罗网，他们定下了一个更大的盗窃目标，南非最大的钻石。

2013 年 2 月 17 日 初八

看电影《姐弟恋》。泽塔·琼斯主演Sandy，娴娣。男主演饰阿兰姆。姐大弟十六岁，姐陷入爱情，却被年龄差困扰。二十五岁与四十一岁，在观众直观看来，也有点不美。

时隔五年，阿兰姆三十岁。边远地区的一个黑孩子被他带回城，称他爸。他与 Sandy 在饭店相遇。两人都是未有恋爱的新人，于是，两只手自然又握在了一起。

2013 年 2 月 18 日 初九

9:00 过，小高如约而来，看我的车不好修，叫送 4S 店。救援送车过去，免费。中国人财保险的救援车。天鹰跟车过去，是防冻液意外侵入电脑板，修好要四千多元，十天，保修一年。

我给志方打电话，请他询问清楚。回答是这样，他自己未遇过此类情况。志方建议正时皮带也要检查，到公里数如 6 万公里或四年左右，换电瓶。不然坏了要一万多元修。建议每星期要动车，不然轮胎变形，电瓶打不着车，电跑光，油路保护的系统缺油的润滑。建议检查轮胎，如胎壁裂纹多，要换，去汽配城，找 4S 店，便宜1/3，600 元左右一个。

看电影《真情假爱》，泽塔·琼斯主演玛丽莲，嫁一富人，五年后捉奸，告状，欲分财产，然而婚前协议却是离婚时个人财产归个人。玛丽莲的第二次婚姻，嫁给了一个富商。富商为表爱心，撕掉婚产公证。玛丽莲再次离婚，因原来老公不是富商，而是一个肥皂剧演员。这些玛丽莲早就知晓，隐瞒下来，嫁给大律师。律师眼见玛丽莲为了真爱，撕掉婚前财产公证，备受感动，在讲演中宣称去做一名义务律师，不再为金钱工作。这时，玛丽莲却提出离婚，意味着将分去他一半的财产。律师派人刺杀玛丽莲。此时却得知她嫁予演员，虽未获财产，但她的前夫意外身亡，按四年前遗嘱写全部财产归玛丽莲。律师急忙命停止追杀，并向玛丽莲解释示爱。玛丽莲说："你让我怎么相信你呢？"此时，见玛丽莲撕掉继承遗产的证明。终于二人投入爱情的怀抱，从此远离孤独，避免了类似其女友孤身死去的命运。

看电影《米诺》。

2013 年 2 月 19 日 初十

看电影《文科恋曲》。

姿碧，十九岁，杰西，三十五岁。杰西的学科女老师，浪漫主义文学教授。

姿碧爱上杰西，杰西却因年龄差异不敢投入。老师把他带去旅馆上床，又赶他出来。他选择了图书馆管理员，与他年龄相当，美丽温柔的女人。

看电影《在云端》。

男主角瑞恩·宾汉姆，希尔顿集团的人事工作，每日乘飞机去世界各地开除已被列入名单的员工。直到有一个女员工最终选择了跳楼。

他一段工作结束后，带女友参加妹妹的婚礼，他想从云端下来结婚，按地址找到女友，发现女人已有家庭。

他飞行了 1000 万公里，获得了航空公司的奖励。

2013 年 2 月 20 日　初十一

看电影《三傻大闹宝莱坞》。印度片，说教育制度的保守和呆板。印度学生自杀率世界第一，全国最好的皇家工程学院，培养工程师。但有些学生不愿学工程，家中倾其所有供养他们上学，一个叫兰彻的学生，带两个好友，放任性情，得罪了校长被开除，在大雨夜，救了校长的大女儿和接生了婴儿，才感动校长。

兰彻离校后就销声匿迹，原来他是一个仆人的儿子，按约定将学位给了主人的儿子，便隐姓埋名。但他最终成了科学家，有四百项发明专利，建立慈善小学，鼓励孩子的发明创造。

2013 年 2 月 21 日　初十二

晚上北京台有范曾的国学课，讲"为己之学"，即为提高个人修为而学，而艺术。画画为参展评选，那不重要，那与艺术无关。

人生有三种态度，一是知其可为而为之，二是知其不可为而不为，三是知其不可为而为之。孔子是第三种境界。

2013 年 2 月 22 日　初十三

晚上，李、二冯几家人在我家聚会，多了尤劲东和阿芳、大钧。

老尤带来野山鸡、蛙。我说把鸡做成标本吧，冯路敏说不会，吃的会做。

按老尤说的做了白菜多肉少的大包子。他说，其实可以不放肉，才能吃到白菜香，正中下怀，我在向素食慢慢进军。

赵慧来电话问法国画找买主的事。时伟打开邮箱，老冯看了六张石版画，说：不错，小清新，是法国味。我即打电话让雷人来，他说等我从马尔代夫回来就来。

2013 年 2 月 25 日—3 月 2 日

马尔代夫旅游。

2013 年 3 月 3 日

看电影《妙探出差》。

这个电影属于很好看、快乐的一种。是因为男主角的性格特征，说话极快，幽默搞笑，尤其是在险境中也常常令人一笑。使人确信他的智慧和能力，并且轻松地看他怎样胜利。

珠宝店被抢，底特律探员、三十岁的男人阿克塞尔·福里介入。在追捕嫌犯时，阿的上司好友被打死。他只身追凶，发现凶手印伪钞的秘密房间。但凶手是"奇妙世界"的保安总管，还得了金像奖。阿被政府警方警告其放手并回底特律，因为警方安放长线。阿在途中逃脱，返回"奇妙世界"，打斗中娱乐设施受损，两儿童悬于空中吊篮外，阿冒生命危险，解救成功，继被保安追杀，一路枪林弹雨，却有如神助，终将团伙全部消灭，自己受了伤。

2013 年 3 月 6 日

跟兰兰的车回津。

下午去王总的旅行社，正巧美国团 4 月 9 日发团已满员，我被接受报名，与王绍芳同事，当即填表，门口照 51 毫米的照片。

照相处是在公寓楼内。摄影师大爷约七八十岁，照相就在一米多宽、二米多长的走廊，我很吃惊。进室内开电脑出照片，这是一间十平方米左右的小屋，一张双人床，里面竟挂着一排衣服，照相用的。然后就是一张电脑桌，一把椅子。

晚上去桂珠家，也就是我的家。

高明发来大量照片，刚从欧洲度假返回巴基斯坦。

2013 年 3 月 9 日

一早就回家，家人带强华去宋庄看地和别墅。八级大风，直刮得北京天空飘垃圾。

到村里后取 DVD，看蜜蜂书店，等他们谁来，买了一本《抽象艺术》。

午后他们到。地边已修小柏油路，但不知四邻是谁。距两边兴惠园二三百米远，还算够中心的位置。

在宋庄到处转转。我说有一处建筑师给自己盖的房子。张华说去看，就这个还不错，有设计感，但也不完美，其他没什么好设计，基本上是失败的。看这些院墙，拒人于千里之外，不亲切，没有面孔，没有表情。看到王国伟的房子，这个还不错，有表情，门啊窗啊，都看得见。

到我房子，张华说：你这是最好的，院子多好。

讨论雷人别墅设计方案。

我说：别叫"诗学博物馆"，工作量极大，你无法完成，与其中途放弃，不如另设计方案。

雷：对，叫博物馆，还得去注册，挺麻烦。

伊：也不要叫美术馆，什么馆，馆太多了，叫沙龙之类的也行。

雷：我想盖两千多平方米。

张：我劝你别盖那么大，用不了，一千多平方米，足够了，要地下室能藏书，恒温。

雷：要盖三四层。

张：国外富人别墅都是两层，没有超过两层的，一层屋子有卧室，自己住一楼，别人住二楼。

伊：澳大利亚大部分是平层，也没有地下室。

2013年3月13日

下午，谢冕老师和夫人陈老师来到我家。还有林莽、刘福春及儿子刘鸣谦、卧夫、岛由子等。岛由子是日本人，谢冕的研究生。

想带他们去喝"沙丘"的鸡尾酒和咖啡，但每人先喝一杯，我已准备的，越南西米露。坐在阳光房聊天，转眼已四点多。我说，那就晚饭吧，去吃比萨饼。谢：不吃了，中午吃太多了，今天太匆忙了，我只得到一本书，什么都没来得及。

我说：我送您一张一莲的画，是印刷的，但很漂亮。他选了《人面桃花》。

谢看一莲的画册：这里面很丰富，有的像壁画，有的像古代岩画，有很多知识在里面。

刘福春说他编了一本关于文学界的大事记，记录了我当年状告《文艺报》。说又要编一本带照片的诗史类，要找 1986 年的那张照片电子版。

卧夫是随身带了家伙，把纸拿来让我写句话，我就写了他的话："初生为人，落荒为狼。"

2013 年 3 月 14 日

8:30 出发，先取照片，再去美国大使馆签证，小高开车，11:30 集合。

10:30 到门口，一起进莱太花卉买花瓶。几个手工小玻璃瓶，是设计师设计的，半年未卖出，我花 50 元，买下全部六个，又花 100 元，买了三个高些的玻璃花瓶。我常是送花连送瓶，总是不够用。

11:00，张导打来电话，范友华已在门口等我。进门时不让带包和手机。领号牌、验指纹、面签，只问了几句话，看了护照。

"去干什么？"

"什么时候回来？"

"去过哪些国家？"

"有孩子吗？"

一分钟拿到签证。

2013 年 3 月 15 日

早上去看楼上庞少贤工作室。

汉白玉原创小雕塑有几十件，摆在铺着紫红布的一张桌上，鱼、荷花系列很简洁，抽象。

曲阳汉白玉和四川汉白玉是主要原料。曲阳料内含闪光物质或黑色斑点，絮状纹理。四川的洁白细腻如瓷。

山上有这样的岩层，料无等级之分。

作品的料钱占 1/4 至 1/8，主要是创意和件数跟量的钱。

其中佛像一尊，第一件 2.8 万，第二件 3.6 万，第三件 5 万，第四件将卖 8 万，第五件将卖 12 万。

庞让我看他的素描本，一本是荷花，极尽简洁和抽象，想象，并因人事联想而成。一本是斯诺克系列，重在内心感受体验，非常形象真实。笔力老到，一看便知是有童子功。

下午，杨亦谦、高峻、尚、王小东来。看两张法国油画和几张版画。

杨：花儿还不错。

伊：像行画吗？

杨：不像，就是没画完。

伊：这张牛群怎么样？

杨：是那个年代老的，但不是原版，原作画的大象真土，这个都画成蘑菇了，应该是临摹的。

伊：石版画的价值如何？

高：应该不容易，学生在外面做不了，都是学校工作室做，因为石头是意大利进口，中国画家都拿石版当宝贝抱着，一个色印完了，磨掉几毫米，越磨越薄，有的色多，多达一千多种颜色了。

各院校都有版画家，有石版画工作室、铜版画工作室等。

我查了书，石版为石灰石，质地松软易磨，有无数细孔，吸墨，版石经化学处理，再施以油墨，可用石版印刷机印了。

2013 年 3 月 17 日

韩志展的女婿袋鼠带制片人王润泽来找我，说想用宋庄美术馆一天，拍设计师谈理念的小片。

方蕾未接电话，直接去老栗家。老栗一口答应并打通了方蕾的电话，交给我，也是一口答应。

其实美术馆租用是理应收费的，方蕾个人承包了馆，工作人员工资都很低。

老栗是首任馆长。

因为，馆几年都赔钱，村委会曾想把馆内改成培训基地，来找老栗商量。老栗说，可以，但不能再挂美术馆的牌子。没有这个牌子，艺术家还想不想在宋庄待就不知道了。因为大多数艺术家都冲着这个馆能办个展览而来。后来便作罢。

2013 年 3 月 19 日

袋鼠二人与路昨天来，正上午，方蕾在主持会，派助理张接待，看了场地，很满意，袋鼠主动说交电费。张说：这个馆是每天 2 万元租金，伊蕾老师来了就算了，就交 500 元电费吧。

出门来，鹭鹭想去买菜，送给馆里，我说可以。礼多人不怪，也许还有下次呢。

下午布场工人都来。

7:30 进场，估计到 21:00 收工。18:00，我给鹭鹭打电话，问：

吃饭吗？她说：韩志展下飞机从海南来，还没到。

13:00 时我打电话知道韩今天来，包了包子，或许他今来现场助女儿一臂之力了。

直到近 21:00，鹭鹭来电话说，北京的天气原因，所有的飞机都误点，直接回家收拾一下不来了。

之前谁说，他在海南岛买了房子，已成为那个社区的社交明星了。

2013 年 3 月 20 日

去村委会取面人汤写给三女性的美文，意外取到美国乔治·梅森大学的信。

我让时伟在车上先读面人汤的信，而我下车去超市买饺子面等。

回车上，时伟笑道，这老头文笔真不错啊。文中杨齐对应野花，一莲对应荷花，伊蕾对应玫瑰花。其中妙语连珠，最是尾声感人："若真与三英为伴，客从主便，生存于大气沃土，阳光雨露中间，像花卉之妙谛，见东篱之南山，则迂叟成至人矣！"

面人汤，汤夙国，汤子博的次子，也可谓唯一传人。他正撰写面人汤家族史，书应该暂定为《从何而来？》。本来我应他请求，找作家来写，但都未果。我认定只有他自己方可圆满完成这个艰巨任务，因为涉及年代久远，面人本身虽是工艺美术，但面人汤乃是面的雕塑，二代面人汤均为中央美院教授。汤夙国毕业于雕塑系。外行不可尽解其中之味。最本质的问题是，汤氏面塑融二代人素描、书法、雕塑、民间工艺、文学等素养，超越工艺之美，达到艺术的巅峰，得到世界美术界的高度赞誉，是为国宝。

乔治·梅森大学的信件中，1. 有 2012 朗诵会的目录"Time Shadows：Music" American, Chinese & German Poetry[①]；2. 朗诵会全部诗歌的三种文字；3. 伊蕾的《星期日孤独》三种译文；4. 朗诵会全部译文的 CD 盘等。

这源于大约一年前，赵晶晶说，乔治·梅森大学从她的博客上找到我的作品，请我写一授权书，他们要朗诵我的诗歌。我即照办，没想到，事隔一年，他们把资料寄到我手上，主办单位是乔治·梅森大学的孔子学院。

看电影《林肯》。林肯千方百计争取选票，废除奴隶制，并且是在两星期内就争得这些选票，其中很多矛盾必须化解，方可取胜。林肯说："罗盘指出正北，但没有指出沿途的沼泽、深坑、险滩，如果无视这些，一直勇往直前，深入沼泽，那么知道正北又有什么用呢？"

2013 年 3 月 23 日

看电影 *Step Up*，舞步向高处，中文名是《舞出我人生》。

三个男孩毁坏舞蹈学校剧场，其中被抓住，判处在该校做二百个小时义工。见到一女生，找不到合适的舞伴，毛遂自荐，尽显才华。其中有女孩男友，正式舞伴，伤好后返回等矛盾误会，离她而去。但最终在该女生毕业演出等五分钟，赶到现场，完美呈现双人舞。把芭蕾和街舞融合在一起的现代舞蹈。"你想要的，就一定要争取。"这是老师对这个男孩最大的鼓励。

看电影《拜见岳父大人》。

---

① "时间之影：音乐"美、中、德诗作。——编者注

男主演罗伯特·德尼罗。岳父本·斯蒂勒，父亲由达斯汀·霍夫曼扮演。

男主十九岁失去处男身，婚前又与一个吃春药女孩频频见面。但未婚妻包容这一切。尽管在中情局工作三十二年的岳父跟踪侦察，终于全家人相互理解，保护爱情中人而皆大欢喜。

2013 年 3 月 24 日

吃冰箱里的素白菜饺子，觉得白菜切细了。想要吃到白菜的味道，就要保留菜的水分，而且由于放进了油条，包到最后，油条泡发了，发黏，所以，要：1. 白菜切粗些；2. 不放油条。

21 日，廖文全家和朋友来吃的，三锅包子。

第一锅，从冰箱冷冻室放出，蒸熟后不发；第二锅，淡了，可直接尝馅，或包一点煮了尝；第三锅，揭锅后摸包子皮发黏，认为熟了，一吃还是粘嘴，应回锅。

二十个饺子放一个菜的盐，再加生抽即可。

2013 年 3 月 25 日

尤劲东请我和冯路敏、时伟去东三环，日本"松子"自助餐厅用餐。

门口正好有停车位。二楼，不大，还算热闹。一百多元每位。

尤说，吃烤鳗鱼呀。

有几种寿司，十几种鱼类，油炸蔬菜，两种汤，饮料，甜点，沙拉等。

三文鱼是限量特供的。

2013 年 3 月 26 日

一早去光大银行取钱，给赵慧汇 4.3 万。《尼韦内的耕作，第一次松土》，19 世纪末的画，没人买我就只好送挚友当礼物了。

昨天上午，尤看了六张版画，说其中三张还不错，色彩分明些。说丝网印是我国 80 年代引进的画种。照相，然后感光原理印刷，成本是几百元。印多了，版都糊了，所以也是限量印刷。

书上说这属于漏版印刷，前身是织物印刷。先把图片转成透明片，利用照相显影的方法，使用感光制版去印，许多油画、国画都可以，这也是它压制其他版种的地方。优点是表现细腻的层次，所以色彩表现力最强。

2013 年 3 月 30 日

看电影《远距离爱情》。

2013 年 4 月 6 日

回天津。扫墓。

从 2003 年爸爸去世买了墓地，安葬爸爸妈妈，至今已十年整，扫墓就成了我们兄弟姐妹几个相聚的日子。

墓地是比较大的那种，4.7 平方米，碑是统一的。我决定不刻龙纹之类的，以作区别，也没摆一对石狮，亦是要区别于他人。

去年墓地犹如战场，鞭炮隆隆，我提出把父母骨灰取出改海葬，逃离这个战场。妹说，过几年吧。

今年来到却又改变了不少，战事很小，路上也不甚拥堵。祥杰因牙髓炎，被留在家中，我们姐弟五个乘一辆车来，不再烧纸。照例买了鲜花、水果点心，纸花串是仿真的，很精致。

旁边一位义父为义女立的碑，几年没有人来了，只有一张什么照片肖像，泛着淡淡的黄色，在石碑上。

2013 年 4 月 26 日

高明回家，他被选中公派巴基斯坦三年，做高管。在首都伊斯兰堡那里安全，十年也没有爆炸，进城车都严格检查，中国人除外。他们驻地门口门卫 24 小时换岗值班。

巴基斯坦有 1.97 亿人口，移动电话使用率还不到 10%，大有可为。高明领导的巴基斯坦当地员工尽是本科到博士生。

他从那里买回当地的产品，玉盘嵌花的，蓝色碧玺胸针，水晶坠，还有手工木制发簪，精美复杂，合人民币只要 100 元。

2013 年 5 月 2 日

4 月 27 日在津参加田放诗歌研讨会。

28 日返京。

大宝拿来论文《论诗的形象的完整性在译文中的重要性》。

我说，诗中的形象，首先是诗人本身。诗是民族思维的先驱，人民的最后的自由的武器，人的无限善意的表达。

形象是世界万物万象，包含着自有宇宙以来的大千智慧，大于任何情感和思维。每一个读者用自己的经验来理解和感受这个形象，进行再创造。

所以译者不可根据自己的好恶和理解任意处理这个形象，应该准确地、完整地、原汁原味地再现这个形象。

2013 年 6 月 23 日

前天回到家。

鹿鸣看家。墙有几处湿迹，一定是防水没做好。画背面长了霉。把整个画都摘下，用小刷子刷去霉点，阳光下暴晒一会儿，不能时间长。

周总正好带对面的画家魏海来访。我让他们看画背面，"损失惨重！"周把施工队叫来大骂一顿，责令天晴好时修补。

魏海要带一千余人的儿童团队去俄罗斯，显然有别的领队。问我什么地方可看。我说了一通我所知道的，但是他们一定没有时间去看。

2013 年 7 月 5 日

与金祥、杨炳云同行去内蒙古，到杨下乡的公社参加那达慕大会。海拉尔下飞机。杨的房东司琴女士接机。

司琴在她妹家开的餐厅里请大家午餐，菜单：血肠、冻干牛肉、手抓羊肉、羊小腿、烤羊腿、奶棒、奶豆腐、奶皮、油炸果子，喝奶茶、酸奶、野菜汤、雪花啤酒。

经新巴尔虎旗，去往呼伦贝尔路上，有甘珠尔庙，世界有名。还有阿尔山的龙头泉、乌尔逊河。

住公社旅店。只一张大床，两双破拖鞋，别无他物。我买了个尿盆、脚盆、暖壶。

墙上有不少蜘蛛。

被子还好，厚厚的，但只有 1.4 米长。

2013 年 7 月 6 日

4：30 起床，看赛马。远远地，几十匹马在尘土中由小见大，都是当地牧民，但少有穿民族服装。

早饭是牛肉馅饼。自制铁炉子，大铁盘，二尺直径。还有奶茶和米粥。

那达慕大会 10：00 开始。人们围坐在草地上，升旗，各方队入场，有干部职工队，搏克方队，彩车等。演节目、独唱、儿童舞、集体舞，儿童是乱跑一气。

午饭公社招待，有鲇鱼、鲤鱼、鲫鱼等八种鱼，羊胸肉等。

下午，司琴带我们去看杨的母亲。开车二十多公里，沿草原上的自然小道。

母子见面，母亲眼中有一点光，知道是天津儿子来，顿时失声，吻面。杨奉上点心，母亲给了儿子 200 元钱，金祥临走又给母亲 200 元，说应该的。

杨说当时他放两千匹马，第一天就骑了八十里。有一人养了一百多匹好马，让蒙古国人偷了，喝了两天酒，从头再来。

晚上没有篝火晚会。因 22：00 才吃完晚饭，就放弃了。

2013 年 7 月 7 日

又 4:30 起床，去看大马赛马。5:30 左右，远远的车灯闪闪，开路车、摩托等压过来。大都是十岁的孩子，最小的八九岁。

9:00 看摔跤决赛。

10:30，去看杨当年放马伙伴。路上放眼望四面圆形的地平线。二十公里外，一处平砖房，两条狗狂吠。主人许久才从屋里出来，但是先去十几米外背对我们撒尿。

上次他与杨见面是五年前。主人让司琴去用牛粪烧大铁锅，吃手抓肉，喝奶茶、白酒。

我们三女士跑到门外大声喊话。一辈子没有机会在无人区喊叫。

让司琴跳蒙古舞，我和金祥各学一段。

16:30，驱车前往旗里，新巴尔虎旗。

2013 年 7 月 8 日

参观思歌腾(知青)博物馆。有影像放映，当年知青感叹青春逝去，怀恋与牧民相处的艰苦岁月。

参观巴尔虎博物馆。

参观大营，是旗里为老人做的蒙古包特区。我们走进一家二位老人的蒙古包，二老捧上奶茶，抱怨儿子一些事儿。是关于草场的，这里每人五千亩草场，一家四口就有两万亩牧场呢。

中午聚餐，老杨当年的二队知青几人见面。

前往满洲里，司琴儿子的朋友于刚开车。晚上老杨有约会，我与金祥让于刚开车，带我们去逛城。一道街至七道街，步行街，外交会馆。婚礼堂在高处，像一个教堂似的。蚊子成群呀。

我肚子不太好，吃了金祥带的三种药。

满洲里比我想象中美丽，更多的俄罗斯风情，每个建筑都不高，四五层、坡顶、彩墙，杨说是他当时提供的建筑方案。

2013 年 7 月 9 日

杨的朋友海关退休的周姐，带我们去参观国门。周忘带身份证不让进，我和金祥买票进，每人 80 元，本地人免票。

见到中国第 41 号界碑，米色，不远处是俄国的界碑，红绿相间。

2013 年 7 月 10 日

早餐。旗司法局郭建华陪同。两点到阿尔山景区。中途经诺门罕战役陈列馆、大峡谷、驼峰岭天池、杜鹃湖、石塘村、熔岩地、地池，19：30 才到阿尔山市。李永发请吃晚餐，他教过八年小学生音乐，说：可见到知识分子了。

2013 年 8 月 18 日

16 号应邀去吉林四平市。《诗选刊》老友张洪波是主人，北京有我、朱零、蓝野、林莽、刘福春，东北有李琦、宗仁发、王鸣久、任白、赵培光。市里有诗作者们。目的地是梨树县，县长陪同开讨论会，宣传部周部长是诗人，全程奉陪。特别推荐肖塞，说是他们的一匹黑马。肖塞追着说要拜师，我说好吧，反正我一辈子还没有徒弟。

梨树县盛产玉米，号称玉米黄金带，中国农大有试验田在此。

辽金时期的文物埋于城墙下不少。

2013 年 8 月 19 日

遵嘱写一首诗，寄回《诗选刊》。

梨树人、玉米和诗人的纪念碑

一生在阳光下合欢，
怀抱自己的黄金——

一生在黑暗里守岁，
怀抱自己的黄金——

一生在风雨里沉浮，
献出仅有的黄金……

2013 年 8 月

2013 年 9 月 27 日

冯峰要把微信上他写的短信结集成册，约我写一小文，很多朋
友都约了。我写了"逃之夭夭是冯峰"：

逃离肉体
逃离灵魂

437

逃离我所有

逃离我所求

这也正是本人行为的终极写照

2013 年 9 月 28 日

17 日至 20 日，应爱群之约，参加 2013 中国国际文化艺术博览会，拿去五张画参加她成立的俄罗斯联合画廊展出。我又约了楼上的庞少贤，莫斯科的高先中，列宾美院刚毕业的李诗瑶，戈留塔艺术中心的付晓，他们四位都租了展位。我事先跟大家说好，会上可能不卖东西，收好有用的名片，以后联络。果然如此，会组织得不好，没有热情和氛围。乌克兰收藏协会卖了几张大画，大约是这个收藏有名也有盒子吧，并且他们漆了大红的墙，比较热烈。

诗瑶把画暂存在我家。

2013 年 10 月 15 日

前几日买了三角梅四大棵，也是因了希腊三角梅的媚惑，别有一番感情。三角梅是我国海口、厦门等市的市花，说明在南方开得不错。

2013 年 10 月 19 日

17 日再赴长春，洪波邀请看净月潭国家森林公园。

北京是朱零和苏历铭，我，刘建民，武汉谢克强，河南马新朝，浙江子川，江苏小海，吉林的任白。

净月潭在长春东南，亚洲最大的人工林海，人工挖出的净月潭深十几米，全景区一百多平方公里，主要树种是松树。建于30年代。

任白发高谈：可以理解为人类与大自然的一种和解。我说，是人创造的诗意栖居之地，很像挪威的森林，俄罗斯的郊外。

走在林中路上，满地金黄的松针松松软软的，团在手里可团成一团圆圆的。路边有黑心菊、残荷。

最后一晚餐后，"三人行"开始献书法，三人即诗人中的三个书法家，南川北马关东张（子川、马新朝、张洪波）。子川是家传，洪波是近几年半路出家的，马新朝是多年训练有素，各有光彩。马新朝为我写了"平安"。平安真是太重要了。

2013 年 10 月 20 日

赵慧连续打电话来，情况好像很紧急，不马上卖掉画就不能活了。去吉林前我已约王仲去苏子零的"圣天使酒店"看过画了，有卢梭一张，如果是真迹，一张就上百万美元。王仲说都不错，价钱也不贵，请苏总帮忙找买主吧。

苏请大家吃了西点，喝茶，说：我们的西点比五星级酒店的要好。

2013 年 10 月 24 日

在博览会上联络的李胜利来。他们在会上展的法国老画。此次他来请冯路敏作航空公司定制的画。

他们是投资公司，做房地产等。偶尔在法国买了十几张老画，卖得只剩二三张了，就想再买，我把他邮箱地址留下，准备介绍给赵慧。

他说，索斯比让他们积到五十多张，做一次拍卖，预计未来法国与俄国画市场不错。

我请他看一些俄国画家的画册，他最喜欢索罗明。

2013 年 11 月 3 日

10 月 31 日—11 月 3 日，《人民文学》"新诗潮"诗歌笔会在云南楚雄双柏县召开。朱零主持，我被邀参加。与会有荣荣、张执浩、叶舟、雷平阳、铁夫。

"新诗潮"作者有肖塞、李友兰、玉珍、唐不遇、唐不成、刘成、本少爷。

双柏县县长李长平是诗人，全程参加。文联主席苏轼冰从接站到服务、联络、介绍诗人。

双柏县地处滇中，是楚雄彝族自治州的一部分。

双柏境内多种文化千百年来交融。

文化遗迹有史诗《查姆》，即天地万物起源。

我们观看了"老虎笙"表演。彝族崇拜虎，认为虎创造万物，虎保护人，人虎互变。有虎文化节，游客达上万人。

旅 游 日 记

2011—2014

2012 年与柬埔寨儿童在一起

一、澳大利亚

（2011.5.28—8.1）

2011 年 5 月 28 日　晴

飞机是中航 CA175，16：00 起飞。17：40 到达上海浦东机场转停，即从上海出关。本应 19：25 起飞，但报告说因故障推迟 4 小时以上，所以重新盖出关的图章，乘巴士往东航观光景悦度假村。休息，用餐，休息。至凌晨又乘巴士重回机场出关。

2011 年 5 月 29 日　星期日

悉尼时间 14：00 后，飞机到达。机上填表，药、茶叶及各种种子类都要申报。

万欣进厅内接到我。庞在外面的汽车内等。这里的停车费很贵，他们在等候的几小时内去看了朋友。

车程两个半小时。沿途是蜿蜒的平坦公路，不时地看到太平洋水面。爬坡和下坡，急速的转弯是我上次来时没有注意到的。中途在麦当劳喝一杯咖啡。

到家时天已近黑，可以见到家门口的小柏油路，一条大河静静地闪着光。一幢幢独立的小二楼沿路依次矗立。友人的这幢依然有大大的露台，从这里可清晰地见到门前的整个河面，对岸的一个工厂正升起白色的水汽。

2011 年 5 月 30 日

阴雨绵绵的深秋天气。万欣提议去镇里看衣服。几分钟就到了超级市场。很快走进专卖店"Katies"牌，中国制造。

居然很多种夏装都很便宜，做工也很精致，样式简洁，宽松的居多。我选了两件衬衫，白的和红的，打折价是 9.95 澳币。奇怪的是选了 18 号和 12 号不同的号码。万欣选了三件，其中一件薄的黑白花的长衬衫她特别喜欢，说特别适合她。

在市场内的咖啡店喝一杯咖啡，万欣要了有特色的两块点心。

2011 年 5 月 31 日

5:00，大家起床去悉尼。主要是汪汪的护照签证到期了。转眼，他来澳大利亚上学已经三年了。长得很高了，硬派小生，眼很长，有棱角的面部和精致的五官。依然是不爱讲话，但当时在国内是自闭的情绪，而现在是文雅的气质，有着深刻的不同。

在大使馆很快办好手续。去广东馆午餐，大家点了虾饺、芥菜饺、素斋饺和蟹炒面。一只大蟹切成块，放在炒面中，味道很好。加上瘦肉粥、铁观音茶，一共 138 元澳币。

饭后去逛唐人街。越南华人为主的唐人街。人很多，东西比较便宜。

2011 年 6 月 2 日　星期四　阴

9:00 近，庞与延静、延医两个和尚准备去打坐，我也同往。是去一个教育机构，这里有各种业余教育班。一个小院子，一个大厨房，数间教室。

来了五个老外，四女一男，都是中年以上。

开始，延静敲响铜铃，打坐开始。约二十分钟后，又敲响铜铃，暂停休息。延静开始讲授佛法。说宇宙与人生，人生就是一个完整的宇宙。强调心静、心定，一切烦恼皆无。放下快乐与不快乐等诸分别，心定为最高境界。

庞担任翻译，他悄悄说，好累啊，从悉尼开车回来，再有活动。说完依然是哈哈一笑。发自内心的笑是让人感动的。

接着延医讲授。他画了些板图。说坐禅有伤身时，习武可健身，护寺。除自医外，还医乡里乡亲，这样就形成了参禅、习武、行医为完整的佛教寺院内容。

行医主要是针灸和膏药。

11：30 下课前，又打坐一次。

课后，万欣送来午餐，三人的炒米粉，我要的是面包、香肠、干奶酪。

万欣带我去商场买香肠、面包、酸黄瓜、奶酪。啤酒是去另外的店内。澳大利亚超市内不允许有酒精的商品共存。只有汽的如各种饮料。未成年人不供应酒。

回到家，万欣提议包饺子。白菜、猪肉、一点韭菜、香菇、鸡蛋。这里的猪肉不像中国的会有大量水分，和馅儿时加入水也不见水。

2011 年 6 月 5 日

几天来看网上新闻，我特别地敬重这样的中国男人。我们女人

2011 2012 2013 2014

445

就像净空法师说的，做好母亲，教好男人就好了。也就是说不但要和平地还要安全地争取权利。

我庆幸自己是一个诗人，我发出诗的怒吼，我相信有良知的人能够听懂，我是为所有善良的人代言，沉默不是我的选择。我的声音是山洪暴发，是生命的哀鸣，未来的日子都已经听到。未来三十年，一百年，我的声音将穿过时间，永远回响。而我是"穿裤子的云 / 大哭着葬身自然……"

2011 年 6 月 6 日

庞、万欣、Coco 和我开吉普出去买硬盘。

500G 的是 69 澳币，照相机 8G 的卡是 25 澳币。

转去少文原市长开的旧家具店。都是办公旧家具，样式和中国无任何两样，我想这可能就都是中国制造。

中午回来吃云吞。万欣把白菜下到水中，下云吞，又下两小把细面条，有虾干儿。说这是南方人的吃法。

庞又转回悉尼。说他的审批已近尾声。一两个月就会结束，地就可以卖了。他就轻松了。

2011 年 6 月 8 日

Janny 和 Jun 先后开车来到家里。这是一对恩爱夫妻。Janny 出现在楼梯口时，第一眼看去，像是我家邻居一样的，灿烂的笑容，休闲的淡绿色上衣，短短的直发，瘦小的身材。Jun 充满活力，憨厚的笑容，小平头显得很精神。

Janny 没谈几句，从包里掏出她正在编织的毛衣和样书，和万欣热火朝天地讨论编织法。Jun 一进门，直奔地上的吉他而去，坐在沙发上胡乱地弹起来。Coco 扑向这个，又扑向那个，他们手忙脚乱地应付这个热情的小主人。

万欣煮了铁观音茶，用她刚买的一套兰花瓷器。端上 Janny 带来的一盘点心、腰果、饼干、果脯，等等。

庞打开电脑，让他们看在悉尼的少林寺的佛堂景象，不知他们说的什么，哈哈哈哈地笑个没完。我凑上前去看，已转成万欣做的菜的照片，菜的确很专业，色香味是俱全的。

2011 年 6 月 10 日　星期五　下雨

10：00 前，我随万欣到达她的英语学校。老师路美（Jomi）已经来了。我们互相介绍认识。她六十二岁，苗条的高个，短的直发，长的上衣飘逸地垂下，深绿围巾上有一片花朵。

我赠送我的诗给她，万欣早已向她介绍过我，所以也不唐突。

先后来了五个学生，来自菲律宾、津巴布韦、日本、泰国和中国。

老师拿出她的薄薄的漂亮的新电脑给学生看，大家一起惊叹。她打开来，全是她拍的她的两条狗，各种姿态。同学围拢一起，看得津津有味。这已是课程的一部分了。津巴布韦的黑人女同学一件一件掏出她织的手袋，同学们又一阵惊叹！她说线是她一根根在大腿上搓的。老师赶紧去取了相机，拍下她的一个个杰作。大家就在聊天中进入课程了。

2011 年 6 月 11 日　星期六　晴

万欣昨天给我讲了半天服装课。今上午就带我出来搞实践，给我选衣服。实际上昨天已买了两件。万欣说还远远不够。又买了三件，两件高领针织衫，一件线的浅蓝色休闲坎肩。顺便给下午要去的 party 女主人买了束花。给万欣买了几枝兰花。

14：00 到 Janny 家。门口一派十足的乡村景象，草地上野花野草相间，田野伸向远方。小猫 Katy 见我们来，匆匆回家报信。

Jun 迎在门口，万欣把带的云吞和菜交给他。我则进门见到 Janny 把花送给她。我说"花园真大"。Jun 立刻带我出门，奔花园深处走去，随身带上 Katy 和一个小女孩。与其说是花园，不如说是田野，不知哪里是她家的边际。有一条河，Jun 说，有鱼，夏天四处有很多花。

他家门前一个大的泳池，已经盖住，夏天会用。

房内是异形的，门厅、小厅和异形的大厅相连，厨房与大厅相连。门外是木的露台。露台接出来是遮阳布做顶的露台。一侧又是三角钢立体搭起顶棚的露台。万欣说，主人是建筑师，很有创意的。

Jun 领我们进入他的工作室，一角是钻石切割机，小小的，他拿出几粒大约是水晶的样子，说，这一个面还要切成六个面。这是他的业余工作，要为他的妻子、两个女儿做首饰，为她们准备生日礼物。还有教科书，初级的。我看了立刻动心，想学做这个呢。

家的每个角落都是精心设计的，许多小画，有油画、素描、水彩等，自然还有繁多的工艺品、酒具、茶具等，摆在风琴管上，边柜里。

他的猫叫 Milly。大女儿 Johanna。二女儿 Jasting，个子不高，胖乎乎，灿烂的笑。

2011 年 6 月 12 日　星期日　晴转雨

12：30 前出发，去少文前市长 Greg 家参加咖喱 party。女主人 Rabyin。他们去过天津意风区。

庞和万曾在未租房前在他家住了一段日子。他家花园是六十亩地，养了孔雀，还养了四条狗。

车到门前，见四周森林怀抱，大块的田野在门前屋后。家里客人已经满了，有十个人左右。我把玫瑰花给了女主人。男主人已端着点心盘子来了。我取了一块。又有人递来红酒。

这是一个异形房屋，平层，几个厅敞开或相连。厨房、餐厅、内厅、门厅、电视厅。其实门厅即餐厅了。向两边两个内厅，一个仍是就餐用，一个生着壁炉，一套沙发。有一小门通向外面又一小厅，然后是室外。

互相短暂的交谈后，入座，是十四个人。各家做了菜，万欣做的是咖喱虾、红烧鸡块。自然受到一致赞叹。有烧土豆、烤鸡、咖喱鸡块、菜花、椰味香蕉、牛奶黄瓜、薯片、薄饼、米饭。然后是各种酒，据说是各家自带的饮品。

身边是 Beverley，是七十一岁的女士，前年丈夫去世，无子孙。她与中国做煤炭生意，去过中国九次，会说数字，"你好""很好"。所以她不断地拉着我的胳膊说，"很好。"她送给了我们名片，说："这是我的名片。"她说要"学中文"，我说要"学英语"，我们相约互为老师。"很好！"她说。

其他人说一些家长里短，女儿、儿子之类。

所有人都友好地问"enjoy？"（喜欢这里吗？）"like Australia？"（喜欢澳大利亚吗？）再见时，亦有说："enjoy holiday！"（享受你的假期！）都会礼节性地问："来自哪？""住在哪？""住多久？""噢，holiday！"我因为回答两个月或三个月，大家一致认为这是"holiday"！

女主人家有四条狗，都是小小的，长毛，温顺的。前呼后拥，追逐喊叫一团。一个十一岁，两个六岁，一个两岁。女主人用四个盘切四份羊肉给他们。

男主人把一只鸟笼子搬到有壁炉的内厅。他唤我过去，找一把锁把笼门锁上。万欣解说，这种鸟很聪明，能开锁，能叫人剪指甲，修翅膀，能活二百年。果然，它只用嘴，就开了锁。Greg 又拿了一把更难的锁，只见它用嘴转动后部旋钮，很快打开，还把锁扔出来。这个头上长着桂冠的家伙真是神物。

2011 年 6 月 13 日　星期一

今天是 holiday。

午后，Patrick 和 Melody 与我同往南天寺。南天寺是星云法师1995 年创立的，现在被誉为地球南部的天堂。占地五十英亩，合三百亩。有大悲寺、大雄宝殿等，金黄色瓦顶。靠近 Wollongong，是 Berkeley 区（伍伦贡市伯克利区）。

当时有澳大利亚移民局部长先生参加落成仪式，捐出两个 50 的澳币，作为南天寺九十九年的土地租金。

大雄宝殿内五尊释迦牟尼佛像。上万个供奉的小佛像，都点着一盏小灯，在四壁。100 澳币可供奉一个像一年。

我买了 20 块澳币一盏蜡烛灯，填上心愿卡"世界平安"，供于释迦牟尼大佛像下。

三人在边上软长椅上稍事打坐，又去参观旁边大厅，内有佛像散坐于布景中间。又有星云法师书法展，写有"以众为我""大公无私""人我一如""以人为本"等数百条。字体为行草或小草，无比美好，简洁有力。

2011 年 6 月 18 日

太阳很好，Patrick 决定带大家去中国人海滩。

车程四十分钟，到达。一小蓝牌"Chinaman's Beach（中国人海滩，位于悉尼附近的一处海滩）"。走过一小段石阶，下到海滩。这是全世界最白的沙滩，不知为什么有幸取了这个名字。扩大开去，整个大的海滩叫"Hyam's Beach（海姆斯海滩）"。向远望，远处有两处巨大的长长的礁石，中间一个开口，那里出去才是太平洋洋面，而内里这个湾是著名的 Jervis Bay（杰维斯湾）。Bay 即内湾。

Patrick 讲，这里不允许钓十厘米以内的鱼，要有鱼证，每年 30 澳元，而且钓的数量都有规定。这里生活有三十多条鲸鱼，鱼类非常丰富。

2011 年 6 月 19 日

今天仍是美好的天，Patrick 又决定带大家去海边，Melody、我和 Coco。

先去小镇去看画廊。2007 年我和 Melody 就来过此地。画都很小，卖几十到 500 澳元，旁边有一个画廊是 2007 年也来过的。女画家自己租的店，卖她和她丈夫的画，说，很快要关门了，因为租金太贵。Melody 看中一个小茶几，只 20 澳元，女主人说是她女儿不用了的。她的画很装饰，做得很漂亮，Patrick 买过不少。主要画的鱼、帆船、花朵之类，很像是漆画。

我去一小店买到几件金属器，烟灰缸、小餐具，很便宜，瓷的东西相对很贵。

车开到海边，先进入 Patrick 朋友 Glan 家。夫妻二人从另一个房中回来，男主人在这海边搭建了不少房屋为度假村，旺季一千多澳元一天，还租不上。她是他的第三任妻子，越南人，名叫 Tassa。她英语不错，Melody 教她打坐，讲经说法。Patrick 与朋友在露天聊天，Coco 和大母狗 Lily 胡打乱闹成一团。狗是导盲犬，十一岁半了，让着 Coco，最后吻成一团。

度假村地处 Dolphin Point，Ulladulla 区，NSW^①。

2011 年 6 月 20 日

Golden Wattle 国花长在 Acacia 树^②上，冬天开花六星期，很重的香味，花粉会过敏。

Waratah 是新南威尔士的花（悉尼是首府），春之前开花，不落叶。

一种是欧洲来的，一种是当地的，很耐旱，除沙漠里外，到处都有，

---

① 澳大利亚新南威尔士州乌拉杜拉区海豚角。——编者注
② 澳大利亚国家植物象征为金荆树（Golden Wattle,Acacia pycnantha Benth）。
——编者注

有一半的太阳（阴处）也可生长。有些整年有花，有些靠近沙漠，树叶硬不失水。秋天种最好。

2011 年 6 月 21 日

Coco 是 Patrick 的狗，名字是因为它是可可色的，又是名品种，很可爱的。品种是斯塔福郡斗牛梗，欧洲人很喜欢的，热情、忠实、聪明。短毛，小耳是软而垂的，毛色油亮，黑毛中夹着深棕色。Melody 说，"你看它多美，小美人，我的小美人，我的小臭臭，爱你！爱你！""你看她眼睛多漂亮，你不觉得吗？她真的太美了！"

可我总忘记她是个小女孩，因为她太能闹了。我带她到后花园玩，两个棒球，她叼一个，我扔一个，她去追那个，我又扔这个。一会儿就玩腻了，她想了想，猛转头去抢我脚上的鞋，力大无比的嘴把鞋抢走，然后一圈一圈狂奔起来，足足会在一亩地大的后院里跑上几十圈，然后停下来把鞋内衬统统撕出来。

在房间里一见到露台外的海岸上有狗或人走过，或有车经过，就疯狂地叫喊，见人走远，就追到窗台处继续叫喊。

2011 年 6 月 22 日

12∶00，Mily 和 Janny 都到了，Melody 做的四人 Lady's party（女士派对）开始。Mily 的丈夫把太太送到门口就回去了，二人都送了花来，Janny 还带了托盘，上盛着几个大柠檬和她的大朵的花。她说她在做紧急救护志愿者，"志愿者"这个词在日常中是经常用的。她又说到 70 年代买的那房子，太远，现在升值很多了。

2011 年 6 月 23 日　晴　星期四

Melody 今天破天荒被人请去做翻译，为一个小孩上学的事。Patrick 的车从悉尼开回家，接上我去 Meditation（冥想）的学习班。

今天接着学八段锦。

中间打坐，一位老者突然头垂下来，被二位师傅托起头，恢复过来。延医说，如果身体不舒服或头晕，自救是按人中，直至好转，或按手大拇指下的合谷。

2011 年 6 月 25 日

午间，Jun、Janny 和一对父子来做客。天气很好，大家决定在花园里用餐。P 负责烤肉，帮忙，M 楼上楼下忙。烤牛肉、烤鸡翅、烤肠、虾、炒菜，客人带来了南瓜披萨，还好吃。Coco 一直在客人中冲来冲去，热情不已，我和 Janny 轮流陪她玩球和它的毛巾球，一直冲锋式的跳跃抢夺大战。

18:30，Jun 和 Janny 开车来接我们去看一个私人音乐会。路不远，远远见有篝火、灯光即是了。我们都带了吃的，每个人都会将钱放在一个陶瓷罐内，旁有一打印的客人名单，后面填上讨的钱数。客人陆续地来了，都是带了吃的和酒。

约一小时后，音乐会开始，这是由悉尼来的两位音乐家，男士弹贝斯，女士弹吉他，唱爱情歌曲等。外面有卖她的 CD，P 买了一盘，与她交谈了一会儿。这是中间休息时了，其间有她与观众互动、合唱等，两个人对话引得大家时时开怀大笑。

这个院子占地有三十多亩，很多处树下摆放着陶做的鸭子、小椅子等，树上挂着小钟、铃铛等小品。

2011 年 6 月 26 日

中午在家有六位客人来聚餐。

2011 年 6 月 27 日

旧货店。

2011 年 6 月 28 日　星期二

8:30，Mily 的丈夫送她到 M 家，M 开车我们一起去 Janny 家聚会，去 Wollongong 玩，Janny 开车。

车程一小时，一直开到海边。海滩边有一个咖啡店，敞开式。我们各要了一杯咖啡，一块甜点。

开车绕海湾前行，湾内有许多船，小小的，有两个灯塔。

去逛商店，大部分商品都是中国制造。M 买了一件夏装纱质连衣裙，古典演变的，莲叶裙边和袖边，宽大华丽，90 澳元。Janny 买了小坎肩等。Mily 说，我是 window shopping（逛街），即只看不买。

2011 年 6 月 29 日

Melody 的生日。

儿子汪汪，认的女儿于娜和我晚上都在家，Patrick 在悉尼，明天才能回来，在通话中遥祝快乐。

我们备了玫瑰花，M 爱的蛋糕。点上所有的蜡烛台，熄掉灯光，生日晚宴就完美呈现。

2011 年 6 月 30 日　星期四　晴

今天是本期坐禅班的最后一课，所有的少林八段锦功夫都复习一遍。师父仍在强调，这些不是少林文化的本质，少林精神是要坐禅达到入定，心无他物，获得平静心，这些功夫有助于平常人进入此门。M 和于娜 10:40 到了，于娜要为延医讲课做翻译，是 P 有意安排的。此课讲脊柱的构造和各种病因。

结束时大家合影留念。

P 建议我留下继续听下午课，为大家拍照。

下午，一位学员带了吉他来，他是音乐家。他说为坐禅写了一首歌，大家欢迎下，他盘膝而坐，弹奏开始。很柔美的像歌谣一样的简洁的旋律，意思是坐禅使人心神安定，没有争斗，没有战争，只有和平与健康、快乐。有诗意的。

P 介绍说我是中国诗人，他建议我读我的诗，我背了《天地人歌》，倒数第三句时忘了后面的词，引得大家笑。

2011 年 7 月 2 日　星期六　晴

昨晚约定今晨 8:30 准备就绪，出发去悉尼，转天送 M 和汪汪去机场，于娜回堪培拉，我和 P 打道回府。于娜稍晚了一点起床，出发时大约 9:00，Coco 同行。汪汪和于娜同车，车一发动发现他们向相反方向开去，P 说，没问题，他们有导航仪，可以跟上。快到悉尼时，于娜来电话已经先我们一些到达。我很惊奇，如此蜿蜒曲折的 150 公里，她居然跑得比 P 快。

澳大利亚少林寺在悉尼的禅房位于铁路沿线，目标比较明显，易于宣传，有越南人居住于此地。暗红色的外墙上写着中英文"少林寺"，院内已停满车。一些孩子在上功夫课，大约有二十人。

知道我们一行人来，已说好做泰国餐，厨房较大，三位女士热火朝天在备餐，主菜是咖喱。

待二三十人都盛饭入座，延净师父开始讲。饭后又说教几分钟，大家便分头去打坐、练功、就医等。延医为我诊断，背都非常僵硬，说能治愈，十天一疗程，一至三疗程。相约他到北京时，大约八月初，我去治疗。又给 M 诊断，比我稍好。

19：00，有在悉尼市政厅的音乐会。我们下午去逛一下街，主要是汪汪要买些小礼品。于娜则一如既往，冲向同仁堂，采购了几大包中草药。

接着去 P 的朋友公司，去放车。是一家内部电信公司。

我们喝些咖啡和水之类，吃于娜买的甜点。之后把 Coco 留在车里，步行前往音乐厅。途中在一港人餐馆用餐，点了馄饨面汤、辣牛肉面、鸡肉面、炒面，五人够用，很经济，味道浓郁又清淡。

18：30 我们入市政厅。一百多年的老房子，很有古典味道，又不过于奢华，有二楼包厢。场内是平的，活动座椅，分红、绿等颜色票区，决不可逾越，有一人在把守。

音乐会由台湾朱宗庆打击乐团演出。大厅全称为"雪梨市政府音乐厅"。音乐会后半场越来越精彩。

P 决定 M、于娜、我住酒店，他和汪汪、Coco 住寺里。但近的旅店已客满。花了好一阵才找到一个，P 说："这个 pò làn 要不要住？"我说："波兰酒店，好啊！"进入去，M 交 100 美元，房间内居然破破烂烂。M 大笑，说："Pang 说的是破烂酒店，你却以为是波兰酒店。"我也笑了，但笑不出来。于娜几乎要哭了，说："我在考虑要不要连夜回堪培拉。""但我有些头晕。"

"那就不能回，住下吧。我什么地方都住过。陪那两个英国人连长征路上都住过了。"M 说。

"啊！没有被子，Pang 没有被子？"我喊。

P 从车里下来，不一会儿，要来一床黑乎乎的毯子和一块灰乎乎的线毯。扔下扭头就说："走啦！"好像生怕我们拦车一样。

"少一个枕头。"我又去找那英俊的满面笑容的值班小伙儿。他从库里认真地装了一个。

M 要睡那个上下铺的上铺，我一摇，像船一样。我坚决制止了她的决定，我睡下铺，于娜和她睡大床。和衣而卧，脸也未洗。

2011 年 7 月 3 日　星期日　晴

6:00 多，手机闹钟响起，我们三人先后起床，每人用时几分钟洗了脸，M、P 已在敲门。于娜开车回，我与 P 一家三口去悉尼机场。

归途中，P 建议下吃了 Subway（赛百味）。P 说一起看他看中的地，地在海边的高坡上，漫坡很平缓，但居高临下，在此居住一定感觉胸怀五大洲四大洋。售价 80 万澳币，1.2 亩地。海滩礁石中居然做了两个人工游泳池。

回到家中刚刚热了 Bagodei 汤（巴西式南瓜汤），香港夫妇二人已敲门了。一起喝碗汤，吃了烤饼，一起去 Nowra（瑙拉）山。山上竖有雷达，P 说这就是老人说的地球竖线的磁场。接着去看少林的地，一直开到一条河边。少林地有 18000 亩，其中 5/6 是森林，1/6 的空地像一个草场，各色的牛在吃草，有黑、黑白花、棕色、黄色、驼色、灰白色……我靠近一头浅驼色牛，一招手吓得它向旁边一跳。

香港友人 Alan（爱伦）Chan 是摄影师，手持尼康相机，一通拍照。他的太太 Alice（爱丽斯）Chan 中文名字叫梁绮华。她们来澳已三十多年，国语讲得更少了。

归途中不断见有马披着毯子在吃草。P 说是为了不让马毛长得太长，都是赛马用的马。我几天来一直以为那是装置艺术品。

2011 年 7 月 4 日 星期一 晴

Alan Chan 昨晚说他今早要 6∶30 起床，拍照日出。我 7∶30 起床，他已经在拍。粉红色的云层，河也是粉红色。又拍 Coco 十几张。

Alice 说，她 16∶00 要开会。我们匆匆吃些面包、面饼、咖啡之类，就出发去山上。

路不远，但山路还是盘旋了几公里，才到达山顶。

P 问我是否来过，我说，大概上次我来过。

山上有一座高高的铁塔。

下午，P 带我去买腐乳、洋葱、排骨类，要喝汤。回途去看两个卖车场。Coco 同行。

2011 年 7 月 5 日　星期二　大风

一早起来，P 吃了他的面饼，接了几个美国等地的电话。"我们去悉尼吧。"P 说，"你还可以看病，我办点事，当天就回来。""Coco 呢？"我问。"一起去。""你自己去比较自由，可以不回来，Coco 太麻烦。"

P 想了想，决定自己去，明天回来，说星期四带我去蓝山。"这样大风啊！"P 说。"是大约有四五级。"我看河水已波浪滚滚向东。P 找了半天他的小包："我真是糊涂了。"找到了，在车里呢。他开着他的黑色本田走，说要修一修这个车。

风居然越来越放开了刮，河面水雾不间断地腾起，像白烟飘逝。河水卷成一道道白条，翻滚着向前。树木灌木摇着柔软的身体，与风一起合唱着中音，深灰色的云朵翩然起舞，飘飘欲仙，列队向东飞去。河中那只红白相间的小游艇却岿然不动，在树木摇曳的后面时隐时现，好像是这场合唱的女主角。一定是聪明的导演早已为它投下了锚，等待这冬风消逝、春暖花开时，让她率领她的游客们开始旅行呢。

今天是我第一次独自留在这栋二层小楼里，竟凑巧赶上了一个月来最大的风天。其实，我是很喜欢大雨天的，风的风景居然和雨有不同的暗喻。雨像是天空要下凡尘，我安静地迎接，享受那陶醉的一刻；而风像是要带凡人们上天，我心神不安，想象一些难料的事情。楼上楼下的门窗一起叮叮咚咚地合奏，唱着一支助威的交响曲。我奋力关上厨房的最后一隙窗缝，坚定地要待在这烟火的凡间，何况澳大利亚是净空法师所称的福地呢。

又是一大串合奏的响声，Coco 急忙从毛毯中起身"咚咚咚"地下楼，我随其后。它正步巡视小小门厅一周，看看两个门锁，闻了闻P的大皮鞋，无奈地看看我，摇摇尾巴像是挥了挥手，"没事"，慢条斯理地又上楼去。

整整一天，河堤上杳无人影。正当我预言今天没有游客时，忽然，东面现出一对米白色的人形，原来是全副武装到脑袋的两个人，缓缓向前移动，居然在我们阳台的对面河堤长椅上坐了下来。看来他们是按健身计划准时出行的勇士，无奈战不过东去的顶风，在做短暂的休整。

夜深了，Coco站在楼梯转角处，用眼神求我陪它到门厅，隔着玻璃格子向外慌乱地张望。往返数次后，我忍不住开门把它领到门前的草地上迎风站了片刻，它在草丛中嗅来嗅去，不知想些什么。进门后，它又上到楼梯转弯处回身站住，直直地挺立着守望着门口，准备随时冲下去迎接爸爸妈妈的晚归。

我在灯下学英语，又想起要带它去后院撒尿。不知为什么，这一次它没有尿，又转回楼梯处。

不知何时，它已进入主人幽暗的卧室，上床蜷曲在它的粉红色小毛毯上，睁大的眼睛在暗中无声地闪光……

我特意打开我的房门，关闭了电暖器，在地上放了厚椅垫，随时欢迎这个另类朋友来与我同居——

2011 年 7 月 6 日　星期三　大风

傍晚，M从北京打来电话，说蓓蒂约她去家里吃饭云云，问今天把垃圾拿出去没有。"呀！全忘了，真对不起。""我应该给你们发个短信之类的。再到星期二记得把红的和黄的垃圾箱一起拉出去。"

2011年7月7日　星期四　晴

一早起来，P说路上没事了，可以去蓝山。九点左右出发，要二百公里。

路的弯又多又大。于娜说她昨晚从这里过来，好恐怖啊！好在是老油条了。

十二点多，到达P的朋友Michael Thompson（迈克尔·汤普逊）的家。是个大木屋，森林怀抱之中。P说他卖掉了海边的房子，住到这里，说世界末日要到了。他信印度的一种古教，卧室里摆着他所信教的图腾，一个牛的小雕像。开放式大厨房与大厅相连，一位女士正烧水，走过来与我们一一握手。

迈克尔带我们去Dining Room，他们的餐厅。吃的杂菜汤、煎土豆、茄子、蔬菜沙拉。又一位华裔女孩走来，每人盛了一碗红豆粥。屋子里的壁炉火还不错，两侧摆放着整整齐齐的劈好的大木头、中木头、细木头。窗外依然是森林坡地。

餐后，他拿出一把名片打成扇形让我们抽取。我抽了一张，拿到手中发现居然是两张。他说：我给你双倍的祝福，这种事五千年都没有发生过。

出门来，进入另一个大门，是教会所在地。他领我和于娜的手进入一个小玻璃房，那里四面摆着CD等。他拿出一张送于娜，又拿一个送我，又送P两个，然后又一一收过来去付钱。他说，我没有别的东西送你们，这里的东西就是我的东西。

然后进入他们打坐的地方，很讲究的座椅、地毯。打坐了二十分钟左右。出门进入一个大厅，估计是聚会之类的用场。

参观完毕，去森林里转。一个石头砌的房子正在装修，很古老的样子，我很喜欢。遍地是青苔，Coco 拼命挣脱绳索，疯跑起来。林里到处是参天大树，小溪小河，非常清澈。Coco 跳下水，又稀里哗啦地跑上来，引得大家都笑。

我说：我可以住这吗？他说，当然，都是你的，天空、大地。

我和他握手告别，他说：看着我的眼睛，你就会走进我的世界，不用来此地，你也会和我见面。

2011 年 7 月 8 日　星期五

于娜今天要带我去堪培拉（Canberra），我说太辛苦了，可以等庞全家从中国回来再说吧。她说："我说过陪你去就一定陪你去。也许你一生只会来一次堪培拉，多一点时间让你看东西。"

约 8：30 出发，二百多公里，近三小时车程。先到她的学校澳大利亚国立大学，她要去为庞翻译一份文件。没想到这位澳籍翻译看不太懂少林戒规这类的文字，要余帮忙一起翻，用了一个多小时。出校时去看学校的画廊。

在门口吃日本餐，然后去国会。老国会是白色的小二层，新国会比较大气，远远看是在高坡上的。一栋楼供市民参观，一栋楼办公用。楼道内挂有多人的画，历届官员的几张巨幅油画。出入没有任何检查，可以拍照。

出门去战争纪念馆。这个馆对澳大利亚人很重要。

最后去国家画廊。入门后还有二十分钟闭门。有展览海报写着"西方以外的"，有澳大利亚的、俄国的名画家，莫奈、梵高的也有。

晚上去市中心商店。于娜极力推荐我买了几件澳大利亚最好牌子的睡衣，"peter alexander"（中国制造），精细的全棉品。长衬衫、脚腿裤、黑白花纹纱的上衣。

吃了这里有名的烤鸡，于娜坚持要带我上山。

2011 年 7 月 9 日

清早，我收起床，以便让于娜可以下地。我收拾好东西，连同她的部分书籍一同拿出门，准备带回 Nowra 她的家。她收拾好也出门来，一同去今天农民开放的菜市场。

车已停满。场内有蔬菜、水果、鲜花、绿植、点心、饮品等。我买了两束向日葵、白菜、西红柿、蒜、苹果、橙、梨、大饼、白萝卜、苹果汁、小葱、草莓、菠菜等，两人两次才拿完。向日葵 20 美元二束，比城里便宜一倍。

归途中，于娜带我拐进 Moss Vale（莫斯维尔）小镇。她说这是英国移民的聚集地。很早以前的移民除了在悉尼，很多来到了这里，因为路好，交通方便，整车的东西可以运过来。现在的建筑大约也都是英式的。一条主街上接连的古董店、旧货店、家居店。有一个店挂的牌子说，从 11 号隔日开门，六个月后关闭，向里看堆满了漂亮的旧货。于娜兴奋地说，这就是我最想看的，11 号我们一定来。

2011 年 7 月 10 日　星期日

庞先生今天要回中国。六点三十几分，庞、于娜和我去机场。快到时进麦当劳吃早餐。庞说，你不要到处跑，看一眼，没有意义，住下来才有意义。他说得对，我的愿望是去一百个国家看一眼，这也说不上错。我跟于娜比喻，你家有十个房间，虽然你只住一间，那些都会看一看。

2011 年 7 月 11 日　星期一　晴

又一个温暖的冬日，于娜带我驱车前往 Moss Vale。途经 Kangaroo village（袋鼠林），终于有心情停下来走一走。

眼前是个 "wood gallery"（木工房），门前一排木马摇椅，里面挂着木壳钟表，摆放满了木盒、木动物、人物、大铅笔，内间是木工机器，堆着碎木屑。

对面是礼品店，都是小东西，杯子、手帕、袋子之类。

路边一个几米高的小纪念碑，四周挂了花环。是纪念二战时死难的战士的。

有一个小教堂，大大的院落。

上车离开，出村时是一座古老的石桥，单车行驶。

到达 Moss Vale 的小小的主街。进入第一个店是慈善售卖的店，东西是人们捐的，衣服洗干净后捐出。货款为慈善所用，因此价格便宜。一个长衣架上的衣服全是 1 澳元，很多小东西是 5 毛到 3 澳元，我买了几十件。

找到我们要看的那家店，店主是位白卷发、白短须的先生，灰蓝眼睛放着迷离的光，花衬衫外头套着米色夹克。他说，他来这里住很久了，开店也已十七年，他靠一些找贷的人的订单赚钱。我们楼下楼上看了一遍，价格都贵。于娜看上一个小小的饰品，要400澳元，只好放弃。

又一家慈善小店，大同小异。

在家居店，于娜看上一个餐巾篮，说是万欣早想要的，我当然买下。

2011 年 7 月 12 日　星期二

昨晚请示了 P 以后，今天上午带 Coco 去看病。鼻子碰伤已好几天了，只是昨晚鼻孔喷了一点血，把我们二人吓着了。

好不容易才找到，"NOWRA VETERINARY HOSPITAL"（瑙拉宠物医院）。

在诊台上看了看，医生说没事，鼻梁旁有一区域，可能碰到会出血，给一管外用药膏，12澳元。疫苗过期了，打了一针，87澳元。

2011 年 7 月 13 日　星期三

于娜在英国读书两年，在澳大利亚国立大学学习统计学，业余在一家诊所帮忙工作。

她打开电脑，让我看她养过的小动物。仓鼠类就有十几种，罗波夫斯基鼠（俄）、银狐、布丁、黄金仓鼠、雪球、紫仓，棕色毛的，还有仓鼠笼，复式城堡形，跑步机，仓鼠球。总之，她说越换越高级，没有人玩，只有钱很多。

还养了兔子，荷兰兔、垂耳兔，最不像兔子的安哥拉兔。

最后是狗，泰迪熊贵宾狗，穿四季装，旗袍、雨衣、和服、警服、小蜜蜂装、恐龙装。迷你雪纳瑞，灰白色，白胡子，白眉，像老公公，不掉毛，不换毛。她说："如果你养两种，我推荐你一定要养这两种，如果养第三种的话，我推荐你养法国小斗牛犬，竖耳。"

2011 年 7 月 14 日　星期四　晴

Jun 和 Janny 13:30 过后来接我们。车开至一块著名的海湾，大大的横牌上写着 Kingsford Smith Reserve，Kingsford Smith 是澳大利亚著名飞行员，Reserve 在英文中是保留的意思，中文真不知道怎么说为是。悉尼机场就是以此人名字命名。这里已形成一座小城，房子依海边山坡而建。其中一块位置绝佳的空地正在出售，P 已带我来看过。

Jun 留下我们，独自驱车去看一个朋友。我们沿海岸的礁石地前行，途经一天然游泳池，因为它完全照游泳池（馆）的样子而做，台阶从高处下来时有两边扶手，平台，四围用石块围成一个泳池。Janny 说是为小孩子做的，夏天这里热闹非凡。池底清澈可见，是用鹅卵石铺成。我真是感动澳大利亚点点滴滴为人民着想。

一路上的礁石和一边的礁岩都是火山岩，有的如刀切斧凿，有的如蜂窝叠起，并有大量的贝壳落在其中。三人匆匆捡拾，很多黑白条纹状的小螺、蚝壳，于娜轻易地拾到一个圆圆的海星贝壳。

不远处，浪花拍岸卷起千堆雪。远处是"婚礼蛋糕山"，不知是否有新人在此举办典礼？

约走了二十分钟，转过弯来，弧形的海湾尽在眼底。有人夹着滑板向海水走去，海中有无数人在冲浪。这里可是冬天啊！

Jun 已回来，一起去草坡，那边也是这个海湾，原来我们走了一个半圆。

草坡上有一种树，绿叶金花，Jun 说澳大利亚参加奥运会用的就是这种花，绿色和金色是澳大利亚的代表色。

2011 年 7 月 15 日　星期五　多云

早已知道这个房子极近处有一个渡口。今天 Jun 和 Janny 带我和于娜去河内划艇。

近 10：00，两位已把艇推出，前后乘二人。Jun 先带于娜，穿救生衣，换布鞋，带露指手套，腰间围一防水围裙，带上白布大檐帽，驶离岸边。

"Good day。"（"好天气。"）Janny 说，虽然云很厚，在她看来仍然很幸运。她带了茶、咖啡、水果和饼干，还有大浴巾之类，样样齐备。

轮到我，我说，夏天再说吧，我怕 Jun 太辛苦。他说，不，不，现在，下来。进入河心，仿佛游于河上的野鸭，视野好极了，水草、巨石在水底清晰可见。两次艇都触到河底。Jun 尽量靠近对岸，我看清了居然如此繁茂的树木和花、藤、杉木倒映于水中，小鸟和大鸟跳跃其间，像是原始的生物之国。Jun 听见鸟的叫声，这是澳大利亚的国鸟[①]。

待我们两人划完，活动已宣告结束。"船放在哪儿？"我想也

---

① 众人见到的应为华丽琴鸟。——编者注

许是租的船。他们带我们上岸来看一间库房，门口写着"NOWRA SAILING CLUB"（"瑙拉帆船俱乐部"），内存有十几条小船，双层存放。大家把船放于一个双轮底座，推至门口，用水管冲洗后，推入库房，前后盖好。这小艇叫 Kayak（皮划艇）。

家，近在咫尺。我已在早晨和好面，回得房来，立即做 Chinese noodles（面条）。Janny 在一边端着茶杯惊奇地看我飞快地切好面条，"beautiful！ beautiful！"（"太棒了！太棒了！"）她大约没吃过人工做的面条吧。我又炒了蒜薹、西红柿炒鸡蛋，烤了面饼，配于娜煮好的茶叶蛋。蒜蓉辣酱和饼一起，真是绝配，我推荐给他们，果然得到效果。

2011 年 7 月 19 日　星期二　雨

Melody 和汪汪的飞机推迟了，我和于娜 12：00 出发，到机场附近停车，等她们出关。我说要去厕所，于娜说，我来想办法。转过街角，居然是悉尼南部最大的古董店。

悉尼是英国人最早落地为移民，所以英国的旧货最多，从店里发的小广告来看，还有很快就能到的古董节。我依然是选小盘子，我欣赏它的设计图案，也易于带走和保存，大约有不少会送家人和朋友吧。他们在喝茶的时候大约有闲情逸致来谈论这些东西。它们承受着人类生活的历史，像人的生命，可以很久，也可以在举手间粉碎。它们像人的生命，是现实的物质，也是精神的载所，是物质不灭的证据，"不过粉碎罢了"。

2011 年 7 月 22 日　星期五　大雨

连续几天的雨了，Melody 回悉尼那天就是断续的雨，然后一直延续至今日。

7：00 出发，Melody 和我去接 Patrick。

四野望去，灰色的云把地球暖暖地裹住，仿佛伴着轻音乐在悠悠地摇荡。时而雨大些，时而又小些，时而急促时而舒缓。M 说，你看车窗上的雨点很神奇，有的巨大，有的细密，太不同了。就像是乐器中的鼓声和小提琴的细腻相交相合，无数的乐器相知相惜组成这雨中曲。

2011 年 7 月 23 日

经于娜推荐，在电脑上连续看了几个影片。

《三傻大闹宝莱坞》，是印度最卖座的影片。讲的是印度排名第一的大学，却死读书，无视学生的创造力，最后闹出笑剧。

《九》，歌舞片。

《芝加哥》，歌舞片。

《七磅》。

《风月俏佳人》。

《妈妈咪呀》。

《原罪》。

《姐姐的守护者》。

《马利和我》。

还有中国的《最爱》《让子弹飞》《居家男人》。

2011 年 7 月 24 日　星期日　晴

太阳时隐时现，是个晴天。

中午有六个人要从悉尼少林寺来家里。Melody 安排 P 和我去中国超市买菜。主要买三盒豆腐，还有蘑菇、沙拉酱、白菜等。我问有没有饼，推荐了印度薄饼（或叫印度抛饼），用油煎一下即热。

来者有和尚，有志愿者夫妇。M 做了米粉、米饭。少林寺不只他们二人志愿者，多有华裔教徒去帮忙做饭、做卫生等。饭后他们去看少林寺的地。

于娜回堪培拉，"两天后见"。因为 27 日一行四人去西澳的珀斯，在悉尼机场集合。M 像妈妈一样嘱咐，Kiss 而别。

晚上，汪汪推荐我看日本动画片《川之光》。"好神秘的名字。"我说。片子中狗救鼠，猫救鼠，鼠救雀，只有人类无一例外地对鼠喊"打"，而鼠的同类也相互追杀。人类是因为恐惧鼠的破坏，而鼠的同类则恐惧地盘被占领。恐惧导致了杀害。

2011 年 7 月 25 日　星期一　多云

云的一天。

早晨，天空多云，白云、灰云和蓝天平分天下，交错共生，我于是跟踪云的呼吸开始拍照。

2011 年 7 月 26 日　星期二　多云

云的又一天。

午时我在后花园拍照云和树的交合，晒出的衣服在云彩下，

2 0 1 1
2 0 1 2
2 0 1 3
2 0 1 4

rosemary（迷迭香）和花篱笆……P说rosemary是英国的国宝，做茶的，我吃他用rosemary做的茶，仍是化妆品香味。跟我从俄国带回的那个味道一样。但是这里因是我们采下冲的茶，因此我确信它确实不是化妆品薰的，试着接受它。

14：00左右，M带着一个中国绣花袋和我的诗集去看邻居Jean和George Auld夫妇。一进门，他们正在餐厅里看报写字之类，站起来快乐地打招呼、拥吻。Jean八十八岁，George九十三岁，他们仍是干各种家务，开车。昨天我见George在用割草机割草，整理花园。

2011年7月27日　星期三　晴

悉尼往珀斯的飞机是8：30。P、M和我4：20出发。到Cabramatta（卡布拉美塔）换Wen开车送我们去机场，只差十二分就关闭出票时，于娜从Canberra过来的，正好已排在第一位，幸运办好。

买的是3折机票，每人可手提7公斤行李，没有餐和免费饮品。我们买了一瓶水和一罐可乐。

P的老友Angelo来接机。途中经大河，P带头下车，他十年来回珀斯，未见这母亲河。河叫Swan river（天鹅河），多有黑天鹅在河中或河岸。又沿印度洋海岸行车。停车观景。从太平洋岸到印度洋岸，实感到地球很小，是个家庭。

A和女儿L在家，L上大学，学经济法律。

几人同出门买菜，买回龙虾两只，螃蟹、青菜和面条。A的妻子D下班回来。A是意大利人，D和L是中国人。我如鱼得水，可以说中国话，听英语呢，又有一桌子的翻译。

房子是意大利的古典风格，1982年造成。花砖地和地毯，各处挂着油画，餐厅和门厅各有楼梯通向二楼。

此行，P是十年未见父母，来团聚，同时旅游。

2011年7月28日　星期四　晴和雨

P带我们三女性开车沿街而行观街景，午时到他母亲家。他原来的房子已经被家人换到新房子里，买地自建的二层小楼，由他的姐姐掌管，有部分房间租给留学生。

P的妈妈和姑姑慌里慌张地出门拐过墙角来迎接。P一一介绍。入房来见他妈妈正在为大家做饭，煎肉饼、煮饺子、炒米饭。二老有糖尿病，饭菜不加盐，这次姑姑自己在吃豆煮饭。

姑姑带P看各个房间及他的存画。居然多找到两张熊宇的人物画，P兴奋不已，说当年花5000元买的，现在很值钱。

下车去看P当年做的一些房地产项目。首先是高尔夫球场，Australia first 是对它的命名。又有联体别墅、酒店、公寓等。

到码头，见数百艘船舶停靠于此。很壮观。

于娜请吃冰激凌，6澳元一支。

我买了两件澳大利亚产的T恤，因为要买澳大利亚做的衣服还真不容易，多是 Made in China（中国制造）。

晚上去海边吃海鲜餐，西红柿炒贝肉还不错。

餐后又回P的妈家，见她在一次次地抹眼泪。

2011 年 7 月 29 日　星期五　晴和雨

较晚出门，去市场买菜然后到 P 妈家包饺子。P 的姐来。P 躺在沙发上睁开一只眼看了看，介绍了一下我们，又睡了。姐与坐着的于娜聊天，语速很快，从容不迫。

已是一点多了，P 妈做了几个菜，姐说：别包了！先吃吧！先吃吧！无人应答。二老和姐先吃，M 包一些无盐的放入冰箱，又包大家吃的。

A 也来，吃了几个饺子，带我们去老城中心画廊，展的工人的画，经理和他见面又拥抱又按摩，哈哈哈……

又去看了类似 798 工厂的一个艺术家工厂，正在修建内部。在画家工作室喝了酒和咖啡，大雨时下时停。

晚上去美食城吃快餐。

2011 年 7 月 30 日　星期六　晴和雨

两家七人一起出发。

到了巧克力店，三种巧克力豆任意品尝，看似旅游团队的采购点，品种繁复，是礼品装。

又到葡萄园，一起品尝，然后就地用餐。店主的工作服上印有中国字"龟梦湖"，说近处就是这个湖。先后拿来各种红酒请客人尝味，热情非凡，"I love you！"老店员轻轻在客人间互语。我们终究没有买他的酒。

来到一百年的小教堂，西红色外墙，内有几十个座位的长椅，外有十字架，小片墓地。往下可见 Swan river 的发源处或是流经地。

最后来到羊驼农场。几十只羊驼，慢吞吞地走来走去，Lisa 手拿着一些青草喊："乔治，乔治……"P 和我拍了不少照片，一只，两只，五只……

专卖店设在二楼，一楼一小厅内是几百种奖杯，奖章系着彩带挂满三面墙。M 买了三件衣服，我买了 100% 羊驼毛线六卷，一个 80% 羊驼的小毯。

两家人分手，去老人院看 P 的爸爸。P 父八十八岁，正坐在轮椅上，眼已近失明，无牙，但头脑清晰，每天听广播，知道大事。坐了一会儿，他上床躺下，突然说："我们唱歌吧。"我们反应过来，一起说："好，好。"

2011 年 7 月 31 日　星期日　晴和雨

9:00 后出门，去 P 的表妹家。一会儿，有借住的留学生朋友来，其间又有另一个表妹来，说四十年未见 P，P 大笑否认。三家合影留念，P 说下一次"优惠"，二十年就见了。

午时，去 P 的妈家，P 姐带女儿，女婿未见到。三人拿着备好的午餐，有叉烧、烤鸭、薄饼和青菜等，妈和姑做的萝卜糕。餐后，用女婿自制的蛋糕，喝茶。

回 A 家。又一起出发去公园，看到萝卜一样的树。

到老人院。P 父拉 A 的胳膊做按摩状，P 说十几年前，这样做过。P 父又唱起老歌。

2011 年 8 月 1 日　星期一　晴和雨

乘 12：30 的飞机回悉尼。9：30 出发，先去还车，到机场托运画和一个小箱，要 40 澳元。到咖啡厅喝茶候机。A 的朋友来，带着一些资料，谈一个项目。

余在机场打票，回来时已有记录，不用护照。P 说：看，有女儿多么好，都搞定了。M 说：天上掉下一个大馅饼，砸到我们头上。

全程 3279 公里，珀斯到悉尼，四小时整。机上有大约三分之一的乘客。

二、南非、阿联酋
（2011. 11. 25——12. 4）

2011 年 11 月 26 日

整整 24 小时行程。其中北京到迪拜 8 小时，机场候机 6 小时，迪拜到南非 9 小时多。在约翰内斯堡机场出关。

此行由天津中贸国际旅游公司组团，一行十六人。公司王总带队，我跟老同学金祥结伴。当然全团都是她的老旅友了，还带了她的表弟妹小范。这十几人已结伴去过不少国家，大多数人做生意，倒也有闲情逸致，旅游加购物连说带闹，不亦乐乎。据说在美国买了极其便宜的钻石，几万到十几万元人民币的每颗，现又升值不少。

当晚入住 PROTEA HOTEL, PARKTONIAN ALL SUITE（帕克通

尼安普罗提全套房酒店）。套房，双床。沙发太旧了些，暗暗的。

2011 年 11 月 27 日

说好 6:30 吃早饭，时差是六小时。但 5:00 小范就喊到点了，我跟她住一处。所有人都起了早，于是爬楼顶去看风景。顶层是健身房、泳池、露台，风景没什么特别的。

8:00 出发，导游叫汤姆，中文名叫史楼明，小伙子，大眼睛，满面笑容。路上一直讲一些南非的事情。

南非是黄金大国，皇冠金矿就在本市，3700 多米深。

黑人领袖曼德拉就居住在此，已九十三岁。他不问政治，但由于他的威望，政局一直稳定。

看南非，要从三点看，一是民族历史。最开始记录于岩画，没有文字，现已有十一种官方语言。二是钻石、黄金。最大的 3106 克拉的钻石王，已切割。三是野生动物。

我们到达的是比林斯堡国家野生动物公园。占地五百平方公里，是南非第四大野生动物公园。先后入眼的斑马、犀牛、野猪、羚羊、山鸡、鸟类、狒狒，终于出现了大象，只是未见狮子。噢，还有长颈鹿。

下午入住南非最大的娱乐城太阳城。这里有人造沙滩、海滨、地震桥，六星级酒店，国际会议中心。我们住三层，门外是草地，这景极美。晚上大家喝酒，聊天，久久不忍离去。

2011 年 11 月 28 日

28 日　　下午钻石大楼。

17:45 乘飞机去开普敦。

29 日　　8:00 出发漫敦岛企鹅滩。

去比勒陀利亚，先民纪念馆。

30 日　　早，大康斯坦夏葡萄园。

18:10 乘飞机往迪拜。

2011 年 12 月 1 日

昨晚 22:45 上飞机，5:00 下飞机，出迪拜机场。三号航站楼全都是阿联酋的航空公司，1、2 号航站楼包括外国航空。入关时先排队照瞳孔，据说有犯罪记录者不可入境。须有联系人的姓名、电话，报告从哪里来。

全天在市内参观。迪拜市闻名世界的有帆船酒店，由 26 吨黄金打造。还有亚特兰蒂斯酒店。

阿联酋原为英殖民地，1971 年，七个酋长国成立阿联酋①，各有法律，有联合国议会，没有货币限制。

最富有的是阿布扎比，石油储备 90% 以上。1966 年发现石油，1969 年输出。

参观皇家清真寺，世界第三大清真寺（第一是麦加）。五百人两年织成的整块地毯。这里的人爱好赛马、骑骆驼、玩游艇。以前的皇宫、监狱，现在改为博物馆。

_____

① 阿联酋于 1971 年建立，最初包括六个酋长国，1972 年，哈伊马角酋长国加入，阿联酋达到了七个酋长国。——编者注

2011 年 12 月 2 日

全天自由活动。

10：30 集合，去帆船酒店用餐。12：00 开饭。阿拉伯式自助餐，140 美金一位。进入酒店，先尽情参观，巨大的前厅，金碧辉煌。正逢阿联酋成立 40 周年。半空中 "40" 是金色的，下面是按国旗色拼的鲜花瀑布。举目望去，大厅顶直通上去，只见层层客房为美丽的海蓝色几何图形大门，约有五十层。一楼和二楼全开放，有高级手表柜台、首饰店、工艺品等。

餐品很有序地分为几个区，沙拉区、烤肉区、甜点区、水果区……我吃了烤羊、三文鱼、海虾等。只有两个汤，水及饮料另付费。

饭后闲逛，一团员买了劳力士表，合人民币 7 万多。金祥买了玫瑰金胸坠，合人民币 3 万多。

15：00 集合，去冲沙。65 美元一位。大吉普，坐 6—7 人，在沙漠中冲浪。我们求司机还是早早结束这不平的旅程，把我们送到节目和晚餐现场。聚集区大约有了几百人，免费供应饮料、画手。天将黑时，一男演员演灯光裙舞，一直旋转，裙子是一片灯光的闪耀。用餐是烤羊肉串、鸡腿、沙拉、饼。然后是女演员的肚皮舞。她舞动桃红色的轻纱，和观众一直有互动节目，技术可谓高超。

2011 年 12 月 3—4 日

今天去沙迦。第三大酋长国，文化之都。

皇宫建筑群，为米白、米蓝、米粉的色系，后改为监狱或博物馆。

导游小高长相颇像娟娟。她教大家用阿拉伯语问好 "萨拉瓦里贡"，回答"瓦里贡萨拉姆"。

先去火车头工艺品大市场，双层，长长的。一楼是手表、首饰，二楼是地毯、旧物、小工艺品等。金祥买了桌布。

下午回迪拜，去世界购物商城。

迪拜号称购物天堂，名品众多。我看了看 MCM 皮包，法国品牌，5000 元以上。仿鸵鸟皮的，1000 元人民币左右。金祥和小范买了阿拉伯衬衣，合人民币五六百元，颜色花的很美。胸前又绣了大片同色系的花。

15：45 飞机起飞，在机场买了鸡尾酒和伏特加，见小白买了极漂亮的南非产的红酒，用豹纹布包裹，但已时间不多，我还是放弃了。王总和津津去喝酒，也没带手机，还记错了登机时间，飞机将关门时，金祥到门口据理力争，直等到他们二人现身才罢，总算有惊无险。

北京时间 14：30 到达首都机场。

三、印度尼西亚巴厘岛
（2012.2.15—2.19）

2012 年 2 月 15 日

今天 1：05，菲律宾航班 2P768。

我和蓓蒂随团飞往巴厘岛。此行共五天，团费 4380 元。

两百人的飞机。座位窄些，途中两瓶水，一包小饼干。中途在克拉克加油。10:00过点到巴厘岛,与北京没有时差。

下飞机,立刻排队到洗手间更衣。

去吃脏鸭餐。鸭还好吃,甜面酱、虾片、小菜、米饭等,算是印尼餐了。

下午游小皇宫。颜色很绚丽,旧旧的、小小的,像民宅。特点是所有门都是木雕彩色门。

然后去海神庙。庙里成群结队的穿民族白袍的人,像是过盛大的节日。

路边小馆吃椰子,清清的草味,不甜。

每个门前都在地上摆有贡品,草叶托着一点米饭、鲜花等。他们相信神灵是无处不在的。我们乘坐的大巴上,也被司机布好了贡品,并且是每天更换的。

2012 年 2 月 16 日

早上去海龟岛。

海龟已近绝种。因为只有千分之一二的蛋可孵化为小海龟。因为海龟出蛋壳后要爬到海里,其间被人、狗等伤害,入海后又被大家伙吃掉。法律上不可卖海龟、蟒蛇、大蜥蜴。

我们和海龟们玩了一会儿,又把大蟒蛇挂在脖子上录像、拍照。贝蒂发出尖锐的叫声,我则一动不动,拍了照立刻逃之夭夭。蟒蛇的口是封住的,不会咬到人。

紧接着去海边参加各种各样的活动。潜水、飞鱼、降落伞、香蕉船。我们看太热了,只在休息厅里编小辫、贴花、喝水。

下午去金麒麟咖啡工厂。我第一次知道咖啡可以分为臭豆、死豆（做速溶咖啡）、母豆（星巴克等品牌店）、公豆和麝香猫豆（即猫屎豆）。

我们品尝了一杯不知是公豆否，用 100 度开水泡 30 秒至 60 秒。200 毫升（一大勺）咖啡，可加茶、酒（威士忌、白兰地，好白酒）。咖啡豆四年熟。100 公斤中有 5 公斤是公豆，比母豆香得多。放三年后烘焙。磨豆别太细，香味会跑。加盐则可提神。

买咖啡、母豆 1.1 公斤 200 元人民币。公豆 1.1 公斤 500 元人民币。麝香猫咖啡 4 两 250 美金，合人民币约 1600 元人民币。这种是猫选最好的豆吃了，又不消化，拉出来，人工捡出后洗净的。我买了这种，并磨成粉，可保存一年，豆可保存一年半。

去看断崖，即情人崖。喝午茶。见有路边扶桑，印度语称"安哥利"，中国叫吊兰牡丹，红花很大。

蓝点酒店，blue point。说是梁朝伟和刘嘉玲举行婚礼的酒店，所以现在很多华人来此举办婚礼。

吃下午茶。见有一对新人正在白色华盖下缓步步入玻璃教堂举行婚礼。

黄昏，去金巴兰海滩看落日，几百人在海滩共进晚餐，海鲜烧烤，鱼、虾、蟹、贝、鱿鱼。云中落日鲜红，霞光绚丽。

晚上去库塔海滩，洋人街。在百货店买到 Crocs 鞋（卡洛驰洞洞鞋），一体的胶质鞋，很轻很软，可下水。

出商店后门，就是海滩，灯光下，海浪拍岸时，闪着条条光带。蓓蒂坐在岸上，夜色里依稀可见其芳华美貌，如盛夏般开放的笑容闪着乳色的柔光。她的声音是纯正的京味普通话，清晰的节奏像音符流淌，泛着笑意。这也许和她多年从教有关吧。大家闺秀，应该和她的母亲留美及做翻译多年的气质合拍。那天她穿着泳衣跑回车上去取东西，一个姑娘感叹："看她跑起来多么轻盈，像个小姑娘。""体质真好！""何老师心态好，凡事不计较。"天津的朋友不知怎么两天就看出这些来，真是好眼力。

2012 年 2 月 17 日

今天是自由活动，导游推荐漂流。

六人一船，坐橡皮船。换上泳装，走下高高的山崖。我们二人与天津四人老相识一船。掌舵人偏小，船上人偏老，一会儿就状况百出了。老薛把桨插进了石壁缝，没拔出来；老苏掉进了河里，桨漂走了，鞋也沉了底；掌舵人惊慌中也扔了桨。老薛下河去推船，湿了照相机。掌舵人游水去找桨，一路上一直大喊："阿巴，阿巴……"（就是"先生，先生……"）因为老薛完全是杂耍式划桨，船不断向后方漂去，几次差点底朝天，哪里顾得上欣赏一路风景。

下午去苏哈托私人会所，冲浪沙滩，也叫梦幻海滩。天气很热，空气发烫。我们在俱乐部临海的泳池里胡乱游了一会儿，上来喝冰水，吃点心。当然可以租冲浪板、阳伞、躺椅。

晚上，酒店卫生间里果然有壁虎在叫："都给……都给，都……给……"

2012 年 2 月 18 日

今天仍是自由活动日。

有人去登潜水艇看鱼。我们六人乘酒店专车去购物。

下起雨来，大约一小时，这里的雨不会下很久。

我们欣赏了一圈儿工艺品，买了木筷、木盒、全棉针织的彩色上衣。

悠闲一点了，看了周边尽是节日留下的痕迹，高挑在半空的竹竿上扎着花朵。

2012 年 2 月 19 日

早饭后出发去机场。

中途在菲律宾下飞机，在自由区旅游。一位老年女导游跟车讲解，Clark（克拉克），原是美军空军基地，1991 年关闭，距马尼拉此六十公里。

这里有合欢树、杏树、桃树等。

街边卖大量的芒果，尝了很甜，但带上飞机的是酸的、涩的。

小孩子们抱着竹笛，追着游人售卖。

四、日本、韩国游轮游

（2012.6.30—7.6）

2012 年 6 月 30 日

今天是 6 月 30 日，美国"皇家加勒比海洋神话号"，这是我国母港出发的最大游轮，7 万吨，载客两千余人。今天游客有一千五百余人，广播还报道了此次航行的开启盛况。

天津国旅组团，我们乘 5 号大巴进入港口。把箱子放在车下排好，即入大厅。首先办理房卡与本人银联卡联网，在船上持房卡消费，即自动从银联卡中扣除。

游轮每人可带九十公斤物品，可带水、食品、酒类。

15：00 进入船内，行李已送至门口。我和李力订的是三楼海景房。同行的金祥、小范、津津一家六口、王琦母子、马二哥夫妇、薛二哥夫妇、苏大哥夫妇及女儿、女婿、外孙共二十一人都是三楼海景房。船费加上岸费共 10100 元。

李力的行李没找到，她说可能是因为带了一瓶威士忌。先去吃饭，自助餐厅已开。

约 17：00，全船人上四楼甲板，安全演习，警报为七短一长。

约 18：00，用西餐。桌号 44，八人。一日三餐西餐，晚上是固定座位。9：00—21：00 自助餐开放，此后 2：00，比萨饼、汉堡在九楼供应。夜间可送餐，00：00—5：00 收美金小费。

至两点多，李力的行李还未找到，服务员小孙带她去报告。此时，津津和保姆把行李送来，说是因家人多，箱子多，误会多拿了一个。"这么大箱子丢了也不知道找。"津津说，"现在都找到了船长那儿去了。"

2012 年 7 月 1 日

早晨西餐，门口有服务生领位。

饭后，五楼手表展卖，西铁城的，据说比市场便宜一两倍。珠宝首饰等五折。

今天全天在船上活动。此船有十一层，重要的活动场所是四楼的中厅，两边宽大漂亮的楼梯铺着红毯。从五楼直下到四楼的半圆形大平台，这就是每天都演奏音乐的舞台了。大平台下一级又被一层平台围绕着，放着三角钢琴、架子鼓等。沙发座是活的，观众可以任意搬动。平台三面都是沙发座位，正面是酒廊，发出七色光彩的鸡尾酒杯等待着快乐的主人。

午餐我点了牛排三明治、摩洛哥羊肉饼，无糖甜品的淀粉多，不好吃。

另一个重要的活动场地是九楼的体育空间，有室内外游泳池、乒乓球室、健身房等。我带了新的漂亮的泳衣，还是决定看李力游，独自一人晒太阳，有按摩的温泉浴池。

随后看四楼大厅的油画展卖，颜色都很漂亮，画的鲜花、美女、海滨、小树林之类。

2012 年 7 月 2 日

10：00 下船。1500 人分批下船办理出关，11：30 坐上了 5 号大巴。不可带食品、水果、热水出关。

进入长崎市。平和纪念馆，即和平纪念馆。1945 年 8 月 9 日 11:02，人类第二颗原子弹投到长崎，核心热度一万多度，几万人死亡，成为长崎人永远的痛。公园内一巨大的雕塑，一男子裸体盘腿而坐，一手指向天空，一手平伸向侧面。周边还有许多雕塑，母亲、孩子、和平鸽……

参观浦上天主教堂。原子弹爆炸的幸存者重修了教堂。进入唐人街，多是食品店、饭店、杂货店。刻骨铭心的历史应该是对日本人、对全人类的长鸣警钟吧。

街上人人都手提一把长伞，据说是风大，折叠伞不如长伞。到处水雾蒙蒙，像无尽的眼泪。

2012 年 7 月 3 日

早 8:30 下船，到达宫崎，下船只用了二十分钟。

今天要参观海积神社和青岛海滩，导游在车上介绍日本。

日本跨三个气候带，亚热带、温带、寒带，上下三千多公里。

大巴到达青岛海滩。梯田状很壮观。

参观神社，面积不大，建筑极有东方色彩。主殿内有一女子身着和服在做仪式，一忽开始舞之歌之，曼妙流转。另一女子端坐其后方，有一男主持人在旁引领、击鼓。我录下了这一整段。

神社外不远处是亚热带植物园，植被丰富，古木参天。

2012 年 7 月 4 日

8:00 下船，到别府，大分县的一个市。是个著名的温泉城，有

2011

2012

2013

2014

487

温泉 2800 处，看上去到处热气腾腾，水温 25℃以上。实际很多温泉为 90℃以上，原始温度。人的温泉疗法，是跟动物学的，动物伤病，每天去温泉泡，吸收微能量。医院有温泉能量床，治病、治失明。

我们的行程没有泡温泉，而是去免税店，引起一些团员不满，但无法改变。

免税店，上百人涌入不大的店面。我、李力和小范则拐进店后的一条小街去参观。二层简易小楼，在门前小小院落停车，有绿植、青苔、小径，时有小片的墓地在较高处，有温泉小店，门口井盖下冒着热气。

参观 Hello Kitty 乐园，以 Kitty 为主题的各个商店，以 Kitty 为主角的生活馆，包括大学、医院、住所模拟。

之后，车又返回免税店，有人要换货。我进去买了陶瓷刀、削皮器、美容棒、万步力胶囊，共 49500 日元。

回船，18:00，我们第一个进入西餐厅，服务生在各自的服务台已就位。金祥要了龙虾、牛排、啤酒，自费的食品，约几人共享。

约 18:45，忽然全体服务生挥舞白餐巾拥向中心梯台，有人讲话，介绍说是来自二十三个国家的服务人员。他们献给客人大合唱《我的太阳》，全场在惊喜中沸腾了，拥向前面拍照，录像。我难得地体验到一种幸福的感觉，一种家的味道，"地球很小，是个家庭"。哪里有爱，哪里就是家。

19:15，四楼开心剧场演出歌舞音乐剧《邀您共舞》，是各种交谊舞的联舞，主角是乌克兰两名职业交际舞蹈演员，国际水平。李力也连连叫好，我俩于 21:00 又看了第二场。找金祥未果。

23：00，与金祥会合，才知道她们也看了两场呢。于是一起去十一层又跳迪斯科去。

23：50，余兴未尽，到四层中庭听音乐。

2012 年 7 月 5 日

昨夜，海上现出远远的灯火，是一条长长的灯光带，大约是一个海滨城市，足足有几十分钟，灯光依然闪耀。

早晨，罗密欧与朱丽叶西餐厅，领班姜林（姜洪雨）留下联系方式。他是烟台人，女友也在船上。我说：北京宋庄画家村要建一个四星级大酒店，你来我们这里玩吧，或许你会喜欢留在那里。

船到韩国釜山，导游姓赵，1964 年生于韩国。他一直是开怀的笑容，"阿能哈西友！"（你好！）我们笑不笑无所谓，反正他自己一直在开怀大笑。

釜山，韩国最东南部，第二大城市，最大港口，60% 船入此港，包括运往中国的货物在此下船转走陆路，节约成本。7 月是雨季，下下停停，没完没了。

韩国多数夫妻婚后要和男方父母生活一年以上，每年有两次祭祀都要参加，要对这个家的口味。

韩国电很贵，空调也极少开。

韩国以前是农业国，水稻为主。水最好，好山好水好土。好气候，最热、最冷的天都是一个月。1 人民币 =170 韩币。

路过广安大桥（双层桥），七公里长。去免税店，店很大，大约三层。我买了 Dior 粉底和胭脂，电压力锅两个，皮夹一个。皮夹是深蓝色，软羊皮，打开来，两边是各种蓝色组成的漂亮口袋，放十几张卡是可以的，软软轻轻的，我好喜欢。

车到海云台，是海滩，旁边是东白岛公园，2005 年 APEC 会议在此召开。沙滩沙很粗、很黄，但到八月份最热时每天都满满的人，能有 120 万人来乘凉。

本来还应有一景点，但导游说，要去接买东西独自行动的六人，就要放弃景点，全团要是有一人不签字也不行的。车后方传来签字单，见大家都签了，李力也代我俩签了。车停后，导游去二十几分钟才将六个人带回。郁闷的是，竟不知放弃的是什么景点，看在熟人的份上，也就没人追究了。

2012 年 7 月 6 日

早晨晚一些起床。今天不下船，风很大，一直跑到十楼上，吹得厉害。

10：00，五楼手表大清仓，99 美元的套装卖 23.9 美元，有表、项链、手链。货盒一批一批倒在桌子上，立刻被抢起。我看挺漂亮，想起妹妹喜欢项链，就买了四套。

15：00，姜林在四楼卖拉菲红酒，他特意在午饭时通知了我们，说很便宜，国内是天价，这里都是几百元，二三百元的也有。我和李力跑去摆个 Pose，帮他卖红酒啦！但是没看见有一个人买。看来，拉菲在轮友的眼里并不是多么潮呀。

五、越南，柬埔寨

（2012.9.21—9.28）

2012 年 9 月 21 日

这是我第一次没有找旅伴，独自跟团走。

7：00 在 3 号航站楼 6 号门内集合。国泰航空的飞机，10：00 起飞，至香港晚点。不能直飞金边，改为飞曼谷，转飞金边。曼谷至金边是八十人的小飞机，摇晃得明显些。

出入金边，都要 1 美元小费给海关，这是被法国殖民过留下的习惯。不过入关时看情况，也可不要就不给。

出了金边机场，领队打电话给地接，没人接电话。不一会儿，走来一个乱发穿拖鞋睡意蒙眬的男士，就是地接黄金财。他说他睡着了，笑嘻嘻的，胡子茬显得灰眉土脸的，露出一颗金牙。

去酒店的路上，没什么大建筑，人也很少。国内主要是农业、旅游业。

住进酒店。内挂西哈努克、莫尼克公主和他们的儿子西哈莫尼国王的坐像。相片已经很旧很旧。

2012 年 9 月 22 日

7：30 出发，要走六小时公路，去暹粒省看吴哥窟。

巴士是国产的，较差，空调也坏了。

很快到湄公河上，过中柬友谊大桥。大桥是中国援建的。

途经三个省，全都是水灾过后。一路吊脚楼，用细细的树干或水泥柱支撑着，薄薄的破木板棚，室内并无家具，大部分沿路边而建。很多家庭靠卖给路人水果为生。

国王西哈莫尼六十岁了，未婚，已出家。现在掌管国家的总理洪森，已十六年了，六十一岁。

法国殖民是 1863—1953 年。1951 年西哈努克娶法籍的莫尼克公主，宾奴亲王当时在法国留学，帮了他们，至此脱离法国统治。

省内有暹粒河。

我们首先游览洞里萨湖。湖内有鲇鱼等一百多种鱼、虾、小蟹。我们乘机动小船进湖，看湖上人家。这些人家没有田地，住水上，1000 美元左右一条船。船上小学正在放学，没有中学。

2012 年 9 月 23 日

"苏斯呆一"，柬埔寨语"早安、午安、晚安、你好"的意思。

"老公"叫"不累"，但要嫁到女方。

"老婆"叫"不笨"，但要给男人地、房子。

谢谢，"欧棍"。

再见，"厉害"。

今天要爬巴肯山，吴哥窟最高的山，78 米，上面古迹已平。但刚才大家参观累了，没有人再上，坐在街边喝椰子汁。

吴哥王朝六百年，到 15 世纪移至金边。

女皇宫：雕刻粉红色岩石，极其精美。有一女神像"东方的蒙娜丽莎"。所有的门楣都雕刻繁复。但这里经常淹水，去年两米高的水不到二十分钟就涨起，游客坐直升机离开。附近是乡村，产黄花梨、紫檀家具。

巴戎庙：意为四面八方的微笑。半空中无数巨大的神像面孔，都在微笑。

古墓丽影：人参树，空心树，树根壮观无比，盘绕于岩石处。

2012 年 9 月 24 日

淹水的地里遍布荷花。有野生，有种植。这是释迦牟尼的花。茎做菜、汤。也有卖荷花茶。

今天参观一个自费项目崩密列，即莲花地的意思。"先有崩密列，后有吴哥窟。"到处是倒塌的巨石，也呈黑灰色，长满青苔，树根盘绕，大树参天。

参观吴哥窟，小吴哥，已有八百多年历史。当时建了三十七年，大象运石头，堆土往上搬运。主体六十五米高，分三层：地狱、人间、天堂，上面很宽阔，景色如下面一样，墙上满是雕刻。

2012 年 9 月 25 日

皇宫：远处看不是太大。1434 年建成，1866 年重修，七代国王在此。蓝旗升起，是国王在宫。

有一处类似"金銮殿"的登基的地方。

阅兵台，舞台，也一百多年了。

西哈莫尼国王出家了，一天只吃早、晚两餐，没结婚，没儿子。但可传位给兄弟姐妹的儿子。

宫内有 5320 块银砖铺地，每块一公斤。

释迦牟尼像用了 2860 颗钻石，眼睛 5 克拉，胸部 25 克拉，90 公斤金。红色高棉时，此像被西哈努克亲王埋于地下，逃出国门，不然也不得存下。

院内无忧树，树干开花，红花剥开花瓣，里面一个像青蛙的花心，极像。

柬埔寨重要的城市是西哈努克港，没有公共汽车，只有机场有出租巴士。

阿财在车上卖给我们咖啡、薯干、西米露、腰果等。

2012 年 9 月 26 日

下巴士，拖行李进入越南海关，验过护照即可。

导游毕大海。

越南北部四季分明，国花是莲花。

2012 年 9 月 27 日

现在很多越南人生活在国外。美国加州有越南村。

西贡木棉花很多。火龙果，大的不好吃，是改良的，中等的好。

来到十公里外，湄公河上美托码头，去看美托农庄，小船十人座。来到果园，十几亩，四十多种果树，菠萝蜜、龙眼、椰子。水椰水很少，可制药治咽喉痛。

转乘四人小船，进入热带雨林，密林中的小小的水路。天下着大雨，多人发了雨衣、斗笠。我和小莉、珊珊同船。

上岸品尝水果、柚子、木瓜、菠萝……几个姑娘清唱邓丽君的歌，收小费。

中午吃鱼宴。红鱼炸过，立于桌上盘中。有糯米薄饼卷鱼肉、蔬菜卷，还有烤的面皮球、红烧排骨、油菜、炸豆腐、生菜、冰茶、鱼露。

归途中，经市中心污水河，有水闸，像护城河，分段治理。污染企业移往郊区。

晚上，船上宴会。我们八人一桌，有小乐队在奏中文歌，卡拉OK。

中间一张长桌，是四川的一个团队。

菜是铁板鱼、火锅鱼丸、烤鸡腿、青菜等。

大林为男士们买了啤酒。

我为女士们买了可乐，约合一美元一听。

席间，导游牛晨问大家是否还要看港口演出，称没意思。我弄明白就是原地看表演，当然要看了，早上回去也无事可做。纵然"不如上海"，毕竟是越南。

20:20开船，这是西贡河上的货轮港。时有装饰彩灯的巨型游轮开过，非常好看。我连续拍了夜景下的货轮，有的竟如版画一般，特别有意味，神秘而宁静。

最后的演出，是一个姑娘表演转火圈，吞火把。邀游客在她口中的火把上点燃香烟，令人惊叹。

去西贡，第二大城市，有西贡港口，也叫胡志明市。

1万越盾可以兑换3元人民币。

咖啡合50多元人民币一杯，有鼬鼠咖啡，产于邦美蜀市。

第一站参观红教堂，红砖由法国运来，1877—1880 年建。

邮局，法式建筑，内部华丽，高大，游客如织。

路边有酸枝木、橡胶树。

毕大海说，猫屎咖啡产于越南、巴西、哥伦比亚、印尼，越南的卖我们 180 元人民币 / 斤。而我在巴厘岛买的四两就人民币 1600 元，但那才是奇香无比。

市政府大楼，法国人建。

歌剧院，1900 年建，8000 座位。

商业中心，多为绣品、木雕、编织品等。国服类似中国旗袍，开衩更多，但内穿宽松裤子，很是飘逸。

六、美国

（2013.4.9—4.22）

2013 年 4 月 9 日

天津—首尔—夏威夷。

此行是中贸（天津）国旅的团。王绍芬老总带队，同伴还有范友华，共二十六人，一个五岁女孩，其余为中老年。

韩国飞机，座位比较宽大。餐厅不算难吃。

夏威夷，与北京时差十八小时，所以到达仍是 9 日白天。一年最高气温 31℃，冬天 20℃以上。夏威夷又称檀香山，土语

Honolulu。这里著名的是珍珠港。

"阿喽哈！"你好的意思。

进珍珠港能带钱包、照相机等。

1941 年 12 月 7 日晚，日本偷袭珍珠港，策划者是曾在美国留学的山本五十六。

第二天，太平洋战争爆发。

海中建有纪念堂，二十一个窗口，代表二十一响礼炮。

当年幸存的太平洋舰队战士，死后有把骨灰撒到这里，归队。

州政府大楼，中间空心，代表火山口。一百二十四根小柱，代表无人岛，八根大柱，代表人居岛，贝聿铭设计，称小白宫。州旗、市长旗、国旗都在，代表三位首长都在。

伊奥拉尼皇宫，美国最早的皇宫。

2013 年 4 月 10 日

Aloha Hawaii。

小环岛游。太平洋。

钻石山，英船长库克发现，此山有绿宝石，称幸运石。一面临海，现已沿海岸建高级住宅区。有沙特阿拉伯的石油大学。一家雕塑园，推了好多房子建成。芒果树长得很好。

龙脉山，很多明星、律师、医生在这里安居。

海边不卖东西，不养殖，干净。海参没什么人吃，美国人只认牛肉。

喷水口，像天涯海角。白鲨湾很大。

红珊瑚，四十年不开采。

黑珍珠，皮厚。

纯种土人，千人以下，其他均为移民。

野山鸡，像家鸡。当年土著人先放鸡上岸，鸡平安回来，人才上岸。

大风口，风大。当年日本人偷袭珍珠港时，必经此路。

晚上，在"爱之船"用餐，看表演草裙独舞、交谊舞、骑马舞、集体舞。

住 Waikiki Gateway Hotel（维基海滩及度假区）。

2013 年 4 月 11 日

飞往旧金山。旧名三藩市，圣·弗朗西斯科。时差比夏威夷早三小时，一天四季。

导游王凯，没有英文名，是伊拉克战争幸存者，飞行员，伤残人士。

旧金山，应定位高科技园区，硅谷，四十三个山丘组成。1848年前，属西班牙领地。

王凯，澳籍，德国生，华裔，十七岁离开中国，来美国。伊拉克战争中当两个月零七天兵，每天开飞机买两次菜，日薪 1300 美元，多出勤一次 850 美元。

2013 年 4 月 12 日

导游王凯说，他的特点是会不停地聊天。

英语说"早上好"，会有一百种回答。最严谨的是法语。

弗朗西斯科船长发现旧金山。当时，浪打断桅杆，船漂到此地，看到登陆点。

最著名的是金门大桥。雾锁金门，每年三百天以上。

（1）恶魔岛（岩石岛），监狱。

（2）天使岛（艾丽墩岛），移民进入，坐闷船两个月。

（3）金银岛（宝藏岛）。

上桥收费6美元，九十六年未涨价。四十多年还完钱，继续收费，维护。桥是国际橙色，用黄、红、黑勾兑，每天刷，还在生锈。

自杀者的圣地。曾想修栏杆，下面做护网，因景观问题未果。

旧金山发展史是美国西部的发展史。

在艺术宫赤脚赤膊拍下表演纪念照。

维多利亚式建筑，三个相同造型。但颜色不同的建筑联体，飘窗、尖顶、木房子，砖是七十块，用来装饰。

这里人喝咖啡，加奶、糖，调出两百种口味，才算会调咖啡。工作时间两小时，公司大多有咖啡间。

人权，第一是女人，第二是小孩，第三是老人，第四是狗，第五是男人。

墓地，埋着二战死亡将士的衣冠。

圣马力诺教堂，有最大的管风琴。

九曲花街，极陡的一条街，修成九曲状，弯处有花坛，台阶两边是住宅，陡坡均30度。

旧金山是美第三金融中心。

在渔人码头乘船去看金门大桥近景。

飞往洛杉矶。

2013 年 4 月 13 日

好莱坞市。

1927 年有了星光大道。

在吴宇森、梦露等人手印前停留。

红地毯的石阶。

Dolby（杜比）剧院，即奥斯卡颁奖处。

喷泉池，即露天音乐厅。

乘小火车参观环球影城（Universal Studio），其中经过美国西部、中国老城、山洪暴发、恐龙世界、汽车爆炸、地铁爆炸、地震及著名摄影棚。

4D 电影，驴子打喷嚏，就有水溅到我脸上。

鬼城，扮鬼的人突然扑上来，惊得我颈部突然僵硬。

水世界，来自《未来水世界》影片。未来人类是一片海洋，只有一块方洲，地图在一女孩手中，大战夺图。枪战与大火……

大街上，有吸血鬼像、梦露像、活动铜像等。

美国的市政府、州政府可以破产，因入不敷出。市长失业，关门，职能部门还工作，但没有话语权了。

一个大楼是免费医院，谁都可以看，只是排队长。

高速公路 5000 公里，横穿美国。双数东西向，单数南北向，免费。人均车 1.2 辆。

2013 年 4 月 14 日

乘车前经加州最美丽的海港——圣地亚哥，美国第八大城市。

美国 5 号公路，双向 12 车道，全程免费。

圣地亚哥，阳光之城，加州诞生地。

美国 90% 葡萄酒产于加州。

圣地亚哥，太平洋舰队基地。

自费乘船近距离看这些巨舰，航母中有运载拉登尸体的"卡尔文森号"。

我买到一本英语的旧金山画册，趁有空闲，与王总在长椅上看书。阳光很暖和，无风，脚边是成群的鸽子，眼前是闲坐的人们，各种船只。

2013 年 4 月 15 日

早餐后，乘车前往拉斯维加斯。

中途经 Outlets（奥特莱斯）。沙漠中的一小片房子，平层。首个商店就是 COACH（蔻驰），几乎人人都买了一些包，我也买了三个，一个米白色的给妹，一个红色带小花手包给新娘兰兰，一个我很喜欢，黑色牛仔小手包。又买了几件衣服，都是夏天的裙装，旅游装备。

拉斯维加斯在内华达州，是沙漠中的绿洲。会展业、旅游业发达，当然首先是赌城。赌资有一分钱的，两块钱拍 200 下，还不够电费呢。

进入市区，酒店林立。美高梅酒店，全世界数一数二，特朗普大厦，是商务大厦，无赌博机。

金字塔酒店，由贝聿铭设计，黑色金字塔在客房里沿墙壁悬空而挂。

百乐宫酒店，百花厅，种满鲜花，彩色玻璃荷叶天幕。

美高梅是深绿色的外墙。

夜游除看以上酒店，还看中心街天幕电影。音乐喷泉是《泰坦尼克号》音乐，水之舞亦是柔美刚烈并济，仿若天堂美景。

2013 年 4 月 16 日

全天自由活动。一半人选择去科罗拉多大峡谷，250 美元车费，四小时车程。我、小范、高大夫选择徒步游，其余人乘直升机，到谷底换皮筏艇。

途中尽是圣约书亚树，一年长一英寸，没有年轮，吸水存于体内，固沙。枯树很多，枯草亦多。进入印第安保护区，干燥季节，不准吸烟。还有十公里时，有一大巴横在路上，警察忙了四十分钟，终于通行，好在车上有卫生间。

徒步游的好处是可以录像、拍照，老鹰岩，蝙蝠岩（鸟屎堆）。

大峡谷是世界七大景观奇迹之首，东西走向。母亲河科罗拉多河在谷底奔流，两山壁立，形状极不规则，蜿蜒曲折像一条巨蟒。

我慢慢靠近崖边，只见河水呈暗绿色，静静的，听不见声息。山崖谷中偶有一架直升机在缓缓飞过，成群的大鸟在崖边寻食或飞下崖去。

我攀上那块最大的岩石，脱下外套红毛衣系在腰间，湖蓝色的小背心，肥大的牛仔裤，展翅飞翔状留下纪念照。在岩边又脱下绿色的鞋子，做展翅高飞状。几位女士兴高采烈地看我拍照，"你太漂亮了！你太棒了！"一位说："我看中你了，请你为我拍照。"

2013 年 4 月 17 日

乘飞机去布法罗。

东海岸，大西洋。紧邻加拿大，美国北端，布法罗市，因尼亚加拉大瀑布而闻名于世。瀑布是世界七大奇迹景观之一。市经济主项是汽车配件生产。

瀑布是 1678 年由法国人先发现，几万年前冰川融化形成。一是马蹄形瀑布，宽 600 多米；二是"新娘的面纱"，宽 500 多米。瀑布由南面美国的伊利湖向下飞泻 54 米，流入北面加拿大的安大略湖。两个瀑布美国和加拿大各拥有一半。

2013 年 4 月 18 日

今天正式观瀑布。导游说，冰冻湖水未化，所以不能乘游船下湖，往年 4 月 15 日就化冻了。

这里阴天多，今天 28℃，有阳光。

远远见到白色的大瀑布位于低处，走近时水声震天，水雾弥漫。"新娘的面纱"真如纱一般遮天蔽日。湖面上清晰可见水雾中的彩虹，使人倍感欣喜。

五岁的肖雨寒抢着爷爷的单反大相机，给一个女团员拍照，验明片子时被授予大大的拥吻。又给奶奶照，给爷爷照，自己验片时，报告说："没有头。"

我在 1984 年参加青春诗会时，参观贵州黄果树大瀑布，高 70 多米，宽 101 米，由 18 个瀑布组成瀑布群。瀑布后有一水帘洞，我入洞用手掌直接触到瀑布。我当时身穿蓝布白领连衣裙，留下一张唯一的纪念照。回来便写下以"黄果树大瀑布"为名的诗，借诗写我的生活罢了。

这次看尼亚加拉瀑布，实际比黄果树大瀑布宽几倍，却没有当年那么震撼和新奇。

乘车前往华盛顿，入住酒店。问导游是什么酒店，他说：有人来看你吗？我说：问问在什么位置。他说：马里兰州。

2013 年 4 月 19 日

华盛顿。

美国原是英国殖民地，1776 年 7 月 4 日，杰斐逊、华盛顿等人在费城发表《独立宣言》，开始独立运动。1783 年，美英签订《巴黎条约》结束了独立战争，7 月 4 日成为美国独立纪念日。

1788 年 9 月 13 日，联邦国会宣布定都纽约，华盛顿在纽约任第一届总统。

1790 年迁都费城。由于南北争相夺取首都建立政权，华盛顿建议在马里兰州和弗吉尼亚州之间、波托马克河与阿娜考斯蒂河交汇处一片荒凉之地建新都。

1800 年迁都华盛顿，而华盛顿总统已于 1799 年去世。

首先看到华盛顿纪念塔，高 169 米，内有高速电梯。

1848 年 7 月 4 日奠基，1884 年才封顶，其间因南北战争停工。这是一座白色大理石方尖碑，美国人认为可与埃及金字塔相媲美。

林肯是第十六任总统，解放黑奴，维护美国统一。林肯纪念堂是希腊神庙式建筑，白色花岗岩，大理石。外廊三十六根石柱，象征他去世时美国三十六个州。在纪念堂与华盛顿纪念碑之间，有 610 米的倒影地，两座建筑双双倒映其中，和平美好的寓意映照着这个国家广场。

杰斐逊纪念堂：杰斐逊是第三任总统，门前有学生大乐队正在演奏。他是美国三大历史伟人之一，伟大的思想家，创造了博大精深的民主思想体系。他认为人的生命安全、自由、幸福是政治的目的，财富只是手段，政府也是手段。

国会大厦位于 25 米的国会山上，长 233 米的三层建筑，上有三层圆顶建筑，再上是铜铸的自由女神像，南北两翼为众议院和参议院。1793—1800 年建成，后多次扩建和改建，现在是在电视中出镜最高的美国新闻背景图。东侧草坪是历届总统就职演说地，美国人享有民主、参与政权的最高象征，国会大厦英语是 Capitol。我坐在石阶上，高高举起右手，自由参政。

白宫，只可远观。是一座三层的白色建筑，只住总统一家人。美国总统正式官邸，也是美国政府的代名词。

美国设有独立检察官，负责监察总统、副总统、国务卿的经济生活等事务。白宫占地 15 英亩，135 个房间，地下二层，地上二层。

五角大楼，美国国防部办公地，国防部的代名词。这是一个从空中看是五角形的建筑，我们开车经过，看不清其全貌，像普普通通的一面墙壁。

朝鲜战争纪念园，十九名大兵雕像，是当时的第一个突击队，无奈、迷茫地走向战场。前面摆有不少鲜花和花环，或许有不少是他们的亲人放置于此。

越战纪念像，设计者是林徽因的侄女，十八岁的大一学生林璎，从众多方案中脱颖而出，三个战士，黑种人、白种人、黄种人，扛着各自的武器，背后是一片树林。

2013 年 4 月 20 日

继续驱车前往费城。宾夕法尼亚首府，独立战争时的首府，富兰克林的出生地。

费城每年要举办多种文化、游乐活动。有花展、古董展、艺廊会等。

我们排队进入费城历史博物馆。实际上这个馆专为自由钟而建。1776 年 7 月 4 日，《独立宣言》发表，宣言独立钟也称自由钟。钟敲裂以后，建了这个博物馆，永久陈列。这是我见到的几乎最小也是最拥挤的博物馆。

走上街头，看到美国第一家邮局，历经百年仍在正常使用。

我走在费城的草地上，欲自由地飞翔，留下了一张最佳照片，一个陶醉的笑容和张开的双臂向天空。

车继续前行，进入纽约。晚近 19：00，预约排队进入洛克菲勒广场主楼，七十层。广场由金融家洛克菲勒于 20 世纪初建立，十九座大楼的建筑群，侧面有广场普罗米修斯的金色飞翔雕像、池塘、花圃。许多大公司总部、新闻出版社（如美联社）都驻于此。高速电梯只一瞬间将我们带入顶层。透过玻璃幕墙，纽约庞大的楼群在脚下，街道像一条小小的缝隙。帝国大厦是最高的建筑，它的尖顶傲立于这个"世界的十字路口"。

再往上，是楼顶，没有了玻璃幕墙，一切仿佛触手可及。最高的尖顶是帝国大厦，夕阳正悄然拨开日光降临于云下。下楼来奔第五大道，沿街许多世界名品店。偶有三轮车缓缓驶过，更有超长的凯迪拉克同行，一辆一辆的，而不是一串一串一群一群的，显得异常冷清。

时代广场，实际为时报广场，因纽约时报在此而闻名。巨幅广告牌遮蔽了天空，彩灯流溢，人群驻足，星条旗在半空中舞蹈。我抢过范友华的条格大毛围巾，跳一段舞，小范直嚷，冻死我啦。广场上一个扮成吉祥动物的人见我热情高涨，跑过来与我合照，然后迫不及待地说着中文："现金！现金！"我早已准备好一美元。

王总在忙着给两个朝鲜族队员拍照，也为我连抢镜头，并被我感召跳起简单的街舞留影。

这里是美国人迎新年的地方，一个狂欢的舞台。纽约别名大苹果，秀色可餐。42 街到 57 街是百老汇，各街都有几家剧院，《妈妈咪呀》每天两场，已演九年。

2013 年 4 月 21 日

最后一天在美国。带着全部行李乘车往曼哈顿。

这里有世界四大博物馆之一的大都会博物馆。

市长布隆伯格已连任三届，第三任时又加入自由党，坐地铁上班。

车停在码头，我往前走了 100 多米，到华尔街铜牛像与南希会面。她先发现了我，在马路对面招手。我们拉住手就急忙开始行程，因为两个多小时后她要把我交回旅行团。铜牛像前拍照。坐上她的车子到一个幽静的像街心公园处，她说：看，远处就是自由女神像。

哇，好远呀。我把镜头拉近录了一段像。乘车进入曼哈顿岛，过了几座有名的大桥。中途停在十七码头我进去参观，这里曾是南希办过画廊的圣地，现已被一有钱者收购，准备拆改。码头铺的颜色不一的大宽地板条，很舒服。

继续前行，路过街边有小飞机场，直升机正在降落。

上街，去苹果专卖店。远远见一大方块玻璃房，挂着那个著名的苹果招牌。走下玻璃楼梯，房内人头攒动，不少人在坐着试机。南希找来个男服务生，说明要 iPhone5 的白色机子。这里所有的桌子几乎都是服务台，伸手到桌下就有可填写的单子。749美元加近9%税，总共 815 美元。

匆匆离店，去往联合国总部。院内是两个著名雕塑，一个是打结的手枪，象征不要暴力，一个是剖开的地球。进入内部，右侧是历届秘书长头像的巨幅照片，中心处有一小型展览。南希说这个展览区是经常更换展品，我看这一次是难民题材。

大厅的东侧有彩色玻璃窗巨幅画，是夏加尔的作品。

总部占地应属国际公共用地，好几个国家的建筑师、设计师参加了设计。

参观毕，南希送我去集会地，中餐馆就在旁边。南希说请我去吃牛排，我说真的没有时间了，就此分手。

下午去奥特莱斯，两小时车程，最初导游说每人 80 美元，犯了众怒。王先生喊："太黑了，我走遍世界没见你这么黑的。"导游说："35 美元。"余款由王总来补，但是都要去，购物后直奔机场。

2013 年 4 月 22 日

施静留了电话。她先生姓李。施静是英语翻译,信佛教,听净空讲演。那天听说我也听净空讲演,激动地一把抓住我,久久不放。

袁淑琴留了电话。她先生姓肖。孙女肖雨寒,五岁,聪明美丽,助人为乐。

七、帕劳共和国
(2013.6.16—6.21)

2013 年 6 月 16 日

终于等到与妹妹一起出行的这一天。妹一直上班,这次是第一次请假出国。她特别爱照相、穿衣,此行帕劳海岛之国一定能够如意。

大韩航空,北京—仁川,KE856,14:00—17:10。我们提前三小时半已到机场。

到仁川机场后,我俩闲逛。机场平面图呈飞机型,书店都是韩文书籍,有面具手工制作体验。我们坐在落地窗前拍照,我双手捧鞋子,以鞋底为书。妹拿出三嫂子的"北方论坛""我带北方走世界"宣传纸,选景拍照。

2013 年 6 月 17 日

韩国与中国时差一小时,把时钟往前拨一小时,是 14:50 下的飞机。有一中文导游小伙子迎上来说："是桂珍、桂珠吧？"人齐了，共十四个中国人跟他走。分别送到四个酒店，我和妹是老爷大酒店，国际五星级。

六楼观景房，往外一望，漆黑一片，悄无声息。我说："没有海景，上当了。"

第二天一早，妹喊我："姐，快看，窗外多漂亮。"我一看是海，但被珊瑚礁围着，像个湖，没有浪，所以没有声音。

今天市内游。阿凡导游是台湾同胞。客人有说马尔代夫、大堡礁、新西兰都不如这里好玩。这里不长草，都是岩石，零工业，零农业，甚至没有渔业，没有渔民拖网。吃龙虾一定是死的，用枪打的；螃蟹一定是活的，用脚踩了抓的，不用网是怕把珊瑚碰到。

树都是海岛树，石缝里也能长出来。

全国只有六个旅店，三个地接社。帕劳大酒店算上地下共七层，是全国最高酒店。

全国共十六个州，此地科罗州，首府科罗市，大多数人都住在这个州。

海上巡弋原始野生红树林。红树，胎生。妹专注照相，包掉在地上，差点掉入河里。

鳄鱼游来，船员给它鸡肉，用鱼竿钓着，它跃起而食。一会儿，又有一只，两米长，又喂它鸡肉。

水道很顺畅，我问：是人工又修了吗？阿凡说：没有，是原生的。我想起在柬埔寨的热带雨林，很像的，只是水面更宽。我从一男生手中接过蝙蝠，它抓我的头发。

中午回酒店用餐，中西套餐任选，我们选了一中一西，不好吃。

下午乘半潜水艇，玻璃底舱，可看水下珊瑚、海星、鱼、海龟。

男人会馆（他们是女权社会，但命男人管理社会事务）是这里代表性的建筑，尖顶彩色大木屋。

帕劳 1783 年被葡萄牙人发现，后被西班牙人统治，转售给德国。一战后由日本托管，二战后，由联合国授权美国托管。1980 年美与帕劳签订五十年《自由联合协定》。1993 年 11 月国民投票通过，1994 年 10 月 1 日，帕劳正式独立。

帕劳历史博物馆不大，上千平方米，二层小楼。门外有战争残骸、飞机、大炮。

KB 大桥是这个国家最大的桥，韩国人建的，曾经断过一部分，做便桥通行，后日本又修好。

长堤公园是国家最大的公园，我看就是普通的街边公园。

导游说：这里家家有一辆车。没有抢劫这类事，因为地方太小了，很可能抢到自家的亲戚。

2013 年 6 月 18 日

今天出海，先去租下海用品。妹事先买了一件水母服，我租一件。面镜、呼吸器、救生衣免费，要租珊瑚鞋，我与妹都是 36—38 号鞋。

美人鱼水道，在科罗州南端的马拉加湾内。所谓美人鱼，学名儒艮，是海洋中食草的哺乳动物。阿凡用浮板带我和妹。第一次下到踩不到底的海中，感觉自己很神奇。浮在水面，将面镜入水，咬不好呼吸器，海水便入口。妹一直说漏水，阿凡一看，竟是变形的，给她换了好的。我看水下成群的热带鱼、珊瑚、断壁珊瑚墙，真是惊喜。我浮一会儿，想站起来，腿怎么也沉不下来。妹反复实验告诉我，转身，再转身，双手向一边滑，即可站起。

午餐在船上。挺亲切的，下午有人深潜，二人一组，由教练提住脖领，各背氧气瓶，进入水下潜。

下午，我和妹自己下水。阿凡说：今天是内海，要好好练，明天就去外海了。我和妹乘一次香蕉船，一次八人，像草原上骑马，颠簸得厉害。坐面包船和飞鱼的竟然都有人落水，落水后，自然头朝上浮于水面，船再返回接他。

船上有厕所，打开上盖，进入小门，内可更衣。

晚上，"爱之船"晚餐。我穿宝石蓝套装裙，妹穿白色无袖花边衬衣，橙色短裤，一上车，全车一齐鼓掌。一生中几乎是第一次因穿衣而获得众人掌声。昨天我俩上车时，是一片欢呼："太漂亮了！"

晚餐有沙拉、肉串、米饭、鸡尾酒、冰茶、哈密瓜汁。

2013 年 6 月 19 日

今天是外海，我和妹租了一台水下照相机，也可摄像，每天 25 美元。

玫瑰珊瑚公园，据说这是最惊艳的一景。果然，金色的玫瑰花一样的珊瑚开遍海底，最大的直径有几米，层层花瓣惟妙惟肖。多姿多彩的鱼儿在花间舞蹈、飞翔。海底不深不浅，有几米或十几米的样子，所以一点也不觉得恐惧，像是游玩在陆地上的花园。

我们带了面包捏成小团喂鱼。一群群蓝色的小鱼咬着手指，妹妹直喊"咬手、咬手"。大的苏眉鱼是帕劳的国宝，天蓝色，黄色黑条纹的，红色花纹的鱼最多。不小心，脚居然碰到了珊瑚。

去看一个洞。帕劳海上的洞不少，看了一个上面长满钟乳石的洞。这个是潜水景点，洞露出水面一部分，水下是珊瑚世界。我们在洞边不停地亮相拍照。洞那边就没什么了。洞名蝙蝠洞。

中午，船停在无人岛边。我换上桃红色大花纱丽，妹穿着她的蓝色泳装上岸。妹眼睛被海水泡过，睁不开。阿凡给了药水，用处不大。

船员和阿凡在大棚内的灶台上烧肉，用油木炭。桌上是录音机，放着节奏强烈的流行歌曲。我顺手拿起一把长长的树叶做的家伙，随音乐曼妙起舞。妹妹录下这段舞蹈。

下午，到百年干贝城。妹眼睛不好，没下水。我自己下去，没看见什么干贝，跟在团员群里瞎游，一路拍到十几个人穿珊瑚鞋的脚，不时撞到别人，想躲也躲不开。一个导游在旁边指导说，手在水下划，转身，才能翻身站起，手在胸口以下划。很难想象第二天我竟然下外海，不用浮板。上船时，我登上船梯，趴在船边自豪地大发感慨。团友帮我脱珊瑚鞋。

晚上，在小北京饭店吃海鲜晚宴，有龙虾、蟹等。

两只小猫在饭厅里逛来逛去，是店主的。这里的饭店都有猫，吃人剩的食物。

2013 年 6 月 20 日

最重要的景观牛奶湖。水母湖也是今天的目标地。

船换了一只小的。到牛奶湖，阿凡一跃入水，捞起乳白的沙，连续几次将沙堆在船上，让全体擦身，大家互相抹白，嘻嘻哈哈，拍照录像，然后跳下水洗净。船员冲刷整个船舱。

牛奶湖其实是三面礁石的一片海，像湖，数万年的火山灰沉积，含多种天然矿物质，美容极佳，火山泥呈乳白色，细细的，帕劳人用它做成香皂。

蓝色珊瑚礁。到了这里，仍是风平浪静。几分钟后，发现已漂出一百多米远，水很浅了。妹突然喊，"我鞋掉了！"我心里一惊，既恐惧又难过，因为我不知道怎么办才能避免她受伤。第一反应是赶紧摇手，求助的手势，手伸出水面，快速左右摇动。可是团友们都在百米之外几十米之外，我又大喊："阿凡，阿凡——"过了一会儿，阿凡才有反应："我来了！"但是他游得极慢，是逆水而来。我跟妹说："鞋别捡了。"妹说："不要哪行去？"我看水下，礁石近在咫尺，不宜再下潜："就是几美元，不要了。"但不要又怕受伤，我恨自己无能为力保护妹妹。只祈祷阿凡快点到我们身旁，好不容易他拿着浮板来了，已有好几人抱住了浮板。阿凡说：大家都游起来，踢水，不然谁都走不了。

大约有二三十分钟，一群人才终于上船，高若诚同学一路高喊："太浅了！太浅了！再也不下海了！"

妹脚背蹭有一些划痕，是被珊瑚划伤。我倒放心下来，没有更大的伤害。要了贺倩旻的创可贴敷上。

阿凡说：没想到突然起风了，海流使人漂走。

鲨鱼城，我决定与妹在船上观看，不下水。水下成群的白色鲨鱼，有一些露出水面，多是一尺多长，很美丽。

鲨鱼体大，一生会更换上万颗牙齿，居于海洋生物链的顶端。

大断壁，这是帕劳最重要的景观之一。阿凡动员我和妹下了水。这也叫大断层，是世界七大潜水点之首。看到水下 600 米，悬崖绝壁上长满珊瑚，也有软珊瑚，成群的热带鱼。水蓝蓝的，灰蒙蒙，雾蒙蒙的，想起小时候看的电影《追鱼》。似有水下宫殿隐身海底，深不可测，诚惶诚恐。阿凡带我们游去悬崖顶端，水很浅，珊瑚像盛开的花朵，鱼类繁多。因为前次教训，我们说：太浅了，太浅了，不行，游出去进入深水区。

水母湖，这是最驰名的景观，要每人自费 105 美元呢。上五层楼高的台阶，再下五层楼高的台阶，才到湖边。一路石阶是新修的，很棒，橙色的粗壮麻绳做栏杆。这里真是与海隔绝的湖呀！数万年前，周围海床上升形成。水母没有了天敌，失去毒液攻击能力，是世界上罕见的无毒水母。成千上万的肉色水母圆圆的，透明的，在水中升腾或下潜，我们不禁捧在手中拍照纪念。

据说这湖是日本飞机发现的，一片金色耀眼，诱日本人来探险。现此湖为特别保护区，进入时要在盆中冲鞋。水母不可用手抓，不准踩。

第一次看见邻队里有七八十岁的老人。看来此湖必来也。

八、希腊（Greece）
（2013.9.29—10.6）

2013 年 9 月 29 日

此次旅行是北京众信旅行社办理，9 月 28 日—10 月 6 日。每人
20300 元，无自费、小费。因是新旅游法实施的第一批团队，出发前
临时告知此行无自费。

旅伴是我妹桂珠，今年我与她结伴第二次出行，实为难得。

昨天，金祥送妹来京。20：00，兰兰送我们去机场。

二十四人的团，领队朱海龙，二十五岁男孩，像个羞涩的少女。

阿联酋的豪华客机，双层。23：55 起飞，7：40 落迪拜。当地时
间是 3：40，时差四小时。

好几个小时候机，看看商品。

六小时飞机，14：00 抵达本尼代鲁斯国家机场。取行李后更换衣
服，即奔市区旅游。

宙斯神殿遗址，此为祭祀宙斯所建，是宗教中心。始建于公元
前 470 年，是最早的古建筑之一，距今 2500 年。顶天立地的石柱像
一头咆哮的巨兽只剩了不朽的傲骨。

雅典卫城，大理石台阶光滑洁白，首先看到阿迪库斯露天剧场
的断壁高墙，实际是音乐厅。

雅典娜神殿（即帕特农神殿），此是多立克式建筑艺术的顶峰，
希腊国宝。

卫城博物馆，全部为建筑碎片，残缺的神像。

住 Athens Marriott Hotel（雅典万豪酒店），当地五星级。

2013 年 9 月 30 日

导游王超介绍希腊。4S：大海 (sea)，阳光 (sun)，石头 (stone)，性 (sex)。海，爱琴海，自来水一样清澈；阳光，有 6000 个岛，有裸晒区；石头，2500 年前的无数神殿；性，最开放，酒吧多，一夜情多。

但是雅典并不像我们想象的那样富丽高贵，它更像中国三四线的小城，高楼不超过五座。一是因在地震带上，二是神话说屋不能超过神庙高。一楼尽商铺，很多关门，因经济不好。2004 年奥运会，希腊缺钱，欧盟援建了许多，借的钱至今未还完，路尽是小道，弯弯的。

希腊人爱说"喜嘎，喜嘎"（慢慢来）。人长得很漂亮，因土耳其占四百多年，混血。猫多，狗多，大街上或林荫处躺着大狗，像死了一般，任你千军万马踏过。据说有一只名狗，总是给罢工的队伍领路，专咬警察的腿，把烟幕弹叼走之类。

汽车大多是两厢的，因希腊每家好几台车，车位显少。车速很快，摩托车尤其快，闯红灯很危险。

城里有男人街，卖跑车之类的男人物品。也有女人街。站街男、站街女都有。

有很多罗马尼亚等地过来的无业居民偷抢比较多，希腊人不会。

今天是去波罗奔尼撒半岛，简单说，是去罗奔。路上王超讲了爱琴海的故事，大约四十分钟，讲的是王子忒修斯为纪念为他跳崖而死的父王，把此海叫作爱琴海。

路经科林斯运河（1881—1893 年开），宽二十五米，深十几米。

此半岛橄榄树、橘树、橙子树多，种植园大，多出口。夏天无雨，常火灾；冬天有雪，可滑雪。饮食是沙拉放牛奶做的，橄榄饭，希腊式海鲜。教育、医疗免费。学生 8：00—14：30 上学，放学后男女成双成对去玩。数学不好，常找错钱。

去岛上的沿途有很多小教堂。因路弯车快，有人死于此，家人为其建教堂，内有照片。有伤的，家人也建有教堂，内有小油灯，却是耶稣的照片。

首先来到埃皮达鲁斯古剧院。站在台中央，划一根火柴或弄下一枚硬币，远在看台高处的人就能听清声音，这是古人做的扩音效果。剧院能容 1.5 万人。

下午游览娜普里昂小镇。酒吧沿海一直开下去，时有店主站门口招呼。我和妹走进一条小街，红花藤攀缘上墙，护住门窗，各色的小木门。

各色小船在水中摇摆，海中央有一小城堡，岸边铁树冠下是一圈沉重的金色果实。

傍晚，来到议会大厦门口。中央有无名烈士纪念碑，圆形，矮石盘起，上面盖有鲜花绸带。门前警卫二人，帽子上的黑穗是四百根，纪念土耳其占领四百年，客人们排队与之合照。很快到换岗时刻，卫兵的慢动作，让众人开怀大笑，驻足欣赏。手臂和腿抬至高点，然后脚尖先向下弯曲，再放脚向后踢地，再向前站住，如此这般有十分钟之余。换岗毕，当官的又上前慢慢整理卫兵装束。

门前广场是黑色的鸽群在觅食。

2013 年 10 月 1 日

三原色的天堂——米克诺斯岛。基克拉迪建筑风格。

天空和大海，圣洁的大地，肉身的人类，被游客称为米克诺斯岛的三原色，鲜艳、明媚、温暖的三原色。

米克诺斯岛，86 平方公里，常住人口 6000 余人，海拔 364 米，有小教堂 300 多个。岛上最标志性的建筑是白教堂，不大，也不高，造型错落有致，像一个会呼吸的女神。这几百个小教堂，是居民祈求家人平安的圣地，皆为白色，其余的住宅小楼也皆为白色，或少有肉色，配以彩色的门窗。最为迷人的是各国的男女游客，有天堂海滩，所谓天体海滩，裸身于天地大海之间，成为三原色中最美的颜色。这里被称为最接近天堂的小岛。

我们是乘了近五小时的游轮来到岛上，王超先带我们看了白教堂、小威尼斯、风车群，然后解散自由活动。

这个岛最奇特绝美之处是它迷宫一样的街巷。从主街进入，主街也不过二三米宽，再往前就曲曲弯弯，窄路至二三尺，无尽无休的转向。据说，是居民为防海盗修建而成。每家墙上有洞口，海盗进入街巷，居民即可从洞口处伸出长矛予以攻击。很多家庭卖小商品，或是成为咖啡馆。门前窗前盛开着三角梅，有些一直攀缘至二楼、三楼的顶上。

我买了两条绣有风车的亚麻毛巾，每条 5 欧元。

我穿了一条编织肩带的蓝色针织连衣裙，妹穿了一条蓝色风衣连衣裙，戴一顶粉红色大草帽。我跟在其后拍一些她穿行小巷的画面，这样人景俱佳。

傍晚时分，我与妹坐在海边一冰激凌店桌上，吃两份冰激凌，每份 2.5 欧元。

没有去天堂海滩，因为要乘公交车前往的。王超说，现在天堂海滩裸身人已很少。

希腊神话说，米克诺斯岛是宙斯与泰坦族圣战之地，泰坦巨人的骸骨落入爱琴海，变成此岛。

我盼望世界大同，消除国界的那一天。那一天，地球上的三原色是宇宙中最美的颜色。

住 San Marco（圣马可）酒店，此岛的顶级酒店，二层，每天九班小巴士往返于岛中心小镇，免费。

2013 年 10 月 2 日

爱琴海是地中海最美的项链，圣托里尼岛是这项链上最美的钻石。由于天灾，这个岛的一面被挤成直角的悬崖高出海面两百米。整个岛像一弯新月，在这里可以看到全世界最美的落日。这个最西端的火山断崖处是著名的伊亚小镇。

我们乘快艇前往圣岛，这个艇容纳近千人吧，看起来挺大的。排队上船的游客站满了码头。

下船后，汽车中途停下，导游带大家去看著名的蓝顶教堂，许多明信片上的蓝顶教堂就是它。

入眼的住宅也尽是蓝顶或蓝窗蓝门，加上蓝天蓝海，正如有人说的："希腊用光了世界上所有的蓝色。"

进入小镇，大家在小广场上解散，约定日落后在此集合。我和妹妹转身随人流进入小巷、石路、石阶，不停地攀上和走下，向外望去，是天边的海，而我们是行走于悬崖之上的小路。当然，路两边都是房屋，不时露出临海的围墙。两边有商店、画店、书店、咖啡店……

有一家的露台竟是三面毫无遮拦，下面是峭壁。有一些人家做了围墙，远看也像是挂在悬崖之上。有的屋子小门已破旧不堪，院内狼藉，或许已远走他乡，去了大厦林立的北京？

不时抬起头，就是小教堂顶或是风车。像一个神话世界，一个古老的传说，一个久违的陌生的家，好想摸一摸，闻一闻它的味道。

日落大约会在 19:00，还有一个小时。悬崖边最佳的观日落平台上已站满游客，平台下方的坡路上也人潮涌动。放眼望去，层层叠叠的小道上、台阶上都有不少人已驻足。有一个男士站在高高的围墙上，像一座人群中的纪念碑；有两个女士倒骑在一段台阶的围栏上远眺落日，有一个女孩双膝跪地，屁股高扬，在为同伴拍照落日下的美人。妹坐在围墙边的台阶上，手举照相机寻找画面。

我找到离妹十来米处的一段围墙，墙边开满了三角梅。我一会儿拍落日，一会儿拍妹，把游人中的有趣画面一一锁定。

太阳变成金色，落入最后两层红云，即将入海。海面上有四五条小船伫立，等待着日落的一刻。落日好像下得很慢，又在每一秒都发生着变化。太阳，人类的恩人！如果地球是人类的母亲，那太阳就是人类的父亲。它公正、无私，照亮每一个角落，温暖所有人。它至高无上，但是没有敌人，给所有的公民以平等的享受。

太阳落下，情侣接吻，众人鼓掌。太阳没有远去，它永远和我们在一起。

岛上晚餐，鱼排、沙拉。

住酒店，Mediterranean Beach（地中海海滨或叫皇家地中海），四星级。

2013 年 10 月 3 日

酒店就在黑沙滩上。我们的房间在二楼，有阳台，被桃红的三角梅包围着。窗户外也开满了三角梅，是个小复式，上三层台阶，上面还有一间卧室。

昨晚我和妹决定不去菲拉小镇了，留在酒店黑沙滩上。因与前两小镇大同小异，而且很小，更因妹极爱照相，我想一定为她拍几张最美写真。

早上晚一点时，暖和一些，我俩直奔海滩。先为妹照穿橘色长裙的，海风下，礁石上的坐姿，很完美。

黑沙滩果然是墨一样黑的沙粒，上岸到沙滩上就得穿鞋了，沙大得像石子。这是这个火山岛火山喷发时留下的熔岩，每两万年火山大喷发，圣托里尼岛就是最后一次公元前 17 世纪喷发留下的，而五十年前的地震又将圣托里尼毁灭一次。沧海桑田，"生命应当珍惜还是应当挥霍呢？"我想起自己的这个诗句。

中午去吃了自助餐，每人 20 欧元，饮品单付，啤酒、可乐足矣。

然后换上我爱的针织红长裙，去院里拍仿希腊女神像。选出一张靠白墙颔首的正面像还真好。

下午，去沙滩拍录像。天有些凉意，我和妹妹穿上短裤、长袖针织橘色长衫式短裙，拿小播放器、录像机出门。妹下载好的快节奏外国流行乐。

风较大，摄像机里都听见呼呼的风声。我们在音乐中迎海浪而去，跳着轻轻的摇摆舞。我跪在地上捧起黝黑的沙粒扬到空中，心和沙一起飞到海风里。我也曾经像火山喷发，如今剩下是火山灰，很美的火山灰。

晚上，打开小门厅的灯，阳台上好漂亮。我把长凳搬来，二人开始换装，继续仿希腊女神像，拍照写真。

多数都由于面部不理想，删除。年龄增长，越来越难拍出一张光洁的脸。后来，越来越对比出经验，用饱满适度不露齿的微笑，使面部显得青春有活力。

一天里，好几次有猫咪光临，躲在茶桌上小睡。我摸它，它就跃下阳台，落入邻居的阳台花丛中。

猫咪跟狗都很多。任何时候，你一站住，会发现脚边就是小猫或正酣睡的大狗，给我处处是家的幸福感觉。

2013 年 10 月 4 日

妹喊我起早看日出。走上海滩，很冷，又退回房间，在窗口看。海边风大，浪也很大，比昨天冷很多。

上午自由活动，继续拍照。妹发现次卧的圆门处台阶上之景观。把昨晚穿过的衣服又换一遍，继续拍女神照。在主卧拍穿衣舞。

12：00 退房，11：40 锁门出来，到海滩上的躺椅上晒太阳。小猫从脚边散步，喝游泳池里的水。

要了零点的午餐，炸鱼 7 欧、沙拉 5 欧、可乐 3 欧、咖啡 3 欧。

14：30 来车，接我们去酒厂，名 Santo Wine（圣托葡萄酒）。酒是由独特的火山岩地质培育出来的葡萄酿造的，多次在国际酒节日获金奖。我尝了一下其中一种，很甜，酒味淡。如果买酒要打到行李箱中，我们决定不买。买了双体的烟灰缸五个，地图样式的小瓶酒四瓶。

到机场，17：30 飞往雅典，四十五分钟。开始有一段非常颠簸，我却已习惯这种感觉，听天由命吧。

到市区，路灯很多不亮，楼内许多房间也没光亮。街上几处商店门口处闪着霓虹灯 "HOT DOG 0.70€"（热狗 0.7 欧）。

2013 年 10 月 5 日

早上前往雅典考古博物馆，是希腊最大的国家博物馆。全面集中地展示古希腊文化，文物两万多件。许多藏品为希腊及世界少有的文物，如闻名世界的阿伽门农黄金面具，在 3 号展柜展出，是迈锡尼时代的国王阿伽门农的陪葬品，根据其面孔打造的黄金面具，制造于公元前 16 世纪，技术高超，精美绝伦。以海神波塞冬为代表的青铜雕塑，展示了美的魅力，穿越时代感动人心。数以千万计的金饰、陶器等，精细小巧，工艺复杂，造型经典。我全程拍摄下来，妹则把重要的一一拍照。

此馆为世界上最伟大的博物馆之一，1866—1889 年建成。

下午去老城区，导游和领队说新旅游法规定不准把游客带到具体购物场所，要我们自己去找。向左拐是一座六层商店，我们按照他们的唯一提示来到商店，店不大，货种也不多。到一楼，妹见一团员购 Folli Follie 包，很大方鲜艳，合人民币 1000 多元，就买了一个橘黄色的。这是希腊当地名牌包，没有多余饰物，只有一金色旋转扣，方方正正的，很实用。

集合后，见好几人买了德国的箱子，大的 500 多欧元，小的便宜些。牌子名 Attica。

到集合地，时间还早。见街口涌出罢工游行队伍，数千人。打着很多白色布标，向议会大厦前进。我和妹跑到议会大厦门口，见双向的队伍交叉而行，一些人在队伍中一边轻松地交谈，一边慢慢行进，有一女声带头喊着口号。导游说，大约就是提高工资、增加福利之类。

午餐后前往机场。

退税，托运行李前验货，入关后盖章在验货单上，另一窗口取钱。时间不够用了，有人在刷卡窗口持卡办理，3—5 个工作日钱可到卡上。妹的包是 17% 退税。

九、斯里兰卡

（2013.11.16—11.22）

2013 年 11 月 16 日

斯里兰卡之行，16 日至 22 日。斯里兰卡，印度洋中的大岛。

全团十二人，两对夫妻，一对母女，一对胞妹，两个独行人，我和金祥。陈锋导游，不，叫领队。

凌晨 4∶30 起飞，五小时到曼谷，停一小时，上下客人，打扫，换新用具。又三小时，到首都科伦坡。

地接桑杰，斯里兰卡人，儿时 1970—1973 年在中国学了中文，父亲是外交官。

午餐是西餐。每人一条石斑鱼，因为天气热，所以深度加热，炸至焦黄，以免腐烂，绝对不会做成清蒸。此外有沙拉、水果加冰激凌、红茶。

晚上住 Jetwing sea Hotel，就在沙滩上。"是科伦坡最好的酒店？""不，是科伦坡北面的尼高布小镇最好的。"

斯里兰卡，有二十多年内战，2009 年结束。1948 年 2 月 4 日是独立日。

4 月 13 日是新年，放假一周。

斯里兰卡是总统制国家，土地是私人的，森林是国家的，农业国。水力发电。水库供水。大部分人住沿海。

下午看石窟寺，八个世界文化遗产之一。18 世纪的壁画、佛像。卧佛有圆寂的佛，有睡佛。

我和金祥各买四朵荷花，100 卢比。猴子抢去了金祥的花，吃花蕊。

走出门看，整个岩壁像一个卧佛，菩提树在院中。猴子们跑上跑下，据说是晚上睡在此，看家护院的。

晚上住森林中的酒店，每两人一座单独的平层小楼，我们住 61 号楼。进门来，竟有花瓣树叶摆于地上"Welcome to you"。晚饭回来后，又移至床上："Good night。"

2013 年 11 月 17 日

上午，要去大象孤儿院。

斯里兰卡有 3000—5000 头野生大象，有三个大象孤儿院。母的没象牙，公的 5%—6% 有象牙，家养的大象因为吃得很多，每天 200 公斤食物，只有富人养，大的寺庙也有养。

路上见一头公象，比母象大。

来到大象孤儿院，这里有八十头大象，现有几十头在洗澡，然后被领上岸，回家。前面有人群散开，为它们开路，路人站在边上喂它们食物。

看到一对新人结婚，前面有四个舞者引领，下蹲式舞姿，白衣金饰，边舞边退，向宴会厅去了。

去看给大象喂奶。桑杰买了四张票，各家派一代表去喂奶。大象两只腿被拴住，奶瓶一入口，一口就喝个精光。

喂水果，花钱买一篮水果，喂给大象，也是一口一块吞下。这头象怀孕十个月了，二十二个月生子。

今天游人很多，因是十五。每月十五是节日。到处是佛教旗，五色，庙内有三物，佛塔、菩提树、佛像（坐佛、立佛、卧佛）。

下午，去第二大城市 Kandy（康迪）。一路尽是山路，进了城也差不多都是山地，我不禁笑出来——比中国的山还多。

参观佛牙寺。全世界两颗释迦牟尼的佛牙，这里有一颗，中国八大处有一颗。

大家纷纷买了荷花，紫色或白色。

穿有袖上装，过膝裙，脱鞋，可穿袜。

佛牙曾被英国拿走五年。干旱死了很多人，后要回佛牙，当天就下了大雨。有一头大象几十年前驮佛牙游行，每次游行是一百头象，一千个人。（1987 年游行时，这头大象哭了，第二年它死了。）

寺内有几十张图画，记下了佛牙的历史。

有点时间逛超市。买红茶，香草味和原味（Dilmah），桂皮，香料。

住山上酒店，弯曲的山路，会车困难。酒店名叫 Randholee Resorts（Pvt）Ltd（兰德霍里度假酒店有限公司）。

晚饭有螃蟹。

三个草绿色服戴牛仔帽的乐手，一个吉他手，一个鼓手，一个弹手风琴。金祥让他们唱中国歌，不会。我说，唱斯里兰卡著名音乐吧。二人代表大家先后付 2000 元卢比。

2013 年 11 月 18 日

又一世界文化遗产——狮子岩。

远远望去，方方正正突兀于空中一座山峰。其实狮子岩没有狮子，也没有虎，只有豹。斯里兰卡人认为他们是狮子的后裔。

此外原有五百幅壁画。有人说这是世界第八大奇迹。5 世纪时，顶上有宫殿，已风化。有修的游泳池，水从下压上去，但压力何来，不得而知。这些壁画从未修过，其中最重要的有一幅命名为"蒙娜丽莎"。

5 世纪的台阶，青苔覆盖。

看完壁画，我和金祥没有再攀上去看绿地，留在中途与陈导聊天。斯里兰卡女人地位高，班达拉奈克总理是第一个女总理。但男人不做家务。

路上，桑杰请大家喝金椰子汁。

午餐，有菠萝蜜，特别香甜。

今天是总统的生日。一路上有他的巨幅照片。六年一选举。

2013 年 11 月 19 日

今天要去南端的加勒市科加勒地区恩格乐小镇，那里有高跷渔夫钓鱼，大约要走一天吧。

路过茶园，下车来看看，三个茶农在采茶，大家纷纷合影留念。我抓住两个女茶农和我一起采一些茶。

她们跟我说话，我大约听出她说她要养三个儿子，云云。我给她们小费，旁边一个女人也冲过来伸出手。

桑杰说，第一棵茶树是从中国进口的，这些茶做红茶，也做绿茶。

金祥一路"桑导"叫个不停，问各种问题。斯里兰卡，全民免费医疗，有私人医院，不用排队，残疾人有救济险……桑导一一回答。

见树上有倒挂的蝙蝠，是果蝠。一路上尽是高高的椰子树，结满了果子。

斯里兰卡有各种香料，肉桂、胡椒、丁香、香草、芦荟。

住 Heritance Ahungalla 酒店（阿洪加拉传承酒店）。

2013 年 11 月 20 日

11：00 点乘车去加勒。

汽车沿海岸前行，有不少残垣断壁，是海啸留下的。2004 年，印尼海底地震，发生海啸。三次大浪袭来，最高浪十二米。

来到加勒古城堡，世界文化遗产，也是南亚最大的古堡。16 世纪葡萄牙人占据，17 世纪荷兰人占领，并修筑城墙建筑，18 世纪又成为英国殖民地。城堡是军事要塞，天然港口，位于岩石的半岛之上。城中少有汽车，商店大多是小古董店、首饰店、画店和博物馆。当年郑和下西洋曾三次来到这里，有碑为证存于博物馆。那是 1406 年，郑和代表皇帝来拜佛牙，带来很多礼物，如玉、瓷、黄金等。

很多街道，屋顶开满鲜花，古榕树生于建筑内外。我在一段橘黄色的老墙边倚靠，拍下这历史的美艳。

坐火车去科伦坡，这火车实际是一个旅游项目。一百二十年的老轨道，几十年前的老火车，我们是一等车厢，大皮椅。一开动，左右摇晃，团友蹦着脚去上厕所。晃啊晃啊，晃得大家笑起来。

晚上，唯一一顿中餐，有清蒸石斑鱼，在国内要两千多元。

住酒店 Cinnamon Lakeside Colombo（科伦坡辛纳蒙湖畔酒店）。

空调太冷，找不到调节器，发现一块总控制板，放在床头桌上。床头有一灯，找不到开关，关不上。找来服务生，才发现所有室内灯等开关都在控制板上。

2013 年 11 月 21 日

大厅里的首饰店 10：00 开门，我和金祥进去看。托帕石胸坠，白金托，最便宜的一百多美元，最贵的几千美元，有斯里兰卡宝石、猫眼石等。证书印得很好，有金色封印章，有宝石照片、重量、材质等记录。金祥选了三个，我选了三个都是白金托的托帕石。

集合后去游览市区。

中国援建的音乐厅，名荷花池，样子像盛开的荷花，也是一处文化遗产的名。

班达拉奈克国际会议大厦，是 1973 年中国送的礼物。

斯里兰卡语"你好"是"阿由果凡"。

科伦坡市就在海边，伸到海中一木栈桥，人们在此观日落。

18:00，降旗。金祥发现了这三个白军服的人，知道他们是降旗人。降旗毕，军官随后上来，两个人与之边聊边撤离。

十、纽约

（2013.12.18—2014.2.12）

2013 年 12 月 18 日

CA989，9:00 起飞赴纽约。

每人可带两件行李，但一共应多少公斤，倒是没问，我只带了一件。礼物不能超过 100 美元。在飞机上填报关单，我报了食品。如果不报，被查到可能罚款或坐牢。

出关时没有一个人被查。

南希去接我，因路上车祸堵住，晚到一会儿。我俩先去超市，到超市先见到已约好的柯瑞和她丈夫安东尼、女儿里拉。她和丈夫去过我的新华联丽港，住了几天。吃套餐。我有点惊奇满眼都是黑头发、黄皮肤的人，难道中国人已占领了纽约？卖饭的都是中国南方人。买菜，要买一星期的菜，牛肉、猪肉、鸡腿、虾。我说：我基本吃素，但会做各种肉菜，你不会做的我做。

到南希家，两室一个小门厅，干干净净。满是油画、古董，老式房子。水管哗啦一响，吓我一跳。南希说是一百多年的老房子。

晚饭后到门口散步。旁门是图书馆，接下来是市政厅，右侧是18世纪的剧院，走一百多米，是去曼哈顿的码头。一进码头的大厅，暖融融的，有饭店、酒吧、Subway、小食品店、比萨店、邮局。

再远一点是9·11纪念碑，纪念死去的岛上人。碑像两页书向两面打开，从中间走进去，大理石刻的每个死难者的侧面像，一个个小方格，像一本本小书，灯光从后边射过来，碑上的人清晰可触。常有亲友在忌日或这些人生日时来献花。

码头远一点望去，有一个空中雕塑像展翅的鱼。这个码头二十四小时开放，白日十五分钟发船，夜里一小时。远方是曼哈顿晶莹的灯光群，像一个神秘的梦幻在闪耀。

南希住的这个地方是 Staten Island（斯塔滕岛），纽约市的一部分，也可称为纽约州的 Staten Island 市。

2013 年 12 月 19 日

10:00 起床，忘掉时差，虽然还是有点昏沉。

南希带我去门口散步。先进剧院，好古老的雕梁画栋，当然是西式的，暗金色。有 22 号的芭蕾舞票，从 16 美元到 49 美元。

再进市政厅。南希和厅正中坐着值班的警察攀谈。两面石碑上，一面刻着历届市长的名字和任期。最后一位明年卸任。

墙上的壁画记录了这个岛的历史。壁画是现实主义的，造型有明显的装饰性，色彩温和，有乔治·修拉的点彩手法。画大面积的衣服饰品等。

再到图书馆。楼上是儿童活动室。一楼可读报，有中文书、中文报。感觉很多消息来自中国网络。

中午，烧排骨萝卜汤，炒油菜，炒蘑菇蚕豆。饭后竟已四点钟。匆匆出发去曼哈顿。先去南希老同事家拿钥匙，过几天要为别人来看家，正好住在空房。又去她外甥的公司，彭博公司，搞金融数据，提供给银行。他名叫孙丹，毕业于上海复旦。去孙丹家。他岳母、妻子、女儿在。南希送他女儿三包圣诞礼物，我送她一盒扑克"唐诗"，孩子一见就乐了，她会背"床前明月光"，"鹅，鹅，鹅，……"

2013 年 12 月 20 日

先跟南希去邮局。她外甥从中国带来萝卜干，她要寄一部书给佛罗里达州的外甥女，两公斤的东西，要 17 块多美元。

开车去 Costco（开市客）连锁超市。南希一直多年在这儿买食品，每年交 100 美元会费。仓储式，大包装，质量是最好的。柯瑞带女儿、母亲也开车过来，用南希的卡。很多种东西都做了试吃的台子，有一人做，顾客踊跃试吃，一个薄薄的小纸碗，我们几乎试吃了所有的东西。

买菜车是大型的，上下层。面粉是两个十斤包装在一起，牛奶是有 3.78 公斤，蜂蜜也一两公斤的样子。面包是两大个一包装。

再去银行，因南希在总统大选时为政府工作一天，做翻译，有工资 170 美元。

银行连着百货商品城。我们挨个店看服装，买到妹想要的无袖白色上装。我喜欢的红色宽松上衣，都是打五折。买了一瓶面霜，加税 84 美元。

2013 年 12 月 21 日

南希 5:00 就起床，去新泽西见一些古董界人士，给他们看些东西。随身带了水果、酸奶、面包加鱼酱等。要下午才回来。

我给妹打电话。已是中国的晚上。妹今天生日，电话打过去，祝贺生日，问高明，正好已从巴基斯坦回天津小住，祥杰当然在。妹说，她收到了蛋糕和鲜花。

白天一直还是昏昏沉沉，起来，躺下，看英语。

布敏擦黑儿时叫门，不进门，说，赶快穿衣服去剧院看彩排。

原来是为明天正式演出在彩排儿童芭蕾舞剧。

刚开场不久。南希和身旁的观众谈话，得知剧院刚刚花 100 万美元修缮。过去一直未开放，因为太破旧的缘故。灯光、音响都是新的，质量蛮好的。观众多是孩子家长。

在暗暗的灯光下，从顶篷到包厢到舞台，仍是金碧辉煌，闪着古典的光彩。

2013 年 12 月 22 日

醒来时南希又在准备出门。

跟大宝通话，问张蕾的译文是否已看过，怎么样？他说，一部分词汇用了意思更确定的，他已吸收；一部分换了同义词，他没有吸取；一部分是与作者意思有别的，他仍遵守作者的原意直译。

我忍不住打开快译通，把大宝的译文《独身女人的卧室》通读。记录下与原文有差异的译文。比如"窈窕"，他用了"苗条"，"肩膀斜削"，翻译成"斜的肩膀"等。在英文中真的只能如此吗？

南希晚上回来，我与她请教。她说，英文中应用最简洁的词，最易明白的词。她看我简历译文，说没必要的东西太多，删去了诸如下乡、工厂、美术馆之类的经历。

2013 年 12 月 23 日

圣诞节是人类最美丽的节日，童话和灯光组成梦幻的世界。这里的圣诞树早已在 11 月底、12 月初就统统点亮。这个岛像往年一样，评选了十个灯光最漂亮的人家。

南希下午就从网上找到这十家的地址，大约是 Karen 发过来的，都有好几个彩图。评选为第一的家庭去年就是第一。

2013 年 12 月 24 日

11：00 左右，二人出发去 Mall。那天从银行来过这儿。

南希要选择一件做礼物的衣服，换一件。退的是深蓝色绒外套，换了一套黑色金星图案衣裙。我顺便又买到红色、墨绿色连衣裙，加拿大生产的纱的无袖露背上衣，适合旅游。

整个 Mall，儿童店和运动服店、休闲服店真不少。

回到家，简单用个餐，已近天黑了。南希犹豫后还是决定当晚搬去曼哈顿，不然明早要四点起床赶去。因为她答应为一个当年老邻居的女儿喂九天猫，住在她家。

收拾了行装，带上冰箱里的一大堆食物。路上车已不少，是21：30 左右。路过收礼物人家，打电话，一先生带一儿一女赶来，南希送上礼物，和孩子们拥抱，匆匆告别。

先到 78 街，519 号，把睡觉用品放在家，看看猫，到 Bettina 家住，隔三条街。这个 519 号只有一厅，没什么用品，南希怎么想也受不了，跟 Bettina 已说好借住。Bettina 的家是 79 街 15 号，高级公寓，有 Doorman（看门人）。房间是大约三百平吧，四个房间，老式房子，布置典雅，低调的奢华。墙上到处是版画、照片，精装书满架，小动物玩偶零散地置于门廊至书房。厨房是宽大的洗碗池，顶天篷的壁橱，六个眼加两个烤箱的灶。

我俩做了蒸茄子，葱花鸡蛋摊饼准备明天做。

早晨，南希起得早，已办好几件事：第一，推掉外甥家的晚餐。她去是买全部的菜，晚上要去曼哈顿，太紧张了；第二，买了奥巴马推行的保险，无工作人都要买，每月只交 100 多美元，而过去每月要交 500 多美元，今天是最后一天，不交要罚款；第三，接到远洋邮件，得知她推荐的美国黑人女诗人名叫史密斯，去年得美国诗歌普利策奖。已从网上查到史密斯的学校叫普林斯顿大学，很好的学校，并有学校电话。但她已放假，要到 1 月 16 日结束假期。南希家与该校是一桥之隔。

2013 年 12 月 25 日

闹铃一响，匆匆起床去喂猫，还是决定开车过去。

猫把屎拉在睡篮里，我说它是抗议吧，因昨晚没给它吃湿的猫粮，只是肉。它趴在床上，一直叫。今天给了它肉，拌进一片药，因它得了病。

回来时一看，车位已被占，南希连连叹息，终于找到拐弯处一车位。看街边提示牌，算这几天如何用车应对无车位。每天 9:00 到 10:30 扫街，必须挪车。有消防栓处两个空车位不准停车。而进停车场，一天就要 33 美元。

吃饭、聊天、睡觉，醒来时已是 15:00。又吃饭。

18:00，去喂猫。水没喝多少，不知为什么。但有尿。

步行去洛克菲勒广场看圣诞树。从 79 街出发，York（约克）大道，第一、二、三大道，Lexington（莱克星顿），一直到 Madison（麦迪逊），再到第五大道，经 60 街，看到陈逸飞太太苏珊的住处，是新的高级公寓，门前小广场，喷泉。南希已和她不太来往。

到了广场，进苹果店小坐几分钟。

拍最著名的一组橱窗，每年都有新主题，今年是纯白色调，极尽华美。

进 Trump 大楼，这是 Trump 在拉斯维加斯赚了钱投资的，上面数层是一到四室的高级公寓，每年价格是 40 万美元至 900 万美元。下面是咖啡店、巧克力店等。

终于挤进洛克菲勒广场。用金色灯光组成的天使群落，引所有游客留影。越走越接近那棵巨大的圣诞树，有数十米高，下面是浮雕的广场标志，再下面是滑冰场，正在冰上飞行的人群。

南希和洛克菲勒大楼楼内的警察攀谈。

"你愿意要双份工资现在上班，还是回家团聚？"

"当然是在家，但是工作需要我在这儿。"

"楼内有什么活动吗？"

"没有，都回家过节了。"

回来路上，南希问是坐地铁还是走路。

"走路。"

竟然发现花店不少。

又经 57 街，画廊不少的艺术街。

还差十几条街才能到家。我们在一家甜品店坐下，喝两杯英国茶，吃一个圆的小蛋糕。这种店开在这样的中心地带，是二十四小时营业的，雇员很多是墨西哥人，工资便宜。

2013 年 12 月 26 日

南希说，想请海霞小姑娘来。她很可怜，身份没办下来。电话打通，南希请她帮忙买六个螃蟹、一点儿米、小青菜，来吃晚饭。

海霞 15:00 后来。长得端端正正的，乡村孩子的质朴气。福建人，在澳大利亚上学五年，学社工，说是政策允许好找工作，快上完时政策又变了，她转来纽约。现在打工，工资也不高。准备做到年底就不做了。南希劝她首要的是找个合适的人结婚，因为需要通过结婚解决身份问题。但又说很难，纽约人首先就怀疑你为身份结婚。到周边小镇为好，小镇上人很老实，年纪大一点也可以。很多美国人认为四十岁结婚还早。

2013 年 12 月 27 日

Karen 被邀而来。坐船来的，倒地铁。

中午吃烤鸡腿、牛肉土豆、小青菜、白饭，每人一杯茶。

Karen 用自拍合影。把鲜花放在身后小桌。花是早晨喂猫回来时买的。她说今天是星期五，16:00 后现代博物馆免费。"当然去。"我说。

赶到那里时已 17:00 左右，MoMA（纽约现代艺术博物馆）在第五大道与第六大道之间的 53 街，经过中央公园、苹果店、洛克菲勒广场，居然比前天多好几倍人。大约是人们在家过完了节，都跑出来玩。到门口一看，不得了，队不见尾，约有几千人，怎么也走不到尾。工作人员又赶我们到另一口去排队，仍是找不到尾……

真没想到半小时后居然进了门，门口发票。直奔上楼，看梵·高《星空》的人山人海都在拍照。还有毕加索、莫奈、高更、塞尚、马蒂斯等的作品。

20:00 多，波提娜回来。她去女儿家过圣诞。她原是南希老板的秘书，就是哥大一个学院内的一个大系的头儿的秘书。与南希同事七八年。

又去喂猫。在路上给范怡打电话，通了。约见面。南希和她终于说好地点，在我喂猫的地方见，范怡说要请我吃早饭，并又提到

31日家庭聚会。南希说：你老公是美国人？那朋友都是美国人，伊蕾说不了英语，还是不去了吧，我们陪哥大的同事一起过吧，不能把老太太一人放家里。范怡说：老公是牙医。

2013年12月28日

78街519号，喂猫地址的楼门口，9：30，范怡到，她笑着倾身看我，好像一个老友重逢。我们手拉手走，她说请我吃早饭。我说然后去MoMA，我自己去就行。她说宋庄大约第三届艺术节时，她代表广告公司在宋庄住了两星期，到过冯爷家，吃缘缘做的饭。冯爷带他去看了别的大师的院儿。

来到75街，一个有名的饭店，大约7：00就开门，很多人会带着报纸来，吃早饭、休息或约友聊天。

她说老公大她三十岁，在纽约认识。他有两个女儿，一个比她大，一个比她小。她老公是牙医，给很多名流做整形手术。她自己在北京西直门中影大厦有一个画廊，只代理一个合伙人的亲戚的画，水墨牡丹。有很多艺术家想请她做这边代理，她认为应先能帮到他们，再谈代理。我给她看相机里一莲的画，介绍了一莲。她说很喜欢，很美。可能会有大品牌赞助。也可先搞一小型推荐的party，评论家都来。她说这里真是实现梦想的地方……

她老公来接我们去MoMA。名叫Johan，很帅。

在MoMA待了三个小时，各楼层匆匆看一遍。丰实之极，雅俗共赏，既有大师作品，也有特殊展览、雕塑、装置艺术、照片、影像。二楼装有多块大屏幕，不同角度悬挂，影像是许多有趣、经典的片段，这次专门是中国题材，张曼玉长空舞袖，书法家挥毫，渔民泛舟……

回家，从53街一直走到79街，才看清中央公园真面目，简直是城中之乡，太长太大了，中间有汽车道。

南希回家已17∶00了，路上堵车，又买了菜。匆匆做饭，用饭，18∶30出门去大都会博物馆，据说有免费音乐会。

进门后摄像，被提醒不能拍。去领票，被告知请交一点钱，多少随意。我们二人凑了八块零钱。这里星期五和星期六晚上开到20∶00。

所谓音乐会是在二楼走廊的中央有三角钢琴，一个小提琴手，两边到拐弯是酒吧。刚刚坐下，她们已停止演奏。我们于是去看画。

莫奈的画比MoMA又多又好，MoMA的画是借的。名画多不胜数。

看中国厅，"Ink Art"。当代水墨。

2013年12月29日 中雨

纽约温暖的冬天，下起不大不小的雨，南希昨天跑了一整天，今天起晚些。喂过猫，我们奔哥伦比亚大学主校园。

南希在这里工作七年，又好久没来了。她当时辞职去办画廊，在曼哈顿17号码头。经济危机来，她关门，把东西全部搬回家。现在家是个古董店。再看哥大难免一往情深。

我惊奇路两边竟都是哥大，路中心布标写有"哥伦比亚大学学术中心"，有几十街长。到110街。然后168街又是哥大的建筑。校园内建筑都很宏伟、古典，最早是18世纪的，第一任校长捐的钱，为纪念其父亲。楼前的红砖地已残破，但像石和玉一样光滑温润。

院内竟然有人造滑冰场，并且是一大一小两个。近前看，是上面覆盖一层织物，再上面是冰样的表面。校园是开放的，但要进各个楼需要刷卡才可以。

雨还在下，校门外是农场，卖蔬菜、水果、鸡蛋、苹果、土豆有十几个品种。还有苹果汁、蜂蜜。

回家吃午饭。和 Bettina 一起出发去 Macy's（梅西百货）商店。特意路过时代广场，虽才 14：00，却华灯四放。Bettina 换了一件衣服，我买了阿玛尼手表。几年内我的手表相继坏掉。

2013 年 12 月 30 日

一早，救护车笛声又响起，几乎每天都有几次。城市老人多。不用担心无钱被拒，出院后才会收到费用单，再交钱。

二人 9：00 准时坐进门外的车中，因为 9：00 到 10：30 这段路要扫街，所有的车都必须挪走或车中有人。我决定自己去喂猫，回来路上买了几块甜点给南希当早餐。

在车里，南希催我给天龙打电话，仍想劝说他放弃来上纽约大学继续教育学院，因为没有门槛，没学位，找不了工作，可能签证都不能通过。正式考好学校，理科要考 GRE，文科要考 GMAT，比托福还难，实际上托福是考应变能力，不是专业水平考试。要脱层皮的。到美国来就是要好好读书，不可能是来玩的。NYU（纽约大学）能毕业的学生是占 30% 左右，其他退学或继续学再考。当然这都是南希所言，我对此一无所知。

2013 年 12 月 31 日

早上喂猫归途买了法式面包和草莓、香蕉。

二人一起去一个私人博物馆看一个古典画展。门前排队数百人，只好作罢。因馆小，放人会很慢。

沿街看店。一个美国老牌子的专卖店 Ralph Lauren（拉夫劳伦）。四层，古典的白色调老房子，像一个小宫殿，进门是大的鲜花盆，花香弥漫于全楼。女装在二楼，试衣间有六七平方米，大试衣镜，长沙发。我动心在我家也做一个超大试衣间。街对面是该店的男装。下一个门是该店的童装，黑、红色系是经典。

教堂名为 St. James' Church（圣詹姆教堂）。有几人在里面静坐。我们坐下，椅背上插有厚厚的《圣经》选文。南希说来这里的人们每年都会为之捐款。

新年夜了。赶回家包饺子，白菜猪肉、韭菜猪肉，一边包一边放冷冻箱，因为太多了。南希烤叉烧肉，昨夜腌的牛肉。鸭翅昨天就已煮好。

晚餐只请一个客人派克，粉橘色毛衣，白发盘左脑后。"Good, good。"她对晚餐的唯一评价。Bettina 举相机，为我二人做饭者与菜品合照。

饭后喂猫，Bettina 先去，我们后到，去 York 79 街 515 号 30 层的依丽萨家看焰火、喝酒。

依丽萨开门，与南希拥抱问候，问南希我说英语吗，答：会一点儿。家中还有主人的女儿和一位男士友人。

依丽萨在这儿已住二十六年，是新公寓，房依然新的，有点矮，

2 0 1 1   2 0 1 2   2 0 1 3   2 0 1 4

挂了几张油画，挺棒的，是她自己的画。她是化学博士，已退休。她切自制的蛋糕和 Bettina 送的蛋糕，酒是 Bettina 让我俩从家带的苹果酒，不含酒精。

电视里在播放倒计时，时代广场人山人海，新年钟声响起，外面中央公园的焰火升天。男士又拿出一瓶真正的酒，每人斟上，合影留念。

席间，我摄像，她们三个哥大同事聊天，说："南希，给她翻译。"问南希："你朋友的名字？"

2014 年 1 月 1 日

Bettina 和住三楼的派克，今天去派克亲戚家 party。派克开车。

喂猫回来，二人聊天，情不自禁地提到哥大生活，哥大给每个系派一个计算机人员，南希被派往公共卫生系（生物数据系），只有她由哥大发工资，其他人由老板发。老板找到的基金，成立的研究室，共二十多人。老板关门，其他人就失业。

午饭后去 Flushing（法拉盛）买菜、要账等。这是纽约的一部分，中国城，比 China town 还要大，近年发展起来的。一个 Mall，吃饭为主的，冷冷清清，乒乓球俱乐部的几人在打球。去另一个 Mall，人流涌动，地下食城座无虚席，上去一层买了菜。

南希说去找老头要 500 美元欠账。乘电梯上楼，到门口听到屋内有人，打电话，手机竟在他前妻那儿。干脆敲门。陈出现，南希说：我是来拿钱的。陈让进屋，南希死活不进，陈进出不得，说：海霞欠的钱呢？南希说：账上都有，每人都看得清楚。

拿到钱，南希出门来哈哈大笑。路经海霞公寓，分给她一半，说这孩子很可怜。原来，二人一起为陈做事，受不了他，先后逃掉的。

2014 年 1 月 2 日

喂猫回来路上买的牛奶，南希说是茶伴侣，结果冲水喝了一杯。又说与 Bettina 听，两人大大笑我。

我问南希，这几天没路过纽约大学？南希说 NYU 在 1 街，下段，34 街到 80 街是中段，往上是上段，我们住 79 街。

11:00，去大都会博物馆，今天家里来小时工，我们需在 16:00 后返回。

买票，我和南希凑了 10 元。

今天从头看起，雕塑厅，都是希腊的。陶瓷，19 世纪法国的；木雕，黑人的。有私人捐献展，雷诺阿、毕加索的油画，瓷盘足有千百种，精美绝伦的图案，金光灿烂，南希一路说：了不起，了不起，都捐了。

2014 年 1 月 3 日

清晨收拾物品，先拿下去一部分，在大门口取两个硬胶皮的大雪铲，一把小扫帚，去挖车。路对面，南希的车已被半埋入雪中，我用铲为车挖一条路，把雪铲到便道上，南希用扫帚把车扫出模样来。

我对着南希拍照，有人对着我拍照。

路上车有些打滑，雨刷不停地工作，眼前模糊一片。中途有时停下，稍事休整。雪化处，被基地车溅起高高的水花打中。

过 Costco，买食品。南希对没吃过的不敢买，我说：相反，对没吃过的，我想尝一尝。买了面包、香肠、牛奶。

快到家时又进中国店买些菜。到家时已是近四点。

这条路是曼哈顿过桥进布鲁克林，再到 Staten Island。

纽约分五部分，曼哈顿是中心区。

2014 年 1 月 4 日

雪未化，温度极低。世界时报报道，美遇二十年来最低温，两日的暴风雨，美十五人亡，包括车滑、人滑倒等。航班近两千个停运。

在图书馆眯眼休息，有人轻轻拍我，是 Karen，她来图书馆，临走，把南希的一个快件交我转交。

晚上打开，是几本拍卖目录。南希一直收到大陆几个拍卖行的目录。她也确实没少买，不过是在美国买的多。主要是瓷器，她从小喜欢，看见价位合适的好东西，就会出手，她相信自己的眼光好。

我说瓷器难保管，难辨真伪，不好运输，出手也属不易，尤其是大的，云云。并讲地震等天灾也是威胁。她似乎同意，但说她还会买，一边买一边也卖就可以了。

2014 年 1 月 5—6 日

11：15，Karen 带女儿 Lila 开车来接我，和南希去吃午饭。她丈夫安东尼背痛，没来。

车开二十分钟左右，经过大半个岛，路上积雪依旧，半晴天。

我们 12：00 吃自助餐。抢眼的是台上的三角钢琴，一位老先生在弹奏，台边是一棵仍在闪耀彩灯的圣诞树，各种长长短短的餐桌已布好，因是定了座位的。服务生为 Lila 拿来儿童座椅，塑胶兜肚。喝的有两种在餐费内的，一种番茄汁加伏特加，配芹菜橄榄，一种是橙汁。

这是早午餐在一起的食品，我拿了些蔬菜、火腿肠、培根。水果加干奶酪是意大利吃法，有蜜瓜两种可用。有日本寿司，有法国蛋糕，Karen 特意为我要了俄罗斯面包，黑色松软，味道很淡。每人 30 美元，小费另附，Lila 免费。南希说，这就是正宗的最好的美国菜。我说，美国没有美国菜，和各国自助餐大同小异。南希倒也同意。

晚上也不饿了，喝一碗米粥，吃拌生菜。

继续看《黑道家族》。到 10:00 多。聊天，看电脑里南希的藏品，有几种油画，写实的入不了眼了。其他是杂项。聊到俄罗斯生活，美国收藏经历，到凌晨 4:30，仍无睡意。又吃瓜子，喝茶，到 7:00 解散试着入睡。

醒来已 13:00。去 Mall。去 Macy's 店退税，回复说，带收据去机场就可退，美国无退税单。

买手机。苹果专卖店说手机都是签一二年合同使用的，回中国不能使用。

到 Mobile 店（手机店）问，说可以买一个月在纽约使用的卡，50 美元，加给中国发短信、打座机，可加 10 美元，这样可以买苹果手机。从买日即开通。我们决定 12 号再来，因我的飞机是 2 月 12 日，走前恐怕用手机多。

2014 年 1 月 7 日

早饭后已近 12：00，去隔壁图书馆享受严寒纽约一日。

《世界时报》文《纽约新市长自由主义新希望》，称新年元旦上任的纽约市长白思豪将对纽约进行一场重大实验，向美国不平等的历史高峰宣战。因从金融海啸至今，美国前 1% 富豪收入增加 30%，而 99% 人收入增加不足 1%。前 20% 人口拥有 44% 全美收入，而最后 20% 人仅拥有 3.4% 收入。

对面坐了一个黑人小伙子，不停地碰动桌子，又把书嘣的一声摔在桌上，马上说"Sorry"，我抬头一看，黑人很多了，有些拥挤，但其中一些人似乎没在看任何书报。我起身收拾东西出门，走到码头上，奇冷，脸冻冰冰的，在街边喝了一杯红茶。

晚上与南希去图书馆借 DVD 电影。随便借多少，一星期还，免费。到家看了 *My one and only*（《我的唯一》）和 *Up in the air*（《在云端》）。

2014 年 1 月 8 日

今天气温最低。午前包装一些古玩藏品，饭后与南希送去曼哈顿的匡时拍卖行代表吴桐住处。

先开到 RoGallery（罗画廊），纽约州 Long Island City（长岛）。经理罗伯特是犹太人，六十来岁，灰白胡子。和我匆匆握手说：看到你穿这么多，就感到很暖和，南希送冯路敏的《鸡冠花》给他，1月 29 日有小拍，现场就在楼内，这座楼是他买下的。画底价 5000 美元，还有之前南希送的薛明的四张画，1500 美元到 5000 美元每张。这里房间较大，但摆满了桌子和物架，随处可见的小雕塑。打开一扇门，是一间更大的仓储间，可作画框等。罗伯特亮出地下一对近一米高的景泰蓝中国瓶，希望南希帮他卖掉，说只要几千美元。

出门来想去看孙丹，在59街莱克森大道，但不好停车，只好开去匡时的代表吴桐住处门前等约见吴桐。18：00，吴桐接电话下楼来，在一楼接待室看南希的好东西，说民窑的都不要，只一个笔筒还好，但价只有几千人民币，发照传给公司看，立刻回复说，太普通。吴桐建议在美小拍卖掉。不要轻易买，因假的太多，也不要照图录买，因造假都是根据图录做的。

晚上看 DVD 影片 *Easy Virtue*（《水性杨花》）。美国媳妇嫁入英国豪门，豪放性格无法融合。一段她与公公跳的探戈舞挺好看。

2014 年 1 月 9 日

坐门口 12：30 的轮渡去曼哈顿，南希要去银行。天气明显回暖。随人流上船，有几千座位，仅上座一二成，上下班时人满。此船免费，早晚 15 分钟至 20 分钟每班，从 9：00 始半小时一班。二十多分钟即已靠岸，途经自由女神像。曼哈顿新起的最高楼，蓝宝石一样嵌在楼群中，整个曼哈顿像天边的一个孤城，傲立于蓝天碧水之中。

下了船一直走几百米，就是铜牛像了，也就是华尔街。我看了两个店，南希办完事，一同乘车前往金融中心。这种车是免费的，大约是为方便游客。车内很气派，黑黑的座椅柔软舒适。要下车时拉一下头上方的黄线，铃声即响。

在金融中心门口的哈德逊河边转一下，冰在融化。进入大楼，正在装台，明晚有吉他演唱会。大楼门口的广场准备建成娱乐城，演出，用餐。夏天会有许多漂亮的私家游艇泊于河面，蔚为壮观。

轮渡归程，冰已化得多了。匆匆饭后，我去图书馆整理《天人合一》学习草稿。

回家后，南希说范怡来电话，二人聊了很多。

晚上看电影 DVD。

2014 年 1 月 10 日　星期五　小雨

星期五和星期六，图书馆 10:00—17:00 开放。去看报纸，回家午饭后又返回，到 17:00 回来，准备晚上去跳舞。

约我们去的是俄裔的美国公民，娜达莎。她在南希的店里打过工，也有学位的，是学建筑的。有一群俄国人每周末去跳舞。

车过 Verrazano（维拉扎诺）大桥，纽约最贵最长的一个桥，到布鲁克林区。一栋灯光闪烁的小楼就是舞厅所在了。门票 11 美元，里面已舞影交错。是个近三百平方米的长方厅，两边有十几张整齐排列的窄形长桌、椅子。娜达莎为我们安排坐下。她戴一金红色假发，穿深红色短纱裙，低领黑色针织紧身衫，背有些驼了。她已六十多岁，远看是个少女。

满场一二百人，男士平均年龄在七十岁，女士年轻一些的也有。传统的交谊舞。有老先生主动劝我们起身，或带我们跳。一个女士也热情相邀。有人送来鸡肉沙拉，南希去拿了蛋糕、茶，都是免费的。

22:30，中场休息时，有人宣布一个人的生日，于是乐声响起，全场齐唱生日歌。推上带蜡烛的生日蛋糕，我先后吃了两块，也是人们硬送上来的。

2014 年 1 月 11 日　星期六　小雨

13：00 过后，我随南希去 Karen 家。带了自己包的饺子和南希家乡的绿茶。

步行几分钟，就是 36 号楼的一楼，一套一室一厅的公寓。

Karen 和 Lila 开门迎客。Lila 打着我送她的小竹板，戴着那个雕漆小红花胸坠，高高兴兴地跳来跳去。

房子进门即是小餐厅，左手是开放式整体厨房，向内是客厅，一切井然有序。餐桌上点燃两支大杯式蜡烛，在这个光线黯淡的小厅，营造一种快乐的气氛，好像新年仍在这里延续。

客厅里是 Lila 的彩色大积木群，她开始建设，我拍 DV。喝绿茶，吃面包干，五香味的。

桌上是一大一小两台漂亮的电脑。这屋的银色壁柜、箱子都是男主人安东尼自己做的。

安东尼回来，一手端杯站着和我们聊天。他从柜上拿出书《物品名录》，中英双语的，很破旧了。我说这是文物。墙上镶有老报纸的镜框。书柜上是一家五代人的小照片镜框。可看出主人的情怀和品位。

安东尼说这面包干是意大利人一百多年前出海带的干粮，可存二年。临走送了一袋给我。

2014 年 1 月 12 日

南希说头晕，不得起床。近午时，我蒸了两碗米粥，各自喝了。我吃了面包、香肠、橙子之类。南希躺着，我坐着聊天，家长里短。

总之，要紧的是过我独立自主的生活，更要紧的，有温暖的爱的生活。我飘来飘去，但落地总有时，要做出忠实于内心的选择，无愧无伤，无憾无怨之人生。

晚上，南希起来停车。又喝粥，吃了橙子、面包等。停好车，南希带我又去码头转一圈。远处的曼哈顿灯火闪耀，近处的渡船闪耀灯火。南希带我由右侧直向水边走去，说是个钓鱼的好去处。

经过废弃的几栋楼，南希连叹可惜：一栋是 1834—1890 年的 Lighthouse Museum（灯塔博物馆），白色石头三层小楼，总有几千平方米吧；另一栋是图书馆，1998 年弃用。

2014 年 1 月 13 日

起床来到厅里。南希让我睡卧室，她睡厅，已有近一个月。她见了我哈哈笑，说："你看穷人有多好，政府来电话问我有什么困难，精神上有什么不愉快。催我去看病，更好笑的是，问我需不需要车子接送？我买的这种保险最好的，可选择医生，可随便到哪里看病。以前在哥大，他们要给我指定医生。"

午后去新泽西州买手机等。路上没什么住宅、商业区，南希说这里是一个工业区，因地价便宜，很多工厂建在此。

到 Mall 里苹果专卖店买了 iPhone5，税少，加税只 694.4 美元。到旁边店买一张卡，能在美国用一个月，打中国只可打座机和发短信，共 60 美元。买了 10 张 CD。

转到奥特莱斯，在名牌打折店买几件彩色小衣服，南希说，这可是在第五大道的一些牌子哟，都是好衣服。又到 COACH 店给亲友买包。大的小的钱数相差不多，干脆买了几个大的，红的绿的粉红的。
刷卡时却刷不出来，只好付了现金。

晚上给中国工商银行打电话，回答说，请让收银员走银联通道
即可，因他们走的不是这个通道（大约是走的美元通道吧）。我卡
内还有五万零几百元，而且是信用卡，可透支的。

2014 年 1 月 14 日

远洋介绍的美国女诗人 Tracy K. Smith（特蕾西），南希通过邮
箱留言给她，说希望联络。星期一没有回信。网上说学校 15 号开始
有活动，等一两天看。

用新手机打通了妹家座机，高明接的，这么快又回家一次，真
是好运。我问了他有没有结婚计划。又打妹单位座机，也通了。但
发邮件只能用英文。

昨晚就开始换盘听新买的 CD，猫王的宽厚的中音很亲切，那么
熟悉、动人。他是自编词曲，唱的是人生活中的常事，爱情之类。
珍藏版乡村音乐有爵士的自由、摇摆之风，热烈抒情。还有 20 世纪
50 年代、60 年代的老歌。

2014 年 1 月 15 日

去隔壁图书馆成了每天的休闲节目。看完报在地下一层走廊看
书架上的中文书，其中有赵瑜的《寻找巴金的黛莉》。身后过来一
位女士问："说国语吗？"我说："是。"她说："你要想找什么
书找不到，可以告诉我。"曼哈顿和这个岛是一个图书馆系统，共

八十多个图书馆，可以互通有无。她在中国原有丈夫，姓徐，云南省，其父是国民党后转入共产党。后来她来往于中美做过很多交流工作，也有生意之类。在天津有她丈夫的二哥家，在西藏有个朋友写小说的。她留了邮箱，我给了她名片，我说："有没有懂得的汉学家？"她说："法拉盛有个大图书馆，那里是中国城，有可能有。哥大图书馆之类有可能。"她住皇后区，每天来回四五个小时，所以她空闲时间也少。

2014 年 1 月 16 日

15：30 的轮渡到曼哈顿。站口就是汽车站。四五站，到终点。我们下车要去中国城，往前走约二百米，从桥下穿过，再走约二百米，到亚细亚银行。小广场上是一塑像。四面的街口足有六七个，前看是孔子大厦，深红色，十几层高，左看是要去的有中国城超市的那条热闹的小街，紧挨着它的是有大法院的那条街。

我们左拐，去超市，都是广东人当年开的小店。到 Caital 主街，再往前尽头有彩色楼宇的是意大利小区，近年已被中国金店等吞食不少。各种小饭店、理发店、百货店，大门四敞，物品挂满门前，这里的冬天恍若夏日呀！年货如灯笼等已齐备。

返回，至终点的对面是回程始发站。十分钟后发车，已满员。至码头的大玻璃房子，人几乎下光。

回家中，晚上，南希看邮件又给史密斯学校电话，得知她 2 月 1 日才返校，我们立刻决定另辟蹊径，同时等待。找铁扬要电话，他给了铁凝的办公室电话，秘书小丁电话和手机。小丁回电话说，她们都在开会，星期一给我回复。还如以前那么热情的。

又给庞电话，万欣却在，我让她告诉庞国良来电。又给左发了邮件。

看网络，页岩气技术开始广泛应用，工业成本将降低。大批制造业等重返美国。新一轮技术革命将深入开始。全球经济泡沫都将破灭。

看 DVD *Descendants*（《后裔》）。妻车祸重伤，男主人带两个女儿。发现车祸背后妻子的婚外情……

Shanghai Calling（《上海纽约客》）。美国大公司派职员往上海，查到大批仿冒产品（手机）和生产厂。总公司最终决定与该厂和解、合作。

Charlie Wilson's war（《阿富汗战争》）。美提供武器，至阿富汗战场告捷。

Generation um（《一代人啊》）。男因穷而盗抢，女因穷做妓女。

2014 年 1 月 17 日

去还四个 DVD 带。然后二人去海滩，时已傍晚。名叫 White Beach 或曰 South Beach。十几分钟车程。人造的十几米宽的木地板观景大道沿沙滩而建，中间有黄线画出自行车道，木栈桥直伸入海中。南希说这种木头大道在纽约海边有好几处。道边一酒吧餐厅，内饰华美，有老照片是 1907 年和 1909 年的海滩景象。

远看，华灯初上的布鲁克林大桥，连接长长一片灯火的布鲁克林区，像海上的珍宝。小岛处有一出口，是出入曼哈顿的大门，天上有橘色的彩云闪着星光。南希说夏天会常开车来此乘凉，很方便享受这小岛的安静海滩。长椅很多，亦有垃圾桶、厕所。

天黑了，路经小古董店，南希带我去看店主老头。南希说跟他买了好多年东西，他白发白须，坐在椅子上，懒懒地伸出手，眼里尽是忧愁。这儿原是拍卖行，后关门。其女儿在侧，跟南希聊天。

这是临街的自己的房，二楼住人，每层一百多平方米，主要是旧家具，凌乱的小玩具四处摆放。他指着墙上的画说，"10 美元，给你 5 美元。"

临走，送南希一套竹的笼屉，三层。

2014 年 1 月 18 日

南希出门了。我去"Book & Coffee"（"书和咖啡"）去看旧书。过戏院，左拐，几百米。进门是咖啡座。我跟女主人说，要找诗，她带我向里走。共几十本，有《女性爱情诗》《30—60 年代的诗集》，没有惠特曼。再上楼是音像厅，黑胶盘 1 美元，小盒带，像是收藏品类。

南希从外地回来，接上 Karen，又接我，一起去另一个旧货店。比前一天的整齐，很多普通瓷器、旧衣服、旧织物、旧鞋。有几十本旧书，但没有诗，这种店远比我在澳州看的小店要差，澳州店有很多英国人留下的小东西，很多慈善店有半美元、一美元的好东西，Karen 买了一件裙子。

去旁边超市，南希给我买一瓶没有咖啡因的可乐，两罐调料。再刷卡，自助式。本来 2 美元的东西，也就付 5 毛钱。

晚上看 DVD，聊天。南希说："我说过没有你要的诗，在美国，

95% 家庭都没有诗，我也没有，除了你们写诗的人有，没有人喜欢。"

我："诗是什么？所有的音乐、美术、戏剧、散文的精华都是诗。"

2014 年 1 月 19 日

南希决定午饭后再去孙丹她外甥家。皇后区 Bayside（贝赛）。

碰上孙丹太太要出门，亲家在。孙丹一会儿也回来了。

南希上楼，薇薇醒来，下楼。南希送上她买的《365 个 Bedtime》,3D 书、贴纸书。喝一杯橘子甜水。太太回来，问要不要出去吃饭，南希说我们要去林肯中心。

百老汇大道 1941 号，林肯中心爱丽丝·杜莉音乐厅，小提琴家 Glenn Dicterow 告别演奏会，17：00 开始，免费。没想到，已没有票。工作人员说，这种音乐会来的大多是他的同行、教授、学生，票所剩无几，上午就发完了。

我们去窗口拿些节目单，回来见有人在门口排队，有退场即把票给排队人，我们也赶紧排上，只剩我们两人时，工作人员给我们每人一张票。找座。工作人员急把我们领入二排最边上两个空位。最后一节开始，三个小提琴，一个中提琴，四十分钟。完成后全场鼓掌起立。多次谢幕。

得知一二月的票全部没有了，三月份才会有些演出。有些票会在半年前预订。

有些中国演出会有票，有些是聚会，游行等，南希不愿参加。

出门来，天很冷。南希穿厚皮上衣，但没帽子。开车去找书店。纽约最著名的书店 Barnes & Noble（巴诺书店），在 82 街。宽敞但很有历史感的简洁的构造，有几千平方米，迎面是二层的楼梯。上楼找到 Poetry 展示部分。工作人员来为我们拿了几种版本惠特曼。又找来另一个工作人员，说他有经验，为我们找所需的书，有狄金森、史密斯的，也有英国的。我们决定先买下几种惠特曼的，和 *101 FAMOUS POEMS*。

2014 年 1 月 20 日

昨晚看 DVD，3：30 上床，6：00 还未睡着，10：00 后二人先后起床。

午后，二人商量，关于找美国诗人的事，不宜再等史密斯，需另辟蹊径。南希说最好还是等史密斯或联络大使馆文化处。正此时，电话铃响了，南希拿起电话，面露喜色。是史密斯打来的，她说上学期她生小孩，没有上课，2 月份才会上班。南希向她说明我们需要帮助，远洋介绍的。她说 2 月 4 号见面，南希说太晚了，她说可以 1 月 31 号，并问是喝茶还是吃午饭，南希说，喝茶吧。史说，家有小孩，太乱了，只能在外边。南希说，当然。约好把代表作和简历发给史，再联络。

南希说史还是助教，她需要努力，需要成就，我们这件事对她是有益的。我说：她一定会喜欢。大年初一正好是 1 月 31 号，日子更好。我们一起吃中国饭吧。南希说：看情况再定，当然可以。

出门来还 DVD，图书馆关门，今天是马丁·路德·金纪念日。

晚上做韭菜合子。

入夜，丁秘书来电话："联络了《路灯》杂志的美籍编辑，第一时间告诉您，再联络。"

2014 年 1 月 21 日

又下雪了，人忙碌的脚步稍有停歇，纷乱的心境暂时变成单纯的一色。

到图书馆，顺手拿了余秋雨的《中国文脉》，去年出版的。他说，"中国文脉，是指中国文学几千年发展中最高等级的生命潜流和审美潜流。"而文学的等级由"品味"决定。先起于《诗经》，后有先秦诸子，庄子、孟子、老子、孔子等。秦始皇统一文字，使文脉传承，又有屈原，汉代司马迁，魏晋陶渊明，继而唐诗宋词……元关汉卿，清曹雪芹。文脉，既非官方主流，亦非民间主流。不与社会共衰共荣，亦不与哲学同步并行。文学是人学，从人性出发，以人格为魅力，与众生共命运，与自然同呼吸。

2014 年 1 月 22 日

凌晨，看完DVD，聊天。看南希的早年照片，有一批是在邮电公寓。薛天虎、老刘等合照，也有东方太阳城几人的照片，有郑晓峰、宁修等。南希的照片还是年轻美丽，现在她对照相兴趣不大。

3：00点过了，二人毫无睡意， 南希突然提议说应给史密斯翻译关于我的诗介绍，非常非常重要。我同意并打电话给大宝，先翻出《伊蕾诗选》第 7 页至第 10 页有关介绍《独身女人的卧室》等长诗的一段评论。大宝说三天内完成，给我邮件。

早饭后11：00来图书馆。大雪早已停下，比2号的雪还要大些呢，奇冷无比。我拍了几张照片。

回家吃午饭。南希炸了虾，炒的青菜。

16：00点回到图书馆，开始读赵瑜的《寻找巴金的黛莉》。早在国内央视"读书"栏目见到介绍此书。一上来便如小孩听故事，兴趣盎然，直到尾页。巴金七封信贯穿于每个章节，分别来呈现，宛如一件件宝物非得吊足胃口千呼万唤始出来，配有彩色照片及寻找黛莉途中所遇人物的照片，真真切切一部历史的活剧，一叶知秋。赵瑜提出的问题是："要国，还是要家？怎样解读巴金的《家》？"

2014 年 1 月 23 日

看童大焕著《2020，我们会不会变得更穷》，开篇写道，经过了三十年"斗争时代"，三十年"镀金时代"，后三十年，必须是一个"政府第三次职能大转型的、一切以人的自由、权利为指针"的"进步时代"。实行完全的自由市场经济，实现中国经济社会从外需向内需、从高碳向低碳、从强国向富民的三大转型。

2014 年 1 月 24 日

中国移民潮大有涨潮趋势。我近两年连续出来，友人开玩笑说：你去国外找点儿，我在国内找点儿（居住地点）。我这个情况，职业、年龄等，不宜移民，我选择旅居。把全世界二百个国家走完尚且不可能，无法在一处久留。喜欢就驻足几个月，一般则随旅行团匆匆而过。留点日记、照片、DVD 片，供亲友共赏，或许十几年后整理成任何形式作品，也未可知。

我也就特别留意宜居之报道，见报载纽约市威彻斯特郡新堡市（Newcastle）的查帕瓜（Chappaqua），有通勤火车达纽约，需四十五分钟。位于曼哈顿北方三十三公里，有 Metro-North（大都会北方铁路）火车站，直达曼哈顿大中央车站。前总统克林顿夫妇现居此处，常有居民见其散步、遛狗、买菜，与之聊天。此地大公园、大绿地、图书馆等公共空间优越，地产价正在上升。

晚上看 DVD *Hope springs*（《希望温泉》），说的老年婚姻生活，男方失去性趣，女方联络医生帮助治疗，男女共同努力，最终找到性福的春天。

2014 年 1 月 25 日

南希说Sotheby(苏富比)有一个17世纪的油画展，二人驱车前往。地址在 York AV，72 街，1334 号。

苏富比是一个十几层高的玻璃建筑。进门是宽敞的大厅。有工作人员接待问询。有历届拍卖会书籍展示。展览在二楼。黑色背景墙上，挂有油画，灯光柔和，亮度足够。整个厅显得幽静、幽远，与作品相宜。门口工作台的值班人员是一绿衣女士，年轻秀气，满面笑容，说："非常好！"我问："你是哪国人呢？"她父亲是中国人，母亲是奥地利人，来自香港，一星期后将回伦敦工作，有人接替她，名叫邵飞。

南希问画价，一张 260 万美元，一张经典的 700 万美元。色彩极其厚重浓郁，古典油画真是自有其大美。展期 1 月 24 日至 2 月 7 日。

下得一楼，一侧是 Sotheby's wine，远看整个大厅满满的酒架，有时间再来欣赏。

匆匆半小时，急忙奔出门收车。

2014 年 1 月 26 日

人说美国是购物天堂，有些商品却比中国还便宜，衣服，尤其是名牌的，电子产品也是。我去年四月来美，在奥特莱斯买到十几到四十几美元的名牌夏装，在拉斯维加斯 ROSS 店买到的夏装也令我难忘。

今天去电子店买了 CD 光盘。去书店，Barnes & Noble 是美国最好的连锁书店，买到 Tracy 获奖的诗集，New York 城市图册。也买了两个 CD。

时间还早，二人在书店一楼喝咖啡，十几张小桌子已是满员，幸有一空余。有人看书，有人上网，我俩聊天。卖咖啡者在杯上写上姓名，传给做咖啡的人。杯上套上纸套以免烫手，然后去旁边桌上自己加糖、搅拌。

2014 年 1 月 27 日

据报道，今天某些地区的实际感受温度，将低到华氏零下四十度。夏威夷 24 日也出现了冰点以下的气温。前两天，夜里的被子是冰凉的感觉，又加盖一些。脚穿拖鞋也有冰的感觉，再套上一双袜子。

图书馆同桌并排的是一黑衣高大男士，束发、胡须。他招呼我看他写的东西，原来他正学汉语，方方正正的一笔一画的汉字，注有拼音，手边是中英双语翻译词典。他从前边搬来电脑，插上耳机，屏幕上出现汉字、拼音，他让我听耳机内有女声中文发音。我问，你学汉语是工作需要吗？他说，不。是喜欢？是。他已学一年多，他拿出 2012 年时写的汉字小本，一页一页翻给我看。我说你是美国人？他说，不，是英国人，爸、妈、爷、奶都是爱尔兰人。你的名字？他拿出早已写过的汉字"保罗·安东尼"：叫我保罗吧。他在美国已二十六年。他不是每天来此，我说：下次见。我在纽约还有两个星期。

图书馆 20:00 关门。回到家南希说 Tracy 来电话了。南希早一些给她留了言，约春节见面吃午饭。两人约好 1 月 31 日，即大年初一早 11:00，在 Red Egg（红蛋）中国城见面。南希打开电脑，给我看这个店的菜单，有烤鸭，但完全与北京烤鸭面目全非的，大块，配大烧饼，还有几十种各类菜。我说，好厨师没出国，我在俄国北京饭店已领教过。

2014 年 1 月 28 日

与南希去私人医生的办公室。开车不久，到一片小二楼区。一个红砖小楼，门口有牌子竖在草地上，门边插一美国国旗。

房内一百多平方米，小厅内坐有七八个病人等候。被告知要等一个小时。医生出来到前台，见她不高的个子，穿一套西装裙，是上海人，法国留学，哈佛医学院毕业。内科基本护理。就是先由她看病人，建议去什么医院，怎么治疗。南希入的这个保险是连挂号费都不用一分钱的，南希偷偷地乐，说：做穷人这么好。

归途去南希当年上学的纽约城市大学，她 2001 年在这里毕业，校园没有围墙。

上得二楼，堵住了正要回家的陈先生。南希是来看他的。他说：你变了，变得太多了。南希说：变老了吗？

陈原是西北大学中文系的，与贾平凹一个学校，来美后学 IT，好找工作。他说每六年有一次休假，他星期五就要走了，一次有半年的休假。他已近六十，说大学退休没有年龄限制，七八十岁的还在干。

2014 年 1 月 29 日

我和南希去中国城，永明眼科。南希看眼睛，要放大瞳孔，需一小时。我出门向左沿街直走。很多街工程未定，不知要干什么。路遇一队美国年轻男女乐器队，穿表演服，在路边大跳街舞。是庆祝中国春节吗？

午时，南希请我在马来餐馆用餐，马来西亚菜。印度抛饼、白斩鸡、河粉、椰子米饭。南希说开店时经常来此用餐。

旁边就是意大利的百年老店糕点店。明亮干净，小糕点很多。

去超市买了年糕，红豆的、香芋的。各式小点心、饼干类，从几元到二十几元，精致的铁盒子。

归时渡船上拍自由女神在落日余晖里，肮脏的玻璃背后惨淡的女神影子，使我联想到中国谚语"阳光下的罪恶"。

2014 年 1 月 30 日

大年三十，南希一早起来打了一通电话，关于装修工程的事，

10：00 去 Karen 家吃早饭。

Lila 又是打着快板，戴着那朵雕漆红花小坠迎接我们。

餐厅仍是光线幽幽的，点着蜡烛瓶，异常的温馨。加上安东尼在厨房正忙着煎面包，一股香甜的味道在弥漫。Karen 招呼我去看如何做鸡蛋牛奶等。

菜品是烤蔬菜。内有菜花、胡萝卜、蘑菇、土豆等，用专门的干奶酪。先把菜蒸熟，然后再烤。

我说喝咖啡。咖啡机是挺先进的一种，与我在中国的不同。安东尼则拿一个超大的瓷杯喝。Lila 带上兜兜，自己在切面包。

我问：牛仔音乐和乡村音乐是同一类吗？说是差不多，牛仔是五六十年代的。

当代最好的歌手呢？ Karen 说：哪一种？太多了，说不清。

渡船回岛。16：00 又出发，开车回中国城，我给晚餐订了一个蛋糕，蛋糕店很热闹，女服务生说，每天都这样，供不应求。

去接孙丹，堵车了。路上孙丹在"新中美超级市场"（连锁店）买了一只大龙虾，有三四斤吧。

一进门，薇薇穿着粉红针织小长裙出现。南希拿出红包举着，递到她手上。

孙丹的太太叫景绮，正在洗菜，问好，桌上已摆满涮火锅的菜，有豆腐、蘑菇、百叶、牛肉、豆泡、豆干、豆芽、萝卜，熟菜有猪脚、白斩鸡和鱼。

薇薇吃了几口，说要吃蛋糕，于是切蛋糕，每人一大块。

龙虾熟了，我被分了一大团肉。

2014 年 1 月 31 日

南希和史密斯已最后用邮件方式确定今早 11：00 在中国城（曼哈顿）Red Egg（红蛋）饭店见面。下了船，又下了汽车，在路过大法院时拍几张照片。大法院经常出现在电影、电视的画面中。

在一个路口等灯，我一侧脸，一张好熟悉的面孔，我脱口喊：Tracy。南希听到，也应声问候，果然是她，虽然只在诗集的封底上见过照片。我随南希叫她的名字，而没呼姓。

她手端一杯咖啡，一身黑冬装，柔软的围巾抵着秀气的面庞，典型的黑美人，笑容可掬，大眼睛喜气洋洋的。

不出几百米，已来到红蛋。里面只有一桌开始用餐了。

我点了北京烤鸭，Tracy 说她是开放的，什么都可以。一个年长的服务生过来帮我们点了虾球、炸鱿鱼和小笼包，说够了，不够再点。Tracy 喝白葡萄酒，南希不喝酒，我分给她一点红酒。

先聊天。她生了一对双胞胎男孩，七个月了，之前还有一个男孩。我俩好为她兴奋，她拿出手机上的照片给我们看，长得胖乎乎的，眼光里好像很有思想。她丈夫也去普林斯顿大学，她每星期一、二、三有课。她不喜欢纽约，准备去学校旁买房子了，在新泽西州，她说到时请我们去看。

说到奖，普利策奖评奖基地在是哥伦比亚大学，那里有一个新闻机构，一个评委会，每年评全美的诗，一人获奖。她是 2012 年的得主。

中国诗人中，她只见过北岛，是她们大学开诗歌节时见的。最后一次北岛不太说话了，好像忘了很多事。

　　她没去过中国，最近也没有计划去。我说：等孩子大一些，可以去，我在中国北京的画家村接待你。

　　Tracy 说她很愿意翻译我的诗。我们拿出一个惠特曼的小诗集给她看，说这样的可以。她说她熟悉一个很好的出版社，主编很好。说到费用，她连连摇头，说：我翻得好，社里还会给我钱，我会分给你，不过不会太多。那你的工作费用呢？她更是连连称"no"。我笑了，吃惊地笑。我说那我们交换工作，我去中国为你找出版社。大家大笑。

　　我说，我们录一段采访吧。南希负责摄像和翻译。首先祝贺她得奖，告诉她远洋已翻译了她的四十首诗，全部在中国发表了，我们会给她寄杂志。

　　我说：春天来美国，匆匆而过，这次我在这儿等了你一个多月。我和南希高兴地大笑，为能等到她的出现。她未等南希翻译也大笑了，她是感受到的，说感谢我给她这个机会，让她翻译这些诗。

　　两国语言的翻译，特别是诗是非常困难的，需要做大量的工作。她说是这样，而诗是有生命的，可以感受到其魅力的。

　　"毕长泰作为第一翻译，他不是诗人，做了原始的翻译，其他工作还要由你来做。"

　　"虽然是最基本的翻译，但我已经被感染了。我可不可以换一些字词来修改？有很多要修改。"

　　"当然可以，这是必要的。"

　　我拿出她一坐下就送给我的她的第二本诗集，她也拿出我刚刚给她的诗集，合影留念。

书店买的那本，由 Tracy 签给南希。

Tracy 紧紧搂住我的肩膀，我深深地握着她的手。两个东西方的陌生女人，不，女诗人，一见如故，这就是诗的魔法。我给 Tracy 的赠言是："愿所有的道路和桥梁，通向自由的方向。"

Tracy 一本诗集名 Life on Mars（Winner of the pulizer prize）（《火星生活》，普利策奖作品）。

第二本名 Duende（Winner of the James Award of the Academy of American Poets）（《魔灵》，美国诗歌学会詹姆斯奖）。

2014 年 2 月 1 日

春节前几天分别给弟、妹、亲友都打过电话。品青说作协已换届。航鹰说给我发了短信，约年后见。景元正和雷人、白金、于剑文、海冰、王晓满等聚会。赵老师说：你搬家后我还没去过，太不像话了，约好十五见。蓓蒂说，李境三月底、四月初结婚，在城里一家朋友的高级酒店。时伟说，父去世后多日，现情绪好多了，初六就回家。家里，桂政、红玉回家拿药，（阴历二十九）返京，天鹰中风，脸有些麻木，初一要回津针灸。妹要年三十 17:00 才下班，市领导要去慰问视察。春玲要买兰蔻三件套化妆品。天龙年后去通州万达实习，会住我宋庄住处。祥杰说：你在孙家举大旗，我配合你，桂彬家把我这当娘家，初二来吃饭，还有伊莎，我特别高兴。金祥说：桂政来看过手了，嘛事没有。你把诗的大事做好就行了。兰兰说：妈妈来京过春节，初二三就回，可能十五左右还来。还有李津说：来宋庄，约十五吧。冯峰说：见范怡时，拿袜子。约范怡初五后约见，吃中餐。

王文也说可来接我。

2014 年 2 月 2 日

12：00，二人乘渡船去曼哈顿，要去南希接收的装修工地。下船后，小丁师傅开车接我俩往 179 街。小丁曾与南希合作十几年，装修房屋，技术很好。一上车，南希就奇怪，发问："怎么了？你以前挺能说的嘛！这次怎么声音低了八度？有什么伤心事吗？""压力太大了。"

路经南希工作过八年的哥大办公楼。邻近尽是哥大的学术楼，医学院。是 168 街，曼哈顿的上段。

到工地大楼。在四楼。一百多平方米四室的房子。我奇怪地板怎么倾斜的？小丁说，美国很多大楼都是木梁，所以会沉弯下去。他说十几年没给老外干过活了，把地板整平要全部拆开，可能要赔好几千块。可以给南希打工，但不包工。南希说："你不包工，如果钱不够，难道要我从银行取钱补给你吗？不可能。"说好仍由原定的郑师傅做，以后活多了再说。

归途走哈德逊河西岸。又经 JAVITS（贾维茨会展中心）艺术中心玻璃大楼，当年南希在这参加博览会，也展出了我的作品。

在船码头一家小店吃 pizza。渡船厅内一俄国小提琴手在演奏，中年人。南希和不少人包括孩子都放了钱。

2014 年 2 月 3 日

一早就下大雪。我背起包就跑出门直奔渡口。我这个橘黄色的小皮包是在柬埔寨机场买的，可装下照相机、摄像机、翻译器、手机和挪威买的小水壶，三年来再没用过别的旅行包。可跑到一半到下坡处就感觉人摇摇欲坠，真怕万一摔坏了膝盖。南希说你不要跑远，你没有保险的，我们有保险。据说出一次救护车，有一人花了1700多美元，因为车上各路人员齐备，设备齐全，极其人性化，只是钱数不太人性化。

我折返回图书馆门口，见一男士匆匆走来，迎上前请他为我拍照。他连拍了几张，又跟我说话，我听不明白。

下午我也进了图书馆。报载费城艺术博物馆，是古希腊神庙式建筑，已有二百多年历史，它是收藏美国现代艺术最丰富的馆。有二十个展厅，二十二万七千余件藏品，梵高的《向日葵》是镇馆之宝。票价20美元，每月第一个周日和每周三17：00后票价随意。

2014年2月4日

南希起不来床了，发烧、咳嗽、骨头痛、头晕，吃泰诺感冒药。我说请医生，她说她们岛上医生每周来两次医院，现在曼哈顿，只能去医院挂急诊。但是感冒嘛，不需要，吃药就好了。

吃一块苹果，几口粥。

我去图书馆，说好半小时就回，有情况打电话即回。

报纸评价春晚，尽管好节目很多，但觉得无甚绝活，或说令人感动难忘。这个标准是极高的，我想交给诗人导演大约可以实现。虽然屈才，也算不得高射炮打蚊子，还是有的放矢的。冯导说，"聋子不怕雷，就导这一回"。不知明年哪路神仙登场。

今天太阳17：15落山。我17：00出门，给睡着的南希留个纸条，出门直奔渡口而去。沿河找到9·11纪念碑。灯已亮起来，石刻的面孔，一个个显出侧脸的五官容貌。人生多么无常，悲剧就在几秒钟内发生。人啊，大部分变成灰烬，少部分变成泥土，极少人变成石头而不朽。大灾大难总是使人类警醒，而又有多少智者在追逐物质，满是一党一族一群一家一人私利的末路上放慢了脚步呢？

2014年2月5日

去图书馆。

报载《天津大剧院民营推手》，上有钱程照片。我在十多年前去北京音乐厅见过他。他1993年从天津美术学院毕业后来承包北京音乐厅。后来又承包了天津音乐厅和后修建的天津大剧院。钱的梦想是让天津成为有歌剧的城市。天津民国时就演过《茶花女》，1978年，郑小瑛率团重演《茶花女》四十场，此后再无歌剧上演。

高雅艺术于中国百姓犹如天上月、水中花，一个月工资只够买一两场歌剧门票，钱程处境可想而知。想当年我到天津市办喀秋莎美术馆，无非是抛砖引玉，借了两年房子，然后还房子走人。因为我是流浪者，宇宙流浪者，不想困守事业。但我钦佩钱程这样的男人，为社会为民众有所担当。现在有了银行帮助，市府援手，又有了基金会，票价降下来，天津百姓及北京百姓当近水楼台先得月。

2014年2月6日

南希起床仍头晕，出汗，而且眼睛红肿发痒。鸡蛋和牛奶都未能吃下。我跑去Key Food超市（关键食品超市）买了西红柿、黄瓜、巧克力，给自己买了德国铁盒水果糖，这糖在中国网购 13 元，这儿要 2.99 美元。

南希吃了半个黄瓜。中午西红柿疙瘩汤，土豆沙拉。

本来今天是去林肯中心看服装表演，Karen 在那里工作一段时间，给订的票，只好放弃。

下午去图书馆，继续看《2020，我们会不会变得更穷》（童大焕），言"逻辑，源于希腊语 Logos，乃英文 Logic 的音译。有思想、思维、理性、言语等含义……它是人们独立思考的基本方法和起点。怀疑的能力、思考的能力和创造的能力皆由此而生"。

说到这些词汇，包括之前我尤感兴趣的数学，我都立刻联想到一莲的画。逻辑，不是学校里书本里的死知识，它是宇宙万物之间的客观存在，掌握它、运用它是人与生俱来的能力，但却被科学、文明甚至艺术的万千规则所遮蔽。人们对自身、对世间万物知其一不知其二，在百年的盲目政治热情中失掉了人的智慧，跟着英雄们的指挥棒亦步亦趋。是时候了，信息时代使我们有可能看到真相，用自己的头脑去分析，去思考，做出历史的选择。

《2020，我们会不会变得更穷》书言，政治是必要的恶，而不是必然的善。

2014 年 2 月 7 日

一早，南希说家里七位长者要 4 月来纽约，而票价是 7400 元，怎么这么贵啊。我说我是万欣找公司买的，6300 元。但打万欣电话一直占线。南希又找美方朋友询问价格，报价是 1175 美元。

南希的父母已九年没来美国，几年前南希提出可帮他们移民，没有决定，这次是否有意，也不得而知。南希的姐、姐夫、公婆来，因外甥孙丹一家在纽约已数年，女儿已三岁。60多万美元在皇后区买了一个双层的House，一共也就一百多平方米，有一后院几十平方米。孙丹的年薪已17万美元，太太也是上海复旦毕业的，现在家带孩子。

晚上用电脑上网看北京电视台春晚，舞台设计为开放式立体环绕型，观众席与舞台成为一体，大家客厅的感觉，年味十足。开场，主持人衣服就是一个马的软雕塑，第一个节目居然是小品，台中摆一辆红色小轿车，特别喜庆。讲的是现实社会变坏的大背景，前景之百姓、农民却仍是质朴、善良之本性。小中见大，劝人向善。总之，好。我说准是北京作家帮忙写的剧本。

晚时看完DVD《七姐妹》，为大小姐离世不禁伤怀。剧本讲为人之道、生死观、价值观、家庭观、爱情观，充满善意。演员好看令人不忍中断，直至4:30结束。

2014年2月8日

南希的病基本好了，还是需要休息。我自己去商店Century 21（21世纪百货）。大多是厂家尾货，打折品。

下船，过黄牛雕像，过四五个街区，左手小街上。店内熙熙攘攘，三楼、四楼是女装。有原价的新品，也有二次打折的旧品。有的折扣至75%。

试衣间排十几人，都拎着红色拉杆框，买多的人更有拉着拉杆大口袋。我因是大多为亲友买，不必试，径直去付款。

回家试衣，一件 INDIA 的深棕色长袖的设计使我联想到建筑，裁剪成几何式的拼接，下摆宽松呈倒 V 字形，一直通到下摆的圆领子可无限 V 下来。下摆留一缺口，镶有两条长长的黑带子，可随意围在腰间，后背和袖子是正式的衬衣式，所以整体很经典，又很现代。

2014 年 2 月 9 日

中午约了 Karen 来吃火锅。我问安东尼可好？她说，不，腰还是痛，在家看 Lila 呢。

火锅是牛肉，虾是 Karen 的最爱，芋头、豆腐、蘑菇、粉丝，沙茶酱做料，喝的貌似果酒的苹果汁。

Karen 要看我买的衣服和包，连说："Cute,cute。"她近期在一家公司服务于时装表演。她专为我和南希订了多张林肯中心免费的参观票，是昨天的，可惜南希还是不宜出门，只好放弃。南希说，可惜，可惜，一定是不错的表演。过几天，Karen 的帮忙工作就结束了。她和安东尼大约是靠政府的补贴金过日子，偶尔有些短期工作。平日花钱极其节俭，常去旧货店或一美元店逛一逛，给 Lila 买的二手玩具，正品要七八十美元，二手只要三美元。那次去一趟大超市，也只买了鸡蛋、坚果等三样东西。

17:00，去挖车，把车上积雪铲下，车轰轰响，开不出来，因上方是斜坡，又是冰冻。一个黑人过来指挥向侧面开，见不可能，跑去车后推车。南希说"no"，明天才用车，现在不开走。

晚上，上网找素菜馆。一家有精美图片。南希说那是美国人吃的，好看不好吃，随便的拌菜。

2014 年 2 月 10 日

9：00，南希给 Tracy 打电话。Tracy 孩子病了，今天不能去学校，约明天早上见。11：00，我们改约范怡吃午饭，约在中国城的佛素源。

到达时已有一桌在用餐。范怡 11：30 到，地铁误了时间。她和南希第一次见面，红指甲，红唇，比第一次见更显秀气了。范送我俩每人一件美国产的手霜，我送她一张陈飞的国画《李白醉酒图》。

我说这个菜馆装饰太一般了。范说，挺好，网上第一家就是它。

点的菜是叉烧肉、烤乳猪、酸菜扣肉、牛排、素包子，有茶。我看汤类，范把汤菜单翻译了一遍，南希却死活不肯喝汤，说：吃不完了，你还要点菜，把这些吃完，才可以点菜。

范说：少杀了一头猪，少杀了一头牛，高兴。我问，你老公是基督徒，他吃肉吗？范说：吃，没肉不行，每天进家门说，我一天多累呀，得吃牛排。

我问范三月有无活动安排。范说顺其自然，有事可做，四五月才回国。

饭后留影，分两路走。

南希陪我去 Century 21，买了十几件小衣服，两副眼镜，一个小箱子，KENNETH COLE（凯民斯克尔）牌，美国产的，几条领带。

2014 年 2 月 11 日

9：00，又给 Tracy 打电话。她有一点时间，但很紧张说：不要逼你了，三个孩子，又要上课，太忙了，我和你另约吧，可路过我岛时在家见面。Tracy 特别感谢说：你们太理解我了。南希说她将转交我给 Tracy 的中文稿诗集和一幅画。

去 Costco 买维生素，有四种功能的，有三种功能的，琳琅满目，原价不到 20 美元，又在减价，买了十来瓶，连鱼油。蓝莓干两袋，老年人吃比较好。

又买几盘铁盒 CD，这家铁盒也被我买光。

南希说饿了，去吃自助餐。几乎跟各国一样的模式，但都不好吃。我吃了冰激凌，还好。

一个女服务生过来征求意见，南希跟她大大地抱怨怎么难吃、不新鲜。女生还是小声要求，留小费。

本来晚上 Karen 准备带 Lila 来告别，但今天天气极冷，她们改用电话联络。Lila 好可爱，说：伊蕾姨，再见。我真爱她，阳光女孩，讲究礼节。

南希送我化妆品、护手霜、洗面奶之类。

2014 年 2 月 12 日

11：50 乘中航的飞机回北京。

8：00 出发，一路阳光灿烂。南希说天气太好了，但晚上又将迎来第五场大雪，并且据说纽约雪厚八寸。

至 1 号门，分别，我和南希拥抱说："累着你了！"南希说："不必说，没有啊。"两个月的共同生活，对于朋友的确是费尽心思的，又要旅游，又要约谈、约见，又要购物，又要娱乐。好在二十年来我们生活有过许多交叉，彼此了解和信任，互相包容和关心，像一家人一样地相处。两个月，足可称为生活，对于我是有永远的意义。

排队拿票，见多人拿两个大箱子，问询得知，的确每人可托运两件 50 磅（23 公斤）的行李。我的大箱子超重 2 公斤，服务生帮我开箱，放进小箱内一些维生素瓶子，我给了他 2 美元小费。

候机时买一本《纽约》，图文并茂，16 美元，给孙天龙是比较合适的礼物，因他已决定去纽约大学继续教育学院。

机上看电影《黄昏之恋》，库柏、赫本主演，聪明的音乐学院学生征服了单身富豪花花公子，最终结缘，特别好看。《忠犬八公》，秋田犬小八特别可爱，为逝去的主人不能释怀，九年在火车站日日等候，直到终老。

十一、以色列、约旦
（2014.2.25—3.5）

2014 年 2 月 25 日

以色列、约旦之行同行是金祥、范友华。全团共十人，领队是天津中贸国旅的于昭辉女士。

乘以航，前往首都特拉维夫。这是一次圣地之旅。《塔木德》说，上帝创世时，给了世界十分美丽，其中九分在耶路撒冷，一分平分给了世界其他各地。此行最期待的是走进耶路撒冷这个神秘、神圣的世界。

以色列国内的中心实际就在耶路撒冷，而国际上承认的中心是特拉维夫。巴勒斯坦说，耶路撒冷是他们未来的首都。看来这里不会永远太平。

以色列有四大城市：特拉维夫、海法、耶路撒冷和佩特拉。高工资、高福利、高消费。

入住 Blue Bay（蓝湾）酒店。90 厘米的床，有房间是 1.5 米一个双人床，有沙发打开是小床。

2014 年 2 月 26 日

早餐后，顺 2 号公路北上去凯撒利亚。定是福音据点，《新约圣经·使徒行传》常提到的一个港口。

沿途是戈兰高地，东西南角加沙地带。约旦河从加利利湖流出，流入死海，称为圣水。

巴勒斯坦在以色列境内，分散为数块。

凯撒利亚是富人区，临海，离首都近。

罗马剧院。

跑马场。

叙利亚王宫遗址在此。国王洗澡时，听音乐，看跑马。

经济依靠高科技、农业、钻石加工出口。李嘉诚投资有高科技研发中心在海法，还有英特尔、微软、谷歌等。只研发，不生产。海法是天主的花园，工业城，国际港口。

农业、海水淡化、埋灌（管道）。

参观巴哈伊空中花园。世界唯一的空中花园。

参观马利亚的故乡拿撒勒。其最著名的建筑是天使报喜堂。天主教堂，中间大十字架，四面小十字架。建于 1969 年，国家出资。教堂内，教徒们排队取食，吃的圆形白色饼干。

院内四墙挂着各国供献的马利亚和儿子耶稣的画像。

沿着耶稣的足迹，经迦南前往婚宴神迹——迦拿。它是耶稣在婚宴中以水变酒、行第一个神迹的地方。也叫赐婚室。

以色列宗教，根是犹太教。之后又分出基督教、天主教、东正教。

看到加利利湖。

到提比利亚，住酒店。

2014 年 2 月 27 日

提比利亚在加利利湖西岸，建于公元 20 年，是当年耶稣传道的主要场所。有许多圣经故事的遗迹。

五饼二鱼堂，是拜占庭时期的教堂。相传耶稣在这里用五饼二鱼喂饱了五千人。地上有一马赛克拼图五饼二鱼。有一方形院落，用耶路撒冷石建造。

彼得献心堂。距加利利湖五十米，黑色火山石建造。耶稣复活后多次在门徒中现身，选定彼得大弟子继承他的事业，带领他的门徒。建彼得献心堂。

八福堂。建于八福山上八角形的教堂，象征八福。当年耶稣登八福山宣讲，说八种人是有福的：虚心的人、怜悯的人、温柔的人、孝心的人、哀痛的人、为正义受迫害的人、心灵洁净的人、缔造和平的人。

4 世纪犹太会堂遗址。1 世纪罗马街道。粉顶教堂，彼得雕像。开车继续行。与叙利亚交界处隔有铁丝网。

约旦泉，约旦河源头。

黑门山。潘神宫殿，供有异教的神。此地也即约旦河源头。

乘船游加利利湖。中型木船，船员升中国国旗，奏中国国歌。大家顿时兴奋雀跃，跳起交谊舞。海面上成群的鸬鹚捕食鱼类，飞去飞回，像白色的乱云。我们在湖边吃传说中的饼和鱼。

参观基布兹。农业产量占全国 40%。面朝死海，春暖花开。土地国有，交低税金。有奶牛场、香蕉园、剧院、食堂、养老院、幼儿园、学校、图书馆等。看起来，比较破旧。

约旦河受洗坛。当年耶稣受洗礼在约旦河。人受洗是件隆重的事，等于重获新生。有些穿白袍的人已在等候，不一会儿，排成队，接受牧师主持的洗礼。水很凉，人们却都满面笑容，毫无怯色。两处共二十多男女。牧师托其腰部，一手捏鼻，仰面使全身入水，即起。围观的人们热烈鼓掌。

2014 年 2 月 28 日

早餐后，过以约边境，进入约旦。排队两三个小时。这边的导游叫十萍，在约旦大学读法学，兰州人。

约旦哈希姆王国，君主立宪制，89000 平方公里。官方语言为阿拉伯语。通用英语。分十二个省，首都安曼。农用品靠进口。有石油，但不开采，大约是要经什么国际组织同意。属温和国家，资源无控制权。10 月到来年 2 月是雨季。冬季会有一两场雪。常会见到沙漠、山路、骆驼刺、沙蓬。

上尼伯山。这是约旦最值得敬畏之地，摩西升天之地。尼伯山海拔 870 米，西望死海、约旦河等。一进山有大型雕像，尽头是钢制十字架，蛇盘于上，是摩西行神迹的牧羊杖，神杖扔出，化成蛇，灭瘟疫。

马达巴，马赛克之乡。桌上一块布，用钳子夹改一小块马赛克，正面贴于布上，完成后，背面做平，翻转，揭去布，就是一幅图画。一般要四个月一张一米左右的画，一个小桌面要一万多人民币。

古堡。五千年历史的宫殿。

2014 年 3 月 1 日

首都安曼，多是四五层的小楼，一个家族住，常是后加盖成的二层以上，外墙贴石板。山城，坐落于七个山头之上，七山之城。许多西方国家在中东的总部设于此。史上先后被亚述、迦勒底、波斯、希腊、马其顿、阿拉伯和奥斯曼土耳其侵占。1946 年成为约旦哈希姆王国首都。发电、煤、天然气从埃及来。

去最重要的景观玫瑰之城，在佩特拉（Petra）。很快进入古老残破的城区遗址。全部都是粉红色的砂岩，被风雨岁月侵蚀，只有大大小小无数的洞穴张着口。所有的洞实际都是古代的坟墓。中途有一巨石，太像一条大鲸鱼，不时有马车载客经过，马蹄声清脆地回响在四壁。

中途有一举行婚礼仪式的地方。我们找两个团员伴新郎新娘。

导游陈一路跳舞、唱歌，各国的游客驻足观看。她伸出手，一边大叫着：one dollar,one dollar。游人即大笑着散去。"one dollar"是在这里许多"服务"时听到的口语。

住 Dead Sea Hotel（死海酒店）。

2014 年 3 月 2 日

离开约旦。导游说今天耶路撒冷从凌晨两点到晚上全天封城，有大游行。所以我们晚上才会进城。

去昆兰地区。这里发现手写版的羊皮上的《圣经》，证明两千多年前存在《圣经》。是 1947 年由牧羊人发现的，也就是著名的死海古卷，是目前世界已知最古老的文献，用希伯来文、亚兰文和希腊文写成，是 1947—1956 年间在死海西北岸的十一个山洞昆兰洞穴里发现的。通过使用碳 –14 测年法、古文字学和书写研究等手段，证实古卷写于约公元前 200 年到公元 68 年。

死海边，陈导让我们换泳衣下海，她负责为大家拍照。死海，为一内陆盐湖，含盐量为普通海水的十倍，人可漂浮于上，对皮肤有大益处，如治皮肤病、关节炎等。里面没有生物，故称为死海。与约旦共同拥有此海，约旦河水亦流入死海。见一幼儿被母亲提着，双脚浸入海水，一男童被父亲领手入海，浸润全身。有团员已入海里去，漂浮其上。我只坐在边上，往身上涂泥巴，与金祥互相涂抹。因泳技不佳，恐海水入口鼻，那就糟了。上岸后有淋浴区，然后再去浴室洗浴换衣。李学律为大家买了冰激凌。

参观 AHAVA（圣爱）店。用死海泥做的各种护肤品，我们买了浴盐，实际是金祥买了分我一支。我又买了软包装的一套，准备回北京后"组团"去老李、蓓蒂的新家去洗澡。我们工作室没有浴缸啊。

晚八点，游行结束，我们的车进入耶路撒冷。一路是黑衣、黑帽的犹太人，路上撒满了宣传单纸屑。

我和友华来街上看来往人群，吃惊他们的统一服装和发式，男人脸侧都有头发拧成的小辫，女人都穿过膝黑裙。

耶路撒冷，犹太教、基督教、伊斯兰教的中心，地理位置上，耶路撒冷是地球的肚脐眼，中东地区是世界的中心。

2014 年 3 月 3 日

前往以色列的象征之一锡安山。墙上尽是弹孔，为第三次中东战争所留。

山上的大卫王墓。

圣母安眠堂，1897 年法国人建。

马可楼，最后的晚餐室。

鸡鸣堂，是彼得于耶稣被捕后三次不认主的地方。

巴勒斯坦被分成两块，一块是加沙地带，一块为约旦河西岸。

两国之间用铁丝网分隔，有兵员把守。随意看了一下车内，放行。一切似乎很平静。

伯利恒是以色列第二位国王大卫的出生地。大卫王在希律王之后。各处可见大卫王星，六角的星，以色列国旗上的星。我买了十几个镶在石头上的大卫王星。

参观国家钻石中心。南非、俄罗斯、澳大利亚是一类矿区，而以色列是钻石加工、交易中心，全世界 70% 的钻石在此加工。最佳形状是圆切，五十八个切面；方形，七十二个切面。投资应在一克拉以上的，半克拉以上有国际认证书。

晚上要去老城堡内，即大卫王塔内看灯光秀。金祥说看过类似的，只睡在床上不起来。我和友华前去。大卫塔内错落有致，像在山坡上的一个老城，不时跨进新的城阶、门洞。

灯光秀开始，令人吃惊的竟然是数百米长的老城墙为影幕，如百米长卷，颇具历史感和真实感。讲述的是从创世记开始直至永恒圣城耶路撒冷，把历史还原成一个个动人的故事，虚拟实境，如亲历往昔，走进远古神话。历史从公元前 3300 年始，历迦南时期、古以色列国时期、巴比伦流亡时期、波斯时期、希腊统治时期、罗马时期、拜占庭时期、早期穆斯林时代、十字军时期、马穆鲁克时期、奥斯曼帝国时期、英国托管时期，至以色列 1948 年建国。"祈祷耶路撒冷永享和平"。

2014 年 3 月 4 日

开车上橄榄山，在山上观看圣城全景。当耶稣传道到耶路撒冷时，曾在橄榄山上哭泣，为耶城的命运担忧。他在这里被捕，复活后在附近升天。山上可见圣城岩石金顶清真寺、银顶清真寺。

苦路，Dolorosa。耶稣被审判后，从彼拉多的院子出来，背着十字架，共走了十四站，最后进入圣墓教堂，这个地方，即耶稣蒙难、安葬与复活之地，后来建了这座教堂。耶稣墓即在教堂内。教堂为第十一、十二、十三、十四站。

哭墙。千百次地听说过这个地方。这是犹太人最重要的精神圣地。

一生流离失所的犹太人，回到自己的祖国以色列，会来到哭墙下哭诉他们的命运，得到上帝的安慰。我写了个许愿纸条，塞入哭墙缝中，笑说都可以实现。哭墙原来很矮，中间有道隔离墙，各为男宾、女宾分用。

以色列犹太大屠杀纪念馆。犹太人原为一千二百万，二战后还剩六百万。分立馆、十六集中营馆、儿童馆、纪念碑。当时儿童死亡是一百五十万。儿童馆内无灯光，像来到宇宙间，满天繁星如生命。

其实，以色列人和阿拉伯人的共同祖先是亚伯拉罕。在犹太教里，上帝应许亚伯拉罕，要通过他的小民，使天下所有的国都得到祝福。但是多少年来，战争却从未在两族之间停止。

国会正大殿。大卫王星国旗成排在飘扬。不让外国人进。门口对面是巨大的七星烛台，以色列的一个标志。

2014 年 3 月 5 日

参观国家博物馆。外形是陶罐形。里面最大的宝贝是死海古卷。有各时代的样式各异的《圣经》，可说是《圣经》博物馆。有大量文物、绘画，可说是以色列的历史。在幽暗的灯光中贡献着一部部珍贵的《圣经》，包括先知以赛亚书最古老、最完整的版本。

路经 Dizengoff（迪岑哥夫）大街，拉宾广场。当年拉宾被暗杀地。

雅法港是世界上最古老的港口之一，在距特拉维夫一公里处。雅法已有八千年历史，是世界上最古老的城市之一，港口约建于公元前 3 世纪。

特拉维夫市，首都，经济、文化中心。1909 年建。1950 年，与邻近的雅法市合并成特拉维夫—雅法市，临东地中海。

雅法是老城部分，特拉维夫是新城部分，还包括一块白城，有四千座包豪斯风格的白色建筑。白城刚七十多年历史，已于 2003 年被列为世界文化遗产，雅法老城也被列为世界文化遗产。

雅法艺术区，是艺术家聚居地，在小山上，石砖小道，大多是开放的，有雕塑、手工艺品、首饰。友华买了一对耳环，800 多元人民币。有一些门上了锁，我想象艺术家出国办展览去了吧。

十二、毛里求斯

（*2014.4.21—4.25*）

2014 年 4 月 21 日

妹早就开始做功课，终于选定这个遥远的海岛国。其中一个原因是行程短，她可以少请假。另一个是所订酒店是五星级的爱必浓度假村，全程住在村里，省了搬家的劳顿，主要是可以痛快地照相了。妹是照相达人，上次在帕劳海岛国没有照够。

毛里求斯航空，飞机空间较窄小，无电视节目。行程约十一小时。下飞机后一小时车程到酒店。

酒店不叫酒店，叫村子，经理叫村长。刚一进村，村长就带队在迎接，他是中年法国人，束发，金黄色 T 恤，大眼睛，尖下巴，特适合男扮女装。一起到剧场，另有不少 Go 也跑步前来。Go，就是和善的东道主的简称。一个 Go 讲解了假期所有的行程怎么玩。村外的陆地活动有三种：毛里求斯一日游，参观历史文化地；去首都港口参观、购物；去植物园海港口。还有四轮驱动，与狮子散步。海上活动有帆船、快艇、水下摩托艇、浮潜。村内有教习高尔夫、空中飞人、射箭、羽毛球、乒乓球、瑜伽、赌场、足球、游泳池，村内活动免费。

午餐了，餐饮有主餐厅的自助餐，有法国餐厅，酒吧全天开放。

吃自助餐，有上百种食品，中餐、印度餐、意大利餐。点心和水果许多是掺在一起，五彩缤纷。桌上桌下有一只只小壁虎，一只扒我的盘子往里看，被我拍下来。我最后吃了两种冰激凌，总之是爱甜食的。

午餐后小睡，妹说不困，倒下便睡到了 17:30，起来说"困死了"。打开后门，是花园绿地。没订到海景房，这是园景房，门前开满三角梅，不远处是原始森林吧？黑乎乎的树、石头。

晚餐后看秀，当地土著表演赛卡歌舞。赛卡，毛里求斯民间音乐、舞蹈统称，乐器为手鼓、沙盒、三角铁等，舞蹈在游泳池边。因是在酒吧下方，一些人不下来，只端杯酒在上面看，下面空位不少。

这个酒店是卢森堡地中海俱乐部旗下的首个五星级度假村，坐落于岛的西海岸，占地 20 多公顷，260 多间房。

2014 年 4 月 22 日

一早起来，二人换泳装去海边。经过一树成林的大榕树，不知怎么就会想起白雪公主和七个小矮人在森林的故事。

海边是纯黑色的圆润的大小礁石，蛮漂亮的，沙是米白色。有几只帆船在海上驻足，有一两个人在游泳或钓鱼。

妹出行前从网上买了一批沙滩裙、拖鞋之类，宽松、飘逸、鲜艳还便宜。照相到九点多，沙已烫脚，往回走。买了六个纱丽，带渡渡鸟的，共 40 美元。国鸟渡渡鸟长得胖胖的，白白的，长嘴。地球上唯一有渡渡鸟的国家是毛里求斯，这里原为荒岛，1598 年被荷兰人统治，1715 年又被法国占领，改为法兰西岛，1814 年沦为英殖民地，仍叫毛里求斯。英从美洲、非洲、印度移入大批奴隶、囚犯和自由民到此垦殖。荷兰人当时就吃光了渡渡鸟。1968 年 3 月 12 日毛里求斯独立，就立渡渡鸟为国鸟，我想有纪念这历史的意义。毛里求斯是君主立宪制，奉英女王为国家元首，1992 年 3 月改共和制。渡渡鸟的形象到处都是，酒店大堂、路标都有。

下午小憩，去海边看落日。乌云金边，光芒穿透云层，从上方直射出去。乌云间隙是白炽色的天空，白色越来越小，像一只长翅的鹰渐行渐远。

19：30 用餐。餐前在酒吧小驻，有乐队、歌手表演，各类小吃、鸡尾酒、咖啡。

餐后去剧院看舞剧《疯狂娃娃》。一号男演员个子不高，武功高强。结束时，村长上台由配角至主角，一一介绍，观众持续鼓掌。

2014 年 4 月 23 日

早起，腰竟彻底好了。是出发那天搬大花盆伤着了，"孙铁人"自愈能力再次显现。

　　早餐后，去找高尔夫球场。到了练习场，十几个站位。前台说，村内无高尔夫球场，建议我们去玩空中飞人。

　　体育中心对面，约有十几米高的空中站台，十几个孩子在下面。第一个小姑娘做花样，荡秋千或加上各种形体造型，第二个小姑娘攀梯而上，还没到顶就哭了。老师硬拉她上站台来，安慰几许，毅然把她推了出去，她在空中仍大哭惨叫，像大雁在空中哀号，全程不过两三分钟，落在保护网上仍在大哭。

　　回到房间，在花园照相。

　　中午先在主餐厅吃水果、喝果汁，14:00乘电瓶车去法国餐厅。在另一片海滩，也是黑礁石的，上面是彩色的沙滩椅。高台上是餐厅，一个白房子带一个大露台，阳伞，有中英文菜单。一个说中文的女生推荐开胃菜特色烤肠、毛里求斯树心，主菜烤鱼、炭烤肋排，甜点是凤梨点心。苍蝇太多，中途只好搬到房子里。

　　下午去泳池，这里是世界著名的无边界泳池，水从外侧流下去，下面就是海了。妹游泳，我拍照。

　　晚餐，衣服主题是黑白色，我便穿了白色宽松衬衣。

　　晚餐后定明后天的自由行。明天的一日游，只有我俩和另两个女孩，共包一辆小车；后天也是我们四人，平分车费，每家每天2000卢比，两天4000卢比，合800人民币。

　　21:00，剧场里是儿童秀场，应该是游客的小朋友。台下老师领舞，台上随意效仿，每一段都听到台下掌声雷动。秀后全场狂欢，歌手、乐队、客人起舞。

　　见Go李建，定明天的事。一毛里求斯小伙子特像奥巴马，妹说照相照相。李建说：餐厅还有一个更像的，看见没有？我说看见了。大家一一合影，笑成一片。

一角灯火通明，是赌场。一个 Go，拉住我和妹，说：你们每天都穿得太可爱了。照相，照相，三个 Go 小姐一起来。约我们的 Go 穿白色抹胸、黑色超短喇叭裙，非常亮眼。早有专业摄影师在此，连拍数张。

2014 年 4 月 24 日

9：00，四人出发，年轻司机兼导游。

第一站，法国殖民作家故居。一座白色的上千平方米的平房，一个大花园，花园尽头是森林和山谷，有瀑布。屋内十几个房间，贯通的，有客厅、书房、餐厅、卧室、儿童房等。餐厅超大，书房有三角钢琴，是浅栗色的，顶部已断掉，墙上有几张人像油画。对了，一踏进房间时，首先是个雕塑大渡渡鸟。妹特喜欢院中巨大的心形草地。

第二站，火山口。居高临下，可见一圆形凹地。

第三站，印度神庙。院内池塘，有鱼，沿塘边几尊佛像是新造的，司机说，不是新的，这庙有五十年了。

第四站，瀑布，在国家森林公园内，远远的，小小的。

第五站，七色土国家森林公园。阳光不太足，七色不明显，但明信片上的七色土可是鲜艳多彩呀。有三只象龟在栅栏内爬行，体有一米长，据说三百斤左右，可以骑人。

临途，可看毛里求斯岛全貌了，这是美国大文豪马克·吐温说的天堂，说是天堂的原乡，天堂是上帝按照毛里求斯岛建的。的确，山是奇绝的，如鬼斧神工般刀削出来，岛的四面是珊瑚礁，甘蔗林包裹着每一寸土地，这甜蜜的岛屿。

四点回到酒店。两个同行姑娘去吧台喝鸡尾酒，我和妹喝牛奶、果汁，吃小点心。做甜饼的店有人在排队，我们赶紧吃完回房间换装来拍落日。

妹穿了白纱长裙，戴一白草帽，像希腊女神。我穿了金黄色的纱丽，像一个非洲土著。沙滩上有几家人在长椅上睡觉，有一家一个幼儿在自己玩耍。爸爸时时睁开眼睛，锁定他的宝贝。

落日穿过乌云落下去了，留下了一条金色的长河，丝丝鲜红的物质在长河中流动。我愿意观察落日时的满天云彩，瞬息万变，自由自在，怎么着都是美，怎么着都是纯。

2014 年 4 月 25 日

清晨起来做早操。

9:00，四人去岛上最北部的红顶教堂，据说闻名世界。远远的一个簇新的红顶小房子，进去，两面鲜花，布艺的插花，有两对新人在拍照。

大湾。港口。帆船。

去超市买了香草铁盒茶、蔗糖，没有甘蔗水果糖，如果有，就是外国进口的。

午餐，酒店定点餐厅。

首都路易港市，船舶挺多。参观鸟与鱼博物馆。

回酒店，换装继续拍落日。

日落后，我拿出带来的爸爸、妈妈骨灰和北京的三角梅干花。骨灰是我在爸妈去世时分别留下的一小部分，包在两个布手帕里，分别存了十七年和十一年。我说：爸、妈，我和妹为你们选了这个天堂岛国，将来我也要到海里来，让我们永远在一起。我和妹撒下骨灰，撒下花瓣。乌云收去了光辉，天堂暗下来，不知来生我们还是不是父女、母女？但愿我的善行和善意得到回报。

十三、土耳其

（2014.5.29—6.5）

2014 年 5 月 29 日

昨天00∶10,伊航,北京至伊斯坦布尔。飞到约十一小时三十分钟。土耳其比北京晚五个小时。

到达时天已亮。领队贾奇带大家出航站楼，导游理查德接站。土耳其规定一定要土耳其人导游。

理查德一开口，我吃惊不小，比领队的中国话好多了，纯正的普通话发言。他说他在土耳其学的中文，又到北外进修了六年。司机是卡迪尔，一个微微发胖的和善的人。

上了一个不错的中巴。行车五小时去番红花城。路上导游介绍土耳其。

来到番红花城，是个小镇。第一条丝绸之路西安至君士坦丁堡就路经番红花城。此城为世界文化遗产，人们仿佛停留在 15 世纪生活状态，安宁，悠闲。它与中国丽江是友好城市，真的像丽江。保存约八万栋土耳其 19 世纪房屋，保留了当时的面貌。

小街是古旧的，都是小商店。看工人手工在凿铜盘的花纹，有的在做工木艺品。我买了十个银勺，卖勺的拉住我的手又是画又是写，"中国—土耳其"，"土耳其—中国"。

晚上住当地旅馆。找不到卫生间。服务员来，拉开大柜门，原来是改装的卫生间，迷你的。

10：00 左右，忽听大喇叭广播，土耳其语。早上天不亮，又广播上了，不知何事。

2014 年 5 月 30 日

早上用餐，得知广播是清真寺宣礼塔做的，招呼人们去祷告。我开怀笑了，这也太原始了点儿。真的很感动，居然有经济社会压不垮的东西。

开车去安卡拉，首都。行程三小时，路上下车拍番红花城的世界文化遗产标志（1994 年）。

途经安纳托利亚文明博物馆，欧洲最好的考古博物馆，是当时贵族官邸的旧仓库改建。包括旧石器、新石器、哈提、西泰特、菲尔吉斯、乌拉尔、罗马和利迪亚各时代文物，其中赫梯（西台）王国的文物最著名。

其中有一头盖骨，眼、耳，嘴被封住，像中国的"不看、不听、不说"的三不故事。我拍下来，心想可画成油画。

安卡拉，政治文化中心，没什么工业，周边种小麦。

离开安卡拉，去卡帕多奇亚，行车 3.5 小时。理查德开讲。

晚，入住"洞穴酒店"，不过是石头建的而已。

2014 年 5 月 31 日

卡帕多西亚，拍《星球大战》的地方，地貌奇绝，石林遍布。进入格莱梅城，城市标志是热气球。为观地貌而兴的活动项目。地理是 4 世纪开始形成，洪水冲出盆地。有一万居民住在此地，有公路可上来。眼见砂岩山峰上挖出的山洞住宅遍布，神奇、诡异，像神话世界。有一百五十个教堂，开放七个。

有些人去乘热气球，日出前就出发了，早饭时回来。我和方敏、王蕴都没有参加，恐高啊！

饭后参观仙女峰，像一家三口。

骆驼峰，极像骆驼，也像一片猴山。

蘑菇石林。

乌奇萨要塞。

猎人谷。

鸽子谷。真的好多鸽子，灰蓝色的。

格莱梅露天博物馆，是世界级文化遗产，众多岩窟教堂和清真寺，精美的壁画，一千七百多年前的，石灰壁画，是在石灰潮湿时，把颜料调好后涂在石灰上，内容以《圣经》为主。

最好看的是苹果教堂，灿烂辉煌，画了整个《圣经》故事。

这里还是陶瓷工艺原始地，有陶土。

整个地貌是火山灰，挖洞后，灰质氧化，反而更结实，不用担心塌方。

蛇教堂。壁画上有蛇。

提前看完来到出口。买一个冰激凌，5 卢比，合 15 元人民币，卖冰激凌的好像杂技演员，举着近一米长的长勺把冰激凌放入甜筒。

前往地毯厂。土耳其最大的地毯经营地，说越踩越结实。是卡帕多西亚地毯学校（国立）附设的场所。我看中一块土耳其小蓝地毯，他们立刻领我去旁边问。价格是 14000 美元。老杜主动随我去，做翻译，说超过 2 万元就不买。我说好。总经理出面，降到 4800 美元，我仍坚持 3500 美元，最终成交。附一证书，一保护说明，一张发票，POS 机小票。此地毯是 100% 真丝，一个工人整整做一年。其余还有 70% 真丝的、安卡拉羊毛的、棉的等，便宜很多。此地每个女人出嫁前要做一个地毯作为嫁妆。一个贵族之家只要看他的地毯有多好。此地毯为双结编织法，厚、密实。可用一辈子。

晚上看肚皮舞，65 美元。此舞是古代埃及始，后奥斯曼王国皇室洗浴时看，14、15 世纪始，17、18 世纪成为经典民族舞蹈。开始是一个宗教仪式的旋转舞，舞者为男士，身着白色长袍，戴白色高帽，一直顺时针旋转，一只手掌向上，一只手向下。旋转之意在于岁月轮回，生生不息，人生苦短，时光难留，等等吧。

其中一个女舞者，令我深深感动。舞姿美艳绝伦，旋转中透着生命的无尽忧伤和美丽。

有乐器合奏、集体舞、观众参与的狂欢舞等。

2014 年 6 月 1 日

今天的目的地是帕姆卡莱的棉花堡。先前往孔亚。途经 Saratli underground（萨拉提利地下城），1974 年农夫种田时发现，一说教徒为躲避异教徒追杀而修，极似蚁穴，上下数层，结构蜂窝状，连续不断，有水井。真是开了眼了，好像当了一回蚂蚁。

进入孔亚平原。孔亚，人口约一百万，游牧民族后代，喜欢平房。有四所大学，最好的房是学校、医院。

途经苏丹哈迈古驿站，是现存土耳其内最宏伟的一座，位于 Aksaray（阿克萨赖）以西 40 公里处。亦为丝绸之路的中继站，商旅必经之地。在驿站内用餐，肉饼有千年历史。

是郁金香原产地。3 月 23 日—4 月 23 日是郁金香节。

也盛产樱桃。几乎每人中途都买了，方敏买了分给我吃。

到帕姆卡莱，行车约四小时。

乘车同座位是李岩，得知他原在中铁建工作。因不满而转调他处。同行是他中学同学洪无异，曾在澳大利亚悉尼留学两年，还经常回去。我们互留了联系方式，我说：澳大利亚少林寺卖地时我通知你。

2014 年 6 月 2 日

8：00 就赶到温泉度假区棉花堡，因晚些会热。上面没有什么树木，远看近看都是一大片一大片的白色岩石地。火山爆发时，希拉波利斯古城被一点点埋后，温泉不断流淌其上，火山灰遂成乳白色，形成了棉花堡。棉花絮一样的石灰质岩上层层叠叠，流淌成瀑布或小平原，温泉水清澈流动，构成岩石群或水池。一直往里走，有不少新的角度来观赏。

近处就是希拉波利斯古城，残壁断墙很多处，像剧场、寺院等。

往外走，很远，我几乎是一路小跑，在前面探路，方敏和王蕴在后面赶。从认错的浴场赶往大门口，还算没有迟到。

前往库萨达斯。行车三小时。途中遇以弗所古城。三千五百年历史。两千年前就有十万人，罗马帝国时的第二大城市，现已发掘60%。

路上橄榄树、无花果树、柳橙很多。

圣约翰教堂，《圣经》中提到的七个遗世的教堂之一。

两千五百人的剧场，巨大的雕塑人像立于墙正面。

经阿尔忒弥斯神殿。公元326年被人火烧，只剩一根石柱。

到达库萨达斯市，住 Grand Belish 酒店（大贝利酒店，五星级），就在爱琴海边。饭前赶紧去拍落日，藤编的遮阳伞，栈桥，自助餐厅有几十米高，大玻璃房。王蕴紧着招呼我和方敏等，照了落日的各个表情。

2014 年 6 月 3 日

希林杰小镇，号称小番红花城。原是封闭的乡村，20 世纪 90 年代开始有游客。现在夏季里艺术家愿来此度假。小镇自给自足，有橄榄林、樱桃、桑葚、葡萄等，故有酒厂。

我们进入一家大的酒店，店员给每人一个小酒杯，顾客可任意选择红酒品尝。

卖香料的小店沿街全是。一个老人在把香料植物捆扎成小捆，金黄的小花像小野菊，扎好的堆成高高的花垛。

小镇是蜿蜒的石板小路，沿途是老的各色墙壁、门槛，常有国旗画在残破的石墙上。

途经 kircilar 皮衣店。很华丽的一个公司。进入内部，有一个玻璃 T 台，大约十米长，我们在四周入座，一场皮衣表演秀就开始了。最后环节当然是去买这些皮衣。王蕴最终选了一件浅咖色，挺大气，也亮丽简洁，大约一千美元吧。都是安卡拉羊皮，又轻又软的。

之后去 Alacati（阿拉恰特）小镇。位于切什梅半岛，在爱琴海边上土耳其的最西端，离希腊最近的地方，可清晰看见海上的希腊岛屿。这里历史悠久，石头房子，有一个世界著名的帆板海滩。有些建筑像古希腊的风格，蓝色门窗，白石头房子，街道非常干净。有的石头拼出悦目的图像。

我们散散步。渔网堆在港口沿路，冷藏柜满是鱼，浓浓的腥味弥漫着。贾奇、方敏与我一路。贾想买橄榄油，自家用。

回到集会地，还有半小时。一个基督教会正在聚餐，支着一口大锅在炸面果。王蕴说，她们非要送我一盘，太热情了。话音未落，只见几人端着几盘过来，人手一盘。又过来一个白发女士，认真地看了一圈，见我还没有，匆忙去取了一盘来。又依偎过来，亲密合照。其他队员见状，竟在锅前排成一队，自动取食了。

驱车奔伊兹密尔（Izmir），土耳其第三大城市，爱琴海边最大的港口城市，人口五百万。我们住 WYNDHAM（温德姆）集团所属酒店，五星级酒店 Ozdilek（俄兹德里克）。就在海边，后边有个大超市。我给赵友萍老师选了三件衬衣，一定够肥，土耳其产的。

2014 年 6 月 4 日

我等待有一天能在这个日子朗诵我写的诗——

　　被一切压迫又超越一切的水
　　时间啊，你怎么能
　　怎么能将它
　　任意地包容

　　从伊兹密尔乘飞机，往伊斯坦布尔。约一小时。伊斯坦布尔，一千七百年前是东罗马帝国的首都，1453—1923 年为奥斯曼帝国的首都。土耳其独立后，迁都安卡拉。老城即君士坦丁堡，为世界文化遗产，内有托普卡泊老皇宫，蓝色清真寺，圣索菲亚教堂等。

　　参观老皇宫。

　　索菲亚大教堂，参观外观。

　　蓝色清真寺，是国家清真寺，因室内砖块颜色而得名。有六个宣礼塔，十六个阳台。建筑特点是弯形。没用钉，全是力学原理而成。

　　参观古罗马竞技场，实际已被埋于脚下。埃及方尖碑，共两个。

　　结束参观前，有一女士先行回国，因她是自由行，自愿编入此团的。

　　住 Plaza（普拉扎），五星级酒店。有四个小伙子住香格里拉酒店。说是行前报的套餐游，包括自费项目等。在酒店找到土耳其浴室，已结束服务，但可以参观。一个浴池、按摩房、桑拿房、休息椅等，无什么特别。

2014 年 6 月 5 日

早晨上恰姆利恰山上花园，本市的最高点。男工人两人一组在种花圃。远眺大海，雾气茫茫。

中村商业区。中村清真寺，17 世纪建立。

塔克西姆广场，市内最大的广场，中心是巨型雕塑。

步行街，本市最繁华的步行街。买了两个彩色背心。沿街多的是烤栗子、烤玉米、面包圈、烤肉加烧饼。

多马巴切新皇宫，18 世纪的，今天关门，偶尔开放。

下午，香料市场，大棚式，几百米长。

重头戏是大巴扎。最大的集市，民族特色，各类工艺品齐全，有羊毛围巾、地毯、彩盘、彩灯、茶具。也有卖软糖点心。我和方敏买了软糖，我买了点心，竟是 80 多里拉一斤，老杜还价到 50 里拉，合人民币 150 元。

工艺品中常见的是蓝眼睛造型，据说是美杜莎的眼神，可抵制邪恶，为辟邪天眼。一圈蓝色为蓝天。而最初却是凶恶眼光之意，可把人看成石头。

2018 7.12

△ 早8:15出发，9点多乘船去浮冰观鸟。

船而言一、二百人。有一个学生团。二层加顶层甲板。

给人发一连体防寒服、鞋垫，防风防水防寒的。

摆渡坐了一小舱船为一到。船上有点摇晃，风浪小。

不记说，帆船也多，好船也不少。

我至甲板上打开音乐机，即拍到鲸鱼跳出水面。

伊蕾最后一天的日记

辑 二

读 书 笔 记
随 笔
序 跋
访 谈 录

我的思维因此为无边无际
我的精神因此而无边无际
我无边无沿

——伊蕾《被围困者》

读书笔记 <　　　　读《女神》

读《徐志摩诗集》

诗心充满爱——戴望舒诗《我用残损的手掌》赏析

读《艾青选集》

读泰戈尔《吉檀迦利》

人生交响曲——读惠特曼《草叶集》

爱情与自由——读司汤达《伐尼娜·伐尼尼》

读《嘉尔曼》

简析《哈姆雷特》

普希金抒情诗之情

读《人的发现》

随笔 <　　　　当代诗中的命运感

关于新诗创新的一点想法

悲剧色彩，忧伤及爱情

静坐窗前

我记得二十五年前

序跋 <　　　　《爱的火焰》后记

《叛逆的手》自序

确认自己 实现自己——《独身女人的卧室》后记

一个女人的自述——《女性年龄》代后记

访谈录 <　　　　旅行、搬家、独身主义！

读《女神》

《女神》是五四时期诞生的一部伟大作品，诗中表现了汹涌澎湃的五四革命精神，具有不可磨灭的时代意义和历史价值。同时，诗中显露的强烈的积极浪漫主义的文艺思想和创作方法，使《女神》成为现代文学浪漫主义传统的发端。

《女神》以其神奇的笔力表现了破坏一个旧世界、创造一个新世界的勇敢反叛的思想，表现了强烈的爱国主义热情。如《女神之再生》中写到道："我要去创造些新的光明""我要去创造些新的温热""我要去创造个新鲜的太阳"。《凤凰涅槃》中，诗人通过凤与凰集木自焚，然后在火中新生来象征旧中国的毁灭和新中国的新生。

> 茫茫的宇宙，冷酷如铁！
> 茫茫的宇宙，黑暗如漆！
> 茫茫的宇宙，腥秽如血！
> ……
> 火光熊熊了。
> ……
> 死期已到了。
> 身外的一切！
> 身内的一切！
> 一切的一切！

请了！请了！

……

死了的光明更生了。

……

死了的凤凰更生了。

……

一切的一，更生了。

一的一切，更生了。

在这里，诗人对旧世界"一切的一切"给予了彻底的否定，呼唤着凤凰的新生，表现了诗人渴望新生活、盼望祖国新生的激情。

《女神》还渗透着一种个性解放的精神。我国几千年来的封建传统伦理道德以及长期的民族压迫，严重地束缚着中国人民个性的发展，《女神》中个性解放的呼声就具有了这种反帝反封建的历史作用。在《天狗》中，诗人的自我形象被夸大，表现出强烈的个性反抗：

我把月来吞了，

我把日来吞了，

我把一切的星球来吞了，

我把全宇宙来吞了。

这个"我"要吞噬一切，要毁灭一切，表现出对传统的蔑视，对封建权威、封建伦理道德的反叛。又如《我是个偶像崇拜者》中，诗人崇拜太阳、山岳、海洋、生死、力、血，等等。"我又是个偶像破坏者哟！"这个"我"对一切都不当作偶像来崇拜，他崇拜的是"我"，即自我的力量，即个性。"我即神"这种泛神论的思想正是诗人个性解放的基础。

《女神》诞生之日，虽然中国共产党还没有诞生，但十月革命的影响已波及中国，《女神》也包含了俄国十月革命所带来的社会主义因素。如《匪徒颂》，歌颂古今中外的革命者，也歌颂马克思、恩格斯、列宁。还有的诗歌颂工农，歌颂劳动，如《辍了课的第一点钟里》写："一个扫除的工人……把我解放……工人！我的恩人！"《雷峰塔下》写到诗人见到一个锄地的老人，"我想去跪在他的面前，叫他一声'我的爹'，把他脚上的黄泥舔个干净！"

《女神》以其崭新的思想风貌和新鲜的艺术风格塑造出了一个全新的抒情主人公的形象，这个形象就是诗人自己。他像火中再生的凤凰，摒弃了一切陈旧的声音，唱出了新时代的歌。这种艺术上的新，是诗人勇于创造的结果。郭沫若说过，惠特曼是雄而不丽，海涅是丽而不雄，而他要创造一种雄丽的风格。诗人的愿望达到了。《女神》取材上的宽广，形式上的不拘一格，思想的开放豪壮，都表现出惠特曼雄勃的风格。而构思上的完整、匀称，语言的优美、生动和鲜明又表现出海涅的清丽。诗人就像站在时代的高峰上，俯瞰整个世界，把历史、今天、未来尽收眼底，运用历史故事、神话传说、自然万物来抒情言志，通过新奇的比喻、巧妙的象征，把感情表达得淋漓尽致。

读《徐志摩诗集》

小时候，在报刊上见到徐志摩的名字，那是批判他的文章，我还记得其中引用他的诗句："我俯身，我伸手向她搂抱——呵，这半潮润的新坟。"文章批判他歌颂死亡。大约三年前我才读到这本《徐志摩诗集》，最近，我又重读了一遍，我感到过去全盘否定徐志摩的话是不公平的，徐志摩的诗，无论在思想上还是在艺术上，都有他的可取之处。

徐志摩的诗中包含着爱祖国的思想和反封建的意识。如《这是一个怯懦的世界》，表达了对当时社会的不满，这是"容不得恋爱"的世界。"快上这轻快的小艇，去到那理想的天庭——恋爱，欢欣，自由——辞别了人间，永远！"又如在《我要寻一颗明星》里，表现了诗人对一种美好理想的追求。"向着黑夜里加鞭"，最后"这回天上透出了水晶似的光明！"显露出诗人的乐观主义精神。与此同时，诗人还表现出对劳苦大众的同情。如在《庐山石工歌》中写道：

太阳好，唉浩，太阳焦，
赛如火烧，唉浩！
大风起，浩唉，白云铺地；
当心脚底，浩唉；
浩唉，电闪飞，唉浩，大雨暴；
天昏，唉浩，地黑，浩唉！

这是人间痛苦的呼吁，字里行间浸透着诗人对石工们的艰难和危险境况的同情。这类似还有《先生！先生》《叫化活该》《谁知道》等篇。

徐志摩的诗还热情歌颂执着的爱情，如《雪花的快乐》：

> 假若我是一朵雪花，
> 翩翩的在半空里潇洒，
> 我一定认清我的方向
> ——飞扬，飞扬，飞扬
> 这地面上有我的方向。

表现了追求的执着和对爱情充满了希望。歌颂爱情的，还有《落叶小唱》《她是睡着了》《海韵》等。

《徐志摩诗集》，在艺术上取得了一定的成就，他的诗讲究形式上的建筑美，节奏的整齐而有音乐美。表现手法也丰富多变，语言通俗易懂，常常以口语入诗，诗歌中形式最完美的当推《偶然》：

> 我是天空里的一片云，
> 偶尔投影在你的波心——
> 你不必讶异，
> 更无须欢喜——
> 在转瞬间消灭了踪影。
>
> 你我相逢在黑夜的海上，
> 你有你的，我有我的，方向；
> 你记得也好，

　　最好你忘掉

　　在这交会时互放的光亮！

　　这首诗所表现出的恋爱的轻率态度是不足取的，但在形式上表现了作者艺术上的成熟和完美。每节一二五行都是以三顿组成，不仅第二节第二行出格，多了一顿，读起来韵律和谐，节奏明快，而且字面上有一种建筑美。

　　徐志摩的诗中也有思想上的消沉、残破。"因为残破的，残破的是我思想。""我不知道风／是在哪一个方向吹——／我是在梦中，／黯淡是梦里的光辉。"表现了诗人在生活中的迷茫与失望。

诗心充满爱

——戴望舒诗《我用残损的手掌》赏析

诗以情为本，情则以爱为本。爱有自爱，对异性之爱，对人民之爱，对生活之爱，对祖国之爱，等等。我认为一个真正的诗人，当是诗心充满爱。戴望舒作为一个有才华的诗人，更是充满了爱心。他的《我用残损的手掌》一诗使人充分感受到一种强烈的对于祖国和人民的爱，对于光明与自由的爱。

无疑，戴望舒是现代派诗人。他的作品在 20 世纪 30 年代初的诗坛上形成了一个新的流派，即现代派。他便成了中国现代派的创始人和代表。戴望舒初期的创作是"纯艺术"的态度，把诗作为净化灵魂、逃避现实的一种形式。他以自我为中心，躲在幽静的去处，咀嚼着自己的悲欢，诗中经常出现的意象是夕阳、暮光、残日、落叶、荒冢、梦，透露出感伤主义和唯美主义倾向。戴望舒的诗中也有一些含蓄地表现了他对于光明与未来的期望。如《雨巷》，写于 1927 年四·一二反革命政变以后，在黑暗的岁月里，诗人身处逆境，隐居乡间，写下了这首《雨巷》。诗中的丁香姑娘，是美好未来的象征，诗人在寂寞的徘徊中，期待着美好的未来而露出微笑。从艺术上讲，那朦胧恍惚的意境，含蓄的情绪，深微的暗示，为象征主义作品之上乘。这首诗却仍未能摆脱诗人的感伤主义情调。

1937 年抗日战争爆发，诗人热爱生活的激情一下子融入了热爱祖国的热情，个人的命运和祖国的命运紧紧相连。严酷的斗争现实，使诗人从感伤主义的精神世界中震醒，焕发了战争的精神。诗人的创作亦突破象征派的晦涩、神秘的主调，增加了现实主义成分。如《元日祝福》，诗人从个人悲观中走出来，投身于人民的斗争，从一个现代派诗人成为一个为人民歌唱的战士，这是时代的造就，这是时代的需要。

《我用残损的手掌》一诗，写出了战争对于个人与民族的损伤，诗人的个人命运与民族命运息息相关。从艺术风格上，戴望舒过去的作品就注意把法国象征派诗艺融入本民族的语言中，具有朦胧色彩，但让人能够看懂。在这首诗里，诗人用更加明朗的、大众化的语言，抒写现实的民族的生活，使诗靠近了人民。

读《艾青选集》

打开《艾青选集》，我又看到了 20 世纪 30 年代民族苦难的画卷。人民的儿子艾青在那灾难深重的旧中国，深深感受到的是民族的耻辱与不幸，人民的困苦和厄运。艾青的诗中总是笼罩着一种忧伤感，这是时代的原因。

艾青的成名作《大堰河——我的保姆》就是一个贫困的农村妇女一生的苦难遭遇，从而再现了 20 世纪 30 年代旧中国农村在三座大山压迫下的悲惨景象。从这首诗中，我们可以看到一个时代和阶级的叛逆者的形象。

在《透明的夜》《芦笛》《巴黎》等诗中，都可以看出诗人这种反叛的情绪。

诗人还写了大量歌颂光明、迎接光明的昂扬的诗，如《太阳》《煤的对话》《春》《吹号者》《向太阳》《火把》等，诗人怀着热切的渴望迎接着太阳的到来。

> 从远古的墓茔
> 从黑暗的年代
> 从人类死亡之流的那边
> 震惊沉睡的山脉
> 若火轮飞旋于沙丘之上
> 太阳向我滚来……

　　诗人对屈辱中挣扎了许多年代的人民的力量有充分的自信，在《煤的对话》中，诗人写道：

　　　　你已死在过深的怨愤里了么？
　　　　死？不，不，我还活着——
　　　　请给我以火，给我以火！

　　艾青的诗，不仅以其深沉、热烈的思想，而且以其独特的艺术风格征服了亿万读者的心。

　　艾青的诗中充满了生动、新奇，蕴含无限的意象。记得他在《诗论》中写道"凝视生活，凝视大自然"。也许正是这种对生活的认真观察和深入思考，使诗人获得了非同常人的艺术感受，展开了想象、幻想和联想的翅膀，从而创造出大量的美好新鲜的意象。如《雪落在中国的土地上》，由这一意象而联想到当时中国的寒冷。又如《春》中写道："春天了／龙华的桃花开了／……人问：春从何处来？／我说：来自郊外的墓窟。"以此来象征革命胜利是先烈们的流血牺牲换来的。还有许多生动的意象，如：

　　　　黎明，
　　　　为了你的到来
　　　　我愿站在山坡上，
　　　　像欢迎
　　　　从田野那边疾奔而来的少女，
　　　　向你张开双臂——

又如《树》：

> 一棵树，一棵树
> 彼此孤离地兀立着，
> 风与空气
> 告诉着它们的距离
>
> 但是在泥土的覆盖下
> 它们的根伸长着
> 在看不见的深处
> 它们把根须纠缠在一起

语言是表现意象和形象的工具，艾青的语言是散文化的，这种高度自由的散文化语言使诗人在表现繁多的意象和复杂的形象时取得了相对的自由。而且艾青的语言简约、明朗、直截了当。诗人用白描式的手法勾勒意象，使意象鲜明真实，有较强的暗示性和启发性。

读泰戈尔《吉檀迦利》

　　泰戈尔是我最喜爱的诗人之一，他的九曲回肠的诗歌旋律，仿佛是从心底里流出来的，使人沉醉，使人迷恋。

　　《吉檀迦利》是一部优秀的宗教抒情诗，由于泰戈尔的人生哲学是入世的，他在《吉檀迦利》中所表现的神，实际上是世间万物统一于一体的泛神。由于泰戈尔处于反帝反封建的时代潮流中，他又关心祖国的命运，热爱人民，所以他通过泛神论充分表现了他的资产阶级民主平等的观念，在诗中表现了神与劳动人民同在的思想，如：

　　　　这是你的脚凳，你在最贫最贱最失所的人群中歇足。

　　　　……

　　　　你穿着破败的衣服，在最贫最贱最失所的人群中行走，骄傲永远不能走近这个地方。

　　《吉檀迦利》中充满了爱的思想，这是泰戈尔的资产阶级人道主义的博爱思想，如：

　　　　我只在等候着爱，要最终把我交在他手里。

　　　　……

　　　　只要我一成不灭，我就感觉到你在我的四围。任何事情我都来请教你，

　　　　任何时候都把我的爱献上给你。

无论《吉檀迦利》表达什么样的思想，最使我难忘的是它的优美的奇妙的回旋往复的旋律，好像是一条清幽的溪水绕过密林，流过岩石，经过神秘的田野，穿过深不可测的洞穴一直向前流啊流啊。

"假如我今生无缘遇到，/ 就让我永远感到恨不相逢——让我念念不忘，/ 让我在醒时或梦中都怀带着这悲哀的苦痛。"——这正是我读了《吉檀迦利》之后想要说的话。

1984 年 10 月

人生交响曲

——读惠特曼《草叶集》

　　美国伟大诗人惠特曼的《草叶集》是我最喜爱的一本诗集之一。我记不清已经读了几十遍了，在我的心目中，惠特曼就像一个历史的诗人，站在时代的峰巅上，面对历史，面对人生，放声讴歌，千山万水响彻他的回声。

　　读《草叶集》，首先为之震撼的是它的自由的一泻如瀑的形式，它完全冲破了格律、韵体的束缚，仿佛一个生动的演说家，以他雄辩的口才滔滔不绝地讲述他的人生哲学。这讲述充满了思辨之美，又充满了形象之美，而且由于自然的口语化的语言，使我们感受到比韵律更高更富音乐性的旋律。这旋律来自美妙的人生本身，来自大自然的天籁，来自我们的思想和灵魂。

　　在诗的分段上，他不根据任何韵脚，而是根据意义的完整。他的每个诗句都表达一个完整的意义，而不是像很多诗人那样，根据节奏把诗分成几行。他常常采用同样的连续起句，如：

　　　　二十八个年轻人在海边洗澡，
　　　　二十八个年轻人一个个都是这样的相亲相爱。
　　　　二十八年的女性生活而且都是那样的孤独。

也常常采用排句，如：

　　　　不论你望得多远，仍然有无限的空间在外边，

> 不论你数多久，仍然有无限的时间数不清。

这些句式造成了咄咄逼人的气势，如不可阻挡的洪水般的力量。

读《草叶集》震撼我的心灵的更有它的博大、深刻的思想。惠特曼的诗都是关涉人生、社会的重大主题，没有风花雪月的浅吟低唱，正如他在《从巴门诺克开始》中说的：

> 我不愿意歌唱关于部分的诗歌，我愿意使我的诗歌、思想，关涉到全体，我不愿唱仅关于一天的，而要唱关于每天的诗歌，我作的任何一首诗，或一首诗的最小的一部分，都关涉到灵魂。

这是关于他的诗的宣言！

他在诗中首先歌颂人。惠特曼从小生活在劳动人民中，跟劳动人民感情上无比亲近。在他笔下，一个普普通通的劳动人民具有不可估量的价值，这对于劳动人民没有地位的资本主义社会无疑是一个批判。在《我歌唱带电的肉体》一诗中，惠特曼歌颂了"成群的工人们""农夫的女儿""赶车的角力者""土生土长的学徒""救火员"，一个"普通的农夫"和他的"五个儿子"。他说这些人的肉体都是圣洁的，并淋漓尽致地描绘了他们的形体之美。而他之所以写形体之美，正是为了说明他们的人格的神圣，他写道：

> 你自己真是智识渊博，足以把那个卑下的人说成愚昧无知么？
> 你以为你有权利饱眼福，而他或她便无权一看么？
> 你以为物质从散乱漂浮状态凝聚起来，泥土在地面上，水奔流着，植物生活着——

都只是为了你，而不是为了他或她么？

这是对资本主义有产者的质问，是在呼吁一种平等的制度。

惠特曼还满怀激情，歌颂了劳动。在资产阶级看来，劳动是粗俗的事物，是不能乱入诗的，而惠特曼笔下的劳动却是光荣的、伟大的，如：

> 欢迎大地上一切的土地——各从其类
>
> ……
>
> 如黄金的土地或者小麦和果木的土地，那么丰富的土地，
>
> 矿山和土地，雄伟的和险峻的矿石的土地。
>
> 煤、铜、铅、锡、锌的土地，
>
> 铁的土地——斧头所造成的土地。

诗人认为是劳动创造了大地上的财富，没有劳动就没有人类生存的土地。

惠特曼还以战斗的激情歌颂了欧洲人民的革命斗争，抨击反动统治者，号召人民为自由民主而斗争。

读《草叶集》，震撼我们灵魂的还有他的乐观主义精神。他的热血始终在澎湃，他的信仰永不倒塌，他的追求永不冻结。在他心目中，生活的本质是美好的，如："我愿意指示出现在没有不完美的事物。将来也没有不完美的事物。""自由啊，让别的人对你失望吧。——我绝不对你失望。"甚至面对失败和失望，诗人也充满了崇高的乐观主义。如："当失败不可避免时，失败也是伟大的，而且死和绝望也是伟大的。"

作为具有乐观主义人生观的诗人，惠特曼对于人类视为最宝贵的自由，其追求是锲而不舍的、充满自信的，他说：

> 如果自由会被消灭，它绝不会是第一个被消灭，也不会是第二，第三。
> 它将等待着一切都被消灭之后，它是最后被消灭的一个。

总之，《草叶集》之所以震撼了我，是由于它对于我是那样贴近，犹如我生命的细胞一样繁多和不可分离。它充斥着一种人性的美，唤起我作为一个普通人的共鸣。它流溢着一种原始色彩的素朴的美，使我感到我是大自然的一部分，我本无罪，我的追求和愿望是天经地义的。

> 爱生活吧，大地是这样美，
> 人的肉体是这样美，
> 人的常性是这样美。
> 而自由永远不会被消灭。

1984 年 11 月

爱情与自由

——读司汤达《伐尼娜·伐尼尼》

这部短篇小说写的是 1827 年的一个故事，那个时期的烧炭党人正在为谋求祖国解放而奋斗。而其中的一位战士——米西芮里在这个时候遇到了一个尖锐的矛盾：爱情与革命的矛盾。这部短篇小说的特点就是在尖锐的矛盾中塑造它的主人公。

小说之所以起名《伐尼娜·伐尼尼》，就是尽写了伐尼娜·伐尼尼在爱情中表现的优美动人之处，从而使男主人公更处于极为尖锐的矛盾境地，显示了男主人公高度的革命责任感和为自由而牺牲爱情的高尚的革命民主主义精神。

小说一开头就描述了伐尼娜·伐尼尼不同凡俗的爱情追求。在舞会上，她被宣布为舞会皇后，很多高贵的贵族青年向她表示爱慕，而她却坦然地宣告她喜欢"方才逃掉的那个年轻的烧炭党人，至少他不是光到人世走了走就算了，他多少做了点事"。当她结识了那个受了伤的烧炭党人时，她为他请来了外科医生，她爱他爱得那么痴情，"没有多久，她也就做不出什么事来拒绝他了"。正是由于伐尼娜·伐尼尼如此痴情的追求，使米西芮里陷入了几乎难以自拔的情网。"他的勇气眼看就要丧失了"，于是他为了约束自己的爱情，嚷道："我的不幸就是我爱你，比爱生命还厉害……啊，意大利人从野蛮人手里早就解放出来该多好啊！我跟你一起撑船到美洲过活，该多快活啊！"但是，经过思想斗争，经过严酷的现实斗争，米西芮里依然决心"把他的思想全部献给从野蛮人手里解放意大利的责任"。而这时，伐尼娜·伐尼尼又来看他，并给他"带来两千金币"。米西芮里用这些钱武装了他的同党，并秘密进行起义，他的全部的爱几乎都献给了解放祖国的事业。伐尼娜·伐尼尼为了全部占有她的情人米西芮里的爱情，使用告密的手段破坏了烧炭党人的秘密计划。这时，当伐尼娜·伐尼尼重新劝说米西芮里"安静一些"，忘掉革命责任时，米西芮里却抛掉情人去自首。而当米西芮里得知了伐尼娜·伐尼尼的告密行为以后，不但不因爱情而对其丝毫原谅，反而勃然大怒，最后扯断了他对伐尼娜·伐尼尼的爱情之线。米西芮里的所作所为充分表现了"生命诚可贵，爱情价更高，若为自由故，二者皆可抛"的革命激情。

小说的风格特点，在于它富有浪漫主义的传奇色彩。一个烧炭党人由于负伤突然出现在贵族小姐伐尼娜·伐尼尼的面前，而且由于在这种特殊的环境中相遇，使他们很快产生了爱情。当爱情受阻时，伐尼娜·伐尼尼所采取的手段恰恰彻底毁了她的爱情。小说的浪漫主义色彩一是表现在传奇性的情节上，一是表现在男女主人公的精神上。他们对爱情的追求有着相当的盲目性，而又有着超越现实可能的奢望。又由于他们对爱情的价值有着不同的理解，而又都固执己见，最终造成了一幕爱情悲剧。正是这一悲剧性使男主人公米西芮里从浪漫主义的色彩里走出来，走向现实，成为一个革命民主主义的英雄战士。

1984 年 11 月

读《嘉尔曼》

读了梅里美的《嘉尔曼》，小说中女主人公的形象就鲜活地印在脑子里，她的性格使人心为之震撼。是谁说"美是性格"，嘉尔曼的美在于她为追求自由不惜牺牲生命的坚强性格。嘉尔曼是吉卜赛人，她具有吉卜赛人与生俱来的特点，豪放不羁，热情放荡，热爱自由，同时又有自己独特的个性。

首先，她是一个叛逆者的形象。她杀人抢劫，不仅是由于残暴成性，更是由于她性格中的叛逆精神，以破坏那个社会现成秩序为乐事。她指责她的情人唐·若瑟："难道你是个黑奴，给人牵着鼻子走吗？"她不想让那个社会的统治阶级牵着鼻子走，而是要走自己的道路。她的情人唐·若瑟是个军官，是那个秩序的维护者，所以她对若瑟说："我有点儿爱你了，可是不会长久的，狗跟狼做事绝没多少太平日子，倘若你肯做埃及人，也许我会做你的罗米……我身上披着羊毛，可我不是绵羊。"这样，小说就赋予了嘉尔曼一种精神力量，使她的恶行闪着叛逆的光芒。

其次，为了自由，她可以牺牲一切，甚至生命。她声称："我不愿意人家找我麻烦，尤其是命令我。我要自由，爱怎么就怎么。"当嘉尔曼勾上了一个英国人，住进了豪华的屋子时，她对若瑟说："我的心肝，我真想把这屋子打个稀烂，放火烧了逃到山里去。"

最后，当若瑟想把嘉尔曼带到美洲去过平凡的日子时，嘉尔曼由于不再爱他，就对他说："跟你一块儿死，是的，可是不能再跟你一块活下去。""我还能对你扯谎，哄你一下，可是我不愿意费事了，你是我的罗姆，有权杀死你的罗米，可是嘉尔曼永远是自由的。"当若瑟拔出刀来相威胁时，她还是一边跺脚，一边说："不！不！不！"终于被若瑟杀死了。嘉尔曼以自己的死维护了属于她个人的独立与自由，维护了自己的个性。

1984 年 11 月

简析《哈姆雷特》

　　《哈姆雷特》是莎士比亚四大悲剧之一，是莎士比亚最重要的作品。主人公哈姆雷特面对的是 17 世纪初的英国社会现实。《哈姆雷特》以中世纪丹麦王宫艾尔希诺城堡内外为背景，淋漓尽致地描绘了丹麦的、实际上是当时英国的种种社会矛盾。

　　其中最主要的矛盾是以哈姆雷特为代表的人文主义势力和克劳狄斯为首的社会邪恶势力之间的冲突，这一冲突反映了人文主义理想与英国社会现实的矛盾。克劳狄斯用残忍的手段暗害了先王，弑兄娶嫂，后用尽心机除掉哈姆雷特。在他统治下的丹麦社会黑暗，民怨重重。哈姆雷特惊叹："这是一个颠倒混乱的时代，唉！倒霉的我却要负起重整乾坤的责任。"由于哈姆雷特比较接近下层平民，同情人民的痛苦，所以他改造社会的愿望比较符合人民群众的理想。然而，哈姆雷特自身有着一切人文主义者的痼疾，他轻视群众，不懂得依靠群众的力量，因此他找不到消灭社会罪恶、重整乾坤的正确途径，陷入了不能自拔的忧郁。最后，哈姆雷特倒下去了，但是人文主义的理想，没有死灭。哈姆雷特死前委托他的好友霍拉旭："留在这一个冷酷的人间，替我传述我的故事吧！"哈姆雷特孤军奋战，造成的悲剧是整个一代人文主义者的悲剧。

　　《哈姆雷特》在艺术上的一个显著特征是戏剧情节的生动丰富。莎士比亚戏剧中所反映的生活具有相当的广度和深度，所以情节极为丰富，加上他高超的艺术构思，使得情节极为动人。《哈姆雷特》中有三条相同的为父复仇的情节线索。哈姆雷特、雷欧提斯、福丁布拉斯三个人对复仇的不同态度，形成了鲜明对照，具有强烈的社会意义。

《哈姆雷特》的戏剧冲突复杂多样，并且相当集中。开头是哈姆雷特和克劳狄斯的矛盾，由于哈姆雷特错杀了波洛涅斯，又激起了他和雷欧提斯的矛盾。几对矛盾交错发展，最后几个人同归于尽。

其中的人物性格非常鲜明，除了哈姆雷特和克劳狄斯以外，几个朝臣的面貌也有鲜明差异。

另外，剧中的每一个人物的性格都是多侧面的，如王后乔特鲁德，显然背弃了前夫，仍深爱着儿子哈姆雷特。面对哈姆雷特的严厉谴责，她有所悔悟，但当雷欧提斯威逼时，她又为后夫辩护，等于出卖了儿子。

剧中人物的语言也极其性格化，生动丰富。如哈姆雷特的语言，由于他处于矛盾的旋涡之中，语言因人因时而变，充分表现了他的处境和内心世界的矛盾。

1984 年 11 月

普希金抒情诗之情

　　世界上再也没有一个诗人像普希金那样让人感到他真实的热情。真诚，这是人的起码的道德准则，又是人的最宝贵的品质之一。普希金面对纷繁复杂的生活，敞开心胸，倾诉他的真挚的热情。他以一个活生生的人出现在他的诗中，不加修饰，不加遮掩。正因为如此，全世界的读者都把普希金视为最可亲近的诗人。

　　普希金在抒情诗中占据首位的是关于爱情和友谊。爱情是窥探一个人的品质、道德、修养、情操的最好的窗口。在这个窗口，普希金为我们摆设了琳琅满目的珍品。普希金的众多的爱情诗，都是在一定客观条件下产生的，又几乎篇篇是为着一个具体对象而创作。这些诗篇成为普希金人生的真实记录，使我们看到了诗人崇高的品质，高尚的道德，极深的修养和优美的情操。诗中或是热烈的追求，或是痴心的倾诉，或是缠绵的柔情，或是痛苦的思念，或相约和幽会，或生离，或死别，都倾注了诗人奔放的热情。

　　感情是受思想照耀的。普希金的爱情中看不到各种锁链的束缚，各种戒律的约束及感情之外的心理障碍。在诗人的心目中，爱情是神圣的、粗犷的，没有什么东西可以侵犯它，没有什么东西可以制约它。只要爱，就是道德的，就值得赞美。由此可以看出诗人思想的力量和诗人的超凡脱俗。

　　普希金抒情诗中更有一些带有政治色彩的诗，表现了作者的真实的感情，其中需要无私无畏的勇气和正义。他的诗中强烈地表达了人民对专制暴政的无比憎恨，对自由的渴望，对新生活的追求，如诗人在《自由颂》中勇敢地写道：

> 我要给世人歌唱自由，
> 我要打击皇位上的罪恶。

诗人在诗中毫无顾忌地给革命党人和人民的精神以支持和鼓舞：

> 沉重的枷锁会掉下，
> 阴暗的牢狱会覆亡，
> 自由会愉快地在门口迎接你们，
> 弟兄们会把利剑送到你的手上。

普希金的抒情诗感情的真实是永远不朽的，无论时代怎样发展，抒情诗失去了真情将腐朽不堪。

我国新时期以来出现的大量诗歌尽管有着忧郁的调子，透露着悲伤与失望，但由于这是时代造成的真实，所以为社会所接受，尤其为广大平民所接受。只愿我国的诗歌也失去所有的锁链，脱离各种束缚，发出时代的真实声音。

1985 年 3 月 7 日

读《人的发现》

本书论述了 16 世纪德国爆发的宗教改革，探讨了代表人物马丁·路德的宗教思想。循着这一历史轨道，可以探求人类历史及思想文化发展变化的宏观规律。

16 世纪德国处于资产阶级改革前夜，市民阶级所面临的首要任务不是夺取政权、建立资产阶级共和国（当时也不可能），而是建立一个统一的德国，摆脱罗马教皇的勒索和控制，独立发展本国民族资本主义经济。赎罪券的买卖成了导火线，路德的《关于赎罪券效能的辩论》（即《九十五条论纲》）点燃了导火线，点燃了燎原大火——宗教改革。

使路德走向反对传统的天主教、走向反叛罗马的道路的《九十五条论纲》并不十分激进，它没有否定教皇权威，也未否定赎罪券，仅仅提出与传统天主教不同的见解。但由于路德是以通俗的语言把当时社会中人们关注的问题提了出来，因此，《九十五条论纲》立刻引起各阶层人士的注意，在德国风靡一时。人们认为，这不仅是对教皇的抨击，而且是为了使德意志摆脱罗马教廷的勒索，路德转眼成了人们心中的民族英雄。

莱比锡论战使路德得到各阶层民众的支持，路德确信否定教皇权威并不违背《圣经》，他开始攻击中世纪教会的立足依据，公开否认教皇存在的必要，否认教皇的权力。这一行动，不仅标志着基督教进入了一个新的历史时期，而且反映了西欧由中古向近代过渡的不可逆转的历史事实。

路德宗教改革学说的核心是"因信称义"。"因信称义"说中强烈的个人主义思想，反映了西欧由封建主义向资本主义过渡的历史趋势，成为欧洲以宗教改革方式进行资产阶级革命的思想武器。R.H.默雷说："一个学说出现的时间和地点之重要，并不亚于这个学说的内容本身。"由于路德处于社会急剧变革的时代，身居新的矛盾的焦点，并赋予此说新的解释和新的意义，使其逐步深入，自成系统，获得在宗教上付诸实践的可能，在新时代重新发生了效力，起到以往类似的理论所没有起到的巨大社会作用。

路德以"因信称义"为武器，破除旧的封建主义的罗马教廷的权威，建立资产阶级的廉洁教会，维护正在兴起的民族国家的主权，引发资产阶级所需要的个人主义、信仰自由思想，在近代的人的解放问题上迈出了重要的一步。

人文主义者们是使宗教外在化、世俗化，来反映人生、人的价值和尊严，来恢复被中世纪湮没了几百年的人和自然界的意义。而宗教改革则是使现实中的一切都神圣化，来体现人的价值和此生的意义。在被宗教麻痹了几百年的社会中，对于才从宗教中苏醒的人类心灵，只有仍然使外在的一切都具有神圣的性质，才最容易得到人民大众的认可，最容易被人们所承认和接受，即使是对于人自己及自身的活动来说。

追求现世的享乐，肯定人此生的意义和价值，实现人的精神和肉体的和解，充分体现在路德的新教学说中。伴随着这种思想，许多杰出的、各有其鲜明个性和创新精神的人物涌现出来，整个时代变得富有生气。那些曾被教会吞没了的人的生命力和生命活动，重新转向了人，转向了自然界，转向了科学和理性，并从中产生出对于各种科学、艺术等的努力。以人为中心的文学艺术和以自然为对象的科学面对新世界的来临，找到了其存在的依据。

信仰自由是路德宗教改革学说的必然逻辑后果，正如路德所说："信仰使我们精神自由。"路德的信仰自由、思想自由更具深刻意义的成果，在于开出了一朵具有世界意义的花朵，便是德国哲学。新教中所提倡的个人理性思考精神，新教形成初期所具有的那种怀疑、批判的精神，正是这种近代精神，使新教与近代哲学之间有着不可分割的联系。德国的思想史正是这样一部历史。当路德以对天主教权威的反抗揭开近代思想革命的序幕之后，莱辛、席勒、歌德是继之而来的资产阶级文化启蒙骁将；莱布尼茨、康德、费希特、黑格尔直接继承了新教的批判精神，在近代西方的哲学领域中建立起一座纪念碑；费尔巴哈则以唯物主义这个铁扫帚从理论上批判了基督教，要求归还宗教对人的篡夺。新教中这种理智的批判精神，按照其自身逻辑发展，不仅导致了对自己的批判，而且为批判自身的近代哲学的形成开拓了道路。

路德改革教会的根本内容之一是使民族和国家从政治上、经济上、思想上摆脱罗马教廷的控制。这对近代民族国家的发展开拓了道路，有利于资本主义的进一步发展，因此说宗教改革是一场革命。

综上所述，基督教产生于古罗马帝国时代，历经千年的中古封建社会，至今又成为资本主义的意识形态，不仅在于它能以自己的变化来适应社会的变化，而且在于它总是以一种被人们广为接受的形态进行着种种改革。因此，当宗教改革发生之后，新教迅速征服了人心，产生了巨大的影响和作用。由此可见，任何一种文化要取得自己的历史存在，不仅要有与之相应的社会基础，而且要有自己产生的渊源和发展的未来。新教并非对过去的完全否定，它是对天主教的继承、批判和发展，又为其本身进一步发展提供着基础。

1985 年 7 月 11 日

随　笔

当代诗中的命运感

没有一代人像我们这一代人这样具有命运感，"文化大革命"给毫无精神准备的人们当头痛击，人们都不同程度地做出了个人的牺牲，过去的岁岁平安的梦想被打破了，种种灾难性的遭遇使人们开始接触到一个问题——关于命运，命运究竟掌握在谁的手中？又是谁决定着每个人的命运？我们的明天还将会遇到什么？无论是痛定思痛还是对未来理想的不安，人们都有着一个强烈的心愿：掌握自己的命运！

这种现实反映到诗歌创作中就形成了当代诗歌的命运感。诗人开始在生活的版图中寻找个人的位置，这种寻找时时刻刻地进行着、发展着，犹如一条航行的船，在海面上寻找自己的方位。它除了通过对讲机和各船发生联系之外，要靠自己的力量驶向目标，当遇到风浪等种种危险，它首先是自救，然后才是求助，而它的获救从全局开始属于整个社会。

这种对个人价值和力量的发现是完全符合人性的。因为从物质生活而言，人们是互相联系、互相依赖而生存的。而从精神生活而言，每个人都是一个小小的独立王国，人们用自己的眼睛观察社会，用自己的大脑研究生活，从而得到自己的认识。每个人都会因生活经验不同、观察角度不同而得到不尽相同的认识。每个诗人用自己的认识来写诗，干预社会生活，促进生活发展和社会文明的进步。

于是诗中表现的幸福、痛苦种种感情，便带有了浓重的个人色彩。

幸福就是一种心理状态，那么痛苦忧愁呢，也自然是一种心理状态。在同一环境中，不同的人有不同的心情和感受，怎么可能有完全相同的感情呢？

而在诸多种感情中，痛苦所占的分量是越来越重了。欢乐是短暂的，痛苦是永恒的。忧患与生俱来，这是人所共知的常识。由于人们掌握命运的愿望同能力之间的差距，以及随着改革开放，人们要求摆脱传统束缚走向世界走向未来的精神状态同现有社会的物质生活条件的制约所发生的矛盾，使命运这一主题有了悲剧性。几乎任何一首抒情诗中都能看到诗人涂抹上的悲剧色彩。这种悲剧色彩从诗人指示或暗示出来的种种矛盾冲突中显现出来，如以不同的哲学思想为基础的种种人生观之间的冲突，以当前世界飞速发展的经济技术为物质基础的价值观和旧有的价值观的冲突，面向未来社会生活的道德观和传统的民族道德观之间的冲突，新的政治生活准则和新的经济政策下的是非观同旧的标准下的是非观之间的冲突，以尊重人、尊重人性为新的核心思想的审美观同旧的审美观之间的冲突。新生的东西之所以新，就在于它的力量远不及旧有的力量，一旦新生的力量超过旧事物的力量，那么就会有新的东西来代替它。正因为这样，新生的东西的成长和兴旺就显得格外艰难和痛苦，这种悲剧性给人一种崇高感、庄严感，同时给人一种深深的渴望而不是绝望。

由于命运的历史性，使之具有广博和深刻的内容。由于命运不仅包括这已经发生的遭遇，还包括未来的变化发展趋向，使之有一定程度的不可知性，这样，当代诗中就笼罩了一层神秘感。过去那种直抒胸臆，直接描摹生活的场景的诗逐渐为人所嘲笑。面对当代人的立体型、多层次的思维方式，这种诗已经太平面化了；面对当代人对新知识、新思想的无限渴望，这种诗给人的东西就太有限了；面对当代人对于未来生活的无限遐想，这种诗给人留下的想象空间就太小了。当代的诗人形象、词句超越了其本身的内涵，而成为某种抽象物的象征，段与段、句与句、词与句、字与句之间出现了空白，造成了动荡不安、飘忽不定的感觉，形成了无限可想象性。又由于诗中对通感的运用，和对各种艺术手段的运用，使诗产生了立体感，增强了对人的感染力。

总之，由于当代诗歌中产生出的命运感，使当代诗大踏步地走进当代人的心中。可以断言，诗中的命运感越强烈，这种诗就越不会因今日时髦而明日过时，这种诗就越具有永恒的意义。

1985 年 5 月 26 日

关于新诗创新的一点想法

有篇文章讲穿衣之道说，衣服提前五年穿是大逆不道，提前三年穿是奇装异服，提前一年穿是大胆妄为，而过三十年后穿又很新鲜。写诗不行，50 年代的好诗拿到三十年后的今天，人们就觉得调子太陈旧了，味道太乏了。五言、七言诗拿到一千多年后的今天，仍然鲜不起来。早有赵翼诗言："李杜诗篇万口传，至今已觉不新鲜。" 80 年代的诗怎样出新意呢？生活和创作中我想到几点：

一、没有新观念，诗就不可能创新

有了新观念，就等于改变了原则，改变了立足点，就使自己提高了一个层次。或者换一个角度，再看原来的事物，就会有新的发现，甚至面目全非。比如，我们下乡时，批"大学迷"，现在价值观改变了，全国形成了"大学热"。若现在的人再批"大学迷"，那就像《花园街五号》里的大宝一样神经病了。如果观念不改变，那么你空有创新之心，都如无源之水、无本之木，除了模仿别人，追求时髦，涂抹一些色彩，换上一些新外衣，新诗的内容难免会陈腐不堪。

现在，各种新旧观念之间存在着许多冲突，我们的诗会站在新观念一方面吗？这不仅凭主观意志，而且要看我们对生活的体察和理解的深度，还需要勇气，巴尔扎克说："勇敢的作家难免受到不道德的非难。"

二、开发原始感情的创新的广阔途径

每个人的感情都是一个庞大又神秘的精神王国。俗话说"千人千模样，万人万脾气"。一个人与另一个人的感情的质量及其组合绝不会雷同，我们要向那些最初的、未经雕琢的感情进军，向那些未开发的感情的处女地进军。这些感情对于诗人是最可宝贵的，因为它们还未经过政治的、道德的标准的切削，还没有拿到社会上来加入一个潮流，这些感情是最真实的，具有自己的性质和形状，很大程度上还有诗人的个性特征。而写出个性特征是创新的最广阔的途径。今人不同古人，人人写出自己的个性，诗歌岂不就永葆新意了。

原始的感情具有最大的真实性，诗人的真情动人，感情真挚的人好交朋友，感情真挚的诗最容易走进人心。

原始感情具有最大的自然性，这种自然性未加任何佐料，虽然自身复杂微妙，却表现为单纯，这种自然的单纯就给人以全新的感觉。"一语天然万古新，豪华落尽见真淳。"

在今天的社会生活中，你的感情就不能不烙上今天的印记，把你的感情真实地写下来，它对于今天就是全新的。

三、写出了命运感就写出了时代感

所谓历史感，实际上也可以叫命运感。当代诗人的命运感是任何一代所无法比的，掌握命运的权利从上帝的手中回到每个普通人手中，每个农民、每个工人、每个知识分子、每个专业户和个体户、每个"老三届"毕业生都开始为命运而奋斗。无论是痛定思痛还是惶然不安，人们都有一个强烈的愿望，改善自己的命运，人们开始在社会主义这个大集体中寻找自己的位置。如辞职经商的、停薪留职寻找第二职业的、在职求学上各种业余大学的，等等，表现了人们对命运的征服和对未来命运的驾驭。写出了这一切，也就写出了时代感。

流行歌曲为什么流行？除了它的曲子轻松优美之外，还在于它的内容大多是与命运密切相关的生、死、爱情、母爱、故乡之爱等。电影歌曲为什么流行？是因为歌的内容与主人公的命运多数相关。写出了命运感的诗，也一定能走进读者的心里。

四、悲剧色彩是常用常新的色彩

白居易有诗云："不能发声哭，转作乐府诗。"我认为诗的一个很大的功能是表现人类痛苦的感情。王蒙同志在一篇小说中说，当生活痛苦时，人们为生活而痛苦，当生活不再痛苦时，人们为自己而痛苦。痛苦简直是人的天性，人的感情中的悲剧色彩是永恒的，尤其是当前我们正处在历史的新时期，新旧交替在大规模进行，这种时候，往往是新生力量因暂时的薄弱而产生悲剧。比如，当前人们对于世界的政治、经济、科学发展了解越来越多，人们的精神物质的需求也迅速提升，但我国物质基础还不可能满足人们的需求，这就在人们的心理状态和精神生活上涂上一层悲剧色彩。但这种悲剧色彩是具有历史性和时代性的，是促人奋发，而不是使人颓废，是给人渴望，而不是使人绝望，这种悲剧色彩在今天具有全新的意义。

我这几年的创作也追求一种悲剧色彩。这几年写爱情、友谊题材偏多，而这个领域里，新与旧的斗争尤为激烈。我国两千多年的封建史，造就了根深蒂固的传统观念，很多婚姻都有相当的悲剧因素，而爱情和友谊并未得到应有的青睐，我就是要写出这样的现实反映出人的精神之所以造成的压抑，所激起的对于新生活的渴望，所激发的创造新生活的勇气和力量。我力求诗中的悲剧色彩，给人一种崇高的历史责任感，一种生活的庄严感，一种背叛旧观念、旧传统的正义感，用精神的搏斗为新生活铺平道路。

1985 年 6 月 4 日

悲剧色彩，忧伤及爱情

有一个青年作家在诗中这样写山："压过来的是整个天空，我昂起不屈的头。"——诗，正是这样一种形象。我以为，诗是被压抑在心头而又终被发泄过的一种情绪，不管这情感是欢乐的、忧伤的、愤怒的，它就是不知从何时起就压抑在心头了。当作者目睹一种景物，或经历一种事件，感到心中为之一震，这就是那压抑着的情绪的大门被敲动的感觉。这种景物、这种事件就是敲动这扇大门的砖头，为你的情绪打开突破口。我以为，就情绪被压抑这件事本身，就具备一种悲剧性质，这种性质使我们的诗自然而然、或明或暗地带有一种悲剧色彩。悲剧色彩越浓，诗的特质就表现得越明显，这就是所谓"愤怒出诗人"的一种反证吧。

诗之所以具有这种悲剧色彩，我以为这是因为诗更是面向未来的文学。"诗言志"，无志则无以言说。这些属于未来的东西又必然为今日的现实所约束，被生产力的发展水平、精神文明程度等所制约。具体来说，如世俗的审美标准、道德标准、是非标准、传统价值观念，甚至为适应今日社会制度和经济水平而制定的法律等，都会成为对于个人去向、愿望理想的束缚。那么这种"去"表现在诗中，就必然带有对于现存的东西的一种反抗。又由于人不可能脱离现实环境，这种反抗必然被反弹回来，就造成了诗中的忧伤。

这种忧伤的价值在于，人们发现了理想和现实之间的差距。"文化大革命"中那些诗是没有忧伤的，那里只有盲目的狂热和愚昧的兴奋，那时人们以为"社会主义"是十全十美的，无可指责的，也无须追求，人们只记得改造社会的责任，而忘记了自己是一个活生生的人，人的需要就是社会改造的方向。在那时，人的需要和社会发展的方向成为不相干的两码事。当新时期开始，人认识到自己的价值的时候，当人感觉到自己的种种正当需求的时候，才对社会的改造有了种种具体的要求，如求知、生活方式、爱情、友谊、社交，等等。而人生短暂，韶华逝去，社会发展的道路又何其漫长而坎坷，怎不令人油然而生忧伤之情？

这种忧伤也往往由个人的现实与理想之间的矛盾而造成。如爱情诗中的忧伤，一个人，对爱情的要求往往带有一定的理想色彩，而由个人的经济、文化水平、相貌以至机遇的限制，往往难以实现自己的理想，又由一方爱情的更改、转移、消失等情况，造成失意，从而产生忧伤的情结。所以，更多的人不喜欢甜蜜的爱情诗，而喜欢沉重的爱情诗，有谁说过，"过分地爱一个男人或女人是痛苦的"，这正从某种意义上说出了爱的实质。然而，即使痛苦，人们也要爱。爱而不舍，人啊，诗啊，面对所有的命运带来所有的痛苦——昂起不屈的头！

静坐窗前

我从来没有这样软弱无力。

我在八月的一个黑夜出生，留下来永不消失的胎痕。我在八月的一个白昼里费尽心机，找不到语言。

你是一个有良心的人吗？一个十恶不赦的坏蛋也会认为自己有点良心。而一个白痴从来不会想这个问题，他认为他自己就是整个人类。

三月的迎春花在四月已经枯萎，在我的书桌上、地上，留下了阵阵余香，只有这零落的东西使我堕入深情。我足有一个月不扫地。而在一年四季我思念着它们，这成群成群的小精灵。

这个不知名的女人，就这样静静地俯卧在我的窗前，永不开口。而我竟和你有着同样的血肉吗？我会不会在某一刻突然爆炸，成为五彩缤纷的碎片？

我的卧室已充满着可人的温馨，自由在潮湿的地板缝里吐出新芽，悄悄生长。而有三分之二的夜晚，这里一片荒凉。有一个晚上，我看见窗前出现了斗大的男人头。又一个晚上，我看见三五个黑色的鬼影颤抖着向我逼近。而我的自由的新芽会不会在恐怖中死亡呢？或者被他们踏死？我不知所措。

孙超群只有六岁，她上过封面，上过年历，但是不为人知。有一些我不认识的人死了，了无痕迹。我想，我知道他们。我想知道很多很多事，而我已经筋疲力尽，所能做的是给我远方的情人拨一通长途电话，在似是而非的秘密中嘤嘤泣泣。

孙天鹰和高明是两个超脱于人间悲哀的小男孩，他们长大了，万一不能出国留学，我就让他们给我买煤。我简直是要老了，我还希望更老些，再老些，老到不能阅读和发言。白发苍苍，任意穿一件花衣裳。

医生和护士对我不要小孩耿耿于怀。我既然不需要，为什么要生呢？一个人，知道自己需要什么，不需要什么，这不是一个健康的人吗？不是一个可贵的人吗？而我需要的，我就会说要。只因为别人不需要，我就不可以需要吗？并且也不许我表白吗？这是没有意义的，就像有土地就会有草一样。

一个女人能做什么呢？她穿起漂亮的裙子，向人群中扬起手——我信任你们，男人！鲜红的玫瑰就这样盛开了，盛开了也就是凋谢！亲爱的妹妹，我多想吻一吻你，纯洁的人必须勇于牺牲。

喜欢吃面的朋友，歌声雄浑的朋友，如今你沦落何方？是否每日有酒？你能找到一块干净的石头坐下来写作吗？你种地或者砍柴都是可以的，或者周游世界，或者久不出门，都是好运。我的屋子里四面都是软垫，我可以随意蜷曲或者是倒下。生存是一种能力。

整个八月，骄阳似火。郊区的田要旱死了。这是五十年未遇的大旱，灾难人人自危。天气预报今晚阴，有雷阵雨，明天白天雷阵雨转阴。雨，始终没有下。科学的预报使我欣慰，对于命运都不得不有另外的准备。

偶然的法则是普遍的法则，善良的人啊，你无可指责。

昨天和明天，历历在目。天啊，究竟哪一个离我们更近？

女人啊，你高傲冷酷，不屑一顾。与路遇的女伴一见如故，与不相识的女人成为敌人。而今天是怎么了？我对你默然而视，对整个世界却充满柔情。预感是冰凉的蛇神，神秘而恐怖，为死者祈祷死，为生者祈祷生。死和生都同样美好，不堪忍受。女人啊，人类的母亲，人类的情人，柔肠寸断，一片混沌。

爱情啊，你薄于绵纸，宽宏大量，容我藏身。爱情就是整个世界，爱情不过是一个山洞，爱情附丽在灵魂之上，爱情是一件美丽的衣裳。啊，爱情，究竟是什么东西？爱你，就是爱虚无的理想；爱你，就是爱一颗良心；爱你，就是爱我自己的高尚；爱你，就是我需要哭泣；爱你，就是面对暴力时需要一种温柔的力量。爱人，你为此而骄傲或者遗憾吗？

黄金海岸的沙滩真是辽阔极了，更辽阔的是那里的海洋。我穿上浅蓝色的布裙，是想像海洋一样号叫，我挥动如鸥的手，是想像鸥一样有力量。我是胸有成竹地错了。而愿望使今天美丽！大海和土地啊，不管你们是否宽恕我，我自己宽恕我自己。

我如此软弱无力，是因为我被围困得太久，又受了凶残的一击。像一个小岛，我孤苦无助，既不能沉下去，又不能漂浮自如。就这样絮絮叨叨，无所建树，令我自己痛恨。一批又一批的人，就这样重复地死掉了。

而哪里是我久居的家园呢？我既描摹不出，也不能把它叙述，我终日慌乱不安地把它思想。透过灵魂的缝隙，我东张西望。理想的太阳的确是破碎了，遍地是血肉之光。孱弱的我没有立足之地，即使流落他乡。流浪者啊，你的大不幸大悲哀是与生俱来的吗？

我的目光触及的只是下一个小小的目标。为了等待刚刚出版的诗集《独身女人的卧室》，我望眼欲穿。单凭它那朴素高雅的封面是没有危险的。它遇到任何女人或者任何男人都是没有危险的，只怕它和我一样，命相不好。我想起一段相声，鱼的命运是尤其令我同情的。个体生命的脆弱是令人痛心疾首的，没有灾难即是幸运。

咪咪（也就是李亚荣）的木雕《我》被选中参加全国七届美展，这就是一个幸运，虽然有点命中注定。她常常自卑自贱，自命不凡，或者麻木不仁，呆头呆脑，温柔千倍，聪明过人，媚气十足，才气冲天。总之，她无法总结，她对于我像一片水，透明而单纯又深奥无比。在六月，她完完整整地来到我这里，令我吃惊。一个1989年的中央美院进修生，祝福你的好运！点燃晚餐的烛火，让我们唱一支歌。在语无伦次的祝愿中，我们共享青春残年。

嘿喽哩嘿喽哩嘿喽哩嘿，远方的爱人请你留下来。女人是你的家园，而我是天然的一物。在春天是绿草蓬勃，在秋天是香气袭人。是野兽你就狂奔号叫吧，是乌云你就痛哭为雨。我是被生活浸透的土地，足以承受你的温情和暴力。远方的爱人呀，你有一双慧眼，看看我的尽头，看看我的右手。女人，毕竟是无所作为的，女人的方式感动民族而不能拯救民族。好女人爱一个人，像爱整个人民。

爱人，你忘了那一天的雨吗？漆黑无声的小巷，我从童年一直走到今天的小巷。整个天和地都由雨来管辖了。我淋着雨，很冷，现在我觉得自己非常懂事，所以非常想哭。

叽叽喳喳的人声寂静了。寂静是一种仇恨。这时候任凭无边的海潮汹涌而上，任凭月亮在黑暗中隐藏。而人们活着，并且有力量。

已是深秋，我的果实成熟了，依然又苦又涩。是那个曾经沧海的人吗？高贵的哲学不能挽救无罪的人，天真活泼的人啊！我是一个不可救药的叛逆者和自卑者，爱人，我要和你免去结婚礼仪，并且终生为伴。

1989 年 8 月 14 日 于天津

我记得二十五年前

　　我上小学的时候，个子很小，我们班那些高高大大的男同学成了我崇拜的对象。我从小学四年级升入五年级的那个暑假，我们班男同学说："这下我们遇到好老师了！"我听了确信不疑。听说教我们四年级的那个女老师不高兴了，嘴噘得老高。

　　这个好老师就是郭老师，男，三十多岁。他从教室门进来时，是一手托着课本，一手不停地理着他的长长的黑发。一身好像染过的格外深的蓝制服，深深的眼窝，浓眉毛，嘴角向上抿着，好像一张开嘴就要笑出来。我想，男同学的话是对的，这一定是个好老师。

　　他讲课非常明白易懂，听他的课很轻松。他总是提前把一节课的内容讲完，剩下的时间就讲故事或者做游戏。我记得他讲他小时候上学，家里很穷，他穿着妈妈的大襟褂子，放学以后，别的同学跟在他后面，用石子投他，他常被投得很疼，但从不还手，他怕给妈妈惹麻烦。有一次，一个孩子用砖头扔他，他实在忍不住了，用砖头把那个孩子的头砸破了，那孩子找到他家里，于是他挨了一顿揍。郭老师课上做的游戏都是智力游戏，出个题或画个图，让大家找答案，我们特别兴奋，人人争先恐后。

　　郭老师总是嘴角咬着微笑，好像没有什么事值得他愤怒。即使在他批评学习不好的同学时，话很严厉，但是看不出他生气的样子，好像将什么故事娓娓道来。不同的是，他在批评你时，不时地向你提问，我记得那些挨批评的同学都是精神紧张的。记得有一次郭老师批评一个男同学，问他："你说说你为什么而学习？""为祖国！""还为什么？""为革命。""还为什么？"那个同学再也答不出来，郭老师说："你妈妈怎么跟你说的？"我记得郭老师最后说："我们为祖国学习，也是为自己学习。"因此，学习不好的同学心里有点怕郭老师。每次期末考试，我们班的平均分总是全校第一，我们为有这样的好老师而骄傲。在别人面前说起我们是六年级六班的，就忍不住心里高兴。

郭老师是我的班主任。我们放学后，郭老师常常还没有走，他要陪我们玩儿。我那时特别爱玩象棋，他常坐在旁边看棋，表情是那样认真，皱着眉头，从不乱支嘴儿，是一个特别好的观众。我们搞什么业余活动，郭老师是我们当然的带队人。一次，我们去一个小礼堂看文艺节目，座位不够了，我和几个同学站在后面，不知怎么好，郭老师走过来，把我们一一抱上礼堂后面的一排高桌，然后他待在桌子旁和我们一起看完了那场演出。

那时候年纪小，这些日常小事却给我留下了不同的印象和感觉。当时从没想过这是人情味或者是什么，没有这种理性思维的经验。我当时的感觉就是这个老师挺亲切，有学问，喜欢看到他，喜欢他和我们在一起。因为他，我觉得我们全班就像一个大家庭，大家都是兄弟姐妹，因此谁有了事情，大家都乐意帮助，恨不能为别人做一点好事。有一次，一个同学不小心把脚烫伤了，我们班男女同学好几十人一下子行动起来，借来一个板车，拉起这个同学就往医院跑。大家没有吃晚饭，但是回来时我感到很愉快，我们能让别人体会到一点温暖，觉得这才不辜负郭老师平时对我们的教导。

我从小就爱好诗歌朗诵，郭老师任我的班主任以后，常在班里表扬我朗读能力强、作文好。有一次，他特意让我在课堂上为大家朗诵一篇课文《凡卡》，读完了，过了好一会儿，郭老师才开始问大家："你们觉得孙桂珍读得怎么样？你们有什么感受？反正我很感动，我一直抑制自己的眼泪，我要哭了。"当时我心里很震动，我没想到郭老师这么动情，我也差一点流下眼泪。郭老师知道有几个男同学很喜欢古诗，就在上课时让他们背诵给大家听，让他们给大家讲自己的理解。郭老师说："还有谁？还有谁能背诵给大家听？""古诗真美妙，希望你们在课下多读些课外书。"那几年，我把我家书架上的书读了很多。我们当时真羡慕那些能背古诗的同学。我把喜欢的诗抄了好几个笔记本，还经常在学校和校外的大会上演出诗朗诵。后来，郭老师给我联系了天津市河北区少年儿童业余朗诵队，我每星期日去那里接受训练，朗诵队里有一台老式的录音机，我们朗诵了，自己听，慢慢提高。我对诗的理解慢慢加深，我更加爱上了诗歌。从那时，我接触到更多的诗歌，并且偶尔自己动手写几句。

五年级和六年级转眼就过去了，我不记得复习功课有什么费劲，就是在考中学的时候，也没有什么压力。我考中学的成绩是：数学99分，语文100分。我想，是郭老师高明的教学带给我的轻松和快乐。

我们毕业后不久，郭老师就离开了那个学校，我再也没见到郭老师。有一年，我在天津东浮桥（今金汤桥）上见迎面走来一个人，真像郭老师，我心里有些紧张，还没有来得及说话，他就走过去了。

以后，每走到那座桥上，我就希望那个人再迎面走来，我一定要跑上去问："您是郭老师吗？"

1989 年

序　跋

《爱的火焰》后记

惠特曼在《从巴门诺克开始》一诗中宣告："我不愿意歌唱关于部分的诗歌，我愿意使我的诗歌、思想，关涉到全体，我不愿唱仅关于一天的，而要唱关于每天的诗歌，我作的任何一首诗，或一首诗的最小的一部分，都关涉到灵魂。"——这正是我的追求！所以如果不是老师、诗友们的鼓励和策动，我还是不敢将这第一本诗集奉献给读者，因为我正在追求之中，而且从我的诗歌来看，这种追求才刚刚开始。

我是怎样爱上诗歌的呢？除了偶然的因素，我想，也有些必然的原因，其中有性格原因。从我记事起，我就有一种不满足的心理，时常无缘无故地哭泣，感到有一种被压抑的情绪。而这种情绪正是通过阅读诗歌得到了缓解。我家有一个书架，那上面有我叔叔阅读的许多诗歌等文学书和《诗刊》等十几种文学杂志。我从认字起，就围着那个书架转，三年级起，我就开始一本一本地读诗了。并且背会一些，经常在学校的联欢会上演出独诵，参加了天津市河北区少年儿童业余朗诵队，朗诵之余，也偶尔动笔写几句。从十四岁起，我就把写好的诗抄在同学送我的笔记本上，保存起来。1969年，我下乡到渤海湾。那时，所有的书都被当"四旧"扫光了，到哪里去找书呢？我就悄悄写信给家里，让人把家里存放的《诗刊》和诗集给我寄去，晚上等别人睡着了，我偷偷地读。1971年我被选调至驻邯郸地区的铁道兵钢铁厂，当了广播员，我自己编稿自己广播，包括相当数量的诗稿。1974年，我当了宣传干事，专职搞新闻报道。我第一次往《河北日报》去送新闻稿件，顺便送去了我的一组工厂生活短诗。过了十几天，居然刊出了一首《号子声声》。从此，写诗便正式成为我的业余创作。

在头几年里，我的诗里还是充满共性的东西，缺乏个性。直到1979年，思想解放的浪潮汹涌而来，也冲击了我，我和科里的另一个女青年每天都在无止无休地讨论关于政治、文化、生活等各种问题，一日三餐的餐桌上便是我们最好的讨论、辩论场所。那些日子，我几乎天天写诗，记录下我们的战果。而就在同时，我的思想也起了质的变化，完成了一个飞跃。我这才发现，以前我不是在用自己的大脑思考问题！从此，我的诗中开始出现了"我"字，最早的是《瀑布》："拖着洁白的衣裙，/我从山崖上飞泻，/我宁愿摔个玉碎，/照出这大千世界！"

正逢那时，我第一次读到惠特曼的《草叶集》。我第一次知道《草叶集》，是在田间老师的诗里："我，惠特曼的读者，深爱那和平的草叶。"这一次，我也成了惠特曼的读者，而且是一个狂热的读者。有一段时间，我天天都读，我仿佛面对一个时代的演说家，听他以雄辩的口才滔滔不绝地讲述他的人生哲学。我被震撼了，我觉得这绿色的草叶对于我是那么贴近，犹如我生命的细胞一样繁多、奇妙和不可分离。她充盈着人性的美，唤起我作为一个追求思想解放的人的共鸣；她流溢着一种原始色彩的素朴的美，使我感到我本是大自然的一部分，我本无罪，我的追求和愿望是天经地义的。因此，我的诗受惠特曼影响较深，我写的《火焰》《你以为……》《离》《深秋的乡野：红与黄》等就留下了明显的痕迹，出现了通篇散文化的句子。

然而我并不是为形式而形式，决定形式的是诗的内容，更直接地说，是写诗时的情绪。我总是要在情绪饱满不吐不快时才写诗，而追求的是那种浪漫主义、冲破压抑、奔放热烈的感情。我在写诗时常常有岩浆喷发前的那种被深深地压抑、躁动不安的感觉。

而仅仅是情绪不能成为诗的灵魂，它必须和观念结合在一起。文讲所（中国作家协会文学讲习所）的几位诗友在一起多次讨论到观念，认为没有新的观念，诗就不能出新。我不敢妄说我的诗中是否有新的观念，但我内心有一种要超越世俗的欲望，我说过，我是属于未来的！不管时代发展到什么阶段，总有世俗的东西需要打破，总有新生的东西取而代之，以显示其时代的前进。尤其是道德观念的更新在我们这个具有两千多年封建史的国家尤为重要。我在爱情诗里就透露了这种认识。像《浪花致大海》中的"我爱你，我就 / 给你 / 自由""互相崇拜，又互相批判"，就基于这种认识，但这早已不是我的发明。而在《在"孤岛"上》中我写了"宽恕我吧 / 为着我的心是如此单纯 / 没有任何即使正当的奢想 / 只求你允我这样忘我地 / 站在这个位置上"，这个位置，就是爱情的位置，任何正当的东西不应将她排斥，而任何正当的奢望也应在爱情的位置之下。

我的诗在思想和艺术上还很不成熟，由于我的文化修养和艺术修养很差，诗显得单薄、浅陋，这是我深感惭愧的。另外，我的诗题材狭窄，并有传统浪漫主义那种任感情一泻而下、缺乏节制和剪裁的毛病。

零乱地说了以上的话，意在与广大读者交流心声，以博得理解和谅解，并殷切期待广大读者批评。

1985 年 4 月 3 日于天津

《叛逆的手》自序

我的诗中除了爱情还是爱情，我并不因此而羞愧。爱情并不比任何伟大的事业更低贱。

爱情，在我心中除了两情相依，还是自由灵魂、独立人格、健康人性和高度智慧的融合。她是美的极至，美得令人心疼。

我在诗中尽全力把这种美的境界诉说出来。我唯一的工具是语言。我使我的语言像石头，拙朴而沉重；像水，一派痴情，苍苍茫茫；像火，因痛苦的扭曲而疯狂。

愿我的语言走进读者心灵，在这些心灵中建造我爱的梦想。

确认自己 实现自己

——《独身女人的卧室》后记

人生存的意义何在？我以为在于认识自己，发掘最大的创造力来实现自己。感谢诗！是诗帮助我认识了自己，发掘着我本身最大的能量。所以我无论失去了什么，只要还有创造的权利，我就不会绝望。

我小时候心情总是很沉闷，觉得周围的世界使我很不满意，又说不出是因为什么，只是想哭，因此我常无缘无故地哭泣，下课十分钟，同学们抓紧时间做游戏，我就抓紧时间哭。七岁那年，我妈妈给我买了一双黑色皮凉鞋，我穿上以后到胡同口买东西，边走边哭，因为我觉得那双皮鞋是男式的。想起儿时的这些事情，那时我对生活有着那么多难以表述的渴望，甚至那么强烈地意识到自己是一个女人，渴望做一个女人。这大概就是弗洛伊德说的原欲吧，这是原我的真实形态。但是随着年龄的增长，社会给予的理性的东西一重又一重，牢牢地封闭了那些天性的东西。我渐渐地忘记了自己有什么渴望，一切听从社会的安排。在那个无性的时代，我也忘记了自己是一个女人，我甚至没有好好照过一次镜子。

当这个愚昧的时代已经结束，当所有的封闭一经打开，原我就像积蓄已久的洪水冲杀而来，猛烈地冲击自我和超我。而自我本身的反叛力加上原我的巨大力量，对于超我开始了空前激烈的反抗。

过去，思想和感情处于封闭状态时，我没有体验到情绪，诗中只是借助形象思维描摹生活现象。当我开始用自己的头脑思考这个世界、观察这个世界时，我同时体验到内心的情绪，带着忧伤，带着压抑，在心中涌动。情绪，是个人内心感情和生活感受的结合体。情绪是真实可信的。每当有情绪时，我就记录下来或保持这种情绪，一当情绪饱满时便提笔写作，一挥而就。这种情绪式的写作法自然而然地把我引入了爱情与友谊这块最适宜的领域。我一任感情喷发，不注意结构和裁剪，以强烈的感情打动读者，形成了接近传统浪漫主义的风格。我越来越意识到，我是一个非理性的人物。

随着现代派手法的大量出现，我开始采用意识流等手法，挖掘潜意识层，揭示更复杂的感情心态。这种潜意识往往是源于人的天性的渴望，还未暴露于社会，未经过政治的挤压和道德的切削，具有真实的自然形态。因此形成了我诗的第一个特点：真。

渐渐的，读者对我的诗有了不满足，指出我的诗以强烈的感情震撼人心，但缺乏哲学意识，这样很难达到崇高之美。有的作者说，诗的最高境界是透明。那么，我的山洪暴发式的抒情无疑则是一种混沌。我对这些见解虽然没有完全理解，但我想改变自己是必要的，改变意味着综合、充实和升华。而哲学本身是理性的，这个哲学意识又怎样摆脱理性而进入感觉呢？我读了一些外国诗，尤其是美国当代诗歌及有关评论。美国当代诗中就充满了哲学意识，他们的哲学从艾略特的学院气的哲学中走出来，走到了普通人中间，由观察世界的一种框架变成了一种直觉和体验，使哲学变成了隐藏于日常事务之后的普通的感受。我于是在创作中开始采用生活化的日常用语，在直向、质朴的语言后面包含着人生哲学，进一步淡化理性，让深层意识自由流露。这时期我主要写了几个长一点的抒情诗《独身女人的卧室》《情舞》《被围困者》。

创作过程中的反理性，绝不等于说创作者可以没有思想，相反，没有新思想、新观念，就没有作品的创新。几年前，我还没有这个明确的意识，那是一个清除"垃圾"的时期，清除"文化大革命"造成的种种谬误和混乱，当这个艰难时期的高潮渐近尾声，经济出现大繁荣的时候，新的困惑应运而生。错误清除之后，却感到在这些错误之后还有一个更庞大、更沉重的东西，它时时压迫着空气。我们对于生活的种种合理设想遭到这个无形怪物的重压。它是什么？众多的人议论纷纷，它就是封建主义。我感到受压迫最深的是人性，或曰健康天性。这是社会发展的规律所决定的，经济发展势必暴露时代的道德缺陷。经济开放把人从封闭的生活空间解放出来，人的眼界大开，思维开阔，产生了更深沉的渴望和更痛苦的思考，出现了新的道德追求，这正是文学的关注点。

诗需要赞美的不是貌似进步、科学、公允的一切，而是人本身，这个完美的造物，他的一切所要都是天经地义的。人的一切健康的、胆大妄为的渴望，预示着明天更壮丽的文明！

我是理想主义者，我属于未来。我的诗就是基于未来观，对传统文明进行叛逆式的冲击。我诗中的主人公渴望自由，冲破一切旧传统的羁绊，奋不顾身地追求自由。我的爱情诗，以我国几千年的封建传统和我国社会现实为背景，倾诉一代人的苦闷和压抑，渴望现代文明道德，呼唤人性的彻底解放。有的同学说我的诗中的感情好像是压抑了几个世纪的感情。这正是我自己的感受。一个中国人，只要他是醒着的，他就会感到这种世纪的压抑。

未来观是充满乐观主义的雄壮的进行曲吗？事实常常相反。一切未来的、新生的事物面对旧势力这个庞然大物，总显得过于弱小，甚至不合法、不正统，是破坏因素、不安定因素，从而遭到打击和围困，甚至头破血流。所以，越是未来的，越是悲剧的。一个时代有一个时代的悲剧。我们正处于历史转折时期，人们空前觉醒的精神需求与现实文明程度、物质基础发生了必然的矛盾，这是悲剧性所在。

人的物质生命和精神生命的矛盾，也决定了悲剧的永恒。人的精神世界正如宇宙无边无沿。而人却必然要生存于有边有沿的物质世界中，处处受到围困，没有一个人感到自己是绝对自由的，压抑是不可避免的精神状态。

即使生活中没有痛苦，人将为自身而痛苦。现代科学的发展，开阔了人们的空间视野，人对于宇宙、地球、人类正在重新认识，有许许多多未知的东西在困扰着人们。时间是什么？空间是什么？人怎么从三维空间里逃脱？人为什么会死？宇宙为什么也会死？生存的意义是什么？我是谁？我从哪里来？到哪里去？人的本体痛苦是永远无法解脱的。我和我的诗，注定了悲剧色彩。

诗要作为诗存在，并且长久地活着，最终还要付诸语言和表现手段。语言是诗人成败的关键。我诗中所有的努力在于寻找一种语言方式创造出最意味深长的、感动人的美。我力图站在东、西方艺术的交融点上，使语言具有民歌的拙朴、率真，古典诗歌的凝练、意境美妙，现代诗歌的距离感和象征性。尽量扩大语言的内基域，使语言能最大限度地调动读者的情感和想象。充分利用语言的模糊性、两面性、多义性，表达出对生活的复杂的多层次的综合性的体验，导致读者的模糊体验，从中领悟深义。我的语言争取对一般读者都有可感性。基本是现实主义、浪漫主义手法，注入现代意识，也采用现代主义、学现代主义的一些方法。

情绪型、未来型、悲剧型，这就是我对自己的全面确认，因此我注定爱诗、写诗，并梦想写出好诗，献给我同时代的人民及后来者，我愿和青年朋友们一起在探索中共同进步。

1986 年 12 月

一个女人的自述

——《女性年龄》代后记

我好像天生就老了。

三岁时我走下台阶，胸前戴着绣了我名字的兜兜。院子里有一个大哥在拉锯。世界好平静啊，根本没有人发现我这个心情沉重、知识渊博的女人。

十七岁我下乡插队来到渤海湾，锄地时拼命地超过所有的男人。

两年后我被选调入太行山区的一个军工厂。十一年里我有八年不知劳苦地写一些莫名其妙的报道、简报、总结、发言稿，常到深夜。直到二十六岁，我不知道女人为什么结了婚就会生孩子？

后来我考进鲁迅文学院。毕业后又考进北京大学作家班。全班男生把我当作女生来评头论足。我第一次被人肆无忌惮地当成女人，我沉浸在女人的欣喜中生活着。

有一天夜晚，天下雨了，世界一片死寂。我脚步蹒跚地走在街上，心情无比沉重。一个女人算什么？我要做一个人！

我做了一个梦。我乘的火车在雪野上奔跑，可是没有轨道。我惊慌失措。火车穿过大街，驰过小巷，没有轨道。火车停下来时，我走下去，见有一条路，我好奇地顺路走去。可是，逐渐的，眼前只是一片大水了。我返身往回走，那条路早已不见，四面汪洋一片。我跌跌撞撞地踏着水，痛心地想，想，越想越痛心。

我想，我也许一生都在这种绝望的境遇中。你永远得不到你认

为应该得到的。这是我们一代人的不幸。而诗就是反抗绝境。诗人
为此而付出的任何代价都是有价值的。

1989 年一个雨天，天津

访　谈　录

旅行、搬家、独身主义！

访谈者 _ 花语

被访者 _ 伊蕾

花语：伊蕾老师好！您是著名的诗人、画家、收藏家，您肯接受我的访谈，倍感荣幸！您曾在《独身女人的卧室》里谈到存在主义、达达主义、实证主义、超现实主义，其实还有理想主义、女权主义，等等，请问，您是什么主义？

伊蕾：我们几十年受唯物主义教育，现在，我倾向于唯心主义。我相信主宰宇宙的神秘力量，相信人的灵性、意念、智慧和思想的能量无限，可以改变世界。面对社会现实，我是独身主义、和平主义。独身主义，我赞美萨特和波伏娃的契约式婚姻，非独身亦非婚姻。各自独立，充分自由，又相知相惜，终生为伴，是灵魂的伴侣。独身可以更充分地享有自由，有思想和艺术为伴，足以过好一生。和平主义，用现代文明的手段避免一切战争，包括正义的、非正义的战争，包括以政党、集团利益为目的的民族内战。在核威胁下，争取和平共存。

花语：这些年您旅游，周游列国，去过不少名胜，哪些国家的哪些地方，是您心中理想的诗人的城市？

伊蕾：莫斯科。1992—1998 我在那里生活六年，它有八百多座教堂，还有"七姐妹"摩天大楼，我住过其中的两个。街头雕塑中诗人的雕像最多。每年的 6 月 6 日，普希金像前都铺满了鲜花，献花的人们朗诵他的作品。这个城市有几百个话剧团，二十四个交响乐团，百余座博物馆、美术馆。地铁口都有鲜花店，很多地铁口有老人在卖自己画的画、采的野花，或自种的蔬菜水果。二百多个地铁站月台像艺术宫殿。新圣女公墓就是一座巨大的雕塑园，有非凡的想象力和表现力。

还有耶路撒冷，有奇特的气质，是一个宗教徒的理想国。耶路撒冷许多人穿着黑衣，很神秘。教堂古老得一塌糊涂，像千年以前的样子。哭墙简直就是一首长诗，那些哭泣的人们就像颗颗闪光的星星那样散发着神秘的美。以色列新发行的钱币上印的都是诗人肖像，在情理之中，又不可思议。上帝把世界的十分美有九分给了耶路撒冷，它是基督教、伊斯兰教、犹太教的朝圣之地，世界的宗教中心。

意大利的罗马。古罗马三千年的废墟就像一张石化了的诗稿，写着无尽的美丽与哀愁。罗马城四百多万人口，也有数不清的雕像和浮雕。威尼斯像人间仙境，水上宫殿。海岛也是最浪漫的地方，帕劳的绝世之美的水下花园，斐济的茅屋和海上彩云，毛里求斯的黑礁石海滩，塞舌尔的五月谷，是人类最后的伊甸园。

花语：最早写诗是哪一年，可否分享些故事？

伊蕾：最早写第一首诗是八岁，1959 年。我叔叔写诗，让我去家门口的建国道邮局发投稿件。我也顺便写了一首几行的大炼钢铁的诗。九岁我开始在日记本上抄诗，在一个本子上写诗。上作文课，我问老师：能不能写一首诗？老师想了半天说，可以。记得我写了一首《赞人民英雄纪念碑》。我姑姑家就住在天安门广场西侧，我从小到北京度暑假、寒假，常去那里玩儿。

花语：《独身女人的卧室》这组诗，语言前卫、思想大胆，有着犀利的深刻和不可形容的美妙，您对好诗的界定标准是什么？

伊蕾：首先诗是什么？充满想象力的意象和优美、跳跃的语言使诗成为文学。当代诗的本质更有哲学＋宗教＋新思维。可把诗称作美妙的哲学，或者叫生命的宗教，或叫优美的新思维。诗人与哲学家提出同样的问题，如世界本原、生命本质、生命的意义。最好的诗人应是哲学家诗人，而最好的哲学家是诗人哲学家。

什么是好诗呢？诗是语言的艺术，好诗的语言是语言的顶峰。海德格尔说："语言是存在的家。"因为"所有存在者的存在都栖居于词语"。人是语言的动物。通过语言，人认识世界才由四维变成五维、六维、无限维度，生活才有了目的和意义，人的高尚的情感和深邃的思想才有了存在的可能。好诗最终呈现为好的语言。我喜欢富有哲思的、神性的、预言式的语言。而美到极致的语言之美，只可意会，不可言传。像海子的《抱着白虎走过海洋》，"倾向于宏伟的母亲／抱着白虎走过海洋"，"倾向于死亡的母亲／抱着白虎走过海洋"。我爱惠特曼的诗，他像一个巨人行走在大地上，他倾诉，说出自己的真相，世界的真相。如今，诗的流派纷呈，都有好诗。好诗几乎没有界定的标准。标准在人心里。

花语：您现居天津，实际上您是河北人，请形容下您的故乡和少年成长经历。

伊蕾：我还居住在北京，私人东西多数搬回了天津。我的祖籍是河北故城县。我生在天津，两岁时搬到河北区粮店后街，李叔同童年也居住在粮店后街，他是我内心热爱的人。他住的院子在卖菜的大合作社斜对面，我每次买菜就在他家门口扒着门使劲地张望。前些年拆迁把他的院子拆了，在附近的新址又盖了新的套院，摆了很多太湖石。出了粮店后街就是海河边。我上中学放学回家经常坐在河边的台阶上，看日落。经常在早晨去河边看院里的二儿他爸爸下小网捞鱼。在冬天，他和兄弟能捞到大鱼，常送给我家，放到大水缸里。我爸爸和叔叔也学着半夜去捞鱼，结果只捞回来几条小鱼，再也不去了。我上小学前，就在家里挂了小黑板，和院里的几个女孩一起写字。上小学后是学校的司仪，就是报幕员。我叔叔教我朗诵，连教动作。朗诵田间、艾青、郭沫若、普希金的诗。九岁开始，学校的每台文艺节目都有我的独诵。后来我进入了天津市河北区少年儿童朗诵队。也许是读诗的效果，我的作文好，中学时，经常成为年级的范文，被老师在课堂上朗读。

花语：我一直觉得鲁迅文学院是中国最好的文学殿堂，您当时上学的情形如何？

伊蕾：1984年报考中国作家协会文学讲习所第八期，它是鲁迅文学院的前身。1973年我选调到兵工厂，十一年后调到了廊坊地区文联，就想着去北京上学，生活。考入后，上课地点是在朝阳区小关绿化队，大门外是密密的小树林。一开学，首先开了个联欢会。张石山邀我跳舞，我们就成了舞伴。1990年我们结了婚，四年后又离了婚。因为婚后我们始终是各自居住在自己的城市，每年见几次。其中两年我住在莫斯科，他过不了这种生活。文讲所请了中国在北京的许多著名作家、艺术家来授课，丁玲、王蒙、李德伦，很多前辈。讲课人谈笑风生，课堂总是一片笑声。薛尔康坐在我前排，男中音的笑声，像打雷一样。各省编辑部来约稿的编辑几乎每天都有，请吃饭加旅游。逢到假期，同学会邀请大家去自个儿家乡办笔会，吕雷、聂震宁、王蓬都邀请过同学们。全班的核心还是邓刚班长，遇到好事，他赶紧与大家分享，遇到不利于我们的事，他大声嚷嚷，坚决顶住。他带着班委会几人排除千难万险，把文讲所改名为鲁迅文学院，发了本科文凭。我们这一代失学的"老三届"终于成了大学生。

花语：您毕业于北京大学中文系，能否谈谈那个年代您的大学生活？

伊蕾：1986年鲁院毕业，我们转入北京大学，插班三年级。这也是邓刚带着班委们跑了几百天才办成的事。终于教委同意，全体第七期、第八期学员单独考试，入北京大学。而邓刚却功成身退，回大连老家了。百年名校，不虚此名。古典园林式的校园，大大的草地可以席地而坐。我们还住进了研究生楼。四十岁的同学们经常和二十岁的北大学生们一起上大课。有一次，北大同学站起来问："请问作家班的同学们，你们都读过什么书？"我们班一人回答："我们不读书，我们是写书的。"全班大笑。大家最爱上乐黛云老师的比较文学课，都是三百人的大课堂。逢唐诗、宋词的课，就有人在睡大觉。我们还爱上谢冕老师的课，他讲课激情澎湃，有时候会跳起来。曹文轩是我们班主任，比我们都年轻。

临毕业前，北大研究生会通知我们班说要开我的作品讨论会。他们原本不知道我在这里上学。研讨会上，同学们的发言都是站在质疑和批评角度，这是北大精神。说《独身女人的卧室》，就批评说你还对生活抱有希望。我发言时说，我很遗憾的是，现在还精神正常，没有像普拉斯那样自杀，所以对生活抱有希望。《独身女人的卧室》这首诗能问世，要感谢好几个同学鼓动，李发模、谢颐诚、聂鑫森，尤其是黄尧。1986 年国庆节，我要回天津，他说："你回家吧，我去给韩作荣送稿。如果他不登，我就说：你根本不懂诗。"送稿后，赶上了 1987 年的第一、二期合刊《人民文学》。不然，再晚几天，《独身女人的卧室》就永远发不出来了。我怀念北大三角地，长长的广告栏下是同学们的言论基地和集合地，还有塞万提斯雕像，在这里有定期的访谈聚会。

花语：我的母亲是知青，她的知青生活就是没完没了的转动缝纫机，为大同湖农场做衣服。您曾于 1969 年赴海兴县乡村插队务农，能否谈谈您的知青生活？

伊蕾：我是天津新开中学的初二学生。1969 年 1 月下乡时十七岁，去河北省海兴县小山公社前王文大队。先后有几批知青过来，一共五十多人。我们下了马车站成一堆。几个农民议论我，这学生长得真大气，像二十多岁的。好像是没几天就干活了，铡草。农民夸我，老孙真能干，干什么像什么，谁家娶了老孙就有福了。不管干什么，我都想第一，割麦子也第一快手。小队长说："等你妈来了我告你状，别的队都是队长打头，咱们队你打头。"几天下来，腿都迈不开了，躺下都起不来了。第九个月，我得了妇女病，累的，回天津吃中药几个月。我还办了油印小报，每天在油灯下刻钢板，印刷，登载知识青年的好人好事。阴天下雨时，几个哥哥就来和我读诗，交换诗作品，到现在我还存有二十多张这种小纸片。农闲时，我办了哲学学校，学习毛主席的《矛盾论》《实践论》，省里电视台还来录像。当年我们就被评为省里的知识青年先进集体。那时候，以为一辈子也回不了天津了，过一年算一年吧。大队、小队干部和哥哥姐姐们对我们很亲，最近几年，我们还有来往。5月份我专门回去住了两天。村里居住条件变化不大，仍然贫穷，交通好一些了。

花语：您曾任铁道兵钢铁厂宣传干事，这段类似于女兵的生活，是否特别有意思？

伊蕾：我在两年零八个月后即被选调，是第一批选调。铁道兵的一个排长负责来海兴县选人。他到县委档案室，直接命令：把档案柜打开，把知青档案都拿出来！然后自己挑。我因为会写作，就被选中了。在沧州火车站出发那天，先被臭骂了一顿，在邯郸下了火车，接站的铁道兵司机又骂了一顿，是对着大山骂的。我入厂几十天就当了广播员，有时起床晚了，晚吹起床号几分钟，厂党委书记就找上门把我训一顿。后来我知道，铁道兵修铁路，每修一条路就修一片坟地，伤亡很大，相当于从战场上下来的，所以性格豪爽。

我还兼放映员，穿上特制的军装，为周围老百姓放电影。两年后当了新闻干事。1978年我被铁道兵后勤部派去长沙铁道兵学院学政治经济学。全校两千多学生，只我一个女生。校里连夜开会，决定把我安置在一个女音乐教师的宿舍，是将军楼，木制的小二楼。我们俩成了好朋友。四个月结业开卷考试，题目是"为什么说资本主义是腐朽的、没落的，必然灭亡？"全班学员得出一致结论：资本主义不会灭亡。学校于是又派来讲课最棒的邓老师重新讲解，而我们班的结论仍然不变。校长说：资本主义不灭亡，你们就别想毕业。

我在铁道兵工厂十一年，最大的收获就是认识了我的灵魂闺蜜李亚蓉。我第一次见到她，就觉得她不是凡人，眯着眼，沉浸在自己的灵魂世界。几十年来，我们一直会相约见面，长时间对话。她后来进京做了八年记者，推广原生态民歌，这十年，她画新思维的画，我认为是这个世界上最美的、最有未来价值的画。她现在的艺名叫一莲。

花语：90年代，您曾在莫斯科生活过相当一段时间，能否谈谈您在莫斯科生活的情形。

伊蕾：1992年9月到莫斯科。我们一共四人，想办报纸办不成，就做了景泰蓝首饰的外贸养活自己。卢布一天三贬值，不赚钱，第二年只剩下我一个人了。翻译是俄罗斯国家广播电台记者，我俩每天送完货就去电影厂、电视台、报社、出版社、画廊参观。给电视台买电影，给中华版权代理总公司买书，给音乐公司买音乐。书和音乐没有得到一分钱。1997年俄罗斯大使馆文化参赞贾福云派秘书带我去特卡乔夫兄弟家买画。凭我的感觉，居然买到兄弟俩的两张代表作，《莫斯科女郎》和《打草时节》（草图）。后来又几次去买画，去乡间别墅看他们。圣彼得堡的石仑带我去买了梅尔尼科夫的画，法明的画。1998 年俄罗斯美协副主席索罗明在他的画室为我画了肖像送给我，之前，他到中国去时看过我买的画，他是个非常可爱的老顽童，后来多次来中国办画展。1999 年，我鼓动俄罗斯爱乐乐团团长左贞观写了《诗人与爱情》，在作家出版社出版了，纪念普希金诞辰二百周年。左贞观带我去过很多地方，去过米哈伊洛夫斯克，就是普希金的流放地。

花语：您 1985 年就加入了中国作家协会，当时加入作协都需要一些什么条件？

伊蕾：当时的条件是有两个介绍人，应该还有著作问世。1985 年，我们班已有十七八人获过全国奖，应该多数人都入作协了。有一天在课堂上很多人都收到一张申请加入中国作协的表格，我赶紧找班长邓刚说："我还没出过书呢，不够格。"邓刚说："你怎么这么傻呢？今天都得填表。"张石山主动要求当介绍人，我俩又一起去找田间，他住北京后海北沿，在河北就是我的恩师。田间问明情况，问什么时候介绍啊，我俩赶紧把表拿出来说："就现在签字，表已经填好了。"我们班长邓刚，当时红极一时，他做事却老想着别人，令人佩服。

花语：我看过您近来的一些绘画作品，色彩艳丽、格调清新，您早年学过绘画吗？是怎么对绘画产生兴趣的？

伊蕾：没学过。记得小时候曾临摹墙上的年画。在兵工厂时，临《芥子园画谱》，画同事的肖像素描。1981年，闺蜜李亚蓉在山沟兵工厂给我画了油画肖像送给我，也不知她怎么找来的画布和油彩。1990年我结婚，同事问我要什么礼物，我说要一张油画。他们就请专业画家画了一张给我。至今，先后有十几个画家给我画过肖像。有赵友萍老师，有俄国索罗明，有澳大利亚的国宝级画家比利奇，还有好朋友冯路敏，等等。赵友萍画过三张。1992年我到莫斯科，每到周末就去工艺品大市场买工艺品和小画，经常去各大博物馆看画，顺便吃点俄式餐。1997年开始买画，直到2009年最后一次去买画。1999年面人汤（汤凤国）说："伊蕾，你也要自己画，才能知道这张画好在哪里，难在哪里，练练手练练眼。"我于是开始画，一天就画了好几张小画。但后来，每年画得很少。

花语：您是诗人圈里有相当口碑的著名收藏家，你是怎么进入收藏领域的？能否谈谈您在俄罗斯的收藏趣事？

伊蕾：前面说到了买画的故事。我还在工艺品大市场买到一张托尔斯泰油画肖像，后被多位收藏家认定是列宾的原作，我一直没敢修补。回国后，1999年我在朋友帮助下，在天津国际大厦办了"伊蕾藏俄罗斯油画展"，当时展出的有特卡乔夫兄弟、法明、梅尔尼科夫、科尔热夫、索罗明等人民艺术家的画。2002年我借家人朋友的房子办的天津市喀秋莎美术馆，第二个月就被选为"生活在天津的100个理由"之一，刊于《假日100天》报纸上。也就在这个月，靳尚谊、王沂东、杨飞云、曹力等画家都来参观了。李津去看我的收藏，还买了一张。还有许多诗人、作家、编辑朋友。铁扬和铁凝也专门过来看了美术馆，铁凝还写了三千多字散文《伊蕾和特卡乔夫兄弟》登在《美文》杂志，后选入她各种散文集。赵瑜专门跑来，用他的高级照相机给我一连拍了好几卷照片，当天洗出来共欣赏。

花语：您是当代著名的女诗人，诗歌在您的生命里占有怎样的位置？

伊蕾：写诗，我在诗歌中存在。不写诗，我过诗人的生活，思考者的生活。我写诗的历史就是我的生命史，是活生生的证明，所有的思和痛。80 年代，我的诗被批判为性文学、色情诗、资产阶级自由化作品。我一直在问自己我有罪吗？是原罪？是社会加于我的？我在诗中反抗世俗强加予我的一切，歌颂健康人性。我所有的幸运都来自诗，我所有的幸福都来自诗，我所有的自信都来自诗，我所有的安慰都来自诗，我所有的爱都来自诗。

花语：在您的生命历程里是否经历过苦难？苦难的意义何在？

伊蕾：人生就是一场苦难。所有的幸福和快乐都离不开苦难的根及苦难的结局。我在《情舞》里写"我的快感是苦难的快感"，的确，快感也被苦难浸透，"流浪的生活是自由的生活／流浪者的法律是自由万岁"。

在苦难中，我有体味到与生俱来的自由的能力。我要与苦难同甘共苦，掌握命运的主动权。"让生命上天堂！／让灵魂下地狱！"

反抗凌驾于生命之上的一切人为苦难。苦难的意义就在于你在承受
中学会独享生而自由。

花语：目前，您偶居宋庄，这个世界上最大的艺术集散地给您
留下了怎样的印象？您觉得宋庄的创作氛围如何，你现在还喜欢宋
庄吗？

伊蕾：我在宋庄六年多感觉像又上了一次大学。门口是栗宪庭
老师家，不远处是老朋友冯峰、冯路敏家，我们常来常往。远远近
近有不少诗人。今天你做展览，明天他出画册，都在好好学习、创作。
有蜜蜂书店、阿琪阿钰诗歌书店、宋庄美术馆、上上美术馆等，像
我的大课堂。我常去蜜蜂书店买书，多次买李叔同的书法、自传等，
获赠张业宏的书法小纸条。他终于出家了，我祝福他又有些悲伤。我
想，他是当代的"弘一"。我买过他六套《苦·乐》，我喜欢他的书法。
宋庄有一万多个艺术家，这是未来人类的生活方式，有共同爱好的
人住在一个村，在个体孤独中享受群体的温情。谢冕老师和夫人来
过我的工作室不止一次，唐晓渡与夫人也来，刘福春和夫人也来，
闺蜜陈晓帆和丈夫王兆君也来。很多诗人、作家、铁道兵战友、同学、
家人都来聚过。但是，这几年很多人的选择是离开。

花语：基弗说，孤独不是消极的概念，而是积极的经验，您怎
么看？

伊蕾：古人云，人生得一知己足矣。可见人一生有多么绝望和
孤独。孤独是生命的本质决定的，每个生命都是完整的小宇宙，有

自我独自运行的一切条件。他享受这个独自运行的过程，就是积极的经验。否则，他怀疑生命的完整，自卑于一个人有限的能量，而寻求外在的庇护，却不可多得，就成了消极的经验。从哲学意义上讲，我相信一个生命的能量在有限的时间内是无限的。孤独使人得以享受安宁、享受自由。普希金说："世上没有幸福，但有自由和宁静。"他甘做孤独的思想者。

花语：介绍下您最喜欢的哲学家和思想家！

伊蕾：哲学的根本问题是思维和存在的关系问题。我受影响较早的是存在主义哲学家萨特的作品。他说，人有"选择的自由"，而这个选择，首先是选择对一切决定说"不"的权利。说实话，我们很多人没有做到。我在诗集《独身女人的卧室》扉页上写着："失去了爱的自由，就失去了全部自由。"我们要拥有选择爱的权利！

我还热爱海德格尔，这个德国存在主义哲学家。他说，"哲学就是对死亡的研究"，向死而生，才能摆脱沉沦在世，做真正的自己，看到"存在"的光辉。他的时间观念很深奥。

对我生活和写诗产生最大影响的是弗洛伊德。他说："性本能是人的心理的基本动力，是决定个人和社会发展的永恒力量。"他主张通过自由联想和宣泄，把无意识或意识中的压抑都发泄出来。我受他的鼓舞，肆无忌惮地写了我的压抑、悲伤、愤怒和质疑。这些都是我生活中亲历的。我用惠特曼式的一泻而下的长句写了一些短诗，又用自白式的语言连续写了一些长诗。都是我的思想的经历，精神的经历，性的经历。所有伟大的哲学家思考的哲学答案不尽相同，甚至相悖。但是"我思故我在"，一个思想着的灵魂是幸福的，因为这证明一个人真正地"存在"，真正地活着。

花语：据说，您有一个特殊的爱好，喜欢搬家，已经搬过五十次家了，并且打算在未来的日子里，继续搬家，是这样吗？

伊蕾：有朋友疑惑地问我："你真的搬过五十次家吗？"这是真的。前前后后加一起只多不少。最近六年，我住宋庄画家村，已经换了三个工作室。每住两年，就觉得沉闷了，缺点也暴露出来，还有各种客观原因的巧合。每一次搬家都是办喜事的心情，去更合适的地方，新的环境，新的房型，家具衣物送给家人和朋友，换更简便的、更适合搬家的。我希望搬来搬去，把东西都搬没了，搬三次家等于着一次火。最后，客厅里一无所有，画室只有画架子和我的画，卧室只有床或床垫子，把储物减到最少。我已经旅行六十多个国家，从明年旅行加旅居，做一个了无牵挂的流浪汉，享用我仅有的自由。

编者说明

　　"伊蕾日记"是从伊蕾多年日记手稿中整理出来的，这些日记并非为发表而作，多是随手记下，因此其语法规范难免有失范之处。从其"早期日记"，到后期的"旅游日记"，时间跨度将近四十年。因为是在不同时期写下的，有些关于历史、地理的表述已发生变化，时间数字用法也较为随意，编者在规范用法基础上，尽量尊重作者当时的行文习惯，有些明显的常识性错误，已加以修正或注解。另外，日记中涉及人物众多，加之手稿笔迹辨认困难，恐有错谬之处。恳请读者诸君批评指正，编者愿负编校之责。

朵渔
2025 年 5 月

伊蕾集
YILEI